BIBLISCHER KOMMENTAR
ALTES TESTAMENT

BEGRÜNDET VON

MARTIN NOTH †

IN VERBINDUNG MIT

ROBERT BACH, HANS JOCHEN BOECKER, KARL ELLIGER,

GILLIS GERLEMAN, FRIEDRICH HORST †,

ALEXANDER REINARD HULST, KLAUS KOCH,

HANS-JOACHIM KRAUS, ERNST KUTSCH, AARRE LAUHA,

LOTHAR PERLITT, OTTO PLÖGER, ROLF RENDTORFF,

WERNER H. SCHMIDT, RUDOLF SMEND, ODIL HANNES STECK,

CLAUS WESTERMANN, HANS WILDBERGER UND WALTHER ZIMMERLI

HERAUSGEGEBEN VON

SIEGFRIED HERRMANN UND HANS WALTER WOLFF

BAND XIV/2

HANS WALTER WOLFF

DODEKAPROPHETON 2
JOEL UND AMOS

NEUKIRCHENER VERLAG
DES ERZIEHUNGSVEREINS NEUKIRCHEN-VLUYN

HANS WALTER WOLFF

DODEKAPROPHETON 2
JOEL UND AMOS

2., DURCHGESEHENE AUFLAGE 1975

NEUKIRCHENER VERLAG
DES ERZIEHUNGSVEREINS NEUKIRCHEN-VLUYN

Die Lieferungen dieses Bandes erschienen:

1963 Lfg. XIV/5 (S.   1–104)
1967 Lfg. XIV/6 (S. 105–184)
1969 Lfg. XIV/7 (S. 185–264)
1969 Lfg. XIV/8 (S. 265–336)
1969 Lfg. XIV/9 (S. I–XII; 337–424)

IN MEMORIAM
MARTIN NOTH

VORWORT ZUR 1. AUFLAGE

Im Kanon sind Joel und Amos nebeneinander gerückt. Sie markieren Anfang und Ende der Schriftprophetie. Geht erstmalig im Amosbuch wenigstens ein Teil der schriftlichen Überlieferungen auf den Propheten selbst zurück, so ist das Joelbuch wahrscheinlich von Hause aus Literatur. Verkündete Amos erstmalig den düsteren Tag Jahwes in vielerlei Variationen, doch immer als Gericht über Israel, so hat Joel aus aktuellem Anlaß das Thema des Jahwetages systematisch als Gerichts- wie als Heilsbotschaft für Israel entfaltet.

Der Joelkommentar konnte schon 1963 abgeschlossen geliefert werden. Zwischen der ersten Lieferung des Amos-Kommentars (1967) und seinem Abschluß in diesem Jahre liegt meine Übersiedlung von Mainz nach Heidelberg und damit ein unvermeidlicher, größerer zeitlicher Abstand. Ich wagte es, mit der ersten Lieferung schon die Einleitung aus der Hand zu geben. Die Einzelerklärung führte mich dann an einigen wenigen, jedoch nicht unwichtigen Stellen zu – wie ich hoffe – besseren Einsichten, die kleine Korrekturen innerhalb der Einleitungskapitel erfordern.

Für wertvolle Hilfen beim Lesen der Korrekturen habe ich im Rückblick auf Joel besonders Herrn Professor Dr. W. H. Schmidt zu danken, für die Mitarbeit am Amosbuch meinen findigen Assistenten, Herrn Dr. Lothar Perlitt und Herrn Dr. Jörg Jeremias, sowie Herrn cand. theol. Christof Hardmeier und Herrn stud. theol. Gernot Spelsberg. Herrn Hardmeier verdankt der Benutzer des Kommentars auch die Anfertigung der Register.

Wie viele hervorragende Geister haben sich allein im letzten Jahrhundert um das Verstehen des Propheten Amos gemüht! Wie viele unterschiedliche Amosbilder leben unter uns! Vielleicht ist uns keiner unter den von Jahwe ergriffenen Rufern fremder als er, mit seinem bitteren Wort vom Ende. Aber schon das nach ihm benannte Buch bezeugt, wie die dunkle Glut seiner Sprüche in den folgenden Jahrzehnten und Jahrhunderten weiter zündete. Nur mit Bangen kann ein Ausleger sein Ohr dem Mann aus Thekoa zuwenden; mit noch größerem Bangen legt er den Versuch der Erklärung aus der Hand. Dabei denke ich nicht nur an die Reihe gefährlicher Verständnisklippen und an die fortschreitende wissenschaftliche Diskussion über die umstrittenen Stücke. Was wird sich bewähren? Viel bedrängender ist die andere Frage: Für welches Ende öffnet dieser Amos uns die Augen?

Heidelberg, im Juni 1969   Hans Walter Wolff

ZUR 2. AUFLAGE

Wie schon im Vorwort zur 1. Auflage zu erwähnen war, erschien dieser Kommentar zunächst in Lieferungen. Infolgedessen liegen von einzelnen Lieferungen unterschiedlich große Restauflagen vor, nachdem der gesamte Band schon seit geraumer Zeit vergriffen ist. Das hat für die 2. Auflage zweierlei zur Folge:

Erstens finden sich in jenem kleineren Teil der Auflage, in den restliche Lieferungen eingebunden wurden, die notwendigen Korrekturen in einer Liste am Schluß des Bandes. In den größeren Teil der Auflage hingegen wurden sie in den laufenden Text eingearbeitet.

Zweitens konnten, um sachliche Differenzen innerhalb der 2. Auflage zu vermeiden, nur solche Korrekturen aufgenommen werden, die den Seiten- und Zeilenumbruch nicht veränderten.

Für Hilfe bei der Durchsicht der 1. Auflage danke ich den Herren Dr. Frank Crüsemann, Jürgen Tubach und Jürgen Kegler, für Mitarbeit beim Korrekturlesen zur 2. Auflage Herrn Jürgen Tubach und Fräulein Ellen Widulle. Besonderen Dank schulde ich Herrn Koll. Waldemar Janzen in Winnipeg/Canada, der diesen Band ins Englische übersetzte, und Herrn Koll. S. Dean McBride, Jr., Yale University USA, als Editor dieses Bandes in der Hermeneia-Serie (Fortress Press). Beide stellten mir ihre Druckfehlerlisten zur deutschen Erstauflage zur Verfügung.

Heidelberg, im Juni 1975   H. W. W.

INHALTSÜBERSICHT

DER PROPHET JOEL

DER PROPHET AMOS

X

DER PROPHET JOEL

EINLEITUNG

§ 1. DIE STELLUNG DES BUCHES IM KANON

Aufgrund seiner Stellung im Kanon hat man früher allgemein (bis
Credner 1831) und teilweise bis in jüngste Zeit Joel zu den ältesten Propheten rechnen wollen. Dabei ist vorausgesetzt, daß die Anordnung des
Zwölfprophetenbuches nicht nur im allgemeinen, sondern auch in jedem Einzelfall von chronologischen Gründen bestimmt war[1]. Den Samm-
lern des Zwölfprophetenbuches, deren Ordnungsversuch im Anfang des
2. Jh. v. Chr. (Sir 49 10) abgeschlossen war, lag im Titel des Joelbuches keine
Zeitangabe vor. Woher sollten sie aber sonst um seine Herkunft aus
den Zeiten vor Amos wissen? Die problematischen inhaltlichen Bezüge,
die noch moderne Exegeten für die Zeit des Königs Joas am Ende des
9. Jh. anführen (GAmon, MBič), dürfen ihrer Einsicht nicht zugemutet
werden.

Wenn chronologische Gründe leitend waren, dann solche, die offen
am Tage lagen, vor allem Angaben über Regierungszeiten von Königen.
Sie finden sich in den Buchüberschriften bei Hosea, Amos, Micha, Zephanja, Haggai und Sacharja. Damit ist in der Tat ein chronologisches Ge-
rüst für das Zwölfprophetenbuch gegeben. Die Zuordnung der übrigen
Schriften bedarf jeweils besonderer Untersuchung. Eine Kontrollmög-
lichkeit bietet die Umstellung, die 𝕲 vornimmt. Sie zeigt ein ausgeprägtes
Interesse an der Chronologie, wie beispielsweise die Zuordnung von Ruth
zum Richterbuch oder die Nachordnung von Esra und Nehemia hinter die
Chronikbücher beweisen. Eben sie hat aber nun die drei Propheten Hosea,
Amos und Micha, die in den Buchüberschriften der Regierungszeit von
Königen des 8. Jh. zugeordnet sind, zusammengefaßt und Joel mit den
ebenfalls nicht datierten Büchern Obadja und Jona hinter sie eingereiht.
𝕲 war eine widersprechende Chronologie für Joel offenbar nicht be-
kannt.

Demnach müssen für die Ordner des hebräischen Zwölfprophetenbuches angesichts des Fehlens chronologischer Angaben im Joelbuch andere Gründe für die Einstellung zwischen Hosea und Amos maßgeblich
gewesen sein. Sie mußten ähnlich deutlich wie sonst die Zeitangaben
der Überschriften am Tage liegen. Nun weist der Wortlaut des Joel-

---

[1] Hieronymus gibt jüdische Überlieferung wieder mit den Worten: in quibus tempus
non profertur in titulo, sub illis eos regibus prophetasse, sub quibus et hi, qui ante eos
habent titulos, prophetaverunt (MPL 28, 1072).

buches an manchen Stellen Anklänge an andere Schriften des Zwölfprophetenbuches auf (s.u. § 4), aber mit keiner sind die Berührungen so
eng wie mit Amos. Hinzu kommt, daß diese wörtlichen Übereinstimmungen am Schluß des Joelbuches stehen: vgl. 4 16aα mit Am 1 2a und
4 18a mit Am 9 13b. Das macht die Einordnung vor Amos zunächst genügend verständlich. Die Ordner konnten aufgrund der Übereinstimmung des Kopfstückes Am 1 2a mit Jl 4 16aα die Völkersprüche des Amos in
1 3ff. als Entfaltung des in Jl 4 bezeugten Völkergerichtes ansehen, zumal
die von Joel (4 4. 19) speziell genannten Tyrus, Philister und Edom dort
(Am 1 9–10. 6–8. 11–12) wiederkehren.

So ist zu erkennen, daß nicht ein Wissen um die Zeit der Abfassung
des Joelbuches, sondern inhaltliche Bezüge seine Einordnung vor Amos
veranlaßt haben. Bei solchem literarischen Prozeß ist durchaus damit zu
rechnen, daß wesentlich jüngeres, aktuelles Schrifttum dem älteren als
Interpretationshilfe vorangestellt wird, wie es sich besonders deutlich und
umfassend bei der Redaktion der Pentateuchquellen gezeigt hat (vgl.
MNoth, Überlieferungsgeschichte des Pentateuch, 1948, S. 11ff.), aber
auch im Redaktionsprozeß der Prophetenbücher (zu Hos 1 s. BK XIV/1,
XXIV; zu Jes 1 GFohrer, Jes 1 als Zusammenfassung der Verkündigung
Jesajas: ZAW 74, 1962, 251–268). Die Ordner wollen höchstwahrscheinlich Amos und die nachfolgenden Propheten im Lichte der Verkündigung des Joelbuches gelesen wissen, in dem ein umfassendes Verständnis
der Prophetie vorgelegt wird, wie es die abschließende, kanonisierende
Redaktion der Prophetenbücher mitbestimmt hat.

§ 2. DIE ZEIT JOELS

In der Tat ist Joel wesentlich jünger als seine Nachbarn im Kanon.
Die Erörterung des Datierungsproblems soll ausgehen von der Frage
nach Anspielungen auf die allgemeine politische Geschichte. In
4 1–3 wird das katastrophale Geschick Judas und Jerusalems vorausgesetzt, das mit der Eroberung der Stadt im Jahre 587 durch Nebukadnezar II. und der Exilierung weiter Bevölkerungskreise eingeleitet wurde.
Dieses unvergeßlich einschneidende Ereignis liegt für Joel schon weit zurück. So wird auch nicht mehr von den Babyloniern gesprochen, die bereits 539 die Führungsrolle an die Perser abtreten mußten, sondern von
der schmachvollen Preisgabe an fremde Völker schlechthin, denen seither
das Land und seine Bewohner wehrlos ausgeliefert waren. Diesen größeren Abstand von der Exilszeit bestätigt die Erwähnung des Tempels, der
seit 515 wieder errichtet war und dessen Vorhandensein für Joel zu den
Selbstverständlichkeiten gehört (1 9. 14. 16 2 17 4 18). Auch zeigt die beiläufige Erwähnung der Mauer Jerusalems in 2 7. 9, daß die Stadtbefesti-

gung, wie sie Nehemia im Jahr 445 durchgeführt hat, längst wieder intakt ist (s.u.S.54). Damit haben wir zunächst die zweite Hälfte des 5. Jh. als terminus post quem erreicht.

Zeigt sich auch ein terminus ante quem? Die Aussage 4 17bβ ist zu wenig spezifisch geschichtsbezogen, als daß sich darauf die These gründen ließe, sie blicke auf die Einnahme Jerusalems durch Ptolemäus Soter im Jahre 312 zurück (s.u.S.99 gegen Treves). Ähnliches gilt von der Erwähnung Ägyptens und Edoms in 4 19 (s.u.S. 101f.). Dagegen weist die in 4 4 vorausgesetzte handelspolitische Verbundenheit der Phönikerstädte Tyrus und Sidon mit den Philisterstädten in die ausgehende Perserzeit (s.u.S. 93). Sie fand aber nicht erst mit dem Alexanderzug des Jahres 332 ihr Ende, sondern hinsichtlich Sidons schon im Jahre 343 mit dessen Zerstörung durch Artaxerxes III. Ochus (vgl. FKKienitz, Die politische Geschichte Ägyptens vom 7. bis zum 4. Jh. vor der Zeitwende, 1953, 181–185). Daß Sidon nach 343 nicht mehr enger mit Tyrus verbunden war, ist deshalb wahrscheinlich, weil es sich wie Arwad und Byblos sofort Alexander d. Gr. unterwarf, während Tyrus 7 Monate und Gaza 2 Monate lang Widerstand leisteten. Tyrus konnten die Mazedonier sogar erst mit Hilfe der beiden sidonischen Flotten (mit etwa 200 Schiffen) einnehmen (vgl. EKornemann, Weltgeschichte des Mittelmeer-Raumes I (1948) 109ff.). Die Erwähnung der Griechen, die nach 4 6 weit entfernt wohnen und nur durch phönikisch-philistäische Vermittlung erreichbar sind, zeigt, daß die Ereignisse des Jahres 332 noch in der ferneren Zukunft liegen. Man vergleiche nur, wie anders sie in Sach 9 13 𝔐 zum direkten Gegenüber geworden sind. Da nun aber 4 4–8 einen Nachtrag zum Joelbuch darstellt (s.u.S.89f.), muß dessen alter Bestand auf jeden Fall vor 343 vorgelegen haben. So sind wir im ganzen zunächst in das Jahrhundert zwischen 445 und 343 verwiesen.

Der Blick auf die innere Geschichte Jerusalems bestätigt dieses Ergebnis. Die Führung liegt bei den Ältesten und bei den Priestern; vgl. 1 2.13f. 2 16f. Die von Josephus „Theokratie" genannte Verfassung der nachexilischen Gemeinde, in der die Priesterschaft die Führung gewonnen hat, ist vorausgesetzt (s.u.S.28f. zu 1 2). Daß König und Hof nicht erwähnt werden, wäre nur dann auch in vorexilischer Zeit denkbar, wenn nicht in 1 2 betont das ganze Volk mit seiner Führung angesprochen und in 1 5–14 wie in 2 15–17 ganz unverkennbar ausnahmslos alle Kreise des Volkes und seiner Führung zur Klage und zur Buße aufgerufen würden (vgl. Jon 3 6f.). Ferner entsprechen die Art und Weise, in der stereotyp von „Speis- und Gußopfer" gesprochen wird (1 9.13 2 14), und die Bedeutung, die dieses Tamidopfer hat, entschieden dem kultischen Brauchtum der spätnachexilischen Gemeinde, ebenso die Benennung der Priester als „Diener Jahwes" und „Diener des Altares" (1 9.13 2 17; s.u.S.36 zu 1 9). Schließlich fällt die beiläufige Erwähnung der Mauer Jerusalems in 2 7.9

auf (s.u.S. 50). Alles in allem spricht das Bild der vorausgesetzten intakten Kultgemeinde für die Zeit nach Nehemia und Esra, also für die zweite Hälfte des bisher ermittelten Zeitraums, das ist die erste Hälfte des 4.Jh.

Wir sind soeben schon auf den Wortschatz aufmerksam geworden. Er will auch sonst in auffälligen Beispielen nur zur spätesten literarischen Schicht des Alten Testamentes passen. So kommt שֶׁלַח (2 8) nur noch Hi 33 18 36 12 2 Ch 23 10 Neh 4 11. 17 vor, סוֹף (2 20) nur noch 2 Ch 20 16 Qoh 3 11 7 2 12 13, צַחֲנָה (2 20) im Alten Testament nicht mehr, aber Sir 11 12. Außerdem sind im Alten Testament nicht belegt אלה = „klagen" (1 8), עבש, פְּרֻדוֹת, מֶגְרְרוֹת und מַמְּגֻרוֹת in 1 17; עבט II in 2 7, Worte, die sehr wahrscheinlich jüngere Bildungen darstellen. Die Sätze in 2 13b. 14a begegnen genau nur noch in Jon 4 2 3 9. Vom „östlichen und westlichen Meer" wird wie in 2 20 nur noch in Sach 14 8 gesprochen. Die Bitte „hab Mitleid" (חוּסָה 2 17) findet sich nur noch Neh 13 22.

Nicht zuletzt fällt für die Datierung die nachweisliche Abhängigkeit von einer Vielzahl älterer Propheten im allgemeinen entscheidend ins Gewicht (s.u. § 4), insbesondere aber für den terminus post quem, daß Joel ein so spätes Wort wie Ob 17a, das selbst kaum vor der Mitte des 5.Jh. denkbar ist, in 3 5 als ein Jahwewort zitiert. Auch bezieht er sich wahrscheinlich in 2 11 3 4 auf Stichworte der Verkündigung Maleachis (3 2. 23). Allerdings ist noch wichtiger und deutlicher, daß er im Unterschied zu Maleachi nichts mehr von kultischen Mißständen weiß; der priesterliche Dienst und die Opferpraxis sind bei Joel fest gefügt. Zwischen beiden muß also die Wirksamkeit Nehemias und Esras angenommen werden.

So werden wir von vielen Seiten her in die erste Hälfte des 4.Jh. gewiesen. Die Kultgemeinde ist geordnet. Äußere Erregungen beunruhigen die Gemeinde unter der seit langem eingespielten Herrschaft der Perser nicht. Unter der theokratischen Führung der Gemeinde, mit der Kanonisierung der Tora, im Vollzug des täglichen Opferdienstes und der inneren Reinigung von allem Fremden ist man des unverbrüchlichen Heilsstandes und der Erwählung Jerusalems als des Thrones des Königtums Jahwes gewiß; vgl. 1 Ch 17 14 29 10–19 2 Ch 13 (4–5. 8) 10–12.

So hat sich uns die nachexilische Datierung des Joelbuches bestätigt und verdeutlicht, die erstmalig von Wilhelm Vatke (Die biblische Theologie, wissenschaftlich dargestellt. Die Religion des AT nach den kanonischen Büchern entwickelt I, S. 462) im Jahre 1835 vertreten worden ist (Vatke dachte allerdings noch an das 5.Jh.) und sich seitdem mehr und mehr durchgesetzt hat – trotz einiger Gegenstimmen, die noch für die Zeit des Königs Joas am Ende des 9.Jh. (Amon 1942, Bič 1960), des Amos und Hosea (Schmalohr 1922) oder des Jeremia (Kapelrud 1948) eintraten.

§3. DAS BUCH JOEL

Das literarische Problem der Einheit des Buches hat die Forschung der letzten Jahrzehnte vornehmlich beschäftigt. Sie wurde zuerst in Frage gezogen durch Maurice Vernes (Le Peuple d'Israël et ses espérances, S. 46ff.) im Jahre 1872, ferner durch JWRothstein (SRDriver, Einleitung in die Literatur des AT, übersetzt und mit Anmerkungen herausgegeben von JWRothstein, S. 333f.) im Jahre 1896 und am wirksamsten durch BDuhm (Anmerkungen zu den zwölf Propheten, ZAW 31, S. 187) im Jahre 1911. Nach Duhm beschreibt in Kap. 1–2 ein charmanter Dichter einen Heuschreckeneinfall, während in Kap. 3–4 ein synagogaler Prediger der Makkabäerzeit in mäßiger Prosa seine Eschatologie entwickelt und dazu den dichterischen ersten Teil durch Einschub von 1 15 2 1b–2a. 11b annektiert, die also Fremdkörper im ursprünglichen Text der Kap. 1–2 darstellen. Mit Abwandlungen ist diese These einer zweiphasigen Entstehung des Joelbuches von vielen Auslegern übernommen worden, unter denen sich zuletzt noch Sellin (1929) und Robinson (1954) finden. Jedoch haben sich die Bedenken gegen die Zweiteilung des Buches zunehmend verstärkt (Dennefeld 1926, Rinaldi 1938, Kapelrud 1948, Deden 1953, Thompson 1955, Bourke 1959, Weiser 1959).

Das Problem schürzt und entscheidet sich schon in der Sicht des Verhältnisses der Kap. 1 und 2 zueinander. Man muß nämlich, auch abgesehen von den Jahwe-Tag-Stellen in 1 15 2 1f. 10f., bemerken, daß Kap. 2 nicht von der gleichen und auch nicht von einer ähnlichen Not handelt wie Kap. 1. Während 1 4–20 eine eingetretene Wirtschaftskatastrophe zum Gegenstand hat, deren Abwendung erhofft wird, blickt 2 1–17 auf eine kommende, endgültige Katastrophe Jerusalems, vor der zunächst kein Entrinnen mehr möglich erscheint (3b. 11bβ) und die im Licht der vorläufigen gesehen wird. Folgende Beobachtungen (vgl. zur exegetischen Begründung im einzelnen u. S. 47ff.) begründen diese Verhältnisbestimmung: (a) Kap. 1 blickt im Aufruf zur Volksklage wie in den Klagegebeten selbst durchweg in konstatierenden Perfektformen auf eingetroffene Nöte zurück, 2 1–17 lenkt dagegen die Aufmerksamkeit im Alarmruf und im Bußappell nur auf bevorstehende Nöte. Insbesondere unterscheiden die Einleitung zum Bußruf (2 12 „und auch jetzt") und dieser selbst das jüngst Verkündete (2 1–11) von dem zuvor in Kap. 1 Beklagten. (b) Sah Kap. 1 durch Heuschrecken eine außergewöhnliche Wirtschaftskatastrophe heraufgeführt, so nennt 2 1–17 nie mehr die Heuschrecken, sondern erwartet im Alarmruf ein vernichtendes, nie dagewesenes Feindheer (2b vgl. 6a); infolgedessen spricht das Gebet in 2 17 nicht mehr wie die Klagen in 1 16–20 von den Lebensmitteln, sondern von dem Verhältnis der Völkerwelt zum Gottesvolk, von dem in Kap. 1 an keiner Stelle die Rede war. (c) Während die Darstellung der Not in Kap. 1

durchweg aus Naturbeobachtungen schöpft, nimmt Kap. 2 in starkem Maße Traditionselemente der Feinddarstellungen in den Jahwe-Tag-Prophetien auf (s. u. S. 55f.).[1] Allerdings werden diese Elemente verdeutlicht durch Züge, die durch den Heuschreckeneinfall angeregt sind und die dem eschatologischen Feindheer der älteren Prophetie ein apokalyptisches Format verleihen. Diese Beobachtungen, die zunächst die Jahwe-Tag-Stellen in Kap. 1–2 unberücksichtigt lassen, machen um so deutlicher, daß 1 15 2 1b. 2a. 11b nicht etwa Fremdkörper darstellen, sondern daß umgekehrt erst von diesen Stellen aus das Verhältnis von Kap. 1 zu Kap. 2 und viele Einzelformulierungen von 1 6a angefangen verständlich werden. Eine eingetroffene, außergewöhnliche wirtschaftliche Not Jerusalems (Kap. 1) wird als Vorzeichen (1 15) dafür verkündet, daß die von der Prophetie angedrohte und von Joel neu formulierte eschatologische Verheerung Jerusalems nahe bevorsteht (2 1–11). So läßt nicht nur der Vergleich der eschatologischen Hauptstichworte in 1 15 2 1f. 10f. mit 3 3f. 4 14ff. die Einheit des Buches vermuten, sondern schon die eigenartige Zusammenfügung von Kap. 1 und 2 in ihrem Gesamtbestand.

Jedoch ist nun fraglos in 2 18–19a. 21–27 noch einmal wie in Kap. 1 die Wirtschaftslage Jerusalems Gegenstand der Rede (s. u. S. 73ff.), wovon hingegen Kap. 3 und 4 gänzlich schweigen. Führt diese Beobachtung nicht notwendig zu dem Schluß, daß Kap. 1–2 eine zeitgeschichtlich bezogene Prophetie bieten, dagegen Kap. 3–4 eine rein eschatologische? Damit wäre aber nicht nur das dargelegte Verhältnis von 2 1–17 zu Kap. 1 verkannt, sondern auch übersehen, daß die parallelen Erkenntniszusagen in 2 27 und 4 17 die beiden Teile zusammenbinden und schon 2 19b–20 eine Voranzeige der Wende der eschatologischen Not bietet (s. u. S. 73f.). Läßt man sich auf die Gesamtaussage des Buches ein, so wird man den entscheidenden Umbruch nicht nur des zweiten Kapitels, sondern des ganzen Buches zwischen 2 17 und 2 18 sehen, im Übergang vom Klagegeschrei zu den Erhörungsworten (s. u. S. 67). Von dieser Mitte aus ist eine nahezu vollendete Symmetrie der beiden Teile zu erkennen. Der Klage über die vorläufige Lebensmittelnot in 1 4–20 entspricht die Zusage der Wende dieser Not in 2 21–27, der Ankündigung der eschatologischen Katastrophe Jerusalems in 2 1–11 entspricht die Zusage ihrer Wende in 4 1–3. 9–17, der Aufforderung zur Umkehr zu Jahwe als dem vorläufig

---

[1] Luther hat im Bruch mit der exegetischen Tradition den Übergang von Kap. 1 zu Kap. 2 neu erkannt. 1524 hat er im Kolleg in Joel 1,4ff. nicht mehr Tierbilder für Völkerschaften (s. u. Textanm. 2,25b), sondern eine wirkliche Heuschreckenplage gesehen. In 2,11.17 rede Joel dann so offenkundig vom assyrischen Heer, daß er in Kap. 2 sichtlich von der kleineren Plage der Tiere übergehe auf „illam perfectam plagam, quae imminebat toti populo ... manu Assyrorum et Babyloniorum facta" (WA 13,71f.; vgl. GKrause, Studien zu Luthers Auslegung der kleinen Propheten: BHTh 33, 1962, 251).

Notwendigen in 2 12–17 entsprechen Geistausschüttung und Rettung auf Zion als das eschatologisch Notwendige in Kap. 3.

So zeigt das Buch aufs klarste zwei große Hauptteile; man zerstört von vornherein die Verständnismöglichkeit, wenn man sie zwei verschiedenen Verfassern zuweist. Die Generationen ansprechende, gewichtige Lehreröffnung und Lehrvermahnung in 1 2f., der Erzählrahmen in 1 4 und 2 18 und die anschließende große Rahmenform des zweiphasigen Erweiswortes mit seinem Brückenglied in 2 27 und dem Schlußglied in 4 17, worin Gegenwärtiges und Künftiges zusammengeschlossen sind, werden nur im Blick auf das ganze Buch voll verständlich (s.u.S. 68). Auch die Identität der Hauptstichworte und Wortgruppen in Kap. 1–2 und 3–4 spricht für den gleichen Verfasser: vgl 1 14 mit 4 9 (קדשו ... קראו); 1 15 und 2 1bβ–2aα mit 4 14 (בוא יום יהוה), 2 1bα mit 3·4b (כי קרוב יום יהוה), 2 2 mit 3 4 (חשך ...), 2 3 mit 3 5 (תהיה פליטה), 2 10a mit 4 16aβ (רעשו שמים וארץ), 2 10b mit 4 15 (שמש וירח קדרו וכוכבים אספו נגהם), 2 11a mit 4 16aα (ויהוה נתן קולו), 2 11b mit 3 4b (יום יהוה הגדול והנורא), 2 16 mit 4 (2) 11 (קבצו), 2 17 mit 4 2 (הגוים ... עמי ונחלתי).

Wenn somit der Grundbestand der vier Kapitel auf einen Verfasser zurückgehen wird, so sind doch literarische Nachträge nicht ausgeschlossen. Am deutlichsten erweist sich 4 4–8 als ein solcher von anderer Hand mit einer vom übrigen Buch abweichenden Satzbildung und Anschauung (s.u.S. 89f.). 2 26b wird auf ein Schreiberversehen zurückgehen (s.u. Textanm. 2 26c). Auch 4 18–21 wirkt nach 4 17 wie ein sekundäres Stück, kann aber von Joel selbst nachgetragen sein (s.u.S. 90), ebenso kleinere Einschübe wie 2 3bβ und 3 2 (s.u.S. 69). Dagegen erkennen wir keinen zwingenden Grund, Kap. 3 als Nachtrag anzusehen. Vielmehr fügt sich 4 1ff. besser an 3 5 als an 2 27, und der Übergang von 2 25–27 zu 3 1f. ist von der Tradition vorgezeichnet (s.u.S. 70f.).

Die Kapiteleinteilung ist nicht einheitlich. Zunächst gliederte Stephan Langton um 1205 die Vulgata in drei Kapitel (1 1–20 2 1–32 3 1–21). Diese Einteilung wurde im 14. Jh. auch in die hebräische Bibel bis einschließlich der ersten im Jahre 1516/17 von Daniel Bomberg in Venedig gedruckten Rabbiner-Bibel des Felix Pratensis sowie in 𝕲 und die meisten sonstigen Übersetzungen eingeführt. Erst die vom gleichen Drucker im Jahre 1524/25 herausgebrachte zweite Rabbiner-Bibel des Jakob ben Chajjim brachte durch Aufteilung des 2. Kap. die im heutigen hebräischen Text übliche Gliederung in vier Kapitel (1 1–20 2 1–27 3 1–5 4 1–21). Die Luther-Bibel übernahm zunächst die Vulgata-Einteilung in 20+32+21 Verse; seit den Cansteinschen Drucken im 18. Jh. findet sich eine Einteilung in 20+27+26 Verse; erst mit der Probebibel von 1883 und der durchgesehenen Auflage von 1892 wird die Gliederung der zweiten Rabbiner-Bibel in 20+27+5+21 Verse übernommen; vgl. ENestle, ZAW 24 (1904) 122–127.

§ 4. DIE SPRACHE JOELS

Die Eigenart der Sprache unseres Buches ist zunächst am besten von dem das Ganze tragenden Gerüst der Hauptformen her zu erfassen. Der Lehreröffnungsruf (1 2a) und die Mahnung zur Überlieferung durch die Kette der Generationen (3) schlagen den Grundton an und zeigen sofort mit ihrem Interesse am Außerordentlichen im Vergleich der Zeiten (2b) eine weisheitlich-lehrhafte Neigung (s.u.S. 29f.). Der Appell zum Weitererzählen bis in künftige Geschlechter empfängt nicht schon vom 1. Kap. her, sondern erst von seinem Zusammenhang mit allen folgenden Stücken seinen Sinn. Sie erst zeigen, inwiefern das Gegenwärtige die Künftigen betrifft.

Was zu überliefern ist, wird in die Grundform einer großen Klageliturgie gefaßt. Am Leitfaden ihrer Elemente wird alles untergebracht, was des Aufmerkens und Weitersagens wert erscheint. Der Abstand vom Vollzug einer Klagefeier ist aber nicht zu übersehen und wird zunächst an den Erzählsätzen in 1 4 und 2 18 erkannt. Sie nennen die grundlegenden Tatsachen der furchtbaren Gegenwartskatastrophe und des neuen Mitleids Jahwes, die dann in äußerst lebendig und höchst kunstvoll gestalteten liturgischen Einzelstücken entfaltet werden. Als überkommene Hauptformen der üblichen Klagefeier erscheinen in 1 5–14 der vierstrophig ausgebaute Aufruf zur Volksklage (s.u.S. 23f.) mit anschließendem Klagegeschrei (1 15–18) und Klagegebeten (1 19–20), sodann in 2 19–27 die im wesentlichen darauf bezogenen Erhörungszusprüche mit ihren typischen Merkmalen (s.u.S. 68). Dieses Gerüst einer üblichen Klageliturgie wird in beiden Teilen ausgebaut und ist erst dadurch für die späteren Geschlechter überliefernswert.

Den Klagen des Kap. 1 begegnet in 2 1–11 zunächst ein großer Alarmruf mit Feindschilderung, mit dem nach dem Vorzeichen des Tages Jahwes in Kap. 1 der unentrinnbare Jahwe-Tag selbst angekündigt wird. Im Zusammenhang bekommt dieser Alarmruf des 2. Kap. eine ähnliche Funktion wie die Begründungen im Aufruf zur Volksklage in Kap. 1 (vgl. 2 1a mit 2 15a), allerdings erst dadurch, daß ihm ein direkter Aufruf zur völligen Umkehr zu Jahwe als Voraussetzung einer echten Klagefeier folgt (2 12–17). Damit hat der erste Teil der alten Klageliturgie eine eigentümliche Verdoppelung erfahren, die angesichts des Vorherrschens der Zeitkategorien (1 2b. 15 2 1b. 2a. b. 11b) und der spezifischen Inhalte nur als ein Nacheinander einer eingetretenen vorläufigen und einer angekündigten endzeitlichen Not mit den entsprechend verschiedenen Klage- bzw. Bußreaktionen gedeutet werden kann.

Dementsprechend ist der zweite Hauptteil der Liturgie ausgebaut. Schon im Eingang des tragenden Erhörungszuspruchs wird wahrscheinlich neben der Wende der Lebensmittelnot (19a) die der endzeitlichen

Not zugesagt (19b–20; s.u.S. 74). Die Fortsetzung bleibt aber in zwei verschieden geformten Erhörungszusprüchen (21–24. 25–26) beim ersten Thema. Mit 27 werden diese Zusagen der Wiedergutmachung der bisherigen Nöte Jerusalems zu einem Erweiswort umgestaltet (s.u.S.68). Wie die Fortsetzung schon in 27b und dann über 31ff. 41ff. zu 417 hin zeigt, wird es weiterhin zu einem zweistufigen Erweiswort (s.u.S.77f.) ausgebaut. Damit ist die zugesagte Wende der eingetroffenen Nöte nicht nur Erkenntnisgrund dafür, daß Jahwe Israels Gott ist, sondern darüber hinaus Grund der Gewißheit, daß er in einer späteren Phase (31a) endgültig so an Jerusalem (31–5) und an der Völkerwelt (41–3. 9–17) handelt, daß sein Volk endgültig nicht zuschanden wird (227b). Die Erkenntnisformel in 227 ist also im zweiten Hauptteil das Mittel, den ersten Erhörungszuspruch um die eschatologische Verkündigung zu erweitern. Sie zeigt sich zunächst in unbedingten Heilsansagen für Jerusalem (31.5) und in begründeten Strafandrohungen für die Völker (41–3), danach in wiederum besonders fesselnder Sprache in ironischen Aufforderungen zum Kampf und zur Gerichtsversammlung (49–14), die ein glänzendes Gegenstück zu dem Alarmruf mit Feindschilderung in 21ff. darstellen und wie dieser schließlich in eine ganz ähnliche, weithin wörtlich entsprechende Schilderung der Theophaniezeichen (415f. vgl. 210f.) übergehen, die den Tag Jahwes kennzeichnen. Damit ist das Ende der eschatologischen Botschaft der zweiten Phase erreicht, das in 417 mit der Wiederaufnahme der Erkenntniszusage aus 227 die große, zum zweistufigen Erweiswort ausgestaltete Erhörungszusage besiegelt.

Die formgeschichtliche Analyse der tragenden Formen des Joelbuches und ihrer eigenartigen Weiterbildung bestätigt nicht nur die Einheit des Buches, sondern zeigt zugleich, daß hier ein kunstvolles literarisches Gebilde vorliegt. Es hat zwar fast ausschließlich rhetorische Formen verwendet: von der Lehreröffnung und Lehrvermahnung über den Aufruf zur Volksklage, das Klagegeschrei und die Klagegebete, den Alarmruf mit Feindschilderung und den Bußruf bis zu den Erhörungszusprüchen und Erweisworten mit ihrem Einbau von Heils- und Strafansagen und Aufforderungen zum Kampf. Aber schon diese Einzelformen haben sich zumeist erkennbar von ihrem ursprünglichen Sitz im Leben gelöst, indem sie kunstvoll ausgestaltet wurden, wie der vierstrophige Aufruf zur Volksklage (15–14), die große Feindschilderung beim Alarmruf in 24–9 und das zweistufige Erweiswort, oder aber indem verschiedenartige Belege einer Form kombiniert wurden, wie die verschiedenen Klagestücke in 115–20, die verschiedenartigen Erhörungszusprüche in 219–27 und die verschiedenen Aufforderungen zum Kampf und zur Gerichtsversammlung in 49–14.

So ist das Buch im ganzen doch von Haus aus Literatur. Seine soziologische Funktion ist im Unterschied zu den von ihm aufgenommenen, im Kultus, im heiligen Krieg und der älteren Prophetie beheimateten Redeformen eine Art literarischer Opposition; sie wird von einer sehr großen Erkenntnisleidenschaft (1 2f. 2 27 4 17) gegenüber der bereits Schrift gewordenen älteren Prophetie getragen und weiß sich zur Erweckung der sich versteifenden, religiös-selbstsicheren theokratischen Kultgemeinde verpflichtet.

Im einzelnen ist die Sprache Joels von den älteren Propheten bestimmt. Die Auslegung weist das Stück um Stück nach. Hier sei nur auf den umfassenden Befund hingewiesen:

1. Vereinzelt führt Joel selbst ausdrücklich älteres Prophetenwort als Jahwewort ein (in 3 5 Ob 17; vielleicht auch in 2 12 s.u.S. 57).

2. Ganze Sätze sind an entscheidenden Stellen übernommen: Jes 13 6 (mit Ez 30 2f.; vgl. Zeph 1 7 Ob 15) in 1 15 (vgl. 4 14b); Am 1 2a in 4 16aα, ebenso größere Wortgruppen aus Zeph 1 14f. in 2 1f.

3. Eine sehr große Anzahl kleiner Wortgruppen und einzelne Stichworte fließen in die von Joel selbst gestalteten Sätze ein: „alle Gesichter erglühen" in 2 6b aus Nah 2 11b, „Himmel und Erde erbeben" in 2 10a aus Jes 13 13, daß „Sonne, Mond und Sterne" ihren Schein verlieren in 2 10b aus Jes 13 10, die Frage, „wer Jahwes großen und furchtbaren Tag ertragen könne" in 2 11b (vgl. auch 3 4) aus Mal 3 2.23, die Begründung für die Umkehr, daß Jahwe „gnädig und barmherzig, langmütig und reich an Huld ist und sich des Unheils gereuen läßt" in 2 13b wie Jon 4 2, die Hoffnung „vielleicht tut's ihm noch einmal leid" in 2 14a wie Jon 3 9 vgl. Zeph 2 3, die Vorstellung des Feindes aus der Ferne als des „Nördlichen" in 2 20 nach Jer 1 14f. 4 6 6 1.22 und Ez 38 6.15 39 2, daß Jahwe Israels Gott ist „und keiner sonst" in 2 27 aus Jes 45 5.6.18.22 46 9, daß Jahwe seinen „Geist ausschütten" will in 3 1 aus Ez 39 29 (vgl. Sach 12 10), die Wendung „in jenen Tagen und in jener Zeit" in 4 1 wie nur noch Jer 33 15 50 4.20, daß Jahwe „alle Völker sammelt" in 4 2 wie Jes 66 18a, [daß die Taten der Feinde auf ihr Haupt zurückkehren in 4 4.7 wie Ob 15], die Aufforderung, den heiligen Krieg zu rüsten und nach Jerusalem heraufzuziehen in 4 9 aus Jer 6 4, daß das Kampfgeschehen dem Ernten und Keltern verglichen wird in 4 13 wie Mi 4 13 Jer 25 30 Jes 63 3 17 5, das Stichwort „Kampfgetöse" in 4 14 wie Jes 13 4 Ez 7 11–13 30 4.10.15 39 11.15, daß „Jahwe auf dem Zion wohnt" in 4 17aβ wie Jes 8 18, daß Jerusalem als Stadt des „Heiligtums" nicht mehr von Fremden durchzogen wird in 4 17b wie Jes 52 1, [daß „die Berge von Traubensaft triefen" in 4 18a wie Am 9 13, daß ein Quell aus dem Tempel hervorgeht in 4 18b wie Ez 47 1ff. (vgl. Sach 14 8)].

4. Gelegentlich kommen wichtige und seltene Sätze in Umkehrung ihres ursprünglichen Sinnes vor, so Jes 51 3a in 2 3b und Jes 2 4 (Mi 4 3) in 4 10. Das ist ein Zeichen der Freiheit und Selbständigkeit Joels im Umgang mit überliefertem Prophetenwort.

5. Wichtiger als die Einzelentsprechungen ist die Tatsache, daß alle bedeutenden Redeformen, die Joel verwendet, mit ihrer Topik von prophetischen Überlieferungen bestimmt sind. Die Verbindung des Klageaufrufs „Wehklaget!" (הילילו), der das Leitwort in 1 5–14 ist, mit dem Ach-Ruf über den Tag Jahwes in 1 15 ist in Ez 30 2 vorgebildet (s.u.S. 25). Der Alarmruf in 2 1ff. entspricht dem Warnruf vor dem Feind aus dem Norden (vgl. Jl 2 20) in Jer 4 5 6 1. Die Topik der Feindschilderung entspricht weithin der Jahwe-Tag-Schilderung in Jes 13 (s.u.S. 55f.). Die Ausgestaltung des Erweiswortes zur Zweistufigkeit mit doppelter Erkenntniszusage führt ezechielische Formen weiter und ist in dem Übergang von 2 27 zu 3 1 vor allem von Ez 39 28f. bestimmt. Die Aufforderungen zum Kampf in 4 9–14 sind durch die Fremdvölkerworte in Jer 46 und 49–51 sowie in Ez 29. 30. 32. 35. 38f. angeregt. Bei dieser Anlehnung an die Formen der älteren Prophetie ist wiederum als ein wichtiges Zeichen der Eigenständigkeit Joels zu beachten, daß er die Adressaten auswechseln kann, so daß z.B. das Wort gegen Ägypten in Ez 30 2f. und das gegen Babel in Jes 13 6 von ihm in 1 15 gegen Jerusalem gewendet werden.

Im ganzen ergibt der genaue Einzelvergleich, daß drei Überlieferungskomplexe die Sprache Joels maßgeblich beeinflußt haben: die Jahwe-Tag-Prophetien, vor allem Zeph 1f. Jes 13 Ez 30 Ob und Mal 3, ferner die damit zusammengehörigen Fremdvölkerworte im Jeremiabuch (46. 49–51) und im Ezechielbuch (29–32. 35.), schließlich die Prophetenworte vom Feind aus dem Norden (Jer 4–6; Ez 38f.).

Die Erkenntnis dieser Einflüsse darf zweierlei nicht verdecken:

1. Joel redet aktuell. Ihm ist ein neues Jahwe-Wort anvertraut. Die Heuschrecken- und Dürrekatastrophe veranlaßt ihn, seine Zeitgenossen zur Hinwendung zu dem uneingelösten Prophetenwort vom Tage Jahwes zu bewegen, das früher verkündet wurde und das die Gegenwärtigen als ihre umstürzende Zukunft erkennen sollen. Die Vollmacht zu solch aktuellem Umkehrruf kann sich außer durch Ezechiel vor allem durch die deuteronomisch-deuteronomistischen Fluchworte (Dt 28 27. 33. 38. 49–51. 60) und durch die deuteronomistischen Umkehrmahnungen (Dt 30 10 1 S 7 3 1 Kö 8 48 2 Kö 23 25) legitimiert sehen (s.u.S. 57f.).

2. Joel spricht trotz seines angespannten Hörens auf die älteren Propheten weithin seine eigene Sprache, mit freien, oft eleganten, die Thematik unterstreichenden Rhythmen (z.B. 1 14 2 9.20; s.u.S. 70), mit Konkretionen, die der Hellsicht des eigenen Auges entstammen und den entschlossenen Willen zeigen, von allen gehört zu werden (1 5–14 2 16f. 4 2f.), mit originellen Metaphern von dichterischer Größe (1 6 2 4ff. 3 1. 3).

Welche Funktion Joels in der Jerusalemer Gemeinde spiegelt seine Sprache? So gewiß er der Priesterschaft nahesteht und liturgische Formen aufnimmt, ist dies Buch im ganzen doch alles andere als ein Doku-

ment priesterlichen Dienstes. Hier vernehmen wir einen „Schriftpropheten" im strengsten Sinne, sofern er prophetisches Schrifttum liest und
selbst Prophetie schreibt. Er gehört zu denen, die die literarischen Überlieferungen der Propheten „mit der Leidenschaft Gequälter studieren.
Sie gewinnen daraus Schlüsse, die ihnen zu neuer Offenbarung werden"
(GQuell, Wahre und falsche Propheten, 1952, 133). Er ist von der Mahnung umgetrieben, die Jes 34, ein ihm in mehrfacher Hinsicht verwandtes
Kapitel, in 16 formuliert: „Forschet in der Schrift Jahwes und leset;
nicht eins davon wird man missen, denn sein Mund hat's entboten, und
sein Geist hat's gesammelt." So tritt hier eine „gelehrte Prophetie"
vor uns hin, die in heißer Erkenntnisleidenschaft und mit Hilfe weisheitlicher Schulung die überkommene eschatologische Botschaft aufnimmt
und im angespannten Warten auf Jahwes Zukunft neu zur Sprache
bringt. Das Neue liegt formal zunächst darin, daß die eschatologischen
Überlieferungen in einen zeitlichen Ablauf hineingeordnet werden und
der Ausgangspunkt der Neuverkündigung in der Not der Gegenwart entdeckt wird, so daß die zeitgenössische Generation und ihre Nachkommen
damit noch einmal unter einen Ruf zur Umkehr gestellt werden.

Joel kann nicht wohl zu den Kreisen gehören, die auf die kanonisierte
Tora pochen und in ihrer kultischen Erfüllung den letzten Willen des
Gottes Israels sehen. Vielmehr hat man den Eindruck, daß er zu jenen
eschatologischen Kreisen gehört (OPlöger, Theokratie und Eschatologie,
1959, 59.134), die noch ein ganz neues Handeln Jahwes erwarten und im
Jerusalem des 4.Jh. eine literarische Opposition gebildet haben, zu der
auch der Verfasser der eschatologischen Kantaten Jes 24–27, später der
von Sach 12–14 und, auf einem anderern Flügel, auch der sprachverwandte Verfasser der Jona-Erzählung gehört haben müssen.

§ 5. DIE BOTSCHAFT JOELS

Was bringt Joel zur Sprache? Sein Generalthema ist der Tag Jahwes. Keine alttestamentliche Stimme behandelt es so ausführlich und
systematisch wie er. Jeder Abschnitt seines Buches will als Beitrag zu diesem Thema verstanden werden (1 15 2 1.11 3 4 4 14). Jahwes Tag ist der
Termin seines bevorstehenden Handelns, mit dem er die Entscheidung
zwischen Israel und der Völkerwelt heraufführt. Von seinen Wurzeln
im altisraelitischen Jahwekrieg her (vRad, Theol AT II, 129ff.) und
überall, wo es dann in der prophetischen Eschatologie mit dem Kennwort „Tag Jahwes" aufgenommen wird, handelt das Thema von der
Entscheidung zwischen Israel und den Völkern. Joel liegen dabei längst
die beiden Abwandlungen vor: der Tag Jahwes kann sowohl die Entscheidung zur Rettung wie zur Vernichtung Israels herbeiführen (s.u.S.

38f.). Sein eigener Beitrag ist zunächst der, daß er beide systematisch verarbeitet. Die gerichtsprophetische Sicht, nach der Jahwe das Völkerheer zur Vernichtung Israels heranführt, bringt er im ersten Teil zur Sprache (1 4–2 17), die heilsprophetische, nach der Israel vor dem Ansturm der Völker durch Jahwe gerettet und die Völker vernichtet werden, im zweiten Teil (2 18–4 17 [21]). Indem er das Thema nach beiden Seiten hin entfaltet, steht er an der Schwelle von der prophetischen zur apokalyptischen Eschatologie.

Wenn Joel in der ersten Hälfte des 4. Jh. (s. o. S. 4) so ausführlich und eindringlich vom Tage Jahwes handelt, so stellt er damit unter seinen Zeitgenossen, vor allem in den Führungskreisen Jerusalems, ein weithin zurückgedrängtes, wenn nicht vergessenes Thema mit großer Leidenschaft neu zur Diskussion. Die Wiederherstellung Judas und Jerusalems nach dem Exil, wie sie zunächst durch Serubbabel gefördert und dann durch Nehemia und Esra bis zur Wende zum 4. Jh. konsolidiert worden war, kann er nicht als vollgültige Erfüllung des in der Geschichte ergangenen Jahwewortes für Israel ansehen (Merx 42). Denn neben dem Wort der Tora, auf das die priesterlichen Kreise pochten, steht das prophetische Wort. Unter ihm aber muß erkannt werden, daß das Verhältnis zwischen Israel und der Völkerwelt, wie es sich in der gegenwärtigen Jerusalemer Kultgemeinde im politischen Rahmen einer persischen Satrapie darstellt, nicht dem letzten Willen des Gottes Israels entspricht. Joel behandelt zwar den geordneten Gottesdienst mit seinem Brauchtum und den Dienst der Priester als eine an sich nicht anfechtbare Selbstverständlichkeit (1 9. 13f. 16 2 15–17), er sieht aber darin nur ein Vorläufiges, Vorübergehendes, das von neuen, endgültigen Taten Gottes überholt werden wird, eben von dem neu zur Sprache gebrachten Tag Jahwes.

Den aktuellen Einsatz gewinnt er mit einer akuten Not seiner Tage. Wenn auch die politischen Verhältnisse im Perserreich in der damaligen Zeit völlig konstant und endgültig zu sein scheinen, so sollten doch ein verheerender Heuschreckeneinfall und eine katastrophale Dürre (1 4–20) zeigen, daß in der Geschichte Jerusalems und Judas noch ganz Außergewöhnliches auftritt (1 2b). Eben dadurch sollen Jerusalem und Juda und seiner Führerschaft die Augen dafür aufgerissen werden, daß die Geschichte noch erst ihren grundstürzenden Veränderungen entgegengeht und daß das prophetische Thema vom Tage Jahwes durchaus noch nicht erledigt ist. Dabei sind ihm die Heuschrecken deshalb besonders wichtig, weil sie als ein „mächtiges, zahlloses Volk", das gegen Jahwes Land anrückt, prototypische Bedeutung haben für das eschatologische Verderbensheer, das, von Jahwe selbst angeführt, an seinem Tage gegen Jerusalem heraufziehen soll (vgl. 1 6 mit 2 2–11). Über der Klage wegen der eingetretenen Wirtschaftsnot, die als Vorzeichen des Tages

Jahwes zu sehen ist, muß darum Jerusalem zunächst die Ankündigung des endgültigen Gerichtstages neu vernehmen, an dem Jahwe sein unbesiegliches Heuschreckenheer heraufführen wird, um so die prophetischen Androhungen des „Feindes aus der Ferne" oder „vom Norden" endgültig zu erfüllen (zum Problem der Deutung von 2 1–11 s.u. S. 47ff.). Das außergewöhnliche Zeitgeschehen will also auf die Verkündigung eines umstürzenden, endgültigen Geschehens hinweisen. Jerusalems fromme, gottesdienstliche Selbstsicherheit muß das zur Kenntnis nehmen. Darum begegnet der kultischen Klage in der Wirtschaftsnot (1 16–20) zuerst der eschatologische Alarm (2 1ff.). So wird der Übergang von Kap. 1 zu Kap. 2 zu deuten sein (s.u. S. 49f.). Wieder zeigt sich dieser „gelehrte Prophet" an der Schwelle von der prophetischen zur apokalyptischen Prophetie, indem er die Zeiten zu vergleichen beginnt und auf die einschneidenden Veränderungen achtet (1 2b 2 2b).

Die Wende des Tages Jahwes vom Gerichtstag zum Heilstag kann nur eine völlige Umkehr bringen (2 12f.). Indem er an entscheidender Stelle dazu aufruft, zeigt sich Joel sprachlich als Schüler deuteronomistischer Theologie (s.u. S. 57) und thematisch vor allem als Schüler Ezechiels. An die deuteronomistische Sprache erinnert die Aufforderung, „mit ganzem Herzen umzukehren", sich also wahrhaft neu auf Jahwes Kommen hin zu orientieren und nicht nur einen Klageritus durchzuführen, der lediglich Restaurationen erwartet. Der Sache nach steht Joel aber in der Nachfolge Ezechiels, indem die Umkehr nicht wie im deuteronomistischen Geschichtswerk auf Grund der Tora, sondern auf Grund der prophetischen Verkündigung, hier eben des eschatologischen Alarms, erfolgt (vgl. Ez 33 1–20 18 21–32 3 20–21). Joel nimmt noch einmal das ezechielische Amt des Wächters Israels wahr, indem er angesichts des Unheils, das er über das Land hereinbrechen sieht, das Volk („auch jetzt noch" 2 12) zur Umkehr ruft. Der Abstand von Ezechiel ist darin zu erkennen, daß er überhaupt nicht Schuld zur Sprache bringt, von der Jerusalem sich abwenden sollte. Während der deuteronomistische Geschichtsschreiber vor allem den Abfall von der Mose-Tora beklagte und die Hinwendung zu ihr forderte, ist bei Joel die Umkehr nötig, weil das prophetische Wort vom Tage Jahwes, das sich gegen Jerusalem richtet, über der kultisch-frommen Selbstgenügsamkeit überhört wird. Deswegen sind Herzen und nicht Kleider zu zerreißen (2 13a). Umkehr heißt für Joel wesentlich, auf Grund der prophetischen Verkündigung den ganz neuen Taten Gottes an Jerusalem mit Furcht und Zittern entgegensehen. Das ist sein zentrales Kerygma zum vergessenen Generalthema „Tag Jahwes". (Übrigens bringt es schon die Verknüpfung der Umkehr-Botschaft mit dem Jahwe-Tag-Thema mit sich, daß jenem Ruf bei Joel jeder ethisch-moralische Beigeschmack fehlt: zum Jahwe-Tag-Thema gehört von den alten Jahwekriegen her über Am 5 18ff. bis zu Ez

30 – vgl. Zimmerli BK XIII, 739 – primär nicht das Thema Schuld.)

Die von Joel verkündete Umkehr gibt der Freiheit Jahwes Raum (2 14). Daß in ihr die Barmherzigkeit siegt, dafür ist das Unterpfand die Erhörungszusage in der gegenwärtigen Wirtschaftsnot (2 19–27), die darum auch als Vorspann in das große zweistufige Erweiswort, das nun bis zum Ende des Buches durchläuft, hineingenommen wird (s.u.S. 68). Die Wende der Lebensmittelkatastrophe wird Erkenntnisgrund (2 27) dafür, daß der Jahwetag selbst für Jerusalem die Erfüllung der alten Heilszusagen bringen wird. Wer sich auf den kommenden Gott hin orientiert, darf nie nur Restaurationen erwarten. Durch die Ausschüttung seines Geistes (3 1f.) wird Jahwe die Gemeinde selbst umgestalten zu einem ihm in allen Gliedern völlig verbundenen Volk. Die theokratisch-hierarchische Ordnung der Gegenwart wird von der Eintracht in seinem Geist überwunden werden. Die kosmischen Katastrophen werden nur Wahrzeichen dafür sein, daß an dem großen und furchtbaren Jahwe-Tag auf dem Zion eine Verschonung bereitet ist für alle, die, vom Ruf getroffen, den Kommenden anrufen (3 5). Neben das skizzenhafte Bild von der völligen Erneuerung und Rettung Jerusalems tritt in Kap. 4 das Gegenbild der vergehenden Völkerwelt. Sie wird an dem Unrecht scheitern, das sie einem wehrlosen Israel angetan hat (4 2–3). In einem letzten Jahwe-Krieg wird ihr Schicksal in der Ebene des Strafgerichts besiegelt werden (4 9–14). Jahwe aber wird sich als der Sieger auf dem Zion niederlassen, und in seiner Gegenwart wird sein Volk, das eigentlich das gleiche Strafgericht verdient hatte (2 1–11), im Schatten der Barmherzigkeit des Bundesgottes (vgl. 2 13b mit 4 17) Zuflucht und ungestörten Frieden haben (die Nachträge 4 18–21 und 4 4–8 verdeutlichen in verschiedener Weise einzelne Züge des Kapitels; s.u.S. 89f.).

So entsteht vor den Jerusalemern der ersten Hälfte des 4. Jh. ein völlig neues Bild der Gemeinde um den Zion (Kap. 3) und ihrer weiten Umwelt (Kap. 4). Wie anders ist die Gegenwart (s.o.S. 4)! Die in einer gegenwärtigen Erhörung (2 19ff.) verwurzelte und neubegründete Ankündigung weckt zum Aufbruch den kommenden Taten Gottes entgegen, der „inmitten Israels" (2 27) an Jerusalem und der ganzen Welt zugleich handelt. Noch einmal sehen wir Joel an der Schwelle von der prophetischen Eschatologie zur Apokalyptik stehen, sofern er eine vorläufige Erhörung (2 19ff.) von der endgültigen Heilszeit (3 1ff.) unterscheidet und das Geschick Israels und der ganzen Völkerwelt im Endgeschehen zusammenschaut, wobei er ausdrücklich älteres Prophetenwort kommentiert (3 5). Doch hat er die Schwelle noch nicht überschritten, da er eine zeitliche Staffelung der verschiedenen Akte innerhalb der Endzeit nicht vornimmt (vgl. die Zeitbestimmungen in 3 1.2 4 1).

Wir fassen zusammen, inwiefern die Botschaft dieses „gelehrten Propheten" zur Apokalyptik unterwegs ist:

1. Er entfaltet das Thema des Tages Jahwes nach allen Seiten und denkt dabei grundsätzlich universal. „Alle Völker" (42.11) werden im Endgeschehen mit Israel zusammengeschaut; jedoch gehen die Völker ins Gericht, während Israel heilvoller Friede bereitet wird.

2. Er zeigt ein weisheitlich bestimmtes Interesse am Unterschied der Zeiten (1 2b 2 2b, s.u.S. 52). Dabei zieht er Naturphänomene an entscheidender Stelle in die Betrachtung hinein (1 4ff. vgl. 2 10f. 4 15f. [4 18]). Vor allem sieht er den Gegensatz zwischen den gegenwärtigen und den künftigen Verhältnissen, kennt jedoch auch schon eine Vorstufe des Künftigen (2 19-27), die Erkenntnisfunktion gewinnt.

3. Als gelehrter Prophet ist er direkt (3 5) und vor allem indirekt mit der systematischen Verarbeitung der überlieferten Prophetenworte beschäftigt. Er deutet auch Gegenwartsgeschehnisse von der älteren Prophetie her (1 15).

Gleichzeitig ist zu beachten, was ihn noch mit der älteren Prophetie verbindet und von der späteren Apokalyptik unterscheidet:

1. Israel wird in der Gegenwart zunächst ein ähnliches Totalgericht verkündigt, wie es später für die Völkerwelt angesagt wird (2 1-11).

2. Die Verkündigung setzt nicht mit der (als Zukunft getarnten) Vergangenheit, sondern entschlossen mit der Gegenwart ein.

3. Die Zukunft steht in der Freiheit Gottes (2 14). Die gleiche Endgerichtstheophanie (2 10f. 4 15.16a) kann zwei völlig entgegengesetzte Wirkungen haben: Zerstörung Jerusalems (2 1-9) oder Gericht über die Völkerwelt (4 1-3. 9-14 [19]) mit Rettung und Erneuerung Jerusalems (3 1-5 4 16b. 17 [18. 20f.]). Der gegenwärtige Hörer kann deshalb in der entscheidenden Mitte der Schrift zur Umkehr aufgerufen werden (2 12f.).

Insofern hört Joel nicht auf, Prophet zu sein.

Was sagt er uns heute?

1. Israel wird aus der Tora-Genügsamkeit aufgeweckt, den kommenden, freien Taten der Barmherzigkeit Gottes entgegenzuleben (2 12-14), und wird so „auf Christi Zukunft bereitet" (Luther, WA 19, 350; vgl. GKrause, Studien zu Luthers Auslegung der kleinen Propheten: BHTh 33, 1962, 298).

2. Das inzwischen verkündete Christusgeschehen hat zweierlei gegenüber der Erwartung Joels verändert: a) Die Freiheit der Barmherzigkeit des Gottes Israels hat alle Menschen aus allen Völkern in die Rettung auf dem Zion einbezogen. b) Diese Rettung auf Zion ereignet sich vorläufig in der Wirksamkeit des Geistes des in Jerusalem gekreuzigten und erweckten Christus im Wort seiner Zeugen.

3. Die Kirche bedarf desselben Weckrufs wie Israel, wo sie nach Christus in gesetzlicher Frömmigkeit und in hierarchisch-liturgischem Handeln das Ziel der Heilsgeschichte sehen zu können meint.

4. Gegenwärtige außergewöhnliche Bedrohungen, insbesondere auch

ihres eigenen Gottesdienstes (Kap. 1), sollen sie daran erinnern, daß sie der totalen Bedrohung durch ihren Herrn gewärtig zu sein hat (2 1–11), daß sie „aber auch jetzt noch" auf Grund der in Christus schon erwiesenen Barmherzigkeit zur ganzen Umstellung auf die kommende Herrschaft der Barmherzigkeit Christi gerufen ist (2 12–14).

5. Nachdem Gott in Christus die Geschichte Israels zum Ziel geführt hat, erinnert Joel weiter daran, daß die Umgestaltung des alten und des neuen Volkes Gottes in allen seinen Gliedern durch den Geist Gottes selbst Grund und Ziel der Erneuerung und der Rettung in einer vergehenden Welt ist und bleibt (3 1ff. vgl. Act. 2 1ff. 16ff. 39 Rm 10 12f.).

6. Auch nach Christus darf nicht vergessen werden, daß Heilsgeschichte und Weltgeschichte, Geschichte des Gottesvolkes und der Völkerwelt aufeinander bezogen sind und daß die Verkündigung des kommenden Christus ständig nicht nur die Zukunft des alten und neuen Gottesvolkes, sondern auch die der ganzen Welt betrifft (2 1–11 4 1–21 vgl. Mk 4 26–29 Apk 14 14–20).

7. Auch nach Christus geht eine tiefe, folgenreiche Scheidung durch die Welt. Sie entspricht der, die mit Joels Verkündigung im alten Jerusalem unter der Frage aufbrach, ob sein Ruf als Wort Gottes vernommen und der kommende Herr in einer Umstellung des ganzen Lebens auf sein erhofftes Erbarmen angerufen und erwartet wurde.

In Summa höre ich als Ruf des „gelehrten Propheten" Joel in der seit Jesus von Nazareth veränderten Welt heute: Laßt euch durch die katastrophalen Bedrohungen der Gegenwart und der Zukunft zur gänzlichen Umstellung auf die bezeugte und künftige Barmherzigkeit Gottes bewegen!

§ 6. LITERATUR

1. Kommentare: KACredner, Der Prophet Joel übersetzt und erklärt (1831). – AWünsche, Die Prophetie des Joel übersetzt und erklärt (1872). – AScholz, Kommentar zum Buche des Propheten Joel (1885). – SRDriver, The Books of Joel and Amos: The Cambridge Bible (1915). – JSchmalohr, Das Buch des Propheten Joel übersetzt und erklärt: AA VII, 4 (1922). – BKutal, Liber prophetae Joelis (1932). – GMRinaldi, Il libro di Joele tradotto e annotato (1938). – HFrey, Das Buch der Kirche in der Weltwende (Die kleinen nachexilischen Propheten): Die Botschaft des AT 24 (1941) 203–249 (Joel). – ASKapelrud, Joel Studies: UUÅ 1948/4. – GWidmer, Die Kommentare von Raschi, Ibn Esra, Radaq zu Joel. Text, Übersetzung und Erläuterung mit einer Einführung in die rabbinische Bibelexegese (1945). – MBič, Das Buch Joel (1960).

2. Gesamtdarstellungen: EOAMerx, Die Prophetie des Joel und ihre Ausleger von den ältesten Zeiten bis zu den Reformatoren (1879). – GPreuß, Die Prophetie Joels unter besonderer Berücksichtigung der Zeitfrage: Diss. Halle (1889). – LDennefeld, Les problèmes du livre de Joël: RevSR 4 (1924) 555–575; 5 (1925) 35–57. 591–608; 6 (1926) 26–49. – HJKritzinger, Die profesie

van Joël (1935). – JEngnell, Art. Joels bok: SBU I (1948). – MWeise, Art. Joelbuch: RGG³ III (1959) 800–802.

3. **Textprobleme:** SELoewenstamm, יְעַבְּטוּן = יְעֻוְּתוּן?: Leshônênu 24 (1959/60) 107–108. – DLeibel, On יְעַבְּטוּן (Joel 2 7): Leshônênu 24 (1959/60) 253. – ENestle, Miscellen 1. Zur Kapiteleinteilung in Joel: ZAW 24 (1904) 122–127.

4. **Form und Überlieferung der Worte:** HGrätz, Der einheitliche Charakter der Prophetie Joels und die künstliche Gliederung ihrer Teile (1873). – HHD Stocks, Der „Nördliche" und die Komposition des Buches Joel: NKZ 19 (1908) 725–750. – LSievers, Metrische Studien, Alttestamentliche Miszellen VI. Zu Joel (1907).

5. **Verfasserfrage und Entstehungszeit:** GKeßner, Das Zeitalter des Propheten Joel: Diss. Leipzig (1888). – GPreuß, Die Prophetie Joels unter besonderer Berücksichtigung der Zeitfrage (1889). – HHolzinger, Sprachcharakter und Abfassungszeit des Buches Joel: ZAW 9 (1889) 89–131. – HBirkeland, Zum hebräischen Traditionswesen. Die Komposition der prophetischen Bücher des Alten Testaments: ANVAO II, 1(1938). – KJensen, Inlednungsspörgmaal i Joels bog: DTT 4 (1941) 98–112. – GAmon, Die Abfassungszeit des Buches Joel: Diss. Würzburg (1942). – RELattimore, The Date of Joel: S.Baptist Seminary (1951). – MTreves, The Date of Joel: VT 7 (1957) 149–156. – JMMyers, Some Considerations Bearing on the Date of Joel: ZAW 74 (1962) 177–195.

6. **Einzelprobleme der Auslegung:** WKnieschke, Die Eschatologie des Joel in ihrer historisch-geographischen Bestimmtheit: Diss. Rostock (1912). – KBudde, „Der von Norden" in Joel 2 20: OLZ 22 (1919) 1–5. – KBudde Der Umschwung in Joel 2: OLZ 22 (1919) 104–110. – WBaumgartner, Joel 1 und 2: ZAWBeih 34 (1920) 10–19. – WCannon, „The Day of the Lord" in Joel: ChQR 103 (1927) 32–63. – MPlath, Joel 1 15–20: ZAW 47 (1929) 159–160. – ORSellers, Stages of Locust in Joel: AJSL 52 (1935/36) 81–85. – AHaldar, The Desert in Sumero-Accadian and West-Semitic Religions: UUÅ 1950: 3, 56–59. – LMariès, A Propos de récentes études sur Joël: RechSR 37 (1950) 121–124. – JAThompson, Joel's Locusts in the Light of Near Eastern Parallels: JNESt 14 (1955) 52–55. – ThChary, Les prophètes et le culte à partir de l'exil: Bibliothèque de Théologie III/3 (1955) 190–216. – JTMilik, Notes d'épigraphie et de topographie palestiniennes (II. – Torrent des acacias, Joël IV, 18): RB 66 (1959) 553–555. – JBourke, Le jour de Jahvé dans Joël: RB 66 (1959) 5–31. 191–212. – ThFrankfort, Le כִּי de Joel 112: VT 10 (1960) 445–448. EKutsch, Heuschreckenplage und Tag Jahwes in Joel 1 und 2: ThZ 18 (1962) 81–94. – Cecil Roth, The Teacher of Righteousness and the Prophecy of Joel: VT 13 (1963) 91–95.

7. **Zur Theologie Joels:** OPlöger, Theokratie und Eschatologie: WMANT 2 (1959) 117–128. – GvRad, The origin of the concept of the day of Yahweh: JSS 4 (1959) 97–108. – AGelin, L'Annonce de la Pentecôte: Bible et Vie Chrétienne 27 (1959) 15–19. – GvRad, Theologie des Alten Testaments II (⁵1968) 129–133 (Der Tag Jahwes). – AKerrigan, The „Sensus plenior" of Joel III, 1–5 in Act. II, 14–36: BEThL 12–13 (1959) (Sacra Pagina II) 295–313.

HEUSCHRECKEN ALS VORBOTEN
DES TAGES JAHWES
(11–20)

MSprengling, Joel 117: JBL 38 (1919) 129–141. – WBaumgartner, Joel 1 und Literatur 2: ZAW Beih 34 (1920) 10–19. – MPlath, Joel 115–20: ZAW 47 (1929) 159–160. – ORSellers, Stages of Locust in Joel: AJSL 52 (1935/36) 81–85. – AHaldar, The Desert in Sumero-Accadian and West-Semitic Religions: UUÅ 1950: 3, 56–59. – JAThompson, Joel's Locusts in the Light of Near Eastern Parallels: JNESt 14 (1955) 52–55. – ThFrankfort, Le יכ de Joël I, 12: VT 10 (1960) 445–448. – EKutsch, Heuschreckenplage und Tag Jahwes in Joel 1 und 2: ThZ 18 (1962) 81–94.

[1]Das Wort Jahwes, das an Joel, den Sohn des Petuel[a], ergangen ist.　　　Text

[2]Höret dies, ihr Ältesten!
　　Lauschet, alle Landesbewohner[a]!
Geschah dergleichen[b] in euren Tagen?
　　Oder[c] in eurer Väter Tagen?
[3]Erzählt davon euren Söhnen
　　und eure Söhne[a] ihren Söhnen
　　　und ihre Söhne[a] dem folgenden Geschlecht!

[4]Was der Beißer ließ, fraß der Heuschreck.
　　Was der Heuschreck ließ, fraß der Hüpfer.
　　　Was der Hüpfer ließ, fraß der Springer.

[5]Wacht auf, ihr Trunkenen[a], und weinet!
　　Wehklagt, ihr Weintrinker alle!
　　　Weil der Saft eurem Munde entrissen[b].
[6]Denn ein Volk zog gegen mein Land,
　　mächtig und nicht zu zählen.
Seine Zähne sind Löwenzähne,
　　sein Gebiß eines Leuen Gebiß.
[7]Meinen Weinstock hat es verwüstet,
　　meinen Feigenbaum hat es zerknickt,
ließ ihn gänzlich abgeschält liegen.
　　Seine Ranken starren weiß[a].
[8]Traure[a] ...
　　wie eine Jungfrau, sackumgürtet,
　　des Mannes ihrer Jugend[b] wegen.
[9]Entrissen sind Speis- und Trankopfer
　　dem Hause Jahwes.
Es trauern[a] die Priester, die Diener des 'Altars'[b].
[10a]Verheert ist das Feld,
　　verwelkt[b] das Land.
Ja, verheert ist das Korn,

ausgetrocknet c der Moſt,
    dahingeſchwunden der Olivenſaft.
¹¹ Steht beſchämt a, ihr Bauern!
    Wehklagt, ihr Winzer!
Wegen des Weizens und wegen der Gerſte,
    denn verloren iſt die Ernte des Feldes.
¹² Der Weinſtock iſt welk a,
    der Feigenbaum dürr.
Granat, auch Dattel und Apfel,
    alle Bäume des Feldes ſtehen trocken da.
Ja, die Freude verdorrt b
    bei den Menſchenkindern.
¹³ Gürtet euch a und klagt, ihr Prieſter!
    Wehklagt, ihr Diener des Altars!
Kommt, nächtigt im Sackzeug,
    ihr Diener Gottes!" b
Denn entzogen ſind eurem Gotteshaus c
    Speis- und Trankopfer.
¹⁴ Verfügt ein Faſten!
    Ruft einen Feiertag aus!
Verſammelt die Älteſten,
    alle Bewohner des Landes
zum Hauſe Jahwes, eures Gottes,
    und ſchreiet zu Jahwe! a

¹⁵ Ach a dieſer Tag!
    Denn nahe iſt der Tag Jahwes.
        Wie Gewalt vom Gewaltigen kommt er b.

¹⁶ Iſt nicht vor unſeren Augen die Nahrung vernichtet,
    aus unſerem Gotteshaus Freude und Jauchzen?
¹⁷ a Vertrocknet liegen die Saatkörner
    unter ihren Erdſchollen a.
Vernichtet ſind die Vorräte,
    niedergeriſſen die Speicher.
        Denn das Korn iſt verdorrt.
¹⁸ a Wie ſtöhnt das Vieh a!
    Die Rinderherden irren umher b.
Denn nirgends iſt Weide für ſie.
    Auch die Kleinviehherden 'kommen um' c.

¹⁹ Zu dir, Jahwe, ſchreie ich.
    Denn Feuer frißt die Auen der Trift,
        und Lohe leckt alle Bäume des Feldes auf.
²⁰ Auch die Tiere des Feldes lechzen nach dir.
    Denn ausgetrocknet ſind die Waſſerbäche,
        und Feuer frißt die Auen der Trift.

1 1   1a 𝕲 (Βαθουηλ) identifiziert ebenso wie 𝕾𝕷 die ſinguläre Namensform von
𝔐 mit dem Namen des Vaters der Rebekka Bethuel (Gn 22 22f. 24 15ff.), der
auch noch Jos 19 4 1Ch 4 30 vorkommt; 𝕾𝔙 (Phatuel) wie 𝕲⁸⁶ ſtützen 𝔐.
2 – 2a 𝕲¹⁴⁷ (12. Jh.) übersetzt οἰκουμένην ſtatt γῆν. – b ‏תאו‎ iſt hier gleich ‏קָצָא‎;

vgl. 1 S 4 7 Jes 66 8 Jer 2 10. – c Zur disjunktiven Frage vgl. BrSynt § 169c; וְאִם statt אִם ist selten und spät; vgl. noch Hi 21 4. – **3a** Der Vorschlag, aus der drei-reihigen Periode durch Streichung von לִבְנֵיהֶם בְּנֵיהֶם eine zweireihige zu bilden (Sellin, Robinson, Weiser), hat keinen Halt in der Textüberlieferung, ihm widerrät die in 4 folgende dreireihige Periode. – **5a** 𝔊 fügt erklärend hinzu ἐξ οἴνου αὐτῶν. – b Da 𝔊 עַל־עָסִיס fälschlich zu יַיִן zieht (οἱ πίνοντες οἶνον εἰς μέθην, ergänzt sie am Schluß des Begründungssatzes als Subjekt εὐφροσύνη καὶ χαρά nach 1 16. – **7a** 𝔊 (ἐλεύκανε) gleicht dem Kontext an und setzt „das Volk" (6) auch hier noch als Subjekt voraus: הִלְבִּין = „hat es weiß gemacht"; 𝔐: „wurden weiß"; vgl. RGradwohl, Die Farben im AT: ZAWBeih 83 (1963) 37. – **8a** Mehrere Anzeichen deuten darauf hin, daß der Text in 8f. früh in Unordnung geriet: 1) אֱלִי (impt. f. von אלה = „klage!"?) ist eine völlig sin-guläre Form. 2) Dem Impt. fehlt der Vokativ des Angeredeten (s.u.S. 34). 3) 𝔊 (θρήνησον πρός με) setzt in 8a einen umfangreicheren Text als 𝔐 voraus. Nur πρός με entspricht dem Konsonantentext von 𝔐 mit anderer Vokalisation (אֵלַי); θρήνησον setzt davor הֵילִיל voraus (vgl. 5.11.13). 4) In 9b sind zwei For-men unsicher überliefert; s. Textanm. 9a.b. 5) 9b als Bericht über schon ge-schehene Trauer der Priester befremdet im Zusammenhang der Aufrufe, führt allerdings jetzt in verständlicher Weise 9a weiter, so daß 9b an seinem jetzigen Ort durchaus sinnvoll ist. – Vielleicht hängt die Vielzahl der Unklarheiten und Varianten damit zusammen, daß 9b ursprünglich vor 8 stand und durch Schreiberversehen frühzeitig und · verstümmelt hinter 9a geraten ist (Bewer ICC, Baumgartner, Sellin). Bei entsprechender Rekonstruktion ergibt sich in 9b.8.9a.10 eine Strophe, die 5–7.11–12 und 13–14 im wesentlichen gleich-artig ist; אלי in 8a kann der verstümmelte Rest eines zweiten Aufrufs sein, von dem 𝔊 noch etwas mehr erhalten war (s.o.); auch in 2.5.11.13 liegt jeweils ein Doppelaufruf vor; in 5.11.13 steht im zweiten Glied הֵילִילוּ, das 𝔊 noch ähn-lich in 8a voraussetzt (θρήνησον πρός με = הֵילִיל אֵלַי); zu jeder Reihe des Auf-rufs gehört in 5.11.13 ein Vokativ. Verarbeitet man diese Beobachtungen, so kann man als Rekonstruktion der Aufrufperiode erwägen:

אִבְלוּ הַכֹּהֲנִים וְהֵילִילוּ אֵלוּ מְשָׁרְתֵי מִזְבֵּחַ
Trauert, ihr Priester, und heulet!
Klaget, ihr Diener des Altars!

Doch bleibt ein solcher Vorschlag unsicher, zumal der Vergleich in 8 eher einen weiblichen, singularischen Adressaten erwarten läßt. – b 𝔊 deutet zutreffend τὸν ἄνδρα αὐτῆς τὸν παρθενικόν. – **9a** 𝔊 (πενθεῖτε) geht auf die impt. Vokalisa-tion אִבְלוּ zurück, vgl. den Rekonstruktionsversuch o. Textanm. 8a. – b 𝔊 (θυσιαστηρίῳ) setzt wie in 13a מִזְבֵּחַ statt „Jahwe" (𝔐) voraus; 𝔊 steht damit dem Kontext näher (9a!). 𝔐 kann durch יהוה in 9aβ beeinflußt sein. – **10a** 𝔊 (ὅτι) setzt vor 10a wie vor 10b כִּי voraus. – b s. BK XIV/1 Textanm. Hos 4 3a. – c יבש hi. ist hier innerlich transitiv gebraucht (Robinson); vgl. Ges-K § 53e; so auch 𝔊 (ἐξηράνθη). – **11a** 𝔊 (ἐξηράνθησαν) deutet die Form als 3.pl.pf., als Fortsetzung der Aussageformen von 10a. Aber schon das parallele Glied הֵילִילוּ gibt auch 𝔊 als impt. wieder (θρηνεῖτε). – **12a** vgl. Textanm. 10c. – b 𝔊 (ἤσχυναν) leitet die Form von בוש her. Der Doppelsinn „zuschanden werden" – „aus-trocknen" wird von 11a und 12a her beabsichtigt sein; s.u.S. 37. – **13a** Var ^Ken 30 interpretiert richtig שָׂק חִגְרוּ, ebenso 𝔊; vgl. 8 2S 3 31 Jer 4 8 u.u.S. 37. – b 𝔊 (θεῷ) setzt אלהים voraus; 𝔙 (ministri dei mei) bestätigt 𝔐. – ᶜJoüon, Gr § 14ob; Ges-K § 128m. – **14a** 𝔊 setzt לֵאמֹר voraus, sieht 15ff.

115 als Zitat der Klage an; vgl. 2 17. – **15a** 𝔊 bietet den Klageruf dreifach: οἴμμοι οἴμμοι οἴμμοι, ebenso 𝔙 (a a a!). – b So gibt MBuber den Zusam-
17 menklang des hebräischen Wortgefüges wieder. – **17a–a** Vgl. Ibn Esra und Radaq (Widmer 41ff.). Statt der Hapaxlegomena von 𝔐 hat 𝔊 vertrau-tere Formen übersetzt: ἐσκίρτησαν δαμάλεις ἐπὶ ταῖς φάτναις αὐτῶν = פָּשׁוּ פָרוֹת בְּרִפְתֵּיהֶם (vgl. Hab 1 8 3 17 Mal 3 20) = „es stampfen die Kühe an ihren Futterkrippen" (Hebr.: „in ihrem Gehege"); wieder anders 𝔙: com-putruerunt iumenta in stercore suo = (?) עבשו פרדות תחת מַדְמְנוֹתֵיהֶם (vgl. Jes 25 10?) = „es verfaulen die Lasttiere in ihrem Mist"(?); vgl. noch Σ: ηὐρωτίασαν σιτοδοχεῖα ἀπὸ τοῦ χρίσματος αὐτῶν = „es vermodern die Kornspeicher ohne ihren Ölanstrich". 𝔊 (w†wj = 𝔊 ἔσκλησαν) stützt 𝔐 (עבשו), entspricht aber im
18 übrigen 𝔊; vgl. Sprengling. – **18a–a** 𝔊 (τί ἀποθήσομεν ἐν αὐτοῖς = מה־נַּנִּיחָ בָהֶם) bezieht die Frage noch auf die in 17b genannten Vorratsspeicher. 𝔊ʰ (ἐστέναξε τὰ κτήνη) stützt 𝔐. – b 𝔊 (ἔκλαυσαν) liest bekannteres בָּכוּ (vgl. 1 5 2 17). – c אשם (k: „straffällig werden", s. BK XIV/1, 112 zu Hos 4 15) ist im ni. nicht belegt; 𝔊 (ἠφανίσθησαν) setzt wie in 17aβ die Wurzel שמם voraus und liest wahrscheinlich נָשַׁמּוּ (s. BK XIV/1 Textanm. Hos 5 15b).

Form   Nach dem Titel (1) beginnt das Joelbuch mit einem erregenden Auf-ruf zum Hören und zum Weitersagen eines unvergleichlichen Geschehens (2–3), das in 4 zunächst in knappster Berichtsform als eine verheerende Heuschreckenplage dargelegt und dann mit Hilfe eines großen Mahn-rufs zur Klage (5–14) und mit Klageliedfragmenten (15–20) verdeutlicht wird. Dabei gibt der Anfang der Klage (15) zu erkennen, warum die ein-getretene Not durch Generationen überliefert werden muß (3): sie ist Vorbote des Tages Jahwes.

11   Der Titel des Buches (1) ist in seiner Grundform (דבר יהוה אשר היה אל) verwandt mit Hos 11 (s. BK XIV/1,1) Mi 11 Zeph 11 (Jer 11 𝔊). In der Beschränkung der Angaben auf den Namen des Verfassers und seines Vaters findet er nur noch in Jon 11 seine Parallele.

2–3   Die Eröffnung des Buches bedient sich des alten, besonders in der Weisheit beliebten Lehreröffnungsrufs (2a; s. BK XIV/1, 122f. zu Hos 5 1), der die Aufmerksamkeit erweckt. Lehrhaft und leidenschaftlich zu-gleich mutet auch die folgende Frage an, die das zu behandelnde Ereignis als etwas Singuläres heraushebt. Zum dritten wird die Bedeutung des Fol-genden vorweg kräftig unterstrichen durch den dreigliedrigen Auftrag, es von Generation zu Generation weiterzusagen; er erinnert in dieser Fügung außer an die deuteronomischen Paränesen am stärksten an weisheitliches Traditionswesen, wie es uns in Prv 4 1ff. Ps 78 1ff. begegnet (s.u.S. 30).

4   Nach dem gewichtigen Introitus kommt der Prophet zur Sache. Sie wird zunächst als ein alles verzehrender Heuschreckeneinfall in drei Sätzen konstatiert, deren genau synonym-parallele Form das Überlie-fern leicht macht, zugleich aber die vernichtende Wucht des Geschehens mit der Klimax der Sache zu Gehör bringt.

5–14   Dann folgt ein großer Aufruf zur Klage. Das Gerüst seiner Im-perativketten reicht von 5–14. Der Strophenbau ist an den Eingangsperio-

22

den zu erkennen, die in je zwei imperativischen Reihen die Angerufenen zweifach benennen, wobei das zweite Glied mit הילילו eröffnet wird (5a. [8a 𝔊] 11aα. 13aα). Dieser Eingangsperiode folgen jeweils vier (11aβ–12) oder fünf (5b–7. 13aβ–14) Perioden. Eine gleichartige Strophe mit einer imperativischen Einleitung und vier weiteren Perioden läßt sich in dem unsicher überlieferten Stück (8–10) vermuten; zum Rekonstruktionsversuch s.o. Textanm. 8a. Sehr wahrscheinlich lag also ursprünglich ein vierstrophiger Aufruf zur Klage vor. In den ersten drei Strophen folgte dem Aufruf jeweils die Begründung mit על (5b. 11aβ) oder כי (13b). Weitere Beschreibungssätze, teilweise mit כי (5bβ. 6a. 10b. 11b. 12bβ) eingeführt, schildern die Not. Sie beherrschen die ersten drei Strophen.

Die letzte Strophe (13–14) unterscheidet sich von den vorausgehenden nicht im Eingang (13aα), weshalb sie auch mit 5–12 zusammenzusehen ist (anders Nowack, Sellin, Trinquet), wohl aber in der Fortsetzung. Denn hier wird die Notschilderung als Begründung des Klageaufrufs, die sonst den großen Hauptteil der Strophen füllt, nur noch in der dritten Periode (13b) beschrieben. Daneben bestimmen die imperativischen Aufrufe wie den Eingang so auch die zweite, vierte und fünfte Periode. Inhaltlich bedeutet das, daß nun nicht mehr die Beschreibung der Not im Vordergrund steht, sondern die Konsequenzen, die daraus zu ziehen sind. Die Aufforderung zur Klage wird verdeutlicht als Anweisung zu einer rituellen Begehung. Mit der letzten Strophe ist somit das Ziel der ersten drei Strophen, die wesentlich der Begründung der Klagefeier dienten, erreicht.

Die Gattung „Aufruf zur Volksklage". Die Klagelieder des Volkes **Exkurs** haben vielfältige und gründliche formgeschichtliche Behandlung gefunden; vgl. Gunkel-Begrich, Einleitung in die Psalmen (1933) § 4; CWestermann, Struktur und Geschichte der Klage im Alten Testament: ZAW 66 (1954) 44–80; HJKraus, Psalmen: BK XV (² 1961) LI f. Wenig bedacht aber wurde bisher jene Redeform, die den Klagegebeten selbst vorausgegangen sein muß, wenn aus dem ungewöhnlichen Anlaß einer plötzlichen Landesnot, sei es einer Bedrohung der Ernte oder Krieg, zur Klagefeier aufgeboten wurde. Jl 1 5–14 ist eins der größten Beispiele solcher Aufrufe zur Volksklage. Daß diese Redeform seit frühen Zeiten immer wieder geübt worden ist, geht aus Texten wie 1 Kö 21 9. 12 Am 5 16b Jes 22 12 Jer 36 9 Esr 8 21 Jon 3 7f. 2 Ch 20 3 hervor. Der König kann der Veranlasser sein (2S 3 31 1 Kö 21 8 Jon 3 6f. 2 Ch 20 3) und die Ältesten einer Stadt die Sprecher (1 Kö 21 8). Das Ich Gottes in Jl 1 6. 7 setzt die Grundform der Botenrede voraus, die sich auch Jes 22 12 32 13 Jer 6 26 in entsprechenden Stücken findet.

Die Belege für die Gattung „Aufruf zur Volksklage" sind außer Jl 1 5–14 2 S 3 31 Jer 4 8 6 26 7 29 22 20 25 34 49 3 Zeph 1 11 Ez 21 17 Jes 14 31 23 1–14 32 11–14 Sach 11 2. Die regelmäßig wiederkehrenden Formelemente sind (1.) der imperativische Aufruf, (2.) der Vokativ der Angerufenen und (3.) die Angabe des Grundes zum Klagen, der meist mit כי (Jer 4 8b 6 26b 7 29b 22 20 25 34 49 3 Ez 21 17 Sach 11 2 Jes 14 31 32 14 23 1. 4. 14), aber auch mit על (Jes 32 12b–13 2 S 3 31: לפני) eingeführt und durch Beschreibungssätze fortgesetzt wird (Jer 25 35 vgl. 2 S 1 24 Jer 51 8).

Die wichtigsten Topoi sind im Aufruf „Stimmt die Klage an!" (סִפְדוּ 2 S 3 31 Jer 4 8 49 3 Jl 1 13; vgl. Am 5 16 Jes 22 12 Sach 12 11f.), „Weinet!" (בכו 2 S 1 24 Jl 2 17), „Heult!" (הֵילִילוּ Jer 4 8 25 34 49 3 Zeph 1 11 Ez 21 17 Jes 14 31 23 1.6.14 Jl 1 5[8a𝔊] 11.13 Sach 11 2), „Schreiet!" (זְעַקוּ Jl 1 14 Jes 14 31 Ez 21 17), „Zerreißt eure Kleider!" (קִרְעוּ בִגְדֵיכֶם Jl 2 13 2 S 3 31), „Legt den Sack an!" (חִגְרוּ שָׂק 2 S 3 31 Jes 22 12 Jer 4 8 6 26 49 3 vgl. Jes 15 3) und „Heiligt ein Fasten!" (קַדְּשׁוּ צוֹם Jl 1 14 2 15 vgl. 12 1 Kö 21 9.12 Jer 36 9 Jon 3 5 Esr 8 21 2 Ch 20 3). Bei der Nennung des Grundes fällt auf, daß in späterer Zeit neben speziellen Termini besonders häufig שֻׁד bzw. שֻׁדַּד pu. für die allgemeine Verheerung verwendet wird (Jer 49 3 Jes 23 1.14 Sach 11 2 Jl 1 10).

Jl 1 5–14 ist nicht der einzige Beleg, bei dem es zur Strophenbildung kommt. Als zweistrophig ist schon Sach 11 2 anzusprechen, da sich alle drei Formelemente wiederholen. Jes 23 1–14 zeigt fünf ausgebaute Strophen und steht insofern Jl 1 5–14 am nächsten; wahrscheinlich gehört es auch zeitlich mit seinen Worten über Tyrus, Sidon und die Küstenbewohner in Joels Nähe (vgl. Jl 4 4–8), da es jetzt meist in die Zeit nach der Zerstörung Sidons durch Artaxerxes III. Ochus im Jahre 343 v.Chr. angesetzt wird, vgl. OEißfeldt, Einl.³, 434; GFohrer, Das Buch Jesaja I: Zürcher Bibelkommentare (1960) 239f.; zur Datierung vgl. o.S. 3 (Kienitz). Anders WRudolph, Jesaja 23 1–14: Festschrift FBaumgärtel, Erlanger Forschungen A 10 (1959) 166–174. Die Strophenbildung hängt mit dem Sitz im Leben der Gattung zusammen. Der Aufrufer kann nicht gleichzeitig alle Gruppen erreichen, die aufgeboten werden sollen; vgl. Jes 14 31 Jer 49 3 22 20. Sach 12 12–14 belegt, daß auch die Klage gruppenweise (hier: nach Sippen und Geschlechtern getrennt) vorgebracht wird. So gehört denn Joel 1 5–14 zu den spätesten und ausgebauten Belegen der Gattung „Aufruf zur Volksklage". Mit der Ankündigung des Jahwetages wurde der Aufruf zur Volksklage schon in Jes 13 6 und Ez 30 2f. verbunden.

Da in den ersten drei Strophen das Element des Klagegrundes besonders breit ausgebaut ist, kann das Stück seine Funktion zur Verdeutlichung der Not üben.

1 15–20 Dem großen Aufruf schließen sich Stücke der Klage selbst an. Sie sind nicht als ausgeführte Klagelieder anzusprechen, sondern stellen Fragmente zweier Klagelieder dar, die fast nur das Element der Beschreibung der Not im Klagelied darbieten (16–18.19b–20), ohne sich auf die spezielle Heuschreckennot zu beziehen; vgl. den entsprechenden Erhörungszuspruch 2 21–24 u.S. 75. Das zweite ist durch das vorangestellte Einleitungselement der Anrufung des Namens Jahwe (19a) formell als Stück der Klage eines einzelnen ausgewiesen: „Zu dir, Jahwe, rufe ich". Doch bringt es nichts anderes als die Nöte der Gesamtheit vor; vgl. vor allem 20a; gegen eine formalistische Scheidung der „Ich"- und „Wir"-Psalmen hat sich zuletzt noch SMowinckel ausgesprochen und betont, „daß es viele Volksklagepsalmen in Ich-Form gibt, Psalmen, in denen der Betende der Vertreter der Gemeinde, in alter Zeit der König, und die Not eine nationale ist": ThLZ 87 (1962) 36. Das erste Klageliedfragment ist schon an den pluralischen Formen in 16 als Klage des Volkes zu erkennen. Beiden Fragmenten fehlen neben sonstigen Stücken vor allem

24

die im normalen Klagelied Israels kaum entbehrlichen Elemente der
Bitte und des Gelübdes, auch der Vertrauensaussage; vgl. HJKraus,
BK XV, S. XLVf.

Dem ersten Fragment ist in 15 ein S c h r e c k e n s r u f mit einer für die   1 15
Klage ungewöhnlichen Formulierung vorangestellt. Ist aber dieser
Schreckensruf nicht wie die Tag-Jahwe-Sätze in 2 1b. 2a. 11b als nachträg-
liche Zutat anzusehen, die im Zusammenhang mit einer angenommenen
sekundären Zufügung der Kap. 3 und 4 steht (Duhm 1911, Bewer,
Robinson)? Kap. 1, so sagt man, habe wie Kap. 2 ursprünglich nur von
der Landplage als solcher gehandelt. Gegenüber diesen Vermutungen ist
zu bedenken:

1. Dieser Ach-Ruf ist als Element eines Klageliedes allerdings ganz
ungewöhnlich. Zwar finden wir אהה, das zunächst Ausruf elementaren
Erschreckens ist (Ri 6 22 11 35 2 Kö 3 10 6 5 Jer 1 6), auch sonst als Auftakt einer Klage (Jos 7 7 Jer 4 10 14 13 32 17 Ez 4 14 9 8 11 13 21 5). Dieser
Auftakt lautet aber immer formelhaft אהה אדני יהוה (vgl. FBaumgärtel,
Zu den Gottesnamen in den Büchern Jeremia und Ezechiel: Verbannung
und Heimkehr = Fschr WRudolph, 1961, 10.27), wie denn die Anrufung Jahwes unabdingbar zum Beginn eines israelitischen Klageliedes
gehört; vgl. Gunkel-Begrich, Einleitung in die Psalmen (1933) 121f. Bei
insgesamt vierzehnfachem Vorkommen von אהה ist es nur dreimal (Ri
11 35 2 Kö 3 10 Jl 1 15) nicht mit אדני יהוה verbunden. Hinzu kommt die
einzige Stelle mit der Kurzform הָ in Ez 30 2. Sie ist besonders wichtig,
weil allein sie eine genaue Parallele zu der Verbindung אהה ליום in Jl 1 15
bietet. Man muß nun fragen, ob es Joel auf die korrekte Wiedergabe eines
Klagerituals ankommt. Die Beobachtung des fragmentarischen Charakters der Klageliedwiedergaben in 16–20, die ebenso wie der Aufruf zur
Klage in 5–14 vornehmlich der Schilderung der Notsituation dienen, läßt
ein anderes vermuten. Das wird durch den tonangebenden Eingang in
2–3 bestätigt, der alles Augenmerk auf die Einmaligkeit eines gegenwärtigen Geschehens lenkt. Von hier aus ist dem innerhalb eines Klagegebetes
ungewöhnlichen „Ach, dieser Tag!" in 15 eine zentrale Stellung innerhalb des Zusammenhangs zuzuerkennen.

2. Die Verwandtschaft von Jl 1 15 mit Ez 30 2 bezieht sich nicht nur
auf die Wendung אהה ליום. Bei Ezechiel folgt vielmehr wie hier als Begründung des Schreckensrufs der Hinweis auf die Nähe des Tages Jahwes.
Vorauf geht nur der Aufruf „Heulet!" (𝔐; vgl. Zimmerli BK XIII, 729).
Ebendieses הילילו ist aber das ständig wiederkehrende Leitwort des bei
Joel voraufgehenden Aufrufs zur Klage: 5 (8a 𝔊) 11. 13. Es gehört ebenso
in Jes 13 6 und Zeph 1 11 (vgl. 14ff.) zur Topik der Ansage des Tages
Jahwes. So baut der Klageaufruf in 5–14 großartig den Topos „Heulet!"
in den Tag-Jahwe-Androhungen aus.

3. Der Einsatz des Volksklageliedfragmentes in 16 mit der Frage הלא

(„ist nicht vor unseren Augen die Nahrung vernichtet?") ist kaum von den Formelementen des Klageliedes her zu erklären. Dort leitet הלא allenfalls die Frage nach dem Tun Jahwes ein (Ps 60 12 85 6f.), nicht aber nach dem Notzustand als solchem (sie wird wie in 18 mit מה eingeleitet). Die in 16 begegnende rhetorische Frage wird dagegen im Zusammenhang mit 15 verständlich als Bestätigung der Klage über einen ganz absonderlichen Tag. Als Begründung eines Aufbruchs zur Klage erscheint eine ähnliche Frage in Jes 23 7 im Stropheneingang. Hier ist sie in Fortsetzung der tonangebenden Lehrfrage nach der Singularität der Katastrophe in 2b stilgemäß. Sie läßt sich besser im Anschluß an 15 verstehen als an 14, wo ja der Aufruf zur Klage deutlich zum Abschluß gekommen ist.

Damit hat sich ergeben, daß kein Anlaß besteht, 15 aus dem Zusammenhang zu entfernen. Vielmehr ist das ganze Kapitel mit seinen verschiedenartigen Stücken als Einheit nur von diesem Schreckensruf über die Nähe des Tages Jahwes aus zu begreifen. Schon in der vorgegebenen Tradition, die wir in Jes 13 6 Ez 30 2 Zeph 1 11ff. einsehen, ist die Ankündigung des Jahwetages mit dem Klageaufruf verbunden, der hier in 5–14 strophisch ausgebaut wurde. Die Beschränkung der Klageliedfragmente auf die Notschilderung (16–18. 19b–20) wird ebenso wie die hervorragende Bedeutung des gleichen Elements im Klageaufruf (5b–7. 9a. 10. 11aβ–12. 13b) nur dann verständlich, wenn nicht die Wiedergabe eines Klagerituals im Vordergrunde des Interesses steht, sondern die Charakterisierung einer ganz ungewöhnlichen Gegenwart, auf die schon der dreigliedrige Eingang des Kapitels als auf etwas schlechthin Singuläres hingewiesen hatte, das noch für die folgenden Generationen Bedeutung gewinnt.

Die dichterische Formung des Kapitels ist uneinheitlich. Nur die Eröffnung zeigt ganz ebenmäßige Rhythmen synonym-paralleler Glieder. Zwei zweireihigen Perioden (2a. b) folgen zwei dreireihige Perioden (3. 4). Nach dem alternierenden System können alle Reihen viertaktig gelesen werden (vgl. FHorst, Die Kennzeichen der hebräischen Poesie: ThR 21, 1953, 97–121), nach dem akzentuierenden System muß man 2–3 dreitaktig, 4 viertaktig lesen.

Im Aufruf zur Klage sind die zweireihigen imperativischen Eröffnungsperioden der drei intakten Strophen streng synonym – parallel (5a. 11aα. 13aα). Im Hauptteil der Strophen ist keine konsequente poetische Gestaltung erkennbar, wenn auch Perioden mit klaren synonymen Reihen vorherrschen: 6b 7a. b 10a.b 12a 14a; 10b ist dreireihig, alle anderen zweireihig. Die Reihen sind in der Regel dreitaktig, 10a.b und 14a zweitaktig. Die synthetischen Perioden scheinen teilweise unter dem Formzwang der Gattung zu stehen (5b. 11a. b: ... כי ... על־; 13b: כי s.o.S. 23), teilweise wirken sie wie Erweiterungen (12b. 14aβ.b). Aus diesem Befund

26

kann man schließen, daß der Aufruf zur Klage kein poetisches Kunst-
produkt ist. Hier ist nicht so wie in 2–4 die gestaltende Hand zu spüren,
vielmehr ist ein Stück aufgenommen, das ganz von der Grundstruktur
der Gattung bestimmt ist und dessen poetische Bestandteile in konkreter
Verwendung der Redeform nicht konstant sind, sondern von kunstlosen
Sätzen begleitet werden.

Der Schreckensruf 15 ist wie die zweite Hälfte der Eröffnung (3.4)
dreireihig, zeigt aber keine strenge Synonymität.

Im Klageliedfragment des Volkes liegen in 16–18 synonyme Parallelen vor, die in 16 zwei Viererreihen und in 18 zwei Doppeldreier aufweisen. Das Klagelied des einzelnen zeigt zwei Strophen (19.20), sofern die
Anrufung der Tiere (20a) der Anrufung des Beters (19a) entspricht. Die
Begründungsstücke beider Strophen bilden je zwei synonyme Viererreihen, wobei die letzte Reihe der zweiten Strophe die erste Reihe der
ersten Strophe wiederholt.

Wir sehen keinen Grund, einen anderen als Verfasser des ganzen   Ort
Kapitels anzusehen als jenen Joel, den der Buchtitel nennt. Daß hier die
üblichen Zeitangaben fehlen, wird besser verständlich, wenn sein Schreiber identisch ist mit dem Verfasser des Folgenden (Weiser), als wenn das
Buch nachträglich schriftlich fixiert hätte, was zuvor nur mündlich verkündet worden wäre. Dabei muß offen bleiben, ob Joel auch Sprecher vor
allem jenes Aufrufs zur Klage war, den wir in 5–14 vorfinden, ob er
also eine bestimmte Funktion in Jerusalem wahrnahm. Die vorliegende
Zusammenstellung von Stücken, die als Redeformen einen durchaus verschiedenartigen Sitz im Leben haben, erweckt den Eindruck einer literarischen Arbeit. Zu ihren Voraussetzungen gehören jene weisheitliche Bildung und deren Traditionswille, die in der Eröffnung in 2–3 zu sehen
sind. Beschäftigung mit älterer Literatur geht aus der Aufnahme des
Schreckensrufs in 15 aus Jes 13 6 Ez 30 2 hervor.

Daß unser Text zeitlich weit entfernt liegt von jenen exilischen Pro-
phetenstimmen, zeigt die Tatsache, daß hier ein im Tempel funktionie-
render Kultus (9.13.16.) vorausgesetzt ist und daß dabei „Speis- und
Trankopfer" (9.13), die in dieser festen Paarung erst der nachexilischen
Zeit angehören (s.u.S. 36), die wichtigste Rolle spielen. In die gleiche Zeit
weist die Verwandtschaft der Interessen am Tradieren über mehrere
Generationen hin (3) mit Ps 78 1ff. und Prv 4 1ff.

Von der Eröffnung her, die auf spätere Geschlechter verweist, und
ebenso von dem zentralen Schreckensruf über die Nähe des Tages Jahwes
aus weist das Kapitel über sich hinaus (vgl.2 1–2a. 2b. 11 3 1 4 1), wie denn
auch 2 19ff., am deutlichsten in 2 25 (vgl. 1 4) und wahrscheinlich auch
4 18 (vgl. 1 5.20) das Eingangskapitel voraussetzen. Es ist also nur im
literarischen Zusammenhang mit dem Folgenden recht zu verstehen.

„Wort Jahwes" heißt die Prophetie Joels in dem umfassenden Sin-   Wort 11 ne, den der Terminus schon in alten Buchüberschriften gewonnen hat (s.BK XIV/1,2f.). Er schließt die prophetische Verkündigung von Jahwe (vgl. 9.14.15) und sogar das Gebet zu ihm (19) ein. Allerdings bietet das Buch von seinem entscheidenden Wendepunkt an (2 19; vgl. schon 2 12) bis zum Ende direktes Jahwewort in der Grundform der Botenrede, die vorher nur vereinzelt auftaucht (1 6. 7. 2 1).

Der Name Joel ist im Alten Testament häufig, kommt aber außer als Name eines Sohnes Samuels in 1 S 8 2 nur im chronistischen Geschichtswerk vor, hier natürlich auch für den Sohn Samuels (1 Ch 6 18 15 17), dann in den Stammesgenealogien unter den Simeoniten (1 Ch 4 35), Rubeniten (5 4. 8), Gaditen (5 12), Issachariten (7 3), später unter den Manassiten (27 20), unter den Helden Davids (11 38), vor allem aber unter den Leviten (in den Stammesgenealogien 6 21, in der Davidszeit unter den Ladeträgern 15 7. 11 23 8 und Schatzmeistern 26 22 und in der Hiskiazeit 2 Ch 29 12 = 1 Ch 6 21), schließlich unter den Zeitgenossen Esras (Esr 10 43 Neh 11 9). Joel ist also als Name in der Zeit des Chronisten besser belegt als für irgend eine frühere Zeit. Er gehört zum Typ der Bekenntnisnamen und bedeutet: „Jahwe ist Gott.“

Der Name des Vaters Petuel ist dagegen sonst nicht nachzuweisen. 𝕲 hat darin den Namen des Vaters der Rebekka בתואל wiedererkennen wollen (s. Textanm. 1a). Der Sinn von פתואל ist nicht endgültig geklärt (Noth, Pers. 255). LKoehler (KBL 786) denkt an eine Entstehung aus פְּתִי אֵל (vgl. פנואל – פניאל) und deutet: „Jüngling Gottes“; eine andersartige Herleitung von der Wurzel פתה (pt. pass. ḳ „Verführter des El“) ist noch unsicherer (vgl. auch Bič 13) und setzt voraus, daß Joel ben Petuel ein Pseudonym ist, das Zeichenbedeutung hat („Jahwe-ist-Gott“, Sohn des „Verführten-des-El“). Mit „Joel“ als einem Pseudonym, das als Inversion von אליה („Mein-Gott-ist-Jahwe“) gebildet sei, hat schon AKuenen, Historisch-kritisch-onderzoek II (1889) § 68f., gerechnet; vgl. Bewer, Kapelrud. Wenn auch die Singularität des Namens Petuel für einen Symbolnamen sprechen könnte, dessen Sinn allerdings bis heute dunkel wäre, so wird diese Möglichkeit doch eindeutig ausgeschlossen durch das häufige Vorkommen des Namens Joel in der Zeit unseres Buches, die auf jeden Fall in der Nähe des chronistischen Werkes zu suchen ist. Am wahrscheinlichsten bleibt es, daß Joel ben Petuel der reguläre Name des Verfassers unseres Buches ist. Näheres über seine Person kann nur indirekt aus seiner Schrift erschlossen werden. Danach ist sicher, daß er zur Jerusalemer Gemeinde gehört (1 9.13.16 2 1.15 3 5 4 1.16.17.18), unwahrscheinlich aber, daß er ihrer Priesterschaft zuzuzählen ist, über die und zu der er in 1 9. 13 (vgl. 2 17) aus einem gewissen Abstand spricht.

12   Joel fordert die Aufmerksamkeit „der Ältesten und aller Landesbewohner“. Die זקנים erscheinen im Joelbuch auch in 1 14 (vgl. 2 16 3 1) als die eigentliche Führungsgruppe. Erst in nachexilischer Zeit sind die Älte-

sten, die in der Königszeit nur eine untergeordnete Funktion wahrnahmen (zuletzt 2 Kö 23 1f.), wieder stärker hervorgetreten; vgl. GBornkamm Art. πρέσβυς: ThW VI, 655–661; JvdPloeg, Les anciens dans l'Ancien Testament: Lex tua veritas (Fschr. HJunker 1961) 175–191. Schon beim Tempelwiederaufbau sind sie die verantwortlichen Vertreter der Jerusalemer Gemeinde (Esr 5 9 6 8.14), zunächst unter dem persischen Statthalter (Esr 6 7; vgl. Esr 10 8.14), bis nach dem letzten Statthalter Bagoas, dem Nachfolger Nehemias, der Hohepriester die γερουσία leitet (JosAnt 12, 138–144; 1 Makk 12 6; vgl. KGalling, RGG³ III, 980); diese Verfassung bezeichnet Josephus später als „Theokratie". Joel spricht also in dieser Zeit. In vorexilischer Zeit wäre es schwer verständlich, daß König und Hof weder hier, wo es betont um die Gesamtheit des Volkes geht, noch sonst im Joelbuch erwähnt sind (vgl. Hos 5 1). Neben den Ältesten sind natürlich nicht alle Bewohner der „Erde" (so Bič), sondern des Landes angesprochen, womit wie in 1 14 2 1 an die Bevölkerung von „Juda und Jerusalem" (vgl. 4 1) gedacht ist. Joel hat kein apokalyptisches Geheimnis zu übermitteln, sondern verkündet wie die älteren Propheten vor der ganzen Öffentlichkeit der Gemeinde und ihrer offiziellen Führung; vgl. Jes 1 10 Hos 5 1 Jer 13 15. Alle sollen prüfen, was er zu sagen hat.

Auch die älteren Propheten forderten nach didaktisch-weisheitlicher Art mit Fragen ihre Hörer zum eigenen Urteil heraus (Am 3 3ff. Jes 5 4 28 23ff. Jer 2 10 Jes 66 8). Neu ist in der Prophetie, daß nun die Hörer zum Vergleich eines gegenwärtigen Geschehens mit früheren Ereignissen aufgerufen werden, mit dem geheimen Ziel, das Gegenwärtige als das schlechthin Unvergleichliche zu erkennen; vgl. auch 2 2b. Ähnlich hat der Jahwist die Heuschreckenplage über Ägypten als etwas nie zuvor Dagewesenes geschildert (Ex 10 6.14). Zum vergleichenden Nachforschen im Ablauf der Zeit von der Erschaffung des Menschen bis in die Gegenwart fordert erstmalig die deuteronomistische Schule auf; darüber sollen das Reden Gottes mit Israel in der Sinaitheophanie und seine erwählende Herausführung aus Ägypten als ein schlechthin einmaliges Geschehen erkannt werden (Dt 4 32ff.). Im Klagelied Thr 1 12 wird die Katastrophe Jerusalems im Jahre 587 ein „Tag des glühenden Zorns Jahwes" genannt und dabei die Frage nach der Vergleichbarkeit des Schmerzes seiner Bewohner gestellt. So ist einige Male ein vergangenes Geschehen mit anderen Zeiten verglichen. Jetzt aber wird Israel, und zwar seine Gegenwart, in den Vergleich der Zeiten hineingezogen, um den Anbruch des kommenden Tages Jahwes herauszustellen. In dieser Aufforderung zum prüfenden Vergleich der Zeiten mit dem Ziel der Erkenntnis des schlechthin Neuen kündigt sich die Apokalyptik an; vgl. Dan 12 1. Das Interesse an den Zeitbestimmungen wird von hier ab überall im Joelbuch sichtbar; vgl. 1 15b 2 1b. 2b. 23b. 25a. 26b. 27b 3 1a. 2b 4 1a. 14b. 18a. 20; dabei ragen die Aussagen über die Nähe des Jahwetages

(קָרוֹב) und über das Endgültige (לְעוֹלָם) hervor. Von vornherein leitet das Buch an, auf das Außerordentliche in der Zeit als auf das vom Gott Israels her Bedeutsame zu achten.

1 3   Dieses Außerordentliche verdient die Überlieferung an die kommenden Generationen, wie sie bisher mit den alten Geschichtstraditionen gepflegt wurde und wie sie die deuteronomischen und deuteronomistischen Prädikanten mit Fleiß übten (Ex 12 26f. 13 8 Dt 4 9 6 6f. 20ff. 32 7ff.); da die Geschichte Segensverheißungen und Fluchandrohungen in sich barg, (Dt 11 19ff.), galt sie den kommenden Geschlechtern. Ebenso – das ist die ungeheure Aussage des frühen Apokalyptikers – betrifft das jetzt Eingetretene die Künftigen. Das wird nur verständlich, wenn das, was zu erzählen ist, nicht n u r die eingetretene Not (1 4ff.), sondern auch das darin ergangene Gotteswort umfaßt, das ebenfalls im Erzählstil eingeführt wird (2 18f. vgl. Sellin); hier wird dann auch entfaltet, was die Späteren angeht (3 1 4 1).

Daß nicht nur von der nächstfolgenden, sondern darüber hinaus ausdrücklich von der dritten und vierten Generation gesprochen wird, ist auch neuartig gegenüber den deuteronomischen Paränesen. Die Entfaltung der Tradentenkette ist weisheitlicher Art; vgl. Prv 4 1ff. Wie sie in Ps 78 1ff. mit den heilsgeschichtlichen Traditionen verknüpft wird (vgl. HJKraus, BK XV, 542), so hier im Übergang von der Prophetie zur Apokalyptik mit den in die Gegenwart eingetretenen Eschata; vgl. GvRad, Theologie des Alten Testaments II (⁵1968) 316ff. zur weisheitlichen Wurzel der Apokalyptik. AJepsen hat richtig gesehen, daß man, wenn man die direkten Hinweise auf den Tag Jahwes und die verwandten Stellen (1 15 2 1aβ.b 2aα.10.11 3 4.5 4 1.14b.16aα.b.17b.18–20) einer sekundären Bearbeitung zuschreiben will, dann auch den Anfang in 1 2–4 auf diesen Apokalyptiker zurückführen muß (ZAW 56, 1938, 86). Dann aber zerfällt der verbleibende Rest vollends. In 1 2–4 spricht jener Joel, der die Vielzahl der im Buch verarbeiteten Einzelüberlieferungen erst zu einer Verkündigungseinheit gestaltet hat.

4   Er geht aus von einer durch H e u s c h r e c k e n verursachten totalen Wirtschaftskrise. Der Umfang wird dadurch verdeutlicht, daß die Heuschrecken in ihren verschiedenen Entwicklungsphasen ihr Zerstörungswerk auf Jahre nachhaltig (vgl. 2 25) durchgeführt haben.

Exkurs   Daß die hier vorkommenden N a m e n f ü r H e u s c h r e c k e n nicht verschiedene Insektenarten, sondern vier Entwicklungsstadien der Wanderheuschrecke meinen, hat zuerst Credner (1831) ausgeführt und ist von Aharoni (vgl. Dalman, AuS I/2, 393f.), Sellers, Thompson bestätigt worden. Der im Alten Testament häufigste Name ארבה meint die voll entwickelte, geflügelte Wanderheuschrecke, die fast 6 cm lang sein kann (Dalman AuS I/2, 394; II, Abb. Nr. 75.76); der Hebräer hört die Wurzel רב anklingen und denkt an den dichten Schwarm. Das weibliche Tier legt in wenigen Wochen bis zu zehnmal Eierpakete mit jeweils etwa 20 Eiern. Die Eier sind in drei Wochen entwickelt, im Winter tritt aber meist Diapause ein. ילק bezeichnet wahrscheinlich die eben dem Ei entschlüpfte jüngste Heuschrecke, bei der die Flügelanlagen noch unsichtbar sind, also die Larve des ersten Stadiums (vgl. Jer 51 27), חסיל das nächste Stadium, in dem die Flügelanlagen zwar noch zusammengefaltet und in einen Beutel eingeschlossen, aber doch schon deutlich erkennbar sind, wobei das Tier eine Länge von 2–3 cm erreicht (vgl. Jes 334); גזם bezeichnet das Tier hinsichtlich seiner zerstörenden Tätigkeit (vgl. Am 4 9), da die Wurzel im Aramäischen, Syrischen und Arabischen (ǧzm) überall „schneiden" bedeutet; daher könnte an die vorletzte Phase gedacht sein, in der die Tiere geflügelt sind, aber noch keinen Wanderflug hinter sich haben, ebenso aber kann גזם neben ארבה eine andere Benennung des ausgewachsenen Tieres sein, wobei גזם das am Ort gewachsene solitäre, ארבה das in Massenschwärmen eingeflogene gregarine Tier bezeichnen könnte. Heutige Insektenkundler unterscheiden fünf Larvenstadien vor dem Adultstadium; vgl. TIStorer-RLUsinger, General Zoology[3] (1957) 410.

Eine Abänderung der Reihenfolge in 14 nach 225, wie sie Sellers (82) vorschlägt, ist mit der Erkenntnis der Entwicklungsphasen nicht zu rechtfertigen, da die Identifikation der hebräischen Namen mit den Entwicklungsphasen ungesicherte Versuche darstellen und dazu der Gebrauch der Benennungen im Alten Testament wechselt.

Dem Gespräch mit meinem zoologischen Kollegen Prof. HMislin und dem Entomologen Dr. Engelmann verdanke ich noch folgende Klärungen: 1. Die verschiedenen Namen müssen nicht verschiedene Entwicklungsstufen bezeichnen, können vielmehr wechseln, (a) weil ursprünglich in verschiedenen Landschaften verschiedene Benennungen beheimatet waren, ohne daß verschiedenartige Tiere gemeint sein müssen; (b) weil verschiedene Einflüge derselben Gattung verschiedenartig benannt werden können; (c) weil die Adultformen Farbunterschiede vor allem in der gregarinen und in der solitären Form aufweisen. – 2. Die Wanderheuschrecke kennt keine so ausgeprägte Metamorphose wie Schmetterlinge, Bienen und Fliegen, insofern es bei ihr keine Puppenruhe gibt. So hat sie schon im frühesten Larvenstadium eine Flügelanlage, die allerdings für den antiken Beobachter nicht erkennbar war. Man kann die Fortbewegung der jungen Larven nicht dem „Kriechen" von Raupen vergleichen; sie „hüpfen" und „springen" schon ebenso wie die Adulttiere. Demgemäß ist die Übersetzung „Kriecher" in keinem Falle angebracht; vgl. dagegen noch KBL 383. – 3. Ebenso ist die Ernährungsweise der Heuschrecken grundsätzlich in allen Phasen die gleiche. (a) Ihr „Beißen" ist ein scharfes „Schneiden". Darum müssen die Übersetzungen „Nager" (Keil, Sellin, Theis, Frey, Weiser) und „Lecker" (Keil, Frey, Robinson) aus unseren Kommentaren als unsachgemäß verschwinden. (b) Auch die Larven fressen nicht nur Gras und Saatgut, sondern können schon ebenso wie die ausgewachsenen Tiere Baumfrüchte verzehren und Zweige wie Ranken abschälen (vgl. 16f.).

Innerhalb des Alten Testamentes kommen die vier Namen aus Jl 14 225 einzeln oder paarweise (so 1 Kö 837 Ps 7846 10534 Nah 315.17) vor. Heuschrecken sind als Strafe Jahwes (Dt 2838 Am 7 1 Jes 334) Anlaß zur Buße (Am 49 1 Kö 837 2 Ch 628). Insbesondere sind sie bekannt als eine der letzten Plagen über Ägypten (Ex 103–19 Ps 7846 10534). Doch nie sonst ist wie hier von dem Zerstörungswerk mehrerer Entwicklungsphasen nacheinander die Rede. Im jahwistischen Plagenbericht fressen die Heuschrecken, was der Hagel übrig ließ; zum dreifachen יתר in Jl 14 vgl. Ex 105.15. Nirgendwo sonst kommen vier verschieden benannte Heuschrecken vor. So ist es nicht verwunderlich, daß man in der Vierzahl schon früh einen Topos der Apokalyptik erkannt hat, mit dem die Vollständigkeit des Berichtes bezeichnet wird; vgl. schon Jer 15 2f. Ez 14 21. Doch ist es sicher verfehlt, hier ähnlich wie bei der Vierzahl der Tiere in Dan 7 (vgl. die Vierzahl der Metalle in Dan 2) Bilder für die politischen Feinde Israels oder gar für die Weltreiche schlechthin zu sehen. Schon Ephraem der Syrer hat in seinem Joelkommentar um 350 den Beißer als Tiglatpileser, den Heuschreck als Salmanassar, den Hüpfer als Sanherib, den Springer als Nebukadnezar gedeutet. Vgl. auch schon Targum Jonathan zu 2 25, s.u. Textanm. 2 25b. Die Fortsetzung des Kapitels zeigt ganz klar, daß Joel Ernteschäden durch wirkliche Heuschrecken vor Augen hat; vgl. 5ff. Über Darstellungen von Heuschrecken in außerisraelitischen Texten und Bildern vgl. Thompson 54f.: oft werden Heuschrecken mit Heeren und Heere mit Heuschrecken verglichen, aber nie sind Heuschrecken Symbole von Völkern oder ihren Herrschern.

Wie verheerend Heuschreckenplagen in Palästina sein können, ist noch aus den letzten Jahrzehnten bekannt. GDalman berichtet (AuS I/2, 393f. nach Aharoni): „In Jerusalem erschienen die Heuschrecken damals in stundenlangen Zügen wie Wolken von Nordosten und Süden vom 22.–27. März ... Ende Mai und Anfang Juni erschien die erste Brut der von ihnen in den Boden gelegten Eier als flügellose Larven ..., welche wandernd alles Grün verzehren, das sie antreffen. Wildwuchs, Getreide, die Blätter von Feigenbäumen, Weinreben, selbst Ölbäumen, alles verschwindet, wo sie dahinziehen. Die Wände der Häuser bedecken sie, durch Türen und Fenster dringen sie in das Innere ein, wie es 2.M. 10 5f. voraussetzt. Nach sechsfacher Häutung erscheinen nach etwa zwei Monaten die Flügel, und zwanzig Tage später fliegen sie ... weiter, um andere Landstriche heimzusuchen." Der Bericht bezieht sich auf die Heuschreckenplage von 1915/16.

Joel bringt in seinem lapidaren dreireihigen Berichtsstück die totale Vernichtung zum Ausdruck. Die vier Stadien können versuchsweise etwa so vorgestellt werden: Die „Beißer" (גזם), d.h. die am Ort gewachsenen Tiere in solitärer Form, fraßen längst nicht alles. Die eigentliche Katastrophe begann mit den massenhaft eingeflogenen gregarinen Schwärmen (ארבה). Deren reiche Brut schlüpfte ein bis zwei Monate später im gleichen Jahr oder auch im kommenden Frühjahr aus und fraß in der ersten (ילק) und in der zweiten (חסיל) Phase ihres Wachstums das Land bis auf den allerletzten Rest kahl, so daß die Tiere dann zum Weiterwandern gezwungen waren. Daß mehr als der Ernteertrag nur eines Jahres vernichtet wird, zeigt 2 25; s.u.S. 76. Joel verwendet in seiner sprachlichen Darstellung das konstatierende Perfektum (dreimal אכל), dem die Handlung als solche gewichtig ist; die Faktizität des Geschehens wird betont; vgl. zuletzt DMichel, Tempora und Satzstellung in den Psalmen (1960) 99. 254. Wenn dreimal gesagt wird, daß auch noch „der Rest" „verzehrt" ist, dann wird gleich zu Anfang kräftig zum Ausdruck gebracht, daß die Aufmerksamkeit für ein Äußerstes, für ein Eschaton, erweckt ist, das jetzt im Ablauf der Geschichte ins Sehfeld eingetreten ist.

15   Nach der wuchtigen Feststellung der Fakten zeigt der Aufruf zur Klage, wie stark die Menschen davon betroffen sind. Er hebt als Weckruf an. Noch hat der Wein des Vorjahres die Trinker um die Wachsamkeit

gebracht (vgl. Hos 4 11 Jes 5 12). Der Vokativ, in der Regel determiniert (vgl. 2.13), steht hier wie nicht selten ohne Artikel (vgl. 11 Hos 13 14 Mi 1 2 und BrSynt § 10). Die Angerufenen sehen die gegenwärtige Wirklichkeit noch nicht. Ihre sorglose Heiterkeit ist Schlaftrunkenheit. Erst die Erweckten sind fähig, zu weinen und zu heulen, wenn sie sehen, daß ihnen ihr Getränk fehlen wird. עסיס ist der Traubensaft der neuen Ernte; es ist noch nicht der Wein im Krug, sondern das, was „in den Weinbergen fließt" (4 18 Am 9 13), was dort in der Kelter zertreten, gepreßt ist (vgl. עסס in Mal 3 21). Es ist ihnen „vom Munde abgeschnitten". So weist die Begründung hart auf den persönlichen Anlaß zur Klage. Im Heuschreckenjahr 1915 verdoppelten sich in Palästina die Weinpreise (Thompson IB 738). Nichts nötigt hier dazu, an die spezielle Sprache der altkanaanäischen Fruchtbarkeitskulte zu denken (Kapelrud, Bič); alles ist aus der nachexilischen Situation einer Erntenot verständlich.

Die Heuschreckenplage als Ursache der Not wird mit dem Aufmarsch 1 6 eines Feindvolkes verglichen. Auch in Prv 30 27 findet sich dieser Vergleich, wobei die „Weisheit" (24) der Heuschrecken darin gesehen wird, daß sie „geordnet ausziehen", obwohl sie „keinen König" haben. Im übrigen erinnert Joels Sprache hier an prophetische Gottesrede, wie sie von Ez 38 16 und der dortigen Androhung Gogs her, der von Norden kommt, vertraut ist (עלה על־ארצי). Dieses Motiv „er zieht gegen mein Land herauf" arbeitet dem Schreckensruf in 15 besonders deutlich vor. Daß Heuschrecken ungemein „zahlreich" auftreten (Ps 105 34; vgl. Ex 10 5ff.), ist seit alters sprichwörtlich, gerade auch im Blick auf feindliche Heere: vgl. Ri 6 5 7 12 Jer 51 14 Nah 3 15f. und schon in Ugarit: 1 Krt 103–105. 192–194. Auch עצום denkt in diesem Zusammenhang (wie in 2 2.5) mehr an die Menge als an die Macht als solche: vgl. besonders Mi 4 3 mit Jes 2 4, ferner Am 5 12 Jer 5 6 Dt 26 5, dazu HWHertzberg, Die „Abtrünnigen" und die „Vielen": Verbannung und Heimkehr (Fschr WRudolph 1961) 105. Die Vernichtungsgewalt der Heuschrecken wird dadurch verdeutlicht, daß ihre Zähne mit „Löwenzähnen" verglichen werden (so auch Apk 9 8). Von Löwenzähnen spricht auch Hi 4 10; sie sind die Waffen, ohne die Löwen nicht leben können. Jer 4 6–7 vergleicht den Feind aus dem Norden mit dem Löwen; vgl. zu 2 20 u.S. 73f. Zu den verschiedenen Wörtern für „Löwe" vgl. FHorst, BK XVI, 70. מתלעות (vgl. arab. ltḥ „beißen") findet sich nur in Parallele zu שׁ: Prv 30 14 Hi 29 17 Ps 58 7.

7 bringt das Werk der Heuschreckenzähne. Die Bäume, Äste und 7 Reben werden weiß geschält. Die blanken „Ranken" und Zweige liegen umher, שׁמה bezeichnet die totale Verwüstung, insbesondere durch fremde Truppen (Hos 5 9), קצפה die Verstümmelung durch Abbrechen der Zweige (vgl. Hos 10.7). Wie in 6 von „meinem Land", so wird hier in ungewöhnlicher Gottesrede von „meinem Weinstock" und „meinem Fei-

genbaum" gesprochen. Damit sind die besonderen Kennzeichen der Heilszeit genannt (s. zu Hos 214 BK XIV/1, 46). Der Heuschreckeneinfall ist somit indirekt schon in der ersten Strophe als Ende der bisherigen Heilsgeschichte Israels angesprochen. So wird von 6f. her verständlich, warum als erste Gruppe die Weintrinker zum Klagen aufgerufen werden.

18   Die Gruppe der Angeredeten ist in der zweiten Strophe infolge der Textverstümmelung (s.o. Textanm. 8a) nicht mehr zu identifizieren. Vielleicht ist kollektiv die „Tochter meines Volkes" (vgl. Jer 626) gemeint; an das „Land" (vgl. ארצי 6a) zu denken, ist neben 9a und 10a (אדמה) weniger geraten. Zum Weinen und Heulen kommt hier schon im Vergleich das Saqumgürten als Trauer- und Bußritus. Vgl. GStählin, Art. σάκκος: ThW VII, 56ff. Der Saq ist ein grobes Gewebe, das zumeist aus Ziegenhaar hergestellt und daher im Orient in der Regel schwarz ist. Es wird nach dem Zerreißen des Gewandes (2 S 331) auf den bloßen Leib um die Hüften gelegt (Gen 3734 1 Kö 2127) und bedeckt oft nur die Lenden, gibt jedenfalls die Brust für das „Schlagen", das ebenfalls zur Trauer gehört (Jes 3211f. u.u.S.37 zu 13), frei. Im alten Orient (vgl. AOB 198.665 und ANEP 459.634) wie im alten Israel wird der Saq in der persönlichen Trauer angelegt (Gen 3734 2 S 2110) und ebenso in der Volkstrauer (2 S 331 Jes 324 153 Jer 4837 Thr 210). Seine Bedeutung ist sichtbare Darstellung der Not und der Demütigung. „Rabbi Chijja ben Abba hat (um 300) gesagt: Man will damit sagen: Siehe, wir sind dem Vieh gleichgeachtet!"(b.Ta'an 16a nach Str -B IV, 84⁴), wobei an die Fertigung des Saq aus Ziegenhaar zu denken ist.

    Der Vergleich, in dem die Saqumgürtung erscheint, führt die Trauer eines jungen Mädchens vor, das ihren Geliebten vor der Hochzeit verlor. Allerdings ist in jüngster Zeit (Hvidberg, Kapelrud, Bič) die Meinung vertreten worden, die beiden Termini בתולה und בעל נעורים würden sich gegenseitig ausschließen, da בתולה eindeutig die nichtverheiratete Jungfrau und בעל den rechtmäßigen Ehemann bezeichne. Darum müsse hier an den Mythos gedacht werden, nach dem die Göttin Anat um den Tod ihres geliebten Baal trauere (vgl. Gordon, UgMan 67 VI 26ff.; GRDriver, Canaanite Myths and Legends, 1956, 109). Dagegen spricht, (1.) daß in Joels Tagen jener Mythos kaum so vertraut war, daß die angenommene Anspielung beim vorliegenden Wortlaut verständlich war und (2.) daß die Termini eine Deutung vom israelitischen Eherecht her durchaus möglich machen.

Exkurs   Wer ist der בעל נעורים? Der Terminus ist sonst nirgendwo belegt. בעל weist zunächst auf den Ehemann, der als rechtlicher „Eigentümer" seiner Frau בַּעַל אִשָּׁה heißt (Ex 213), so wie die Ehefrau als sein Eigentum die בְּעֻלַת בַּעַל ist (Gen 203). In dieser Rechtsterminologie scheint es zunächst unmöglich zu sein, daß eine בתולה, da sie doch durchweg das unverheiratete junge Mädchen ist (vgl. Ex 2215), Partnerin eines בעל wäre. Doch ist hier zu fragen, (1.) was

בעל נעורים besagt und (2.) wie es sich mit dem Sprachgebrauch von בתולה genau verhält.

1. Als Parallele zu dem sonst nicht bezeugten בעל נעורים kennt das Alte Testament die אֵשֶׁת נְעוּרִים: Prv 5 18 Jes 54 6 Mal 2 14f. Sie scheint den Terminus בתולה an unserer Stelle aufs neue auszuschließen. Doch ist zu bedenken, daß נעורים rechtlich in ähnlichen Zusammenhängen die Zeit vor der Ehe meint (Nu 30 17; vgl. Hos 2 17), insbesondere die Brautzeit (Jer 22). אשת נעורים bezeichnet demnach die Ehefrau als diejenige, die schon vor der Eheschließung die Geliebte war. Entsprechend wird בעל נעורים den Ehemann als Jugendgeliebten meinen. RdeVaux (Das Alte Testament und seine Lebensordnungen I, 1960, 62) hat darauf hingewiesen, daß im alten Israel die Mädchen weder eingesperrt noch verschleiert waren, vielmehr reichlich Gelegenheit geboten war, „daß Gefühle der Zuneigung entstehen und sich zeigen konnten", beim Hüten der Herden (Gen 29 6), beim Wasserholen (Gen 24 13 1 S 9 11), beim Ährenlesen (Rt 2 2f) u.ö.

2. Die בתולה kann jene Jungfrau sein, die zwar noch nicht in die Ehe eingeführt ist, aber doch schon im verbindlichen Rechtsakt der Erstattung des Heiratsgeldes als אֶשָׁה gewonnen ist, insofern also schon die Partnerin eines בעל wurde. Dt 22 23f. bezeugt diese Identität einer בתולה (23) mit einer Ehefrau (אֵשֶׁת רֵעֵהוּ 24). Es ist genau diejenige Verlobte, die der Mann schon rechtlich für sich „gewonnen" (ארש), aber noch nicht heimgeführt, noch nicht „genommen hat" (לקח Dt 20 7; vgl. BK XIV/1, 63f.). Demnach kann die בתולה, wie sie nach dem Rechtsakt der Erstattung des Heiratsgeldes schon als אֵשָׁה gelten kann, in diesem bestimmten Stadium sehr wohl die Partnerin eines בעל sein.

Der בעל נעורים ist somit wohl zu unterscheiden von dem אַלּוּף נְעוּרִים, dem Vertrauten oder Freund der Jugendzeit, dem „Geliebten" (Prv 2 17 Jer 3 4). Er ist vielmehr derjenige Geliebte, der den Mohar (das Heiratsgeld) bereits erstattet hat und damit rechtlich ein בעל אשה geworden ist, wenn er auch seine Frau noch nicht heimgeführt hat. Diese kann deshalb zwar schon אשה (Dt 22 24) heißen, aber ebensogut noch בתולה genannt werden (Dt 22 23).

Das Gegenüber der בתולה und des בעל נעורים weist uns in eine Zeit der Liebe, in der die Trennung durch den Tod ganz besonders grausam ist. Der בעל נעורים ist nämlich als „Bräutigam" zu unterscheiden von dem אַלּוּף נְעוּרִים als dem Jugendfreund vor dem entscheidenden Rechtsakt der Eheschließung. In der kurzen Spanne zwischen diesem Rechtsakt des „Gewinnens" und dem Vollzug der „Heimführung" (s.o. Exkurs) erfolgt der Tod. So wird das terminologische Gegenüber der בתולה und des בעל נעורים voll verständlich.

Damit ist aber auch das Besondere des vorliegenden Vergleichs geklärt. Die so plötzlich und unerwartet eingetretene verheerende Landesnot gebietet eine Klage, wie sie in dieser Heftigkeit nur eine junge Frau übt, die den Geliebten ihrer Jugend kurz vor der Hochzeit verloren hat. Das Bild unterstreicht die außerordentliche Seltenheit der Not, die Jerusalem zu beklagen hat.

Der Tempeldienst ist gefährdet. „Speis- und Gußopfer" sind täglich 19 morgens und abends darzubringen. Zur מנחה wird Mehl und Öl benötigt, zum נסך Wein, insgesamt also die durch die Heuschrecken gefährdeten

Landesprodukte. Speis- und Gußopfer erscheinen in dieser Paarung erst in späteren nachexilischen Texten: vgl. Ex 29 38–42 Lev 23 13. 18 Nu 6 15 15 24 28 3–9 29 11. 16–39; Esr 9 4 Neh 10 34 kennen das Wortpaar noch nicht; doch vergleiche dazu WRudolph, Esra und Nehemia: HAT I, 20 (1949) 89f. Auch „Haus Jahwes" (9. 14) als „Haus Gottes" (13. 16) entspricht dem nachexilischen Sprachgebrauch; vgl. ThChary, Les prophètes et le culte à partir de l'exil (1955) 127f. 197. 199f.; ferner weist משרתי יהוה (מזבח) (vgl. 13. 2 17) in der Form der pluralischen Apposition in vorgerückte nachexilische Zeit (vgl. 2 Chr 29 11 Esr 8 17 und ThChary a.a.O. 197f.). Für Joel ist der Abbruch des Tamid-Opfers auch in 13 und 2 14 außerordentlich wichtig. Mit seinem Ausfall ist „der Segen" des Gottes Israels hinfällig geworden; vgl. 2 14. Besonders betroffen sind die „Priester", die trauern, wo doch vor Jahwe Freude und Jubel herrschen sollten (16 vgl. Dt 16 11 26 11). Sie leben selbst vom Anteil am täglichen Opfer (Lv 2 3. 10), können aber auch das Opfer zum Zeichen der Heilsgemeinschaft mit dem Gott Israels (Ex 29 42; vgl. vRad, Theol I[6], 270) nicht mehr wahrnehmen. Mit der Bezeichnung משרת hat Joel den Priester nicht so sehr als einen persönlichen Bediensteten Jahwes angesehen (wie Ez 44 15), sondern mehr als Wärter, Aufseher und Betreuer seines Hauses, wie die Interpretation des „Dieners Jahwes" in 1 9 𝔐 2 17 durch die Benennung „Diener des Altars" in 1 9 𝔊 1 13 deutlich zeigt; nach Joel fehlt ja auch nicht etwa Jahwe das Speis- und Trankopfer, sondern dem „Haus Jahwes" (1 9. 13. 16; vgl. aber 2 14b); vgl. LASnijders, Knechten en Bedienden: NedThT 16 (1961/62) 344–360. Joel hat also den Tempeldienst und die Priester schon hier wie dann auch in 13. 16 2 17 besonders aufmerksam im Blick; doch steht er ihnen ganz ähnlich gegenüber wie den Weintrinkern in 5 und den Bauern und Winzern in 11. Gerade auch das, was im Tempel geschieht und worin man Heilssicherheit findet, ist durch das eingetroffene Geschehen gefährdet. Vgl. Dan 8 11 11 31 12 11.

1 10   Wesentlich ist, daß Joel zugleich das Gesamtschicksal Jerusalems und Judas sieht. Das Land als die Urgabe der Heilsgeschichte mit seinen Erträgen „Korn, Most und Olivensaft", die in klassischer Reihung erscheinen (vgl. Hos 2 10 und BK XIV/1, 44), ist verheert und vertrocknet. Zu שדד)ה(s.o.S. 24. Damit geht alte prophetische Gerichtsandrohung in Erfüllung; vgl. zu אבל–אמלל Hos 4 3 und BK XIV/1, 85; zu אבל–יבש Am 1 2; הוביש ist im Parallelismus als יבש hi. zu verstehen (vgl. 12a. 20 mit Nötscher, Deden, Thompson gegen KBL, Robinson, Weiser, die hier wie 11a an בוש hi. denken). Jetzt ist nicht mehr von der Folge des Heuschreckeneinfalls wie in 6f. die Rede, sondern von einer jene Katastrophe begleitenden und steigernden Trockenheit. Mit Korn, Most und Öl fallen die für die Speis- und Trankopfer benötigten Produkte aus (9a s.o.S. 35f.). Ein erster Höhepunkt ist mit dem Schluß der zweiten Strophe erreicht. Äußerlich zeigen die Alliterationen in a und bβ die gesteigerte Leiden-

schaft der Rede; sie ist begründet in der Erinnerung an die klassischen Heilsgaben und an die prophetische Androhung ihrer Vernichtung.

Die dritte Strophe wendet sich an Bauern und Winzer, von deren 1 11 Erträgen schon der Schluß der zweiten Strophe sprach. הובישו ist unter den Aufrufen zur Volksklage ebenso singulär wie הקיצו in 5 (vgl. aber Jes 23 4), ein Zeichen dafür, daß die Strophenbildung nicht nur Traditionsgut aufnimmt, sondern von Joel beim vorliegenden Anlaß gestaltet ist. Die Wortwahl mag durch das Wortspiel mit יבש hi. in 10bβ bestimmt sein. Ausfall von Ernte ist für den Bauern Schmach wie Kinderlosigkeit für Eltern (Ps 127 3–5), weil damit der Segen entzogen ist (2 14). אכרים und כרמים werden nur noch 2 Ch 26 10 und Jes 61 5 nebeneinander genannt, wo sie grundbesitzlose Landarbeiter sind; vgl. Am 5 16 und HGese: VT 12 (1962) 432ff. Ihre vernichteten Ernteerträge werden in langen Ketten einzeln aufgezählt: Weizen und Gerste, Wein und Feigen, Granatäpfel, 12 Datteln, Äpfel und andere Baumfrüchte; vgl. dazu Noth, WAT 30f. und Dalman, AuS I, 57ff. Mit der Ernte vertrocknet die Freude (vgl. Jes 9 2); sie weicht der Schande. Der Doppelklang bei הוביש (vgl. 10b mit 11a) ist wohl gewollt, wenn auch hier die Unterscheidung von יבש ḳ und הוביש mehr an Schande denken läßt (wie in 11a). ThFrankfort will כִּי kausal deuten: die Heuschrecken sollen den Bauern die Freude an der Pflege der Bewässerungsanlagen verdorben haben; doch vergleiche schon 7a; syntaktisch hat כִּי hier die gleiche emphatische Funktion wie in 10b und 2 22b; vgl. BK XIV, 1, 173.

Mit der vierten Strophe kommt der Aufruf zur Volksklage zum Ziel 13 und bringt die genauen rituellen Anweisungen für die Priester, die für deren Durchführung verantwortlich sind. חגרו ist eine Ellipse (ebenso Jes 32 11b), in der als Objekt שַׂקִּים mitgedacht ist (2 S 3 31 Jer 48 6 26 49 3; vgl. 8 u.o.S. 34). Da mit dem Saqanlegen zugleich die Brust entblößt wird, folgt dem Ritual gemäß der Befehl ספדו (hier wie in 2 S 3 31 Jer 48 49 3 Jes 32 12), der zum Schlagen der Brust auffordert, um Schmerz zu Schmerz zu fügen; vgl. Jer 49 3aβ („ritzt euch wund!"?). Dem Schlagen folgt das Heulen (so auch Jer 48 49 3 Mi 1 8) oder das Weinen (Gen 23 2 2 S 1 12 Ez 24 16. 23). Übernachten im Saq geschieht bei besonders heftigem Schmerz (1 Kö 21 27 2 S 12 16), womit auch geschlechtliche Enthaltsamkeit gegeben ist (Dan 6 19; vgl. Baumgartner 12). Als Grund wird der in 9 (s.o.S. 35f.) genannte wiederholt: das tägliche Opfer reißt ab und also die Gottesgemeinschaft.

Auch die Weisungen von 14 gelten noch den Priestern. Jetzt betreffen 14 sie aber nicht mehr deren eigene Bußübungen, sondern das, was sie im Volk zu veranlassen haben. Denn die Aufforderung, „ein Fasten zu weihen", steht in Parallele zu den folgenden Anweisungen. קדש meint neben קרא die Anordnung einer kultischen Handlung (vgl. 2 16 4 9 Jer 6 4 2 Kö 10 20 Ez 20 20), in diesem Falle eben des Fastens, das in der Regel

eintägig gehalten wird (Ri 20 26 1 S 14 24), als Bekenntnis der Unterwerfung unter die verfügte Not. Mit dem Fasten wird zugleich volle Arbeitsruhe verfügt. Denn עצרה meint noch nicht die „Versammlung" als
solche, die erst nachher angeordnet wird, sondern die „Zurückhaltung
von der Arbeit" und so den „Feiertag" (Lv 23 26 Nu 29 35 Dt 16 8, dazu
EKutsch, Die Wurzel עצר im Hebräischen: VT 2, 1952, 57–69). Sodann
ist das fastende, „feiernde" „Volk" zur „Versammlung" zu rufen.
Wenn nicht nur die verantwortlichen Ältesten, sondern „alle Landesbewohner" in den Tempel kommen sollen, so zeigt das die Kleinheit der
nachexilischen Gemeinde von Jerusalem und Juda. Zweck dieser Versammlung ist das Geschrei zu Jahwe, das immer mit dem Fasten verbunden ist (1 S 7 6 Jer 14 12 Neh 1 4 9 1ff. Esr 8 21. 23). Mit der Anrufung
Gottes ist das Ziel der Aufforderung zur Volksklage erreicht. Von einer
kritischen Haltung gegenüber dem Kultus, insbesondere gegenüber den
rituellen Fastenbräuchen, wie sie uns bei Jeremia (14 12), Tritojesaja
(58 1ff.) und Sacharia (7 5ff.) begegnen, ist bei Joel nichts zu spüren. Wiederum sind die Anweisungen zum Kultus keineswegs seine eigentliche
Sache. Der große Aufruf zur Volksklage bereitet vielmehr nur die Erkenntnis der Bedeutung der ungewöhnlichen Stunde vor.

1 15   Der Schreckensruf „Ach, dieser Tag!" nennt sie beim Namen. Zu
אהה als Ruf abwehrenden Erschreckens s.o.S. 25. Die Stunde der von
den Heuschrecken und der Dürre verursachten außerordentlichen Landesnot ist als Vorbote des nahenden Tages Jahwes zu erkennen. Mit dem
Stichwort יום יהוה ist Joel nach dem erregenden Präludium von 2–14 zu
seinem eigentlichen Thema gekommen, das als cantus firmus das ganze
weitere Buch durchzieht (2 1f. 11 3 4 4 14). Nirgendwo im Alten Testament ist der Tag Jahwes so durchgängig behandelt wie im Joelbuch.

Exkurs   יום יהוה kommt im Alten Testament außerhalb des Joelbuches elfmal vor;
in Worten gegen Israel: Am 5 18a. b 20 Zeph 1 7. 14a. b Mal 3 23; Ez 13 5 (ein
vergangener Tag); gegen die Völker: Jesaja 13 6. 9 (insbesondere gegen Babel),
Ob 15 (insbesondere gegen Edom); daneben allein fünfmal im Joelbuch: gegen Israel 1 15 2 1. 11, gegen die Völker 3 4 4 14.
In der vorliegenden Constructus-Verbindung meint יום nicht eine bestimmte Zeitdauer, sondern ein durch den beigefügten Namen bestimmtes Geschehen
in der Zeit; vgl. 2 S 23 20 (Schneetag), Jes 9 3 (Midianstag). Jahwe ist in dieser
Verbindung nicht der, dem etwas widerfährt (vgl. Ob 12 Ez 21 30 Hi 18 20),
sondern der, der mit seinem Erscheinen und Handeln das Ereignis in der Zeit
schlechthin beherrscht. Das verdeutlichen die verwandten Benennungen an 21
weiteren Stellen, die hinzuzunehmen sind: יום ליהוה צבאות Ez 30 3, יום ליהוה צבאות
Jes 2 12, יום עֶבְרַת יהוה Zeph 1 15a. 18 Ez 7 19, יום אַף יהוה Zeph 2 2. 3 Thr 2 22
2 1. 21, יום זֶבַח יהוה Thr 1 12, יום נָקָם ליהוה Jes 34 8 Jer 46 10 Jes 61 2, יום חֲרוֹן אַפּוֹ
Zeph 1 8, יום עָנָן וַעֲרָפֶל Zeph 1 15b Ez 34 12 Jl 2 2, in Zeph 1 15b außerdem
יום צָרָה וּמְצוּקָה יום שֹׁאָה וּמְשׁוֹאָה יום חֹשֶׁךְ וַאֲפֵלָה, die letzten 3 Worte auch in Jl 2 2a. b,
ferner in Zeph 1 16a יום שׁוֹפָר וּתְרוּעָה, auch הַיּוֹם אֲשֶׁר דִּבַּרְתִּי Ez 39 8 und יוֹם־בָּא ליהוה
Sach 14 1 und 3 (יוֹם הִלָּחֲמוֹ בְּיוֹם קְרָב). Davon beziehen sich die vier Threni-

Stellen und Ez 34 12 auf die Zerstörung Jerusalems im Jahre 587; in Drohworten gegen Israel kommen die genannten Termini achtmal vor: Jes 2 12 Zeph
1 8. 15a. b 18 22.3 Ez 7 19; in Worten gegen die Völker fünfmal: Jes 6 12, Ez
30 3 besonders gegen Ägypten, Jer 46 10, Jes 34 8 gegen Edom, Ez 39 8 gegen
Gog. Ferner ist Sach 14 1 (3) als die einzige Stelle zu nennen, in der wie im
Joelbuch der Tag Jahwes zunächst gegen Israel und dann gegen die Völker
gerichtet ist.

Sach 14 1. 3 zeigt neben Jl 2 1-11 4 9-17 Zeph 1 15ff. Jes 13. 34 Ez 30 besonders deutlich, daß die Anschauung vom Tag Jahwes weitgehend aus den
Überlieferungen vom heiligen Kriege stammt; vgl. vRad, Theologie des Alten
Testaments II⁵, 129–133. Hinzu kommen Züge der Theophanie-Darstellungen;
vgl. JBourke, Le jour de Yahvé dans Joël: RB 66 (1959) 18f. und LČerný, The
Day of Yahweh and some relevant Problems (1948). In allen Texten ist zugleich von Israel und den Völkern und entscheidend vom Zorn Jahwes die
Rede. Der wichtigste Unterschied, der die Texte in zwei Gruppen zerlegt, ist
darin zu sehen, daß der Tag Jahwes sich einmal gegen die Völker, dann gegen
Israel richtet. In den Vorbildern der Vergangenheit aus den Anfängen Israels
richtet er sich gegen die das Gottesvolk bedrohenden Völker (Jes 9 3 = Ri 7; Jes
28 21 = 2 S 5 20ff. Sach 14 3), später erst gegen Israel, das von seinem Gott abgefallen ist, nämlich gegen Jerusalem (Thr 1 12 2 1. 21. 22 Ez 13 5? 34 12; nur in diesem
Rückbezug auf die Katastrophe von 587 taucht der präzise Begriff יהוה יום hinsichtlich der Vergangenheit auf). Die Wende ist mit der Gerichtsandrohung
der Propheten erfolgt, was besonders deutlich in Jes 28 21 zu sehen ist. Sie ereignete sich aber, indem die Propheten von jenem Tag als einem künftigen
zu sprechen begannen. In dieser entscheidenden Wendung vom Heilsgeschichtlichen zum Gerichtseschatologischen begegnet uns erstmalig der Terminus
יהוה יום in seiner prägnanten Form (Am 5 18-20; vgl. Jes 2 6-22). Erst nach der
Erfüllung der prophetischen Drohungen in der Katastrophe Jerusalems wird in
zunehmenden Maße der Tag Jahwes als ein gegen die Völker gerichteter
Zornestag Jahwes angekündigt. Die Anfänge der Apokalyptik, die sich im Alten Testament zeigen, sind hinsichtlich des Tages Jahwes dadurch ausgezeichnet, daß sie beide Typen, die mit dem vorgegebenen prophetischen Wort überliefert sind, miteinander verbinden, den Zornestag gegen Israel und den gegen
die Völker. So geschieht es in Sach 14 (vgl. Ez 38f.) und vor allem in Jl 1–4.

Joel sieht in der bereits eingetretenen Not das Vorzeichen des von den
Propheten angesagten endgültigen Gerichtstages gegen Israel. Vorbereitet ist dieses Verständnis dadurch, daß die Katastrophe von vornherein
als eine totale und ganz ungewöhnliche geschildert wird (1 2–4), die die
kultische Gottesgemeinschaft gefährdet (1 9.13), und daß sie analoge
Züge zu den vorliegenden Jahwe-Tag-Drohungen zeigt: die Heuschrecken
sind in 6f. als das feindliche Volk geschildert (vgl. Jes 13 4ff. Ez 30 3ff.
38 14ff.), und die Verheerung durch die Dürre (10 שׁדד) läßt schon den
Terminus שׁד aufklingen (vgl. 15bβ mit Jes 13 6b).

Darum gilt: קרוב יום יהוה. Damit fügt Joel den entscheidenden, fest geprägten Satz aus der Überlieferung ein. Er ist aus Zeph 1 7.14 Jes 13 6
Ez 30 3 bekannt und wird von Joel in 2 1 und 4 14 wiederholt; zur Herkunft des Rufes aus den Jahwe-Kriegen der Frühzeit vgl. 4 14 u. u.S. 89. In
Ez 30 2f. war er schon mit dem Klageappell und dem Schreckensruf wie

hier in 15a.b verbunden; in Jes 13 6b mit dem Vergleich, der hier in bβ folgt. Dieser Vergleich bedient sich eines erschütternden Wortspiels. Der Gottesname שַׁדַּי, der durch die Priesterschrift (Gen 17 1 28 3 35 11 u.ö.) in Israel gut bekannt ist (zur Vorgeschichte vgl. WZimmerli, BK XIII, 238f.), wird zusammengehört mit dem Wort שֹׁד, das gewaltsame Verwüstungen und mächtige Zerstörungen bezeichnet; vgl. Jer 5 6 48 3. Dieser Tag ist noch nicht vollendete Tatsache wie der Heuschreckeneinfall und die Dürre, aber er ist nahe, er ist im Kommen (יבוא impf.). Zu beachten ist, daß die aus Ez 30 2f. Jes 13 6 wörtlich aufgenommenen Sätze dort gegen fremde Völker, hier aber gegen Jerusalem-Juda gerichtet sind, also im Sinne von Am 5 18ff. und Zeph 1 7ff. verwendet werden.

1 16 Joel heischt von seinen Hörern Bestätigung. Dazu hebt er von den vorher genannten Zügen jetzt noch einmal fragend die Zerstörung des täglichen Tempeldienstes heraus; vgl. 9a. 13b. Kennzeichen dieses Dienstes war „Freude und Jubel", weil darin die Heilsgaben und mit ihnen die Gottesgemeinschaft gefeiert werden; vgl. 7a u.o.S. 33f., ferner 2 21. 23; zur Geschichte des Wortpaares s. BK XIV/1, 197. Es ist bezeichnend für die andersartige Stellung Joels zum Kultus, daß er dieses Wortpaar aufnehmen kann, das von Amos, Micha, Jeremia, Ezechiel streng gemieden wird. Aber der Jerusalemer Kultus, in dem er mit seinen Zeitgenossen lebt, ist für ihn nicht Unterpfand letztgültigen Heils. Die eingetretene Katastrophe sollte seinen Zeitgenossen das Ohr öffnen für das überlieferte und noch nicht eingelöste prophetische Wort. Dabei richtet sich sein Blick nicht auf die Schuldfrage, sondern auf die Phänomene der Not.

17–18 Sie werden in 17–18 beispielhaft vor Augen gerückt. Das Saatgut ist unter der Erdscholle vertrocknet. Dabei ist vorausgesetzt, daß es vor Beginn der zu erwartenden Regenzeit untergepflügt oder daß es als Sommersaat in ausgetrocknetes Land gesät wurde; vgl. Dalman, AuS II, 130ff. Hier ist wie in 10. 12 Dürre die Ursache der Not. Die Speicher sind verfallen; vgl. BRL 492f.; Dalman, AuS III, 188ff.; das leichte Material, aus dem sie hergerichtet sind, ist niedergerissen; dies ist ein krasses Zeichen für den völligen Ernteausfall; kein Verwalter hat sich nach den Getreidespeichern umgesehen. בהמה meint hier wohl die Haustiere neben dem danach genannten Herdenvieh (vgl. Lv 1 2). Dabei ist das Großvieh zuerst gefährdet. Wenn aber selbst das genügsame, an Steppengras gewöhnte Kleinvieh keine Weide mehr findet, dann muß die Ursache eine sehr lange während Trockenheit sein, oder aber man muß hier gleichzeitig an den Heuschreckeneinfall denken (Dalman, AuS VI, 176f.); denn die Heuschreckenschwärme verzehren restlos alles, was sie finden; s.o.S. 32. Die Formulierung entspricht zwar dem Klageliedstil, doch ist Übernahme vorliegender Formulare nicht nachzuweisen. Wie beim Eingang in 16 liegt vielmehr die Annahme der aus der Situation geborenen selbständigen Formulierung näher.

Dagegen weist das Schlußstück mehr traditionelle Wendungen auf: 1 19–20
vgl. Jer 9 9 14 5f. 23 10 Ps 42 2 65 13 97 3. Sengende Hitze und Trockenheit sind einziges Klagemotiv. Es ist, als stimme zum Schluß der Prophet
als erster ganz ausdrücklich das Klagelied an, zu dem er alle Gruppen
des Volkes in 5–14 (bes. 14b!) aufgerufen hat und dessen entscheidende
Motive schon unmittelbar vorher in Klageform entfaltet wurden. Jeder-
manns Klage ist hier vorgesprochen.

20bβ muß nicht schon deshalb sekundär sein, weil es 19bα wiederholt. Die Wiederaufnahme wichtiger Sätze gehört zum Stil Joels, vgl.
9a. 13b. 16, und ist ein Mittel der Steigerung. Der hier wiederholte Satz
erinnert an das fressende Feuer und die leckende Lohe in Theophanieschilderungen (vgl. 19b mit Ps 50 3 97 3 29 7), wie sie in Zeph 1 18 und Jl
2 3 direkt zur Jahwe-Tag-Darstellung gehören (s.u.S.52). Insofern interpretiert auch noch das Schlußstück den Schreckensruf vom nahenden
Tag Jahwes in 1 15.

Das einleitende Kapitel des Joelbuches will die Bedeutung einer ganz   Ziel
ungewöhnlichen Not darstellen, in die die Bevölkerung Jerusalems und
Judas geraten ist. Eine furchtbare Heuschreckenplage, die in mehreren
Schüben das Land länger als ein Jahr heimsuchte, traf zusammen mit
einer lang anhaltenden Dürre, die sich sogar auf die Fruchtbäume und
das Kleinvieh auswirkte (1 12. 18). Solche doppelte Not wurde einst
durch prophetische Fürbitte von Israel abgewendet (Am 7 1–6). Jetzt hat
sie Jerusalem befallen mit der gleichen Schrecklichkeit, in der einst die
Heuschrecken über Ägypten kamen (Ex 10). Wie es die deuteronomische
Fluchreihe verkündet hatte, so sind jetzt die Nöte Ägyptens über das
Gottesvolk hereingebrochen (vgl. Dt 28 27. 33. 38. 49–51). Es ist möglich,
daß Joel diese deuteronomischen Traditionen kennt (so JBourke, RB 66,
1959, 15f. 206ff.), aber sie veranlaßten ihn keineswegs, das Volk zum Hören auf die Stimme Jahwes in der Tora zu ermahnen, wie es die Deuteronomisten taten (vgl. Dt 28 1. 15. 45 29 28).

Vielmehr erregt ihn die Not, jetzt auf das uneingelöste eschatologische Prophetenwort vom Tage Jahwes zu achten. Er nimmt den Wortlaut aus Ez 30 2f. und Jes 13 6 auf, obwohl jene Worte gegen fremde Völker gerichtet waren. Er verwendet sie in dem Sinne, in dem vom Tage
Jahwes bei Amos (5 18–20) und Jesaja (2 6ff.) gegen Israel und dann vor
allem bei Zephanja (1 7ff. 14ff.) gegen Jerusalem gesprochen wurde. Damit ist in verdeckter Weise ein äußerst kritisches Wort gegen die Selbstsicherheit der Jerusalemer Kultgemeinde gesagt, die sich theokratisch
formiert hat (s.o.S. 29). Im Kultus, so selbstverständlich er von Joel
bejaht wird, ist nicht schon die Heilsgeschichte erfüllt. Eine letzte Erschütterung steht noch aus, die eben das prophetische Wort vom Tage
Jahwes angekündigt hat.

Daß die gegenwärtige Not Vorbote dieses Tages ist, erkennt und verkündet Joel als ihre Bedeutung. Daß alle Aussagen des Kapitels auf 15 als die Mitte hin ausgerichtet sind – „Nahe ist der Tag Jahwes, wie Gewalt vom Gewaltigen kommt er!" –, das zeigen mehrere Züge deutlich: 1. Die Schilderung der Not als solche beherrscht den Aufruf zur Volksklage (5–14, s.o.S.23f.) wie die folgende Klage selbst (16–20). Schon die Eröffnung nennt diese Not eine ganz ungewöhnliche und totale (12b.4). – 2. Die Heuschrecken werden ähnlich geschildert wie das Feindheer, das die Propheten für den Tag Jahwes ankündigten (6, s.o.S.33). – 3. Ein unüberhörbarer Akzent liegt darauf, daß die eingetretene Not den täglichen Tempeldienst gefährdet (9b.13b.16 s.o.S.36). Damit ist angezeigt, daß von dem Gott Israels her, den die Propheten bezeugen, die Kultgemeinde Jerusalem als solche nicht das Endziel der Wege Gottes ist. Daß Jahwe die Heuschrecken als „sein großes Heer" geschickt hat, wird erst 225 ausdrücklich gesagt. – 4. Von vornherein wird der Not eine Bedeutung beigemessen, die über die gegenwärtige Generation hinausreicht. Sie gewinnt geradezu eine heilsgeschichtliche Relevanz für die Zukunft, die den alten Traditionen vergleichbar ist. Darum wird der Befehl zum Überliefern gleich zu Anfang eingeschärft (3 s.o.S.30).

So weist das Kapitel von seiner Mitte in 15 aus über sich hinaus ins Folgende hinein. Einstweilen ist aus der Notlage die Konsequenz gezogen, zu Jahwe zu schreien (14b.19a), und zwar in den üblichen Formen des Kultes. Das außerordentliche Geschehen in der Zeit wird im Horchen auf das ältere prophetische Wort zum Anlaß, sich zu Jahwe als dem Herrn der gegenwärtigen Not wie des kommenden Tages hinzuwenden, die Gegenwart (einschließlich der darin wirksamen Heilsgaben) als das nur Vorläufige zu erkennen und des Gotteswortes über den endgültigen Tag eingedenk zu werden. Vgl. Mt 24 32ff. 7f. par.

AUFRUF ZUR UMKEHR VOR DEM TAG JAHWES
(2 1–17)

HFredriksson, Jahwe als Krieger (1945) 28–35. – JBourke, Le jour de Yahvé Literatur
dans Joël: RB 66 (1959) 5–31. 191–212. – SELoewenstamm, יְעֻוְתֻן = יַעְבְּטֻן?:
Leshônênu 24 (1959/60) 107–108. – DLeibel, On יַעְבְּטֻן (Joel 2 7): Leshônênu
24 (1959/60) 253. – BSChilds, The Enemy from the North and the Chaos
Tradition: JBL 78 (1959) 187–198. – EKutsch, s.o.S. 19. – GvRad, Theologie
des Alten Testaments II (1960) 133–136.

¹Stoßt ins Horn zu Zion!   Text
  Alarmiert auf meinem heiligen Berge!ª
    Erzittern sollen alle Landesbewohner.
Denn es kommt der Tag Jahwes.
  Ja, nahe ist ²der düstere, finstere Tagª,
    der Tag der dunklen Wolke ᵇ.
Wie Morgenlicht, über die Berge hin ausgebreitet,
  (naht) ein zahlreich mächtiges Volk.
Dergleichen gab's nie seit eh und je.
  Und danach kommt's nicht wieder bis in fernste Geschlechter ᶜ.
³Vor ihm frißt Feuer,
  und hinter ihm leckt Lohe.
Wie ein Wonnegarten ist das Land vor ihm
  und hinter ihm wie öde Wüste.
    Auch gibt's bei ihm kein Verschonen.
⁴Es sieht aus wie Pferde,
  wie Streitrosse rennen sie.
⁵Wie das Rasseln von Streitwagen,
  die über Bergkuppen hüpfen,
wie das Prasseln lohenden Feuersª,
  das Strohstoppeln frißt,
wie ein mächtiges Volk,
  zum Kampf gerüstet.
⁶Vor ihm winden sich Völker,
  alle Gesichter erglühnª.
⁷Wie Kämpfer rennen sie,
  wie Kriegsleute erklettern sie die Mauer.
Sie ziehen ein jeder seinen Weg,
  ihre Bahnenª ändern ᵇ sie nicht.
⁸Keiner verdrängtª den anderen,
  jeder zieht seine Straße ᵇ.
Mitten durch ᶜ Geschosse fallen sie ein,
  (ihre Reihen) brechen nicht ab.
⁹Die Stadt überfallen sie,
  die Mauer berennen sie,
    die Häuser erklettern sie.
Durch die Fenster hindurch

dringen sie ein wie ein Dieb.
¹⁰Vor ihm bebt die Erde,
   erzittern die Himmel –
während Sonne und Mond verfinstern,
   der Sterne Glanz verlischt ͣ
      ¹¹und Jahwe seine Stimme vor seinem Heer erhebt –,
denn sehr groß ist sein Heerlager,
   ja, mächtig ist, der sein Wort vollstreckt ͣ.
Ja, groß ist der Tag Jahwes
   und furchtbar gar sehr.
      Und wer kann ihn bestehn?

¹²Doch auch jetzt noch (gilt) Jahwes ͣ Spruch:
Kehrt zu mir um mit eurem ganzen Herzen,
   mit Fasten, mit Weinen, mit Trauer!
¹³Zerreißt eure Herzen und nicht eure Kleider!
   Kehrt um zu Jahwe, eurem Gott!
Denn „gnädig und gütig ist er,
   geduldig und reich an Huld,
      und das Unheil tut ihm leid."
¹⁴Vielleicht tut's ihm noch einmal leid,
   und Segen läßt er hinter sich,
      Speis- und Trankopfer für Jahwe, euren Gott.

¹⁵Stoßt ins Horn zu Zion!
   Weiht ein Fasten!
      Ruft einen Feiertag aus!
¹⁶Versammelt das Volk!
   Weiht die Gemeinde!
Bringt die Alten zuhauf!
   Versammelt die Kinder,
      auch die noch an Brüsten saugen!
Der Bräutigam komme aus seiner Kammer,
   die Braut aus ihrem Gemach!
¹⁷Zwischen Vorhalle und Altar sollen weinen
   die Priester, die Diener Jahwes.
Sie sollen sagen:
Hab Mitleid, Jahwe, mit deinem Volk!
   Übergib nicht dein Eigentum der Schande,
      daß Fremdvölker über sie herrschen ͣ.
Warum soll man sagen unter den Völkern:
   „Wo ist ihr Gott?"

2 1   1a Sah beachtet die im Kontext nicht zu erwartende Jahwerede und fügt
2 deshalb ein: dicit dominus deus omnipotens. – 2a wörtlich: „der Tag der Finsternis und Düsternis". – b wörtlich: „der Tag der Wolke und des Dunkels". –
c wörtlich: „bis in die Jahre von Generation und Generation (d.h. der Genera-
5.6 tionenkette)". – 5a wörtlich: „der Flamme des Feuers". – 6a wörtlich: „sammeln Glut"; 𝔊 (πᾶν πρόσωπον ὡς πρόσκαυμα χύτρας) las sicher פָּרוּר = „Koch-
topf", vielleicht daneben כקיץ statt קבצו, ist aber selbst schwer deutbar; dachte
sie an den „gebrannten" Topf oder an das „Angebrannte" im Topf oder nur

44

an Glut des Kochtopfs? (Ebenso Nah 2 11b). 𝔙 übersetzt ähnlich: omnes vultus
rediguntur in ollam. 𝔊 𝔙 haben also פארור mit פרור identifiziert; der Siede-
topf bezeichnet zugleich die Siedehitze. RGradwohl, Die Farben im AT: ZAW
Beih 83 (1963) 26 deutet die Wendung קבץ פארור nach Jes 4011: „den Siede-
topf aufnehmen" = „sich erhitzen". Näher liegt die Deutung „Hitze ansammeln". – 7a gedacht ist an die festgelegten Marschrouten. – b 𝔊 (ἐκκλίνωσιν) 27
kann durchaus 𝔐 voraussetzen; Loewenstamm zeigt Verwandschaft von עבט
mit akkad. *ebēṭu* = „krümmen"; Wellhausen schlug יְעַוְּתֻן vor, Leibel יֵעָרְבוּן,
aber 𝔊 hat allenfalls יַטּוּ(ן) gelesen wie in Am 2 7. – 8a Auch hier kann 𝔊 8
(ἀφέξεται) ebenso wie Θ (θλίψει) und ᾽Α (συντρίψει) 𝔐 wiedergeben (gegen
BHK³ יְרָחָקוּן). – b 𝔊 (καταβαρυνόμενοι ἐν τοῖς ὅπλοις αὐτῶν πορεύσονται)
weicht sehr von 𝔐 ab (? כְּבַד בְּמִנָּיו); da immerhin πορεύσονται an ילכון in
8aβ erinnert, ist dieses 𝔊-Stück kaum als Übersetzungsvariante zu 8bα anzusehen (Merx). – c בַּעַד = „Abstand"; cstr. „durch... hindurch"; 𝔊 scheint
בְּעֹז הֵשׁ gelesen zu haben (Merx 108); 𝔊 (ἐν τοῖς βέλεσιν αὐτῶν πεσοῦνται)
wird 𝔐 voraussetzen, da βέλις auch Neh 4 17 שלח wiedergibt; 𝔗 ולאתר
דאינון שליחין אולין קטלין = „da, wo sie hingesandt sind, gehen sie (und)
töten". – 10a In 10b und 11aα sind Zustandssätze, die an der Inversion erkenn- 10
bar sind, zwischen die Darstellung der Vorgänge 10a und die Begründungssätze 11aβ–b eingeschaltet; vgl. Kutsch 87f. – 11a 𝔗 (עבדי) Σ (οἱ ποιοῦντες) 11
setzen pl. עֹשֵׂי voraus und erklären so das „große Heer" in aβ als Vollstrecker
des Jahwewortes; 𝔊 (ὅτι ἰσχυρὰ ἔργα λόγων αὐτοῦ = כִּי עָצְמוּ מַעֲשֵׂי דְבָרָיו)
weicht stärker von 𝔐 ab und bezieht die Aussage auf das in 10 verkündete
Gesamtwerk Jahwes; ähnlich 𝔖𝔏; 𝔙: quia fortia et facientia verbum eius.
– 12a 𝔊 fügt ὁ θεὸς ὑμῶν hinzu. – 17a Die Deutung „spotten" (im Blick auf 12.17
bβ) kennen die alten Übersetzungen noch nicht (𝔊 κατάρξαι; 𝔙 dominentur),
aber schon Raschi und die meisten neueren Ausleger; vgl. Thr 5 8 2 Ch 7 18
9 26 20 6 23 20.

Mit einem Warnruf vor dem Feind und anschließender Feindschil- Form 1–11
derung setzt das 2. Kap. ein. Der Aufruf zum Hornblasen auf Zion in 2 1
führt nicht etwa den Aufruf zur Volksklagefeier in 1 5–14 fort, obwohl er
in 2 15 genau in diesem Sinne aufgenommen wird. Die unmittelbare Fortsetzung lehrt, daß im Eingang des Kapitels ein Alarmbefehl vorliegt, der
den Rufen von Hos 5 8 8 1 Jer 4 5 6 1 entspricht; vgl. BK XIV/1, 142 und
RBach, Die Aufforderungen zur Flucht und zum Kampf: Wissenschaftliche Monographien Bd. 9 (1962) S. 19ff. Er warnt vor dem anrückenden
Feind, dessen Macht in 2aβ–11a geschildert wird. Die Eigenart dieses
Alarmbefehls mit Feindschilderung zeigt sich darin, daß er inhaltlich den naherückenden Tag Jahwes selbst verkündet (s.u.S.50f.).

Zwar erhält man anscheinend zunächst einen glatten Zusammenhang,
wenn man die stereotype Jahwe-Tag-Stelle in 1b 2aα übergeht.

¹ Stoßt ins Horn zu Zion!
　　　Alarmiert auf meinem heiligen Berge!
　　　Erzittern sollen alle Landesbewohner.
Denn es kommt... ²aβ – wie Morgenlicht über die Berge hin ausgebrei-
　　　　　　　　　　　　　　　　　　　　　　　　　　　　tet –
ein zahlreich mächtiges Volk.

Die Einschaltung

> [1b](es kommt) der Tag Jahwes,
>> ja, nahe ist [2]der düstere, finstere Tag,
>>> der Tag der dunklen Wolke

wirkt wie nachgetragen. Aber bei näherem Zusehen ist sie unentbehrlich.

Denn ohne sie käme erst am Schluß heraus, daß das Feindheer, das gegen Jerusalem heranzieht, Jahwes Heer ist (11). Doch schon vorher wird dreimal ausgeführt, was „vor ihm" geschieht (3a 6a 10a). Und diese Geschehnisse sind nur verständlich, wenn sich in ihnen Jahwes Erscheinen mit seinem Heer auswirkt (Kutsch 85 ff.), zumal darin Topoi der Theophanieschilderungen vorherrschen. Schon von dieser ersten Beobachtung aus liegt es nahe, daß die Feindankündigung von vornherein Ansage des Tages Jahwes war. – Als Bestätigung kommt hinzu, daß die Vorstellung des Feindheeres an allen wichtigen Jahwe-Tag-Stellen erscheint, die Joel nachweislich vorgegeben sind, am deutlichsten in Jes 13 2ff. Ez 30 3ff. (s.o.S. 38f. zu 115), ja, daß der Tag Jahwes bei Zephanja „der Tag des Horns und des Kriegsgeschreis" genannt wird (vgl. יוֹם שׁוֹפָר וּתְרוּעָה in Zeph 116 mit Jl 21aα), während sich unmittelbar vorher in Zeph 115b die wörtlich von Joel (22aα) übernommene Charakterisierung als „Tag der Finsternis und des Dunkels, Tag der Wolke und der Finsternis" findet. So ist die Verknüpfung der Ansage des Tages Jahwes mit dem Kriegsalarm und der nachfolgenden Feindschilderung von der Tradition her zu erklären.

Daß es der älteren literarkritischen Forschung möglich erschien, die Jahwe-Tag-Stellen zu eliminieren, erklärt sich aus der Eigenart der Arbeitsweise unseres Frühapokalyptikers, der Traditionselemente teilweise selbständig ausbaut (vgl. 1 5–14. 15), teilweise aus der literarischen Überlieferung wörtlich aufnimmt. So entsteht der Eindruck der Kompilation, der sich genauso in Kap. 1 aufdrängte.

Innerhalb der Feindschilderung hat die Kette der Vergleiche in 4–7 ihr formgeschichtliches Vorbild in den Ansagen des von Jahwe aufgebotenen „Volkes aus der Ferne" (Jes 526), die aus der älteren Prophetie überliefert sind; neben dem Einzelvergleich (Hos 81) bilden sich schon dort Ketten: Jes 528–30 Hab 18 Jer 413 Nah 25. Joel bietet nicht nur die weitaus längste Kette, sondern zeigt im Ansatz den Stil apokalyptischer Visionsschilderung; vgl. vor allem in 4 (כמראה) den Einfluß ezechielischen Stils (Ez 113f. 26–28 82 101 403 4211 433), der sich außer bei Joel so innerhalb des Alten Testamentes nur noch in Dan 815 106.18 findet. So stellen wir auch hier wie beim Aufruf zur Volksklage in 1 5–14 eine ausgebaute Spätform fest.

2 12–14   Durch וגם־עתה mit dem Voraufgehenden fest verknüpft, schließt sich ein mehrgliedriger Aufruf zur Buße an. Er unterscheidet sich dadurch vom Aufruf zur Volksklage, daß er nicht mit dem Hinweis auf die Not

begründet wird (vgl. die Begründungssätze in 1 5–14 u.o.S. 23f.), sondern (1.) mit dem Hinweis auf Jahwes Wesen und Willen (13b) und (2.) mit dem Ausblick auf sein künftiges Tun (14). Die erste Art der Begründung eines solchen Mahnwortes gehört zur Form der priesterlichen Tora (JBegrich, Die priesterliche Thora: ZAW Beih 66, 1936, 75ff.; vgl. Jes 1 10ff. Lv 20 7), die zweite zu ihrer prophetischen Abwandlung (Am 5 5. 15). Dieses Mahnwort zeigt mithin die Gestalt einer späten Mischform.

Die letzte Imperativkette entspricht dem Grundbestand der Schluß- 2 15–17 strophe des großen Aufrufs zur Volksklage im 1. Kap; vgl. 15b. 16aα mit 1 14a. Sie zeigt aber einen dreifachen Ausbau. Zunächst nimmt sie im Eingang den Alarmruf aus 2 1 auf und ist dadurch ebenso wie 12–14 mit 1–11 verknüpft. Der Aufruf zum Hornblasen ist auch für Kultbegehungen belegt (Ps 81 4 vgl. 47 2 Lv 23 24 Nu 10 10), allerdings sonst nicht für die Aufrufe zur Volksklagefeier; vgl. HJKraus, Gottesdienst in Israel (²1962) 84. 246. So klingt hier doch wohl 2 1 nach. Das bedeutet sachlich, daß die Aufforderung zur Flucht vor dem Feindheer Jahwes, die auf dem Zion ergeht, als Flucht zu Jahwe verdeutlicht wird. Vor Jahwe kann Israel sich nur zu Jahwe retten. – Die zweite Erweiterung gegenüber 1 14aβ zeigt sich darin, daß der aufgebotene Kreis („alle Bewohner des Landes") mit der Nennung der Kleinstkinder und der Brautleute soweit wie nur möglich gezogen wird (2 16). – Schließlich wird der Befehl „Schreiet zu Jahwe!" (1 14b) mit einem ganz bestimmten Gebet belegt (2 17). Dieses Gebet sieht anders als die Klagestücke in 1 15–20 nicht auf die wirtschaftliche Not, sondern auf das Verhältnis zu den Völkern.

Die dichterische Struktur ist recht unterschiedlich. Tradierte Form wie jeweiliger Gehalt wirken sich aus. Der Alarmruf ergeht in 1a in drei synonymen, dreitaktigen Reihen; die Begründung erfolgt zunächst in ebenfalls drei Reihen (1b–2aα), deren Länge jedoch wegen der wörtlichen Aufnahme von Zeph 1 14f. schwankt. Auch in 2aβ–11 sind die meist zweireihigen und synonymen Perioden von ungleicher Länge. In 2bβ.γ malen ungewöhnlich lange fünftaktige Reihen die Weite der Zeiten, während in 9 kurze, zweitaktige Reihen das stürmische Geschehen schildern. Einzelstehenden Reihen wie 3bβ und 11aα kommt inmitten der Feindschilderung eine interpretierende Bedeutung zu.

Der Bußruf ist ebenmäßig gebaut. Die beiden imperativischen Perioden sprechen mit je zwei synonymen Reihen kräftig an (12aβ–13a); die Begründung dagegen meditiert in zwei dreireihigen Perioden.

Im abschließenden Aufruf zur Klagefeier herrschen kurze zweitaktige Anweisungen (15b–16a).

Über das Gesamtverständnis entscheidet die Frage, in welchem Ver- Ort hältnis 2 1–17 zu Kap. 1 steht. Die neuere Auslegung hat in Kap. 2 ebenso wie in Kap. 1 die Schilderung eines Heuschreckeneinfalls gefunden. Der Unterschied soll darin liegen, daß in Kap. 1 das flache Land und in Kap.

2 die Stadt Jerusalem bedroht wird (Bleeker, Theis, Deden) oder daß in Kap. 2 eine zweite Plage durch Ausschlüpfen der Brut der Heuschrecken aus Kap. 1 bevorsteht (Bewer, Sellin, Weiser). Gegenüber dem ersten Vorschlag ist darauf hinzuweisen, daß in beiden Kapiteln „die Bewohner des Landes" genannt sind (1 2. 14 2 1), daß in 1 (9. 13. 16) wie in 2 (14b 17) der Jerusalemer Tempel mit seinen Priestern und daß in 2 (2. 3. 5) wie in 1 (6ff. 17ff.) die ganze Landschaft betroffen werden. Zum zweiten Vorschlag aber gilt, daß schon Kap. 1 eine restlose Vernichtung der Ernte durch Heuschrecken und Dürre voraussetzt (8ff. 17f.) und daß schon 1 4 mit verschiedenen Heuschreckeneinfällen und dem Ausschlüpfen ihrer Brut rechnet. Nun ist allerdings zu erwägen, daß 1 4 als Zusammenfassung der Ereignisse von 1 5–2 17 gemeint sein könnte, zumal der Vers in 2 25 aufgenommen wird, und daß erst in Kap. 2 eine nähere Beschreibung der Angreifer erfolgt (4–9), wobei vom Angriff auf die Stadt gesprochen wird (Thompson). Vor allem werden die Vergleichsketten in 2 4f., aber auch in 7–9, gut verständlich, wenn Heuschrecken gemeint sind (s. u. S. 53f.).

Der wesentliche Unterschied der beiden Kapitel ist dennoch anders zu bestimmen.

1. Keinesfalls liegt den beiden Kapiteln dieselbe Not zugrunde.

a) Kap. 1 sieht auf eine bereits eingetretene Katastrophe zurück und ruft darüber zu einer Volksklage auf. Die Aufrufe wie die Klagesätze selbst sind in Geschehnissen begründet, deren Wirkung schon vorhanden ist. Dagegen steht Kap. 2 im Zeichen des Alarmrufes vor dem erst anrückenden Feind. Sein Heer ist noch im Kommen. Neben dem grundlegenden formgeschichtlichen Unterschied des Aufrufs zur Volksklage und des Warnrufes vor dem Feind ist das Vorherrschen der Imperfektformen in Kap. 2 4–9, die ein in Gang befindliches Geschehen darstellen, mit den Perfekta in Kap. 1 4–20, die Fakten konstatieren, zu vergleichen.

b) Die Einleitung zum Bußruf mit ihrem beigesellenden וגם עתה („und auch jetzt" 2 12) zeigt, daß der „jetzige" Anlaß zur Umkehr unterschieden wird von dem früheren Anlaß zur Klage in Kap. 1.

c) Sowohl der Aufruf zur Buße, der als solcher in Kap. 1 keine Parallele hat, wie auch die Steigerung, die in 2 15–17 gegenüber 1 13f. vorliegt (s. o. S. 47), weisen auf eine von Kap. 1 zu unterscheidende Not hin.

2. Die neue Not ist keine Heuschreckennot.

a) Heuschrecken werden in Kap 2 1–17 überhaupt nicht erwähnt. Sie sind auch schon in 1 8ff. zurückgetreten.

b) Dagegen setzt das neue Gebet in 2 17 voraus, daß Jerusalem durch „Völker" überwältigt wird. Im deutlichen Unterschied zu den Gebetsstücken in 1 16–20 ist von Verheerungen, die Heuschrecken anrichten können, keine Rede mehr. Vielmehr frißt Feuer vor und hinter dem Feind (3a), Völker winden sich unter ihm (6a; vgl. 3bβ), die Stadt wird mit ihren Mauern und Häusern erobert (7-9), ja Erde und Himmel erbeben, und die Gestirne verfinstern sich (10).

c) Jahwe ist Befehlshaber des anrückenden Feindheeres (11). Daß er die Heuschrecken anführt, war in Kap 1 nicht gesagt (vgl. 1 6f. und 2 25; s.u.S 76).

d) Im Unterschied zu den Heuschrecken aus Kap. 1 ist der in Kap. 2 angekündigte Feind nicht nur in den letzten Generationen nicht auf-getreten (1 2b), sondern noch niemals und wird auch danach nie wieder auftreten (2 2b). Die Heuschreckennot war außergewöhnlich, die neue Feindnot wird einmalig sein.

3. Dann aber ist in dem angesagten Feind ein apokalyptisches Heer zu sehen.

a) Was von seinen Wirkungen zu sagen ist, ist wesentlich nicht aus Naturbeobachtungen geschöpft, sondern bietet Traditionselemente der überlieferten Theophanieschilderungen, der Androhungen eines Feindes von Norden und der Feinddarstellungen in den Prophetien vom Tag Jahwes, vgl. besonders Ps 97; Jer 4-6; Am 5 18-20 Zeph 1 Ez 30. 38f. Jes 13, dazu Keil, Greßmann, Messias 136f., Kutsch u.u.S. 55f.).

b) Das Auftreten und der Charakter des Feindes zeigen allerdings deutliche Analogien zu den Heuschrecken. „In grotesker Vergrößerung stellen sie den apokalyptischen Feind dar" (GHölscher, Die Profe-ten, 1914, 432; vgl. Robinson und vor allem Fredriksson). Man darf je-doch nicht sagen, daß hier ein gewöhnliches Völkerheer mit Heuschrecken verglichen wird, wie es in Na 3 15 (17) und Jer 51 27 der Fall ist (vgl. Thompson, JNESt 14, 1955, 52ff. und IB z.St.); vielmehr werden diese heuschreckenartigen, doch nie als Heuschrecken bezeichneten apokalyp-tischen Wesen als das eschatologische Feindheer angekündigt. Offenbar liegt eine Vorform von Apk 9 2-11 vor.

c) 2 1ff. schildert also weder die gleiche Heuschreckennot wie 1 4ff. noch einen weiteren Heuschreckeneinfall, sondern will den von der Pro-phetie erwarteten Ansturm des übermächtigen Feindes aus der Ferne bzw. von Norden, der aber nun den unvergleichlichen Charakter des eschatologisch verstandenen Tages Jahwes gewonnen hat und für dessen überirdisches Format der außergewöhnliche Heuschreckeneinfall in 1 4ff. Vorbote und Modell zugleich war, als unmittelbar bevorstehend ankün-digen.

Somit hat 2 1-17 seinen Ort nicht nur literarisch, sondern sachlich hinter Kap. 1. Die Folge ist unumkehrbar. Nicht eine Parallele, sondern eine Steigerung der vorläufigen Not zum Endgültigen hin liegt vor. Aller-dings fehlt eine Verknüpfung, die das zum Ausdruck brächte. Doch darf vielleicht die im Eingang in traditioneller Wendung („auf meinem hei-ligen Berge" 2 1a; s.u.S. 50) auftauchende Jahwerede, die infolge der Auf-nahme anderer tradierter Wendungen nicht weiter durchgehalten wird und nur beim Neueinsatz in 12a noch einmal wiederkehrt, beachtet werden. Sie stellt 2 1ff. als Gottes Antwort auf die Klageschreie in 116–20 dar. Statt der Erhörung bringt sie die Bestätigung, daß der Tag Jahwes selbst jetzt naht; vgl. 2 1b mit 115.

Für die Zeit der Abfassung bietet auch dieses Kapitel nur indirekte Indizien. Entschieden spricht für die nachexilische Zeit, daß in 2 16f. bei der Aufgliederung der Bevölkerung König und Hof nicht vorkommen, vielmehr Priester und Älteste die Gemeinde führen; s.o.S.28f. zu 1 2. Daß 7a. 9a die Mauer erwähnen, muß zwar, für sich genommen, nicht unbedingt in die Zeit nach Nehemias Mauerbau verweisen (vgl. R.Kittel, Geschichte des Volkes Israels III/2, 1929, 605 und JMMyers, ZAW 74, 1962, 191), die gleich zweimalige Nennung setzt sie aber im weiteren Zusammenhang doch wohl als selbstverständlich voraus: Jerusalem hat an sich verteidigungsfähiges Mauerwerk. Wohl aber verweist uns die Thematik in die spätere nachexilische Zeit. Der Tag Jahwes, dessen Schilderung im Wortlaut teilweise genau an Zeph 1 14f. und Jes 13 erinnert (s.u.S.51.55), wird in seinem Verlauf ganz neu gesehen. Ein größerer geistesgeschichtlicher Abstand muß angenommen werden. Denn nur so wird verständlich, daß die Topoi teilweise wörtlich, wahrscheinlich also durch literarische Vermittlung, aufgenommen werden, zugleich aber das Feindheer aus der Ferne nicht mehr wie in den ältern Texten unmittelbar angekündigt und als menschliches Heer gesehen ist, sondern nach Analogie eines voraufgehenden Heuschreckeneinfalls erwartet wird. Das erscheint in der späteren Perserzeit eher möglich als in der früheren. Auch die Anklänge an Mal 3 (s.u.S.56f.) und die nahe Verwandtschaft zu Jon 3f. (s.u.S.58f.) sind hierfür zu beachten.

Wort 21 Der שׁוֹפָר ist das aus einem Widderhorn angefertigte Blasinstrument, das sich mit seiner gekrümmten, konischen Gestalt von der Trompete unterscheidet; vgl. BRL 390.392; GFriedrich, ThW VII, 76. Der Befehl zum „Lärmen" (רוע hi.) fordert wohl nicht dazu auf, daß dem „Stoßen" der Hörner (תקע) wie in Jos 6 (10.16) 20 ein allgemeines Feldgeschrei folgen solle, sondern charakterisiert in strenger Synonymie das Hornblasen als ein anhaltendes, aufschreckendes Schmettern (vgl. Nu 10 9), im Unterschied zum Signalblasen bei Festversammlungen (vgl. Nu 10 10 und Jl 2 15). Hier wird also zum Alarm bei Feindgefahr aufgerufen. Sein Ziel ist nicht wie in 15–17 das Rüsten zum Fastengebet, sondern, „daß alle Landesbewohner erbeben", also um ihre Sicherheit bangen und Schutz suchen (s.o.S.45). Der Ruf ergeht „auf Zion", „auf meinem heiligen Berge". Die Rede vom „heiligen Berg" als Königssitz eines Gottes begegnet schon im Baalmythos in Ugarit (ʿnt III, 26–28), im Alten Testament meist in der 1. pers. der Jahwerede; vgl. WSchmidt, ZAW 74 (1962) 65.

Der Grund (כי b) ist, daß nicht nur irgendein mächtiger Feind anrückt (2b), sondern daß „der Tag Jahwes" selbst „im Kommen" ist; בא wird neben קרוב als pt. zu deuten sein (Kapelrud). Schon Ez 7 7 zeigt im verwandten Zusammenhang בא und קרוב nebeneinander. Auch in Zeph 1 14–16a wird der endgültige Gerichtstag Jahwes mit dem Alarmblasen verbunden, indem der Tag Jahwes direkt als „Tag des Horngeschmetters" bezeichnet ist. In die Vorgeschichte dieser Verbindung gehört, daß in Ps 98 6–9 das Kommen Jahwes als Weltenrichter mit dem Hörnerblasen eröffnet wird (vgl. כי בא in Ps 98 9 96 13; in Jes 27 13 ist die Verbindung schon als selbstverständlich vorausgesetzt), vor allem aber, daß die Theophanieschilderung der Sinaiüberlieferung in der Verschmelzung der alten Quellen das Horngeschmetter, die düstere Wolke und das Erzittern des Volkes mit der Erscheinung Jahwes selbst verbunden hat (vgl. 1a. 2a mit den entsprechenden Topoi in Ex 19 16. 19 20 18). Joel bringt den Aufruf zum Hornschmettern in der gleichen Form, in der in Hos 5 8 vor einem ungenannten Feind und in Jer 4 5f. (vgl. 6 1) vor dem Feind aus dem Norden (vgl. Jl 2 20), den Jahwe heranführt, gewarnt wird. Die Verbindung des alten Warnrufs mit der Androhung einer Strafexpedition Jahwes selbst hat also bereits ihre Vorgeschichte bei Hosea und Jeremia. In den Jahwe-Königsliedern findet sie sich eschatologisiert und auf die Völkerwelt bezogen. In Zeph 1 14–16 ist die Topik mit der Theophanieschilderung in der Sinai-Tradition verknüpft und erstmalig mit dem Stichwort „Tag Jahwes" als dem Zornestag über Jerusalem verbunden worden. Die seit Duhm lange Zeit übliche Ausschaltung von 1b–2a (s.o.S. 5. 45f.) übersieht diese Vorgeschichte.

Daß der kommende Tag Jahwes weiter als „Tag der Finsternis 22 und Düsternis, Tag der Wolke und des Dunkels" beschrieben wird, entspricht wörtlich Zeph 1 15bβ, nimmt aber aus der dortigen Schilderung nur jene Züge auf, die auch sonst seit Amos zur Topik des Tages Jahwes gehört (Am 5 18. 20 חֹשֶׁךְ – אָפֵל). In Ex 10 22 (P?; vgl. 10 15 J) beschreibt חֹשֶׁךְ-אֲפֵלָה die Wirkung der Heuschreckenplage in Ägypten. Deutlicher schließt sich die viergliedrige Kette an die Schilderung der Sinaitheophanie in Dt 4 11 an (חֹשֶׁךְ עָנָן וַעֲרָפֶל, vgl. 5 22f.); die älteren Darstellungen kennen die Reihe noch nicht: vgl. Ex 19 16ff. (JE); 24 16 (P). Der bevorstehende Jahwetag entspricht damit dem einstigen Tag der furchtbaren Erscheinung Jahwes (vgl. auch Ps 97 2a). Jerusalem kann letztlich nur bedroht werden von dem Gott, dessen Wille Israel verkündet ist. Er kommt mit dem Feindheer, das in 2aβ–10 geschildert wird.

Das Subjekt zu 2aβ bringt 2bα. Zur Voranstellung des Vergleichs im Warnruf des Spähers vgl. Hos 8 1a. Ähnlich der Beschreibung der eingetroffenen Heuschrecken als eines „mächtigen, zahllosen Volkes" in 1 6a wird jetzt „zahlreiches, mächtiges Volk" angedroht. Doch ist zu beachten, daß andere Wörter gewählt sind (גוי עצום ואין מספר statt עם רב ועצום). Bei der Schilderung des kommenden Heeres ist die Einwirkung der Jahwe-

Tag-Tradition stärker als das Modell der schon eingetroffenen Heuschrecken; denn sichtlich wirkt der in Jes 13 4a erkennbare Sprachgebrauch ein (דמות עם רב). Hier heißt es, daß es sich „wie Morgenlicht über die Berge hin ausbreitet"; wenn auch in Jes 13 4 nur das Stichwort „Berge" erscheint, so zeigt doch auch dieser Vergleich im ganzen, daß hier mehr als die Heuschrecken aus Kap. 1 beschrieben wird. Man hat zwar von dem Widerschein der Sonne auf den Flügeln der Tiere gesprochen (Marti, Nowack, Frey); doch hat die Deutung auf gewöhnliche Heuschrecken andere Ausleger vom Phänomen her zu der Konjektur שְׁחֹור (so Duhm, Robinson, Thompson; das Wort meint die Schwärze von Ruß) statt שַׁחַר verleitet. Der Kontext empfiehlt durchaus den überlieferten Wortlaut (vgl. 3a). Als tertium comparationis des Vergleichs ist vom Subjekt her die riesige Ausbreitung des Heeres und dessen plötzliches Auftreten zu erwarten; vgl. Jes 58 8 und zum rasch vom Horizont her sich ausbreitenden Morgenlicht Dalman AuS I, 601. Auch die Beschreibung der Unvergleichlichkeit in 2bβ bringt eine entschiedene Steigerung gegenüber 1 2b. Man kann zwar an die ebenso zweigliedrige Aussage in Ex 10 14b (J) erinnern („dergleichen Heuschrecken hat es vorher nicht gegeben und wird es künftig nicht geben"), um zu bekräftigen, daß die angedrohte Endkatastrophe Jerusalems mit Zügen aus den Erzählungen der Plagen Ägyptens unter Einfluß der deuteronomistischen Fluchworte (Dt 28 60) geschildert wird, doch darf man die Verstärkung der Aussage im Interesse der Betonung der schlechthinnigen Singularität des nahenden Tages Jahwes nicht übersehen. עולם bezeichnet als Grenzbegriff den äußerst denkbaren terminus a quo; zu keinem früheren Zeitpunkt gab es Vergleichbares (EJenni, ZAW 64, 1952, 225; vgl. Jes 63 19 64 3), und bis auf fernste Geschlechter (s. Textanm. 2c) wird es nichts Entsprechendes mehr geben. Diese Formulierung zeigt jenes leidenschaftliche Interesse an der Feststellung des Unvergleichlichen, mit dem die Apokalyptik die weisheitliche Neigung zum Ordnen und Vergleichen der Phänomene weitergebildet hat; vgl. Dan 12 1; 1 QM 18 10, dazu JCarmignac, Les Citations de L'Ancien Testament dans la Guerre des Fils de Lumière contre les Fils de Ténèbres: RB 63 (1956) 381.

2 3   3 schildert die Wirkung des Heeres. Wer nur an die Heuschrecken von Kap. 1 denkt, muß das Feuer in 3a auf die Gluthitze einer Dürre deuten und verweist auf 1 19. Aber, wenn es vor den Heuschrecken her fräße, bliebe für diese kein Zerstörungswerk mehr zu tun. 3a ist offensichtlich nicht als Naturschilderung zu verstehen, sondern nur aus der Theophanietradition in den Jahwe-Tag-Vorstellungen; vgl. Zeph 1 18 mit Dt 4 11 5 22-26 Ex 24 17 (P). Darauf weist (im Unterschied zu 1 19) die Betonung des „vor ihm" und „nach ihm" fressenden Feuers, die der im Jahwe-Königspsalm 97 3 geprägten hymnisch-eschatologischen Aussage entspricht (auch Ps 50 3). Wer die Tag-Jahwe-Stellen in Kap. 1 und 2 strei-

chen will, muß konsequent auch diesen sachlich mit ihnen verknüpften Satz fallenlassen, wie Sellin schon erwogen hat; vgl. mit 2a. 3a die Erwähnung von ענן וערפל in Ps 97 2 vor 3. Im Zusammenhang sind aber die Suffixe („vor ihm", „nach ihm") nicht auf Jahwe, sondern auf das „zahlreich mächtige Volk" in 2b zu beziehen. Die Schwierigkeiten schwinden, wenn man in diesem Volk nicht die Heuschrecken von Kap. 1 sieht, sondern das angedrohte Feindheer, das Jahwe befehligt. Was die Tradition von Jahwes eigenem Erscheinen sagt, wird hier auf sein Kommen mit seinem Heer übertragen (vgl. Kutsch 92f.). Die Vorstellung vom Paradies als dem „Wonnegarten" (Gen 2 8. 10. 15 3 23 4 16) wird erstmalig und gründlich als mythologische Vorstellung von Ezechiel (28 13 31 9. 16. 18) wieder aufgenommen; in Ez 36 35 dient der Vergleich mit dem Garten Eden (גן עדן) wie hier der Schilderung des fruchtbaren, bebauten Landes im Gegensatz zum verheerten (נְשַׁמָּה; vgl. hier מדבר שממה, außerdem nur noch 4 19 und Jer 12 10); auch ist er Ez 36 35 erstmalig in die Zukunftserwartung Israels hineingezogen, danach Jes 51 3 speziell in die Jerusalems (wieder im Vergleich כְּעֵדֶן, Gegensatz מדבר!). Bei Joel findet sich nun die gleiche Verwendung mit entgegengesetztem Vorzeichen. Wieder wird die Abhängigkeit Joels von Ezechiel ebenso deutlich wie der große Abstand von ihm und die selbständige Verarbeitung der Tradition bei engem Anschluß an den Wortlaut. Ist in Ez 36 35 Jes 51 3 die Verwandlung der Wüste in ein Paradiesesland die Heilstat Gottes, so ist hier die Verwandlung des Wonnegartens in öde Steppe die Folge des unvergleichlich gewaltigen Einfalls der am finsteren Jahwe-Tag heraufgeführten Feinde Jerusalems. Daß es „kein Entrinnen" gibt, gehört schon zur Topik der Rede vom Tage Jahwes (vgl. Thr 2 22), wie פליטה schon in der alten Kriegsterminologie erscheint (Ri 2117 2 S 15 14); vor allem aber ist seit Amos Element der Erwartung des Tages Jahwes die Gewißheit, daß alle Fluchtwege verstellt sind (Am 5 18–20; vgl. 9 1 2 14f. Jes 2 10ff. 13 14ff. Ez 30 6ff. Zeph 1 8ff. 18).

Nach seiner Wirkung wird das Heer in einer Kette von Bildern dargestellt. Jetzt zeigt sich die Schilderung der kommenden apokalyptischen Feinde stärker inspiriert von den schon eingetroffenen Heuschrecken (Kap. 1) als vorher. Doch wird Joel beim „Aussehen" der Pferde nicht an die Ähnlichkeit des einzelnen Heuschreckenkopfes mit einem Pferdekopf gedacht haben, woher die deutsche Benennung „Heupferd" und die italienische „cavaletta" stammt; denn mit סוסים und פרשים wird die Vision der feindlichen Streitmacht im ganzen erwähnt; das tertium comparationis ist die unaufhaltsame Übermacht, die sich in der Schnelligkeit und Kraft ihres „Rennens" zeigt. (In Hiob 39 20 läuft der Vergleich umgekehrt.) Die in ירוצון zuerst begegnende und sich dann bis 8 häufig wiederholende, betonte, archaische Endung will wohl die Wucht des Geschehens unterstreichen. Pferde repräsentieren wesentlich die krie-

24

gerische Macht (Jes 30 15f. 31 1), insbesondere gehören sie zu dem „Volk aus der Ferne" (Jes 5 26ff.), dem „Feind aus dem Norden" (Jer 6 22f.; vgl. 4 13 Ez 38 4). Joel lehrt, die Heuschrecken als Präzedenzfall ihres endlichen Eintreffens zu erkennen. סוסים wird hier Oberbegriff sein, der das Streitwagenkorps im ganzen bezeichnet. Danach benennt פרשים als „Fachausdruck aus dem nordsyrisch-aramäischen Raum" die Wagenpferde; vgl. 1 S 8 11 Na 3 2 und K Galling, ZThK 53 (1956) 133–135.

2 5   Das Getöse des Rasselns der Streitwagen selbst verdeutlicht die ungeheure Steigerung des Flügelsurrens der prototypischen Heuschreckenschwärme. Die Darstellung in Apk 9 7. 9 ist von hierher angeregt. Wenn jenem dumpfen Geräusch im Vergleich das helle, prasselnde Knistern des Strohfeuers folgt, so wird damit schon das Näherkommen des apokalyptischen Feindheeres akustisch verdeutlicht (vgl. weiter 6–9). Es ist alsbald als ein „in Schlachtordnung anrückendes" (ערוך מלחמה, vgl. Gen 14 8 Ri 20 20. 22), „mächtiges Volk" zu erkennen. Wenn auch die Heuschrecken als Modell im Hintergrunde stehen, so ist Joel doch vornehmlich bemüht, das angedrohte Heer als Erfüllung des von der Prophetie verkündeten und von Jahwe befehligten Feindvolkes zu schildern (vgl. besonders Jer 6 23).

6   Daß keinesfalls die Heuschrecken selbst gemeint sind, zeigt 6. Daß „Völker sich (wie eine Gebärende in Wehen) winden vor ihm", gehört zur Topik der Jahwe-Tag-Schilderung in Jes 13 8 Ez 30 16 und nimmt ein Stichwort der jeremianischen Ansage des Feindes aus dem Norden auf (Jer 4 31 vgl. 5 3. 22). Das singularische Suffix in מפניו, das neben den pluralischen Verbformen in 4f. 7f. auffällt, rückt in den entsprechenden eschatologischen Jahwe-König-Psalmen (Ps 96 9 97 5) in Fortsetzung der Theophanieschilderung Jahwe selbst vor Augen; s.o. zu 3a; daneben ist Jer 5 22 (מפני לא תָחִילוּ) zu beachten; vgl. besonders die Satzfolge in Ps 97 2–4 mit Jl 2 2a. 3a. 6; zu 10 vgl. Ps 97 5f. Wie in 3 ist darum hier das apokalyptische Heer in seiner Bedeutung entscheidend bestimmt durch Jahwe selbst (vgl. 11). Auch das Erglühen der Gesichter in erregter Angst, das im gleichen Wortlaut nur noch Na 2 11 belegt ist, gehört als Motiv in die Jahwe-Tag-Schilderung (Jes 13 8b), und zwar im gleichen Zusammenhang wie hier (vgl. die Folge 6a–b mit Jes 13 8a–b); zum Ausdruck s.o. Textanm. 6a.

7–9   Im Näherrücken zeigen sich die heranziehenden Feinde als disziplinierte, nicht aufzuhaltende Eroberer befestigter Städte. Der Vergleich mit den גבורים nimmt wieder einen Topos aus Jes 13 3 auf. Die Parallele גבורים und אנשי המלחמה erinnert genau an den Aufruf des Völkerheeres in 4 9. Von dem eigentlichen Zerstörungswerk natürlicher Heuschrecken, die den Pflanzenwuchs und damit die Nahrung von Menschen und Vieh vernichten, ist überhaupt nicht die Rede, wenn auch der heeresgleiche Aufmarsch von Heuschrecken und ihr unaufhaltsames Vordrin-

gen wieder als Modell gedient hat; s.o.S. 33 zu 16; zur Marschordnung
vgl. besonders Prv 30 27. Über der Bildrede merkt der Leser, daß die
Stadt Jerusalem bedroht ist. Vorangestelltes אִישׁ in 7b. 8a betont die aus-
nahmslose Ordnung des feindlichen Angriffs; vgl. BrSynt § 122 o. Wie
natürliche Heuschrecken nicht durch Geschosse aufzuhalten sind, so erst
recht nicht dieses apokalyptische Heer (8b). Wie jene dringt es auch in die
einzelnen Häuser und läßt keine Fensterluke aus. Sind Felder und Bäume kahlgefressen, so suchen Heuschrecken die letzten menschlichen Vorräte in den Häusern; vgl. Ex 10 6. Doch dient auch dieser Zug dazu,
aufzuzeigen, daß die Jahwe-Tag-Androhungen jetzt erfüllt werden; vgl.
Jes 13 16bα. 21 Zeph 113a.

Der Übergang ist schon grammatisch aus zwei Gründen hart. Wieder 2 10
werden in לְפָנָיו die vorangehenden pluralischen Verbformen von einem
singularischen Suffix aufgenommen, so daß der Leser wie in 3 und 6
zuerst an Jahwe selbst denkt. Zum andern gehen die bisherigen impff.,
die Ereignisse schilderten, deren Bedeutung nur im Zusammenhang von
1b–3 und 10f. einleuchtet, nun endgültig in perf. Formen über, die die
Akte als selbstgewichtig konstatieren; zur Bedeutung der Tempora vgl.
zuletzt DMichel, Tempora und Satzstellung in den Psalmen, Abhandlungen zur Ev. Theol. 1 (1960). Dieser harte Übergang führt zu den entscheidenden Aussagen, die von der Beobachtung auch des ungewöhn-
lichsten Auftretens von Heuschrecken nicht mehr getragen werden. Der
ganze Kosmos wird erschüttert. 10a spricht vom Erd- und Himmelsbeben
nach Art der Theophanie-Schilderungen (Ri 5 4 Ps 18 8 68 9 77 19), wie
sie aber schon vor Joel in die Darstellung des Tages Jahwes eingegangen
ist (Jes 13 13 vgl. Ez 38 19–20), um die Rückkehr des Chaos anzusagen
(vgl. Jer 4 23ff. Na 1 5f.); zu רעשׁ als Kennwort der Welterschütterung
bei der Chaoswiederkehr vgl. BSChilds 188–190. Die Verfinsterung von
Sonne, Mond und Sternen in 10b führt das altprophetische Motiv von
der Finsternis des Jahwe-Tages (s.o.S. 51 zu 2a) in der gleichen Weise wie
Jes 13 10 durch.

An dieser Stelle ist ein zusammenhängender Vergleich von Jes 13 mit Exkurs
Joel 21–11 nützlich. Wir stellen zusammen, welche Stichworte und Motive der
Tag-Jahwe-Darstellung von Jes 13 in Jl 2 wiederkehren. Die von Jahwe Aufgebotenen heißen in Jes 13 3 seine גִּבּוֹרִים (vgl. Jl 2 7a). Mit zweimaligem קוֹל wird
in Jes 13 4a.b auf den Lärm des Feindheeres aufmerksam gemacht (vgl. Jl 2 5a. b),
der בֶּהָרִים laut wird (Jes. 13 4a vgl. Jl 2 2a 5a). Auch dieses Heer ist ein עַם רָב (Jes
13 4a vgl. Jl 2 2b 5b 11a). Der zentrale Vers Jes 13 6, den Joel in die Mitte des
1. Kap. gerückt hat (s.o.S. 25f. zu 115), beweist, daß die starke Berührung nicht
zufällig auftritt. Dem יְחִילוּן in Jes 13 8a entspricht es, daß sich in Jl 2 6a die Völker in Wehen winden, und der Sicht ihrer flammendroten פָּנִים (Jes 13 8b), daß
sie erglühen (Jl 2 6b). Das Motiv der Verwüstung der Erde (Jes 13 9b) kehrt in
Jl 2 3b wieder, das Erlöschen von Sternen, Sonne und Mond (Jes 13 10) in Jl
2 10b, das Erbeben von Himmel und Erde (Jes 13 13) in Jl 2 10a, die Plünde-

rung der Häuser (Jes 13 16) in Jl 2 9; vgl. noch רקד pi. in Jes 13 21 mit Jl 2 5.

Daneben sahen wir Sprache und Vorstellungen der prophetischen Androhungen des Tages Jahwes in Am 5 18ff. Zeph 1 14ff. Ez 30, des Feindes vom Norden in Jer 4–6 und Ez 38f., sonstigen ezechielischen und deuteronomistischen Gutes sowie Motive der Jahwe-König-Psalmen einfließen. Aber die Berührungen zu Jes 13 sind unvergleichlich intensiver. Bei der Schilderung der Heuschrecken in Kap. 1 kann ein ähnliches Einfließen von Traditionsgut überhaupt nicht festgestellt werden. Nur 1 15 besagt eben nach Jes 13 6, daß diese Heuschrecken Vorboten des Tages Jahwes sind. Dieser selbst wird erst in 2 1–11 angedroht. Daß bei seiner Schilderung die für uns in Jes 13 nachweisbaren Jahwe-Tag-Traditionen maßgeblich waren, hat der obige Vergleich nachgewiesen. Das Vorspiel des Heuschreckeneinfalls wirkte längst nicht so gleichmäßig auf alle Aussagen ein. Dagegen ist die Einheit des Stückes, vor allem das Nebeneinander der singularischen Sätze in 2f. 6. 10 und der pluralischen in 4f. 7–9 von den in Jes 13 belegten Traditionen her verständlich.

Doch muß beachtet bleiben, daß Joels Schilderung des Feindheeres Jahwes sowohl hinsichtlich der Abfolge der Motive wie der Einzelformulierungen frei ist und daß das Vorspiel des Heuschreckeneinfalls typologisch nachwirkt. Der entscheidende Unterschied zu Jes 13 besteht in einem zweifachen: 1. darin, daß die dort gegen Babel gewandte Botschaft nun gegen Jerusalem gerichtet ist, und 2. darin, daß die Beglaubigung der unmittelbaren Nähe ihrer Erfüllung in der eingetretenen Heuschreckennot und Dürre aufgewiesen wird, wie es die Einschaltung von Jes 13 6 in 1 15 am deutlichsten zeigt.

10 hat mit den Motiven aus Jes 13 10. 13 gezeigt, daß die Endkatastrophe bevorsteht. Tritt der Tag Jahwes für Jerusalem ein, so bricht damit das Chaos herein; mit der Erschütterung von Erde und Himmel, mit dem Erlöschen aller Tag- und Nachtlichter wird die Schöpfung rückgängig gemacht. Das aber ist nicht von einer noch so gewaltigen Heeresmacht (חיל), sondern nur von Jahwes befehlender Stimme her, von ihm aber mit Gewißheit zu erwarten.

2 11 Nach 11aα überraschen die drei כי-Sätze. Was begründen sie? Sinnvoll können sie nicht auf 11aα, sondern nur auf 10a bezogen werden. Auch syntaktisch ist diese Erklärung geboten (s. Textanm. 10a). Die ersten beiden כי-Sätze (11aβ) fassen in klare Worte, was von Anfang an sachlich vorausgesetzt war: das „zahlreiche, mächtige Volk" von 2b ist Jahwes Heerlager und Vollstrecker seines Wortes. עשה דבר meint hier wahrscheinlich nicht den Gehorsam gegen die aktuell ergehende Stimme des Befehlshabers wie in 11aα, sondern die Durchführung des früher an Propheten ergangenen Wortes; vgl. Jer 1 12. Zu beachten ist, wie sich die beiden Adjektive von 2b רב ועצום auf die beiden Sätze verteilen; Jahwes Werkzeug ist die ganz unwiderstehliche, mit Jerusalem auch die Völkerwelt (6) und den Kosmos (10) erschütternde Macht. Der letzte כי-Satz begründet die angekündigte unentrinnbare Not damit, daß in ihr der große und furchtbare Tag Jahwes eintritt, der als solcher bekannt und doch hiermit ganz neu verkündet ist. „Groß" heißt der Tag Jahwes schon Zeph 1 14, „groß und furchtbar" erst in Mal 3 23, ebenso Jl 3 4.

Mit einer aufschreckenden Frage schließt die Schilderung des kommenden Jahwe-Tages: „Wer kann ihn ertragen?" Auch sie ist nicht schlechthin neu; vgl. Mal 3 2. Sie leitet aber hier als indirekte, aufrüttelnde Anrede des Lesers über zu der entscheidenden Wende, die zunächst noch wie ausgeschlossen erscheint, da doch dem unaufhaltsamen Feind nicht zu entrinnen ist. Über der schon eingetretenen Heuschreckennot mußte Israel hören, daß der von der älteren Prophetie angesagte Tag Jahwes unmittelbar bevorsteht. Doch jetzt erweist sich, daß die Schlußfrage nicht nur rhetorisch gemeint ist.

Schon die Eröffnung des folgenden „Doch auch jetzt noch..." zeigt 2 12 es. Die Copula ו ist vom unmittelbar Voraufgehenden her adversativ zu deuten (Sellin), im Rückblick auf die Klageappelle in Kap. 1 hat וגם eine additiv-steigernde Funktion; vgl. 3bβ. War die Klage in der Heuschreckennot eine übliche Reaktion, so ist die Möglichkeit der Buße nach der Ansage des Tages Jahwes nicht ohne weiteres zu erwarten. עתה zeigt an, daß die Stunde vorgerückt ist (Kapelrud). Hinter der Aussage steht das Interesse am Unterschied der Zeiten; s.o. zu 1 2b. 3 2 2b. Die Gottesspruchformel נאם יהוה, die wie oft in den Sprucheingang eingeschaltet wird (vgl. BK XIV/1, 49 und FBaumgärtel, Die Formel neʾum jahwe: ZAW 73, 1961, 277–290), taucht allein hier im Joelbuch auf. Sie unterstreicht an diesem Wendepunkt, daß Jahwe selbst der Androhung seines Heeres die folgende Mahnung als Einladung beigesellt. Er selbst eröffnet damit die entscheidende Wende der Geschichte. Man kann aα als selbständigen Nominalsatz verstehen: „Aber auch jetzt noch gilt der Ausspruch Jahwes:...". Ist demnach aβ als Zitat aus der Tradition eingeführt, dann stört es nicht mehr, daß ab 13aβ von Jahwe in dritter Person gesprochen wird. Es ist die Botschaft des deuteronomistischen Geschichtswerks, die Joel mit dem Ruf „Kehrt um zu Jahwe von ganzem Herzen!" aufnimmt; vgl. Dt 30 10 1 S 7 3 1 Kö 8 48 2 Kö 23 25, dazu HWWolff, Das Kerygma des deuteronomistischen Geschichtswerks: ZAW 73 (1961) 171–186. Seit Amos (4 6ff.) und Hosea (3 5 14 2, vgl. Jer 3 10 24 7) ist die Umkehr als Heilswirkung der Strafgerichte Jahwes bekannt; vgl. Dt 4 29ff. Auch die Verknüpfung des Themas Umkehr mit der Androhung des Tages Jahwes ist Joel schon vorgegeben: der Sache nach in Zeph 2 3 (ohne das Stichwort שוב, doch genau so verknüpft mit der unbestimmten Erwartung der Rettung wie in 14), klarer noch mit der Ankündigung des Jahweboten vor dem Jahwetag in Mal 3 1ff. 7; vgl. 2a mit Jl 2 11 und 10b mit Jl 2 14b, ferner Mal 3 23f. שוב meint die gänzliche Umstellung auf Jahwe, zumal sie „mit ganzem Herzen", d.h. mit dem Organ des Denkens und Wollens, der Lebensorientierung erfolgen soll; s. BK XIV/1, 104f. und GPidoux, L'homme dans l'AT: Cahiers Théologiques 32 (1953) 25ff. Die Fortsetzung „und mit Fasten, Weinen und Trauern" scheint dem Formelgut der Zeit zu entsprechen; vgl. Est 4 3,

zur Sache s.o.S. 37f. zu 113f. Joel hat gegen die üblichen Rituale nichts
2 13 einzuwenden. Daß auf 12b kein Ton liegt, beweist 13. Zum üblichen Kla-
gefasten gehört das Zerreißen der Kleider, das vor dem Anlegen des
Saqgewandes erfolgt; s.o.S. 34 zu 18. Die Weisung, es zu unterlassen,
kann zwar grundsätzlich nicht die Bedeutung haben wie das entsprechende Verbot in Ez 2416ff., doch selbst wenn man meint, sinngemäß
übersetzen zu sollen „zerreißt eure Herzen und nicht n u r eure Kleider!",
wirkt hier die prophetische Kritik des leeren Ritualismus nach; vgl.
Jer 44. Woran denkt Joel, wenn er die Umstellung der Denk- und Willens-
orientierung und damit die neue Einstellung auf Jahwe fordert? Bestimmte Verfehlungen werden weder hier noch vorher genannt. Hatten
Hosea und Jeremia mit שוב zuerst die Rückkehr zu Jahwe von den Abgöttern Kanaans gemeint (Hos 29 Jer 41), hatten Amos (46ff.), Jesaja
(3015) und Ezechiel (339.15) an die Abwendung von bestimmten falschen
Verhaltensweisen gedacht (vgl. HWWolff, ZThK 48, 1951, 129–148), so
meinte der deuteronomistische Geschichtsschreiber genau das Hören
auf die Stimme Jahwes, wie sie im Mosewort des Deuteronomium laut
geworden war; vgl. Dt 302.8.10 2 Kö 1713 2325, dazu ZAW 73 (1961)
183. In ähnlicher Weise erinnert Joel indirekt an das zuvor ergangene
prophetische Wort (s.o.S. 55f. und Einleitung S. 10f.13f.). Die Jerusalemer
Kultgemeinde, die vielleicht schon auf die Toraerfüllung zu pochen beginnt, soll sich neu dem Gott entgegenstrecken, der das prophetische
Wort nicht hinfallen läßt.

Das geht auch aus der Abwandlung der alten Bekenntnisformel hervor, die als Begründung in 13b angefügt wird. Ihre Elemente kehren seit
Ex 346 (J?) häufig wieder; vgl. Ps 8615 1038 1458 Neh 917, dazu
JScharbert, Formgeschichte und Exegese von Ex 346f. und seinen Parallelen: Bibl 38 (1957) 130–150. Jedoch ist zu beachten, daß die hier vorliegende Wortfolge eine genaue Entsprechung nur in Jon 42 findet (nur
dort noch die Reihenfolge חנון ורחום und als letztes Glied ונחם על־הרעה). Daß
dieses Zusammentreffen nicht zufällig ist, zeigt ferner die wörtliche
Übereinstimmung von 14a mit Jon 39a (vgl. 10b), vor allem aber die
Verwandtschaft des thematischen Zusammenhangs: Die Katastrophen-
ansage weckt Buße beim Hörer, diese Buße aber führt dazu, daß Gott
das Angedrohte zurücknimmt. Was im Jonabuch der spätnachexilischen
Gemeinde im Bilde Ninives vorgehalten wird, ist im Joelbuch Jerusalem
direkt verkündet. Die unübersehbare Verwandtschaft in Wortschatz
und Thematik geht auf eine gemeinsame Wurzel zurück. Sie ist da zu
suchen, wo sich im Zusammenhang des Wortes von der Umkehr die
Rede findet, daß Gott sich des Unheils gereuen läßt (נחם על־הרעה), nämlich in den Jeremiaüberlieferungen (vgl. Jer 187f. 263.13.19 4210) und
beim verwandten Deuteronomisten (Ex 3212.14 2 S 2416; vgl. noch Am
73.6). Hier aber ist wie im Jonabuch die Voraussetzung der Reue Gottes

immer die Umkehr auf Grund des prophetischen Wortes. Genauso ist sie jetzt bei Joel auf Grund des neuverkündeten Prophetenwortes vom Tage Jahwes zu erwarten. Die Wendung von der Reue Gottes gegenüber dem angekündigten Gericht interpretiert die alte Bekenntnisformel neu für die Zeit der prophetischen Gerichtsverkündigung. Zuvor meinen חנון die Huld und volle Gunst des Hohen, der sich zum Niedrigen herabläßt (Ex 22 26), רחום die um das Leben besorgte, väterliche und mütterliche Fürsorge für die hilflos Gefährdeten (s. BK XIV/1, 64 und AJepsen, Gnade und Barmherzigkeit im AT: KuD 7, 1961, 261–264), ארך אפים, das lange Hinhalten des Zornes, der in weite Ferne gerückt wird, weil der, der wohl Grund zur Erregung hätte, einen „langen Atem" hat, רב חסד den Reichtum freiwilliger Güte, die mit Hilfstaten Gemeinschaft stiftet und dem Partner Treue hält (s. BK XIV/1, 64, AJepsen, a.a.O. 264–271 und KKoch, Ev Th 21, 1961, 538f.). Der so seit alters bekannte Gott Israels erweist sich in der Zeit der prophetischen Androhung des Unheils (רעה in diesem Sinne seit Jer 114; vgl. Am 36) darin, daß er es sich leid sein läßt. Die so erweiterte Bekenntnisformel begründet die Aufforderung zur Umstellung und ermuntert damit zur neuen Hinwendung zum verkündeten Gott.

Aber sie darf nicht als eine Einschränkung der Freiheit Gottes miß- 2 14 verstanden werden. מי יודע – eine Frageform der skeptischen Weisheit (Qoh 2 19 6 12 Jer 17 9) – steht hier wie Jon 3 9 2 S 12 22 (Est 4 14) im Sinne von אולי („vielleicht") in Am 5 15 Zeph 2 3 Thr 3 29b Ex 32 30; immer bezeichnet dieses Wort die Freiheit Gottes gegenüber denen, die sich ihm zuwenden, in Zeph 2 3 schon in Verbindung mit der durch die Botschaft vom Tage Jahwes herausgeforderten Wendung. Joel mag sie gegenüber den auf Jerusalems Erwählung mit allzu großer Selbstsicherheit pochenden Kreisen betonen. Das „Vielleicht" der Hoffnung gehört zur Demut des Beters (2 S 12 22 Thr 3 29b); in der Verkündigung des Boten unterstreicht es, daß der zur Umkehr Gerufene zunächst unter der Gerichtsbotschaft steht (Am 5 15 Zeph 2 3 Jon 3 9) und ihr standhalten muß. Daß der treue und barmherzige Gott auch gegenüber seinem Zorn frei ist (ארך אפים), begründet die Hoffnung im „Vielleicht". ישוב zeigt an, daß der Wendung des Menschen (12a. 13a) eine Wendung Gottes entsprechen könnte, eben jene von den Jeremia-Überlieferungen bezeugte Zurücknahme der Androhung. ישוב ונחם könnte die Verkürzung der deuteronomistischen Wendung שוב מחרון אף והנחם על־הרעה (Ex 32 12) darstellen, doch meint ישוב hier doch wohl als verbum relativum die Wiederkehr des Mitleids Jahwes wie in Jon 3 9, vgl. dort שוב in a und b. Die Folge würde sein, daß „er einen Segen hinter sich zurückläßt". Zum Sprachgebrauch vgl. Esr 9 8 הַשְׁאִיר לָנוּ פְּלֵיטָה. Die spezielle Formulierung greift zurück auf 2 3 (אחריו). Statt verbrannter Erde und öder Wüste hinterläßt der vergebende Gott „Segen", d.h. Lebensmöglichkeit, wie sie mit Korn, Most und Olivensaft gespendet ist; vgl. 19 Dt 7 13 16 10. 15. 17 Hg 2 15–19. Diese Lebensspende, die von Jahwe selbst kommen muß, ermöglicht erst wieder „Speis- und Trankopfer" für den Bundesgott zum Zeichen der Heilsgemeinschaft; s.o.S. 36f. zu 1 9. 13. Durch die totale Gefährdung muß Israel wieder lernen, daß es auch in seinem Opferdienst von Jahwes Barmherzigkeit lebt. Erst die wiederentdeckte prophetische Eschatologie hilft zum dankbaren Bundesleben in der Tora.

2 15   In 15–17 folgen die einzelnen kultischen Anweisungen für die in 12–14 gebotene neue Hinwendung zu Jahwe, wie sie in 1 13–14 auf die allgemeine Aufforderung zur Klage in 1 5–12 folgten. Zur Deutung der Verbalformen als Erzähltempora s.u.S. 67. Mit dem Aufruf zum Signalblasen wird das erste Glied des Alarmrufes aus 1 a α wiederholt; s.o.S. 50. Flucht vor dem Feindheer Jahwes soll Zuflucht zu Jahwe werden. Statt des zweiten Gliedes in 1 a α erscheinen die terminologisch festliegenden Anordnungen eines Fasten-Tages; vgl. 1 14a und o.S. 37f.

16   Wie in 1 14 wird die Anberaumung des arbeitsfreien Fastentermins nur noch durch den Aufruf zur Versammlung zum Zwecke des Gebetes, nicht aber durch weitere rituelle Angaben (vgl. 1 13) präzisiert. Der קהל bezeichnet in nachexilischer Zeit das zum Gottesdienst versammelte Volk (Ps 107 32 Lv 16 33 2 Ch 30 2. 4. 13. 17. 23f.). קדש pi. heißt hier: in volle Bereitschaft (Jos 3 5) zum gottesdienstlichen Tun versetzen, wobei Arbeit, Essen und Geschlechtsverkehr unterbleiben (1 S 21 6 vgl. 1 13f. u.o.S. 37f.). Zunächst werden die זקנים besonders erwähnt. Sie sind nicht vor den „Landesbewohnern" genannt wie in 1 2. 14, sondern als erste Gruppe der Volksgemeinde neben den Kleinkindern; darum ist hier wahrscheinlich nicht an die Amtsträger gedacht (s.o.S. 28f.), sondern an die Greise; vgl. ThChary, a.a.O. 202. Wie kommt Joel an dieser Stelle dazu, in ganz ungewöhnlicher Weise und auch im Unterschied zu 1 14a β neben den זקנים Kinder und Säuglinge, Bräutigam und Braut besonders zu erwähnen? Er weiß aus den Prophetenworten vom „Tag Jahwes", daß an ihm auch die Kinder und die Frauen nicht verschont werden (Jes 13 16 Ez 30 17f.), und aus den Jeremia-Überlieferungen, daß in der Stunde des Gerichtes Jahwes insbesondere die Freude von Braut und Bräutigam erstickt wird (Jer 7 34 16 9 25 10). Die Erkenntnis der Aktualität der prophetischen Eschatologie für alle Glieder des Volkes steht hinter den Aufrufen an Säuglinge und Brautleute; aus dem allgemeinen kultischen Brauchtum sind sie kaum verständlich zu machen. חתן und כלה, die aus ihrem Gemach hervorkommen sollen, bezeichnen die Verlobten, die dabei sind, das Eheversprechen erstmalig zu erfüllen. חדר heißt auch in Ri 15 1 2 S 13 10 2 Kö 9 2 Ct 1 4 der dunkle Innenraum, in dem das Paar allein sein kann; vgl GGerleman, BK XVIII, 98. חפה, auch in Ps 19 6, erscheint im jüdischen Recht als „normale Beiwohnungsstätte der Ehefrau" (Jeb III 10 u.ö., vgl. Dalman, AuS VI, 35 und Barrois II,

18). Selbst die sind gerufen, die das Gesetz vom Kriegsdienst befreit hat (Dt 20 7 24 5; die Mischna [Berakot 2,5a] befreit den jungen Ehemann sogar vom abendlichen Sprechen des שמע ישראל); denn hier droht nicht irgendein Krieg, sondern die Vernichtung durch Jahwe selbst. Darum muß sich die Gemeinde ohne alle Ausnahmen versammeln.

Die letzte Anweisung gilt den Priestern als den Sprechern der Gemein- 2 17 de vor Gott. „Zwischen Vorhalle und Altar", d.h. zwischen der Eingangshalle des Tempels und dem großen Brandopferaltar vor dem Tempel, sollen sie ihre Bußklage vorbringen. Das ist der Ort, an dem nach Ez 8 16 (𝔊 u.a.) zwanzig Männer Jahwe den Rücken statt das Angesicht zukehrten (vgl. Zimmerli, BK XIII, 220f. und Jer 2 27 32 33 2 Ch 29 6). Beim herodianischen Tempel betrug der bezeichnete Zwischenraum 22 Ellen (Middot 5 1). Eine größere Gruppe von Priestern fand also hier Platz, um sich dem Heiligtum und damit Jahwe zuzuwenden. Mord an dieser Stelle war äußerster Frevel (Mt 23 35). Wie in 1 15–20 wird auch hier das zu sprechende Gebet genannt, es ist aber jetzt eine knappe und geschlossene Bittklage. Sie besteht aus zwei Bitten, denen zwei Motive zum Einschreiten Jahwes angefügt werden. חוס wird meist vom Fließen (der Tränen) des Auges ausgesagt, vor allem im Dt (7 16 13 9 u.ö.) und bei Ez (5 11 7 4 u.ö.), auch Jes 13 18; es meint dann das betrübte Mitleid schlechthin und kann parallel zu נחם stehen (Ez 24 14). In diesem Sinne bringt es hier die Erwartung von 13b 14a zum Ausdruck. Es kommt in den Klageliedern des Psalters nicht vor, wohl aber im gleichen Sinne Neh 13 22 (vgl. Jer 13 14 Ez 24 14 Ps 72 13 und vor allem Jon 4 10f.; zur Verwandtschaft mit der Sprache von Jon 3f. s.o.S. 58f.). Die Priester sollen Jahwe an sein Volk erinnern. Parallel zu עם steht נחלה; damit wird das Volk von Jerusalem als „Eigentum" Jahwes bezeichnet. Die häufige Übersetzung „Erbe" verfehlt sowohl den ursprünglichen Sinn der Wurzel נחל, wie das Vorkommen von naḥālum in Mari (VIII, 11–13) zeigt (MNoth, Die Ursprünge des alten Israel im Lichte neuer Quellen: AFNRW 94, 1961, 18f.), als auch den alttestamentlichen Sprachgebrauch hinsichtlich der נחלה Gottes (FHorst, Zwei Begriffe für Eigentum: Fschr. WRudolph „Verbannung und Heimkehr", 1961, 142f.). Wann wäre das Volk Jahwes als sein Eigentum der Schande ausgeliefert? Vor allem dann, wenn es in fremde Hände geriete. משל ב heißt sonst ausnahmslos „herrschen über"; vgl. besonders Ps 106 41 Dt 15 6 Thr 5 8. So haben es auch alle alten Übersetzungen wiedergegeben. Die neuere Auslegung sah sich nur deshalb genötigt, statt dessen „höhnen" zu übersetzen, weil sie in Kap. 2 1ff. dieselben Heuschrecken annahm wie in Kap. 1. Sobald aber in dem „zahlreichen, starken Volk" von 2 2 (vgl. 5f. 11) die Erfüllung der prophetischen Androhungen eines von Jahwe selbst heraufgeführten Fremdheeres erkannt ist, besteht kein Grund mehr, von der normalen Übersetzung abzugehen. Die Vernichtung des Volkes von Jerusalem als des

Gottesvolkes inmitten der Völkerwelt soll das Gebet ins Auge fassen. Erst dann wird auch die Schlußklage über den Spott der Völker in ihrem Gewicht verständlich. „Wo ist ihr Gott?" – diese Frage betrifft nicht eine außergewöhnliche Wirtschaftskrise, sondern das Ende des Bundesvolkes und stellt damit Jahwe selbst vor den Völkern in Frage. Vgl. besonders die mit dem Zusammenhang vielfach sprachverwandte deuteronomistische Stelle Ex 32 12 und Dt 9 26–28, ferner Ps 44 12–15 79 4. 10 115 2, auch Ez 22 4.

Ziel Ein aufschreckender Alarmbefehl gibt den Grundton des Kapitels an (1a 15a). Er übertrifft an Zudringlichkeit den von Kap. 1 vor allem deshalb, weil er die rückhaltlose Umstellung des Denkens und Wollens erreichen will (s. o. S. 57f. zu 12b–13a). Warum ist es nicht mit der Bitte um Abwendung gegenwärtiger Nöte getan? Anstatt einer freundlichen Erhörung ist das Anrücken einer noch größeren Not anzukündigen.

Dabei bringt diese Ankündigung eigentlich nichts Neues. Sie zeigt mit anderen Worten, die durch die erfahrene Heuschreckenkatastrophe Farbe gewinnen, auf das längst ergangene prophetische Wort vom Tage Jahwes (s. o. S. 50ff. 55f.). Sie bringt es für Menschen zur Sprache, die bis in die eingetretene Notzeit das alte Wort überhört oder als erledigt angesehen hatten. Der Gott vom Sinai selbst wird aufs neue erscheinen mit einem unwiderstehlichen Feindheer. So wird in der außergewöhnlichen Not die endgültige alarmierend angesagt. Die prophetische Eschatologie erweist ihre nicht erloschene Aktualität.

In ihrer jetzigen Gestalt richtet sie sich ausschließlich gegen das Volk, das zum Jerusalemer Heiligtum gehört. Denen, die sich als Gottesvolk wissen (17b), ist die Frage entgegengeschleudert: „Wer kann den Tag Jahwes überleben?" (11b). Seit Amos (5 18–20) und Jesaja (2 9ff.) ist bekannt, daß es keine Flucht, keinen Ausweg vor ihm gibt, es sei denn den zu Jahwe selbst hin (12–13a; s. o. S. 57f.). Dieser Weg kann aber nicht im Vertrauen zum eigenen Entschluß und zum funktionierenden Kult, sondern nur in Erwartung des freien, göttlichen Mitleidens eingeschlagen werden (13b–14a; s. o. S. 58f.). So ist denn auch die geforderte Umorientierung (12b–13a) an keiner Stelle als Abkehr von bestimmten sozialen, politischen oder kultischen Verfehlungen sichtbar gemacht. Es ist immer schon aufgefallen, daß von einer Sünde Israels in diesem Zusammenhang überhaupt nicht die Rede ist. Nicht der geringste Anflug von Kasuistik und Moralkritik ist spürbar. Was heißt aber dann Umkehr? Vor allem wohl dies: mit dem verkündigten Gott als dem Kommenden rechnen; nicht im funktionierenden Gottesdienst Jerusalems das Ende der Wege Gottes sehen, sondern unter dem ergangenen prophetischen Wort auf den warten, der sich unbestreitbar als der Herr in der Völkerwelt erweisen will. In der gegenwärtigen Stunde ist zu sehen, daß nur von einem neuen Erweis seiner Barmherzigkeit Jerusalems Zukunft erwartet werden kann. Da sie jetzt total auf dem Spiele steht, sind mit den verantwortlichen Ältesten auch die Kleinsten und Hilflosesten (Ps 8 3) sowie die, die durch private Freude abgelenkt sind, zum Gebetsschrei der versammelten Gemeinde durch den Mund der Priester gerufen (16f.). Dieser Schrei vermag Jahwe nur deshalb zu bewegen, weil er selbst sein Volk als sein Eigentum gewonnen hat und mit dem Triumph der Fremdvölker über Jerusalem deshalb selbst in der Völkerwelt in Frage gestellt wird.

Unter diesem Zuruf Joels ist Jerusalem dem Kommen Jesu Christi entgegengegangen. Darüber hat es sich gespalten. Die einen suchten nach wie vor in der Erfüllung der Vorschriften der Tora das Leben; die anderen haben den Aufruf Joels und ähnliche Rufe vernommen und sahen in Demut einer neuen, freien Erbarmenstat Gottes entgegen. Jene gerieten unter die Herrschaft der Völker (17b), diese erkannten in Christus eine Segenshinterlassenschaft, die weit mehr als die Fortsetzung des alten Gottesdienstes (14) erbrachte. Vgl. schon 3 1f.

Aber auch in der Geschichte des neuen Jerusalem bleibt die Stimme Joels aktuell. Allzuoft wird funktionierende Kirchlichkeit als Endstation des Glaubens angesehen. Das gehörte Wort von dem Herrn und Befreier aller Menschen, von seinem strengen Gericht über alle Lauheit wie über alle fanatische Aktivität, und die Aktualität der Gemeinschaft des Gekreuzigten mit den Gottlosen will in die Zukunft hinein geglaubt sein. Die gebotene Umorientierung hat insofern nichts an Dringlichkeit eingebüßt, als seit der Auferstehung Christi gilt: „Warten ist eine große Tat" (ChrBlumhardt).

Dazu gehört von Jl 2 1–17 her für die Gemeinde zuerst die bange Erwartung, daß sie selbst als die nicht mehr Wartende ins Gericht muß, wie es die Sendschreiben der Apokalypse des Johannes den Gemeinden einschärfen. Ihr Name kann gelöscht werden (Apk 3 5), wenn nicht die Umorientierung auf das gehörte Wort mit dem kommenden Herrn zu rechnen beginnt (13). Bleibt der Glaube nicht durch die Finsternisse mit dem verkündigten Wort im Ohr unterwegs zum Schauen hin, im Hoffen auf den Gekreuzigten als Herrn aller Herren, als Friede für alle Friedlosen, als Richter aller Selbstsicheren, dann wird er faul und fade. Die selbstsichere Kirchlichkeit muß dann zuerst erleben, daß ihre beiden letzten Stützen – das natürliche Frömmigkeitsbedürfnis schwächlicher Menschen und die politischen Hilfeleistungen aus zweideutigen Interessen – schnell zerbrechen können. In die Zukunft schreiten kann sie nur im Blick auf den, der sein Siegel zu Jl 2 13b gesetzt hat. Aus welchen Gründen sollten Christen hinsichtlich ihrer jeweiligen Kirche mehr sagen können als Joel: „Vielleicht erbarmt er sich noch einmal" (14)? Genügt es nicht, um in der Stunde des fälligen Gerichtes über das Haus Gottes heute (1 Pt 4 17) im Namen Jesu das große Angebot aufzunehmen, das Joel im Namen seines Gottes zur Sprache bringt: „Doch auch jetzt noch: Stellt euch auf mich um mit eurem ganzen Denken und Wollen!"?

NEUES LEBEN FÜR ALLE, DIE JAHWE ANRUFEN
(2 18–3 5)

Literatur KBudde, „Der von Norden" in Joel 2 20: OLZ 22 (1919) 1–5. – Ders., Der Umschwung in Joel 2: OLZ 22 (1919) 104–110. – HGreßmann, Der Messias (1929) 137–139. – ELEhrlich, Der Traum im Alten Testament: ZAW Beih 73 (1953) 140–142. – OPlöger, Theokratie und Eschatologie: WM 2 (1959) 117–128. – AGelin, L'Annonce de la Pentecôte: Bible et Vie Chrétienne 27 (1959) 15–19. – BSChilds, s.o.S. 43. – AKerrigan, The «sensus plenior» of Joel III 1–5 in Act. II 14–36: BEThL 12–13 (1959) = Sacra Pagina II 295–313. – JHScheepers, Die gees van god en die gees van die mens in die OT (1960) 223. 290–292. – Cecil Roth, The Teacher of Righteousness and the Prophecy of Joel: VT 13 (1963) 91–95.

Text ¹⁸ Damals ereiferte[a] sich Jahwe für sein Land
und empfand[a] Mitleid mit seinem Volk.

¹⁹ Jahwe erhörte und sprach zu seinem Volk:
Gebt acht, ich sende euch
Korn, Most und Öl,
daß ihr euch daran[a] satt essen könnt.
Und nicht mehr übergebe ich euch der Schande[b] unter den Völkern,
²⁰ sondern ich will den Nördlichen von euch vertreiben
und will ihn verjagen in ein Land, das trocken und öde[a] ist,
seine Vorhut ins östliche Meer
und seine Nachhut ins westliche Meer.
Aufsteigen soll sein Gestank.
Aufsteigen soll sein Verwesungsdunst.
Denn großgetan hat er[b].

²¹ Fürchte dich nicht, Ackerland!
Jauchze und freue dich!
Denn groß hat Jahwe gehandelt.
²² Fürchtet[a] euch nicht, ihr Tiere des Feldes.
Denn es grünen die Weiden der Steppe.
Ja, der Baum trägt seine Frucht,
Feigenbaum und Weinstock bringen ihren Ertrag[b].
²³ Und ihr Söhne Zions, jauchzet!
Freut euch über[a] Jahwe, euren Gott!
Denn er gibt euch 'Speise'[b] nach Bundesrecht
und läßt euch Regen fallen,
'Früh-'[c] und Spätregen 'wie'[d] früher.
²⁴ Die Tennen füllen sich mit Weizen,
und die Keltertröge laufen über von Most und Öl.

²⁵ Und ich ersetze euch die Jahre,
die der Heuschreck fraß,

ᵃder Hüpfer und der Springer und der Beißer ᵇ,
 mein großes Heer,
  das ich unter euch geschickt habe.
²⁶Dann werdet ihr euch wirklich satt essen ᵃ
 und werdet den Namen Jahwes, eures Gottes, preisen,
weil er mit euch wunderbar ᵇ gehandelt hat.
[Und mein Volk soll nie mehr zuschanden werden] ᶜ.
²⁷Und ihr werdet erkennen, daß inmitten Israels Ich bin
 und (daß) Ich Jahwe, euer Gott, bin, und keiner sonst,
  und (daß) mein Volk nie mehrᵃ zuschanden werden soll.

¹Danach werde ich
 meinenᵃ Geist ausschütten auf alles Fleisch.
Eure Söhne und eure Töchter werden Propheten sein.
 Eure Alten werden Träume habenᵇ.
  Eure jungen Männer werden Visionen schauen.
²Auch über dieᵃ Knechte und über dieᵃ Mägde
 werde ich in jenen Tagen meinenᵇ Geist ausschütten.

³Und ich werde Wahrzeichen setzen am Himmelᵃ und auf Erdenᵃ,
 Blut und Feuer und Rauchpilzeᵇ.
⁴Die Sonne wird verfinstert und der Mond blutigᵃ,
 bevor der Tag Jahwes kommt, der große und furchtbare.

⁵Aber es wird jeder, der den Namen Jahwes anruftᵃ, gerettet.
 Denn auf dem Berge Zion und in Jerusalem wird's ein Verschonen geben,
  wie Jahwe gesagt hat,
und bei den Entronnenenᵇ (sind die,) die Jahwe ruft.

18a Θ (ζηλώσει … καὶ φείσεται) liest וְיַחְמֹל … וַיְקַנֵּא und zieht damit den Vers noch   2 18
zum voraufgehenden Gebet („und Jahwe möge …"), ebenso Merx, der auch in
19 Jussive liest und somit das Gebet mit eingelegter Jahwerede bis ans Ende
des Buches durchlaufen läßt. 𝔊𝔖𝔙 bestätigen 𝔐. – **19a** שׂבע wird wie die son-   19
stigen verba copiae et inopiae mit acc. konstruiert; vgl. Ges-K § 117z; BrSynt
§ 90d. – b 𝔗 (חיסודי כפנא) interpretiert von a aus: „der Schande des Hungers".
– **20a** 𝔊 übersetzt ושממה nicht. – b Für 𝔐 (ὅτι ἐμεγάλυνε τὰ ἔργα αὐτοῦ) und   20
𝔗 („… ארי אסגי למיעבד בישן", „… hat viel Böses getan") ist der Nördliche Subjekt des
Satzes; die Vorschläge, „Jahwe" aus 21b einzutragen (Weiser) oder אַגְדִּיל
(Bewer, Ehrlich, Sellin) zu lesen, haben keinen Rückhalt in der Überlieferung.
Dann wäre der Satz eher als versehentliche Doppelschreibung von 21b anzusehen (vgl. Trinquet und 26b//27b; 413aβ//bβ); doch fehlt יהוה. Zu גדל hi. als
verbum relativum mit adverbialer Bedeutung vgl. Ges-K § 114n; zur Bedeutung gehört in diesem Zusammenhang das Moment des Übermuts: vgl. Ps
3526 3817 4110 5513 Jer 4826.42 Zeph 28.10 Thr 19 Dan 84.8.11.25. – **22a** 2.   22
pers. pl. masc. tritt zuweilen an die Stelle der fem. Form, vor allem bei voran-
stehendem Verbum, so auch Rt 18b Am 41; vgl. Joüon § 150a; BrSynt § 50a.
– b חיל (Kraft, Vermögen; 𝔊 τὴν ἰσχύν = „was sie nur können") steht hier als
Synonym zu פרי (𝔊⁴⁶.¹⁰⁶ τὸν καρπόν; 𝔗 פיריהון). – **23a** 𝔗 (במימרא דיהוה) in-   23
terpretiert „über das Wort Jahwes". – b 𝔊 (τὰ βρώματα) 𝔏 (escas) 𝔖 (m'kwlt')
setzen wahrscheinlich מַאֲכָל voraus; vgl. אָכַל in 116 und die ausschließliche
Bezugnahme von 221-24 auf Kap. 1.(s.u.S. 75). 𝔐 („Lehrer") = Σ (τὸν ὑπο-
δεικνύοντα) 𝔗 𝔙 (doctorem iustitiae) paßt weniger gut in den Kontext und kann

unter dem Einfluß von ʾb entstanden sein; s. Textanm. c u.u.S. 75f. – c 𝔐 („Lehrer") kann aus יוֹרֶה („Frühregen", so 34 MSS) entstanden sein. Die rabbinische Tradition deutet den Frühregen als „Lehrer": er unterweist die Menschen, die Früchte ins Haus zu bringen und die Dächer abzudichten; vgl. Dalman, AuS I, 122. Die gleiche Reihe (גשם יורה ומלקוש) Jer 5 24; vgl. auch Dt 11 14; beide Male ist יורה ומלקוש spezifizierende Apposition. 𝔊 bestätigt es (ὑετὸν πρόϊμον καὶ ὄψιμον). – d 𝔊 (καθὼς ἔμπροσθεν = 𝔖𝔙) setzt כָּרִאשֹׁן voraus, was als Parallele zu לצדקה (s.u.S. 76) vorzuziehen ist. 𝔐 („im ersten") denkt wohl wie 𝔗

2 25 (בירח ניסן) an den ersten Monat, den Nisan. – 25a Nach 𝔊 sind die vier Wörter für die Heuschrecke gleichmäßig mit der Kopula verbunden. Dennoch wird man nicht והיליק als Urtext annehmen dürfen. Schon die Abwandlung der Reihenfolge gegenüber 1 4 zeigt, daß hier zunächst nur das bekannte Wort für die Heuschrecke gesetzt wird; als (sekundäre?) Apposition werden die übrigen Benennungen aus 1 4 nachgetragen. – b 𝔗 (עממיא ולישניא שלטוניא ומלכותא) hat die Heuschrecken schon auf „Völker, Zungen, Herrschaften und Königreiche" gedeutet, was in einer Randnote in 𝔊ᑫ (6. Jh.) konkretisiert erscheint: αἰγύπτιοι

26 βαβυλώνιοι ἀσσύριοι ἕλληνες ῥωμαῖοι. – 26a אכל ושבע (wörtlich „essen und satt werden") ist zur Sinneinheit geworden, vgl. Dt 8 10 Ps 22 27a. – b לְהַפְלִיא steht wie הַפְלֵא in Jes 29 14 2 Ch 2 8 adverbial. – c 26b entspricht wörtlich 27b. Hier wie dort wird die voraufgehende Anredeform verlassen. Seit Wellhausen wird 26b von den meisten Auslegern als sekundär eingekommener, irrtümlich vorzeitiger Schluß angesehen. Im Anschluß an die Erkenntnisformel in 27 paßt der Satz besser; vgl. Jes 49 23b (50 7). 𝔗 sichert das Verständnis von עמי durch Zufügung von בית ישראל gegen eine Mißdeutung von 25 (חילי) her. – 27a 𝔊

27 (οὐκέτι) setzt hier im Unterschied zu 26b noch ein עוד voraus, was nicht ur-

31 sprünglich sein wird. – 1a 𝔗 verdeutlicht רוח קדשי („meinen heiligen Geist"). 𝔊 interpretiert dogmatisch von Nu 11 17. 25 her (ἀπὸ τοῦ πνεύματός μου = 𝔏 de spiritu meo): „(Anteile) von meinem Geist". ʾΑΣ (τὸ πνεῦμά μου) stützen 𝔐. – b Das effizierte Objekt ist vom gleichen Verbalstamm abgeleitet („Träume

2 träumen"; BrSynt § 92; Joüon § 125a. – 2a 𝔗 (על עבדין ועל אמהן) determiniert nicht. 𝔊 entspricht ursprünglich (nach 𝔊ᵂˢ*ⱽᴮ) 𝔐. Aber die spätere 𝔊-Überlieferung fügt generell wie Justin, Tertullian und Augustin ein umdeutendes μου ein („über meine Knechte und über meine Mägde"), ebenso 𝔏 (super

3 servos meos et ancillas meas). – b 𝔗𝔊 variieren wie in 1; s. Textanm. 1ᵃ. – 3a Spätere 𝔊ᴹˢˢ (s. Ziegler) ergänzen οὐρανῷ ἄνω bzw. γῆς κάτω und fügen σημεῖα vor ἐπὶ τῆς γῆς ein; damit entsprechen sie Act 2 19. – b Wenn תימרה wurzelverwandt mit תָּמָר („Dattelpalme") ist, dann meint es die spezielle „Pinien-

4 form" etwa einer Vulkanwolke (Robinson). – 4a Der Hebräer sagt: „Die Sonne wird in Finsternis verwandelt und der Mond in Blut." Die Inversion zeigt an, daß nichts Neues zugefügt, sondern 3 in einem Zustandssatz entfaltet wird.

5 – 5a קרא ב nicht „rufen mit", sondern „als Rufender in intensive Beziehung treten mit"; vgl. ראה ב und שמע ב, wo ebenfalls ב das Objekt bei intensiver persönlicher Bezugnahme einführt; vgl. Ges-K § 119k; Grether § 89b. – b 𝔊 (καὶ εὐαγγελιζόμενοι) las וּמְבַשְּׂרִים; ʾΑΘ (καὶ τοῖς καταλελειμμένοις) stützen 𝔐; zu beachten ist 𝔊: „wie der Herr gesagt hat den Entronnenen, die der Herr beruft". In jedem Falle wirkt bβ wie ein Nachtrag, der wegen seiner isolierten Stellung nach dem Abschluß כאשר אמר יהוה verschiedener Deutung fähig war. Sellin greift tief in die Textüberlieferung ein, wenn er einen par. membr. herstellt, indem er ובירושלם aus bα in bβ versetzt; durch Haplographie sei es neben dem graphisch ähnlichen שרידים in bβ ausgefallen und später fälschlich in bα nachgetragen worden, dabei sei שרידים zu ובשרידים aufgefüllt worden.

2 18 bringt den entscheidenden Umschwung im Joelbuch. War bis- Form
her von der gegenwärtigen und künftigen Not Jerusalems als Vorspiel
zum Eintreffen des Tages Jahwes die Rede mit der Konsequenz des Rufes
zur Umkehr, so werden von jetzt ab nur noch Zukunftsworte zusammen-
getragen, die neues, heilvolles Leben für Jerusalem und Juda und die
Abwehr aller seiner Gegner verheißen. Innerhalb dieses zweiten Hauptteils des Joelbuches ergibt sich ein tieferer Einschnitt nach 3 5, weil erst
ab 4 1 die fremden Völker in den Vordergrund der Thematik treten, so
daß dann der Tag Jahwes als Gerichtstag über die Feinde Jerusalems
verkündet wird. Eine Anrede Jerusalems gemäß der Grundform des
Erhörungszuspruchs in 2 19–3 5 (s.u.S. 68) kommt in jenem zweiten Abschnitt des zweiten Hauptteils nicht mehr vor. Der erste Abschnitt
findet in 3 5 seinen Abschluß, indem ein „wie Jahwe gesagt hat" der Einführung in 2 (18) 19 korrespondiert. Vulgata und nach ihr Septuaginta
haben 3 1–5 auch in ihrer Kapiteleinteilung als 2 28–32 eng mit 2 18–27
zusammengeschlossen (vgl. Noth, WAT⁴, 309 u.o. S. 7).

Die Stelle des Umschwungs zum zweiten Hauptteil des Buches wird
nicht einheitlich gesehen. Budde zieht 18 (bei jussivischer Vokalisation,
s.o. Textanm. 18a) noch zum Gebet von 17b und läßt somit die Heilsworte erst mit 19 beginnen. Merx zog auch 19 noch zum Vorangehenden, so daß dann alles Folgende bis zum Schluß des Joelbuches als
Inhalt des den Priestern in 17 aufgetragenen Gebetes zu lesen wäre. Auf
der anderen Seite wollten Hitzig schon ab 17a, Bewer sogar ab 15 Erzähltempora lesen (wie 𝔐𝔊𝔖𝔙 in 18f.). Gegen den letzten Vorschlag
sprechen die asyndetisch gereihten Verbformen in 15f., die sich als Parallele zu 1 14 und damit eindeutig als Imperative ausweisen; die Imperfekta
in 17 sind als Jussive anzusehen, da יבכו in 17a ohne weitere Zäsur יצא in
16b fortsetzt. Gegen die jussivische Deutung von 19 (Merx) spricht die
gesamte Textüberlieferung und ferner, daß im Gebet von 17b Jahwe in
2. Person angeredet wird. Auch wäre es ganz ungewöhnlich, daß Erhörungsworte solchen Umfangs in das Klagegebet hineingenommen würden, ohne daß noch einmal die Klage oder Bitte wiederholt würde. Zu
erwägen bleibt nur noch der Vorschlag Buddes, allein 18 zum Gebet zu
ziehen, weil nämlich die erneute Nennung Jahwes in 19 auffällt. Doch
auch hiergegen spricht der Übergang von der 2. (17b) zur 3. Person
Jahwes. Verständlich wird יהוה auch in 19, wenn 18 als selbständiges
Erzählstück analog zu 1 4 verstanden wird, dem dann als Beleg 19ff.
folgt (ähnlich 1 5ff. s.o.S. 26), wobei die Einführung des Zitats mit zum
Beleg gehört.

Zitiert werden im folgenden verschiedenartige Stücke, die vom Rahmen her alle als Glieder eines großen Erhörungszuspruchs aufgrund der in 12–17 angebotenen Hinwendung zu Jahwe angesehen
sein wollen. Zu vergleichen für diesen Umschwung vom Volksklagegebet

zum „Heilsorakel" sind die Übergänge von Ps 60 3–7 zu 8–10, Ps 85 2–8 zu 9–14, 2 Ch 20 6–13 zu 14–17 und BK XIV/1, 151. Als Grundelement des Erhörungswortes erscheint meist das Ich der Gottesrede (19–20. 25–27 3 1–3), die zur Hauptsache den Modus des Zuspruchs zeigt (2. pers. pl. in 19–20. 25–27. 3 1; vgl. 2 Ch 20 15–17).

Bei Beobachtung des Personwechsels von Sprecher und Betroffenen zusammen mit den Variationen der speziellen Thematik sind sechs Gliedstücke zu unterscheiden: 19–20. 21–24. 25–27 3 1–2. 3–4. 5.

הנני (c. part.) am Kopf des ersten Wortes (19–20) gilt, wenigstens nach dem Exil, als ein Hauptkennwort des Erhörungswortes; vgl. Jes 58 9 65 1, dazu PHumbert, La formule hébraïque en hineni suivi d'un participe: Opuscules d'un Hébraïsant, Mémoires de l'Univ. de Neuchâtel 26 (1958) 54–59. Die inhaltlichen Bezüge von 19 auf 1 4ff. und 20 auf 2 1ff. (s.u.S. 73) bestätigen diesen Charakter.

Das zweite, dreistrophige Stück (21–24; s.u.S. 74f.) ist durch das andere Hauptkennwort der Gattung des Erhörungszuspruchs „Fürchte dich nicht!" (21. 22) ausgewiesen; vgl. Thr 3 57, dazu JBegrich, Das priesterliche Heilsorakel: ZAW 52 (1934) 81–92. Er ist ausgebaut mit Elementen des Hymnus, dem Aufruf und der Begründung zum Lobpreis (21b. 23f.); ein Ansatz zu dieser Verbindung liegt schon Jes 41 14–16 (vgl. 14a und 16b) vor und spiegelt sich in dem Danklied für die Erhörung Ps 118 (vgl. 6 und 24). Dem hymnischen Stil gemäß wird von Jahwe nicht in der 1., sondern in der 3. Person gesprochen, was allerdings auch im Erhörungswort vorkommt; vgl. Ps 85 9–14. Hier befremdet es, weil der dritte Spruch (25–27) zur Gottesrede von 19f. zurückkehrt.

Er schließt inhaltlich an den voraufgehenden Spruch an, läßt aber die Kette der perff. conss. in die Zweckaussage der Erkenntnisformel münden: „Ihr sollt erkennen, daß inmitten Israels Ich bin, und Ich bin Jahwe, euer Gott, und keiner sonst" (27). So liegt hier ein „Wort des göttlichen Selbsterweises" vor; vgl. 1 Kö 20 13. 28, dazu WZimmerli: Mélanges Bibliques André Robert (1957) 154–166 = ThB 19 (1963) 120–132. Diese Form ist schon bei Deuterojesaja ins Erhörungswort hineingewachsen: 45 2–6 49 22–26; vgl. WZimmerli: Erkenntnis Gottes: AThANT 27 (1954) 30–32. Daß Joel an unserer Stelle deuterojesajanische Tradition aufnimmt, zeigt auch das typische „und keiner sonst"; vgl. besonders Jes 45 5f. 18. 22 46 9. Das Erweiswort schließt hier nicht mehr mit der Erkenntnisaussage ab, sondern diese leitet als Brücke zu weiteren Aussagen über, womit die einfache Form zum zweistufigen Erweiswort ausgebaut wird. Das Eintreffen der voraufgehenden Zusagen soll zu der gewissen Erkenntnis führen, daß Jahwe auch darüber hinaus an Israel verläßlich handeln wird; Näheres zur Ausweitung des Erweiswortes s.u.S. 77f. 88f. Zunächst ist festzuhalten, daß die drei Sprüche in 19–27 im ganzen eine breit ausgebaute Erhörungszusage darstellen, die wegen der Risse im

Übergang zu 21 und 25 wie eine literarische Kombination wirkt.

Diesen Charakter bestätigt die Fügung der Worte von 3 1–5. Das einleitende „Danach wirds geschehen" schließt sie ebenso deutlich an das Voraufgehende an, wie es sie davon abhebt. Spezifische Gattungsmerkmale der Erhörungszusage liegen nicht mehr vor; die Überformung durch den Stil des Erweiswortes wirkt sich aus; allein das Grundelement der Gottesrede (3 1–3 wie 19–20. 25–27), das den prophetischen Verheißungsworten im Botenstil allgemein eigen ist, und der Modus des Zuspruchs (2. pl. der Betroffenen in 1–2), der in 19–27 durchgehalten war, sind fortgesetzt. So zeigt der vierte Spruch (1–2) die allgemeine Form eines unbedingten Heilszuspruchs, der fünfte – unmittelbar angeschlossen – die einer Zeichenansage (vgl. Jes 7 14 1 Kö 13 3 Ex 7 3), der sechste – mit והיה als neues Wort angereiht wie 3 1 und 4 18 – die einer bedingten Heilsansage (zur Unterscheidung von Heilsansage und Heilszuspruch und ihrem Nebeneinander s. BK XIV/1, 57). Die Bedingung – Anrufung des Namens Jahwes – bindet mit ihrem sachlichen Rückbezug auf 2 12–17 den letzten Spruch in die Kette der als Erhörungsworte in 2 18f. eingeführten Sprüche hinein. Da er nicht mehr als Gottesrede formuliert ist, beruft er sich ausdrücklich auf ein Jahwewort (5b). So wird der Charakter der Sprüche über die Rettung Jerusalems als eine Reihe von Zitaten im Rahmen eines großen erzählbaren Zusammenhangs bestätigt (s.o.S. 67 zu 2 18; vgl. 1 3!).

Die Erkenntnis des literarisch – kompilatorischen Charakters des ganzen Textes läßt die Versuche, durch Umstellung oder Streichung von „Zusätzen" den Urtext eines einheitlichen, mündlich verkündeten Erhörungswortes herzustellen, im Ansatz als unsachgemäß erscheinen. Hier sind in Joels Tagen mündlich verkündete Erhörungssprüche, die sich auf die besondere Ausgangssituation beziehen (2 25!), mit überlieferten Heilssprüchen zusammengestellt, die sich direkt (2 20 3 3f.) oder indirekt auf die erneuerte Androhung des Tages Jahwes (2 1–11) beziehen. Aufgabe der Texterklärung ist es, den von Joel hergestellten Zusammenhang zu erkennen.

So können wir Sellins Vorschlag nicht zustimmen, 25–27 der Ich-Rede wegen vor 21–24 zu rücken, zumal 21–24 nicht als „Danklied" bestimmt werden kann (s.o.S. 68). Die Umstellung zerstört den doch wohl beabsichtigten Anklang von 21b an 20bβ, ferner den inhaltlichen Anschluß von 25 an 24. Auch bleibt es schwierig, Sätze wie 3 2 einem ursprünglichen Joeltext abzusprechen, obwohl der Zusatzcharakter auf der Hand liegt; vgl. nur וגם ... בימים ההמה, die Aufnahme der Hauptstichworte aus 1, das Fehlen der Suffixe beim Objekt. Aber fügt nicht Joel selbst eben so aus dem Überlieferten und aus der eigenen Erkenntnis Stein zu Stein? Vgl. וגם in 3bβ 12; בימים ההמה in 4 1. Ähnliches gilt erst recht von 5. Nur 26b wird als Dublette zu 27b auf ein Schreiberversehen zurückgehen.

Der literarische Charakter läßt keine durchgehende dichterische

Struktur erwarten. Sie ist nur in Einzelstücken zu erkennen: So hebt sich 2 20 mit eindrucksvollem Aufbau heraus: Die Ankündigung der Vertreibung des Nördlichen zeigt – nach der indirekten Voranzeige in 19b – drei gleich lange Perioden. Die erste beginnt mit zwei längeren synonymen Reihen, mit leichter Steigerung in der zweiten Reihe. Die zweite malt mit zwei genau synonymen Reihen das Vernichtungsziel; die dritte schließt dreireihig; sie markiert den Gipfel der Drohung mit zwei synonymen zweitaktigen Kurzreihen, denen synthetisch eine alleinstehende Reihe als Begründung zum kraftvollen Beschluß beigegeben wird. Im übrigen sind zumeist Ansätze synonymer Parallelismen zu erkennen, am deutlichsten in 21–24, ohne daß eine strengere Reihen- und Periodenbildung festgestellt werden könnte. In 19. 25–27 und 3 1–5 ist zu sehen, daß Joel die Verarbeitung der Tradition mit seinen aktuellen Anliegen wichtiger ist als dichterische Gestaltung. Doch zeigt sich auch hier in mancherlei synonymen Parallelismen gehobene Sprache, und zwar in Kap. 3 (1aβb 4a) nicht weniger als vorher. Überhaupt ist der Stil von Kap. 3 grundsätzlich nicht anders als der Mischstil der vorigen Abschnitte (s.o.S. 69).

Ort   Der literarische Ort unseres Abschnittes ist unauswechselbar und so fest in den Aufbau des Joelbuches eingefügt, daß er ohne den voraufgehenden und folgenden Kontext nicht zu deuten ist. 2 18 nimmt das Erzähltempus von 1 4 wieder auf und macht verständlich, daß der Verfasser von Anfang an am Weitererzählen durch die Kette der folgenden Generationen interessiert ist. Wie die durch die Heuschreckenplage ausgelöste Erinnerung an den prophetisch verkündeten eschatologischen Schreckenstag für Jerusalem denken läßt, so löst der Bericht über die gnädige Erhörung Jahwes in der gegenwärtigen Wirtschaftskatastrophe die Neuverkündung eschatologischer Heilszusagen für Jerusalem aus (3 1–5). Die Verknüpfung („danach geschieht's") erklärt die Aufforderung zum Überliefern auf die kommenden Geschlechter.

Allerdings kann man fragen, ob nicht 4 1ff. statt Kap. 3 unmittelbar an 2 27 anzuschließen wäre und Kap. 3 als ein Nachtrag gedeutet werden muß (Plöger 122ff.). Denn wie 2 19–27 die Wende der schon eingetretenen Wirtschaftsnot verkündet, so sagt 4 1–17 die Umkehrung des Kampfes Jahwes mit seinem Völkerheer gegen Jerusalem an. Auch entspricht 4 15. 16aβ genauer 2 10 als 3 4. Schließlich erscheint die Erkenntniszusage 4 17 als Parallele zu 2 27. Demnach könnte man 3 1–5 als eine nachgetragene und explizierende Variante zu 4 15f. und somit als eine sekundäre Erweiterung ansehen, die in 4 18–21 ihre Entsprechung hätte.

Doch bleibt dann die Frage, warum 3 1–5 nicht hinter 4 17 oder 4 21, sondern hinter 2 27 steht.

1. Undenkbar ist, daß 3 1–5 je hinter den andersartigen Aussagen von 4 18ff. und insbesondere der Plerophorie von 4 20 gestanden hätte.

2. Das Thema der Geistausgießung und der Rettung auf dem Zion ist in der in 3 1–5 vorliegenden Form als Explikation zu 4 15–17 deshalb nicht möglich, weil sowohl das „danach" von 3 1 wie auch die Einordnung „vor dem großen und schrecklichen Tag Jahwes" (3 4b) an jener Stelle sinnlos würde.

3. 4 1 fügt sich besser zu 3 5 als zu 2 27; denn 3 1–5 verdeutlicht, daß „inmitten Israels Jahwe" wirkt und daß „sein Volk nicht zuschanden werden soll". Dagegen spricht 4 1ff. vom Handeln Jahwes an den Völkern und setzt die Rettung Jerusalems als „Verschonung" (3 5) inmitten einer verlorenen Völkerwelt voraus. Das eschatologische Völkergericht geschieht gleichzeitig (vgl. 4 1 „in jenen Tagen") mit der eschatologischen Rettung Jerusalems (3 5) und sicher nicht mit der vorläufigen Wende der Wirtschaftskatastrophe in 2 19–27.

4. Der Anschluß der Verheißung der Geistausgießung an die Zusage der neuen Fruchtbarkeit des Landes ist in der Tradition vorgebildet und wird von Joel aufgenommen, indem er zerdehnt und gegliedert wird. So folgt in dem Erhörungszuspruch Jes 44 2–5 der Verheißung der fruchtbaren Berieselung des dürren Landes die der Geistausgießung. Da schon die Wende der Wirtschaftsnot als Vertreibung des „großen Heeres" (2 25 vgl. 1 6) verkündet ist, wird hier vor allem der Zusammenhang der Befreiung Jerusalems von den Fremdvölkern mit der Geistausgießung in Ez 39 28f. und Sach 12 9f. wirksam geworden sein.

5. Die Erkenntnisformel kann bei Joel nicht mehr als „Schlußstrich" angesehen werden, „der keine originale Fortsetzung mehr erwarten läßt" (Plöger 122). Schon 2 27b zeigt zusammen mit 4 17b, daß sie in einem zweistufigen Erweiswort zur Brücke wird, die das vorweg Verkündete nicht mehr nur als Selbsterweis Jahwes, sondern als „Vorzeichen" für sein folgendes Handeln erkannt wissen will. In dieser Übergangsfunktion erscheint die Formel bezeichnenderweise auch schon in dem inhaltlich verwandten Spruch Ez 39 25–29.

Ich sehe darum keinen zureichenden Grund, 3 1–5 aus dem überlieferten Zusammenhang herauszulösen. Ebensowenig ist es bei Einsicht in die Arbeitsweise, die verschiedene Traditionen aufnimmt, verbindet und ausbaut, geraten, das Kapitel Joel ab- und einer zweiten Hand zuzusprechen. Joel, der bei Anlaß der eingetretenen Nöte seiner Zeit die überlieferte prophetische Eschatologie nicht in sklavischer Abhängigkeit, sondern in freier Neuinterpretation zur Sprache bringt, ist die Verkündigung des Nacheinanders von Vertreibung der Heuschrecken, Geistausgießung und eschatologischer Rettung Jerusalems viel eher zuzutrauen als einem Späteren, der vermutlich in wörtlicher Übereinstimmung mit Ez 39 28f. Sach 12 9f. das Kap. 3 formuliert und dem Kap. 4 nachgeordnet haben würde.

Für die Datierung bietet der Abschnitt keinen genauen Anhaltspunkt. Doch weisen die Abhängigkeit von älterem Schrifttum und die Denkweise ins 4. Jahrhundert. Die Überlieferungen der Ezechiel-Schule und Deuterojesajas liegen ihm vor; Ob 17a wird als Jahwewort zitiert (s. o. S. 4). Sprachgebrauch und Thematik gehören in die zeitliche Nachbarschaft von Sach 12 10. Dieser Text sieht aber wahrscheinlich schon auf Ereignisse der Zeit kurz vor der Wende zum 4. Jahrhundert zurück (Plöger 105f.). Das Interesse am zeitlichen Ablauf der Ereignisse (2 23b „die frühere Zeit"; 2 25 „erstatten der Jahre"; 3 1 „danach"; 2 „in jenen Tagen"; 4b „bevor") und die freie Einordnung überlieferter Eschatologie in diesen Zeitverlauf zeigen die Anbahnung apokalyptischen Denkens. Es setzt sich mit einer verfestigten Kultsoteriologie auseinander. So ist es bezeichnend, daß 2 19-27 nicht von der Erneuerung der täglichen „Guß- und Speisopfer" sprechen, die durch die Gegenwartsnöte unmöglich wurden (1 9. 13). Der Segen als Ermöglichung neuen Lebens, der für „Speis- und Trankopfer" erbeten wurde (2 14b), gewinnt vielmehr die Gestalt der Geistausgießung, durch die ein ganzes Volk von Propheten (3 1) statt von „Dienern des Altars" entsteht. Hier spiegeln sich Auseinandersetzungen, die in der Maleachi- und Esra-Nehemia-Zeit noch nicht vorstellbar, also schwerlich vor dem 4. Jahrhundert anzusetzen sind.

Wort 2 18   Jahwes Erhörung und damit alle folgenden Zukunftsworte sind eingeführt als sein „Eifern für sein Land" und sein „Mitleid empfinden". קנא ל pi. als Benennung des eifrigen Einsatzes Jahwes zu Gunsten seines Volkes findet sich erst Ez 39 25 Sach 1 14 8 2 (vgl. Zimmerli, BK XIII, 213f. und den profanen Gebrauch von קנאה für die eifersüchtige Liebesleidenschaft in Nu 5 14. 30 Prv 6 34 Cant 8 6); im Sinn des „Heilseifers" ist der Begriff jetzt vom 1. Gebot und der damit verbundenen kultischen Verwendung abgelöst (vRad, Theol. I⁴, 221), doch setzt er noch immer einen heiligen Gegensatz; in der Regel erscheinen die Völker im gleichen Wortfeld; vgl. besonders Ez 39 25. 27f. Er ist schon in Zeph 1 18 mit der Jahwe-Tag-Verkündigung verbunden; dort steht der „Tag des Zornes Jahwes" parallel zum „Feuer seines Eifers" (vgl. Na 1 2). Die nun bei Joel vorliegende Verwendung des Wortes zeigt den von 2 1-11 her nicht zu erwartenden, in 13f. dennoch erhofften und in 17 erbetenen Umschwung der Zielrichtung des Schreckenstages Jahwes. Jahwes Tag wird über der Neuorientierung Israels auf ihn hin zum Eifer-Tag Jahwes für statt gegen sein Volk. Sein „Mitleiden" (חמל) begründet die Freiheit dieser großen Wende, wie sie in 13b 14a mit dem Stichwort נחם erhofft war. חמל für Jahwes erbarmende Teilnahme am Geschick seines Volkes und insbesondere Jerusalems findet sich seit Jeremia (13 14) vornehmlich in der Sprache Ezechiels und seiner Schule sowie in den Klageliedern (Ez 5 11 7 4. 9 8 18 9 5. 10 36 21 Thr 2 2. 17. 21 3 43 Sach 1 16), meist im negativen Sinn, positiv noch Mal 3 17 für das Einschreiten zugunsten

eines liebenswerten Sohnes (Sach 11 5 zugunsten eines wehrlosen Tieres).
Wie Jahwe sich mit Eiferleidenschaft für sein geliebtes, hilfloses Land und
Volk einsetzt, das den gegenwärtigen und künftigen Katastrophen ohn-
mächtig ausgesetzt ist, wollen alle folgenden Worte des Buches zeigen.

עָנָה kennzeichnet die Einführung eines Erhörungswortes als Antwort 2 19
auf ein Klagegebet (1 S 7 9 Ps 20 2 22 22b 60 7 118 5). Zu הִנְנִי c. part. als
Einführung des Erhörungswortes s.o.S. 68. Die Zusage von „Korn,
Most und Olivensaft" greift zunächst deutlich auf die in Kap. 1 geschilderte Not zurück (vgl. 1 10 u.o.S. 36), sagt aber merkwürdigerweise
nicht, daß damit „Speis- und Gußopfer" wieder möglich werden (s.o.S.
36 zu 1 9, auch 1 13 2 14), sondern spricht barmherzig nur davon, daß
die Menschen wieder satt werden, und beantwortet damit die Klage
1 16a. Dagegen greift b schon auf 2 1–17 zurück, wie vor allem der Anklang
an das Gebet 17bα² beweist. Daß der eingetretene Nahrungsmangel zur
Schmähung unter den Völkern führe, hat Kap. 1 nirgendwo gesagt. Sie
wird vielmehr als Folge des in 2 1–11 angedrohten Überfalls des apokalyptischen Heeres befürchtet. Davon spricht dann auch sofort 20. Die Vers-
einteilung hat unglücklicherweise 19b und 20 getrennt. 20a zeigt aber mit 20
der invertierten Wortstellung, daß nicht wie im Übergang von 19a zu
19b eine weitere neue Tat Jahwes angekündigt wird, sondern daß die
von 19b nur verdeutlicht wird.

Wer ist „der Nördliche"? Zur Auslegungsgeschichte vgl. Kapelrud
93–108 und vor allem ALauha, Zaphon. Der Norden und die Nordvölker
im AT: Annales Academiae Scientiarum fennicae B. 49, 2 (1943). In
jüngerer Zeit hat man in הַצְּפוֹנִי meist die Heuschrecken von Kap. 1 sehen
wollen, obwohl diese Deutung dort durch keine Anspielung vorbereitet
wird (vgl. auch 2 25). Zudem kommen die Heuschrecken in Palästina im
Regelfall aus dem Osten (Ex 10 19) oder Süden (Dalman, AuS I, 393ff.).
Die Deutung auf den „Nordwind" (Budde, Nowack) macht Textände-
rungen erforderlich, die in der einhelligen Textüberlieferung keinen Anhalt haben. Jensen (DanskTT IV, 1941, 111) wollte seine Vermutung der
makkabäischen Abfassungszeit des Joelbuches damit unterstützen, daß
er in dem „Nördlichen" Antiochus IV. Epiphanes sah, der nach 2 Makk
9 5–10 über seinen Drohungen gegen Jerusalem von Gott mit schwerer
Krankheit geschlagen wurde, so daß „das ganze Heerlager den Geruch
des faulenden Körpers ertragen mußte" (9). Abgesehen von den allgemeinen Schwierigkeiten, Joel so spät anzusetzen (s.o.S. 3), macht schon
20b (auch bei Deutung des östlichen Meeres auf das Indische) diese In-
dentifikation ganz unwahrscheinlich.

Dagegen bestätigt die Benennung „der Nördliche" die Deutung von
2 1–11, die in dem anrückenden „großen und mächtigen Volk" den von
Jeremia (1 14f. 4 6 6 1. 22) und Ezechiel (38 6. 15 39 2) angedrohten Feind
aus dem Norden wiedererkannte (s.o.S. 51ff.). Der Begriff des „Feindes

vom Norden" mag ursprünglich in mythischen Vorstellungen beheimatet sein (Greßmann, Der Messias, 137; Lauha, a.a.O. 53f.; trotz der ausführlichen Darlegungen Kapelruds ist eine genauere Ableitung auch aus den Ras-Schamra-Texten bisher nicht gelungen). Jeremia sieht in ihm (wie schon Jes 5 26ff. in dem „Feind aus der Ferne") eine geschichtliche Feindmacht. Bedeutet die singuläre Benennung הצפוני zusammen mit der in 2 1–11 aufgetretenen Vorstellung eine Remythisierung im Gegenschlag zu der prophetischen Historisierung (Childs, JBL 78, 1959, 187–198)? Fraglos sind schon in Ez 38f. (und Jes 13) mythische Züge zu bemerken. Die aufkommende Apokalyptik, die bei Joel deutlich zu erkennen ist, beginnt, sich mythischer Termini als Deckwörter zu bedienen. Das hängt damit zusammen, daß sie einerseits die prophetische Verkündigung aufnehmen möchte, andererseits eine geschichtliche Identifikation nicht vollziehen kann. Vielmehr sieht Joel in dem Naturereignis der Heuschreckenkatastrophe ein Unterpfand dafür, daß die prophetische Unheilseschatologie nicht hinfällt. Er vermag aber ihre Erfüllung nur in der Gestalt heuschreckenartiger apokalyptischer Wesen zu schildern und bedient sich im gleichen Maße der mythisch klingenden Chiffre des „Nördlichen" als des „letzten Feindes".

Die Darstellung seiner Entfernung benutzt verschiedenartige Elemente. Seine Vertreibung in die Wüste wird vollendet durch das Ertränken von „Vorhut" und „Nachhut". סוף gehört zur späten, aramaisierenden Sprache; vgl. Dan 4 8.19 6 27 7 26. 28 Qoh 3 11 7 2 12 13 2 Ch 20 16. Das „vordere", „östliche" ist das „Tote Meer" (Ez 47 18 Sach 14 8), das „hintere" (bei Blickwendung zum Osten!), „westliche" das Mittelmeer (Dt 11 24 34 2 Sach 14 8). Auf eine dritte Weise wird der schmachvolle Untergang durch das Aufsteigen des Vernichtungsgestankes (vgl. 2 Makk 9 9f.) verdeutlicht, das im peinlichen Gegensatz zu seinem „Großtun" steht (vgl. Ez 35 13 Dan 8 25aβ).

So stellen 19a und 19b. 20 als einleitende Erhörungsworte das Erbarmen Jahwes in seiner zweifachen Gestalt dar: zunächst als Erbarmen über die schon eingetretene Not, wie sie in Kap. 1 als Vorzeichen des Tages Jahwes erschien, und dann als Erhörung der Gebete über der Androhung des Tages Jahwes selbst in 2 1–17. Was im Eröffnungswort aufklingt, wird im folgenden entfaltet (vgl. JSchmalohr 116f.). 2 21–27 verdeutlichen die Wende der eingetretenen Wirtschaftsnot (19a), 3 1–4 21 die Umkehrung der angekündigten eschatologischen Nöte (19b. 20).

2 21-24   In 21–24 werden in drei Strophen „das Ackerland" (21), das „Vieh" (22) und dann die „Zionssöhne" (23) zur Furchtlosigkeit und zum Jubel aufgefordert. Ein Erhörungszuspruch (s.o.S. 68), der den Grund zur Furchtlosigkeit nennt, kann gleichzeitig zu „Jubel und Freude" aufrufen. Das Wortpaar גיל – שמח gehört speziell den Erntefreuden zu (s. BK XIV/1, 197). Die Begründungen werden von Strophe zu Strophe umfangreicher.

Sie sind nicht nach Adressaten unterschieden, sondern wollen insgesamt als Beschreibung der Notwende gehört sein. Wortspielartig greift die erste Begründung in 21b auf 20b zurück, mit deutlicher Umwandlung des Sinnes. Dem „Großtun" der Widersacher Jerusalems ist das große Handeln Jahwes entgegengestellt; zum Ausdruck vgl. Ps 126 2f. Welche Großtaten gemeint sind, führen 22αβb und 23αββ 24 aus. Sie sind vielfach auf Kap. 1 bezogen. Wie die Adressaten אדמה (zu 2 21 vgl. 1 10), בהמות שדי (zu 2 22 vgl. 1 20. 18) und בני ציון (zu 2 23 vgl. 1 5. 11. 13f.) die von der Not in Kap. 1 Betroffenen sind, so wendet die Heilsansage das dort geschilderte Unglück in „Jubel und Freude" (21bα 23aα vgl. 1 10a 16b); zum „Grünen der Auen der Trift" (22aβ) vgl. 1 19. 20 (18); zum Fruchttragen der Bäume (22b) vgl. 1 12. 19b; zum „Regen" (23) vgl. die Klagen über die Dürre in 1 10. 12. 18–20; zum Vollsein der Tennen und Keltern (24) vgl. 1 5. 17. So erweist sich 21–24 als ein Erhörungszuspruch, der genau den Klagegebeten in 1 16–20 entspricht; beide Stücke erwähnen die Heuschreckenplage nicht.

Zu חיל in 22bβ s. o. Textanm. 22b; die kraftvolle Fähigkeit der Bäume zum Fruchttragen steht für das Ergebnis, den Ernteertrag. בני ציון findet sich nur noch Thr 4 2 Ps 149 2. Die Begründung von 23 wird sich ursprünglich wie die in 21f. 24 auf die neue Fruchtbarkeit des Landes bezogen und von der Spendung von Speise und Regen gesprochen haben (s. Textanm. 23b. c). Speise לצדקה ist die der Bundesordnung Jahwes mit Israel entsprechende Nahrung; vgl. Hos 10 12 Jes 5 7 und BK XIV/1, 240f.; vRad, TheolAT I⁴, 387.

Der „Lehrer der Gerechtigkeit" in Joel 2 23? 𝔐 kündigt in a einen **Exkurs** „Lehrer zur Gerechtigkeit" an, ähnlich Hos 10 12 𝔐 in einem vergleichbaren Zusammenhang (s. BK XIV/1 Textanm. 10 12f.). Eine verwandte Gedankenfolge findet sich noch in 1 Kö 8 36.

Man hat vermutet, die Verlesung sei im Umkreis der Qumrangemeinde entstanden (vgl. O. R. Sellers, A Possible Old Testament Reference to the Teacher of Righteousness: IEJ 5, 1955, 93–95; I. Rabinowitz, The Guides of Righteousness: VT 8, 1958, 391–418), ja, der Qumrantitel sei aus Hos 10 12 und Jl 2 23 entwickelt worden (so C. Roth, VT 13, 1963, 91–95). G. Jeremias (Der Lehrer der Gerechtigkeit, 1963, 312, vgl. 315) meint, diese Herkunft sei „allgemein anerkannt".

Dagegen ist zu betonen, daß 𝔊 beide Stellen noch ganz anders verstanden hat; in beiden Fällen zeigt der Kontext, daß 𝔊 dem Urtext näher steht als 𝔐; s. o. Textanm. 2 23b und BK XIV/1 Textanm. 10 12f. Auch beziehen die bisher bekannten Qumrantexte den Titel „Lehrer der Gerechtigkeit" nie auf Hos 10 12 oder Jl 2 23: vgl. 1 QpHab 2 2 5 10 7 4 8 3 9 9f. 11 5; 1 Q 14 8–10 (pMicha); 4 QpPs 37, 315 (zu Ps 37 23f.); vgl. ferner CD 1 11; 6 11 20 1. 28. 32. Daraus ist zu schließen, daß der Qumran-Titel ohne Bezug auf Hos 10 12 und Jl 2 23 aufgekommen ist. Man wird ohne weitere Beweise nicht einmal behaupten können, daß der 𝔐-Text von Hos 10 12 und Jl 2 23 in der Qumran-Gemeinde entstanden ist, sondern daran denken müssen, „daß die Erwartung eines Lehrers in der Endzeit, der alle Fragen beantworten werde, für das rabbinische Judentum eine ganz gängige Vorstellung war" (GJeremias, a.a.O.S. 287, Belege S.285f.). Dafür ist kennzeichnend, daß die einzige Stelle, die aus dem Qumran-Schrifttum in etwa an Hos 1012 anklingt (CD 610f.: עד עמד יורה הצדק באחרית הימים), dem Text nicht einmal so genau entspricht wie etwa in der rabbinischen Literatur b. Bechoroth 24a (עד יבוא ויורה צדק). Auch bleibt zu beachten, daß Qumran in der Regel vom מורה הצדק, nie aber wie Jl 2 23 M von einem מורה לצדקה spricht.

Festzuhalten bleibt: 1. Der Titel des „Lehrers der Gerechtigkeit" in Qumran ist sicher nicht aus dem Urtext von Hos 1012 Jl 2 23 hervorgegangen. 2. Der M-Text der Stellen verdankt seine Entstehung sehr wahrscheinlich nicht speziellen Interessen der Qumrangemeinde an einem Schriftbeweis für ihren „Lehrer der Gerechtigkeit". 3. M entspricht vielmehr der allgemeinen spätjüdischen Erwartung eines endzeitlichen Lehrers.

Der Regenguß (גשם) wird besonders lebhaft als Frühregen (יוֹרֶה) im November als rechtem Termin erwartet (Dalman, AuS I, 122), und der Spätregen ist im März und noch im April sehr erwünscht, damit der Sommer nicht zu lange trocken ist (vgl. Am 4 7; Dalman, AuS I, 291ff. 302f.; RBYScott, Meteorological Phenomena and Terminology: ZAW 64, 1952, 23). Der Regen soll „wie in der früheren Zeit" (s. Textanm. 23d) fallen, also wie zur Zeit der alten Bundesgemeinschaft vor dem Eintreffen der Nöte. Wieder zeigt sich Joel am Vergleich der Zeiten interessiert; vgl. 1 2b 2 2b. M (בָּרִאשׁוֹן) kann nicht einen ersten Zeitabschnitt der Erhörung bezeichnen, auf den dann אחרי־כן (31) zur Einleitung eines zweiten zurückverweise (so CFKeil); denn abgesehen von der Stellung des Wortes in 23b, die der Verknüpfung von 31a gar nicht entspricht, meint בראשון sonst immer den „ersten Monat": Gen 813 Ex 1218 Nu 9 5 Ez 2917 3020 4518.21. Zu כראשׁן vgl. dagegen Lv 915. Zu Tenne und Kelter vgl. BK XIV/1, 198 und u.S.97 zu 413.

2 25   Dem auf die Dürre bezogenen Erhörungswort 21–24 folgt in 25 eine weitere Explikation zu 19a, die den Ersatz für die Heuschreckenschäden im deutlichen Bezug auf 1 4 zusagt. Im Unterschied zu 1 4 beginnt die Reihe hier mit ארבה, der häufigsten Bezeichnung für die Heuschrecke, vielleicht auch für die Art, die die stärksten Verheerungen anrichtet, s.o.S. 30f. „Die Jahre wieder erstatten" ist Metonymie, die an die Vernichtung der Ernteerträge mehrerer Jahre denkt; vgl. Ps 9015. Damit wird rückblickend das Ausmaß der in 1 4 geschilderten Katastrophe deutlich. שלם pi. ist alter Rechtsterminus zur Schadensregulierung; er bezeichnet die Ersatzleistung oder Rückerstattung; vgl. Ex 222–4 und FHorst, Gottes Recht: ThB 12, 1961, 289f. Die Heuschrecken erscheinen hier als Jahwes „großes Heer". חיל wird man nicht wie in 22 auf den Reichtum künftiger Ernteerträge deuten dürfen; suff. und perf. des Relativsatzes hindern daran. Ähnlich wie in 1 6 sind die Vorboten schon mit dem Terminus belegt, der in 211aα die eschatologische Kriegsmacht Jahwes bezeichnet hat. Zur Sache vergleiche Mal 3 11f.

Die Zusage der Sättigung (vgl. 19a) verdeutlicht die Ersatzleistung 226
für den Ausfall der Ernteerträge vergangener Jahre. Sie wird in ihrer
Fülle wieder zum Lobpreis des Bundesgottes führen; vgl. schon 23a. Die
Folge „essen – satt werden – preisen" ist nicht selbstverständlich (vgl.
Hos 13 5f. und BK XIV/1, 293f.), muß darum gelegentlich (Dt 8 10) eingeschärft werden; aber Jahwes neues Handeln wird so auffallend sein,
daß die Rühmung seines Namens als des Gottes seines Volkes nicht aus-
bleiben kann; vgl. Ps 22 27. להפלא steht als Adverb, das die ungewöhnliche,
nur von Gott selbst her zu verstehende Größe seines Handelns herausstellt; vgl. 21bβ.

Der erste Teil der Erhörungszusprüche, der sich auf die Wende der in 27
Kap. 1 beklagten Nöte bezieht, gipfelt in der Erkenntnisformel, die im
Vergleich zum Vorkommen bei Ezechiel und Deuterojesaja hier besonders stark zerdehnt ist. Die Notwende hat also ihren Sinn nicht in sich
selber, sondern in einer neuen Erkenntnis Jahwes. Er soll erkannt werden
erstens als der Gott, der sich „inmitten Israels" erweist (die Wendung
בקרב ישראל אני findet sich in der Erkenntnisformel weder bei Deuterojesaja
noch bei Ezechiel, vgl. aber Zeph 3 15.17 Hos 11 9 Mi 3 11; die Wendung
בקרב ישראל nur noch Dt 17 20 Jos 6 25 13 13) ; zweitens als der seinem Volke
huldvoll zugewandte Bundesgott („Jahwe, euer Gott" schon in 23.26;
zur „Huldformel" vgl. KElliger, ZAW 67, 1955, 23ff. und WZimmerli,
Erweiswort a.a.O. 159); drittens als der „Einzige", womit Deuterojesajas
Sprache aufgenommen ist (s.o.S. 68).

Die Erkenntnisformel ist nicht Abschluß. Das Ziel der zuvor verkündeten Erhörung Jahwes ist nämlich nicht nur, daß er als Gott Israels und
als einziger Gott erkannt wird, sondern daß er weiter handelt. Vielleicht
deutet schon die ungewöhnliche Formel בקרב ישראל אני darauf hin, daß er
inmitten Israels weiterhin wirksam wird. Deutlich weist b in die Zukunft.
An der zeitlichen Notwende soll eingesehen werden, daß Jahwes Volk
endgültig nicht zuschanden wird. Dieser Satz zeigt auf die Fortsetzung
in Kap. 3 und 4,[1] wie er denn sachlich das Gebet 2 17b und seine vorläufige
Erhörung in 19b (20) aufnimmt. Bei Joel wird die große Fähigkeit des
„Erweiswortes" sichtbar, über die Erkenntnisformel hin ausgeweitet zu
werden; vgl. HGraf Reventlow, Wächter über Israel: ZAWBeih 82
(1962) 162. Es kann nicht nur mit ב c. inf. noch einmal aufnehmen, was
zur Erkenntnis führen soll (z.B. Ez 39 28), sondern auch neue Glieder anfügen, wie es Ez 39 29 mit der Ansage der Geistausschüttung und genau so
auch hier geschieht. So stellt 27 nicht einen Abschluß, sondern einen
Übergang im zweistufigen Erweiswort dar; vgl. 4 17. Die Erhörung Israels

---

[1] So schon CGKühnöl, Prof. der Philosophie zu Leipzig, Über Joel 3,1-5: Magazin
für Religionsphilosophie, Exegese und Kirchengeschichte, Helmstädt 1794, S. 172f. zu
Jl 2,27: „Dieser Gedanke wird nur im folgenden weiter ausgemalt; er ist gleichsam
der Text, über den Joel commentirt, daher er ihn auch als Hauptgedanken am Schlusse
seiner Rede wiederholt. Kap. 4,17."

in seiner schon eingetretenen Not soll zur Erkenntnis führen, daß Jahwe die Bitte um Abwendung des angedrohten Tages Jahwes nicht weniger wunderbar erhören wird.

Das Frühere soll nicht nur wiederkehren (23), sondern übertroffen werden von einer zweiten Phase des Handelns Jahwes, die „danach" eintreten wird. אחרי־כן ist eine wenig geläufige Verknüpfungsformel. Sie leitet zu allen weiteren Worten in Kap. 3 und 4 über, die prophetische Verheißungen für eine fernere Zeit bringen; sie setzt voraus, daß die voraufgegangenen Erhörungszusagen für die frühere Zeit zur Vergewisserung der Erwartung der weit größeren künftigen (2 27) schon eingetroffen sind. „Inmitten Israels" (2 27) wirkt Jahwe zunächst durch „Ausschütten seines Geistes". שפך wird vom Ausgießen von Wasser (Ex 4 9), Blut (Gen 9 6) oder anderer Flüssigkeit verwendet. Dem „Ausgießen des Geistes" ist die Rede vom Ausschütten des לב (Ps 62 9 Thr 2 19) oder der נֶפֶשׁ (1 S 115 Ps 42 5) verwandt, womit ein rückhaltloses (vgl. Scheepers 223) Sichaussprechen, ein offenes Mitteilen des Denkens und Wollens, Empfindens und Begehrens gemeint ist. Doch ist רוח nicht zuerst Organ des Erkennens (wie לב) und des Verlangens (wie נֶפֶשׁ), sondern Fähigkeit der Lebenskraft und des Aktionswillens (Ri 15 19 Gen 45 27; vgl. GPidoux, L'homme dans l'AT, 22). Als solche ist sie unverfügbar (רוח heißt ja auch Wind!) und wird von Gott dem Menschen zum Leben (Jes 42 5 Ps 104 99f. Ez 37 14) oder zu besonderen Krafttaten (Ri 6 34 14 6) und zu geschichtlichen Aufgaben (Jer 51 11 Esr 11 Hg 114) frei mitgeteilt. רוח steht als Lebenskraft grundsätzlich im Gegensatz zur Hinfälligkeit des בשר (Jes 31 3). Eine Hymne von Qumran belegt uns jetzt vorzüglich das Verständnis des Geistes, der zur Stärkung für die endzeitlichen „Schlachten der Bosheit" ausgegossen ist: „Ich danke dir, Herr, denn du hast mich mit deiner Kraft gestützt, du hast deinen heiligen Geist auf mich gesprengt, daß ich nicht wanke. Du hast mich gestärkt vor den Schlachten der Bosheit" (I QH 7 6f.). Insbesondere ist der schuldige Mensch ohne die neuen Grund legende, festigende Macht der רוח Gottes der haltlos Unbeständige (Ps 51 12f.) und zum Leben in den Weisungen Gottes Unfähige (Ez 11 19f. 36 26f.). Von hieraus bedeutet Ausschüttung des Geistes Gottes auf Fleisch Begründung neuen, kräftigen Lebens durch rückhaltlose Selbsthingabe Gottes an Menschen, die in sich haltlos und hinfällig sind, besonders in den nahenden Gerichtszeiten.

Die Verheißung Joels sagt genauer, wozu solche „Bevollmächtigung" gegeben wird und wen sie trifft. Zum ersten heißt es in drei synonymparallelen Aussagen, die sich gegenseitig erklären, daß die Geistausschüttung zum Prophetsein, zum Empfang von Träumen und Visionen befähigt. Joel hat also weder die Geistbegabung (Ez 36 26f. נתן) mit dem Ziel neuen Gehorsams noch die Geistausgießung (Jes 32 15 ערה; Jes 44 3 יצק) zur Neuschöpfung des Volkes Gottes überhaupt vor Augen.

Vielmehr interpretiert er die knappe Verheißung der Geistausschüttung in Ez 39 29, die im verwandten Zusammenhang steht (s.o.S. 71 Nr. 4)
und im Unterschied zu den genannten Vergleichsstellen auch das Verbum
שפך verwendet, so, daß das neu ins Leben gerufene Volk ein Volk von
Propheten sein soll. Was heißt das? An prophetische Verkündigung
und also an ein neues Verhältnis zur Umwelt ist offenbar nicht gedacht;
denn von Verkündigung wird nicht gesprochen, zumal alle, die hier im
Blickfeld liegen, die Ausschüttung erfahren sollen. Erst recht ist nicht
daran zu denken, daß Israel hier der Geist verheißen wird, um die Be-
kehrung und Rettung der Weltvölker herbeizuführen; so Daniel Lys,
« Rûach» Le Souffle dans l'Ancien Testament: EHPhR 56 (1962) 248.
Denn kein Wort in 3 1f. spricht davon, und der weitere Kontext schließt
diese Deutung geradezu aus. Die Akzente, die in den Wiederholungen
sichtbar werden, weisen in andere Richtung. Auch erwartet Joel kaum
ein Volk von Ekstatikern (vgl. 1 S 10 10f. 19 20ff.). Da נבא ni. in aβ im
folgenden (b) nur durch die Ereignisse erklärt wird, die zur Begründung
prophetischer Existenz führen, ist es hier nicht als prophetisches Sich-
äußern, sondern als Prophetsein zu deuten; vgl RRendtorff: ThW VI,
796ff. Wenn Joel die prophetische Existenz durch Träume und Visionen
begründet sieht, dann ist ihm offenbar die jeremianische Polemik gegen
die Träumer (Jer 23 25ff.) völlig fremd; er ist dabei vielmehr durch die
in seiner Zeit kanonisierte Tora bestimmt, in der Träume wie Gesichte
legitime Offenbarungsmittel sind; vgl. vor allem Nu 12 6 (J). Das Verhältnis zu Gott ist es also, das in der Neuschöpfung durch die Geistausschüttung ganz neu geworden ist (vgl. Scheepers 290f.). Die Bevollmächtigung zur prophetischen Existenz schließt dabei die Erkenntnis
nicht aus, sondern ein; neben Jes 11 2 ist vor allem zu beachten, daß im
Umkreis Joels von der Geistbegabung prophetischer Sprecher in 2 Ch
15 1 20 14 24 20 die Rede ist; sie bezeugen „im Geist" aus der Gewißheit
„Jahwe ist mit uns!" das furchtlose Vertrauen zum künftigen Handeln
Jahwes für sein Volk. Joel wird an ähnliche Gewißheit denken, nicht
dagegen an ihre Verkündigung. Er erwartet das neue Gottesverhältnis
demnach ähnlich wie Jer 31 33f. (vgl. auch das Volk von Priestern in
Ex 19 6f. Dtr): alle sind unmittelbar zu Gott. Nur ist Inhalt des Wissens
jetzt nicht wie Jer 31 33 und Ez 11 19f. 36 26f. die Tora als der Wille Gottes an den Menschen, sondern die prophetische Gewißheit des kommenden
Handelns Gottes für sein Volk, ja das neue prophetische Gottesverhältnis
betätigt sich im bevollmächtigten Anrufen (5a) des anrufenden (5b) Gottes.
Nach dieser Seite hin wird es 5a.b erklärt (s.u.S. 81f.; vgl. auch noch die
dritte Stelle, die wie Ez 39 29 und Jl 3 1 vom Ausschütten des Geistes mit
dem Verbum שפך spricht, nämlich Sach 12 10). Diese Erwartung warnt
davor, in der kultischen Restauration und im Leben unter der kanonisierten
Tora im Jerusalem des 4. Jahrhunderts das Ende der Wege Gottes zu sehen.

Das wird noch deutlicher, wenn wir beachten, wen die Verheißung meint. כל־בשר kann zwar die ganze Menschheit bezeichnen (Jes 40 5 49 26 Gen 6 12f.), ja sogar Menschen und Tiere (Gen 6 17 9 11. 16f.), meint aber hier sicher nicht „alle Welt" schlechthin (so Bewer 123), sondern „jedermann" in Israel, denn Jahwes Volk gilt nach der Einführung 2 19 auch dieser Spruch, und unmittelbar vorher ist der Erweis Jahwes „inmitten Israels" angezeigt (2 27); über die anderen Völker wird ganz anderes zu sagen sein (4 1ff.). Zudem legt Joel die in Ez 39 29 dem „Hause Israel" geltende Zusage aus. (Anders ARHulst, kol baśar: OTS XII, 1958, 47ff.). So spricht das Wort denn auch im Anredestil (wie 19f. 25–27) von „euren Söhnen und euren Töchtern", von „euren Alten" und „euren Jungen". כל־בשר heißt es vorweg aus doppeltem Grunde: einmal, weil die Empfänger des neuen Lebens mit Gott in sich die Schwachen, Kraft- und Hoffnungslosen sind (Jes 40 6 31 3 Ps 56 5), zum andern, weil die Gesamtheit in das Leben der Hoffnung auf Gott hineingeholt wird. Die Erfüllung von Moses' Wunsch in Nu 11 29 (vgl. 17. 25 und Textanm. 1a) wird verheißen. Das neue Volk Gottes kennt keine privilegierten einzelnen mehr. Bisher gab es nur prophetische Sonderexistenzen. Daß zunächst „eure Söhne und eure Töchter" genannt werden, zeigt an, daß das Volk der Zukunft gemeint ist, nicht schon die gegenwärtige Generation (vgl. 1a אחרי־כן), die es vielmehr zum Hoffen überliefern soll (1 3). Daneben ist der Abbau von Privilegien der Söhne kaum betont; stärker wird schon hervorgehoben, daß die Alten (זקנים ist hier wie 2 16, nicht wie 1 2. 14 gebraucht, s.o.S. 60) nicht vor den Jungen, aber auch nicht die Jungen vor den Alten (vgl. Mal 3 24) ausgezeichnet werden. Doch auch hier soll betont werden: alle werden nur vom Anruf Gottes her und darum in furchtloser Gemeinschaft mit Gott in die Zukunft hineinleben.

3 2   Die steigernd angefügte Verheißung für „Knechte und Mägde" bringt unüberhörbar das sozialrevolutionäre Moment in die Hoffnung hinein. Schon das alte Gottesrecht hatte in Israel dem Recht des Sklaven und der Sklavin besondere Aufmerksamkeit gegönnt (Ex 21 2ff. 7. 20. 26f. 32), sie auch an der Freude der Freiheit vor dem Gott Israels teilhaben lassen (Ex 20 10 Dt 5 14f. 12 12. 18 16 11. 14), und seit Amos hatte die Prophetie ihre Stimme für alle Bedrängten und Unfreien (vgl. besonders Jer 34 8ff.) erhoben. In der kommenden Zeit nun sollen sie der Gemeinschaft der Freien ganz hinzugetan sein, indem sie ebenso wie alle anderen der höchsten Auszeichnung gewürdigt werden.

So ist in 3 1–2 als erstes für die spätere Zeit die Erfüllung von Ez 39 29 angesagt: Jahwe will mit seiner Kraft unter den haltlos Hinfälligen Leben in voller Gemeinschaft begründen; alle ohne Ausnahme sollen in der Gewißheit des Einsatzes Gottes für sein Volk gekräftigt sein; vor dem Reichtum solcher Ausschüttung weichen völlig alle Unterschiede des Geschlechtes und des Alters, ja selbst die Gegensätze der sozialen Stellung.

Dem soll Israel entgegengehen. Mit dem Geistempfang beginnt es, wenn „der große und furchtbare Tag Jahwes" (4b) an Israel vorübergeht.

Daneben treten kosmische Wahrzeichen. Während אוֹת als „Zeichen"   3 3–4 nichts Ungewöhnliches sein muß und פֶּלֶא als „Ungewöhnliches" kein Zeichen darzustellen braucht, ist מוֹפֵת das ganz Außerordentliche, das als solches zugleich zeichenhafte Bedeutung hat. Das Wort מוֹפְתִים kennt die Zeit Joels vor allem für die furchtbaren Ereignisse, die mit den Plagen über Ägypten kamen; vgl. Dt 6 22 Jer 32 20 1 Ch 16 12 Neh 9 10; vgl. Ex 7 3 (P.). Wie diese Schrecken über Ägypten Zeichen waren, die der Befreiung Israels vorausliefen, so sollen „Blut, Feuer und Rauchpilze", „Sonnen- und Mondfinsternisse" Zeichen sein, die dem furchtbaren Tag Jahwes voraufgehen (4b), der nun über die Völkerwelt kommen wird (4 1ff. 12ff. 15ff.) und Jerusalem zugleich die Rettung bringt.

Die „Wahrzeichen am Himmel und auf der Erde" werden in chiastischer Folge entfaltet, zuerst die auf Erden: „Blut, Feuer, Rauchpilze" stehen für verblutende Menschen und in Brand aufgehende Städte; also ist an Krieg und vielleicht auch an Vulkanausbrüche gedacht; zu תִּימֲרוֹת s.o. Textanm. 3b; vgl. 2 3. 6; am Himmel sind Verfinsterung von Sonne und Mond zu erwarten; vgl. 2 10 4 15 und Zeph 1 14ff. Jes 13 10 Ez 32 7f Am 8 9, s.o.S. 55f. Daß der Mond „blutig" wird, weist darauf hin, daß nicht oder doch nicht nur an gewöhnliche Sonnen- und Mondfinsternisse, sondern an Verfinsterungen durch Katastrophen gedacht ist. Die Phänomene sind die gleichen, die vor der Wende Jerusalem angedroht waren, vgl. 2 10; sie sind aus den Jahwe-Tag-Prophetien bekannt, vgl. 4b mit 2 11b! Das Wunder der Erhörung (2 18f.) der Gebete (2 17) der Aufgeschreckten (2 12ff.) hat die Richtungswende des Tages Jahwes heraufgeführt.

Die Verknüpfungsformel וְהָיָה führt zurück zur Heilsansage und präzi-   5 siert das Jahwewort in der Erweiterung der Erkenntniszusage 27b: „mein Volk soll endgültig nicht zuschanden werden". Inmitten der irdischen und himmlischen Katastrophen, die Wahrzeichen (3f.) für das Geschenk des neuen Lebens der Gottesgemeinschaft sind (1f.), wird es einen Rettungsort geben. Die Überlieferungen der Zionslieder (Ps 46. 48. 76 u.ö.; vgl. HJKraus, BK XV, S. LXIVff.) und die Verkündigung Jesajas (28 16 14 32 u.ö.; vgl. vRad, TheolAT II⁵, 162ff.; ThCVriezen, Jahwe en zijn stad, 1962), die durch die exilische Hoffnung und die nachexilische Verkündigung ihre Weiterbildung gefunden haben (Jes 52 1 60 1ff. u.ö.; vgl. GFohrer, ThW VII, 311ff.), nimmt Joel auf, und zwar exakt in der Form, die uns Ob 17 belegt ist: „auf dem Berge Zion wird es Verschonung geben". Daß bewußt Überliefertes verkündet wird, früher ergangenes und nicht etwa ein neues Jahwewort, zeigt hier die Einschaltung „wie Jahwe geredet hat"; vgl. vor allem Jes 34 16f.; ferner Dan 9 13 1 Ch 22 10 2 Ch 6 10 23 3 Dt 6 19 9 3 Jer 27 13 40 3. Der alte Ort der Gotteszusage wird endgültige Fluchtburg werden, und zwar „für alle, die den Namen Jahwes anrufen". קרא ב „mit Jahwes Namen rufen" (Ex 33 19) meint die gottesdienstliche Verehrung allgemein (Gen 12 8), insbesondere das Bekenntnis zu ihm unter Andersgläubigen (Jes 41 25 44 5), seine Anbetung inmitten der Völkerwelt (Jes 12 4 Ps 105 1 Sach 13 9). Joel kann diese Verheißung anführen, sofern er das bedrohte Jerusalem unter seinen Mahnungen zum neuen Bekenntnis zu Jahwe geführt hat (12–17). Zu פליטה s.o.S. 53 zu 2 3b.

Der Schluß des Verses ist schwierig. Sind „die Entronnenen, die Jahwe ruft", Menschen, die in der Diaspora leben (Jes 57 19 66 19 27 12f.)? Da der Satz wie nachgetragen wirkt, ist dieser Sinn als zusätzliche Ausweitung der Zionshoffnung durchaus möglich. Aber „Entronnene" sind nicht erst zu rufen. שריד steht oft parallel zu פליטה (Ob 14 Jer 42 17 44 14 Jos 8 22). So wird man in dem Schlußsatz lieber eine weitere Erklärung zu abα sehen. Da in bα das Nebeneinander „auf dem Berg Zion und in Jerusalem" ungewöhnlich ist, könnte „in Jerusalem" ursprünglich zu bβ gehört haben (vgl. Sellin o. Textanm. 5b); doch bleibt eine Rekonstruktion ganz unsicher. Sachlich wird man nur festhalten können, daß bβ wahrscheinlich nicht Israeliten außerhalb Jerusalems meint, es sei denn die aus der Landschaft Juda in die Stadt hinein Geflüchteten (21). Auch 4 1–3 gibt nicht genügend Anlaß, für die hier gemeinte Zukunft an Israeliten in der Ferne zu denken. Es wird der gleiche Kreis der Jerusalemer und Judäer bedacht sein, der im ganzen Buch angesprochen ist (s.o.S. 29 zu 1 2). Nur wird jetzt der näheren Bestimmung dieses Kreises in a („die den Namen Jahwes anrufen") die weitere hinzugefügt: „die Jahwe ruft". Damit ist ähnlich wie in 3 1 eine erwählende Neuberufung erwartet (vgl. für קרא = „erwählen, berufen" Jes 51 2). Muß man hier eine „konventikelartige Beschränkung" der Hoffnung vermuten (Plöger 126)? Sach 13 8f. spricht direkt von einer Ausscheidung der Geretteten aus einem Kreis von solchen, die umkommen; 14 2 vom „Rest des Volkes, der in der Stadt nicht ausgerottet wird". Hier wird nur deutlich, daß nicht schon die äußere Zugehörigkeit (vgl. בשר in 1!) zum Volk von Jerusalem die Rettung verbürgt, sondern das dem neuen Anruf Jahwes entsprechende Bekenntnis zu ihm. Insofern bleibt 5 auf der Linie von 1f. Der Akzent liegt hier wie dort darauf, daß alle (כל in 1a und 5a), die von Jahwe Zukunft erwarten, bei der Weltkatastrophe in der Gottesgemeinschaft auf Zion die Fluchtburg finden.

Ziel   Der gesamte Abschnitt will als Erhörungszuspruch verstanden werden (2 18 s.o.S. 67f.). Er antwortet zugleich auf die Klagen über die Heuschreckennot und die Dürre in Kap. 1 und auf die Umkehr, zu der der Prophet auf Grund des angedrohten Endgerichtes über Jerusalem aufgerufen hatte (2 1–17). Sowohl Israels gegenwärtige Notlage (2 19a. 21–26) wie die bevorstehende Gefahr (2 19b. 20 3 1–5) sollen abgewandt werden.

Für das Verständnis des Textes bleibt es grundlegende Voraussetzung, den Charakter der gegenwärtigen wirtschaftlichen Bedrängnis als Vorzeichen des letzten Vernichtungsschlages des Gottes Israels gegen Jerusalem einerseits (1 15) und die voraufgegangene erneute Umstellung des ganzen Lebens auf Jahwe als alleinigen Herrn der Zukunft Israels andererseits (2 12ff.) festzuhalten. Den Bedrängten, die sich jetzt auf Gedeih und Verderb ihrem Gott ausgeliefert sehen (2 11b. 14. 17), gilt der doppelte Zuspruch.

Den Angelpunkt stellt 2 27 dar, womit der Erhörungszuspruch in ein zweistufiges Erweiswort hineingezogen wird (s.o.S. 68ff.). An der Hilfe in der gegenwärtigen Gefahr (19a. 21—26) soll Israel erkennen, daß sein Gott und kein anderer in seiner Mitte am Werke ist. Darum sollen Jubel und Freude über der neuen Fülle von Lebensmitteln laut werden, weil sie als Gaben der Großtaten Gottes (21b) Grund zum Lobpreis und zur Einsicht in seine Bundestreue bieten (23. 26f.). Die es erfahren, sollen daraus Vertrauen gewinnen, daß Gottes Volk endgültig nicht zuschanden wird. Hier liegt das Ziel der Botschaft Joels. Die prophetischen Verheißungen für die Zukunft fallen nicht hin für die, die sich ihnen vom Weckruf her aufs neue entgegenstrecken. Die Verheißungen werden zunächst in 3 1—5 positiv entfaltet. Überliefertes Wort, wie wir es noch in Ez 39 29 und Ob 17 wiedererkennen können (s.o.S. 78f. 81), wird neu verkündet und verdeutlicht. Israel darf einer Zukunft entgegengehen, in der Gott rückhaltlose Gemeinschaft mit sich selbst allen ohne Unterschied des Geschlechtes, des Alters und der sozialen Stellung schenkt und so sein ganzes Volk aus seiner Lebenskraft neu schafft und bevollmächtigt, wie zuvor nur einzelne ausgerüstet waren (1f.). Wenn Gott seinem Volk durch schwerste Krisen hindurchgeholfen hat, so nur, damit es in Gewißheit diesem großen Ziel entgegenlebt und die großen weltgeschichtlichen und kosmischen Katastrophen nicht etwa als Grund zur Hoffnungslosigkeit, sondern im Gegenteil als Wahrzeichen seines bevorstehenden Tages ansieht (3f.). An diesem Tage wird jeder, der, vom Ruf getroffen, vom Namen Jahwes alles erwartet, in Jerusalem Verschonung erfahren.

Den Satz 5a, daß „jeder, der den Namen des Herrn anruft, gerettet wird", hat die neutestamentliche Gemeinde aufgenommen und nicht nur ausschließlich auf den Namen Jesus Christus bezogen (Rm 10 13f. Act 2 21ff.), sondern daraus die erste Benennung der Christen gewonnen (Rm 10 12 1 Kor 1 2 2 Tim 2 22 Act 9 14 22 16). Für Paulus (Rm 10 13) ist Jl 3 5a ein wichtiger Beleg dafür, daß vor diesem Herrn kein Unterschied zwischen Juden und Griechen mehr besteht. Damit hat er כל in 3 5 wiedergebendes πᾶς der 𝔊 universal gedeutet. Joel hatte daran ebensowenig gedacht (s.o.S. 82), wie ihm der Name Jesu bekannt war.

Beide Überhöhungen, den Bezug auf Jesus wie die Ausdehnung seiner Geltung auf alle Menschen (vgl. Act 10 45), finden sich auch in der luka-

nischen Petrusrede in Act 2, wo nunmehr in 17–21 Jl 3 1–5a vollständig
und am Ende in 39 noch die wichtige Wendung aus Jl 3 5bβ (durch
Kombination mit Jes 57 19 universal gedeutet) zitiert wird. Die Zitation
erfolgt nach 𝕲. Das gilt auch für den Eingang, der in 𝕲 μετὰ ταῦτα lautet
und so auch für Act von Cod. B überliefert wird; D (ἐν ἐσχάταις ἡμέραις) muß
als sekundär gelten, vgl. EHaenchen: ZThK 51 (1954) 162; ders., Apo-
stelgeschichte(⁶1968) 142. Für Lukas ist mit Pfingsten nicht die Endzeit,
sondern die neue Zeit angebrochen. Jl 3 dient ihm vor allem mit seinem
Wort von der Geistausschüttung als Schriftbeweis für das urchristliche
Phänomen der ekstatischen Geistrede. Es ist der Verheißung gemäß, daß
alle unmittelbar mit Gott verbunden sind, wenn der von Gott erhöhte
Jesus den Geist ausschüttet: vgl. Act 2 33 mit 17.

Keine Auslegung kann mehr dahinter zurück, daß um Jesu willen
die Joelverheißung allen Menschen gilt. Sowenig sie Joels ursprüngliche
Meinung trifft, so deutlich liegt sie doch in der Fluchtlinie alttestamentlicher Erwartung (Gn 12 3 Jes 2 2–4), wie schon die Entfaltung der Thematik des Joelbuches wenig später in Sach 14 zeigt.

Darüber hinaus wird der Joeltext dem heutigen Israel helfen können, die Befreiung aus entsetzlichsten Nöten als Grund für die Hoffnung
zu erkennen, daß Gott ihm nicht nur in der Ordnung der Tora nahe
sein will, sondern die prophetische Verheißung eines neuen Lebens in
rückhaltloser Gemeinschaft mit ihm durch die Gabe seines Geistes wahr
machen will. Die Christenheit aber ist gefragt, ob sie dem Namen Jesu
Schande oder Ehre bereitet in ihrem Hören auf Joel. Sie ist in vielen
Gliedern reif, daß Gott ihre Feinde gegen sie anführt, um sie in den Untergang zu stoßen (2 1–11). Daß sie auf Gebete derer hin, die sich aufrichtig auf das Wort Jesu umstellen (2 12–17), trotz schwerster Krisen
noch weiterleben kann (2 18–26), soll ihre Gewißheit festigen (2 27), Gott
wolle „danach" (3 1) seine endgültige Zusage auch an ihr noch verwirk-
lichen. Jede Generation ist gerufen, der Ausschüttung des Geistes Jesu
gewärtig zu sein, so daß darüber die Gegensätze, die die Menschheit
zerreißen, überbrückt werden (3 1–2). Die Welterschütterungen sollen sie
nicht verführen, auf die menschlichen Wege des „Fleisches" zurückzu-
kehren; sie sind vielmehr als Wahrzeichen zu erkennen, daß sie mit der
Gabe Gottes rechnen darf. Für uns sind die Zionüberlieferungen, an
die Joel in 3 5 anknüpft, besiegelt und abgelöst durch das, was mit Jesu
Kreuz und Auferstehung vor Jerusalem verkündet ist. Die Anrufung seines Namens, das Bekenntnis zu dem, der den Gottlosen liebt, ist der Ort
geworden, an dem Rettung aus dem Unfrieden für den einzelnen, für
das Zusammenleben der Geschlechter, Generationen und Sozialpartner,
aber auch für die Völkerwelt im ganzen zu finden ist. Der kleine Schlußsatz in 5bβ (vgl. Act 2 39) bleibt dabei eine beständige Mahnung, des
Anrufs und des Mahnrufs von 2 12ff. gewärtig zu sein.

DAS GERICHT ÜBER DIE FEINDE
DES GOTTESVOLKES
4 1–21

HGreßmann, Der Messias (1929) 114–116. 139. – MTreves, The Date of Joel: VT 7 (1957) 149–156. – JTMilik, Notes d'épigraphie et de topographie palestiniennes (II.–Torrent des Acacias. Joël IV 18): RB 66 (1959) 553–555. – GFohrer, Zion-Jerusalem im AT: ThW VII, 292–318. – JMMyers, Some Considerations Bearing on the Date of Joel: ZAW 74 (1962) 177–195. – RBach, Die Aufforderungen zur Flucht und zum Kampf im alttestamentlichen Prophetenspruch: WM 9 (1962) 51–79.

¹Denn gebt acht, in jenen Tagen und zu jener Zeit,
    wenn[a] ich das Geschick[b] von Juda und Jerusalem wende,
²dann werde ich alle Völker versammeln
    und sie hinab ins Tal Josaphat[a] führen
        und dort mit ihnen rechten
wegen meines Volkes und meines Eigentums Israel,
    weil sie es unter die Völker zerstreut
        und mein Land aufgeteilt haben
³und über mein Volk das Los warfen[a]
    und Knaben[c] gegen[b] Huren[c] hingaben
        und Mädchen[c] gegen[b] Wein verkauften und vertranken.

[⁴Ferner:
    Was wollt ihr mir,
        Tyrus und Sidon und alle Philistergaue?
Wollt ihr an mir Vergeltung üben?
        Oder[a] wollt ihr mir etwas antun?
Ganz schnell lasse ich euer Tun auf euren Kopf zurückfallen.
⁵Weil ihr mein Silber und mein Gold nahmt
    und brachtet meine schönen Kostbarkeiten in eure Paläste
⁶und verkauftet die Söhne Judas und die Söhne Jerusalems an die Söhne der
                                                                Griechen[a],
    um sie aus ihrer Heimat zu entfernen.
⁷Gebt acht, ich lasse sie aufbrechen[a] von dem Ort,
    an den ihr sie verkauft habt,
        und lasse euer Tun auf euren Kopf zurückfallen.
⁸Und ich verkaufe eure Söhne und eure Töchter durch[a] die Söhne Judas,
    und sie verkaufen sie den Sabäern[b] [an ein fernes Volk],
        denn Jahwe hat gesprochen.]

⁹Ruft dies aus unter den Völkern:
    Rüstet einen heiligen Krieg![a]
        Wecket die Kämpfer auf!
            Anrücken, heraufziehen sollen[b] alle Kriegsleute!

¹⁰Schmiedet eure Pflugscharen zu Schwertern
und eure Winzermesser zu Lanzen!
Der Schwächling spreche: „Ein Kämpfer bin ich"!ᵃ
¹¹'Eilt euch'ᵃ und kommt, alle Völker ringsum!
Dorthinᶜ 'versammelt euch'ᵇ!
Daß Jahwe deine Helden 'zerschmettere'ᵈ.
¹²Die Völker sollen aufbrechenᵃ und heraufziehen
ins Tal Josaphatᵇ.
Denn dort will ich sitzen, zu richten
alle Völker ringsum.

¹³Schickt die Sichel!
Denn die Ernte ist reif.
Kommt und tretet!
Denn voll ist die Kelter.
Die Tröge fließen über,
denn groß ist ihre Bosheit.

¹⁴Getöse! Getöseᵃ
im Tal des Strafgerichtsᵇ!
Denn nahe ist der Tag Jahwes
im Tal des Strafgerichtsᵇ.

¹⁵Sonne und Mond sind schwarz,
der Sterne Glanz ist erloschen,
¹⁶während Jahwe vom Zion her brüllt
und aus Jerusalem seine Stimme erhebt,ᵃ
so daß Himmel und Erde erbeben.
Aber für sein Volk ist Jahwe Zuflucht
und eine Feste für Israels Söhne.
¹⁷Und ihr werdet erkennen,
daß ich, Jahwe, euer Gott bin,
der ich auf dem Zion, meinem heiligen Berge, wohne.
Und Jerusalem wird ein Heiligtum sein,
durch das Fremde nie wieder hindurchziehenᵃ.

¹⁸Und an jenem Tage geschieht's,
daß die Berge von Traubensaft triefen,
und die Hügel von Milch strömen,
und alle Bachtäler Judas Wasser führen.
Aus Jahwes Haus entspringt nämlich ein Quell,
der tränkt das Akaziental.
¹⁹Ägypten wird zur Einöde
und Edom zur öden Wüste werden
wegen der Gewalttat an Judas Söhnen,
in deren Land sie unschuldiges Blut vergossen haben.
²⁰Aber Juda wird für immer bewohnt seinᵃ
und Jerusalem von Geschlecht zu Geschlecht,
²¹[und ich erkläre straffreiᵇ ihr Blut, das ich nicht hatte straffrei erklären wollenᶜ,]ᵃ
da Jahwe auf dem Zion wohnt.

1a Einige MSS (de Rossi) lassen אשר aus. – b 𝔗 (דאתיב ית גלות = „da ich 4 1
zurückkehren lasse die Weggeführten") 𝔊 (ὅταν ἐπιστρέψω τὴν αἰχμαλωσίαν)
verengen den Sinn der Wendung שוב שבות wie schon Q (אָשִׁיב); die Masoreten
zeigen auch sonst bei dieser Phrase Vorliebe für hi., da ihnen die transitive
Bedeutung von שוב k Schwierigkeiten bereitete; vgl. RBorger, Zu שוב שבו/ית:
ZAW 66 (1954) 315f. und die Inschrift III, 24 von sefîre, dazu u.S.91. – 2a 𝔗 2
(למישר פילוג דינא) = „in die Ebene der Rechtsprechung") Θ (εἰς τὴν χώραν
τῆς κρίσεως = „in das Land des Gerichts") deuten den Eigennamen; 𝔊 (εἰς
τὴν κοιλάδα Ιωσαφατ). – 3a ידד pf.k. – b Da bei „hingeben" „verkaufen", der 3
Preis im Akk. steht, bezeichnet ב hier die eingehandelte Ware; so genau 'A
(ἐδίδουν παιδίον ἀντὶ πόρνης), sinngemäß 𝔗 (ויהבו עולימא באגר זניתא = „sie gaben den Knaben als Hurenlohn hin" =𝔊); 𝔊 (καὶ ἔδωκαν τὰ παιδάρια πόρναις)
mißversteht „sie gaben die Knaben den Huren (= der Hurerei) hin", ebenso
𝔏𝔙 (et posuerunt puerum in prostibulo), wohingegen die völlig gleich kon-
struierte Fortsetzung richtig verstanden ist (καὶ τὰ κοράσια ἐπώλουν ἀντὶ οἴνου =
𝔙: et puellam vendiderunt pro vino). – c Die determinierten Singularformen
meinen die Gattung: BrSynt § 21cβ; vgl. Qoh 3 17. – 4a 𝔙 sieht nicht eine dis- 4
junktive Frage (wie 𝔊 und 1 2, BrSynt § 169c), sondern läßt mit וְאִם einen
konditionalen Vordersatz zu 4bγ eingeleitet sein: „wenn ihr mir etwas antut,
dann..." (so auch Deden). Dagegen spricht entschieden, daß schon geschehene
Taten das Wort auslösen. – 6a Bič denkt an יָוֵן (Ps 40 3 69 3) und übersetzt 6
„Söhne des Schlamms", womit die Ägypter gemeint sein sollen. Doch ist weder
diese Bedeutung noch die pluralische Form des Wortes belegt. – 7a wörtlich 7
„aufwecken" (𝔊 ἐξεγείρω), hier im Sinne von „in Bewegung bringen" (𝔗 „zu-
rückbringen"). – 8a 𝔊 (εἰς χεῖρας = „in die Hände") widerspricht der allge- 8
mein instrumentalen Bedeutung von ביד; „jemandem verkaufen" heißt im
Kontext מכר ל, vgl. 6 und 8aβ; מכר ב heißt in 3b „verkaufen gegen (zum Er-
werb von) etwas". – b 𝔊 (εἰς αἰχμαλωσίαν) setzt vielleicht einen zerstörten
Text (לַשְׁבִי oder לַשְׁבוּת, vgl. 1) voraus, wird aber mitbestimmt sein durch die
Schwierigkeit, daß die Käufer nicht in einem Satz mit ל und mit אל eingeführt
sein können. Der Kontext (6a) macht ל als ursprünglich wahrscheinlich; dann
wäre אל־גוי רחוק erläuternde Glosse. 𝔗 (לבני שבא) 'ΑΣΘ (τοῖς σαβαιμ) stützen
𝔐. – 9a wörtlich: „heiliget einen Krieg!". – b 𝔊 (προσαγάγετε καὶ ἀναβαίνετε, 9
𝔊ˢ ohne καὶ) gleicht an die imptt. von 9a.bα an; die Vorlage muß nicht גֹּשׁוּ וַעֲלוּ
gelautet haben. – 10a 𝔊: Ἰσχύω ἐγώ, ebenso wird Jos 5 14 Jes 5 22 10 21 גבור mit 10
ἰσχύω übersetzt; 𝔙: fortis ego sum. – 11a 𝔙 (erumpite) könnte statt des uner- 11
klärten hapaxlegomenon von 𝔐 (arab. ġ'ṭ = helfen) חוּשׁוּ gelesen haben (Trinquet), vielleicht auch עוּרוּ (Wellhausen, Nowack, Marti, Sellin, Bach, vgl.
4 7. 9. 12). 𝔊 (συναθροίζεσθε) 𝔊𝔗 lasen נוֹעֲ (vgl. Am 4 8), nicht הִקָּבְצוּ; zwar
gibt 𝔊 11mal קבץ ni. mit συναθροίζειν wieder, jedoch ist diese Form neben קבץ
ni. in aβ unwahrscheinlich, wo die Wurzel ebenso wie in 42 mit συνάγειν
übersetzt wird. – b 𝔗 (ויתקרבון ... וייתון ויתכנשון) setzt schon in aα jussiv.
Formen voraus; 𝔊 dagegen übersetzt alle drei Verbformen in a als impt.
(aβ: καὶ συνάχθητε, ebenso 𝔙); wegen der in b folgenden Anredeform (גבוריך)
wird auch hier der impt. הִקָּבְצוּ zu lesen sein (Sellin, Robinson, Bach). 𝔐 =
„und sie sollen sich versammeln"; vgl. den gleichen Übergang von impt. zu
juss. in 9bβ, wo aber nicht wie hier ein Anredesatz direkt angeschlossen wird. –
c 𝔊 (ἐκεῖ) zieht שמה zu aβ; 𝔙 stützt 𝔐; aber die Zuordnung zu b ist nur durch
Verlesung des folgenden Wortes möglich geworden; s. Textanm.ᵈ. – d 𝔗
(תמן יתבר יהוה תקוף גיבריהן) = „dort wird Jahwe die Macht ihrer Kämpfer
zerbrechen", ähnlich 𝔙: ibi occumbere faciet Dominus robustos tuos) setzt ent-

weder eine Form von נוח hi. voraus, vielleicht וְנִיחַ, oder wahrscheinlicher von
חתת hi.: וְיָחַת (vgl. Jes 9 3 Jer 49 37 Ob 9!); 𝔊 (ὁ πραΰς ἔστω μαχητής =
הַנַּח יִהְיֶה גִבּוֹר oder הֶעָנִי wie Zeph 3 12 Sach 9 9 Jes 26 6) hat wahrscheinlich
den Sinn im verderbten Text nach 10b zu erraten versucht. 𝔐 = „dorthin
führe herab, Jahwe, deine Helden" hat wohl וְיָחַת verlesen als נחת hi.; im Kontext ist eine Anrede Jahwes höchst unwahrscheinlich. Die Vorstellung von 𝔐
entspricht Jes 13 3b Sach 14 5b 2 Ch 20 22; vgl. Henoch 56 5ff. und 1 QM I,
10f. – **12a** עור ni. vgl. 7. – **b** 𝔗 wie 2 „Ebene der Rechtsprechung". – **14a** 𝔊:
ἦχοι ἐξήχησαν = הֲמוֹנִים יֶהֱמָיִן? vgl. Jes 17 12; 'Α Σ (συναγωγαὶ συναγωγαί)
wie Θ (πλήθη πλήθη) und 𝔙 (populi populi) stützen 𝔐. – **b** 𝔗 (במישר פילוג דינא)
übersetzt עמק יהושפט ebenso wie in 2.12. – **16a** In der ursprünglichen Lesart
von 𝔊ˢ fehlt 16aα; s.u.S. 98 – **17a** 𝔊 („nicht wohnen") ersetzt die spezielle Aussage von 𝔐 durch eine theologische Kontrastaussage zu aβ. – **20a** 𝔊 (κατοικη-
θήσεται) und 𝔙 (habitabitur) treffen den Sinn von 𝔐 als Antithese zu 19a,
vgl. Jes 13 20 Jer 17 6. 25b Ez 26 20 29 11. – **21a** eine Meditation zu דם נקיא in
19bβ. – **b** 𝔊 (καὶ ἐκδικήσω) 𝔊𝔗 setzen וְנָקַמְתִּי (oder וּפָקַדְתִּי?; vgl. Hos 1 4) voraus. – **c** 𝔊 (καὶ οὐ μὴ ἀθῳώσω) setzt mindestens die Wurzel von 𝔐 voraus, wenn
sie auch als Tempus impf. übersetzt (וְלֹא אֲנַקֶּה?). 𝔙 liest in 21aα.β die gleichen
Verben (et mundabo sanguinem eorum, quem non mundaveram) und bestätigt damit das Satzgefüge von 𝔐.

Form Als Begründung (1 כי) für die Rettung auf dem Zion und in Jerusalem (3 5) werden Worte gegen „alle Völker" (2) „ringsum" (11f.) eingeführt. Sie gehören im Gesamtaufriß des Joelbuches als Fortsetzung von
2 19–3 5 zu den mit 2 18 eingeführten Erhörungsworten, die Antwort auf
die in 2 12–17 befohlene Umkehr geben. Doch fehlen hier wie schon in
Kap. 3 die Kennzeichen eigentlicher Erhörungssprüche (s.o.S. 69); nicht
einmal der Charakter des Zuspruchs ist beibehalten, der noch in 3 1 zu
finden war. Doch ist die Gottesrede in der Hauptlinie weitergeführt:
1–3 [4–8] 12. 17. [21a] (Jahwe in dritter Person erscheint nur innerhalb
tradierter Wendungen in 11b cj. 14. 16a.b [18b]).

Das hängt damit zusammen, daß die Sprüche unseres Kapitels in das
breit ausgebaute Wort des göttlichen Selbsterweises hineingehören, dessen erste Erkenntnisaussage in 2 27 die Brücke von den Verheißungen für
die Gegenwart zu denen für die Zukunft bildete. Unter dem Stichwort
des Anfangs der zweiten Reihe (3 1 והיה אחרי כן) steht auch Kap. 4. Die
Formel „in jenen Tagen und zu jener Zeit" (4 1a) greift darauf zurück
(vgl. 3 2!). Die Erweiterung des ersten Erweiswortes, in das die Erhörungssprüche von 2 19–24 mit 25–27 einmündeten, führt wiederum zur Erkenntnisaussage in 4 17. Zum Ausbau des Erweiswortes s.o.S. 68ff.

Zum anfänglichen Bestand des Kapitels gehören drei Stücke. 1–3 bietet nach der Verknüpfung (1) eine kurze dreireihige Strafankündigung
für „alle Völker" (2abα) mit längerer, sechsreihiger Begründung. Zu
dieser Ankündigung gehört als Fortsetzung 9–14. Denn erst hier sind die
wichtigen Stichworte aus 1–3, „alle Völker" (2 vgl. 9.11.12), „versammeln" (2 vgl. 11), „Tal Josaphat" (2 vgl. 12), „rechten" (2 vgl. 12), wie-

der aufgenommen. Im ganzen zeigt das Wort die Form einer Aufforderung zum Kampf (vgl. Bach). Darauf weisen' am deutlichsten die einleitenden Imperative in 9, aber auch die weiteren Aufrufe in 10.11 und
zum Schluß in 14. Die eigentliche Aufforderung zum Kampf, die im
Kampfgetöse (14a) und „Zerschmettern der Helden" (11b cj.) ihr Ziel
hat, ist erweitert um Elemente, die als Ladung vor Gericht (12) und als
Aufruf zum Ernten und Keltern (13) den Gedanken der Strafankündigung unterstreichen. 14 gibt Anlaß zu der Vermutung, daß der Ruf „nahe
ist der Tag Jahwes" ursprünglich zur Eröffnung des heiligen Krieges gehörte (vRad, TheolAT II⁵, 132f.). Der gleiche Ruf hatte in 2 1f. den Alarmruf auf Zion eröffnet. 4 9–14 ist das vollendete Gegenstück zu 2 1–9: war
dort Jerusalem durch die Ankündigung des Feindheeres mit Vernichtung bedroht, so gilt jetzt den Völkern ringsum das gleiche. Die Form der
Aufforderung zum Kampf ist geeignet, den Beginn der Erfüllung der
Strafankündigung von 1–3 zu verdeutlichen, wie der Alarmruf in 2 1ff.
die bedrohliche Nähe des in Kap. 1 vorangezeigten Tages Jahwes ankündigte.

Der Vergleich mit Kap. 2 macht auch den Anschluß des dritten **15–17**
Stückes verständlich. In 15.16aβ wird 2 10 wörtlich aufgenommen, nur
wird der Anbruch des Tages Jahwes jetzt mit umgekehrter Richtung
geschildert. Der Einbruch des Chaos, der dort Jerusalem drohte, gilt
jetzt den Völkern; erhob Jahwe dort seine Stimme vor der anrückenden Feindmacht (2 11a), so ertönt sie jetzt vom Zion her (16a); ist
dort der Bestand des Volkes von Jerusalem gänzlich in Frage gestellt
(2 11bβ), so hat es hier endgültige Zuflucht gefunden (16b). Diese Kontraststücke zu 2 10f. stellen mit ihrer positiven Wendung für Jerusalem
zugleich eine Parallele zu 3 3–5 dar. So findet das Buch mit der angeschlossenen Zusage der Erkenntnis Jahwes als des Heilsgottes für Jerusalem (17) eine geschlossene kompositionelle Rundung. Die eigentliche Erkenntnisformel, die das zweistufige Erweiswort zum Ziel führt, wird mit
drei knappen Sätzen der Wiederaufnahme besiegelt.

Was in 18–21 folgt, ist ebenso wie zuvor 4–8 als N a c h t r a g anzusehen. **4–8**
4–8 ist als spätere Einfügung schon daran zu erkennen, daß der Zusammenhang von 1–3 und 9ff. unterbrochen wird (s.o.S. 88). Die Beifügungsformel וגם ist zwar dem alten Joelbuch auch bekannt (2 12), hat aber
möglicherweise schon in 2 3bβ und 3 2 Nachträge eingeführt. Eine
Schlußformel „denn Jahwe hat geredet" (8b) beschließt den Einschub
(die gleiche Formel auch in Jes 22 25 24 3b 25 8b Jer 13 15 Ob 18), vgl. dagegen die Formeln in 3 5b („wie Jahwe gesprochen hat") und in 2 12a
(„Spruch Jahwes"). Das Stück spricht seine eigene Sprache und ist nur
durch das vierfach wiederholte Stichwort מכר (6. 7. 8aα.β) mit der letzten
Reihe des voraufgehenden Spruches (3bβ) verbunden, wo es nur ein
einziges Mal neben synonymen Verben steht. Während der Kontext

allgemein von „allen Völkern" spricht (2.9.11.12), sind hier speziell
Tyrus, Sidon und die Philistergaue angesprochen (4). Während Jahwe in
2f. „mein Volk", „mein Eigentum" und „mein Land" sagt, ist hier von
den „Söhnen Judas und den Söhnen Jerusalems" (6; vgl. 8) und von
„ihrem Gebiet" (6b) die Rede, wie sonst im ganzen Buche nicht; nur der
andere Nachtrag sagt noch „Söhne Judas" (19 wie 8); in 2 23 heißt es
einmal „Söhne Zions", in 4 16 ist „sein (Jahwes) Volk" „Söhne Israels"
genannt. Der Gedanke der Vergeltung findet wiederholt eine begriff-
lich und sachlich scharfe Fassung (4b. 7–8), wie sie dem Kontext ganz unbekannt ist. Die rhetorische Bewegtheit mit Ketten von Fragen (4) und
Wiederholung von Wörtern und Wendungen ist dem übrigen Buch
fremd. Auch sind die Satzgebilde länger und häufiger mit Nebensätzen
durchsetzt als vorher und nachher, wo sich meist kürzere und synonym
parallele Reihen finden, die in 2f. als drei je dreireihige Perioden komponiert sind. Ebenso heben sich die Ketten von Aufrufen in 9–14 mit
ihren oft zweitaktigen synonymen Reihen klar von dem prosaischen Stil
des Einschubs ab. Sie gehen in 15–17 zu fast regelmäßigen Perioden mit
dreitaktigen synonymen Reihen über.

18–21   In der metrischen Grundstruktur ist dagegen der andere Nachtrag,
das Schlußstück 18–21, mit dem voraufgehenden Grundtext verwandt.
Doch wird es nicht zu seiner ursprünglichen Fassung gehören. Schon die
Verknüpfungsformel והיה ביום ההוא ist dem Joelbuch fremd, das doch
sonst vielfach zu verknüpfen weiß; besonders von der im Joelbuch ver-
wandtesten Formel in 4 1 („in jenen Tagen und in jener Zeit" vgl. 3 2)
hebt sich unsere noch mehr als dreißigmal im Alten Testament für Nachträge benutzte Wendung „und an jenem Tage geschieht's" ab; vgl. Jes
7 18. 21. 23 10 20. 27 11 10. 11 17 4 22 20 23 15 24 21 27 12. 13 Jer 4 9 30 8 Ez
38 10. 18 39 11 Hos 1 5 2 18. 23 Am 8 9 Mi 5 9 Zeph 1 10 Sach 12 3. 9 13 2. 4
14 6. 8. 13. Insbesondere ist die Verwendung in den sachlich verwandten
Kapiteln Sach 12–14 zu beachten, aber auch Jes 24. 27 und Ez 38f.; die
Sammler der Zukunftserwartungen haben diese Verknüpfungsformel mit
Vorliebe verwendet. Sachlich hebt die Nennung bestimmter Völker (19),
jetzt Ägypten und Edom, das Stück vom Hauptinhalt des Kapitels ab. In
20. 21b biegt der Nachtrag erkennbar zum Schlußstück in 17 zurück.
Obwohl er wie 8 (vgl. 6) von „Söhnen Judas" (19) spricht und bestimmte
Fremdvölker erwähnt, wird man ihn nicht der gleichen Hand wie 4–8 zuweisen können. Die Fremdvölker sind andere; auch sonst weichen die
Thematik und vor allem die Sprache ab. Ja, Metrik und Wortgebrauch
zeigen, daß dieser Nachtrag Joels Sprache nachahmt oder gar von Joels
eigener Hand stammt: zu עסיס in 18aα vgl. 1 5, zu אפיקי in 18aβ vgl. 1 20,
zu בית יהוה in 18b vgl. 1 9, zum singulären מדבר שממה in 19a vgl. 2 3 u.o.S.
53, zu לעולם in 20a vgl. 2 27, zu דור ודור in 20b vgl. 2 2, zu 21b vgl. 17aβ.

Ort   Daß Kap. 4 von Anfang an hinter Kap. 3 gestanden hat, wurde o.S.

70f. geklärt. Der alte Bestand des Kapitels liefert für die Datierung nicht viel mehr Anhaltspunkte als die voraufgehenden Abschnitte. Für eine spätere Zeit spricht wieder, daß Joel sich auf sehr verschiedenartige ältere Texte bezieht. Gleichzeitig sind ihm die Bücher der Propheten Amos (1 2 in 16a), Jesaja (2 4b bzw. Mi 4 3b in 10; Jes 8 18b in 17a. [21]; 52 1 in 17b), Obadja (11 in 3, 17aβ 𝔐 in 17) zur Hand oder doch die dort belegte Kultsprache vertraut; vielleicht sind auch Überlieferungen des Chronisten vorausgesetzt (zu 2b s.u.S. 92). Die breite Zerdehnung der Erkenntnisformel in 4 17 (vgl. 2 27 u.o.S. 77) zeigt Einflüsse der späteren Schichten des Ezechielbuches. Das alles zusammen genommen ist nicht vor dem 4. Jahrhundert denkbar. Sehr unsicher ist dagegen der Versuch, auf Grund vor allem von 17bβ das Kapitel in frühptolemäischer Zeit anzusetzen, wie Treves bemüht ist. Denn die literarischen Einflüsse scheinen auch hier stärker zu sein als die zeitgeschichtlichen; s.u.S. 99. Ähnliches gilt von den Nachträgen über Ägypten und Edom (19). Mit viel größerer Wahrscheinlichkeit ist sogar der Nachtrag in 4—8 noch in persischer Zeit anzunehmen; s.u.S. 93f..

Die Bedrohung der Völker ist als Begründung an 3 5 angeschlossen. Wort 4 1 Dazu s.o.S. 88. Die Verknüpfung „in jenen Tagen und in jener Zeit" findet sich nur noch Jer 50 4. 20 33 15. In Jer 50 4 wird die Ankündigung vom Fall Babylons von einem Feind aus dem Norden mit der Heilsverkündigung für die Judäer verknüpft, und auch in 33 15f. zielt die Aussage auf die Geborgenheit Jerusalems. Bis in Einzelwendungen lebt Joels Sprache in jenen prophetischen Überlieferungsschichten, die vom Thema „Israel und die Völker" beherrscht sind und die endgültige Wiederherstellung Judas und Jerusalems zum Ziel haben. שוב שבות steht für diese große Wende im verwandten Zusammenhang vor allem in Zeph 3 20 und Ez 39 25. Zur Bedeutung der Formel s. BK XIV/1, 156f., zur Vorgeschichte ihrer sprachlichen Gestalt vgl. jetzt die Stele III Z. 24 von sefīre bei MADupont-Sommer, Les inscriptions araméennes de Sfiré (1958) S. 128, wo הָשִׁיב שִׁיבַת (vgl. Textanm. 1b) als im 8. Jh. gebrauchte Form belegt ist (vgl. Ps 126 1 und MNoth, Der historische Hintergrund der Inschriften von sefīre: ZDPV 77, 1961, 149). Jetzt KAI 224 24.

Wenn vom Heil Israels gesprochen wird, so kann das Schicksal der 2 Völkerwelt nicht übersehen werden, wenn man die prophetische Überlieferung nicht annullieren will (Plöger 52f.). Zu קבץ pi. als Sammlung zum Gericht vgl. Zeph 3 8 Ez 22 19f. Hos 8 10 9 6 und BK XIV/1, 184. 200. Von einer „Talebene Josaphat" weiß das Alte Testament sonst nichts. Seit dem 4. Jh. n. Chr. wird sie im Kidrontal gesucht (Euseb, Onomastikon; vgl. Merx 197). Aber das ist in seiner Enge kein עֵמֶק, sondern ein נַחַל (vgl. ASchwarzenbach, Die geographische Terminologie im Hebräischen des AT, 1953, 38); hier ist an einen weiten, wenn auch von Bergen umgrenzten Raum gedacht, in dem eine riesige Gerichtsversamm-

lung (2b.12b) und eine Völkerschlacht (11.14) stattfinden kann. Zu den
vergeblichen Identifikationsversuchen vgl. HGreßmann, Der Messias,
115f. 139. Der Name ist als Symbolname ganz von der Bedeutung des
Ortes bestimmt, an dem das שפט Jahwes (2b12b) stattfinden wird. Sowenig ein genaues Datum für die Endauseinandersetzung Jahwes mit den
Völkern bekannt ist, sowenig weiß der Prophet den geographischen Ort.
Wie „der Nördliche" in 2 20 und das „Akaziental" in 4 18b so ist auch
die „Talebene Josaphat" eine Chiffre, wie sie die heraufziehende Apokalyptik liebt. Daß die Erinnerung an die Schlacht des Königs Josaphat,
wie sie nach 2 Ch 20 Joel bekannt gewesen sein mag, bei der Wortprä-
gung mitgewirkt hat (vgl. Jensen 99ff.), ist möglich, aber nicht nachzuweisen. Jahwe „führt sie herab" zum eigenen Gericht, ebenso wie er die
Völker gegen Jerusalem heranführte (2 11a vgl. 25). נשפטתי bezeichnet als
ni. tolerativum die Rechtsauseinandersetzung, in der Jahwe zunächst
nicht Richter, sondern Ankläger ist; auch diese Wortform entstammt der
für Joel wichtigsten Tradition; vgl. Ez 38 22 Jer 25 31; sie ist hier besonders geeignet, da die Anklagepunkte folgen. Die Völker scheitern an
ihrem Unrecht gegen Jahwes Volk und Eigentum; עַמִּי schon in 2 27b,
ferner 4 3; vgl. dazu Ez 38 14. 16 39 7; 2 27b wird nun zur feindlichen Umwelt hin verdeutlicht wie zuvor nach innen in 3 1–5. Zu נחלה s.o.S.61
bei 2 17. Als Gottesvolk heißt auch Juda und Jerusalem (2b) „Israel"
(vgl. 2 27 4 16). Erster Anklagepunkt ist die „Verstreuung" in die Völkerwelt. Das seltene Wort (vom Ausstreuen der Asche Ps 147 16) findet sich
in gleicher Bedeutung nur noch Jer 50 17 im Rahmen der Fremdvölkerworte in der Bildrede vom „versprengten" Schaf. Dort wird zusammenfassend von den Deportationen zuerst des Königs von Assur, dann Nebukadnezars, des Königs von Babylon, gesprochen. Auch Joel wird auf die
Ereignisse von 733, 721, 597 und 587 zurückschauen, vor allem natürlich
auf die Zerstreuung Judas und Jerusalems. Die Wegführungen waren die
Voraussetzung für die Neuverteilung des herrenlos gewordenen Bodens
unter die Eroberer und Neusiedler (חלק vgl. Mi 2 4, auch Thr 5 2 2 Kö
17 24). Der Boden ist „Jahwes Land", (so schon 1 6 vgl. 7, s.o.S. 33f., erstmalig Hos 9 3, vgl. BK XIV/1, 199), das er Israel anvertraute. Jahwe
ist also immer selbst in den Gewaltakten der Völker getroffen.

4 3   Auch der seltene Terminus ידד גורל gehört in die Tradition der Fremdvölkerworte. Er findet sich nur noch Ob 11 Na 3 10; in Ob 11, gegen
Edom gerichtet, ist auch Jerusalem betroffen, auch dort geht die Wegführung voraus; im Wort gegen Ninive Na 3 10 wird wie hier um Menschen das Los geworfen; die Verteilung von Kriegsgefangenen ist gemeint.
Wie wenig der Mensch dabei wert ist, führen die beiden Sätze in b aus:
ein Junge, der als Sklave ausgeliefert wird, reicht gerade als Gegenwert
für die Nacht bei einer Hure, ein Mädchen für ein Zechgelage; Dt 2114
untersagt den Verkauf von Kriegsgefangenen. Die Entwürdigung des

wehrlosen Menschen zur Handelsware ist der letzte Grund der Anklage
gegen die Völker.

Eine aktuelle Einzelklage bringt der Nachtrag vor. Sie zeigt – nach
dem verknüpfenden וגם (s.o.S. 89) – im Eingang die Form einer leb-
hafter Rechtsauseinandersetzung. מה אתם לי ist die Kurzform der Frage
מה עשיתם לי, mit der ein Rechtsvorwurf beginnt (Ri 8 1 vgl. Jer 2 5. 29 Mi
6 3). Eine entfaltende Doppelfrage (4bα.β) leitet zur Drohung über (4bγ),
innerhalb deren zunächst in 5–6 die Anklage ausgeführt wird; danach
wird die Gegenaktion in 7–8 angedroht.

Die Frage der Datierung kann nicht von Einzelindizien her entschieden werden (vgl. Myers), sondern muß gleichzeitig berücksichtigen,
(1.) daß Tyrus, Sidon und die Philistergaue als gemeinsam Handeln-
de angesprochen werden, (2.) daß sie Judäer und Jerusalemer an Griechen verkauft haben, (3.) daß die Sabäer nur in der Androhung erscheinen, (4.) daß das Stück dem Zusammenhang von Joel 4 1-3. 9-14
nachträglich eingefügt wurde. Nun sind die Phöniker- und Philisterstädte
als eine politische Gemeinschaft in der späteren Perserzeit um die Mitte
des 4. Jh. vornehmlich durch die Küstenbeschreibung des Pseudo-Skylax
nachzuweisen (dazu KElliger, Ein Zeugnis aus der jüdischen Gemeinde
im Alexanderjahr 332 v.Chr.: ZAW 62 (1950) 63–115, vor allem 96ff.).
Alexander d. Gr. muß denn auch im Jahre 332 den Widerstand sowohl
von Tyrus wie von Gaza brechen (Arrian, Anabasis II, 24. 27; vgl. Sach
9 3-8). Daß Sidon im Alexanderzug nicht mehr erwähnt wird, hat seine
Ursache darin, daß es schon durch Artaxerxes III. im Jahre 343 zerstört wurde (Diodorus Siculus XIV, 45; s.o.S. 3). Die Aktionsgemein-
schaft von Tyrus, Sidon und den Philisterstädten gehört also in die
Zeit vor 343 (vgl. auch Jer 47 4). Seit dem 5. Jh. blüht der Sklaven-
handel mit Griechenland, insbesondere aber im 4. Jh. steht Phönikien
stark unter griechischen Einflüssen, vgl. EdMeyer, Geschichte des
Altertums IV/1⁵, 129f. Zwar ist für Tyrus auch in älterer Zeit Handel
mit Griechen bezeugt (Myers); vgl. יָוָן in Ez 27 13. 19 im Rahmen einer
Liste, die aus der Zeit vor 587 stammen kann und vielleicht durch
tyrische Exulanten den Tradenten des Ezechielbuches zugekommen ist
(so Zimmerli, BK XIII, 661). Aber in dieser Zeit ist eine engere politische
Verbindung von Tyrus und Sidon mit den Philisterstädten nicht nachzuweisen, wie diese denn auch in der Liste Ez 27 12-14 gänzlich fehlen.
Daß nach dem 5. Jh. keine aktiven Handelsbeziehungen zu den in Südarabien zu suchenden Sabäern belegt sind (Myers), muß für die Drohung nicht gegen das 4. Jh. sprechen, denn die Sabäer sind aus den
Überlieferungen in Israel wohl bekannt als „fernes Volk"; vgl. 1 Kö
10 1ff. Jer 6 20 Ez 38 13 Jes 43 3 60 6 Hi 11 5. Denen, die griechischem
Wesen zugetan sind, kann nichts Ärgeres widerfahren, als daß sie in
die entgegengesetzte Richtung als Sklaven verschlagen werden. Da das

Wort 4–8 in einen schon vorliegenden literarischen Zusammenhang eingeschoben wurde, dieser Zusammenhang aber nach unseren sonstigen Ermittlungen kaum vor dem 4. Jh. denkbar ist, ergibt sich, daß der Einschub zwischen 400 und 343 zu datieren ist. Zugleich haben wir nunmehr mit dem Jahr 343 einen terminus ante quem für das übrige Joelbuch gewonnen.

Wort 4 4 Tyrus, das heutige ṣūr (vgl. MNoth, Art. Phönizier, RGG³ V, 360–362; WZimmerli, BK XIII, 601ff.), wird als führende Stadt der Phöniker zuerst genannt; Sidon, das heutige ṣēda, fast 40 km nördlich von Tyrus gelegen, ursprünglich bedeutendste phönikische Stadt, so daß das Alte Testament wie Homer die Phöniker „Sidonier" nennt, trat seit dem 10. Jh. hinter Tyrus zurück, um erst in der Perserzeit wieder an seine Seite zu treten (vgl. Zimmerli, BK XIII, 691). Von (פלשת(ים) (ה)גלילות spricht auch Jos 13 2, wo in 3 die Aufzählung der philistäischen Pentapolis folgt (1 S 6 4 s. dazu KGalling, RGG³ V, 210f.; HDonner, RGG³ V, 339–341): Gaza, Asdod, Askalon, Gath und Ekron (vgl. Am 1 6–8); MNoth (Josua, HAT I, 7,²1953) vermutet, daß גלילה, das meist mit „(Um-) Kreis" übersetzt wird, eine Landschafts- oder Geländeform bezeichnet. Führend ist im 4. Jh. Gaza, das heutige ägyptische ghazze; als Handelsplatz der Araber erlebt es in der Perserzeit eine Hochblüte und hat etwa seit dem Jahre 400 eigene Münzen (KGalling, RGG³ II, 1207f.). Neben Gaza führt Askalon, das heutige ʿaṣḳalān.

Die disjunktive Frage fordert rhetorisch heraus, ob die erst später (5f.) genannten Aktionen als Vergeltung gedacht sind – wobei vorausgesetzt ist, daß der Fragende sich keiner Schuld bewußt ist – oder ob sie nicht vielmehr allein dem Eigenwillen der Täter entsprechen. Wie auch die Antwort lauten mag, Jahwe, der als Sprecher in 8b noch ausdrücklich genannt wird, will aufs schnellste seinerseits Vergeltung üben; vgl. Ob 15bβ Ps 7 17 9 16f. BK XIV/1, 102f. zu Hos 4 9.

5 Als zu vergeltende Taten sind zunächst die Wegnahme von Gold und Silber und das Verschleppen der geplünderten Schätze in die eigenen Tempel oder Paläste genannt. Wie Land und Volk in 2f., so gelten hier Silber und Gold als Jahwes Eigentum (vgl. Hag 2 8); es muß dabei nicht an eine Tempelplünderung (2 Kö 24 13) oder Entführung heiliger Geräte wie 1 S 5 1f. gedacht sein; jedenfalls sind solche Aktionen seitens der Phöniker und Philister nicht bekannt. Auch entführter Privatbesitz einzelner Judäer und Jerusalemer kann, sofern er Eigentum des Gottesvolkes ist, als Jahwes Besitz gelten (Hag 2 8). Die Plünderer können den Raub ebenso für ihre Paläste wie für ihre Tempel gebraucht haben; das sumerisch-akkadische Lehnwort היכל (s. BK XIII, 220; XIV/1, 188) kann beides bezeichnen; seit Ezechiel steht es in Jerusalem meist für den Tempel (היכל יהוה). Das Suffix spricht hier mehr für phönikische und philistäische Paläste.

Der Verkauf von Judäern und Jerusalemern an Griechen (s.o.S. 93 6
Ort) ist doppelt schändlich: er behandelt nicht nur Menschen als Handelsware (s.o.S. 92f. zu 4 3), sondern – und das allein wird hier ausgeführt – entfernt sie aus ihrem heimatlichen Gebiet in die für Jerusalem unerreichbare Welt griechischer Inseln und Küsten. יָוָן für die griechisch sprechenden Gebiete der westlichen Welt und deren Bewohner (vgl. Jonier) taucht erst seit dem Exil im Alten Testament auf: Gen 10 2. 4 (P) 1 Ch 1 5. 7 Jes 66 19 Sach 9 13 Dan 8 21 10 20 11 2, zu Ez 27 13. 19 s.o.S. 93.

Dennoch wird Jahwe ihnen in der Ferne zum Aufbruch verhelfen; 4 7–8
עוּר hi. heißt nicht nur „aufwecken", sondern „in Bewegung bringen", „in Marsch setzen" (von Soldaten in 9 vgl. 12), „aktivieren". Er wird die Geschädigten als Vergelter benutzen. Die Judäer werden Werkzeuge (בְּיַד) des Strafhandelns Jahwes sein. Es ist singulär innerhalb des Alten Testaments, daß das leidende Gottesvolk dazu bestellt wird, als Werkzeug seines Gottes seinen Bedrängern die gleichen Leiden zuzufügen, die es selbst erfahren hat; denn hier ist der Gedanke der synthetischen Lebensauffassung, daß die böse Tat selbst ihre Bestrafung heraufführt, also die Vorstellung einer „immanenten Nemesis" (vgl. HJKraus, BK XV, 61f.), nach zwei Richtungen hin weitergeführt: einmal ist Jahwe Subjekt des Strafens, nicht schon die Tat als solche (so auch 4. 7b wie meist im Alten Testament, s.o.S. 94), und zum anderen wird der, der unter der bösen Tat gelitten hat, zum Vermittler der Strafe. Daß Israel-Juda selbst dieser Vermittler würde, das wagt selbst das Klagegebet Ps 137 9 nicht zu erbitten. Hier wird es als Jahwes Drohung verkündet; vgl. Ob 18 Ps 149 6ff. Mi 4 13 Sach 10 3ff. 12 5ff. Da die Schuld im wesentlichen in der Verschleppung in weite Ferne gesehen wird, erscheinen in der Strafe die Sabäer, die seit alters als Händler bekannt sind (1 Kö 10 2 Ez 27 22f. 38 13; dazu Zimmerli BK XIII, 656). Sie sind als Bewohner eines „fernen Landes" bekannt (Jer 6 20), was denn auch die Glosse (s. Textanm. 8b) in richtiger Erkenntnis der Intention herausstellt. Nur darin geht die Strafe noch über die Schuld hinaus, daß außer Söhnen (6a) auch Töchter (8a) verhandelt werden. Schon bevor Tyrus und Gaza im Jahre 332 durch Alexander d. Gr. erobert werden, hat im Jahre 343 Sidon unter einer Strafexpedition von Artarxerxes III. Ochus leiden müssen; s.o.S. 93.

Ungenannte werden aufgefordert, Jahwes Aufrufe in der Völkerwelt 4 9
bekanntzugeben. Der Eingang aα sichert, daß das folgende (זֹאת) nicht Israel gilt. Man darf daher nicht zwei Schichten in 9–14 sehen, von denen die eine (9f. 13f.) die Krieger des Gottesvolkes auffordere, das Gericht Jahwes an den Völkern im „Tal der Entscheidung" zu vollziehen, während die andere (11f.) Jahwe selbst als Richter im „Tal Josaphat" ankündige (so zuletzt MWeise, RGG³ III, 801). Die parallel aufgerufenen „Kämpfer" und „Kriegsleute" erinnern an das Heer, das in 2 7 Jerusalem bestürmt. Allerdings wird das Völkerheer zunächst in Formen zum

Kampf aufgefordert, mit denen Jahwe sonst die auf bietet, die gegen seine Feinde ziehen sollen. „Rüstet den heiligen Krieg!" erinnert an Jer 6 4, wo die Feinde gegen Jerusalem herangerufen werden; vgl. Jer 51 27f. Mi 3 5, dazu JASoggin, Der prophetische Gedanke über den heiligen Krieg als Gericht gegen Israel: VT 10 (1960) 79–83 und RBach 77. Nacheinander folgen der Weckruf, der Befehl zum Anrücken (נגשׁ vom Anrücken zur Schlacht auch Jer 46 3) und „Hinaufsteigen", womit nach der Tradition der Aufstieg auf die „Berge Israels" in Richtung Jerusalem gemeint ist: vgl. Ez 38 9.11.16.18 39 2. Noch ist nicht zu erkennen, daß die Einladung zum Kampf von heimlicher Ironie erfüllt ist (vgl. Bourke, RB 66, 1959, 208). Aber von 11b ab wird deutlich, daß diese Aufforderung nicht anders zu verstehen ist als die von Jes 8 9f., vgl. Zeph 3 8; die Form der Aufforderung zum Kampf ist ähnlich schon in Jer 46 3–6. 9f. abgewandelt: die Unterlegenen werden zum Kampf aufgefordert; vgl. Bach 69f. Ebenso ist das Aufgebot in Ez 38f. gestaltet. Schon Ez 38 17 berief sich auf frühere Propheten. So ist die ironische, künstliche Gestaltung des Wortes von der langen Tradition her verständlich. Die heraufziehende Völkerwelt soll vor Jerusalem scheitern (Jes 29 5–8 17 12–14 Mi 4 11–13 Ez 38f. Sach 12 2–6 14 12f.; vgl. vRad, TheolAT II⁵, 163ff. 303ff.).

4 10   Die Bitternis der Ironie wird schärfer spürbar in 10. Denn die Aufforderung zum Umschmieden der Acker- und Winzergeräte in Kriegswaffen zeigt den gewollten Gegensatz zu Jes 2 4 Mi 4 3. Nur wenn wir Joel nicht regelmäßig damit beschäftigt sähen, prophetische Traditionen zu verarbeiten (s.o.S. 10), könnte man hier „eine sprichwörtliche Redensart" „in ihrem ursprünglichen Sinn verwendet" finden (so RBach, 72, Anm. 1). Das große Wort von der Völkerwallfahrt, bei der die Völker in Jerusalem Heil und Frieden finden, ist in einen kriegerischen Aufmarsch umgedichtet, an dessen Ende der Untergang steht. Den Kampfuntüchtigen wird das Prahlen „ein Kämpfer bin ich" (vgl. Dt 20 8) nicht etwa verwehrt wie Moab in Jer 48 14. Die Prahler werden sich als die ganz Schwachen erweisen, während es den Jerusalemern nach der Ausgestaltung der gleichen Tradition in Sach 12 8 umgekehrt ergehen wird: „Der Strauchelnde wird sein wie David."

11   Der textlich unsicher überlieferte V. 11 drängt alle Völker zur Eile. Denn sie sollen aus ihren verschiedenen Orten im weiten Umkreis am Zielort zusammenkommen (zu קבץ als Terminus der Strafandrohungen s.o.S. 91 zu 4 2). Daß der Ort (in 11 „dorthin") erst in 12 genannt wird, berechtigt kaum zur Umstellung der Verse. Es zeigt sich ohnehin, daß von jetzt ab mehrere Varianten der Überlieferungen vom Völkergericht vor Jerusalem komponiert werden, bei denen das traditionsgeschulte Ohr auch Andeutungen wie שׁמה sofort versteht. – 11b bezeichnet nach dem von 𝕾 bezeugten und wahrscheinlich ursprünglichen Text (s. Textanm. 11d) das Ziel des kriegerischen Aufmarsches ganz in dem von den

bisherigen Aufforderungen zum Kampf und zur Sammlung aller Völker-
heere am Zion vorbereiteten Bild: „Dann zerschmettert er deine Helden!"

Dagegen zeigt 12 Jahwe nicht als Krieger, sondern als Richter, in 4 12
Aufnahme der Strafansage von 4 2a. Zur „Talebene Josaphat" s.o.S.
91f. Jahwe thront in ihr als der Richter aller Völker; wiewohl שפט hier
eindeutig wie in 1 S 3 13 die Bedeutung „verurteilen", „bestrafen" gewinnt, übt Jahwe damit die Funktion des Weltenkönigs aus (vgl. Sach
14 9 und WSchmidt, Königtum Gottes in Ugarit und Israel: ZAW Beih
80, ²1966, 36ff.). Als Richter „sitzt" der Herrscher (Ps 9 8f. 122 5 vgl. Jer
26 10b Rt 4 2).

Mit 13 wechselt das Bild abermals: jetzt wird die kriegerische Ver- 13
nichtung als Strafhandlung mit dem Vorgang des Erntens und Kelterns
verdeutlicht. Das gleiche Bild findet sich auch Mi 4 13 in der Aufforderung der Tochter Zion zum Kampf gegen viele Völker; vgl. Jer 25 30 Jes
63 1-6 17 5; andere Bilder in Aufforderungen zu Kampfhandlungen in
Jer 5 10 50 16. 26f., dazu Bach 64. מגל kann sowohl Sichel wie Winzermesser sein (BRL 475f.). An die Weinlese möchte man denken, weil בשל
(„kochen" Ez 24 5) an das Reifen der Trauben erinnert (vgl. Gen 40 10).
Das Schneiden der Trauben wie das Zertreten in der Kelter bezeichnen
die Strafe. Die גת ist das höher gelegene, mit Trauben gefüllte Tretbecken
der Kelteranlage, im יקב, dem tiefer gelegenen Trog, sammelt sich der
ausgetretene Most; er kann zum Überlaufen voll sein (vgl. 2 24 Prv 3 10;
s. BK XIV/1, 198 zu Hos 9 2). Die übervolle Kelter zeigt das strafreife
Übermaß der Bosheit der Völker an; der dritte כי-Satz des Verses (bγ) interpretiert die beiden voraufgehenden (aβ bα). Das Gewand Jahwes als
des Kelterers kann wie das des Kriegers gegen die Völker blutig rot be-
spritzt sein (Jes 63 1-6). Hier werden wie in 9a Ungenannte aufgefordert.
Weder die Jerusalemer (vgl. Mi 4 13) noch Himmlische (vgl. Sach 14 5b
und Textanm. 11d) sind namentlich angesprochen. Joel nimmt das Motiv
in aller Lebendigkeit aus der Tradition auf, meidet aber alles, was davon
ablenken könnte, daß Jahwe selbst und allein entscheidet (vgl. 2.12b 17).

Vom Geschrei beim Keltertreten (Jes 16 10 Jer 25 30 48 33 51 14) 14
ist in der Topik der Völkerkampfschilderungen der Weg nicht weit zum
Getöse des Schlachtengewühles (vgl. 1 Kö 20 13. 28), das auch in den
Jahwe-Tag-Schilderungen oft wiederkehrt: s.o.S. 89 u. Jes 13 4 Ez 7 11-13
30 4. 10. 15; vgl. Ez 39 11. 15. Jetzt wird das Tal Josaphat, der Platz der Entscheidung (vgl. 2a. 12), als „Tal des Strafgerichts" gedeutet. חרוץ bezeichnet das unwiderruflich festgesetzte Vernichtungsurteil: vgl. 1 Kö 20 40 Jes
10 22f. Dan 9 26f. und FHorst, BK XVI, 208 zu Hi 14 5. In seinem Vollzug
bricht nun der Tag Jahwes an, der von Jerusalem (1 15 2 1. 11) aus Barmherzigkeit (2 13f. 18f.) abgewendet wurde (3 4f.). Zur Verdeutlichung die- 15. 16
ser Wende wird in 15 wörtlich 2 10b und in 16aβ fast wörtlich 2 10a aufge-

nommen (s.o.S.89). Jetzt bricht über die Völkerwelt das Chaos herein. Es ist textgeschichtlich (s. Textanm. 16a) nicht ganz sicher, daß schon Joel auch die Aussage von 16aα in der Form eines genauen Zitates von Amos 1 2a oder in der Umdeutung von Jer 25 30 (so Kapelrud 163f.; Fohrer, ThW VII, 315[114]) aufgenommen hat, zumal sie die sachlich und nach 2 10 zusammengehörigen Sätze 15 und 16aβ sprengt. Doch werden die Umformung von 2 10a in 4 16aβ und die Umstellung des Subjekts gegenüber 16 besser verständlich, wenn 16aβ von vornherein Folgesatz von 16aα war. Joel nimmt zwar im allgemeinen Topoi der Tradition frei in seine eigenen Sätze hinein, aber er kann auch wörtlich zwei Reihen übernehmen, vor allem an entscheidenden Höhepunkten, wie in 115 Jes 13 6 und in 2 2a Zeph 115b. Der Ortswechsel Jahwes vom Tal Josaphat (12b) zum Berg Zion (vgl. auch 17aβ) wird am besten erklärt, wenn Joel Amos 1 2 wörtlich zitiert. So ist Übernahme von Amos 1 2a durch Joel selbst wahrscheinlich, wobei das Wort wie Jer 25 30 gegen die Völker gewendet wird. – In 16b wird zum ersten Mal nach 3 5 die Konsequenz für Israel ausgezogen. Jahwe selbst, als der Strafrichter der Völker (2.11b cj. 12b 14b 16a), ist der verläßliche Zufluchts- und Asylort seines Volkes (zu מחסה s. Kraus, BK XV, 342 zu Ps 46 2), die uneinnehmbar feste Felsenburg für die Söhne Israels (Jes 17 10 Ps 31 3 Nah 1 7). מעוז findet sich in Parallele zu מחסה nur noch Jes 25 4. Wieder heißen die Angeredeten als Jahwes Volk wie in 2 27 4 2 „Israel", hier allerdings einmalig „Söhne Israels".

4 17   Die neue Erkenntniszusage führt den mit der ersten Erkenntniszusage in 2 27 eröffneten eschatologischen Teil der in 2 18 eingeleiteten Erhörungszusage zu seinem Ziel. Sie ist wie in 2 27 mit der Huldformel gestaltet (s.o.S. 77). Die Erkenntnis Jahwes als des Bundesgottes Israels ist das Endziel des Handelns Jahwes an der Völkerwelt. Das Wort nimmt die Grundform der Gottesrede auf, die von 2 19 an die Grundlage darstellte, in 4 1–3 fortgesetzt war, auch in 4 9–13 vorausgesetzt wurde, wie 12b zeigt, und nur in 15–16 durch Aufnahme tradierter Wendungen unterbrochen wurde. Die Erkenntniszusage wird in drei Sätzen expliziert. Zuerst sagt Jahwe in der Apposition aβ: als der Bundesgott „wohne ich auf Zion, meinem heiligen Berge". Die Wendung שכן בציון הר־קדשי findet ihre genaueste Entsprechung in Jes 8 18, nur ist dem kultischen Sprachgebrauch der Zeit gemäß (vgl. 21 Ob 16 Ez 20 40 Jes 56 7 57 13 65 11. 25 66 20) aus dem „Berg Zion" der „Berg meines Heiligtums" geworden; die Wendung vom „Wohnen Jahwes inmitten Jerusalems" in Sach 2 14 8 3 meint dagegen sein Wohnen unter der Bevölkerung; hier aber ist an den Ort des Heiligtums als Platz der göttlichen „Niederlassung" gedacht. Vgl. zu שכן AKuschke: ZAW 63 (1951) 84–86 u. WSchmidt: ZAW 75 (1963) 91f. Erst der zweite Satz führt aus, daß mit Jahwes Wohnen im Zionsheiligtum auch Jerusalem im ganzen (also nicht nur der Berg Zion wie in Ez 43 12 Ob 17 vgl. Sach 9 8) „Heiligtum", d.h. Jahwes unantastbares Eigen-

tum, wird. So ist schon Jes 52 1 Jerusalem als „Stadt des Heiligtums" erwählt; nach Sach 14 21 werden selbst alle Töpfe in Jerusalem und Juda
„heilig für Jahwe Zebaoth" sein. In beiden Fällen ist wie auch in Na
2 1 damit die dritte Aussage verbunden, daß kein Unreiner und Unbe-
schnittener (Jes 52 1), kein Händler („Kanaanäer" Sach 14 21), kein
Nichtswürdiger (Na 2 1) die Stadt durchziehen wird (immer עבר). Hier sind
die Ausgeschlossenen זרים genannt, womit die Ausländer als Kultfremde
bezeichnet werden (s. BK XIV/1, 128). Der Sache nach ist mithin in bβ
ein der traditionellen Beschreibung des Heiligkeitscharakters der Stadt
zugehöriger Topos genannt.

Man darf also darauf nicht mit MTreves 153f. die Datierung bauen. Treves argumentiert, hier sei eine feindliche Invasion gemeint; von den Eroberern
zwischen 586 und 100 v.Chr. käme nur Ptolemäus Soter (323–285) in Betracht,
der im Jahre 312 Jerusalem an einem Sabbat einnahm (vgl. Josephus, Ant.
XII, 1.4). Treves stützt seine These durch Kombination der Aussagen von 17bβ
und 19, was schon wegen des Nachtragscharakters von 18–21 problematisch ist
(s.o.S. 90 und u.S. 101f. zu 19). Er hört das „Nie wieder!" von Joel im Blick auf
jenen gemeinen Überfall von 312 ausgerufen. Aber wie עבר und die Synonyma
von זרים, so gehört auch das ihm so wichtige לא ...עוד zu den überkommen
Topoi der Schilderung der eschatologischen Heiligkeit Jerusalems: vgl. Jes
52 1b Na 2 1b, später auch Sach 14 21.

Jahwes Selbstbeweis als Bundesgott wird also darin zusammengefaßt,
daß er als der auf Zion gegenwärtige ganz Jerusalem unantastbar sich
zuordnet und allem Heidnischen den Zutritt endgültig verwehrt. Damit ist
der Heilsertrag des Völkergerichts herausgestellt. Indem Jerusalem „Heiligtum" genannt wird, ist weniger seine kultische Reinheit betont (so
Sach 14 21) als vielmehr seine unverbrüchliche Zuordnung zum Bundesgott, die Zuflucht und Bergungsort für das Bundesvolk bedeutet (vgl. 16b
und 3 5). Joel steht damit sachlich dichter bei Deuterojesaja (52 1f. vgl.
60 21) als bei Sach 14. Die sich mit ihrem Denken und Wollen ganz auf
die Barmherzigkeit Jahwes eingestellt haben (2 12–14), erfahren am Ende
des Erhörungszuspruchs noch einmal, daß der Tag Jahwes als Gerichtstag ihnen zur Rettung dient. Gegenüber den theokratischen Kreisen, die
schon im gegenwärtigen Kult von Jerusalem das Ziel der Wege Gottes mit
Israel sahen (1 Ch 23 25 vgl. 2 Ch 6 1 Neh 1 9), ist damit betont, daß erst
jener künftige Tag in Wahrheit das herrscherliche Wohnen Jahwes auf
dem Zion als Unterpfand für das ungestörte Wohnen Israels bringen wird.

Mit geläufiger Anknüpfungsformel setzt eine Nachinterpretation ein   4 18–21
(s.o.S.90). Das Schlußstück ist nicht so zu verstehen, als greife jetzt ein
„lyrisches Bild" Platz (Weiser). Vielmehr werden ganz im Stil der sonstigen Bemühungen des Joelbuches in einer letzten theologischen Anstren-
gung noch zwei Konsequenzen aus dem zuletzt aufgewiesenen Ziel des
Tages Jahwes aufgezeigt: Jahwe wohnt inmitten seines von allen Völkern

ringsum befreiten Volkes auf dem Zion (2 27 4 17). Dieser Zielsatz wird denn auch als der nochmals explizierte am Schluß in 21b wieder aufgenommen (vgl. CKuhl, Die „Wiederaufnahme" – ein literarkritisches Prinzip? ZAW 64, 1952, 1–11). Daß Jahwe auf dem Zion wohnt, wird in der Endzeit über das zuvor Verkündete hinaus noch zwei spezielle Folgen haben: zuerst eine paradiesische Fruchtbarkeit des Landes (18) und dann eine politische Freiheit gegenüber Ägypten und Edom (19f.).

4 18 Daß schon die Erwartung der überströmenden Fruchtbarkeit von Jahwes Residieren her verstanden wird, zeigt der Hinweis auf den Tempel als Quellort (18b). Damit wird die in 2 19–26 angesagte Wende der wirtschaftlichen Not, die nicht mehr als eine Normalisierung der Lebensmittelversorgung bedeutete, ins schlechthin Wunderhafte gesteigert. Die Vorstellung vom Tag Jahwes als Völkergerichtstag und Befreiungstag Israels (4 1–3. 9–17) wird so um das paradiesische Motiv ergänzt. Denn Zuflucht bei Jahwe haben (16b), muß auch Versorgung in Überfülle bedeuten. Daß „die Berge von Traubensaft triefen", wird mit gleichen Worten in Amos 9 13bα gesagt, und auch dort spricht die unmittelbar folgende Reihe von den „Hügeln", weicht dann aber schon im Prädikat ab, erst recht in der weiteren Fortsetzung. Die Thematik bleibt zwar in Amos 9 13–15 insofern verwandt, als auch dort die eschatologische Erwartung paradiesische Erntefülle und politische Freiheit zusammensieht, aber es fehlt ganz das Motiv der Tempelquelle, und der Wortlaut trifft eben nur in vier Worten in Am 9 13bα mit Jl 4 18aα zusammen. (Sprachlich und sachlich Verwandtes kennen schon die altkanaanäischen Vegetationskulte. Im Traum schaut El, als Unterpfand dafür, daß Baal lebt: „Der Himmel regnet Öl, die Täler strömen von Honig" – *šmm šmn tmṭrn nḫlm tlk nbtm:* Gordon 49 III 6f. 12f.). So nimmt Joel Stichworte und Traditionselemente auf, um sie frei dem eigenen Entwurf einzufügen. Die Formulierung der Paradiesesverheißung in den drei parallelen Reihen in 18a erinnert wenigstens hinsichtlich des seltenen עסיס für „Traubensaft" (außer Am 9 13 nur noch Jes 49 26 und Cant 8 2!) und der wasserführenden אפיקים an die Klagen in 1 5 bzw. 20; dem entspricht für die mittlere Reihe, die von der Milchfülle auf den Hügeln spricht, die in 1 18 geschilderte Not der Viehherden. Der außerordentlichen Entbehrung wird also nicht nur ihre Aufhebung folgen (2 19ff.), diese ist vielmehr nur ein Unterpfand dafür, daß dem Übermaß des Mangels am Ende ein Übermaß der Fülle entsprechen wird. So ist auch der Nachtrag vom apokalyptischen Stufendenken bestimmt.

Der Satz über die Tempelquelle in bα ist nicht einfach an die drei Sätze von a angereiht, sondern gibt mit der Schlußstellung des verbum finitum יצא und der betonenden Voranstellung der „Quelle aus dem Hause Jahwes" eine Begründung, der in bβ noch ein explizierender Konsekutivsatz mit perf. cons. folgt. Die kausale Verknüpfung der Erwartung jener

Quelle, die zum Strome wird, mit der Erwartung außerordentlicher Fruchtbarkeit ist in Ez 47 1–12 vorgegeben; zu ihrer weiteren Vorgeschichte gehört Ps 46 5, vgl. Ps 65 10 Gen 2 10ff. und Jes 33 21, zu ihrer Vergeistlichung vgl. Ps 36 9, ferner HJKraus, BK XV, 343f. Die stoffliche Anlehnung von Jl 4 18 an Ez 47 1–12 ist sprachlich keineswegs eng, differiert jedoch vorstellungsmäßig noch stärker von der benachbarten Aussage in Sach 14 8, denn Joel kennt noch nicht die Teilung des Lebenswassers in die beiden Ströme, die ins Ost- und ins Westmeer fließen, obwohl er in 2 20 diese beiden Meere genau wörtlich wie Sach 14 8 erwähnt hat. Der Joelnachtrag ist also traditionsgeschichtlich älter als Sach 14. Selbständig gegenüber den Vorstellungen von Ez 47 ist die singuläre Erwähnung des „Akazientals". Im heutigen Palästina findet sich eine vergleichbare Benennung im *wādi es-sanṭ* (Wellhausen, Bewer), das jedoch westlich von Bethlehem nach Gath zu führt und schon von Natur wasserreich und fruchtbar ist (vgl. GDalman, PJB 5 (1909) 13; Noth, WAT⁴, 81). Von Ez 47 1ff. her ist aber ein östlich von Jerusalem gelegenes Tal anzunehmen. Dazu würde passen, daß sich in der Fortsetzung des Kidrontales, im *wādi en-nār*, das sich durch die Wüste Juda bis zum Toten Meere hin (vgl. Ez 47 8f.) erstreckt, bis in unsere Tage Akazien finden (Thompson, IB VI, 760); dieser große Talzug paßt zu dem weiten Horizont der Erwartung, die von Ez 47 bestimmt ist; vgl. GDalman, Jerusalem und sein Gelände (1930) 160. Die Benennung „Akaziental" erinnerte daran, daß das Tal besonders wasserarm war (Keil, Marti). Joel wird bei seinem geringen Eigeninteresse am Kult wohl kaum daran gedacht haben, daß die Akazie für die Herstellung von Kultobjekten wichtig war (Ex 25 10. 23f. 26 15 27 1 30 1; so Kapelrud, Bič.). So hat denn die sonst nicht nachweisbare, eigenwillige Bezeichnung „Akaziental" vor allem den Rang einer apokalyptischen Chiffre (vgl. o.S. 92 zu „Ebene Josaphat" 4 2), die die Wundermacht fruchtbaren Lebens signalisiert, die von der Residenz des Gottes Israels ausgeht.

Die andere Folge des Wohnens Jahwes inmitten Israels ist die politische Freiheit der Judasöhne von den Erbfeinden Ägypten und Edom. So konkretisiert der Nachtrag, was 4 1–3. 9–14 allgemein über „die Völker" ausgeführt hatte. Im Unterschied zu dem durch aktuelle Konstellationen ausgelösten Nachtrag 4 4–8 (s.o.S. 93) wird hier vornehmlich prophetische Tradition die Wahl der Namen bestimmt haben. Ägypten ist zwar seit Israels Frühzeit Erzfeind des Gottesvolkes (Ex 1 15ff. vgl. 1 Kö 14 25f. 2 Kö 23 29 und BK XIV/1, 187f.) und Edom seit dem Fall Jerusalems im Jahre 587 (Ob 10–14 Thr 4 21 Ps 137 7 Mal 1 3f.), für Joel aber ist maßgebend, daß beide in den Jahwe-Tag-Ansagen der Propheten vornehmlich erwähnt werden (s.o.S. 38f. vgl. Ez 30 3ff. Jer 46 2ff. 10! Jes 34 6ff. 8!); hier spielt denn auch das Stichwort שממה eine hervorragende Rolle: Zeph 1 13 2 4. 9. 13; am häufigsten verwendet es Ezechiel (mehr als

20 mal), besonders im Blick auf Ägypten in 29 10. 12 32 15 und im Blick auf Edom in 35 3. 4. 7. 9. 14. 15. Auch die Schuldangabe ist von der Tradition bestimmt: Zu חמס מ vgl. Ob 10. So ist auch dieses Stück des Nachtrags viel stärker von überlieferten Prophetenworten als von gegenwärtiger Not geprägt; Joel will noch einmal ergänzend sagen: kein Prophetenwort über den kommenden Jahwe-Tag fällt hin. Es besteht also keine Notwendigkeit, wegen einer möglichen aktuellen Bezugnahme auf Ptolemäus Soter (Treves, s.o.S. 99 zu 4 17) das Wort in ptolemäischer Zeit anzusetzen, zumal ähnliche Bezüge zu Edom schwerlich aufzuweisen sind. Das Suffix in בארצם ist syntaktisch korrekt auf die Judäer zu beziehen und wird dann besonders von Edoms Verhalten gegen Juda nach Ob 9–14 verständlich; zu Ägypten könnte man an 1 Kö 14 25f. 2 Kö 23 29 denken.

4 20.21b   Die Bestrafung der Erzfeinde Ägypten und Edom hat zum Ziel, daß Juda und Jerusalem einer ungestörten Zukunft entgegensehen. ישב meint hier das freie, fast herrscherliche (vgl. WSchmidt: ZAW Beih 80, ²1966, 81f.) Wohnen des Gottesvolkes, das dem Residieren Jahwes (21 b) entspricht; vgl. zum Sprachgebrauch vor allem Sach 12 6 Jer 17 25, im Gegensatz zu den unbewohnbar gemachten Städten und Landstrichen Jes 13 20 Sach 9 5; vgl. als Kontrastwort לשממה in 19. Wo Jahwe nach allem Kampf seine Wohnung genommen hat, da findet auch sein Volk eine unverlierbare Heimat; aber eben erst am künftigen Tage Jahwes, zu dem der Weg durch die große Krise führt.

21a   21a knüpft an die Stichworte von 19b an. Die Gottesrede fällt aus dem Rahmen. Die Glosse will eine letzte theologische Klärung herbeiführen. War zuvor (1 4–2 11) Jerusalem der Tag Jahwes als Gericht angesagt, so war das Gottesvolk damit eben „nicht straffrei erklärt"; die eingetretene Wendung aber, die Ägypten und Edom für ihre Schuld gegen Juda straft, zeigt, daß nun die Judasöhne von ihrem Gott „als straffrei erklärt" sind. Ähnliche theologische Gedankengänge finden sich im übrigen Joelbuch nicht. Sie gehen kaum auf Joel selbst zurück.

Ziel   Erst dieses letzte Joel-Kapitel entfaltet das Thema „Gottesvolk und Völkerwelt" unverhüllt. Es klang wohl schon seit dem ersten Kapitel an (vgl. 1 6), da es ja unlöslich zur Botschaft vom Tage Jahwes (1 15) gehört; in 2 1–11 war das Fremdvölkerheer als Gerichtsinstrument Jahwes chiffriert angedroht; 2 20 brachte, ebenfalls noch chiffriert, die erste Voranzeige der großen Wende, die schon in 3 5 vorausgesetzt war. Erst jetzt aber wird deutlich, wodurch Jerusalem zum Bergungsort der Entronnenen inmitten einer vergehenden Welt erhoben wird. Denn „Juda und Jerusalem" sind Haftort des Themas auch dieses Kapitels (vgl. die entscheidenden Eck-Aussagen in 1. 16f. 20f.), und zwar als Volk und Eigentum Jahwes, des Gottes Israels (2f. 16f.).

Damit ist gesagt, daß das Thema „Israel und die Völker" grundsätzlich in Konsequenz des Themas „Israel und sein Gott" abgehandelt wird. Formal zeigt sich das im Durchhalten der Gottesrede im Hauptstrang (s.o.S.88), sachlich darin, daß Jahwe vornehmlich sein eigenes Handeln als Schicksalswende Judas und Jerusalems ankündigt (1f. 11. 12. 16); unübersehbar wird diese Blickwendung auf Jahwe, indem die Erkenntnisformel (17) den eigentlichen Zielpunkt des Kapitels als Schlußteil eines groß ausgebauten zweistufigen Erweiswortes markiert (s.o.S.98f.): Jahwe wird als Israels Gott von seinem Volk dann erst endgültig erkannt. So schließt auch noch der Nachtrag mit der Wiederholung der Aussage von Jahwes Wohnen auf dem Zion (21b). Das ist also der Grundton: Jahwe handelt als Israels Gott, indem er die Völkerwelt richtet. Sein persönliches Kommen und Handeln (11. 12. 14. 16) hängt unlöslich mit der in Vorstellungen des alten Jahwekrieges wurzelnden Thematik des „Tages Jahwes" zusammen (vgl. v Rad TheolAT II⁵, 129f.), wird aber hier, im kritischen Gespräch mit der theokratischen Theologie priesterlicher Kreise (s.o.S.99), weitergeführt zur Ansage des künftigen persönlichen Wohnens Jahwes auf dem Zion inmitten seines Volkes (17. 21). So werden die Aussagen von 2 27b 3 1f. 5 entfaltet.

Als Israels Gott erweist sich Jahwe an seinem Tage durch sein Strafgericht an allen Bedrängern seines Volkes. Dazu gehören grundsätzlich „alle Völker" (2. 9. 12). Die Nachträge heben gegenwärtige Feinde (4–8) und Erbfeinde (19) besonders heraus. Sie unterstreichen, daß schon der alte Hauptstrang des Kapitels die Weltvölker eben wegen ihrer Vergehen an Israel (2f. 13) in ihr Ende hineingestoßen sieht. Wenn Israel also unter Joels Botschaft das Handeln seines Gottes erwartet, so sieht es sich nur noch von einer Welt umzingelt, die schon dem Vergehen ausgeliefert wird. In katastrophalen Tumulten und Aufmärschen (9–14) setzt sich Jahwe als Führer und Richter durch.

Inmitten der untergehenden Völkerwelt wird Israel seine neue, bleibende Zukunft im Bereich des Zion bereitet. Dort ist Jahwe selbst „Zufluchtsort" und unangreifbare „Feste" (16b). Seine Stadt ist das unantastbare „Heiligtum" (17b). Jahwes Niederlassung auf dem Zion wird sich auf den ganzen Stadtbereich als Schutz auswirken (16f. 20f.) – und als Quellort fruchtbaren Lebens für die weitere Umgebung, fügt 18 hinzu. Nur in diesem Zusammenhang ist im Joelbuch noch einmal vom „Hause Jahwes" (18b) die Rede, aber nie mehr wird es als Kultort zum Opfer und Gebet erwähnt wie in 1 9. 13f. 16 2 17; vielmehr bezeichnet es den Ursprung neuen Lebens, den es als Jahwes Niederlassung nach Ez 47 darstellt.

So weckt Joel in diesem letzten Kapitel die Hoffnung eines späten, im Kultus müde gewordenen Israels auf ein Eingreifen seines Gottes in das Gefüge der Völkerwelt zur völligen Erneuerung Jerusalems; damit wird sich ältere prophetische Verkündigung erfüllen.

Wartet Israel unter diesem Joelwort, so ist es gefragt, ob es die Grundverheißung des Kapitels vom persönlichen Kommen und Handeln seines Gottes und von seiner Niederlassung auf dem Zion im Ereignis des Geschickes Jesu und in dem Geistwirken der Christusbotschaft in die Geschichte eintreten sieht. Wenn das Neue Testament es so bezeugt, dann ehrt es in gleicher Weise jene Freiheit Gottes, in der Joel im Heuschreckeneinfall seiner Tage das gültige Vorzeichen des von der Prophetie angekündigten Tages Jahwes sah. Israel sollte sich nicht daran ärgern, daß in dem Kommen Gottes in Jesus von Nazareth nicht die Völker ins Gericht gestoßen werden, sondern er selbst die Schuld sowohl Israels als auch der Völker trägt, daß also die Bemerkung von 21a die Bedränger Israels jetzt zunächst einschließt und eine Gemeinde aus aller Welt um den Zion schart.[1]

Um den Zion – d.h. im Licht der neutestamentlichen Geschichte: um das in Jerusalem besiegelte Geschick Jesu, um seinen Tod als Bürgschaft der Barmherzigkeit Gottes und um seine Auferstehung als Unterpfand des neuen, ewigen Lebens. Die Erfüllung übertrifft die Verheißung weit. Andererseits fällt das Licht der Verheißung über die eingetretene Erfüllung hinaus. Denn in der gegenwärtigen Gemeinschaft mit Christus ist Geborgenheit und Segen noch weithin unter Anfechtungen und Entbehrungen verborgen. Gewiß kann Joel uns das Auge öffnen für vieles, was unter dem Wirken des lebendigen Christus im Einzelleben und in der Völkerwelt an segensreichen Veränderungen eingetreten ist, aber auf die ganz neue Welt, die dem unantastbaren Heiligtum Jerusalem von 16f. und der Lebensfülle, die vom Tempelquell ausgeht (18), entspricht, wartet das neutestamentliche Volk Gottes mit dem alten als auf ein künftiges Ereignis, das die Maße der alten Erwartung übersteigt (vgl. Apk 22 1ff.).

Zum Kommenden gehört für das Neue Testament aber auch, daß noch einmal die scharfe Sichel durch die Welt gehen wird. Das Gleichnis Jesu (Mk 4 29) wie die Apokalypse Johannis (14 14f. 18. 20 19 15) nehmen das Joelwort von der Sichel auf (13), die in die Ernte der Völkerwelt entboten wird. Der kommende Christus selbst wird sie führen. Es ist uns, sofern wir uns seiner Barmherzigkeit als der neuen Lebensordnung entziehen, zur Warnung gesagt, allen aber, die in einer widrigen Welt nur von dieser Barmherzigkeit leben können, wie einst Israel zur Stärkung: das Gottesvolk ist nur noch von sinkenden Gegnern umzingelt.

[1] Vgl. Luther zu Joel 4,2: „omnia refert ad diem evangelii, non extremi iudicii" (WA 13,83) und in der Vorrede zum Joelbuch: „Welchs auch die alten Veter vom Jungsten gericht verstehen, Ich aber solchen verstand nicht verdamme, Halt aber dennoch, das Joels meinung sey, gleich, wie er das ewige Jerusalem, die Christliche Kirche heisst, also heisse er auch die selbige, das tal Josaphat, Darumb, das alle welt zur Christlichen Kirche, durchs wort gefoddert, vnd jnn der selbigen gerichtet, vnd durch die predigt gestrafft wird" (WA DB 11/II, 212); vgl. GKrause, Studien zu Luthers Auslegung der Kleinen Propheten: BHTh 33 (1962) 323.

DER PROPHET AMOS

EINLEITUNG

§ 1. DIE ZEIT

Daß Amos während der Regierung Jerobeams II. (787/6–747/6) in Israel auftrat, wird durch die Mitteilung belegt, er habe diesem König den Tod durch das Schwert angekündigt und der Priester Amazja in Bethel habe Jerobeam diese Bedrohung melden lassen (7 10f.). Der deuteronomistische Redaktor des Buchtitels nahm diese „Datierung" auf und ergänzte sie durch den Namen des im gleichen Jahre wie Jerobeam inthronisierten judäischen Königs Ussia (1 1b). Da Ussia an Aussatz schwer erkrankte, übernahm schon im Jahre 757/6 sein Sohn Jotham die Regierungsgeschäfte. In Hos 1 1 wird dieser Mitregent erwähnt. Daß er in Am 1 1 nicht genannt wird, wirft die Frage auf, ob das letzte Jahrzehnt Jerobeams II. für das Auftreten des Amos überhaupt noch in Betracht kommt. Sie ist von anderen Beobachtungen her zu verneinen.

Amos erinnert an militärische Erfolge, mit denen Jerobeam II. die Siege seines Vaters Joas (802/1–787/6) vollendete (2 Kö 13 24f. 14 25. 28). Unsicher ist, ob der Prophet in 6 1 Truppenführer vor Augen hat, die mit der Eroberung Jerusalems prahlten; sie fiel noch in Joas' Tage (2 Kö 14 13f.; s.u. zu 6 1). 6 13 bezieht sich auf ostjordanische Eroberungen und damit auf jene Gebietserweiterung Israels unter Jerobeam II., die 2 Kö 14 25 mit einer Verheißung des Propheten Jona verknüpft ist, auf die wiederum Am 6 14b anzuspielen scheint.

Diese Erfolge unter Joas und in der Frühzeit seines Sohnes Jerobeam waren nicht ohne den Wandel der weltpolitischen Lage denkbar. Hatte Israel im letzten Drittel des 9. Jh. unter kraftvollen Vorstößen des Aramäerreiches zu leiden gehabt (2 Kö 13 7 10 32f.), so wurde dessen Macht durch Adadnirari III. von Assur (806–783) seit der Unterwerfung der Hauptstadt Damaskus um 800 für die ersten beiden Jahrzehnte des 8. Jh. gefesselt (s.u.S. 182). Dadurch wurde Israels Ausdehnung ermöglicht.

Jedoch gruppierten sich nach Adadniraris III. Tod die Machtverhältnisse abermals um. Das Reich von Urartu gewann unter Argišti I. und Sardur III. (810–743) die Vormachtstellung und band Assur derart, daß nun die Aramäer wieder freie Hand bekamen. Die in Am 1 3 erwähnten Vorstöße der Damaszener in das israelitische Gilead, unterstützt von entsprechenden Kämpfen der Ammoniter (1 13), gehören wahrscheinlich in die Jahrzehnte der Übermacht Urartus. Wie Israel während der Bindung Arams durch Assur innerhalb von zwei Jahrzehnten erstarken konnte, so konnte sich in den beiden folgenden Jahrzehnten auch das Aramäerreich während der Bindung Assurs durch Urartu erholen. Die Anspielungen auf feindliche Aktionen im Ostjordanland in 13.13, die schlecht zu der Frühzeit Jerobeams II. passen, aber noch weniger wahrscheinlich ins 9.Jh. zurückzeigen, lassen sich gut aus der Zeit um 760 verstehen (s.u.S.183f.).

Diese Datierung wird durch den archäologischen Befund bestätigt, der ein Erdbeben bezeugt (s.u.S.155), das mit dem in 11 erwähnten („zwei Jahre vor dem Erdbeben") identisch sein dürfte. Vielleicht spielt auch 89 auf die berühmte Sonnenfinsternis des Jahres 763 an (s.u. z.St.).

Für die Zeit um 760 ist es zu begreifen, daß Amos niemals Assur erwähnt (s.u. zu 39). Die angekündigten Deportationen großen Stils 15 55.27 67 711.17 sind schon von den Urartäern her bekannt (s.u.S.184). Bezeichnend ist es für Amos' Horizont, daß er die Zwangsverschleppungen geographisch an Örtlichkeiten des Aramäerreiches orientiert (43 527).

Nach den kriegerischen Erfolgen der Frühzeit Jerobeams trat jene wirtschaftliche Hochkonjunktur ein, die viele Amosworte voraussetzen. Der Handel wird überaus rege (85a) und der Verkehr international (39). Betrug steigert die Gewinne (85b). Die Bautätigkeit floriert (315). Die Häuser werden zahlreicher und solider denn je in Israel (315b 511 68), ihre Innenausstattung prunkvoll (310.12b.15b 64a). Der Weinbau und die Viehzucht werden für hohe Ansprüche gepflegt (511b 64b), denn die Genußsucht rauschender Feste will befriedigt werden (41 64.6). Neue Musik kommt auf (65). Unzucht gewinnt Raum (27b). Der Kult nimmt an der wirtschaftlichen Blüte teil; die Opfergaben wachsen (44f. 521f.); die Feiertage begeht man mit wogendem Gesang und Instrumentalmusik (523).

Die Kehrseite dieser Entwicklung ist der soziale Umbruch. Reiche werden reicher, und Arme werden ärmer. Solcher Frühkapitalismus enteignet schnell die kleineren Grundbesitzer. Das altisraelitische Bodenrecht wird von der kanaanäischen Praxis überflügelt. Die Schuldsklaverei nimmt schlimme Formen an (26 86). Die sozial Schwachen werden ausgebeutet (27a 41 84). Ihr Recht wird ihnen durch Einschüchterung der Zeugen und durch Bestechung der Richter geraubt (27aβ 510.12).

So wachsen im Windschatten der Weltpolitik nach den großen außenpolitischen Erfolgen Jerobeams II. Luxus und Unrecht zugleich im Übermaß; im Osten leben wieder erste Grenzkrisen auf. Das ist die Zeit des Amos um 760.

§ 2. DER MENSCH

Wann er geboren wurde und wann er starb, wissen wir nicht. Wie alt er zur Zeit seines Auftretens um 760 vor Christus war, bleibt uns verborgen. Weit hatte er sich in der Welt umgehört (1 3–8. 13–2 3 3 9 [6 2] 9 7). Sein Urteil über Israel war begründet und abgeschlossen (2 6–9 5 18–24 7 11. 16f.). Seine Sprache nahm gelegentlich eine Schärfe und Kühnheit an, die jugendlich wirkt (4 1 5 5 6 12). Mehr geben uns seine Sprüche nicht zu erkennen.

Auch die Frage, wie lange er als Prophet in Israel wirkte, ist schwer zu beantworten. Ganz unwahrscheinlich ist die Meinung, er habe eine einzige Rede bei einem einmaligen Auftreten in Bethel gehalten, die nur 20–30 Minuten gedauert habe (JMorgenstern). Zu deutlich heben sich kurze, in sich geschlossene Sprucheinheiten voneinander ab; auch werden mindestens einige davon besser verständlich, wenn man annimmt, daß sie in Samaria verkündet wurden (3 9 4 1 6 1). Daß Amos ebenfalls im Betheler Heiligtum seine Stimme erhob, bestreitet nach 7 10–17 niemand.

So wird er an mindestens zwei, vielleicht drei Orten des Nordreichs Unruhe gestiftet haben; denn nach 5 5 (vgl. 4 4) ist nicht ausgeschlossen, daß er auch nach Gilgal kam. Doch daraus kann nun auch nicht geschlossen werden, daß er längere Jahre als Prophet gewirkt habe. Die geringen Anspielungen auf geschichtliche Ereignisse (s.o. § 1) erlauben es nicht, wie bei Hosea, Jesaja und Jeremia verschiedene Phasen seiner Verkündigung zu unterscheiden. Doch an einige Wochen oder Monate wird man denken müssen, nicht nur wegen der Wandertätigkeit, sondern auch, weil zwei unterscheidbare literarische Sammlungen darauf zurückweisen: „die Worte von Amos aus Thekoa" in Kap. 3–6 und die Zyklenniederschrift in Kap. 1–2 und 7–9 (s.u. § 5). Die frühe Redaktion, die in der älteren Schicht des Buchtitels beide Sammlungen verbindet, will sehr wahrscheinlich die Gesamtwirksamkeit des Amos „zwei Jahre vor dem Erdbeben" datieren; das bedeutet, daß sie weniger als ein Jahr dauerte (s.u.S. 155).

Solchem verhältnismäßig kurzfristigen, vorübergehenden Auftreten entspricht es, daß er nicht von Haus aus zum Nordreich gehörte, sondern als Judäer (s.u. zu 7 12) aus Thekoa kam (zur Ortslage s.u.S. 153); außerdem lehnte er es ab, als Berufsprophet angesprochen zu werden, da er von Viehzucht und Maulbeerfeigenpflege lebte (s.u. zu 7 14). Als Schafzüchter, der von einem untergeordneten Hirten wohl zu unterscheiden ist, wird er nicht gerade arm gewesen sein (s.u.S.154). Sein Horizont ist weder der eines kleinen Mannes noch der eines Kultbeamten, der in den Grenzen eines Heiligtums aus Traditionen lebt. Wenn nicht schon die Schafzucht ihn zum Verkauf von Tieren und Wolle in Städte und auf Oasenmärkte geführt hätte, so forderte mindestens die Pflege der Sykomoren weite Wanderwege; denn sie gedeihen nicht auf den Höhen um Thekoa, sondern nur am Toten Meer und am Mittelmeer. So wurde er ein weitblickender, gebildeter Israelit. Ihm war im Kreise der Sippen-ältesten im Tor die Unterweisung Altisraels in der Form der Sippenweis-heit zugewachsen (s.u. § 3); vielleicht wurde sie in Thekoa noch lebendi-ger als anderwärts gepflegt (s.u.S.154). Er hatte dazu von seinen Reisen ein reiches Wissen über Ereignisse in den Nachbarvölkern heimgebracht (1 3–8. 13–2 3 3 9 [3 2] 9 7). So mag er auch die besonderen Mißstände im Nordreich, vornehmlich in Samaria und Bethel, erfahren haben. Doch weder die Kenntnis israelitischer Weisheit noch die Aufregung über ge-schehendes Unrecht haben ihn veranlaßt, in Hauptstädten Israels durch sein Wort einzugreifen.

Der Eingriff Jahwes war es, der ihn vorübergehend seinem ver-trauten Lebenskreis entriß und der ihn das Schweigen des Weisen zur bösen Zeit [5 13] brechen ließ. Wo immer er den Grund seines propheti-schen Auftretens zu erkennen gibt, weist er ausschließlich auf Jahwes unwiderstehliches Andringen hin. Besonders die drei Stücke, die uns di-rekten Einblick in jene einmalige Wende seines Lebens gewähren, lehnen es ausdrücklich ab, seine Sprüche aus einem überkommenen Amt oder aus der Tradition erklären zu wollen. Dem Priester Amazja sagt er in Bethel, daß nur Jahwes Zugriff und Anruf ihn hinter der Herde wegnahm (7 15). Wer sein Auftreten auf dreiste Willkür zurückführt, den fragt er, ob denn der Schrecken beim plötzlichen Aufbrüllen eines Löwen Willkür sei; unwiderstehlich hat ihn Jahwes Reden zum Verkündigen gezwungen (3 8). Im Visionenzyklus legt er ausführlich dar, wie Jahwe ihm die nie zuvor gehörte Botschaft vom jetzt eintretenden Ende Israels aufgenötigt hat (7 1–8 8 1–2 9 1–4). Was so dreifach expliziert ist, wird von der Struk-tur der Einzelsprüche bestätigt: als Jahwes Wort wird die Strafankündi-gung und nicht die Anklage eingeführt (s.u.S. 109ff.). Nicht weil altes Got-teswort übertreten ist, verkündet Amos jetzt in der Konsequenz recht-lichen Denkens das Gericht; sondern weil Jahwe ihm unausweichlich ge-boten hat, sein Gericht zu verkünden, deckt Amos auch die Schuld Isra-els als dessen Grund auf.

Diese überraschende Nötigung zur Strafandrohung durch Jahwe ist Amos selbst das einzig Wichtige, was er aus seinem Leben den Zeitgenos-sen und der Nachwelt in fast jedem seiner Sprüche direkt oder indirekt mitteilt. Dem ist untergeordnet, daß seine Sprache uns die weisheitliche Bildung eines Israeliten mit internationalem Horizont verrät. Daß uns sein Heimatort Thekoa und sein Beruf überliefert sind, macht beides ver-ständlicher. Alles dies aber wissen wir nur deshalb, weil er mindestens einige Wochen, aber kaum länger als eine Reihe von Monaten in Samaria und Bethel, vielleicht noch an dem einen oder anderen Ort Israels, als Bote Jahwes auftrat. Vgl. den Exkurs zu 7 14f.

§ 3. DIE SPRACHE

Mehr als zwei Dutzend kurze Einzelsprüche gibt die literarische Überlieferung kaum zu erkennen. Umso mehr überrascht der Reichtum der
Redeformen, den der Prophet selbst entfaltet hat. Wir handeln hier nur
von der dem Amos eigenen Sprache; die der Tradenten und Ergänzer beschäftigt uns in § 5.

Zunächst sind drei Grundtypen deutlich zu unterscheiden: (1.)
die Botenrede, die streng an den Auftrag Jahwes gebunden ist und
grundsätzlich das göttliche Ich zur Sprache bringt. Deutlich davon abgesetzt ist (2.) die freie Zeugenrede, die vom Kontakt mit dem Hörer bestimmt ist und grundsätzlich Jahwe in dritter Person einführt. Die freie
Zeugenrede kann im Einzelfall zu der auftragsgebundenen Botenrede
hinführen; ebenso können innerhalb der Rahmenformeln des Botenspruchs Stilelemente der freien Zeugenrede auftreten. Der 3. Grundtyp ist
der des Visionsberichts, von dem nicht sicher zu sagen ist, ob er ursprünglich rhetorisch oder literarisch ist. Schließlich wird (4.) eine
Reihe von eigentümlichen Sprachelementen zu untersuchen sein.
Dann können wir (5.) die Kompositionsformen darstellen und damit (6.) Einblicke in die Gestaltungskräfte der Sprache des Amos
überhaupt gewinnen.

1. Die auftragsgebundene Botenrede. Wenn in der Botenrede
Jahwe vorkommt, so bringt er sich selbst immer in erster Person
zur Sprache. Das ist ein verläßliches, aber nicht überall auftretendes
Merkmal. Das andere ist eine Rahmenformel, mit der der Bote Jahwe
als das sprechende Ich bekanntgibt. Sie ist unentbehrlich, aber verän-
derlich.

a) Die Botenformel, die der diplomatischen Verkehrssprache entstammt (vgl. 7 11), verwendet Amos am häufigsten. Zu ihrer Vorgeschichte und zur Verwendung im Amosbuch s.u.S. 165f. Elf seiner Sprüche bringen die einleitende Botenformel „So hat Jahwe gesagt" (כה אמר יהוה
1 3. 6. 13 2 1. 6 3 11. 12 5 3. 4. 16 7 17), davon fünf zugleich die entsprechende
Abschlußformel „... hat Jahwe gesagt" (אמר יהוה 1 5. 8. 15 2 3 5 17); die
Schlußformel allein – ohne voraufgehende einleitende Botenformel – erscheint noch in 5 27 7 3. 6. Nur in zwei dieser elf Sprüche wird der Betroffene angesprochen (5 4f. 7 17), sonst erscheint er immer in dritter Person. Siebenmal wird die Botenformel dem ganzen Spruch vorgeordnet,
viermal nur der Strafankündigung (3 11 5 3. 16 7 17), niemals nur der
Strafbegründung; ebenso ist die Schlußformel nur der Ansage von Jahwes künftigem Tun, nie aber einer Anklage, Scheltrede oder Strafbegründung zugeordnet. Daraus geht eindeutig hervor, daß der eigentliche
Kern der Botenrede in der Gerichtsankündigung zu suchen ist.

b) Die Gottesspruchformel („Spruch Jahwes": נאם יהוה) geht im

Amosbuch nur in wenigen Fällen mit größerer Wahrscheinlichkeit auf Amos selbst oder die ältesten Tradenten zurück (2 16 3 15 4 3. 5 [6 14?] 9 7a; s.u.S.174); sie steht dann immer am Ende eines Spruches, um ihn in solenner Weise als Jahwerede auszuzeichnen. Sie tritt an die Stelle des alltäglicher klingenden אמר יהוה (vgl. 2 16 mit 1 5. 8. 15 2 3 und 4 3. 5 mit 5 17. 27).

c) Die Schwurformel נשבע יהוה ב steigert zur Einführung der Gottesrede die gewöhnliche Botenformel ebenso, wie es am Schluß die Ablösung des אמר יהוה durch נאם יהוה tut. Ihre Funktion ist der der Botenformel verwandt. Denn zweimal leitet sie nach voraufgehender Anklage nur die Gerichtsankündigung als Gottesspruch ein (4 2 8 7), ein drittes Mal (6 8) eröffnet sie einen Spruch, in dem ähnlich wie in 1 3. 6. 13 2 1. 6 Strafansage und Begründung miteinander verschlungen sind. Auch die Schwurformel hebt also wesentlich die Gerichtsbotschaft als Jahwes Wort heraus und unterstreicht schon als solche, daß sie unbezweifelbar gewiß ist. Vgl. weiter zu 4 2!

d) Die Proklamationsformel (s. BK XIV/1, 82), die zum Hören auffordert (שמע[ו]), führt zwar nicht notwendig (5 1) und nicht immer unmittelbar (4 1 8 4) ein Jahwewort ein, kann aber leicht zu diesem Zweck umgestaltet (7 16) oder erweitert werden (3 1a). Daß der Aufruf zum Hören weniger streng an das Gerichtswort Jahwes gebunden ist als die Botenformel, zeigt 7 16f., da die Proklamationsformel den ganzen Spruch (mit Strafbegründung) eröffnet, die Botenformel jedoch nur die Strafankündigung (17). Wo die Aufforderung zum Hören unmittelbar ein Jahwewort einleitet, wird auch in der folgenden Jahwerede der Betroffene angeredet. Vgl. weiter die Ausführungen zu 3 1a!

Insgesamt ergibt sich, daß das Amosbuch rund 20 alte Amossprüche als Botenrede formuliert; bei den Gottesspruchformeln sowie in 7 16 und 8 7 kann nicht mehr sicher unterschieden werden, was auf Amos und was auf die literarische Tradition zurückgeht; s.u.S. 131f. Etwa die Hälfte der Jahwesprüche wird mit der Botenformel eröffnet. Alle Formen dieses Grundtyps der Botenrede entsprechen dem Selbstzeugnis des Propheten, von Jahwe selbst unwiderstehlich zur Verkündigung seines Wortes genötigt worden zu sein (3 8 7 15). Vgl. weiter zu 9 9f.!

2. Die freie Zeugenrede. Ihr erstes Kennzeichen ist das Fehlen aller Rahmenformeln, die Jahwe als Sprecher nennen. Innerhalb der Sprüche ist von Jahwe nur in dritter Person die Rede. Solche freie Prophetenrede erscheint als Hinführung zu einem Jahwespruch oder als selbständige Einheit.

a) Prophetische Hinführung zum Jahwewort. In ihrer knappsten Form lernten wir sie schon mit der prophetischen Proklamationsformel in 3 1a kennen: „Hört dieses Wort!" So weckt der Prophet das Ohr für das folgende Jahwewort. Dieser Appell kehrt wörtlich in 4 1 und 5 1

wieder. Beide Sprüche zeigen, daß er nicht sofort zum Jahwewort hinführen muß. In 4 1 folgt vielmehr eine ausführliche Charakteristik der Angesprochenen, deren Verbrechen aufgereiht werden. Danach erst ergeht,
mit gesonderter Einführung durch die Schwurformel, das Jahwewort.
Vgl. 8 4–6 und 7. In 5 1 wird noch deutlicher, daß der Aufruf zunächst das
Gehör für das eigene Wort des Propheten herausfordert („Hört dieses
Wort, das ich anhebe ...!"); es handelt sich um die Totenklage von 2. Sie
findet ihre Begründung im nachfolgenden Jahwewort (3). Diese Verbindung der Proklamationsformel mit dem eigenen prophetischen Wort entspricht einer einfachen Form der Lehreröffnung durch den Weisheitslehrer (s.u. zu 3 1 und BK XIV/1, 122f.).

Verwandt ist der Aufruf, der mit dem Hören das Bezeugen befiehlt
(3 13a), oder jener andere, der gebietet, die Zeugen heranzurufen,
um die Schuld derer festzustellen (3 9f. cj.), denen dann im Botenwort
Jahwes Strafe angesagt wird. Hier wird, wie schließlich auch in 6 13, die
göttliche Gerichtsansage zuvor durch die freie prophetische Anrede und
Schuldaufdeckung begründet. Nur in 5 1f. verdeutlicht das Prophetenwort das in der Botenrede verkündete Unheil. In allen anderen Fällen
(3 9f. cj. 12b. 13a 4 1 6 13) führt der Prophet als Zeuge des Unrechts zur
Strafansage der Botenrede hin. Das Memorabile 7 10–17 führt vor, wie die
Verkündigung des Botenspruches (17) durch freie prophetische Disputation vorbereitet wird und ihren Höhepunkt und Abschluß bildet; was
rhetorisch am Ende steht, ist geistiger Motor des Ganzen. In 14a wird
ausdrücklich Amos als selbständiger Gesprächspartner des Priesters
Amazja eingeführt. Er spricht zunächst dreifach von sich selbst in erster
Person (14aβ.γ b) und dann ebenso dreifach betont von Jahwe in dritter
Person (15a.b 16a). Zweck der prophetischen Auseinandersetzung ist der
Bericht über seinen Auftrag zur Verkündigung, dessen Bestreitung (16b)
die Strafansage Jahwes im Botenstil begründet (17).

b) Didaktische Fragen. Die Disputation über den Auftrag des
Propheten kann auch in einer selbständigen Spruchreihe erscheinen:
3 3–6. 8. Eine Kette von Fragen wird aufgereiht. Jede einzelne ist so formuliert, daß ein unlöslicher Zusammenhang von Ursache und Folge
nicht bestritten werden kann. Damit wird der Hörer überführt, auch das
Unheil als Folge von Jahwes Tun (6b) und die Wirksamkeit des Propheten
als Folge von Jahwes Reden (8b) anzuerkennen. Solche Disputation, die
über Jahwe in dritter Person spricht, erwächst im Unterschied zur Botenrede aus der Bestreitung der prophetischen Verkündigung und ihres
Anspruchs, Botenwort Jahwes zu sein. Frageform, Reihenbildung und die
Weise des Analogieschlusses entsprechen weisheitlicher Lehr- und Streit-
rede (s.u. z.St.).

In 5 20a 6 [2] 12 leiten Doppelfragen zur Selbstbeurteilung an. Dabei
haben eine Verfolgungsszene (5 19) und ausgeklügelte Fragen zum Tier-

111

leben, die als Lächerlichkeiten abzuweisen sind (6 12), eine mit bitterer Ironie gewürzte Überführungskraft. (Hingegen ist der Vergleich geschichtlicher Mächte [6 2] vom Ernst weisheitlichen Forschens getragen). Ähnliche Vergleichsfragen sind in 9 7a.b in den Stil der Botenrede eingedrungen.

Nicht zufällig zeigen die didaktischen Fragen häufig den Anredestil (6 [2.] 12 9 7a). Aber auch da, wo er fehlt, beweisen sie mit der Reihenbildung eine fast stürmisch disputierende Leidenschaft, die die Hörer keinesfalls aus der Pflicht zur eigenen Antwort entlassen möchte. Stilistisch zeigen die didaktischen Fragen am lebhaftesten die Andringlichkeit des Propheten, die auch schon in den Hinführungen zum Jahwewort zu erkennen war. Vgl. weiter die Ausführungen zu 9 7!

c) Die Weherufe haben demgegenüber von Haus aus zunächst einen objektiv belehrenden Sinn. Denn in der Erziehung dienen sie als Gegenstücke zu den Heilrufen der Unterweisung, die Abwege erkennen lehrt. In der Sippenpädagogik gehören sie eher zum Stil des katechetischen Elementarunterrichts, während die didaktischen Fragen zur eigenen Urteilsbildung und zum Vergleichen auch schwierigerer Phänomene anleiten. Mit den Lehrfragen haben die Weherufe aber die Neigung zur Reihenbildung gemein.

Das zeigt Amos mit dem größten Beispiel dieser Gattung 6 1. 3–6; daneben steht als zweites Beispiel 5 18–20 und vielleicht ein im Anfang verstümmeltes in 5 7. 10.

Kennzeichnendes Merkmal der Weherufe ist neben der Neigung zur Reihenbildung vor allem, daß dem הוי stets ein pluralisches Partizip folgt. Eine Anrede gibt es in der Regel nicht. Vielmehr werden allgemein bestimmte Taten unter das Wehe gerückt. Es bedeutet schon Stilbruch, wenn Amos im Einzelfall (5 18b) mit einer angeschlossenen Frage zur Anrede übergeht. Wo eine reguläre Reihe dem einleitenden Weheruf folgt, werden die weiteren Taten im Wechsel von Partizipien und finiten Verben formuliert (6 1. 3–6). Zur Eigenart der prophetischen Abwandlung des Weherufs gehört der Abschluß mit einer expliziten Strafansage (6 7; vgl. 5 [l l]19f.).Vgl. den Exkurs zu 5 7! – Zu den Disputationen in 3 12 4 4f. und 6 12 s.u.S. 118f.

Insgesamt liegt die Zahl der Sprüche in freier Zeugenrede weit unter der der Botensprüche. Neben den etwa sechs Prophetenworten, die nur die Jahwerede vorbereiten, also wesentlich den Botensprüchen zugeordnet sind (a), finden sich nur vier selbständige Streitworte im didaktischen Fragestil (b) und zwei, höchstens drei Weherufe (c). Aber eben diese Stücke zeigen die Freiheit und Kühnheit eigenen prophetischen Einsatzes und den Formenreichtum der Sprache. Kein Wunder, daß hier der erste Durchbruch zur literarischen Spruchüberlieferung erfolgte.

3. Die Visionsberichte 7 1–3. 4–6. 7–8 8 1–2 9 1–4 waren vielleicht

von Anfang an Literatur. Möglicherweise wurden sie einem kleineren Kreis von Anhängern mündlich anvertraut. Jedenfalls unterscheiden sie sich in ihrem Überlieferungsbestand als autobiographische Memorabilien deutlich sowohl von den Formen der Botenrede als auch von denen der freien Zeugenrede. Denn nirgendwo sonst tritt das prophetische Ich so in den Vordergrund. Nur 7 14f. wäre vergleichbar; dort ist jedoch der Selbstbericht des Amos durch die Sprache eines Dritten vermittelt und führt zudem in der Diskussion mit einem prominenten Hörer auf dessen direkte Anrede hin (7 16f.). In den Visionsberichten dagegen treten andere Adressaten im gleichen Maße zurück, wie das prophetische Ich hervortritt. Wohl geht es um Israels Geschick, aber als Empfänger einer Botschaft tritt Israel nicht einmal in einer Auftragserteilung an den Propheten in die Szene ein, wie wir das aus 1 Kö 22 20–23 Jes 6 8–10 Jer 1 4–10 Ez 2 3 – 3 11 kennen. Man kann darum nicht von Berufungsvisionen sprechen. Amos bleibt einsam vor dem, was Jahwe ihm zeigt und sagt. Ihm gewährt Jahwe die Schau, ihn fragt er, ihm sagt er seinen Entscheid. Zu Jahwe schreit Amos auf, Jahwe muß er antworten. Aber kein Sendungsbefehl schickt ihn ins Volk Israel, obwohl es einziger Gesprächsgegenstand ist.

Die Form des Selbstberichts variiert dreifach. Zwar steht in allen fünf Stücken die Schau am Anfang. Doch schon in der Einführung weicht das fünfte ab. Ist in 7 1. 4. 7 8 1 Jahwe Subjekt („So hat Jahwe mich sehen lassen"), so in 9 1 Amos („Ich habe gesehen"). (Legt כֹּה הִרְאַנִי יהוה den Vergleich mit der Botenformel כה אמר יהוה nahe, so erinnert רָאִיתִי an die seltene Eröffnung einer freien Zeugenrede: „... das Wort, das i c h anhebe" 5 1). Beim zweiten Teil des Berichts gliedern sich die ersten vier Stücke paarweise. Im ersten Paar folgt der Schau die Fürbitte des Propheten (7 2aβ b. 5), im zweiten Paar die Frage Jahwes nach dem Gegenstand der Schau (7 8aα 8 2aα). Im ersten Paar beschließt schon der dritte Teil, der Entscheid Jahwes, die Berichte (7 3. 6). Im zweiten Paar folgt zunächst Amos' kurze Antwort (7 8aβ und 8 2aβ), dann das abschließende Jahwewort (7 8b 8 2b). Im fünften Bericht folgt auf den ersten Teil der Schau nur ein großes Jahwewort. Diesem zweigliedrigen Stück gehen also zwei dreigliedrige (7 1–3. 4–6) und zwei viergliedrige (7 7f. 8 1f.) Berichte voran. Die Bewegung der Berichte ereignet sich wesentlich als Gespräch, das nach der Vision im ersten Paar durch Amos' Fürsprache und im zweiten Paar durch Jahwes Frage ausgelöst wird. Wie die eigentliche Vision jeden Bericht eröffnet, so beschließt ihn immer Jahwes Wortentscheid. Die Varianten innerhalb der fünf Stücke bezeugen, daß die überlieferten Berichtsformen in ihrer Auswahl und Prägung durch singuläres Erleben beherrscht sind. Vgl. weiter die Ausführungen zu 7 1ff. Form.

Dieser dritte Typ, die lebhafte Berichtsform, macht einerseits die leidenschaftliche Sprache der freien Zeugenrede und zum andern die hervorragende Stellung unwiderruflicher Botensprüche verständlich. In beiden Spruchtypen fiel schon die Buntheit überkommener Grundstrukturen und Rahmenformeln auf. Nimmt man die Visionsberichte hinzu, so muß man mit drei Kräften rechnen, die auf Amos' Sprache eingewirkt haben: überliefertes Formengut mit seinen Grundelementen, der jeweilige Hörer und seine Situation (d.h. der neue „Sitz im Leben", den die tradierte Form gewinnt) und die unverwechselbare Individualität des Propheten, die sich selbst zu erkennen gibt als von einem unwiderstehlichen Gotteswiderfahrnis beherrscht. Daß diese dritte Kraft, die Übermacht einer umwerfend neuen Erkenntnis, die Formkräfte der Tradition und der Situation in ihren Dienst zwingt, kann weiter an der Verarbeitung verschiedenartiger Sprachelemente und an den Kompositionsformen der Sprüche einsichtig gemacht werden.

4. Eigentümliche Sprachelemente. Amos zeigt sich in seinen Sprüchen beeinflußt durch Formelemente, die in anderen Redezusammenhängen beheimatet sind und seine Boten- oder Disputationsworte unverwechselbar prägen.

a) Der gestaffelte Zahlenspruch, wie ihn die Sippenunterweisung liebt, wird zwar von ihm selbst nirgendwo vorgetragen, da er nicht als Weisheitslehrer auftritt; aber der Völkerspruchzyklus bringt im Eingang jedes Spruches die nur aus jener weisheitlichen Redeform verständliche Wendung: „wegen dreier Verbrechen ... und wegen vierer ..." (1 3. 6. 13 2 1. 6). Der nachwirkende Formzwang einer fremden Gattung ist schon deshalb unbestreitbar, weil in den vier Fremdvölkerworten nur je ein Verbrechen ausgeführt wird. In der ursprünglichen Gattung eröffnet die gestaffelte Zahlenfolge (x und x + 1) die zusammenfassende Charakteristik von x + 1 Phänomenen, deren letztem oft eine hervorragende Bedeutung zukommt. Amos setzt voraus, daß solche Zahlensprüche bestimmte Vergehen oder Verbrechen zusammenstellten. Er bringt sie aber nicht zur Belehrung, sondern zur Begründung der unwiderruflichen Strafankündigung Jahwes. Damit hat er den Mantel des Sippenlehrers gegen den des prophetischen Gerichtsboten ausgetauscht. Das zeigen die dem Zahlenspruch völlig fremde Ich-Rede Jahwes und seine unlösbare Verknüpfung mit der Strafansage. Die Anspielung auf den Zahlenspruch als auf bekannte Unterweisung nimmt den Bedrohten von vornherein die Möglichkeit, sich als unwissend zu entschuldigen. Vgl. weiter u. S. 166ff.!

b) Ein geprägter Partizipialstil fällt zunächst in der Beurteilung der Bedrohten auf. Die stets pluralischen Partizipialformen treten so häufig und zuweilen so überraschend auf, daß auch sie von vorgegebenen Formen her erklärt werden müssen, die in die Sprache des Amos einwirken. Den klarsten Hinweis auf die gattungsmäßige Herkunft dieser charakterisierenden pluralischen Partizipien bieten die Weherufe in 5 18 und vor allem in 6 1. 3–6 (s. o. S. 112); denn hier folgen dem einmaligen einleitenden הוי mit Adjektiv sieben Reihen, die mit pluralischen Partizipien eröffnet werden; sie wechseln mit finiten Verbformen. Wenn nun häufig andere Sprüche mit einfachen pluralischen Partizipien beginnen, liegt es nahe, diese Form der Charakterisierung der Verurteilten von den Weherufen her zu verstehen: so vor allem in 5 7, wo die Ausleger oft הוי ergänzen (s.u. z.St.), aber auch in 6 13, wo die Fortsetzung zur Anrede übergeht. Diese Verwendung am Anfang eines Spruches ist jenen Partizipialketten verwandt, die einem nominalen Vokativ im Sprucheingang angereiht werden; so bietet 4 1 drei pluralische Partizipien. Innerhalb der Anklageworte findet sich der von den Weherufen her vertraute Wechsel von pluralischen Partizipien mit finiten Verben in 2 7 3 10b 5 12b. Die erste Stelle (2 7) läßt jedoch damit rechnen, daß die Zahlensprüche wenigstens teilweise in ihren Reihen ähnlich wie die Weherufe Partizipialstil verwandten; s.u.S. 171f. Jedenfalls erklärt sich die Häufigkeit pluralischer Partizipien zur Beurteilung der Angeklagten daher, daß Amos auch hier ein Sprachelement der Sippenbelehrung aufnahm.

Anders liegt es bei den singularischen Partizipien zur Eröffnung der göttlichen Strafandrohung im Ich-Stil: 2 13 68. 14 (vgl. 6 11 99 4 2). Da sie durchweg mit הנה eingeführt werden, wirkt in ihnen ein hervorragendes Sprachelement der Visionsberichte nach: vgl. 7 8 mit 7 1.4. 7 81! Vgl. weiter den Exkurs „הנה bei Amos" u.S. 173!

c) Antithesen finden sich zunächst in Strukturelementen der Mahnrede (5 4f.: „Suchet mich ..., suchet nicht Bethel ...!" [vgl. ferner 5 14a: „Suchet das Gute und nicht das Böse!"; 5 15a: „Hasset das Böse und liebet das Gute!"]; 5 24 nach 21–23!). Sie sind in der Sprache weisheitlicher Beratung weit verbreitet; s.u. die Erörterungen zu 5 4f. Form. Eine eigentümliche prophetische Umbildung zeigt sich in der Brechung des Tat-Folge-Verhältnisses. Entspricht in der Regel das eintretende Ereignis der Tat, die es anstrebt, so setzt die prophetische Drohung angestrebtes und eintreffendes Ereignis in harten Gegensatz zueinander (5 11b: „Quadersteinhäuser habt ihr gebaut, aber wohnen werdet ihr nicht darin. Prächtige Weingärten habt ihr gepflanzt, aber trinken werdet ihr nicht ihren Wein." Vgl. ferner die Negationen in 2 14–16 und 9 1b–4). Die Kontrastierung von Gottes Tat und Israels Taten zeigt eine ähnliche Brechung im Rahmen der Anklagerede (2 6–8: 9 [vgl. 4 6–11]).

d) Wortspiele sind eine andere Weise, die Botschaft mit Schärfe in Ohren und Gewissen einzuschneiden. Zuerst hat sich Amos selbst die Botschaft vom „Ende" Israels durch die Alliteration קץ-קיץ eingeprägt. Die Strafansage für die „Spitze der Gefangenen" (6 7 ראש) nimmt den Anspruch der Bedrohten, die „Spitze der Völker" zu sein und die „Spitzen-Öle" zu benutzen (ראשית in 6 1.6), fast ironisch auf; das kommende Geschick entspricht formal genau dem gegenwärtigen Leben der Führungsansprüche, sachlich wird es mit dem angedrohten Verschlepptenschicksal kraß negiert. Ähnlich stellt 5 5b Gegenwart und Zukunft in Gegensatz: „Gilgal wird gewiß verschleppt und Bethel wird zuschanden". Das letzte Glied stellt inhaltlich, ähnlich wie 6 1. 3–7, den Anspruch, der im Namen „Gottes Haus" liegt, in Kontrast zum drohenden Unheil („Schande"); hier liegt kein Wortspiel vor, aber eine Wortumbildung bahnt sich an, die Hosea in der Form „Schand-Haus" einführt (4 15 5 8 10 5 12 5 𝔊, s. BK XIV/1, 113). Amos selbst arbeitet im vorangehenden Glied seines Spruches mit der Alliteration des Heiligtumsnamens Gilgal und der Androhung גָּלֹה יִגְלֶה (Wellhausen: „Gilgal wird zum Galgen gehn"). Der Wortanklang erschließt dem Ohr des Israeliten, daß sich das im Namen aufklingende Schicksal mit Notwendigkeit erfüllt. Vgl. 6 11aβb; s. S. 325f.

e) Zitierungen der Hörer zeigen den früher beobachteten Kontaktwillen des Propheten sprachlich noch einmal von einer anderen Seite. Der Bericht 7 10–17 liefert dafür ein treffendes Bild, wenn dort die Anklage aus der Disputation mit dem Hörer erwächst. Im zitierten Redeverbot für Amos (7 16) wird die Schuld des Priesters Amazja mit seinen eigenen Worten belegt. Ebenso dienen die Zitierungen der Bedrohten entweder allein (6 13 9 10; vgl. 8 14) oder betont am Ende einer Kette (4 1) dem Schuldnachweis. Das eigene Wort der Sprecher belegt das Recht prophetischer Anklage auf rücksichtslose Genußsucht („Schaff her, daß wir saufen!" 4 1), auf Selbstruhm („Haben wir nicht mit eigener Kraft Karnajim für uns gewonnen?" 6 13), auf Selbstsicherheit („Nicht erreicht, nicht übereilt uns das Unheil" 9 10). Wenn 2 12 und 8 5 auf Schüler zurückgehen, so haben sie ihres Meisters Verwendung des Zitats zur Schulderhärtung in gleicher Funktion benutzt. Nur 5 14b bringt ein Zitat („Jahwe mit euch"), um eine Heilszusage in Form des Tatfolgeaufweises als Erfüllung ausgesprochener Erwartung darzulegen. Diese andere Funktion verstärkt den Zweifel, ob hier Amos spricht, ebenso die andersartige Einführung des Zitats (וַיְהִי־כֵן. . . כַּאֲשֶׁר אֲמַרְתֶּם). In den sicher echten Amosworten werden die Zitate regelmäßig mit einem Partizip von אמר eingeführt (4 1 6 13, auch 7 16 9 10; vgl. ferner 8 14) in den sicher (2 12; vgl. 3 1b) oder wahrscheinlich (8 5) sekundären Stücken mit לֵאמֹר; s.u.S. 132! Bei Amos bilden also die Zitate eine Steigerung im Rahmen des Partizipialstils; dessen Funktion der Schuldaufdeckung wird polemisch verschärft: „Aus deinen Worten wirst du verurteilt" (Mt 12 37). Eine Ausnahme bildet die Verdeutlichung einer Unheilsszene durch einen Dialog in 6 10.

f) Der Bildreichtum zeigt den in der Weisheit ausgeprägten Willen zur Verständlichkeit. Der Umkreis der Vergleiche spiegelt die Weite der Bildung des Propheten. Gewiß kennt er das Leben des einfachen Hirten und seine Rechtsverpflichtungen (3 12a), seine Angst vor dem Löwen (3 4. 8 5 19); Vogelfang und andere Jagderlebnisse sind ihm selbstverständlich vertraut (3 5), und vom Rand der Steppe her sehnt er sich nach dem Segen von Flußbetten, die stets Wasser führen (5 24). Aber auch Bilder aus dem Leben reicher Ackerbauern und Großviehzüchter sind ihm nicht fremd. Er weiß um Pferdezucht und um die Arbeit des Pflügens (6 12a); er hat den hoch beladenen Erntewagen beobachtet, dessen Räder tiefe Furchen im Ackerboden aufreißen (2 13); das Dreschen mit modernen eisernen Schlitten hat er erlebt (1 3); er ist informiert, daß im Lande Basan die fettesten Rinder gedeihen (4 1). Er nutzt seine Kenntnis der ungewöhnlichen Stärke von Eichen und der Höhe ferner Libanonzedern ebenso für Vergleiche (2 9) wie sein Wissen um die Wirkung von Gift und Wermut (5 7 6 12b). Sein Herz hört man schlagen, wenn er Israel ım Bilde der jungen Frau besingt, die in der Blüte ihrer Jahre hingerafft wurde und über der die Totenwehklage in der Sippe ertönt (5 2; vgl. 16f.).

Auch in den verschiedenartigen Formen der Bildeinführung zcigt sich die Fülle der Ausdrucksmöglichkeiten des Propheten. Der einfache Vergleich von Nomina wird mit כְּ durchgeführt (2 9 5 24); ein im Satz dargestelltes Geschehen wird durch ein vergleichbares Geschehen verdeutlicht, das ein כַּאֲשֶׁר einführt (2 13 3 12 5 19 9 9b). Typisch jedoch für Amos ist, daß meistens das Bild einfach an die Stelle der Sache (1 3b 4 1 5 7. 20 6 12b) oder ohne Vergleichsformeln vor die Sache tritt (3 3–6. 8 5 2 6 12a.b). So wird die ohnehin stets konkrete Sprache nicht nur nochmals verständlicher, sondern zu einer extremen Eindeutigkeit (5 2 3 12 5 7), ja zuweilen schockierenden Schärfe gesteigert (1 3b 4 1 5 19 6 12b). Ihre Funktion haben die Bilder ebenso in der Anklagerede (1 3b 4 1 5 7. 24 6 12) wie in der Strafandrohung (2 13 3 12 5 2. 19f. 9 9), aber auch in der disputierenden Klärung des prophetischen Selbstverständnisses (3 3–6. 8). So verfehlt Amos bei keiner Gelegenheit Ohr und Einsicht seiner Hörer.

5. Kompositionsformen. Der Aufbau der Sprüche als rhetorischer Einheiten dokumentiert noch einmal das Ringen um Verständlichkeit, den Willen zur bezwingenden Sprache und vor allem die beherrschende Bedeutung der Gerichtsankündigung.

a) Das Gerichtswort stellt die Grundform der Verkündigung des Amos dar, und zwar in der Gestalt, daß eine Begründung der Strafansage voraufgeht. Mehr als die Hälfte der Sprüche ist so komponiert. Folgende Weisen der Verknüpfung sind zu unterscheiden: Die Schuld wird mit עַל c. inf. formuliert und die Strafansage im perf. cons. (1 3–8. 13–15 2 1–3) oder partizipial mit הִנֵּה angefügt (2 13–16). Sonst findet sich nur einmal eine Konjunktion vor der Begründung, und zwar יַעַן in der Einschaltung in 5 11aα. Umgriffen wird dieser יַעַן-Satz von einem לָכֵן-Satz (5 11aβb), der an die voraufgeschickten Anklagesätze 5 7. 10 anknüpft. לָכֵן als Überleitung zur Strafansage findet sich außerdem noch in 3 11 (nach 9–10) 5 16f. (wahrscheinlich im Anschluß an 5 12) 6 7 (nach 1. 3–6); ähnlich עַל־כֵּן in 3 2b (nach 2a). Diese etwa zehn Sprüche, die durch Konjunktionen die Strafansage mit einer voraufgeschickten Begründung verknüpfen, zeigen eindrucksvoll, daß Amos jeweils Jahwes Gericht von vornherein als gerecht bezeugen will (zu כִּי im Übergang von der Beschuldigung zur Gerichtsansage in 3 14 und 6 14 s.z.St.).

Das gleiche gilt aber grundsätzlich von jenen Worten, die die beiden Stücke nur lose verbinden, ob sie nun die Strafe im perf. cons. anfügen (5 27 wie 1 4. 7. 14 2 2; ähnlich 8 14b) oder durch die Schwurformel abheben (4 2f.; ähnlich 8 7 in dem wohl sekundär überformten Spruch 8 4–7).

Nur unter den nachgetragenen Sprüchen, in denen die Sprache der Schüler nicht sicher von der des Meisters zu unterscheiden ist (s.u.S. 132ff.), folgt die Begründung einmal der Strafansage (9 9f.), und ein anderes Mal wird sie von Strafansagen gerahmt (8 13f.).

Prüft man den Umfang der Strafankündigung im Verhältnis zur Begründung, so ist die Begründung ungleich länger nur in 5 7. 10f. und vor allem in 6 1. 3–7. Dagegen ist das Gerichtswort in 3 13–15 und 5 12.16f. von doppeltem, in den vier Fremdvölkerworten sogar von dreifachem Umfang (1 3–8. 13–15 2 1–3). Sonst halten sich beide Stücke im allgemeinen die Waage. Israel soll sein Unrecht im gleichen Maße wie Jahwes drohende Tat erfahren.

b) Sonderformen. Wenn die literarische Überlieferung nicht verkürzt hat und die formgeschichtliche Abgrenzung der Redeeinheiten zutrifft, bietet das Amosbuch nur zwei Sprüche mit selbständiger Schuldanzeige ohne Gerichtsankündigung. Sie können als eigentliche Scheltworte bezeichnet werden, zumal beide ihre Hörer direkt anreden. Doch gerade sie bedienen sich spezieller überlieferter Formen. 4 4f. bietet eine ironisierte priesterliche Lehrrede. Ihre Strukturelemente sind imperativische Mahnungen, Zweckangaben und Begründung. Das erste Element nimmt Amos aus der Formtradition korrekt auf, indem er zu Wallfahrten und Opfern auffordert (4 4–5a). Schon im zweiten ironisiert er, indem er als Zweck Verbrechen angibt (Schlußtakte von 4aα und β). Erst recht geschieht das im Schlußglied (5b), wo als Grund des Aufrufs der Eigenwille Israels statt Jahwes Wille genannt wird. So dient die priesterliche Thora Amos zur Verfremdung seiner Anklage. – Das andere Beispiel, 6 12, sagt das Unrecht auf den Kopf zu: „Ihr verwandelt Rechtsordnung in Gift, Frucht der Gerechtigkeit in Wermut" (b). Doch diese Anklage wird in das Licht zweier zuvor gestellter Fragen aus dem Tierleben gerückt (a): „Rennen Rosse auf Felsen? Pflügt man 'mit dem Rind das Meer'?" Damit übernimmt der Prophet die Methode des Weisheitslehrers, der menschliches Tun mit dem Leben in der Natur vergleicht. In das so komponierte Scheltwort schießt der Spott ein: Israel fällt mit seiner Rechtsverdrehung aus der Weltordnung.

Häufiger als die Anklage ist die Strafankündigung verselbständigt; der Bedrohte steht fast immer in dritter Person. Beides entspricht dem Vorrang des Strafworts in der Botenrede (s. S. 109ff.). Auch die verselbständigten Strafansagen zeigen den Einfluß ungewöhnlicher Formen. In 3 12 erklärt ein weisheitlicher Vergleichsspruch erhoffte »Rettung« als Beweis des Totalverlustes (s. u. z. St.); die kühle Sachlichkeit vermag wieder kaum den beißenden Hohn zu verbergen. In 5 1–2 geht dem Jahwewort von der großen Niederlage Israels (3) statt des sonst üblichen Schuldaufweises die Leichenklage voraus, die das drohende Geschehen vorweg als tödliche Katastrophe deutet. In 6 8–11 wird die Todeswirkung von Jahwes Abscheu in einer makabren Szene dialogisch dargestellt. Die nachgetragenen Sprüche beschränken sich zu einem beträchtlichen Teil auf die Ankündigung und Schilderung des nahenden Unheils (8 9f. [11f.] 9 8a) oder auf dessen Diskussion (8 8).

Auch die sicher von Amos selbst stammenden Disputationen wollen ausschließlich die Zustimmung der Hörer zur prophetischen Unheilsbotschaft bewirken: sowohl die Reihung der didaktischen Fragen 3 3–6. 8 mit ihren Spitzen in 3 6b und 8b als auch der Ausbau der Weherufe 5 18–20 durch Vergleichsrede und Fragen zum Jahwetag wie schließlich die herausfordernden Fragen zum Vergleich Israels mit Fremdvölkern in 9 7. Diese Spruchkompositionen disputieren überhaupt nicht über Unrecht und Schuld Israels, sondern ausschließlich über die Unabwendbarkeit der Schreckensbotschaft des Propheten, ob sie nun ausschließlich Fragen anreihen oder die Form des Weherufs ausgestalten.

Singulär ist in 5 4f. die Komposition eines Mahnwortes (4b) mit antithetisch beigefügtem Warnwort (5a) und der Begründung durch die Gerichtsankündigung (5b). (Zu den Nachinterpretationen 5 6. 14f. s. u. S. 133. 135). Man kann fragen, ob die Mahnung mit der Lebenszusage und die anschließende Warnung zum Thema Wallfahrt nicht ähnlich wie 4 4f. als Abwandlung priesterlicher Thora zu verstehen seien. Doch die Lebenszusage in Form des Tatfolgeaufweises in 4b und der antithetische Parallelismus von Mahnwort und Warnwort erinnern stärker an weisheitliche Denkformen. Vor allem greift der Schluß nicht wie 4 5b die Begründung der priesterlichen Thora mit dem Jahwewillen auf. Hier wird vielmehr dem Hörer als Grund für seine Lebensentscheidung die drohende Zukunft vor Augen gestellt, in der die Heiligtümer dem Untergang preisgegeben werden. Dabei tritt nun die kurze Mahnung in 5 4b ganz in den Schatten der weit längeren Warnung, und beides zusammen wird abschließend durch das Drohwort beherrscht. So ist das knappe, helle Wort des Anfangs, das aus der Tradition verständlich ist, in der weiteren Ausgestaltung durch Amos ganz von der Finsternis nahenden Gerichts umstellt. S. weiter die Ausführungen zu 5 4f. Form.

Im ganzen ist festzuhalten, daß unter den Sonderformen die Strafandrohung und die Diskussion um sie weit stärker belegt sind als die reinen Scheltworte. Selbst ein vereinzeltes Mahnwort ist von der Unheilsansage beherrscht. Das entspricht dem früheren Befund, daß im ausgebauten Gerichtswort vornehmlich die Strafandrohung als eigentliches Jahwewort verkündet wird und daß auch die Visionsberichte ausschließlich das Gericht über Israel und nicht seine Schuld zur Sprache bringen.

c) Soweit größere Kompositionen vorliegen, erweisen sie die Kraft des Amos, die entscheidende Aussage sprachlich vorzubereiten, hervorzuheben und zu gestalten. Im Völkerspruchzyklus (1 3–8. 13–15 2 1–3. 6–9. 13–16) und im Visionenzyklus (7 1–8 8 1–2 9 1–4) haben wir die wichtigsten Belege.

In beiden Fällen zeigt der alte Text (s.u.S. 175) fünf Hauptstücke, von denen jeweils das letzte formal und inhaltlich am stärksten von den vorangehenden abweicht. Im einzelnen dienen drei Stilmittel der Gestaltung: die Wiederholung in Rahmen- und Spitzensätzen, die Paarbildung in den ersten vier Stücken und die Klimax zum fünften Stück hin (s.o.S. 113 und u.S. 180). Paarbildung und Klimax sind auch in der Komposition der Disputationsfragen in 3 3–6. 8 (s.z.St. Form) zu beobachten. In 4 6–11 finden sich ebenfalls fünf Glieder, deren betonter Schlußsatz im gleichen Wortlaut wiederholt wird, doch treten Paarbildung und Klimax nicht so deutlich hervor wie in den anderen Beispielen. Auch andere Beobachtungen stellen in Frage, ob 4 6–11 von Amos stammt (s.u. z.St.).

Die sicher auf Amos zurückgehenden Worte zeigen zur Genüge, daß die aufgezeigten Kompositionsformen im Dienste der Verkündigung von Jahwes Gerichtswillen stehen. Sie sind vorzüglich dazu geeignet, den Hörer vom Recht Jahwes zu überzeugen und durch Aufweis der Schuld Israels zu überführen. Daß die Strafansage unwiderruflich ist, wird nicht nur durch bestimmte Formeln (s.u.S. 168) direkt ausgesprochen, sondern mit den Mitteln der Wiederholung und der Steigerung unterstrichen.

6. Die grundlegenden Gestaltungskräfte der Sprache des Amos können nach dieser Übersicht über die Grundtypen, die besonderen Elemente und die Kompositionsformen ins rechte Verhältnis zueinander gerückt werden.

Formen der Tradition wirken vor allem aus der geistigen Heimat des Amos nach, die wir in jener Gestalt der Weisheit zu suchen haben, wie sie in den Sippen gepflegt wurde. Meist schießen nur Einzelelemente weisheitlichen Spruchgutes in die Prophetensprüche ein. Lediglich einige Disputationsworte sind ganz von dorther gestaltet. Nur in der Auseinandersetzung mit dem Wallfahrts- und Opferwesen nimmt Amos auch kultische Redeformen auf.

Dieser Sonderfall erklärt sich aus der mitformenden Bedeutung der Situation des Hörers, die sich bei Amos auch sonst auf die Spruchgestaltung auswirkt. Direkt fließt die Sprache des Hörers mit den Zitaten seiner Worte ein. Indirekt wirkt der stete Kontaktwille des Propheten, der vor allem die regelmäßige Voranstellung der Begründung in den Gerichtsworten erklärt, aber auch extrem schockierende Gestaltungen des Aufrufs zum Hören. Diese werden nur aus der singulären Art des Hörers und seiner einmaligen Lage verständlich.

Die eigentlich prägende Kraft ist jedoch in der prophetischen Inspiration zu suchen. Schlechthin individuelle Widerfahrnisse haben Amos bewegt, überhaupt das Wort zu ergreifen. Sie spiegeln sich in seinen direkten Hinweisen in Disputationen und Visionsberichten und dementsprechend in der sachlichen Vorrangstellung der konkreten Strafansage als des eigentlichen Jahwewortes. Schuldaufweis und Disputation haben nur begleitende Funktion. Die unableitbare Übermacht, die ihn inspiratorisch überwältigte, ließ ihn überkommene Formen im Blick auf den aktuell bedrohten Adressaten umgestalten. In keinem älteren kultischen Fluchwort, in keiner Form der älteren Rechtsverkündigung, in keiner weisheitlichen Belehrung sind die charakteristischen Strukturen der Sprüche des Amos zu finden. Die neuen Formen seiner Sprache sind nur mit dem neuen Inhalt seiner Botschaft zu erklären.

§ 4. DIE BOTSCHAFT

Will man die Thematik der Verkündigung des Amos bestimmen, so muß zuvor literarkritisch ausgesondert sein, was auf Spätere zurückgeht. Die Erkenntnis sekundärer Schichten darf sich freilich nicht in erster Linie von inhaltlichen Differenzen leiten lassen. Zuvor muß sie durch Brüche innerhalb des heutigen literarischen Ganzen herausgefordert sein, die sich auch durch eindeutige Formdifferenzen bemerkbar machen. Allerdings wird sich dabei im Regelfall zugleich ein Unterschied des Aussagegehalts zeigen. Wenn wir hier zunächst die Botschaft des Amos selbst darstellen, so setzen wir die literarkritische Arbeit voraus, die in § 5 zusammengefaßt wird. Um dort die Ergänzungen und Abwandlungen in der Folge des literarischen Werdens des Buches von der ursprünglichen Verkündigung des Propheten abheben zu können, stellen wir zuerst die letztere dar, zumal uns die Eigenart der Sprache des Amos nötigte, nach dem Neuen seiner Aussage zu fragen.

1. Die erste Antwort auf die Frage nach der Verkündigung des Amos muß in seinem Sinne lauten, daß sie Botschaft von Jahwe ist. Denn so hat er selbst sie grundlegend bestimmt (3 8 7 15 5 7 1–8 8 1–2 9 1–4). Wie redet Amos von Jahwe?

a) Jahwe handelt am Menschen. Was von Jahwe zu sagen ist, wird in Verben gesagt. Es fällt auf, daß sich Amos aller theologischen Begriffe enthält. Er spricht weder von Jahwes Gerechtigkeit oder Treue noch von seinem Bund oder Gesetz (nur einmal schwört Jahwe „bei seiner Heiligkeit" 4 2). Nicht einmal sagt Amos in irgendeiner geprägten Form,

daß Jahwe „Israels Gott" (bzw. „dein, sein, euer, ihr Gott") sei (zu 4 13
9 15 s.u.z.St.), wie es die ältere Tradition und die auf ihn folgenden Propheten tun. Auch kennt er keine eigentlichen Jahwegleichnisse, wie Hosea sie in Fülle bietet (s. BK XIV/1, XV-XVIII), obwohl er Jahwes Handeln häufig durch Bilder verdeutlicht (s.o.S. 116f.). Gewisse Anthropo-
morphismen tauchen nur am Rande und im Zusammenhang verbaler
Aussagen auf: „Ich wende meine Hand gegen..." (1 8) oder „ich richte
mein Auge auf sie" (9 4; vgl. 8); damit wird die Gewalt und Unentrinn-
barkeit von Jahwes Eingreifen verdeutlicht. In aller Regel sagt Amos nur
„Jahwe". „Herr Jahwe" stand ursprünglich vielleicht nur im Gebetsauf-
schrei der ersten beiden Visionen (7 2. 5); in den meisten übrigen Fällen
ist אֲדֹנָי nachweislich nachgetragen (s. Textanm. 1 8b), ebenso durchweg
(ה) צְבָאוֹת (אֱלֹהֵי) (s. Textkritik z. St. und u.S. 332f.). Im Gegensatz zur liturgischen Plerophorie ist die äußerste Schlichtheit in seiner Rede von
„Jahwe" die ihm eigene Weise der Ergriffenheit und Ehrfurcht. Streng
meidet er theologische Appositionen nominaler oder adjektivischer Art
und fast ebenso alle dichterischen anthropomorphen und theriomorphen
Gleichnisse.

Dieser Einfachheit entspricht es, daß neben Jahwe andere Gottheiten
nicht ein einziges Mal erwähnt werden (zu 5 26 s.u.S. 137). Kein Baal
macht ihm den Rang in Israel streitig, wie wir es bei Hosea finden. Aber
auch für die anderen Völker ist kein anderer Gott als Jahwe zuständig
(1 3–8. 13–15 2 1–3 3 2 9 7). Es frappiert, wie unproblematisch das für Amos
ist und daß demnach bei ihm jede Polemik gegen Fremdgötterkult fehlt
(vgl. dagegen Hosea und BK XIV/1, XVIIIff.). Die Einzigkeit der Gottheit Jahwes in Israel und der Völkerwelt ist kein Gegenstand seiner Botschaft, sondern deren selbstverständliche Voraussetzung.

Bei dieser unkomplizierten Art, von Jahwe zu sprechen, verwundert es
nicht, daß ihn die heilsgeschichtlichen Traditionen Altisraels kaum beschäftigen. Ernsthaft führt er selbst nur einmal die Landgabeüberliefe-
rung in einer durchaus unkonventionellen Form an (2 9; zu 10 s.u.S. 137).
Sie erhärtet für ihn Israels Schuld, wenn es sich im Gegensatz zu seinem
Gott nicht für die Schwachen und Geringen einsetzt. Daneben hat er
selbst wohl auch an die Herausführung aus Ägypten erinnert (9 7b),
aber nur, um Israel jedes Vorzugsbewußtsein zu entwinden, da von Philistern und Aramäern Gleiches zu berichten ist. Wenn Jahwe Israel vor allen Völkern ausersehen hat – die Erwählung muß er mit der Landgabe
und nicht mit dem Auszug aus Ägypten gegeben sehen (vgl. 2 9 mit
9 7b) –, dann begründet diese Erwählung bei Amos nur das Recht göttlichen Gerichts (3 2). (Zu 2 10–12 und zu 3 1b s.u.S. 137; ebensowenig
stammt wahrscheinlich die Aufzählung früherer Strafakte Jahwes in
4 6–11 von Amos; s.u.S. 136). Auch hinsichtlich der heilsgeschichtlichen
Traditionen ist Amos also denkbar wortkarg und theologisch eigenwillig.

Drei kurze Sätze nur erinnern an Jahwes überliefertes Handeln: „Ich vertilgte die Amoriter euretwegen" (2 9); „Nur euch habe ich ersehen aus allen Sippen der Erde" (3 2) und „Habe ich nicht Israel aus Ägypten heraufgeführt und die Philister aus Kaphtor und die Aramäer aus Kir?" (9 7). Gewiß geht daraus hervor, daß Jahwe sich eben in seinem Handeln Israel zu erkennen gab; aber dieses Handeln hat auch die anderen Völker umgriffen. Zwar hat es Jahwes besonderen Einsatzwillen für Israel erwiesen (2 9 3 2). Aber dadurch ist nur erhöhte Verantwortung Israels geboten (3 2), nicht jedoch irgendein Überlegenheitsgefühl gerechtfertigt (9 7). So werden die heilsgeschichtlichen Traditionen ausschließlich zum Schuldaufweis herangezogen.

b) Jahwe redet durch den Propheten. Dieses Widerfahrnis beherrscht Amos weit stärker als alle Jahwe-Überlieferungen. In seinen Disputationen erklärt er wiederholt, daß ihn Jahwes Reden aufschreckend und bezwingend überfallen hat (3 8 7 15). Nicht selten mag es durch Visionen eröffnet worden sein (7 1. 4. 7 8 1 9 1); aber auch in diesen Fällen war immer das Wort Jahwes das Entscheidende (7 3. 6. 8 8 2 9 1aα²–4). So werden denn auch die meisten Sprüche durch die Botenformel eingeleitet (כֹּה אָמַר יהוה; s.u.S. 165f.; in 4 2 6 8 8 7 nimmt die Schwurformel נִשְׁבַּע יהוה diese Stelle ein) und durch die entsprechende Schlußformel (אמר יהוה; s.u.S. 169f.) oder durch die Gottesspruchformel (נְאֻם יהוה s.u.S. 174) beendet. Ist es Zufall, daß Amos selbst, wo er an Jahwes frühere Taten erinnert (2 9 3 2 9 7), nie von einer Wortübermittlung spricht? Erst Nachträge erinnern daran (2 11f. 3 7). Am meisten überrascht, daß die Anklageworte niemals Jahweworte zitieren, die aus dem alten Gottesrecht oder einer Bundesverkündigung stammen. „Worin die Verfehlungen Israels bestanden, das zu erkennen und zu benennen hat Jahwe seinem Propheten überlassen." „So sehen wir denn Amos vor allem mit der Aufgabe einer schlagenden Motivation des kommenden Unheils beschäftigt und sehen bei diesem Geschäft die Lebendigkeit und die geistige Schärfe dieses Mannes sich brillant betätigen" (GvRad, TheolAT II⁴, 1965, 141.139). Wenn er Begriffe wie תּוֹרָה und בְּרִית (zu בְּרִית אַחִים in 1 9 s.u.S. 193f.) nicht in den Mund nimmt, so liegt der Grund wohl nicht nur in seiner Sprödigkeit gegenüber theologischer Begrifflichkeit. Als eigentliches Jahwewort führt er das Neue an, das zu verkündigen Jahwe ihn nötigte (s.o.S. 108ff.). Was ist das?

c) Jahwe kommt zum Gericht. Mit Ausnahme der vereinzelten Scheltworte (s.o.S. 118) zielen alle Botensprüche, aber auch die Disputationen (3 6 5 18–20) und Visionsberichte, ja sogar das einzige Mahnwort (5 4f.; s.o.S. 119), auf das Ende der bisherigen Heilsgeschichte. Wenigstens zwei Drittel der Strafansagen führen es auf Jahwes eigenes Eingreifen zurück, und zwar immer in der ersten Person der Botenrede: „Ich sende Feuer..., ich zerbreche..., ich fälle" (1 4f. 7f. 14 2 2f.), „ich wende meine

Hand gegen" (1 8), „ich reiße auf" (2 13), „ich ahnde" (3 2b; vgl. 3 14a), „ich schlage" (3 15), „ich schreite durch deine Mitte" (5 17b), „ich verbanne" (5 27), „ich verabscheue..., ich hasse..., ich liefere aus" (6 8), „ich lasse gegen euch antreten" (6 14), „ich lege das Bleilot an..., ich gehe nicht mehr an ihm vorüber" (7 8 8 2), „ich töte..., meine Hand greift sie..., ich spüre auf und fasse sie..., ich befehle..., ich richte mein Auge gegen sie" (9 1–4); vgl. weiter die mindestens teilweise sekundär überarbeiteten Sprüche 4 12 7 9 8 7. 9f. 11f. 9 8. 9. Wie ungleich lebendiger und vielfältiger als die früheren Geschichtstaten Jahwes werden die auf Israel zukommenden vom Propheten verkündet! Hier ist Amos offenbar ganz bei der ihm anvertrauten Sache. Meist wird neben der Tat Jahwes noch deren Folge geschildert. Nur selten und ungenau wird auf ein geschichtliches Werkzeug Jahwes hingewiesen (3 11 6 14). Ohne eine ausdrückliche Bezeugung des Eingreifens Jahwes wird das Gericht nur in einem kleineren Teil der Worte verkündet (3 11 4 2f. 5 3. 5. 11 6 7 7 11. 17 8 13f.). Ganz bezeichnend ist es, daß die drei letzten Visionsberichte das nahende Gericht jeweils am Ende als schonungslos andringende Präsenz Jahwes verkünden: „Ich gehe nicht mehr an ihm vorüber" (7 8 8 2); „ich richte mein Auge auf sie zum Unheil und nicht zum Heil" (9 4). Dem entspricht, daß in 5 16f. die große Totenklage, die ausbrechen wird, allein mit dem Schlußsatz in 17b begründet wird: „Ich schreite durch deine Mitte" (vgl. noch im Philisterspruch 1 8bα). Nicht Jahwes Abwesenheit, sondern gerade seine unerwünschte neue Ankunft bringt Israel den Tod. Jahwe aus freien Stücken oder aus Not zu suchen und zu fragen, hätte das Leben gebracht (5 4).

So redet Amos nie von Jahwe an sich, sondern nur von Jahwes Handeln am Menschen, von seinem Reden zum und durch den Propheten und in dem allen vornehmlich von seiner Ankunft, die Israel vernichtend trifft.

2. Wie redet Amos von Israel? Tritt Jahwes Ich vor allem in den Strafankündigungen hervor, so wird Näheres über Israel einmal in jenen Sätzen gesagt, die die Folge des Eingreifens Jahwes beschreiben, dann aber besonders in den Anklageworten. Demnach wird in der Hauptsache über Israels Zukunft und Gegenwart gesprochen, nur selten von seiner Vergangenheit.

a) Israels Zukunft: „Das Ende ist gekommen für mein Volk Israel" (8 2). Alles, was sonst über Israels Zukunft von Amos gesagt wird, legt diesen härtesten Satz aus. In 2 13 9 1 wird anscheinend ein Erdbeben angesagt, das eine panische Flucht bewirkt, wie sie auch zu einer militärischen Katastrophe gehört. Krieg im Lande erwarten 3 11 6 14 7 17; er soll mit einer verheerenden Niederlage enden (5 3), mit dem Tod des Königs (7 11) und mit einer Massendeportation (7 11), bei der die Führer Samarias die Spitze bilden (6 7); ihre Frauen (4 2f.) werden ebenso verschleppt wie der Oberpriester von Bethel (7 17, dessen Frau geschändet wird,) und die großen Kultgemeinden von Bethel und Gilgal (5 5. 27). Ein großes Sterben kommt über das Land (5 2f. 16f. 6 9f. 7 17aα² 8 3 9 10). Unter der Meßleine wird es an Neusiedler verteilt (7 17aβ). Für Israel wird Jahwes Tag ein finsterer, düsterer Tag mit tödlichem Ausgang (5 18–20).

In keinem der sicher auf Amos zurückgehenden Worte wird deutlich ausgesprochen, daß durch Umkehr und Besserung wenigstens für einen Rest noch Hoffnung bestünde (zu 5 6. 14f. s.u.S. 133. 135). Einzig die Drohung gegen die Heiligtümer Bethel und Gilgal geht von dem an die Tradition anknüpfenden Mahnwort aus: „Suchet mich! Dann bleibt ihr am Leben" (5 4f.). Seine Verwirklichung wird Amos ebensowenig erwartet haben wie die des Lehrsatzes 5 24. Dem vereinzelten Lichtblick steht die große Reihe jener Worte gegenüber, die ausdrücklich auch einem vorläufig etwa entkommenen Rest das hoffnungslose Ende ansagen (9 1–4). Auch Kraft, Mut und Rüstung werden zu keinem Entrinnen führen (2 14–16); selbst wenn es ein- oder zweimal gelingt, so ist es am Ende doch vergeblich (5 19). Wiederholt wird gerade „der Rest" Gegenstand der Bedrohung (4 2bβ 6 10 8 10bβ; vgl. 1 8bβ). Die Dezimierung des Sippenaufgebots begründet nicht etwa die Hoffnung auf einen Rest Geretteter, sondern lediglich die Totenklage auf die endgültig gefallene „Jungfrau Israel" (5 2f.), so wie der Hirt zwei Wadenbeine oder einen Ohrzipfel nur als Beweisstücke des vergeblichen Kampfes gegen das Raubtier beibringt (3 12).

Diesem düsteren, rätselvollen Ergebnis wird die Auslegung nicht ausweichen dürfen: Amos hat höchstens einmal andeutend gemahnt, aber nirgendwo eine wirkliche Hoffnung entzündet, dagegen mit schärfster und immer wiederholter Eindeutigkeit das seinen Zeitgenossen bevorstehende Ende Israels angekündigt.

b) I s r a e l s G e g e n w a r t : „Sie verstehen nicht, das Rechte zu tun" (3 10a). Diese Anklage begründet die Todesbotschaft des Amos. Das Verhältnis von Scheltwort und Drohwort wird verzeichnet, wenn man die Gerichtsbotschaft mit ihrer Begründung als eine verhüllte Form des Bußrufs deutet. Was Amos von seinem Hörer erwartet, ist nicht mehr Umkehr, sondern höchstens die Bereitschaft, die Anklage als gerechte Begründung des angekündigten finsteren Jahwetages anzuhören. Was bezeichnet er als Israels Schuld?

Nur ausnahmsweise summiert er sie in 3 10 mit Hilfe des weisheitlichen Terminus נְכֹחָה als ein Verfehlen des „Rechten" (s.u. z.St. und WMANT 18, 39f.). Deutlicher ist schon das dreifach wiederkehrende Wortpaar מִשְׁפָּט und צְדָקָה. Rechtsordnung und rechtes Verhalten sollten wie Leben spendendes Wasser wirken (5 24), aber die Rechtsordnung wird in Gift verwandelt (6 12) und Gerechtigkeit gewaltsam zu Boden geworfen (5 7). Damit sind die Grundlagen altisraelitischen Sippenlebens zerstört. Allermeist nennt Amos ganz bestimmte Vergehen. Sie zeigen sich vor allem an drei Punkten: im Gerichtsverfahren, im Anhäufen von Reichtümern und im Kultus.

Im Gerichtsverfahren im Tor sollte jeder Israelit zu seinem Recht kommen. Hier aber muß des Propheten scharfe Kritik ansetzen, denn Haß erfährt, wer als Rechtskundiger belehrt oder wer als Zeuge vollständige Angaben macht (5 10). Richter nehmen Bestechungsgelder an, so daß Unschuldige in Bedrängnis geraten und vor allem Arme nicht auf Rechtshilfe rechnen können (2 7a 5 12). Der Schuldsklaverei verfallen Menschen wegen Nichtigkeiten (2 6b, s.u.S. 200f.).

Das ist eine böse Folge des Frühkapitalismus (s.o.S. 106). Darum verurteilt Amos das gesellschaftliche Leben der Führungsschichten noch eingehender als das Rechtsverfahren. In den Luxusbauten der Reichen spielt es sich ab (3 12bβ. 15 5 11aβ 6 8. 11). Sie erlauben sich rauschende Feste mit allen erdenklichen Genüssen, aber auf Kosten der Armen (4 1 6 4–6). Keine Gruppe wird von Amos so oft und mit so vielen Namen benannt wie die Bedürftigen (אֶבְיוֹנִים 2 6 4 1 5 12 8 4.6), die Hilflosen (דַּלִּים 2 7 4 1 5 11 8 6), die Bedrückten (עֲנָוִים 2 7 8 4). Sie sind auch als Schuldlose (צַדִּיקִים 2 6 5 12) den willkürlichen Zumutungen und Forderungen der Reichen ausgeliefert: im sexuellen Bereich (2 7b), im Abgabewesen (2 8 5 11) und in allerlei Dienstleistungen (2 7 4 1 5 11). Die führenden Kreise aber erfreuen sich einer unerschütterlichen politischen und sozialen Selbstsicherheit (6 1. 3. 13 4 1).

Diese Arroganz wird durch den Kult nur noch religiös unterbaut. Er ist nicht etwa von der Frage nach Weg und Willen Jahwes bestimmt (5 4), sondern von dem, was man selbst liebt (4 5b): im Wallfahrtsbetrieb, im Opferwesen, in den Mahlfeiern und der musikalischen Gestaltung der Feste (4 4f. 5 21–23). Für die Verkündigung gerechter Ordnung und rechtlichen Verhaltens ist hier kein Platz (5 24). So geht die Kultkritik Hand in Hand mit der Rechts- und Sozialkritik. Es mag verwundern, daß nach Amos' Urteil das Volk nicht zu wenig, sondern zu viel für Jahwe tut. Bei seinem geringen Interesse an theologischen Distinktionen unterscheidet er nicht gedanklich den Jahwe des Volkes, der Garant geschätzter Sicherheit sein soll, von dem durch ihn selbst bezeugten Jahwe, der mit Tat und Wort auch die Schwachen in Israel in die Freiheit geführt hat. Weithin klingt es bei Amos schlicht so: Israels Unrecht ist ausschließlich in der Bedrückung der Armen zu suchen. Und doch ist damit erst die Hälfte gesagt.

c) Israels Herkunft: „Nur euch habe ich erwählt..." (3 2a). Das ist die zwar selten ausgesprochene, aber unüberhörbare andere Seite der Gerichtsbegründung. Das nahende Ende ist nicht nur durch das gegenwärtige Unrecht als solches gerechtfertigt, sondern dieses Unrecht ist auch als Ablehnung der Tat und Wahl Jahwes zu erkennen. In geschlif-

fenster Form bringt das der Spruch 3 2 zur Sprache, der als einzigen Grund
für Jahwes strafendes Eingreifen die Erwählung nennt, mit der Jahwe
Israel vor allen anderen Völkern ausersehen hat. In der Israelstrophe des
Völkerzyklus folgt der Strafbegründung durch die Reihe der Verbrechen
Israels in 2 9 als kontrastierender Höhepunkt die Erinnerung an Jahwes
Einsatz bei der Landgabe gegen die überstarken Vorbewohner zugunsten
des schwachen Israel. Hätte es sich an Jahwes Weg und Willen orientiert,
so wäre es im unversehrten Leben geblieben. Das setzt der Mahnruf 5 4
voraus. Es fällt auf, daß Jahwe in den Worten, die dem Propheten Jahwes
Urteil und Auftrag mitteilen, noch dreimal „mein Volk" sagt (7 8 8 2 7 15;
vgl. ferner 9 10.[14]). Wenn Amos auch niemals von Jahwe als „Israels
Gott" spricht, so ist doch unbestritten, daß der Adressat seiner Verkündigung der Herkunft nach „Jahwes Volk" ist. Erst auf diesem Hintergrunde
wird das Umstürzende seiner Botschaft vollends deutlich: für Jahwes
Volk ist durch Jahwe das Ende gekommen. Gehörten bisher Landgabe
und Erwählung zusammen, so jetzt Vertreibung und Verwerfung. Man
darf im Sinne des Amos nicht weniger sagen: Das Ende der bisherigen
Heilsgeschichte muß er ankündigen. Das ist das erregend Neue seiner
Botschaft. Die älteren Fluchworte haben das nicht einmal konditional für
Israel im ganzen auszusprechen gewagt.

3. Was Amos über die Völker zu sagen hat, ergänzt nicht nur,
sondern klärt auch noch seine Botschaft von Jahwe an Israel. Außer in
den vollständigen Gerichtsworten, die im Völkerspruchzyklus den Fremdvölkern gelten, erscheinen Worte über die Völker sowohl in Strafansagen
als auch in Strafbegründungen von Israelworten.

a) In Strafbegründungen werden die Völker in Anlehnung an die
Tradition nur als Gegenspieler angeführt. In 2 9 werden die Amoriter
als Vorbesitzer des Landes groß und stark genannt. Als solche hat sie
Jahwe Israel zuliebe vernichtet. Diese Tat Jahwes bekräftigt nun das Urteil über die Großen und Starken in Israel, die die Rolle der Vorbewohner übernommen haben. Das Gericht, das nach der Tradition dem alten
Gegner galt, trifft jetzt Israel. In 3 2 werden „alle Sippen der Erde" erwähnt, um Jahwes singuläre Erwählung Israels zu verdeutlichen. Aber
auch diese Aufnahme der Tradition dient durchaus nicht mehr dazu, die
anderen Völker gegenüber Israel zurückzustellen, sondern soll allein die
einzigartige Verantwortlichkeit Israels unterstreichen (2b). Am krassesten
spricht 9 7a aus, daß Israel bei Jahwe in Zukunft nicht mehr gilt als eines
der fernsten und verachtetsten Völker, die Kuschiten. Die Begründung
der Vorzugsstellung Israels durch die Exodustradition wird einmalig
kühn damit entkräftet, daß Israels Hauptgegner, die Philister und Aramäer, eine gleichartige Führung durch Jahwe erfahren haben (9 7b).
Exodus-, Landgabe- und Erwählungstradition bekommen also bei Amos
eine neue Funktion: Israel wird die Möglichkeit entwunden, ein Vorrecht

gegenüber den Völkern zu behaupten und besondere Schonung zu erwarten (3 2). Schon die bisherige Geschichte Jahwes mit den Völkern ist als Parallele zur alten (9 7b) oder neuen (2 9 9 7a) Israelgeschichte anzusehen.

b) In den Strafansagen gegen Israel treten die Völker als Gerichtswerkzeuge Jahwes auf. Jedoch wird nie ein bestimmtes Volk erwähnt. 3 11 spricht allgemein von einem „Feind". In 6 14 ist von „einem Volk" die Rede, das Israel bedrängen wird; aber hier wie in den meisten Strafansagen ist Jahwe selbst der eigentliche Anführer der Gegner. Nach 9 4 faßt er selbst noch schärfer zu als Israels „Feinde"; während sie nur deportieren, entbietet er das tötende Schwert. Die Richtung, in der die Strafvollstreckung der Deportation zu erwarten ist, wird nur allgemein mit Ortsangaben aus dem Aramäerreich bezeichnet (4 3 5 27; vgl. z.St.). Jedoch werden die Aramäer nicht als Werkzeuge Jahwes genannt. Nur soviel wird deutlich, daß Israels Ende von Amos auch im Rahmen weltpolitischer Umbrüche gesehen wird. Wie Jahwe einst Israel vor den Völkern in der Landgabe aussah, so vollstreckt er jetzt in der Landvertreibung durch Weltvölker sein Gericht. Jahwe verfügt frei über die Völker, für und gegen Israel.

c) Wie gänzlich die Völker vor Jahwe mit Israel zusammenrücken, zeigen am deutlichsten die Fremdvölkerworte. Für Amos werden sie gleich Israel vor Jahwe schuldig, weil sie schwächere Mitmenschen mißhandelt haben (1 3. 6. 13 2 1). Für sie gilt wesentlich kein anderes Recht als für Israel. So erweist sich auch als ihr Richter Jahwe und nicht ein anderer Gott (1 4f. 7f. 14f. 2 2f.). Wie er Philister und Aramäer einst geführt (9 7b) und die Amoriter gerichtet hat (2 9), so entscheidet er über die Zukunft von Aramäern und Philistern, von Ammonitern und Moabitern.

So läßt sich das Neue der Botschaft des Amos in drei Sätzen zusammenfassen:

1. Mit problemloser Klarheit bezeugt er Jahwe allein als Gott Israels wie der Völker; beider Herkunft wie Zukunft ist seine freie Tat.

2. Die Botschaft von Israels restloser Vertreibung aus dem Lande ist insofern eschatologische Verkündigung, als sie das Ende der bisherigen Heilsgeschichte und damit jeder Sonderstellung Israels in der Geschichte bezeugt; an der Verachtung des von Jahwe vollzogenen Rechtes der Schwachen scheitert Israel.

3. Die überraschendste Konsequenz ist also die Gleichstellung der Völker mit Israel und Israels mit den Völkern; die Völker stehen wie Israel unter Jahwes Urteil und Jahwes Führung.

Dem entspricht die bleibende Bedeutung der gesamten Verkündigung des Propheten:

1. Sie ist geschichtsbezogene, in ihrer eigenen Weise unwiederholbare

Botschaft. Sie bezeugt den Gott, der auf seinem Weg mit Israel und den Völkern noch bestehende Verhältnisse unwiederbringlich beendet und ebenso unaufhaltsam Neues setzt. Indem das prophetische Wort Schrecken und Tod ansagt, führt es bei Amos eine ganz unabsehbare Zukunft herauf. Nur die Kehrseite des bisherigen Heils wird sichtbar. Vielleicht müssen zu bestimmten Zeiten auch im Namen Jesu solche Stimmen laut werden.

2. Israel scheitert daran, daß es in seinem Gemeinschaftsleben dem Einsatz seines Gottes für die Schwachen nicht entspricht. Die Zukunft der Völkerwelt hängt am gleichen Recht der Bedrückten. Gott will nicht den Schein-Gottesdienst der Selbstsicherheit und Selbsterhaltung, sondern den Menschendienst der Gerechtigkeit und Hilfsbereitschaft. Der Mensch verfehlt seine Zukunft, wenn er in kultischer Aktivität die freien Taten Gottes vergißt und sich dem Zugriff seines Wortes entzieht. Auch im Namen Jesu wird Gottes Volk am Einsatz für die Bedrängten und die Völkerwelt an ihrem Verhältnis zu den schwächsten Gliedern gemessen.

3. Indem Amos mit seiner Gerichtsbotschaft Israel unter die Völker zurückstößt, erscheint Pfingsten im Negativ. Der Zaun zwischen dem Gottesvolk und den Weltvölkern wird schon abgebrochen. Der Kirche wird es schaden, wenn sie sich nicht jedes Vorzugsbewußtsein, wie es trotz Amos auch in Israel wieder erstarkte, zerschlagen läßt. Es gibt religiöse Privilegien, die auch im Namen Jesu als unbegründet, ja tödlich enthüllt werden müssen. Völkergemeinschaft der Versöhnten entsteht nur durch die Erkenntnis, daß sie zuvor eine Gemeinschaft der zu Recht Verurteilten ist. Die Kirche sollte dieser Erkenntnis in der Völkerwelt die Bahn brechen.

§ 5. DIE ENTSTEHUNG DES BUCHES

Schon eine flüchtige Durchsicht des Amosbuches nötigt zu der Einsicht, daß eine längere literarische Wachstumsgeschichte anzunehmen ist. Denn aus nur mündlicher Tradition läßt sich weder die Unterbrechung der im Ich-Stil gehaltenen Visionsberichte durch die Erzählung eines Dritten in 7 10–17 noch die Einschaltung verschiedener Strophen eines Hymnus an weit voneinander entfernten Stellen des Buches (4 13 5 8f. 9 5f.) erklären. Vor der nachexilischen Zeit wird das Buch kaum seinen heutigen Bestand erreicht haben. Denn von einer deuteronomistischen Hand aus exilischer Zeit heben sich deutlich genug noch spätere Ergänzungen heilseschatologischer Theologie ab.

Dabei muß die literarische Fixierung noch zu Lebzeiten des Propheten eingesetzt haben. Am schwersten sind allerdings diese Anfänge greif-

bar. Doch haben die Vorarbeiten der letzten Jahrzehnte neue Möglich-
keiten eröffnet. Wir können die Analyse ältester Überschriften-Elemente
mit Beobachtungen an den Spruch- und Berichtsgruppierungen verbinden und so mit hochgradiger Wahrscheinlichkeit drei literarische Schichten des 8. Jh. unterscheiden, die alle drei zur Hauptsache auf Amos selbst
und seine zeitgenössischen Anhänger zurückgehen. Weitere drei Schichten sind als Nachinterpretationen an ihrer eigenen Sprache und verschiedenen Intentionen zu erkennen. Sie führen in die folgenden Jahrhunderte.

1. „Die Worte von Amos aus Thekoa". Die Analyse der Über-
schrift 1 1 führt dazu, in den Worten דִּבְרֵי עָמוֹס מִתְּקוֹעַ den ältesten Kern zu
sehen (s.u.S. 146f.). Fragt man, welche Spruchsammlung so eingeleitet gewesen sein könnte, so wird man in die Kap. 3–6 gewiesen. Denn die
Sprüche in 1 3 – 2 16 sind mit der Botenformel sofort als Jahweworte eingeführt und deshalb ebensowenig wie die Visionsberichte in Kap. 7–9
unter dieser Überschrift denkbar. Dagegen sind viele Sprüche in Kap. 3–6
überhaupt nur „Worte des Amos" in der Grundform der freien Zeugenrede (s.o.S. 110ff.): 3 3–8 4 4–5 (zur Gottesspruchformel s.u. z.St. und Exkurs
S. 174) 5 7. 10f. 18–20 6 1–7. 12; andere sind zunächst mit einem Amoswort
eröffnet und bringen erst an zweiter Stelle einen Jahwespruch (s.o.S. 110f.):
3 1a + 2.9 – 11.13 – 15 4 1 – 3 5 1 – 3. 12 + 16f. 6 13f. Nur einzelne Worte
finden sich dazwischen, die einen reinen Jahwespruch überliefern: 3
12 5 4f.21–24 + 27 (6 8 ?). Es kann nicht mehr geklärt werden, ob der
eine oder andere dieser Sprüche erst durch die redaktionelle Arbeit der
Amosschule (s.u.S. 131ff.) hier eingeführt worden ist. Doch paßt die Überschrift „Worte von Amos aus Thekoa" zum Grundbestand der Kap. 3–6
nicht nur des Charakters der meisten Sprüche wegen ausgezeichnet, sondern auch deshalb, weil mehrere Einzelworte direkt als דָּבָר eingeführt
werden (3 1 4 1 5 1) und wenigstens in 5 1 das Ich des Amos als Sprecher
des דָּבָר ausdrücklich genannt wird (zum Ich in 5 12 s.u. z.St.). Darum
ist auch mit der Möglichkeit zu rechnen, daß diese Sammlung auf Amos
selbst zurückgeht. Wenig Sicherheit ist zu erwarten in der Frage, ob der
Kern dieser Sammlung auf Sprüche aus Samaria (3 9 4 1 6 1) oder auf
eine Wandertätigkeit zwischen Samaria und Bethel (Gilgal? 4 4 5 5) zurückgeht.

2. Die Zyklenniederschrift. Die fünf Berichte über Visionen in
7 1–8 8 1–2 9 1–4 sind auf Grund ihres autobiographischen Stils sicher auf
Amos selbst zurückzuführen. Im ganzen wie im einzelnen nährt mancherlei die Vermutung, der Völkerspruchzyklus sei zugleich mit den Visionen literarisch fixiert worden: die Fünfgliedrigkeit mit Paarbildung
und Klimax zum letzten Stück hin, die Wiederholung von Rahmen- und
Hauptsätzen, die enge thematische Verwandtschaft der Schlußstücke
(2 13–16 und 9 1–4) und bezeichnende Kleinigkeiten wie die im Amosbuch
sonst ungewöhnliche Schlußformel der Botenrede אָמַר יהוה (1 5.8. 15 2 3

und 7 3. 6); vgl. o. S. 120 und u. S. 180. Die Redaktion, die 7 9–17 in den Visionenzyklus einschaltete, rückte den Text mit Amos' Auftritt in Bethel zusammen. Auch der Völkerspruchzyklus ist dort denkbar (s. u. S. 181). Vielleicht hängt diese Niederschrift mit der Ausweisung des Propheten aus Bethel (7 12) und dem Ende seiner Wirksamkeit im Nordreich zusammen. Darf man von der literarischen Geschlossenheit der Zyklenniederschrift auf ein gegenüber der Spruchsammlung in Kap. 3–6 fortgeschritteneres Stadium schließen? Immerhin ist das Gefüge von freien Zeugenworten und auftragsgebundenen Botensprüchen in Kap. 3–6 tatsächlich sehr viel lockerer und ungeordneter. Die Redaktion ordnet jedenfalls die Zyklenniederschrift den „Worten von Amos aus Thekoa" als einer vorgegebenen Sammlung zu. S. u. S. 333f.

3. Die alte Amosschule. Jene frühe Redaktion zeigt ihre ersten Spuren nämlich in dem zweiten Relativsatz des heutigen Buchtitels: „die er über Israel schaute zwei Jahre vor dem Erdbeben" (s. u. S. 149f.). Sie sagt nicht wie Amos ראה (7 1.4. 7 8 1 9 1), sondern חזה (11), verknüpft aber die Visionen mit den „Worten", freilich nicht ohne sprachliche und sachliche Härte („Worte des Amos, ... die er schaute ...", dazu u. S. 147). Dabei wird die Zyklenniederschrift wie ein Ring um die „Worte von Amos aus Thekoa" gelegt, ähnlich wie das die alten Redaktionen gern mit dem ihnen näher stehenden jüngeren literarischen Gut taten (vgl. die Rahmung des älteren Pentateuchgutes durch die Priesterschrift und die Ringbildung in Jes 1–12 um einen alten Kern 6 1 – 9 6).

Diese ältere Überschriftsredaktion, die sich im zweiten Relativsatz zeigt, führen wir auf eine alte Amosschule zurück. Daß wir mit Sicherheit mit einem solchen Schülerkreis zu rechnen haben, der sich um die Überlieferung der Worte des Meisters kümmerte, geht zuerst aus der Einschaltung des Berichtes eines Dritten (7 10–17) über Widerfahrnisse des Amos in den Ich-Bericht der Visionen hervor. Der Verfasser muß ein Augen- und Ohrenzeuge gewesen sein. Er trifft Stil und Thematik des Amos ziemlich genau (vgl. zur Androhung der Deportation in 11. 17 o. S. 124f., zur Einführung des Zitats in 16 o. S. 116 und zur Einführung des Jahweworts in 17 o. S. 109f.; dagegen sagt Amos nie – vor allem nicht vor einer Zitierung des Gegners – „höre Jahwes Wort" 16); er schildert eine unerfindliche Szene und bietet eine Drohung gegen Jerobeam II. (11), die nicht in Erfüllung ging und darum vorweg auf das „Haus Jerobeams" ausgedehnt wurde (9), denn Jerobeams Sohn Sacharja fiel in der Tat durchs Schwert; vgl. 2 Kö 14 29 mit 15 10. V. 9 muß, wenn nicht auf die gleiche Hand, so doch auf die gleiche alte Amosschule zurückgeführt werden, denn er nennt Israel „Isaak" („Höhen Isaaks"), wie es sonst im ganzen Amosbuch nur der Er-Bericht in 7 16 tut („Haus Isaaks"); auch spricht er wie 7 11 von Jerobeam ohne Vaternamen, hat es also noch nicht wie spätere Redaktoren nötig, diesen König als „Jerobeam, Sohn Joas'" (1 1) von Jerobeam I. zu unterscheiden.

Diese alte Amosschule hat demnach noch Fakten im Auge und Worte des Propheten im Ohr, die weder von den „Worten von Amos aus Thekoa" noch von der Zyklenniederschrift überliefert wurden. In 7 9–17 hat sie die erste Vision verdeutlicht, die die Unabwendbarkeit des Gerichts bezeugte.

Ähnlich verfuhr sie mit der vierten und fünften Vision. Syntaktisch ist 8 3 ebenso an 8 2 angeschlossen wie 7 9 an 7 8 (perf. cons.). An 8 4–7 läßt sich einerseits nachweisen, daß die Schule alte Amosworte tradierte, da der Wortlaut von 4 und 6a fast genau 2 6b 7a entspricht; andererseits zeigt sich die abweichende Sprache der Schüler („höret dies!" in 4 statt „höret dieses Wort" in 3 1 4 1 5 1; die Einführung des Zitats mit לֵאמֹר in 5a statt mit Partizip, s.o.S. 116; die Material von 6 8 merkwürdig verknüpfende Schwurformel 7a und der jeder Konkretion entbehrende Inhalt der Drohung 7b, die das Vokabular von kultischen Klageliedern aufnimmt; s.z.St.). 8 8 bietet eine Drohung in Frageform, wie sie bei Amos nie erscheint, aber sehr wohl aus der Diskussion von Schülern über Worte des Meisters verständlich wird. Daß die hier verhandelte Androhung eines Erdbebens die alte Amosschule besonders beschäftigte, zeigt ihre Formulierung der Überschrift (s.u.S. 150 zu 11; „zwei Jahre vor dem Erdbeben" bezieht sich auf Drohworte der Zyklenniederschrift 2 13 9 1; diese wurden mit den „Worten von Amos aus Thekoa" verknüpft, die statt des Erdbebens die politische Katastrophe mehr in den Vordergrund rückten). 8 9–14 fügen Gerichtsworte mit Verknüpfungsformeln an, die in älterer und jüngerer Zeit geläufig waren. Vom Inhalt her können 9f. und 13f. auf die alte Amosschule zurückgeführt werden, zumal 14 deutlich auf Verhältnisse des Nordreichs anspielt (zu 11f. s.u.S. 137).

Die Nachträge in 9 7. 8a 9f. erinnern stark an Themen und Sprache des Amos selbst: 9 7a.b an seinen diskutierenden Fragestil (s.o.S. 111f.), 8a an die Deportationsdrohungen (s.o.S. 124f.), 9 an seine Bildsprache (s.o.S. 116f.), 10 an die Todesdrohung (s.o.S. 125) und die Eigenart der Zitateinführung (s.o.S. 116). Doch auch hier wird die eigene Sprache der Schüler vernehmbar: in der Mischung des Disputationsstils mit der Botenrede (9 7a.b; s.o.S. 112), in dem bei Amos seltenen, hier aber wiederholten Auftreten der der Kultsprache näherstehenden Wurzel חטא (8a. 10a; s.u.S. 185), in der singulären Nachstellung der Strafbegründung 10b (s.o.S. 118).

Als bisheriges Ergebnis ist festzuhalten, daß die Ergänzungen zum Visionenzyklus dazu nötigen, mit der literarischen Wirksamkeit einer alten Amosschule zu rechnen. Sie bietet Amossprüche und gibt doch ihre eigene abweichende Sprache zu erkennen. Im einzelnen sind die verba ipsissima des Propheten oft schwer von den Neufassungen und Ergänzungen der

Schüler zu unterscheiden.

Von hier aus ist es verständlich, daß auch im Bereich der „Worte von Amos aus Thekoa" mit Ergänzungen der Schule zu rechnen ist, daß sie aber durchaus nicht in allen Fällen erkennbar sein müssen. Folgende Stellen dürften ihr jedoch mit hochgradiger Wahrscheinlichkeit zuzuordnen sein, da sie sich ohnehin literarkritisch vom Kontext abheben. 6 2 durchbricht die zum Weheruf gehörigen gleichförmigen Partizipialreihen in 1 und 3ff. Das Wort interpretiert den Hochmut der samarischen Führerschaft (1) im disputierenden und vergleichenden Fragestil, der uns schon in 8 8 und 9 7a.b begegnete. Auch 6 6b schießt über und fällt formal als Negation aus dem Rahmen. Zudem weist die Rede vom „Zusammenbruch Josephs" ebenso wie der Inhalt von 6 2 nicht in die Zeit des Auftretens des Amos im Nordreich, sondern in spätere Jahrzehnte (s.u.S. 134).

Statt Israel wird auch in 5 15 „Joseph" gesagt (sonst nie bei Amos, nur noch in 5 6, dazu u.S. 135). Außerdem durchbrechen die Sätze 5 14f. zusammen mit 5 13 den Zusammenhang von 5 12 + 16f. (s. לָכֵן in 16a und z.St.). 5 14f. wird am besten als Nachinterpretation von 5 4 verständlich. Sie knüpft an die Amosworte über das Verhalten „im Tor" an (vgl. 15a mit 10. 12). Doch treten grundsätzliche Mahnungen an die Stelle konkreter Vorwürfe. Der Finalsatz וְחְיוּ (4) heißt jetzt לְמַעַן תְּחְיוּ (14a). Die Mahnung wird nicht mit einer Gerichtsdrohung wie in 5b begründet, sondern mit der Diskussion einer möglichen Rettung eines „Restes Josephs". Die Art der Auseinandersetzung mit Hoffnungen der Hörer (s.o.S. 116) und die Ungewißheit des „vielleicht" in 15b entsprechen viel mehr dem Stil der Schüler als der eindeutigen Gerichtsbotschaft des Meisters (s. im einzelnen z.St.). (Im Tenor Hoffnung weckender Warnung und im Sprachgebrauch – „Haus Joseph"! – ist 5 6 verwandt; s.u.S. 135). 5 13 zeigt, daß die Schüler die geistige Heimat der Weisheit mit Amos teilen (s.z.St.). Zu 6 9f. s.u.S. 326.

Schließlich ist die in 5 5aγ zugefügte Warnung „und nach Beerseba wallfahrtet nicht!" als Nachtrag zu den vorangehenden Warnungen vor Bethel und Gilgal daran zu erkennen, daß in 5b keine entsprechende Drohung folgt. Wir werden sie als Zusatz der Amosschule besonders gut verstehen können, da Beerseba auch in 8 14 erwähnt wird und da dieser Ort die Rede vom „Haus Isaaks" (7 16) und den „Höhen Isaaks" (7 9) erklären hilft (s.u.S. 134).

Man kann schließlich noch fragen, ob 5 25f. und im Völkerzyklus 2 10-12 der alten Amosschule zuzuschreiben sind. Beide Stellen heben sich klar vom Kontext ab. Im disputierenden Fragestil (2 11b 5 25), in der Thematik (vgl. 2 12b mit 7 16bα) und in der zeitlichen Fixierung (vgl. 5 26 mit 2 Kö 17 30; s.z.St.) könnten sie in die Nähe der alten Amosschule gehören. Doch sehe ich überzeugendere Gründe für eine spätere Datierung (s.u.S. 137).

Was läßt sich zur Z e i t der alten Amosschule sagen? Sie hat ihre literarische Tätigkeit offenbar erst nach jenem Erdbeben begonnen, das Amos angedroht hatte. Die Erfüllung des Prophetenwortes hat vielleicht die Verbindung der beiden schon vorliegenden Sammlungen verursacht (1 1 2 13 9 1). Doch scheint die Schule darüber hinaus nicht nur auf Jerobeams II. Tod zurückzusehen, sondern auch schon auf die Revolte des Sallum gegen dessen Sohn Sacharja (vgl. 7 9.11 mit 2 Kö 14 29 15 10). Nach 8 14 ist das Heiligtum von Dan zwar noch nicht den Eroberungen Tiglatpilesers III. vom Jahre 733 zum Opfer gefallen. Aber 6 2 setzt doch wohl schon das Vorstürmen des Assyrers nach Syrien voraus und damit auch die antiassyrischen Koalitionsversuche in der Mitte der dreißiger Jahre des 8. Jh. Mindestens wird der „Zusammenbruch Josephs" (6 6b) und damit die Frage nach der Zukunft eines „Restes Josephs" (5 15; vgl. „Haus Joseph" in 5 6!) am Horizont sichtbar. Setzt die ungewöhnliche Benennung „Joseph" für Israel, ähnlich wie „Ephraim" bei Hosea (s. BK XIV/1, 212), schon eine Gefährdung israelitischer Staatsgebiete voraus (s. unten zu 6 6b)? Jedenfalls wird die Amosschule in der Generation von 760–730 gewirkt haben; vielleicht lag der Schwerpunkt ihrer Arbeit in der beginnenden Assyrerkrise des Nordreichs um 735.

Der O r t ihrer Tätigkeit ist in Juda, im Bereich der Heimat des Meisters, zu suchen. Wäre es sonst nötig, in 7 10 Jerobeam „König Israels" zu nennen? Bemerkenswerter ist aber die nur in der Amosschule vorzufindende Benennung Israels als „Haus Isaak" (7 16) und der Heiligtümer als „Höhen Isaaks" (7 9). Sie ist zusammen zu sehen mit der ebenfalls nur in dieser Schicht des Amosbuches belegten Erwähnung des Heiligtums von Beerseba (8 14 5 5aγ). Beerseba mag alter kultischer Treffpunkt israelitischer und edomitischer Wallfahrer gewesen sein, die Isaak als gemeinsamen Stammvater verehrten (Nu 20 14 Dt 23 8). Wir können nur ahnen, warum die Kreise der Sippenweisheit um Amos an solchen Verbindungen und Benennungen besonderes Interesse fanden (vgl. WMANT 18, 1964, 53–55 und u. zu 5 5). Hier ist daraus nur zu folgern, daß die Amosschule anscheinend Kontakte mit Beerseba-Pilgern aus dem Nordreich aufnahm und mit ihnen die Worte des Meisters diskutierte. Durch solche Pilger sollte wahrscheinlich das weiter ausgelegte Prophetenwort in der Krisenstunde des Nordreichs neu zur Sprache kommen. S. u. S. 355f. zu 7 10–17.

Diese Schicht von Adressaten macht verständlich, daß in der Amosschule ein weit stärkeres Interesse an kultischen Fragen sichtbar wird als bei Amos selbst. Hier interessieren die Bedeutung des Bethel-Priesters Amazja für Amos' Leben (7 10–17), die „Höhen Isaaks" (7 9), Samaria, Dan und Beerseba (8 14), das Problem der Feiertagsruhe (8 5), Stichworte der Kultklage (8 7b) und des Priesterzuspruchs (5 14b). Hier gewinnen aber auch angesichts des Vordrängens Tiglatpilesers die Deportationsdrohungen (7 11. 17 9 8a) und die Frage des Überlebens eines Teiles des Nordreichs (5 14f. 6 2. 6b 9 10) ihre Aktualität. Wir können nicht übersehen, ob auch ältere Amossprüche aus den Zyklen oder „Worten" erst durch die alte Amosschule ihre heutige politisch zugespitzte Fassung erhielten. Sehr wahrscheinlich ist das in den meisten Fällen angesichts der wohl ursprünglichen scharfen Prägung nicht.

4. Die Bethel-Interpretation der Josiazeit. In 3 14bα findet sich ein aus dem Zusammenhang deutlich abhebbarer Nachtrag, der die Heimsuchung der „Altäre Bethels" als Meinung der allgemeineren Drohung des überlieferten Spruches mit dessen Worten auslegt. Nun stammt von Amos selbst sicher ein klares Drohwort gegen Bethel (5 5bβ), nach dem „Bethel zu Schanden werden" solle. Ferner wissen wir, daß Josia das Heiligtum zu Bethel zerstörte (2 Kö 23 15) und daß diese kultpolitische Maßnahme mit dem Auftreten eines „Gottesmannes aus Juda" in Zusammenhang gebracht und als Erfüllung von dessen Drohung gegen den Altar von Bethel verstanden wurde (2 Kö 23 17; vgl. 1 Kö 13). Das deuteronomistische Geschichtswerk nimmt hier sehr wahrscheinlich volkstümliche Überlieferungen über Amos auf (OEißfeldt, s.u. zu 5 6).

Diese Traditionen der Josiazeit haben im Amosbuch nicht nur in dem literarkritisch sicher erkennbaren Nachtrag 3 14bα einen Niederschlag gefunden, sondern auch an mehreren anderen Stellen, die entweder direkt von Bethel sprachen oder doch, wie 3 14, leicht auf Bethel gedeutet werden konnten, weil sie im Zusammenhang der Androhung einer Zerstörung einen „Altar" erwähnten.

Wir gehen aus von 5 6, denn dieses Wort schließt an die erwähnte einzige Bethel-Drohung des Amos in 5 5bβ unmittelbar an. Im Unterschied zu 3 14bα aber liegt ein selbständiger Spruch vor, der zunächst wörtlich die Mahnung aus 5 4b übernimmt und sie lediglich aus dem Botenstil in den Disputationsstil überträgt. Daran schließt sich ein פֶּן-Satz an, der bei dreimaligem Subjektwechsel sehr umständlich formuliert ist. Von der geschliffenen Sprache des Amos in 5 5 ist wenig übriggeblieben. Die Benennung „Haus Joseph" erinnert an 5 15 (vgl. 6 6b). Am Ende wird der ganze ultimative Warnspruch auf Bethel bezogen (durch eine typisch mit לְ eingeführte Interpretationsglosse = „in Bezug auf"; voraufgehendes אכל und כבה pi. fügen ihr Objekt kaum mit לְ an; s.z.St.); damit wird ausdrücklich nur die Aussage des Amos über Bethel, nicht die über Gilgal aus 5 5b aufgenommen. Verständlich wird das, wenn diese nachgetragene Mahnung an die Zerstörung des Heiligtums von Bethel durch Josia denkt (oder doch – als Wort der Amosschule? [s.o.S. 133] – durch Zufügung von לְבֵית־אֵל darauf bezogen wird; s.u. zu 5 6). Josias Kultpolitik soll akzeptiert werden, damit nicht für das Haus Josephs noch schlimmere Folgen entstehen. Die Annahme des Gottesgerichts über Bethel wird durch ein hymnisches Stück vollzogen, das jetzt in 5 8f. überliefert ist, aber wohl infolge eines Abschreiberirrtums durch den zu 10f. gehörigen V.7 von V.6 getrennt worden ist (vgl. FHorst, ThB 12, 155–166).

Ein weiteres, sichtlich verwandtes hymnisches Stück findet sich in 9 5f.; hinter 9 1–4 wird es in gleicher Funktion wie das in Kap. 5 verständlich, wenn 9 1 auch auf die Zerstörung des Bethel-Heiligtums und auf Josias Maßnahmen bezogen wurde.

Das erste hymnische Stück dieser Art findet sich jedoch schon in 4 13 (zur Rekonstruktion des gesamten dreistrophigen Hymnus s.z. 4 13). Kann es in gleicher Weise verständlich gemacht werden? Ein Scheltwort gegen Bethel geht hier nur in größerem Abstand voran, in 4 4f. Es ist kein Drohwort, aber außer 5 5 das einzige Wort gegen Bethel, das sicher von Amos selbst stammt. Ihm folgt im heutigen Text, in 4 6 durch וְגַם־אֲנִי sichtlich sekundär mit 4 5 verklammert, ein fünfstrophiges Anklagewort (4 6–11), das bei Amos nicht seinesgleichen hat, in der Thematik aber an Fluchliturgien (wie Lev 26) erinnert (s.u. zu 4 6–11 Form). Vor der positiven Mahnung, Jahwe zu suchen (5 6), wird hier ausgeführt, daß Israel trotz vielfacher Heimsuchungen Jahwes nicht zu ihm zurückgekehrt sei. Dieser Anklage folgt in 12 ein Satzgebilde, das im Stil ähnlich wie 5 6 gewunden, prosaisch und umständlich wirkt. Nur allgemein wird auf Jahwes Strafakt hingewiesen, ohne daß er jedoch konkret ausgeführt würde. Alle Rekonstruktionsversuche wollen nicht befriedigen (s.u. zu 4 12). Am besten verständlich wird das „so" (כֹּה) und das „dies" (זֹאת) der unbestimmten Strafansage, wenn damit auf die durch Josia an Bethel vollzogene Aktion angespielt wird. Dann hat auch die Aufforderung, Israel solle seinem Gott gegenübertreten, als Aufruf zur Anerkennung seines gerechten Gerichts ihren Sinn und leitet verständlich die erste Strophe des Hymnus ein, mit dem Jahwe die Ehre gegeben wird (4 13). Daß dieser Hymnus im Psalter nicht seinesgleichen hat, mag darin seinen Grund haben, daß er synkretistisches Hymnengut aus dem Bethel-Heiligtum des 7. Jh. auf Jahwe bezieht.

Der dreistrophige Hymnus in 4 13 5 8f. 9 5f. ist also in der ersten Strophe oder in den ersten beiden Strophen eingeleitet durch Homilien (4 6–12 5 6; zu 5 6 s.o.S. 135 und u.z.St.), die dazu auffordern, die Worte des Amos gegen Bethel (4 4f. 5 4f.) auf Josias Zerstörung des Heiligtums zu beziehen. Josias Maßnahme soll entsprechend 2 Kö 23 15–20 als Erfüllung der Prophetie des „Gottesmannes aus Juda" (1 Kö 13) und damit als Jahwes Tat anerkannt werden. 9 5f. deutet nach 9 1 wie die Ergänzung in 3 14 das Prophetenwort gegen ein Heiligtum ebenso auf dieses Geschehnis. Mithin ist in Josias Tagen das Amosbuch so genau auf Erwähnungen Bethels oder auch nur eines „Altars" durchforscht worden, daß keine Stelle übersehen wurde, die auf die Aktion Josias hin zu interpretieren war. Die Doxologien lassen vermuten, daß die Bethel-Interpretation einem konkreten liturgischen Anlaß im drittletzten Jahrzehnt des 7. Jh. am Heiligtum zu Bethel diente.

Von da aus halte ich es für wahrscheinlich, daß 1 2 auf die gleiche Bethel-Interpretation der Josiazeit zurückgeht. Im Stil hymnischer Theophanieüberlieferung wird in Anlehnung an die Amosverkündigung das neue Gericht Jahwes in Bereiche des Nordreichs hinein von Jerusalem aus verkündet (s.u.S. 151f.). Die spätere deuteronomistische Redaktion kann so positiv nicht von Jerusalem sprechen.

5. Die deuteronomistische Redaktion. Ihr Anliegen ist es zunächst, Juda und Jerusalem ebenso unter dem gerechten Gericht Jahwes zu zeigen, wie Israel bei Amos und seiner Schule und speziell Bethel bei den Homileten und Liturgen der Josiazeit unter dem Strafwillen Jahwes gesehen wurden. Das geschieht durch die Einfügung der Juda-Strophe in den Völkerzyklus in 2 4f. und durch den Zusatz 3 1b, der sachlich vor allem das עֲלֵיכֶם in 3 2b auf „die ganze Sippe", die Jahwe aus Ägypten heraufführte, also auch auf Juda, ausdehnen will (s.u. zu 3 1b). Doch die deuteronomistische Schule ist weit umsichtiger in ihrer theologischen Arbeit, als daß sie nur Juda in die Verkündigung gegen Israel mit einbezöge.

Sie ergänzt zunächst andere Völker, die im Horizont der Exilszeit nicht fehlen durften, also Tyrus und Edom (1 9–12; s.u.S. 184f.). Weiter ist sie auf Vervollständigung der heilsgeschichtlichen Taten Jahwes aus: Während Amos in 2 9 nur die Landgabe genannt hat, fügt sie zuerst nachholend die Exodus- und Wüstentradition ein (2 10). Weiterhin erwähnt sie die Sendung der Charismatiker, nicht ohne paränetisch die Zustimmung der Hörer zu Jahwes Wohltat einzuholen (11), um dann deren schuldhaftes Vergehen gegen Nasiräer und Propheten zu rügen (12). So wird die Schuldfrage heilsgeschichtlich reflektiert. Das geschieht in gleicher Weise im Anschluß an die aktuelle Kultkritik des Amos durch den Zusatz von 5 25f. Jetzt wird die Legitimität des Opferdienstes an den „vierzig Jahren" der Wüstenzeit geprüft, die die Deuteronomisten oft beschäftigen (s. zu 2 10bα). Auch hier bedient sich die Redaktion des paränetischen Frage- und Anredestils wie in 2 10–12 und füllt die Aussage aus dem Schatz der deuteronomistischen Geschichtskenntnisse auf (vgl. 2 Kö 17 30 zu 5 26; s.z.St.).

Ein hervorragendes Interesse gilt dem theologischen Phänomen der Prophetie (vgl. 2 11f.). Die Amosworte in 3 6b und 8b sind Anlaß genug, das Verhältnis des prophetischen Wortes zum Geschichtsereignis in einen fundamentalen Lehrsatz zu fassen (3 7). Jahwe enthüllt seinen Plan seinen Knechten, den Propheten, bevor er ihn zur Tat werden läßt. Hier entstand durch Prophetenexegese ein leitender Grundsatz deuteronomistischer Geschichtsdarstellung (s.u. zu 3 7). Ob das Drohwort über den Hunger nach Jahwes Wort (8 11f.) auch zur deuteronomistischen Redaktion gehört (vgl. Dt 8 3) oder nicht vielmehr doch zur alten Amosschule, ist ungewiß (s.z.St.).

Gewiß aber gehört die Einordnung des Propheten in die israelitische Königsgeschichte sowie seine Zuordnung zu den Schafzüchtern in 1 1, also der endgültige Ausbau des Buchtitels, zur deuteronomistischen Redaktion, die damit noch einmal zugleich ihr umfassendes Geschichtsinteresse wie ihre spezielle Aufmerksamkeit für das Phänomen der Prophetie verrät (s.u.S. 150f.).

Methodisch zeichnet sich die deuteronomistische Redaktion dadurch aus, daß sie an Sätze oder Wortfelder des Kontextes anknüpft, während sich die Bethel-Interpretation der Josiazeit nur an die Stichworte „Bethel" oder „Altar" anschließt und die Amosschule meist nicht einmal Stichwortverknüpfungen übt, aber Sachbezüge erkennen läßt.

6. Die nachexilische Heilseschatologie. Seit der frühnachexilischen Heilsprophetie war es nicht mehr möglich, eine prophetische Gerichtsverkündigung von der einseitigen Schärfe des Amos weiter zu überliefern, ohne ein neues Heilswort hinzuzufügen (9 11–15). Dabei kann das Gerichtswort des Amos (5 11b) sogar im Wortlaut aufgenommen, muß jedoch mit positiven Vorzeichen versehen werden (9 14). Singuläre Heilszusagen (9 11) stehen neben weit verbreiteten Verheißungen (9 15). Vgl. weiter zu 9 11–15.

Vor den am Schluß des Buches nachgetragenen Heilsworten sind Einschränkungen der finsteren Unheilsverkündigung des Amos überraschend selten. Nur 9 8b nimmt eine Reduktion vor, indem der Zusatz betont, Vertilgung aus dem Lande bedeute nicht Vertilgung des Volkes schlechthin. In 5 22aα werden in einem Nachtrag die Brandopfer aus der Verwerfung der übrigen Opfer ausgenommen. Hier wird gemäß nachexilischer Gottesdienstordnung das unverständlich gewordene Urteil des Propheten ebenso eingeschränkt wie das von Ps 51 18f. in 20f. Ähnlich mag die Ergänzung „wie David" in 6 5 die Erfindung von Musikinstrumenten, ganz gegen die Meinung des Propheten, im chronistisch-liturgischen Sinne entschuldigen. Doch wie spärlich sind solche Abmilderungen im Amosbuch im Vergleich zum übrigen prophetischen Schrifttum!

So bleibt die einmalig düstere Botschaft des Amos vom Ende Israels im ganzen durch alle Schichten der Überlieferung unüberhörbar. Die alte Amosschule konfrontiert sie wohl einmal mit der kultischen Heilserwartung (5 14f.). Die Bethel-Interpretation und die deuteronomistische Redaktion erkennen die neue Aktualität der Amosworte im 7. und 6. Jh. Erst die nachexilische Theologie fügt kurz, aber deutlich hinzu, daß das Todesurteil Jahwes nicht sein letztes Wort ist.

§ 6. LITERATUR

Literatur zum Dodekapropheton s. BK XIV/1, XXVII–XXIX

1. Kommentare zu Amos: GBaur, Der Prophet Amos erklärt (1847).
– SRDriver, The Books of Joel and Amos: The Cambridge Bible (1897), rev. by
HCOLanchester (1915). – WOBurrons, Amos with Introduction, Notes, Maps
(1898). – HJElhorst, De profetie van Amos (1901). – JHalévy, Recherches
bibliques – Le Livre d'Amos: Revue Sémitique 11 (1903) 1–31. 97–121. 193–
209. 289–300; 12 (1904) 1–18. – JCHHow, Joel and Amos: Smaller Cambridge
Bible (1910). – ALWilliams, Joel and Amos: The Minor Prophets Unfolded
(1918). – MACanney, Amos: Peake's Commentary (1920). – KBudde, Zu
Text und Auslegung des Buches Amos: JBL 43 (1924) 46–131; 44 (1925) 63–
122. – BKutal, Libri prophetarum Amos et Abdiae (1933). – MBlechmann,
Das Buch Amos im Talmud und Midrasch: Phil. Diss. Würzburg (1937). –
HVeldkamp, Paraphrase van het boek van den profeet Amos en van het boek
van den profeet Obadjah (1940). – NHSnaith, Amos. I: Introduction, II:
Translation and Notes (1945/46). – EHammershaimb, Amos fortolket (1946;
²1958). – JABewer, The Book of the Twelve Prophets: Harper's Annotated Bible
2. Bd. (1949). – RSCripps, A Critical and Exegetical Commentary on the
Book of Amos (1929; ²1955 = ³1960). – NHSnaith, Amos, Hosea, and Micah:
Epworth Preacher's Commentaries (1956). – HFrey, Das Buch des Ringens
Gottes um seine Kirche. Der Prophet Amos: Die Botschaft des AT 23/1 (1958;
²1965). – JMarsh, Amos and Micah: Torch Bible Commentaries (1959). –
MPrager, Amos, der Hirte aus Teqoa: Bibel und Liturgie 36 (1962/63) 84–96.
164–172. 243–255. 295–308.

2. Gesamtdarstellungen zu Amos: HOort, De profeet Amos: ThT
14 (1880) 114–158. – JHGunning, De Godspraken van Amos (1885). – HG
Mitchell, Amos, an Essay in Exegesis (1893; ²1900). – JJPValeton, Amos en
Hosea (1894) (deutsche Übers. von FKEchternacht, Amos und Hosea, 1898). –
KHartung, Der Prophet Amos: Bibl. Studien III/4 (1898). – ABVienney,
Amos de Tekoa, son époque et son livre (1899). – MLöhr, Untersuchungen
zum Buch Amos: ZAWBeih 4 (1901). – SOettli, Amos und Hosea: BFchrTh 5,
4 (1901). – JTouzard, Le livre d'Amos (1908). – ATweedie, A Sketch of
Amos and Hosea (1916). – LDesnoyers, Le Prophète Amos: RB 26 (1917)
218–246. – LKöhler, Amos: Schweiz. Theol. Zeitschr. 34 (1917) 10–21. 68–79.
145–157. 190–208 = Amos (1917). – HSchmidt, Der Prophet Amos (1917). –
AWeiser, Die Profetie des Amos: ZAWBeih 53 (1929). – KCramer, Amos. Ver-
such einer theologischen Interpretation: BWANT 51 (1930). – HHKrause, Der
Gerichtsprophet Amos, ein Vorläufer des Deuteronomisten: ZAW 50 (1932)
221–239. – JKroeker, Amos und Hosea (1932). – CvanGelderen, Het boek
Amos (1933). – JMorgenstern, Amos Studies I: HUCA 11 (1936) 19–140. – Ders.,
Amos Studies II (The Sin of Uzziah, the Festival of Jerobeam, and the Date of
Amos): HUCA 12/13 (1937/38) 1–53. – Ders., Amos Studies III (The Historical
Antecedents of Amos' Prophecy): HUCA 15 (1940) 59–304. – Ders., Amos
Studies IV (The Address of Amos; Text and Commentary): HUCA 32 (1961)
295–350. – VHerntrich, Amos, der Prophet Gottes (1941). – BACopass, Amos
(1939). – THSutcliffe, The Book of Amos (1939). – REWolfe, Meet Amos and
Hosea, the Prophets of Israel (1945). – GBrillet, Amos et Osée (1946). –

IEngnell, Amos: SBU I (1948) 59–63. – EWürthwein, Amos-Studien: ZAW 62 (1950) 10–52. – ANeher, Amos. Contribution à l'étude du prophétisme (1950). – VMaag, Text, Wortschatz und Begriffswelt des Buches Amos (1951). – JDW Watts, Vision and Prophecy in Amos (1958). – ASKapelrud, Central Ideas in Amos (1956; ²1961). – CAMoreno, Amos: Theologia Vida 4 (1963) 23–35. – Eybers - Glück - Fensham - Labuschagne - Muntingh - vanderMerwe - Pelser - van Selms, Studies on the Books of Hosea and Amos: Papers read at the 7th and 8th meetings of Die O.T. Werkgemeenskap in Suid-Afrika (1964/65).

3. Zum Text des Amosbuches: MRahmer, Die hebräischen Traditionen in den Werken des Hieronymus. Zweiter Theil: Die Commentarien zu den XII kleinen Propheten. III. Amos: MGWJ 42 (1898) 1–16. 97–107. – WOEOesterley, Studies in the Greek and Latin Versions of the Book of Amos (1902). – AHirscht, Textkritische Untersuchungen über das Buch Amos: ZwTh 44 (1903) 11–73. – JMeinhold und HLietzmann, Der Prophet Amos. Hebräisch und griechisch: Kl. Texte für theol. Vorlesungen und Übungen 15/16 (1905). – FPrätorius, Textkritische Bemerkungen zum Buche Amos: SAB, Phil.-hist. Kl. (1918) 1248–1262. – ThHRobinson, Amos. Hebrew Text (1923). – FXAuer, Vulgatastudien an Hand der Kleinen Propheten, I. Oseas bis Micha: maschinenschriftl. Diss. Breslau (1942). – NHSnaith, Notes on the Hebrew Text of Amos (1945/46).

4. Zur Form der Amos-Worte: ACondamin, Les chants lyriques des prophètes: RB 10 (1901) 352–376. – WRHarper, The Utterances of Amos arranged strophically (1901). – EBaumann, Der Aufbau der Amosreden: ZAW Beih 7 (1903). – ESievers-HGuthe, Amos metrisch bearbeitet: AGL 23/III (1907). – GLemcke, Die Prophetensprüche des Amos und Jesaja metrischstilistisch und literarisch-ästhetisch betrachtet: Diss. Breslau (1914). – JLindblom, Die literarische Gattung der prophetischen Literatur: UUÅ (1924) 66–97 (Buch der Revelationen des Propheten Amos). – FPrätorius, Die Gedichte des Amos (1924). – EBalla, Die Droh- und Scheltworte des Amos (1926). – ATM Stephany, Charakter und zeitliche Aufeinanderfolge der Drohsprüche in der Prophetie des Amos: ChuW 7 (1931) 281–289. – RLLewis, The Persuasive Style and Appeals of the Minor Prophets Amos, Hosea, and Micah (1959). – GFarr, The Language of Amos, Popular or Cultic?: VT 16 (1966) 312–324. – WEStaples, Epic Motifs in Amos: JNESt 25 (1966) 106–112.

5. Zur Person des Amos: KBudde, Die Überschrift des Buches Amos und des Propheten Heimat: Semitic Studies in Memory of AKohut (1897) 106–110. – GRothstein, Amos und seine Stellung innerhalb des Prophetismus: ThStKr 78 (1905) 323–358. – HSchmidt, Die Herkunft des Propheten Amos: ZAWBeih 34 (1920) 158–171. – VHerntrich, Das Berufungsbewußtsein des Amos: ChuW 9 (1933) 161–176. – IPSeierstad, Erlebnis und Gehorsam beim Propheten Amos: ZAW 52 (1934) 22–41. – Ders., Die Offenbarungserlebnisse der Propheten Amos, Jesaja und Jeremia (1946; ²1965). – HHRowley, Was Amos a Nabi?: Festschr OEißfeldt (1947) 191–198. – MVaradi, Il profeta Amos (1947). – MBič, Der Prophet Amos – ein Haepatoskopos: VT 1 (1951) 293–296. – GADanell, Var Amos verkligen en nabi?: SvenskExÅ 16 (1951) 7–20. – AEMurtonen, The Prophet Amos – a Hepatoscoper?: VT 2 (1952) 170–171. – HJunker, Amos, der Mann, den Gott mit unwiderstehlicher Gewalt zum Propheten machte: TThZ 65 (1956) 321–328. – HJStoebe, Der Prophet Amos und sein bürgerlicher Beruf: WuD 5 (1957) 160–181. – ASKapelrud, Profeten Amos og hans yrke: NorskTT 59 (1958) 76–79. – SLehming, Erwägungen zu Amos: ZThK 55 (1958) 145–169. – SCohen, Amos was a Navi:

HUCA 32 (1961) 175–178. – ASKapelrud, Amos: BHHW I (1962) 85. –
HGrafReventlow, Das Amt des Propheten bei Amos: FRLANT 80 (1962).

6. Zur Zeit des Amos: FEPeiser, שְׁנָתַיִם לִפְנֵי הָרָעַשׁ. Eine philologische
Studie: ZAW 36 (1916) 218–224. – WTuschen, Die historischen Angaben im
Buche des Propheten Amos: Diss. Freiburg (1951). – SCohen, The Political
Background of the Words of Amos: HUCA 36 (1965) 153–160. – MHaran, Von
den Problemen des historischen Hintergrundes der „Völkerprophetie" im
Buche Amos (neuhebr.): ידיעות בחקירת ארץ־ישראל ועתיקותיה 30 (1966) 56–
69.

7. Zur Entstehung des Amosbuches: JDöller, Vom „Überschüssi-
gen" bei Amos: Studien u. Mitteil. aus dem Benedictiner- und Cistercienser-
orden 28 (1907) 413–415. – AWinter, Analyse des Buches Amos: ThStKr 83
(1910) 323–374. – KBudde, Zur Geschichte des Buches Amos: ZAWBeih 27
(1914) 63–77. – WCaspari, Wer hat die Aussprüche des Propheten Amos gesammelt?: NKZ 25 (1914) 701–715. – FHorst, Die Doxologien im Amosbuch:
ZAW 47 (1929) 45–54 = Gottes Recht: ThB 12 (1961) 155–166. – RGordis, The
Composition and Structure of Amos: HThR 33 (1940) 239–251. – EOßwald,
Urform und Auslegung im masoretischen Amostext. Ein Beitrag zur Kritik
an der neueren traditionsgeschichtlichen Methode: maschinenschriftl. Diss.
Jena (1951) (Referat: ThLZ 80, 1955, 179). – JDWWatts, The Origin of the
Book of Amos: ExpT 66 (1954/55) 109–112. – SJozaki, The Secondary Passages
of the Book of Amos: Kwansei Gakuin University Annual Studies 4 (1956) 25–
100. – VMaag, Amos. Amosbuch: RGG³ I (1957) 328–331. – GJBotterweck,
Zur Authentizität des Buches Amos: BZ NF 2 (1958) 176–189. – ASKapelrud,
Amosbuch: BHHW I (1962) 85–87. – WHSchmidt, Die deuteronomistische
Redaktion des Amosbuches: ZAW 77 (1965) 168–193.

8. Zur geistigen Heimat des Amos: OProcksch, Die Geschichts-
betrachtung bei Amos, Hosea und Jeremia: Diss. Königsberg (1901). – JRieger,
Die Bedeutung der Geschichte für die Verkündigung des Amos und Hosea
(1929). – LDürr, Altorientalisches Recht bei den Propheten Amos und Hosea:
BZ 23 (1935) 150–157. – HJunker, Amos und die „opferlose Mosezeit": ThGl
27 (1935) 686–695. – HRobscheit, Die thora bei Amos und Hosea: EvTh 10
(1950/51) 26–38. – MBCrook, Did Amos and Micah know Isaiah 9 2–7 and
11 1–9?: JBL 73 (1954) 144–151. – RBach, Gottesrecht und weltliches Recht in
der Verkündigung des Propheten Amos: Festschr GDehn (1957) 23–34. –
RVuilleumier-Bessard, La tradition cultuelle d'Israël dans la prophétie d'Amos
et d'Osée: Cahiers Théologiques 45 (1960). – STerrien, Amos and Wisdom:
Israel's Prophetic Heritage, Essays in honour of JMuilenburg (1962) 108–115. –
CStuhlmueller, Amos, Desert-Trained Prophet: The Bible Today 1 (1962/63)
224–230. – FCFensham, Common Trends in Curses of the Near Eastern Trea-
ties and *kudurru*-Inscriptions compared with Maledictions of Amos and Isaiah:
ZAW 75 (1963) 155–175. – HWWolff, Amos' geistige Heimat: WMANT 18
(1964). – WBrueggemann, Amos 4 4–13 and Israel's Covenant Worship: VT
15 (1965) 1–15.

9. Zur Botschaft des Amos: LBPatou, Did Amos Approve the Calf-
Worship at Bethel?: JBL 13 (1894) 80–91. – SOettli, Der Kultus bei Amos und
Hosea: Greifswalder Studien: Festschr HCremer (1895) 1–34. – JBoehmer, Die
Eigenart der prophetischen Heilspredigt des Amos: ThStKr 76 (1903) 35–47. –
JEMcFadyen, A Cry for Justice. A Study in Amos (1912). – WBaumgartner,
Kennen Amos und Hosea eine Heilseschatologie?: Diss. Zürich (1913). –
PHumbert, Un héraut de la justice, Amos: RThPh 5 (1917) 5–35. – EBruston,

Le message d'Amos: EThR 7 (1932) 158–172. – WRudolph, Gott und Mensch bei Amos: Imago Dei. Festschr GKrüger (1932) 19–31. – WAIrwin, The Thinking of Amos: AJSL 49 (1933) 102–114. – DLattes, Amos, prophète de la justice: Madregoth 1 (1940) 23–31. – FDijkema, Le fond des prophéties d'Amos: OTS 2 (1943) 18–34. – MLDumeste, La spiritualité des prophètes d'Israël, I. Le message du prophète Amos: VieSpirit 74 (1945) 834–852; 75 (1946) 424–437. – JPHyatt, The Book of Amos: Interp 3 (1949) 338–348. – HSchrade, Der verborgene Gott (1949) 157–163. – JPrado, Biblia y Predicacion, II. Amos el Profeta Pastor (1950). – LRandellini, Ricchi e poveri nel libro del profeta Amos: FrancLA 2 (1951/52) 5–86. – VLaridon, Amos, genuinae religionis defensor ac propheta iustitiae socialis: CollB 47 (1951) 405–410; 48 (1952) 3–7. 27–31. – ASKapelrud, God as Destroyer in the Preaching of Amos and in the Ancient Near East: JBL 71 (1952) 33–38. – RADWhitesides, The Gospel according to Amos: Diss. Princeton (1952). – vanSteenbergen, Motivation in Relation to the Message of Amos: Diss. Los Angeles (1953). – JMorgenstern, The Universalism of Amos: Tribute to LBaeck (1954) 106–126. – KBarth, Gerichtsbotschaft des Propheten Amos: KD IV/2 (1955) 502–509. – MLeahy, The Popular Idea of God in Amos: IrishThQ 22 (1955) 68–73. – PMousset, La pédagogie d'un prophète: Amos: Catéchistes 27 (1956) 267–273. – ABenson, „From the Mouth of the Lion". The Messianism of Amos: CBQ 19 (1957) 199–212. – AFeuillet, L'universalisme et l'alliance dans la réligion d'Amos: BiViChr 17 (1957) 17–29. – SHerrmann, Die prophetischen Heilserwartungen im Alten Testament: BWANT 85 (1965) 118–126. – PFBarackman, Preaching from Amos: Interp 13 (1959) 296–315. – CGHowie, Expressly for Our Time (The Theology of Amos): Interp 13 (1959) 273–285. – RSmend, Das Nein des Amos: EvTh 23 (1963) 404–423. – SAmsler, Amos, prophète de la onzième heure: ThZ 21 (1965) 318–328. – ASKapelrud, New Ideas in Amos: VTSuppl 15 (1966) 193–206.

10. Verschiedene Einzelprobleme: GHoffmann, Versuche zu Amos: ZAW 3 (1883) 87–126. 279–280. – HOort, Het Vaderland van Amos: ThT 25 (1891) 121–126. – OSeesemann, Israel und Juda bei Amos und Hosea (1898). – WRiedel, Alttestamentliche Untersuchungen I. Bemerkungen zum Buche Amos (1902) 19–36. – JAMontgomery, Notes on Amos: JBL 23 (1904) 94–96. – AvanHoonacker, Notes d'exégèse sur quelques passages difficiles d'Amos: RB 14 (1905) 163–187. – PLohmann, Einige Textkonjekturen zu Amos: ZAW 32 (1912) 274–277. – EAlbert, Einige Bemerkungen zu Amos: ZAW 33 (1913) 265–271. – JBWhitford, The Vision of Amos: Bibliotheca Sacra 83 (1913) 109–122. – FPrätorius, Zum Texte des Amos: ZAW 34 (1914) 42–44. – Ders., Bemerkungen zu Amos: ZAW 35 (1915) 12–25. – AWeiser, Die Berufung des Amos: ThBl 7 (1928) 177–182. – MEAndrews, Hesiod and Amos: JR 23 (1943) 194–205. – KGalling, Bethel und Gilgal: ZDPV 66 (1943) 140–155; 67 (1944) 21–43. – GADanell, Studies in the Name Israel in the Old Testament (1946) 110–136. – CSant, Religious Worship in the Book of Amos: Melita Theologica III (Malta) (1950) 75–93; IV (1951) 34–48. – WBShoot jr., The Fertility Religions in the Thought of Amos and Micah: Diss. Southern Calif. Univ. (1951). – WSMcCullough, Some Suggestions about Amos: JBL 72 (1953) 247–254. – GRDriver, Two Astronomical Passages in the Old Testament: JThSt 4 (1953) 208–212. – SSpeier, Bemerkungen zu Amos: VT 3 (1953) 305–310. – Ders., Bemerkungen zu Amos II: Homenaje à Millás-Vallicrosa II (1956) 365–372. – CAKeller, Notes bibliques de prédication des textes du prophète Amos: Verbum Caro 60 (1961) 390–398. – HGese, Kleine Beiträge zum Ver-

ständnis des Amosbuches: VT 12 (1962) 417–438. – JMaigret, Amos et le
sanctuaire de Béthel: Bible et Terre Sainte 47 (1962) 5–6. – PMamie, Le livre
d'Amos. Les châtiments et le „reste d'Israël": Nova et Vera 37 (1962) 217–
223. – STalmon, The Gezer Calendar and the Seasonal Cycle of Ancient
Canaan: JAOS 83 (1963) 177–187.

11. Zu bestimmten Amosstellen: NSchmidt, On the Text and Inter-
pretation of Am 5 25–27: JBL 13 (1894) 1–15. – CCTorrey, On the Text of
Am 5 26 6 1.2 7 2: JBL 13 (1894) 61–63. – Ders., Notes on Am 2 7 6 10 8 3
9 8–10: JBL 15 (1896) 151–154. – BFelsenthal, Zur Erklärung von Amos
6 10: Semitic Studies in Memory of AKohut (1897) 133–137. – ACondamin,
Le prétendu „fil à plomb" de la vision d'Amos: RB 9 (1900) 586–594. –
JABewer, Critical Notes on Am 2 7 8 4: AJSL 19 (1903) 116–117. – OHappel,
Am 2 6–16 in der Urgestalt: BZ 3 (1905) 355–367. – HWHogg, The Starting-
Point of the Religious Message of Amos: Transactions of the Third Inter-
national Congress for the History of Religions I (1908) 325–327. – KBudde,
Amos 1 2: ZAW 30 (1910) 37–41. – WBaumgartner, Amos 3 3–8: ZAW
33 (1913) 78–80. – HJElhorst, Amos 6 5: ZAW 35 (1915) 62–63. – ABertholet,
Zu Amos 1 2: Festschr NGBonwetsch (1918) 1–12. – KMarti, Zur Kompo-
sition von Amos 1 3–2 3: ZAWBeih 33 (1918) 323–330. – HKaupel, Gibt
es opferfeindliche Stellen im Alten Testamente?: ThGl 17 (1925) 172–178.
– HTorczyner, Dunkle Bibelstellen. Am 2 7: ZAWBeih 41 (1925) 278–279. –
LKeimer, Eine Bemerkung zu Amos 7 14: Bibl 8 (1927) 441–444. – LRost, Zu
Amos 7 10–17: Festgabe für ThZahn (1928) 229–236. – AWeiser, Zu Amos
4 6–13: ZAW 46 (1928) 49–59. – ThHGaster, An Ancient Hymn in the Pro-
phecies of Amos: JManchester UnivEgOrSoc 19 (1935) 23–26. – HJunker,
Text und Bedeutung der Vision Amos 7 7–9: Bibl 17 (1936) 359–364. – IZolli,
Note Esegetiche (Amos 2 7a): RivStudOr 16 (1936) 178–183. – AvanHoonacker,
Le sens de la protestation d'Amos VII, 14–15: EThL 18 (1941) 65–67. –
EASpeiser, Note on Amos 5 26: BASOR 108 (1947) 5–6. – EWürthwein,
Amos 5 21–27: ThLZ 72 (1947) 144–152. – MABeek, The Religious Back-
ground of Amos II, 6–8: OTS 5 (1948) 132–141. – BHolwerda, De exegese van
Amos 3 3–8 (1947). – JReider, דמשק in Amos 3 12: JBL 67 (1948) 245–248. –
HSMackenzie, The Plumb-Line (Amos 7 8): ExpT 60 (1949) 159. – ABentzen,
The Ritual Background of Am I, 2–II, 16: OTS 8 (1950) 85–99. – GRDriver,
Difficult Words in the Hebrew Prophets: Studies in OT Prophecy. Festschr
ThHRobinson (1950) 52–72. – HJunker, Leo rugiit, quis non timebit? Deus
locutus est, quis non prophetabit? Eine textkrit. u. exeget. Unters. über Amos
3 3–8: TThZ 59 (1950) 4–13. – FJNeuberg, An Unrecognized Meaning of
Hebrew DÔR: JNESt 9 (1950) 215–217. – HRSmythe, The Interpretation of
Amos 4 13 in St. Athanasius and Didymus: JThSt 51 (1950) 158–168. – EBau-
mann, Eine Einzelheit: ZAW 64 (1952) 62. – AMalamat, Amos I, 5 in the
Light of the Til Barsip Inscriptions: BASOR 129 (1953) 25–26. – GMRinaldi,
Due note ad Amos: RivStudOr 28 (1953) 149–152. – JDWWatts, Note on the
Text of Amos V, 7: VT 4 (1954) 215–216. – EFlorival, Le jour du jugement
(Amos 9 7–15): BiViChr 8 (1954/55) 61–75. – EZolli, Amos 4 2b: Ant 30 (1955)
188–189. – GRDriver, A Hebrew Burial Custom: ZAW 66 (1955) 314–315. –
Ders., Amos VII, 14: ExpT 67 (1955/56) 91–92. – JMacCormack, Amos
VII, 14a: ExpT 67 (1955/56) 318. – SBartina, „Vivit Potentia Beer-
Šeba" (Amos 8 14): VD 34 (1956) 202–210. – FHesse, Amos 5 4–6. 14f: ZAW
68 (1956) 1–17. – JPhHyatt, The Translation and Meaning of Am 5 23–24:
ZAW 68 (1956) 17–24. – DWThomas, Note on נוֹעֲדוּ in Amos III, 3: JThSt

NS 7 (1956) 69–70. – JDWWatts, An Old Hymn Preserved in the Book of Amos: JNESt 15 (1956) 33–39. – PRAckroyd, Amos VII, 14: ExpT 68 (1956/57) 94. – EVogt, Waw explicative in Amos VII, 14: ExpT 68 (1956/57) 301–302. – RDobbie, Amos V, 25: GlasgowUnivOrSocTransactions 17 (1959) 62ff. – WVischer, Perhaps the Lord will be Gracious (A Sermon): Interp 13 (1959) 286–295. – BKSoper, For Three Transgressions and for Four. A New Interpretation of Amos I, 3 etc.: ExpT 71 (1959/60) 86–87. – AHJGunneweg, Erwägungen zu Amos 7 14: ZThK 57 (1960) 1–16. – MMetzger, Lodebar und der *tell el-mghannije*: ZDPV 76 (1960) 97–102. – MJDahood, „To pawn one's cloak“: Bibl 42 (1961) 359–366. – UDevescovi, „Camminare sulle alture“: RBibIt 9 (1961) 235–242. – GSGlanzman, Two Notes: Amos 3 15 and Osee 11 8–9: CBQ 23 (1961) 227–233. – IRabinowitz, The Crux at Amos 3 12: VT 11 (1961) 228–231. – DRHillers, Amos 7 4 and Ancient Parallels: CBQ 26 (1964) 221–225. – HRMoeller, Ambiguity of Amos 3 12: The Bible Translator 15 (1964) 31–34. – SELoewenstamm, A Remark on the Typology of the Prophetic Vision (Amos 8 1–3): Tarbiz 34 (1964/65) 319–322. – GBrunet, La vision de l'étain: VT 16 (1966) 387–395. – KWNeubauer, Erwägungen zu Amos 5 4–15: ZAW 78 (1966) 292–316. – HNRichardson, A Critical Note on Amos 7 14: JBL 85 (1966) 89. – Weitere Literatur zu einzelnen Stellen wird im Kommentar vor dem betreffenden Text genannt.

12. Zur Literatur über Amos: IPSeierstad, Amosprophetien i ljoset av nyare gransking: TTKi 2 (1931) 111–127. – LKöhler, Amos-Forschungen von 1917 bis 1932: ThR NF 4 (1932) 195–213. – JLMays, Words about the Words of Amos. Recent Study of the Book of Amos: Interp 13 (1959) 259–272.

BUCHTITEL UND MOTTO
(1 1–2)

Literatur

KBudde, Die Überschrift des Buches Amos und des Propheten Heimat: Semitic Studies in Memory of AKohut (1897) 106–110. – Ders., Amos 1 2: ZAW 30 (1910) 37–41. – Ders., Zur Geschichte des Buches Amos: ZAWBeih 27 (1914) 63–77. – ABertholet, Zu Amos 1 2: Festschr Bonwetsch (1918) 1–12. – HSchmidt, Die Herkunft des Propheten Amos: ZAWBeih 34 (1920) 158–171. – JMorgenstern, Amos-Studies I: HUCA 11 (1936) 130–140. – MBič, Der Prophet Amos – ein Haepatoskopos: VT 1 (1951) 293–296. – AMurtonen, The Prophet Amos – a Hepatoscoper?: VT 2 (1952) 170–171. – SSpeier, Bemerkungen zu Amos (1 1a): VT 3 (1953) 305–306. – HJStoebe, Der Prophet Amos und sein bürgerlicher Beruf: WuD NF 5 (1957) 160–181. – JJeremias, Theophanie: WMANT 10 (1965) 12–17. 130–138. 154. – WHSchmidt, Die deuteronomistische Redaktion des Amosbuches: ZAW 77 (1965) 168–193. – MWeiß, In the Footsteps of one Biblical Metaphor: Tarbiz 34 (1964/65) 107–128.

Text

Die Worte von Amos[, der^a zu den Schafzüchtern^b gehört hat,] aus^c Thekoa, die er über Israel^d schaute [in den Tagen Ussias, Königs von Juda, und in den Tagen Jerobeams, des Sohnes Joas', Königs von Israel,] zwei Jahre vor dem Erdbeben.
[²Und er sprach:
    Brüllt Jahwe vom Zion her
      und erhebt er aus Jerusalem seine Stimme,
   dann^a welken^b der Hirten Weiden^c,
      und des Karmels Kopf verdorrt.]

1a 𝔊 (οἳ ἐγένοντο) bezieht den Relativsatz auf „die Worte" und gleicht ihn so dem folgenden Relativsatz an; 𝔙𝔗 unterstützen 𝔐. – b 𝔊 (ἐν νακκαριμ) könnte auf verschriebenes oder verlesenes בַּבְקָרִים (vgl. 7 14) zurückgehen, hat aber wahrscheinlich im überlieferten Text ר statt ד gelesen; denn auch 'A (ἐν ποιμνιοτρόφοις) Σ (ἐν τοῖς ποίμεσιν) Θ (in nocedim nach Hier) und die übrigen Griechen (ἐν τοῖς κτηνοτρόφοις) sowie 𝔊 (nḳd') setzen nicht בּוֹקֵר voraus, was im ganzen AT nur in 7 14 vorkommt und dort von 𝔊 αἰπόλος, von 'ΑΣΘΕ' βουκόλος übersetzt wird. 𝔗 (מרי גיתין) spricht die Führungsfunktion des נקד aus. Handschriften der Lukian-Rezension und der Catenen-Gruppe bieten den Stadtnamen καριαθιαρ(ε)ιμ (vgl. 𝔊 Jer 33 20). – c 𝔊ᴮ u.a. (vgl. Ziegler) übersetzen ἐν (= בתקוע?). – d 𝔊 (Ιερουσαλημ) wird kaum bewußte Interpretation in Richtung von 2 4f. sein, da Jerusalem außer in 2 5 nur noch in 1 2 vorkommt; wahrscheinlich liegt ein Schreibirrtum auf Grund verwechselbarer Abkürzungen(?) vor (Harper, Maag); vgl. Jes 11. – 2a Der Übergang vom imperf. in a zum perf. cons. in b zeigt den Folgesatz an (Joüon, Gr § 119c. i. j), zumal nach der Inversion des Subjekts im Vordersatz (Umstandssatz); vgl. Jl 4 18b. – b S. BK XIV/1 zu Hos 4 3 (Textanm.a). – c 𝔗 (מדורי מלכיא וצדון) und (ויחרב תקוף כרכיהון) wendet das Wort auf die „Wohnungen der Könige" und „die Befestigung ihrer Burgen" an.

1

2

Form   Kein anderes Prophetenbuch verknüpft die Überschrift mit einem
ersten kurzen Spruch durch „und er sprach" (2a). Auch wird kein einziger späterer Spruch unseres Buches mit einem ויאמר eingeleitet, bei dem
Amos Subjekt wäre. Von 1 3ff. hebt sich 1 2 deutlich ab, da dort Jahwe
der Sprecher ist, während hier über ihn gesprochen wird; auch fehlt eine
Verknüpfungspartikel. Das Fremdvölker-Thema klingt noch nicht an
(anders Bentzen, Kapelrud). Buchtitel und erster Spruch sind wohl deshalb in ungewöhnlicher Weise zu einer Einheit verknüpft, weil beide
zusammen den Leser knapp über Person (1) und Botschaft (2) des Propheten informieren wollen.

1   In 1 sind Spannungen und Überladungen zu bemerken, die eine
literarische Schichtung anzeigen. Im ersten Relativsatz stoßen sich
schon die Angaben über Beruf und Heimat. Man glättet vermutlich uner-
laubt, wenn man übersetzt: „der zu den Hirten aus Thekoa gehörte".
Dann müßte der Ort eher mit der Wendung אֲשֶׁר בִּתְקוֹעַ eingeführt sein;
vgl. Jer 1 1 (Budde 1897). מתקוע ist wahrscheinlich direkt auf Amos zu-
rückzubeziehen; vgl. חָרוּץ מִן־יָטְבָה (2 Kö 21 19), אִבְצָן מִבֵּית לָחֶם (Ri 12 8),
פְּדָיָה מִן־רוּמָה (2 Kö 23 36). Die Stellung unmittelbar hinter dem Namen
(„Amos aus Thekoa") entspricht der Beifügung der Gentilicia; vgl. 1 Kö
17 1 אֵלִיָּהוּ הַתִּשְׁבִּי, Mi 1 1 מִיכָה הַמֹּרַשְׁתִּי und Nah 1 1 נַחוּם הָאֶלְקֹשִׁי. Die Angabe
der Heimat wirkt wie abgesprengt durch den Relativsatz אשר היה בנקדים.
Zwingend wird diese Vermutung erst durch eine zweite, noch deutlichere
Spannung, die zwischen den beiden Relativsätzen zu beobachten ist.
Während sich der erste אשר-Satz fraglos auf Amos bezieht, greift der zweite wahrscheinlich auf דברי עמוס zurück, da in den vergleichbaren Überschriften Jes 1 1 2 1 13 1 Mi 1 1 Hab 1 1 חזה nie ohne Objekt steht; anders
Weiser, Maag; vgl. dagegen schon 𝔊 (οὓς εἶδεν) und 𝔙 (quae vidit). Zwei
so verschieden bezogene Relativsätze sind schwerlich aus einer Feder ge-
flossen. Ziehen wir die bisherigen Beobachtungen zusammen, so ist zu
folgern, daß der erste Relativsatz („der zu den Schafzüchtern gehört hat")
nachgetragen ist.
     Die Fortsetzung bestätigt, daß eine ältere Überschrift sekundär erwei-
tert wurde. Die breite Notiz „in den Tagen Ussias, Königs von Juda, und
in den Tagen Jerobeams, des Sohnes Joas', Königs von Israel" setzt die
Worte des Amos in eine weite Zeitspanne von rund vierzig Jahren (s.u.S.
154f.). Sie entspricht den üblichen Formeln der Redaktoren, die die Propheten aus größerem Abstand geschichtlich einordnen (vgl. Hos 1 1 Mi 1 1
Zeph 1 1 Jes 1 1 Jer 1 2, s. BK XIV/1, 1f.). Neben dieser weiträumigen
Angabe steht die ungewöhnlich genaue: „zwei Jahre vor dem Erdbeben".
Ihr spürt man noch die Nähe des kürzlich erlebten Geschehens ab.
     Demnach ist als ältere Überschrift zunächst folgender Text anzu-
sehen: „Worte des Amos von Thekoa, die er über Israel zwei Jahre vor
dem Erdbeben schaute".

146

Der bisher herausgestellte Nachtrag erweist sich als solcher auch dadurch, daß sein Inhalt den im Buch überlieferten Sprüchen entnommen sein kann. Daß Amos „zu den Schafzüchtern gehört hat", war aus 7 14 zu ersehen. Denn das dort überlieferte singuläre Wort בּוֹקֵר mußte im Zusammenhang der Rede vom „Kleinvieh" in 7 15 in diesem Sinne verstanden werden (vgl. auch 𝔊 αἰπόλος in 7 14); das Wort נֹקֵד war wohl geläufiger; es ist wenigstens noch einmal im deuteronomistischen Geschichtswerk belegt (2 Kö 3 4). Aus 7 10f. ergibt sich die Datierung in die Zeit Jerobeams. Aus den sonstigen Überlieferungen ist nicht zu entnehmen, daß Amos „aus Thekoa" stammte und daß er „zwei Jahre vor dem Erdbeben" seine Botschaft empfing.

Allerdings könnte sich die Aussage des zweiten Relativsatzes, daß er „Worte über Israel schaute", auf die Visionen (in Kap. 7–9) beziehen, obwohl hier חזה und nicht ראה wie in 7 1.4.7 8 1 9 1 gebraucht wird; nur durch diesen zweiten Relativsatz aber wird die Zeitangabe „zwei Jahre vor dem Erdbeben" in die alte Überschrift hineingebunden. Man wird also den zweiten Relativsatz mit der knappen Zeitangabe zusammen entstanden denken müssen. Nun steht aber dieser Satz sachlich in einer gewissen Spannung zu dem Anfang der Überschrift, auf den er sich bezieht: „Die Worte von Amos aus Thekoa". Weniger stört, daß Amos „Worte" schaut; auch Jes 2 1 Mi 1 1 wird ein Wort geschaut (vgl. noch Jes 13 1 Hab 1 1; allerdings bezieht sich der gleiche Relativsatz in Jes 1 1 auf die „Vision" Jesajas). Verwunderlich ist hingegen, daß nach unserem Relativsatz Amos „die Worte von Amos" schaut. Das ist ohne Analogie in anderen Überschriften, wo das Objekt der Vision bei Hinzufügung eines Eigennamens nur „Wort Jahwes" heißt (Mi 1 1; vgl. Jer 23 18 𝔐). Wir haben demnach damit zu rechnen, daß eine älteste Überschrift nur lautete: „Die Worte von Amos aus Thekoa". Ihr wurde zunächst der zweite Relativsatz zugefügt: „welche er schaute über Israel zwei Jahre vor dem Erdbeben"; zuletzt traten der erste Relativsatz „der zu den Schafzüchtern gehört hat" und die breite Datierungsformel („in den Tagen... Königs von Israel") hinzu.

Mit der Überschrift ist jetzt ein Spruch verbunden, der ausdrücklich 2 als Amoswort eingeführt wird. Er bietet zwei Perioden, die je zwei dreitaktige Reihen synonym parallelisieren. Die beiden Doppelreihen sind synthetisch parallel zu einer Strophe gefügt. Die erste Periode kündigt Jahwes Wirken an, die zweite beschreibt die Wirkung. Von Schuld wird nicht gesprochen. Diese Redeform entspricht weder dem prophetischen Botenspruch, da er Jahwe in 3. Person einführt, noch auch der prophetischen Disputationsrede, die zwar auch über Jahwe redet, aber den Hörer in Frage (3 6.8) oder Anrede (5 18) meist recht lebhaft zu bewegen sucht. Das vorliegende Wort gleicht in seinem Ebenmaß mehr einem hymnischen Stil. So ist es wohl mit Recht der Geschichte der Theophanieschilderungen zugeordnet worden (Bentzen, OTS 8, 1950, 96), deren Ursprung in den Hymnen der Siegesfeiern des altisraelitischen Heerbanns zu vermuten ist (JJeremias 142ff.). Dort ist im ersten Gliede vom Kommen Jahwes vom Sinai her die Rede und im zweiten von dessen Auswirkung in der Natur (Ri 5 4f. Dt 33 2 Ps 68 8f.; vgl. Mi 1 3f. Hab 3 3 und JJeremias 7ff.). In der Geschichte der Gattung halten sich vier Formmerkmale mit so großer Zähigkeit, daß sie auch in unserem Wort wiederkehren: 1. Der Gottesname steht an der Spitze des ersten Gliedes. – 2. Der Ausgangsort Jahwes wird mit מן eingeführt. – 3. Die Auswirkung von Jahwes Kommen wird im zweiten Glied mit konstatierenden Perfekta dargestellt. – 4. Subjekt dieser Folgesätze sind Phänomene der Natur.

Andrerseits weicht unser Spruch in vierfacher Hinsicht von der ursprünglichen Form der Theophanieschilderung ab: 1. Über Jahwe wird nichts mit Infinitiven (Ri 5 4 Ps 68 8), Partizipien (Mi 1 3 Jes 26 21) oder Perfektformen (Dt 33 2 Ps 46 7b) ausgesagt, wie es der Hymnus liebt, sofern er Jahwes vollendete Taten besingt, sondern das Imperfektum aktueller Ansage tritt so auf, wie es der prophetischen Ankündigung des Handelns Jahwes eigen ist (1 3a 3 2b 5 3; vgl. auch Hab 3 3 und Ps 50 2f.). – 2. Die Verben des ersten Gliedes beschreiben nicht mehr eigentlich die Erscheinung einer Theophanie; dafür wären charakteristisch Wörter wie „ausziehen" (Ri 5 4 Ps 68 8 Mi 1 3), „kommen" (Dt 33 2 Hab 3 3 Ps 50 3), „aufstrahlen" (Dt 33 2 Ps 50 2), „herabsteigen" (Mi 1 3), „einherschreiten" (Ri 5 4 Ps 68 8); dagegen ist hier vom „Brüllen" und Ertönen der „Stimme Jahwes" die Rede. Zwar nimmt die zweite Wendung נתן קול jenen Topos der Theophanieschilderungen auf, der die göttliche Donnerstimme im Gewitter beschreibt (vgl. schon in Ugarit Gordon 51, V, 70, dann Ps 46 7b; vgl. Ps 18 14 104 7 Jes 30 30f.). Aber diese wird hier vorweg gedeutet als das Brüllen des Löwen (שאג wie 3 4; zu beachten ist, daß auch an dieser Stelle נתן קולו // שאג steht). Dieser Vergleich erscheint in älteren Theophanie- oder Gewitterschilderungen nie (erst Hi 37 4); auch würde ein Gewitter nicht Dürre bewirken (vgl. Weiser, ZAWBeih 53, 1929, 79f.). Dagegen ist zu bedenken, daß das Brüllen (des Löwen) gerade bei Amos dem Reden Jahwes zu seinem Propheten parallel gesetzt wird (3 8). Eine Metapher, die Amos zum Verständnis seiner Auditionen verwendet, wird also in die alte Form der Theophanieschilderung eingetragen. Vgl. Ps 50 3ff. 76 9. – 3. Der Ausgangsort der Stimme Jahwes ist weder der Sinai (Ri 5 4 Dt 33 2; vgl. Ps 68 8) noch der Himmel (Mi 1 3 Jer 25 30), sondern der Zion, wie sonst nur in Ps 50 2. – 4. Die Erschütterung der Natur bewirkt nicht Israels Rettung wie in Ri 5 4ff. Dt 33 2ff. Ps 46 7ff. 68 8ff., sondern das Verderben seines Landes (vgl. Mi 1 3ff.). – So wird aus der alten Form der hymnischen Theophanieschilderung die Ankündigung einer unheimlich wirksamen Audition Jahwes. Sie erscheint geeignet, als ein Motto an die Spitze des Buches gesetzt zu werden, das die Botschaft des Propheten zusammenfaßt.

Die Frage, ob dieses Motto der ursprünglichen Überschrift oder einer Ort
der Erweiterungen zuzuordnen ist, hängt mit der Ortsbestimmung der
literarischen Schichten von 1 1 zusammen. Überlegt man, welche Sprüche 1
der Kern des Buchtitels „Die Worte von Amos aus Thekoa" ursprünglich eingeleitet habe, so weisen weder die jeweils mit „So spricht
Jahwe" eingeleiteten „Völkersprüche" in Kap. 1–2 darauf zurück noch
auch die Visionen in Kap. 7–9, die mit „So ließ der Herr Jahwe mich
schauen" eröffnet werden (7 1. 4. 7 8 1) oder aber Jahwe selbst schauen
lassen (9 1). Jedoch finden sich in Kap. 3–5 Sprüche, die jeweils ausdrücklich als דבר angekündigt sind (3 1 4 1 5 1) und die nicht (3 3–8) oder doch
nicht an erster Stelle (4 1 5 1–2) ein Jahwewort, sondern „Worte von
Amos" bieten. Auch die in 5 7 (cj.). 18 6 1 eröffneten Weherufe bieten im
Hauptbestand, dem Stil der Sippenbelehrung entsprechend (s.o.S. 112),
„Worte von Amos". Demnach dürfte der Grundbestand des Buchtitels
zuerst einem Grundbestand von Sprüchen in Kap. 3–6 zugeordnet gewe-
sen sein. Da wenigstens in 5 1 (12?) das „Ich" des Propheten ausdrücklich als
Sprecher „dieses Wortes" erscheint (vgl. dagegen ויאמר in 1 2 und 7 14),
ist es wahrscheinlich, daß diese Sammlung auf Amos selbst zurückgeht.
Bei Amos und seinen allernächsten Geistesverwandten ist denn auch die
Form der Überschrift am ehesten zu erwarten. Unser דברי עמוס findet im
Alten Testament seine genaue Entsprechung nur im Titel von Spruchsammlungen, die der „Weisheit der Söhne des Ostens" zuzuordnen sind
(BGemser, Sprüche Salomos: HAT I, 16, ²1963, 103. 107): דִּבְרֵי אָגוּר (Prv
30 1), דִּבְרֵי לְמוּאֵל (Prv 31 1; vgl. ferner דִּבְרֵי חֲכָמִים Prv 22 17 und דִּבְרֵי קֹהֶלֶת
Qoh 1 1, auch 2 S 20 17 und Hi 31 40); ähnliche Titel tragen ägyptische
Weisheitsschriften; vgl. HWildberger, Jesaja: BK X, 2 ferner SHerrmann, Die prophetischen Heilserwartungen im AT: BWANT 85 (1965)
22ff. 41. (Dagegen meint דִּבְרֵי יִרְמְיָהוּ in Jer 1 1 in Analogie zu 1 Kö 11 41
דִּבְרֵי שְׁלֹמֹה, Neh 1 1 דִּבְרֵי נְחֶמְיָה u.ö. in den Geschichtswerken die „Geschichte
Jeremias"; man beachte vor allem daneben דְּבַר יהוה in Jer 1 2, vgl. auch
Jer 51 64, dazu WRudolph, Jeremia: HAT I, 12, ²1958, 2f.; vom völlig
andersartigen Überlieferungsbefund bei Amos her erscheint es abwegig, in
unserem Titel die Einleitung zu 7 10–17 zu suchen, wie Budde, ZAWBeih
27, 1914, es wollte; schon der zweite Relativsatz spricht dagegen.) Daß
Prophetensprüche Literatur wurden, mag auch aus der geistigen Nähe des
ältesten „Schriftpropheten" zur Weisheit verständlich werden.

Als älteren Zusatz erkannten wir (o.S. 146) den zweiten Relativsatz:
„die er schaute über Israel zwei Jahre vor dem Erdbeben".
Als sekundär erweist er sich nun auch dadurch, daß er mit einem Zu-
wachs zu dem Grundbestand von Kap. 3–6 zusammenhängen muß. Dieser ist in erster Linie in den fünf Visionen, also dem Grundbestand der
Kap. 7–9, zu suchen. Darauf verweist das Wort חזה. Nun sind die Visio-

nen im Ich-Stil verfaßt, werden also auch auf Amos selbst zurückgehen, beschreiben aber das visionäre Erleben immer mit ראה (7 1. 4. 7 8 1 9 1). Daraus ist zu folgern, daß der Titelzusatz auf einen Redaktor zurückgeht, der die Ursammlung der „Worte von Amos" mit dem fünfgliedrigen Visionsbericht verband. Die Verbindung „Die Worte..., die er schaute..." mochte ihm besonders von 7 8 8 2 und 9 1 her brauchbar erscheinen. Die Visionen gipfeln in der Schau eines Erdbebens (vgl. רעש in 1 1 und 9 1). Ein solches Erdbeben wird auch am Ende des ebenfalls fünfgliedrigen (s. u. S. 184) Völkerspruchzyklus in 2 13ff. geschildert (vgl. den Wortlaut von 9 1b und 2 14–16! Zur Deutung von 2 13 s. u. z. St.). Nur durch den Bezug auf die entsprechende Vision und Verkündigung wird die Datierung in der Titel-Redaktion „zwei Jahre vor dem Erdbeben" verständlich. Schließlich läßt die angedeutete Formverwandtschaft (Fünfstrophigkeit) von Völkerspruchzyklus und Visionsbericht mit der Möglichkeit rechnen, daß jene ältere Redaktion, auf die der zweite Relativsatz zurückgeht, zugleich den Grundbestand der Kap. 1–2 und der Kap. 7–9 mit dem der Kap. 3–6 verbunden hat. Die knappe Angabe „zwei Jahre vor dem Erdbeben" war eindeutig nur in der Generation, die es erlebte. Später wäre die Beifügung eines Königsnamens (wie in Sach 14 5) unerläßlich. Das eingetretene Erdbeben hat vielleicht die redaktionelle Arbeit veranlaßt. Wenn der alte Redaktor ausdrücklich vermerkt, „über Israel" habe Amos geschaut, dann hat er selbst wahrscheinlich in Juda gearbeitet, und zwar als „Israel" noch als Staat existierte, d. h. vor 721, wenn nicht vor 733 (s. o. S. 131ff. und BK XIV/1, 144), in einem mindestens zweijährigen, aber auch nicht viel größeren Abstand von den Visionen des Propheten. Die Redaktionsformel אשר חזה על hat in Sammlungen von Prophetenworten der jüngeren Zeitgenossen des Amos Schule gemacht, wie Jes 1 1 2 1 Mi 1 1 (später Jes 13 1 Hab 1 1) zeigen.

Für die jüngeren Ergänzer des Buchtitels gehört Amos längst zur Geschichte. Sie setzen mit der Berufsbezeichnung und der Einordnung in Jerobeams Regierungszeit die Zugehörigkeit von 7 10–17 zum Buch voraus (s. o. S. 147) und damit einen dem heutigen Bestand mindestens sehr nahe kommenden Umfang (WHSchmidt 170). Der erste Relativsatz weist mit היה in eine abgeschlossene Vergangenheit (vgl. Gn 1 2 2 S 3 17 Jon 3 3, BrSynt § 30c; Joüon, Gr. § 154m). Berufsangaben treten in Prophetenbuch-Titeln erst seit Jer 1 1 („aus den Priestern") auf und geben dann in der Regel הַנָּבִיא an (Hab 1 1 Hag 1 1 Sach 1 1). Davon muß unser Redaktor Amos auf Grund von 7 14 abheben. Der erste Relativsatz mag daher der gleichen Redaktion zugehören, die Amos nach Art der im dtr. Geschichtswerk überlieferten Synchronismen (2 Kö 14 28 15 6) datiert. Daß dabei neben Jerobeam von Israel auch Ussia von Juda genannt wird und sogar an erster Stelle steht, läßt erkennen, daß der jüngere Redaktor in Juda arbeitete. Er wird wohl jenen deuteronomistischen Kreisen des 6. Jh. angehören, die sich nach der Zerstörung Jerusalems intensiv mit der Sammlung der vorexilischen Prophetenworte beschäftigten. Doch der Buchtitel ist nicht so stark umgestaltet wie etwa Hos 11 („Das Wort Jahwes...", s. BK XIV/1, 1ff.). Aber die Redaktion wird darum nicht schon zur deuteronomischen Bewegung des 7. Jh. gehört haben, die vom prophetischen Geist mitbestimmt war, zugleich aber ein positives Verhältnis zu Jerusalem als Wohnort des Namens Jahwes gewann und deren Redaktionsarbeit an den im Nordreich verkündeten Prophetenworten wir in Hos 1 7 und 3 5 kennenlernten (s. BK XIV/1, XXVIf.). Ein solcher Redaktor war gut in Josias Regierungszeit (639–609) denkbar. Nur der unmittelbare Anschluß von 2 könnte diese Zuordnung nahelegen, fordert sie jedoch keinesfalls (s.o. S. 137).

Dieser Vers muß hingegen einer judäischen Redaktion zugeschrieben 2 werden, die Jerusalem noch nicht so kritisch gegenüberstand wie 2 4f. und entsprechende spätere judäische Glossen im Hoseabuch (Hos 4 5aβ 5 5bβ 6 11a u.a., s. BK XIV/1, XXVII).

Zwar hat man den Spruch Amos zuschreiben wollen, wie die redaktionelle Einführung ויאמר besagt. Dafür kann man geltend machen, daß שאג (3 4. 8), נתן קולו (3 4), הכרמל (9 3) in seinem Wortschatz nachweisbar sind, daß die Erwähnung des Karmel in die Gerichtsbotschaft des aus Juda ins Nordreich entsandten Propheten paßt und die „Weiden der Hirten" seiner besonderen Anschauungswelt zugehören. Darüber hinaus könnte man erwägen, ob Jer 25 30b den ursprünglichen Wortlaut bewahrt hat, indem als Ausgangsort der Stimme Jahwes die „Höhe" (מָּרוֹם; vgl. Am 9 2b) und „sein (heiliger) Ort" (מִּמְעֹן; vgl. Am 3 4) genannt werden. „Zion" und „Jerusalem" müßten dann in Am 1 2 erst durch spätere Redaktion von Jl 4 16 her eingetauscht worden sein. Auch die formgeschichtliche Anknüpfung an die Theophanieschilderung in Siegesliedern und ihre Verkehrung in Unheilserwartung (s.o. S. 147f.) könnte dem Umgang des Amos mit überkommenen Redeformen und Traditionen entsprechen; vgl. 4 4f. 5 18–20. 21–24 u.ö.

Aber gerade die genannten Vergleichsstücke zeigen, wie ungleich polemischer und aggressiver sich Amos in Redestil und Sachgegensatz gibt. Denn der Anklageton schwingt immer mit, auch wenn in seltenen Ausnahmefällen die Schuld nicht beim Namen genannt wird. Das ist hier anders. Amos ist der vorliegende hymnische Stil fremd (s.o. S. 147f.). Daß man den Vers auch inhaltlich nicht von seinem „Berufungserleben" her verstehen kann (Bertholet), hat A Weiser in ZAWBeih 53 (1929) 79ff. gezeigt. Mit Dürre bedroht Amos Israel nie; im Bericht seiner 2. Vision (7 4f.) sagt er sogar ausdrücklich, daß sie nicht eintreten werde. Vor allem aber erscheinen Zion und Jerusalem bei Amos nie als Ausgangsort der Stimme Jahwes; sie spielen nirgendwo eine mit 1 2 auch nur entfernt vergleichbare Rolle. (Das gleiche müßte von den in Jer 25 30 genannten himmlischen Ausgangsorten gesagt werden, ganz abgesehen davon, daß sie sich besser aus der Zeit der Redaktion des Jeremiabuches erklären lassen; auch ist die Abhängigkeit Joels von älteren Prophetenbüchern nachweisbar – s.o.S. 10f. –, während ein Einfluß des Joelbuches auf die Amosüberlieferungen sonst nicht zu erkennen ist.) Form- und stoffgeschichtlich ist allein Ps 50 2f. unserem Wort vergleichbar (JJeremias 13.64). Die Schilderung der Theophanie Jahwes im ersten Teil und ihrer Wirkung in der Fortsetzung, die Deutung der Theophanie als Ertönen der Stimme Jahwes (V. 1a. 3aα) und die Auswirkung als sengender Glutwind (V. 3aβ.b) könnten Am 1 2 entsprechen. Dieser Psalm, der in seinen späteren Teilen an Sprache und Themen der Prophetie, auch des Amos, erinnert (vgl. Ps 50 7. 9. 17ff. mit Am 3 13 5 21f. 2 6ff. 4 1 5 10ff.), ist gut in jenen Kreisen vorstellbar, die unseren Vers dem Buch als Motto voranstellten (s.o.S. 135ff.). HJKraus (BK XV 374) zeigt, daß vieles in Ps 50 für die Zeit Josias spricht. Jedoch ist zu beachten, daß Wortschatz und Anschauungen bei aller Verwandtschaft deutlich abweichen. Diese Varianten (,,brüllen'', ,,Weiden der Hirten'', ,,des Karmels Kopf'') sind in der Tradition nicht nachzuweisen; sie werden daher am besten als bewußte Bezugnahme auf die Verkündigung des Amos verstanden (s.o.S. 151). Wir nehmen also an, daß der judäische Redaktor im vertrauten Jerusalemer Kultstil die Botschaft des Propheten zusammenzufassen sucht. So erklärt sich auch seine Meinung, die das einleitende ויאמר ausspricht, er ließe Amos selbst zu Worte kommen.

Dieses Verständnis des hymnischen Eingangs, das uns auf die kultische Verwendung des Amosbuches hinweist, findet eine Erweiterung und Bestätigung in den hymnischen Einlagen und Abschlüssen in 4 13 5 8f. 9 5f. In Stil und Inhalt zeigen sie verwandte Züge (JLindblom, Prophecy in Ancient Israel, ²1963, 116f.). Diese hymnische Klammer erhärtet auch die Vermutung, daß der jüngeren Redaktion des Amostitels das Buch annähernd im heutigen Umfang vorlag; s.o.S. 150.

Jer 25 30b und Jl 4 16a nehmen 2a auf. Dabei stellt Jer 25 30 eine nachjeremianische Interpretation dar, die sich des überlieferten Prophetenwortes bedient (WRudolph, Jeremia, ²1958, 152f.); da Jerusalem und sein Tempel inzwischen zerstört sind, geht die brüllende Stimme Jahwes von der (himmlischen) ,,Höhe'' als ,,seinem heiligen Ort'' aus; die Wirkung gilt zunächst auch der ,,Weide Jahwes'', also wie in Am 1 2 dem eigenen Volk, wobei aber nun nicht mehr Gebiete des Nordreichs genannt werden, da Juda betroffen ist; dann aber wird das Wort auf alle Völker bezogen (V. 31ff.). Diesen letzten Bezug setzt Jl 4 16a in seiner (im 4.Jh. wieder möglichen) wörtlichen Aufnahme von Am 1 2 voraus; s.o.S. 98.

Wort 1   In auffallender Schlichtheit trägt der alte Kern als Überschrift ,,die Worte von Amos aus Thekoa''. Daß sie weder als ,,Vision'' (Jes 11;

s.o.S. 149f. zu חזה) noch gar als „Wort Jahwes" (Hos 11 u.ö.) deklariert
werden, wie es spätere Tradenten von Prophetenworten lieben, läßt darauf schließen, daß zur Zeit der Abfassung die literarische Sammlung von
Prophetenworten noch ohne eigene Tradition ist. Sie knüpft an die Form
der Sammlung von Worten weiser Männer an (s.o.S. 149). – Amos ist
innerhalb des Alten Testaments der einzige Träger dieses Namens. Vergleichbar ist der Dankname עֲמַסְיָה (2 Ch 17 16) „Jahwe trägt", „Jahwe
hat schützend auf den Arm genommen"; vgl. Noth, Pers 178; Ps 68 20,
auch CIS I, 5732 עמשמלקרת = עמסמלקרת. עמוס wird die zugehörige Kurzform sein. Nicht ausgeschlossen ist die passivische Bedeutung „der (von
Jahwe) Getragene" (Cripps 10); vgl. Jes 46(1) 3. Jedoch sprechen die
kanaanäischen Personennamen מלקרתעמס und אשמנעמס („Melkart bzw.
Eschmun hat getragen"; KAI 49, 18; 64, 2; 79,4) für die erstgenannte
Deutung. – Der Name des Vaters wird nicht genannt, im Unterschied
zu Jesaja, Hosea u.a. Man wird daraus nicht schließen können, Amos sei
„armer Leute Kind" (Köhler, 1917, 35) gewesen. Auch bei Obadja,
Habakuk und Haggai fehlt der Name des Vaters, vor allem aber da, wo
die Sippenheimat erwähnt wird, wie bei Micha (1₁) und Nahum (1₁).
Auch die Namen unverwechselbar bekannter Großer stehen ohne Vaternamen, wie der König Ussia in 1b neben Jerobeam ben Joas (vgl. auch
Prv 311). Da der persönliche Abstand des Verfassers des Urtitels zu Amos
aus anderen Gründen (s.o.S. 149) nicht groß sein kann, muß er auch der
Kürze der Angaben wegen ganz gering sein, wenn der Verfasser nicht gar
mit Amos identisch ist.

Dagegen scheint der Abstand zu seiner Heimat nennenswert zu sein,
nicht nur, weil Amos im Nordreich verkündete, sondern vielleicht auch,
weil die früheste Sammlung seiner Worte abseits von Thekoa erfolgte,
jedenfalls über Thekoa hinaus vernommen sein wollte. Der Ort ist am
Ostrand der heute ziemlich ausgedehnten Siedlung ḫirbet teḳūʿ zu suchen,
vielleicht auf der dortigen kleinen Kuppe, wo außer Keramikresten der
Frühbronzezeit auch solche der Eisen I-Zeit gefunden wurden; vgl.
MNoth, ZDPV 73 (1957) 3f.; AKuschke, ZDPV 74 (1958) 9f.; zu Grä-
berfunden auch aus der Eisen II-Zeit vgl. PWLapp, BA 26 (1963) 124;
HJStoebe, ZDPV 82 (1966) 16. Thekoa liegt 825 m hoch und genau süd-
lich von Jerusalem, fast 17 km Luftlinie von der Stadtmitte entfernt; vgl.
die Karte 1:100000 South Levant Series, dazu Noth, WAT⁴ 3. Der
Hauptverkehrsweg, der auf dem Kamm des Gebirges von Süden nach
Norden verläuft, ist nach etwa 7 km in westnordwestlicher Richtung
knapp 10 Straßenkilometer südlich von Bethlehem bequem zu erreichen.
Aber auch zur Westküste des Toten Meeres in die Gegend von ʿēn ǧidi
führt über die „Blumensteige" (2 Ch 20 16) ein Weg (Noth, WAT⁴ 82).
Genau auf der Grenze zwischen dem Kulturland im Westen und der Steppe, der „Wüste Juda", im Osten liegt der Ort (MNoth, ZDPV 72, 1956, 33).

Nach 2 S 14 2 hat in Thekoa die „Weisheit" eine besondere Heimstätte;
denn von dort läßt Davids General Joab eine „weise Frau" nach Jerusalem kommen. Die Grenzlage wird durch das Vorkommen des Ortsna-
mens in der Liste der Festungen in 2 Ch 11 5f. unterstrichen. Die rabbinische und mittelalterliche Annahme, die Heimatstadt des Amos sei im
Nordreich zu suchen, wurde zwar in neuerer Zeit wieder aufgenommen,
konnte aber nicht durch überzeugende Gründe gestützt werden (vgl.
HSchmidt und SSpeier).

Das judäische Thekoa ist für „Schafzüchter" ein geeigneter Wohnsitz. Amos wird ihnen hier wohl auf Grund von 7 14 (s.o.S. 147) zugeordnet. נקד erscheint im Alten Testament sonst nur noch in 2 Kö 3 4. Danach unterhielt der König Mescha von Moab eine Schafzucht, die es ihm
ermöglichte, dem israelitischen König regelmäßig Wolle von 100000
Lämmern und 100000 Widdern zu liefern. In Ugarit wird zwar in Text
62, 55 ein *rb nḳdm* neben dem *rb khnm* genannt; aber daraus kann nicht
einmal für Ugarit mit Sicherheit geschlossen werden, daß ein Oberhirt
wie der Oberpriester zum Tempelpersonal gehörte, zumal die Aufzählung in Text 113,71 *nḳdm* zwischen Bezeichnungen anderer Berufs-
gruppen (militärischer Klassen?) und *khnm* und *ḳdšm* einreiht. Zwar kann
durchaus damit gerechnet werden, daß Schafzüchter in Ugarit wie in
Babylon für Tempelherden verantwortlich waren. Müssen sie deshalb
zum Kultpersonal gehört haben? Erst recht wird man diesen Schluß
nicht für Amos ziehen dürfen (gegen Kapelrud u.a.). Allerdings ist sowohl aus 2 Kö 3 4 wie aus den ugaritischen Stellen zu schließen, daß der
נקד sehr viel mehr darstellt als ein gewöhnlicher Hirte (רֹעֶה); vgl. HJ
Stoebe 166 und o. Textanm. 1b ℭ. Daß Thekoa eine Vielzahl von Schafzüchtern gehabt habe, kann aus unserem Textzusammenhang angesichts
seiner Wachstumsgeschichte und des sekundären Charakters des ersten
Relativsatzes (s.o.S. 150f.) nicht geschlossen werden. Amos wird zu den
bedeutenden Männern des Ortes gehört haben. Der Beruf des Schafzüchters erscheint der Redaktion für das Verständnis des Amos ebenso er-
wähnenswert wie andernorts die Feststellung, daß ein Krieger und König
wie Saul unter die Propheten geraten war (1 S 10 11f.).

חזה bezeichnet den Empfang von Visionen. Während das Alltagswort
„sehen" auch den prophetischen Visionsvorgang beschreiben kann,
(ראה gebraucht Amos selbst in 7 1. 4. 7 8 1 9 1), bezeichnet חזה ausschließlich die besondere prophetische Schauung und so das Offenbarungswider-
fahrnis überhaupt; vgl. HWildberger, BK X 5f. Daß Amos Schauungen
über Israel ausgesetzt war, begründet sein dortiges Auftreten; weder ein
vorgegebenes Amt noch ein eigener Wille haben ihn zum Reden gebracht.
So erscheint die Anrede חֹזֶה aus dem Munde des Priesters Amazja in 7 12
angemessen.

Zum Problem der Regierungszeiten Ussias von Juda und Jerobeams

II. von Israel s. BK XIV/1, 4 und HWildberger, BK X 3f. Die Regierungszeit Ussias begann wie die Jerobeams höchstwahrscheinlich 787/86. Jerobeam II. starb 747/46, Ussia erst um 735; aber wegen seiner schweren Erkrankung übernahm Jotham schon 757/56 die Regentschaft in Jerusalem (2 Kö 15 5). Da Jotham nicht erwähnt wird, kann man schon daraus folgern, daß Amos nach der Meinung der Redaktion in den ersten drei Jahrzehnten Jerobeams II. auftrat. In Hos 11 und Jes 11 (vgl. 6 1) wird Jotham erwähnt, obwohl er nur Mitregent Ussias war (vgl. EKutsch, RGG³ III 943; AJepsen, ZAWBeih 88, 1964, 38). Danach wäre Amos allerwenigstens 5 Jahre vor Hosea aufgetreten (vgl. BK XIV/1, XI).

Nach der älteren Datierung, die zu der noch in der Generation des Amos durchgeführten Überschriftsredaktion gehört (s.o.S.149f.), verkündete der Prophet „zwei Jahre vor dem Erdbeben". Indirekt bezeugt diese Angabe, daß wenigstens der von dieser Redaktion erfaßte Grundbestand der Sprüche (s.o.S.150) in einen Zeitraum von weniger als einem Jahr gehört. Nun blicken die Worte des Amos schon auf die großen kriegerischen Erfolge Jerobeams II. zurück (vgl. 6 13 mit 2 Kö 14 25) und zeigen Wohlstand und Sicherheit der Führungsschichten. Schon sind neue Grenzverletzungen der Aramäer und Ammoniter im Ostjordanland abzuwehren (1 3. 13, s.u.S. 183f.). So sind sie am verständlichsten gegen Ende der ersten drei Regierungsjahrzehnte Jerobeams, also in der Zeit um 760. In die gleiche Zeit weist auch ein archäologischer Befund. In Hazor zeigt Stratum VI Zerstörungen, die durch ein großes Erdbeben in der ersten Hälfte des 8. Jh. verursacht sind. Dabei lag Hazor abseits vom Zentrum des Bebens, dessen Spuren auch der archäologische Befund in Samaria sichtbar machte. Unabhängig von obigen Erwägungen datieren die Ausgräber dieses Erdbeben in die Zeit um 760; vgl. YYadin-YAharoni-RAmiran-TDothan-IDunayevsky-JPerrot, Hazor II – An Account of the Second Season of Excavations 1956 (1960) 24ff. 36f. Jahrhunderte später erwähnt Sach 14 5 dieses Erdbeben, wahrscheinlich nicht unabhängig von der literarischen Überlieferung in Am 1 1.

Das hymnische Eingangsstück will das, was Amos verkündet hat 2 (ויאמר), zusammenfassend aufnehmen und damit die Tonart anschlagen, in der das ganze Buch vernommen sein will. Eröffneten die alten Theophanieschilderungen den Lobpreis des Retters, so bekennt dieses Wort die verheerende Gewalt der Schreckensstimme Jahwes. Amos selbst hat in den überlieferten Sprüchen nie so direkt vom (Löwen-)Gebrüll der Stimme Jahwes gesprochen, wohl aber die unwiderstehliche Gewalt der Rede Jahwes an sich erfahren und sie auch der Wirkung des Löwengebrülls verglichen (3 8). Amos hat auch nie Zion und Jerusalem als Ausgangsort der Stimme Jahwes genannt. Aber die Tradenten sind gewiß, daß der im Jerusalemer Heiligtum verkündigte Gott (vgl. Ps 50) identisch ist mit dem, den Amos bezeugte. Nicht ein Ohr, nicht ein Bote sind hier Ziel der Stimme Jahwes, damit sie wie in den Sprüchen des Amos menschlich vernehmbar werde. Vielmehr braust sie unartikuliert über das Land dahin und bewirkt unmittelbar Verheerungen. Auf den konstatierenden Perfekta des Folgesatzes (b) liegt wie in den alten Theophanieschilderungen der Ton, wenn auch der Vordersatz durch die Imperfekta der Aktualität und der Dauer vom älteren Typ abweicht (s.o.S. 148). Dürre heißt die Wirkung des Wortes, die durch יבש wie durch das synonyme אבל beschrieben wird; zu אבל s. BK XIV/1, 81 zu Hos 4 3a; daß die Bedeutungen „trocknen" und „trauern" auf eine gemeinsame Wurzel zurückgehen, die „minder werden" bedeutet, hat EKutsch, „Trauerbräuche" und „Selbstminderungsriten" im AT: Theol. Studien 78 (1965) 35f., wahrscheinlich gemacht. Die „Weiden der Hirten" gehören zur Welt des Schafzüchters (11). Ihr Verdorren raubt die Existenzgrundlage. Der „Kopf des Karmels" wird wohl nicht in erster Linie als prominentes Gebiet des Nordreichs genannt, sondern seines Waldreichtums wegen, dem sonst nur außerhalb Palästinas, etwa im Libanon, Vergleichbares an die Seite zu rücken ist (Jes 33 9 35 2 Nah 1 4). Der Karmelrücken, der südlich der Bucht von Haifa auf über 500 m ansteigt, ist noch heute eines der wirklichen Waldgebiete des Westjordanlandes und verdankt seinen Namen dem reichen Wein- und Obstbestand seiner Hänge. Hirtentrift und Karmelkopf miteinander beschreiben die Totalität der Verheerung. Eine Dürre, die Wälder wie Wiesen sterben läßt, muß wahrhaft eschatologischen Formates sein. Solches Ende zu verkünden – wenn auch sonst nicht im Bild der Dürre (vgl. nur 7 4–6), aber immer als Wirkung der erschreckenden Stimme Jahwes –, ist Aufgabe des Amosbuches. Es dürfte abwegig sein, in den Hirten die Führer der fremden Nationen und im „Kopf des Karmel" eine Anspielung auf den König Israels zu sehen (Kapelrud 19), um so eine Verbindung zu den Völkerworten 1 3ff. herzustellen, die weder formal noch thematisch gegeben ist. Parallele hymnische Schilderungen von Theophanien mit Auswirkungen in der Natur, die aus der altorientalischen Umwelt bekannt geworden sind, hat JJeremias 75ff. zusammengestellt; vgl. auch JLindblom, Prophecy in Ancient Israel ([2]1963) 116f.

Ziel   Die Überschrift ist frei von jeder theologischen Ambition, das Prophetenwort als Gotteswort herauszustellen. Sie zeigt sich im Grundbestand interessiert an der Person und der Herkunft des Sprechers, ohne den die gesammelten Worte nicht laut geworden wären. Die erste Redaktion, die Amos als „Seher" der Worte über Israel „zwei Jahre vor dem Erdbeben" vorstellt, gibt zu erkennen, daß die Schriftwerdung des prophetischen Wortes jedenfalls auch auf die Erfüllung der Drohungen zurückgeht; diese Legitimation hat offenbar den Willen zur Überlieferung verstärkt. Die spätere Einordnung des Amos in die Geschichte der Königszeit zeigt, daß die Worte des Propheten in ruhigen, satten Zeiten gesprochen wurden, also nicht als Deutung vorhandener Geschichte, sondern als Vorboten des Künftigen gehört werden wollen. In ähnlichen Zeiten des 7. und 6. Jh. können sie darum in Jerusalem und Juda neue Aufmerksamkeit beanspruchen (s. o. S. 135ff.).

Das „Motto" ist wahrscheinlich in der Rückschau von den Tradenten formuliert und schlägt den Grundton seiner Botschaft, vielleicht zur Eröffnung der gottesdienstlichen Lesung der Amosüberlieferungen, im hymnischen Stil an (s. o. S. 151f.). Es bekennt das Ausdörren des Landes als Wirkung des gewaltigen Wortes, das in Amos seinen Sprecher fand. Jeder künftige Leser soll hinter den hier tradierten prophetischen Worten die verheerende Macht Jahwes selbst erkennen.

DER HAUPTSCHULDIGE UNTER DEN SCHULDIGEN

(1 3–2 16)

Literatur HWHogg, The Starting-point of the Religious Message of Amos: Transactions of the Third International Congress for the History of Religions I (1908) 325–327. – AWeiser, Die Profetie des Amos: ZAWBeih 53 (1929) 85–116. – MABeek, The Religious Background of Amos 2 6–8: OTS 5 (1948) 132–141. – ABentzen, The Ritual Background of Amos 1 2–2 16: OTS 8 (1950) 85–99. – ANeher, Amos (1950) 49–76. – EWürthwein, Amos-Studien: ZAW 62 (1950) 35–40. – AMalamat, Amos 1 5 in the Light of the Til Barsip Inscriptions: BASOR 129 (1953) 25–26. – RBach, Gottesrecht und weltliches Recht in der Verkündigung des Propheten Amos: Festschr Dehn (1957) 23–34. – SLehming, Erwägungen zu Amos: ZThK 55 (1958) 145–169 (157–160). – GJBotterweck, Zur Authentizität des Buches Amos: BZ NF2 (1958) 176–189 (178–181). – ASKapelrud, Central Ideas in Amos ([2]1961) 17–33. – HGese, Kleine Beiträge zum Verständnis des Amosbuches: VT 12 (1962) 417–424. – HGraf Reventlow, Das Amt des Propheten bei Amos: FRLANT 80 (1962) 56–75. – RFey, Amos und Jesaja: WMANT 12 (1963) 44–48. – HWWolff, Amos' geistige Heimat: WMANT 18 (1964) 24–30. – NKGottwald, All the Kingdoms of the Earth (1964) 94–114. – WHSchmidt, Die deuteronomistische Redaktion des Amosbuches: ZAW 77 (1965) 174–183.

Text 1 [3]So hat[a] Jahwe gesagt:
Wegen dreier Verbrechen von Damaskus
     und wegen vierer nehme ich es[b] nicht zurück,
weil sie Gilead[c] mit eisernen Schlitten zerdroschen[d].
[4]So schicke ich Feuer in Hasaels Haus,
     daß es Benhadads[a] Wohnburgen[b] frißt.
[5]Ich zerbreche den Riegel von Damaskus[a],
     rotte aus den Herrscher[b] aus Sündental[c]
und den Zepterträger von Lusthausen[d].
     Dann wird Arams Volk nach Kir[e] verschleppt, hat Jahwe gesagt.

[6]So hat Jahwe gesagt:
Wegen dreier Verbrechen von Gaza
     und wegen vierer nehme ich es nicht zurück,
weil sie (Dorfschaften) vollzählig[a] verschleppten[b],
     um sie an Edom auszuliefern.
[7]So schicke ich Feuer an Gazas Mauer,
     daß es seine Wohnburgen frißt.
[8]Ich rotte aus den Herrscher aus Asdod
     und den Zepterträger aus Askalon.
Ich wende meine Hand wider Ekron[a],
     daß der Rest der Philister verschwindet, hat [mein Herr][b] Jahwe gesagt.

[[9]So hat Jahwe gesagt:
Wegen dreier Verbrechen von Tyrus
     und wegen vierer nehme ich es nicht zurück,

weil sie vollzählig^a verschleppte (Dorfschaften) an Edom^b auslieferten
  und des Bruderbundes nicht gedachten.
¹⁰So schicke ich Feuer an Tyrus' Mauer,
  daß es seine Wohnburgen frißt.

¹¹So hat Jahwe gesagt:
Wegen dreier Verbrechen von Edom
  und wegen vierer nehme ich es nicht zurück,
weil es mit dem Schwert seinen Bruder verfolgt
  und sein Mitleid^a ertötet^b,
(weil) sein Zorn andauernd^c raubt^d
  und seine Wut fortwährend wacht^e.
¹²So schicke ich Feuer nach Theman,
  daß es Bozras Wohnburgen frißt.]^a

¹³So hat Jahwe gesagt:
Wegen dreier Verbrechen der Ammoniter
  und wegen vierer nehme ich es nicht zurück,
weil sie die Schwangeren Gileads schlitzten^a,
  um^b ihr Gebiet zu erweitern.
¹⁴So 'schicke'^a ich Feuer an Rabbas Mauer,
  daß es seine Wohnburgen frißt,
im Schmettern am Tage der Schlacht,
  im Tosen^b am Tage des Sturms^c.
¹⁵Dann zieht ihr König^a in die Verbannung,
  er^b mitsamt seinen Führern, hat Jahwe gesagt.

2¹So hat Jahwe gesagt:
Wegen dreier Verbrechen von Moab
  und wegen vierer nehme ich es nicht zurück,
weil es die Gebeine^a des Königs von Edom zu Kalk verbrannte^b.
²So schicke ich Feuer nach Moab^a,
  daß es Kerijoths Wohnburgen frißt.
Dann fällt Moab im Kampfgetöse,
  im Kriegslärm ^bbeim Hall des Horns.
³Ich rotte den Herrscher aus 'seiner'^a Mitte aus,
  und all 'seine'^a Fürsten erwürge ich mit ihm, hat Jahwe gesagt.

[⁴So hat Jahwe gesagt:
Wegen dreier Verbrechen von Juda
  und wegen vierer nehme ich es nicht zurück,
weil sie Jahwes Weisung verwerfen
  und seine Satzungen nicht achten,
(weil) ihre Lügen(götter)^a sie verleiten,
  denen ihre Väter folgten.
⁵So schicke ich Feuer nach Juda,
  daß es Jerusalems Wohnburgen frißt.]^a

⁶So hat Jahwe gesagt:
Wegen dreier Verbrechen von Israel
  und wegen vierer nehme ich es nicht zurück,

weil sie den Bewährten für^a Geld verkaufen^b
und den Bedürftigen für^a ein Paar Sandalen.
⁷Sie^a 'treten'^b [auf den Staub der Erde]^c nach^d dem Kopf der Hilflosen
und weisen den (Rechts-)Weg der Elenden^e ab^f.
Ein Mann und sein Vater gehen zum (gleichen) Mädchen,
[um meinen heiligen Namen zu entweihen]^g.
⁸'...'^a Gepfändete Kleider breiten sie aus
[neben jedem Altar]^b,
und Wein von Bußgeldern trinken sie
[im Hause ihres Gottes]^b.
⁹Und ich hatte doch den Amoriter ihretwegen^a vernichtet,
dessen Größe den Zedern gleich
und der stark war wie Eichen;
dennoch vernichtete ich oben seine Frucht
und unten seine Wurzeln.
¹⁰[Und ich führte euch aus Ägyptenland herauf und ließ euch vierzig Jahre durch die Wüste gehen, das Land des Amoriters einzunehmen. ¹¹Und ich bestallte unter^a euren Söhnen ^bPropheten und unter^a eurer Jugend ^bNasiräer^c. War es nicht wirklich so, ihr Israelsöhne? spricht Jahwe. ¹²Doch ihr gabt den Nasiräern Wein zu trinken, und den Propheten befahlt ihr: Prophezeit nicht!]^a
¹³Siehe, ich spalte^a unter euch^b auf,
wie der Wagen aufspaltet,
der voll ist von Ähren.
¹⁴Da entschwindet dem Schnellen die Zuflucht,
den Starken stützt nicht seine Kraft,
[und der Vorkämpfer rettet sein Leben nicht]^a.
¹⁵Der Bogenschütze hält nicht stand^a,
[und der Schnelle 'rettet sich'^b nicht mit seinen Füßen,]^c
auch der das Pferd lenkt^d, rettet sein Leben nicht.
¹⁶Selbst der Beherzteste^a unter den Vorkämpfern –
nackt flieht er an jenem Tage, Spruch Jahwes.

1 3   3a Während 𝔊 im folgenden die Botenformel immer präsentisch wiedergibt (τάδε λέγει κύριος in 1 6.9.11.13 2 1.4.6 3 11), übersetzt sie hier καὶ εἶπε κύριος. – b Die Übersetzung von שוב hi. hängt von der Deutung des Suffixes ab. Meint es (1.) die Umkehr des Assyrers als Angreifer wie in 2 Kö 19 7.28 (HWHogg) oder (2.) die Heimkehr von Damaskus, nämlich (a) von deren deportierter Bevölkerung (5b; vgl. Hi 33 29f., Raschi, Ibn-Ezra, Kimchi) oder (b) die Gewährung einer erhörenden Antwort auf deren Bitten (Hi 35 4 40 4; vgl. Neher 50) oder (c) deren Rückkehr zu Jahwe nach 4 6ff. (so Morgenstern, HUCA 32, 1961, 314) oder (3.) die Abwendung der im folgenden (4f.) verkündeten Strafe (Wellhausen, Cripps, Buber: „...kehre ichs nicht ab") oder (4.) die Zurücknahme des Wortes Jahwes als solchen? Nur zum letzten bietet das Amosbuch sachliche Analogien in 7 2f. 5f. 8bβ 8 2bβ; vgl. Nu 23 20 Jes 55 11. Die Deutung des Suffixes auf den Assyrer oder Damaskus würde nicht bei allen folgenden Strophen in entsprechender Weise möglich sein; das Exil wird nur noch in 1 15, sonst nicht in diesen Sprüchen angedroht. Die Deutung auf die Strafe würde wenigstens im Blick auf regelmäßig wiederkehrendes אש eher ein fem. Suff. erwarten lassen (so Jes 43 13 14 27). Einige 𝔊^{MSS} übersetzen allerdings αὐτήν, ebenso 𝔏 eam, andere αὐτούς, der Hauptstrang jedoch αὐτόν (vgl. Ziegler). – c 𝔊 (τὰς ἐν γαστρὶ ἐχούσας τῶν ἐν Γαλααδ

= ﬠ) und 5 Q 4 1 (הרון[ת], DJD III, 1962, 173) erläutern nach 1 13; ﬨ bleibt allgemeiner: ﬠלעד ארע יתבי ית („die Bewohner des Landes Gilead"); Σ (τὴν γαλααδ) ﬡ stützen M. – d Man kann fragen, ob 3b im Gefälle des Spruches mehr zu 4f. als zu 3a gehört; denn 1. werden in 3a Schuld und Strafe nur angedeutet, in 3b bzw. 4f. aber entfaltet; 2. findet das plur. Suff. in על־דושם eher im folgenden als im voraufgehenden seine Erklärung. Doch als Explikation der „Verbrechen" mit Aufnahme der Präposition על־ fügt sich der Infinitivsatz deutlich an 3a. – 4a 𝕲 (Αδερ) liest ר statt ד. – b 𝕲 (ϑεμέλια) deutet „Grundmauern", 'Α Σ (βάρεις) „große Häuser" oder „Türme", Θ (τὰς αὐλάς) „die Höfe". – 5a Marti, Morgenstern u.a. stellen 5aα hinter 5bα, um einen strengen Parallelismus zweireihiger Perioden wie in 8 zu erreichen. Die Textüberlieferung bietet diesem Vorschlag keinen Rückhalt. – b Wörtlich: „den Thronenden", s.u.S. 190; 𝕲 (κατοικοῦντας) deutet entgegen der Parallele 5aγ (vgl. 8a) und in Vorwegnahme von 5b auf „die Bewohner". – c 𝕲 (ἐκ πεδίου Ων) rechtfertigt nicht, mit Morgenstern (HUCA 32, 1961, 314) בקעת־בעל = Baalbek zu lesen; vgl. zu Ων in 𝕲 BK XIV/1 Textanm. zu Hos 12 5b. 'Α (ἀνωφέλους) Σ (ἀδικίας) deuten M: „Tal der Nutzlosen" bzw. „der Ungerechtigkeit"; Buber: „Ebne des Args". – d 𝕲 (ἐξ ἀνδρῶν Χαρραν) wird בְּנֵי (Bohair. Übers: e filiis) statt בית gelesen haben; Χαρραν = חָרָן (Gn 11 31f. u.ö.) statt עדן kann nicht als Verlesung von ד in ר erklärt werden (Harper), sondern bietet vielleicht eine Sonderüberlieferung, die Gn 28 5–7. 10 die Parallele אֲרָם = Συρία// חָרָן = Χαρραν entnimmt und an die Hauptstadt des nordaramäischen Staates Bit-Adini erinnert (Malamat 26). Σ (ἐξ οἴκου εδεν) stützt M; Θ (ἐν οἴκῳ τρύφης) ﬡ (de domo voluptatis) deuten M: „Haus der Schwelgerei", Buber: „Haus der Lust". – e 𝕲 (ἐπίκλητος) liest irrtümlich קָרִיא („berufen") wie Nu 1 16 26 9. – 6a 𝕲 (τοῦ Σαλωμων) mißversteht שלמה als Eigennamen, ΣΘ (αἰχμαλωσίαν τελείαν) ﬡ (captivitatem perfectam) treffen den Sinn. – b Wörtlich: „weil sie eine gänzliche Verschlepptenschaft verschleppten"; zum effizierten (inneren) Objekt vgl. BrSynt § 92a. – 8a Nach 𝕲 (Ακκαρων) und Sanherib, Taylorzylinder II 69 (AOT 353; ANET 287) wurde der Ortsname in alter Zeit עקרון vokalisiert (Noth, Josua, ²1953, 70). – b Die Erweiterung ist 𝕲 noch unbekannt (vgl. auch 5. 15 2 3), aber von Mur 88 III 25 (DJD II 186), ﬨ und ﬡ belegt. אדני ist oft im Amosbuch nachgetragen: 3 8. 11. 13 4 2 5 16 6 8 7 1. 4 8 1. 3. 9. 11 9 5, ebenso wahrscheinlich in 4 5 5 3. – 9a Zu 𝕲 (τοῦ Σαλωμων) s. Textanm.6a. – b Robinsons Vorschlag, „aus geographischen Gründen" (Maag 7) לָאָרֶם zu lesen, hat keinen textgeschichtlichen Anhalt und verdunkelt nur die Abhängigkeit der Formulierung von 6b. – 11a 𝕲ᵂ (3. Jh.) übersetzt μήτραν („Gebärmutter"), was auch von Hier (vulvam ejus) erwogen wird (Rahmer, MGWJ 42, 1898, 6f.). Schon in 𝕲ᴮ wird daraus μητέρα („Mutter"), eine Interpretation, die wie in 1 3 (s. Textanm. 3c) von 1 13 her erfolgt; 𝕲 fügt deutend ἐπὶ γῆς hinzu (vgl. 5 2), womit vielleicht den Ortsangaben in 3b. 13b entsprochen werden soll(?). – b Perf. cons. ist hier in frequentativem Sinne zu verstehen; vgl. Joüon, Gr § 119v; wörtlich: „vernichtete". – c 𝕲 (εἰς μαρτύριον) vokalisiert irrtümlich לָעֵד (wie Mi 7 18 Zeph 3 8). – d טרף bedeutet zunächst „(zer-)reißen" (vom Raubtier; vgl. Hos 5 14). אפּו als Subjekt findet sich auch Hi 16 9 (vgl. 18 4). Den Wechsel des Subjekts zeigt der Übergang zum impf. cons. an. Seit JOlshausen (Die Psalmen, 1853, 397 zu Ps 103 9) wird meist mit 𝕲ﬨﬡ auch in 11b Edom als Subjekt betrachtet und zugleich mit 𝕲ﬡ (tenuerit) וַיִּטֹּר gelesen. Für diesen weithin aufgenommenen Vorschlag spricht, 1. daß טרף für sich genommen ungleich häufiger vorkommt und so als lectio facilior sekundär sein kann, 2. die Parallele zu שמר entsprechend Jer 3 5, 3. daß kein Subjektswechsel anzunehmen ist. Für 𝔐 spricht hingegen 1. 𝔊 (ἥρπασεν), 2. daß die Phrase טרף אפו, in der אף Subjekt ist, als schwieriger und seltener den Vorzug verdient, zumal sie als durchaus möglich in Hi 16 9 (18 4) belegt ist, 3. daß dagegen נטר אפו nie belegt, sondern immer nur postuliert ist (vgl. Jer 3 5. 12 Nah 1 2 Ps 103 9 und KBL), 4. der syntaktische Bruch im Übergang zum impf. cons., der bei Subjektswechsel verständlicher wird; s. Textanm. e. – e שמר meint hier, wenn עברה Subjekt ist (s. Textanm. d), das sorgfältige Überwachen der geraubten Beute (//טרף); vgl. Ri 1 24 Hi 10 14, dazu FHorst, BK XVI 157. In diesem Falle wird der Konsonantenbestand שמרה ohne weiteres als 3. fem. sg. verständlich. Vielleicht ist die massoretische Vokalisation statt eines normalen שְׁמָרָה (so auch KBudde, JBL 43, 1924, 66) als Nesīgā zu erklären. Der Versuch, das afformative ה in ein Suff. 3. fem. sg. umzudeuten (GesK § 58g; Joüon, Gr § 61i), widersetzt sich der massoretischen Tradition, die ה ausdrücklich ohne Mappīḳ gelesen haben will (Rahmer, MGWJ 42, 1898, 7). Der meist übernommene Vorschlag von Olshausen, שָׁמַר לָנֶצַח zu lesen, kann sich für ל auf 𝔊 (εἰς νῖκος) und 𝔗 (לְאַפְרֵשׁ) berufen. Einfaches נצח ist aber im gleichen Sinne in Ps 13 2 16 11 belegt. 𝔐 kann schwerlich als sekundär entstanden erklärt werden. Auch Neher (49) und Buber verstehen gegen die meisten Neueren אף und

1 12 עברה in 11bβ als Subjekt. – 12a Zum sekundären Charakter von 9–12 s.u.S.
13 170f. – 13a Sonst steht in dieser Bedeutung stets בקע pi. (2 Kö 8 12 15 16; vgl. auch Hos 14 1 13 8 2 Kö 2 24). Aber es ist unsicher, ob man deshalb mit Morgenstern (HUCA 1961, 315) בַּקְעָם vokalisieren darf; s.u.S. 195. In 2 Ch 32 1 erscheint der gleiche inf. ḳ. für das Aufbrechen einer belagerten Stadt, für das Jes 7 6 בקע hi. verwendet ist. – b BHK³, JMorgenstern (HUCA 1961, 315) u.a. reduzieren bβ durch mögliche Kürzung (להרחיב גבולם) auf
14 das Maß von 3b. 6b; zu למען s. Textanm. 2 7 g. – 14a Entsprechend allen übrigen Strophen ist auch hier ושלחתי zu lesen; 𝔐 erklärt sich von Jer 49 2. 27 her; s.u.S. 196. – b 𝔊 (καὶ σεισθήσεται) setzt (auf Grund verstümmelter Vorlage?) וְסָעַר voraus (was soll Subjekt sein?). Für 𝔐 spricht der Parellelismus. – c 𝔊
15 (συντελείας αὐτῆς) mißversteht und vokalisiert סוּפָה. – 15a 𝔊 (οἱ βασιλεῖς αὐτῆς) wird auf fehlerhaftem Text (מְלָכֶיהָ?) beruhen. 𝔊ᴹˢˢ (vor allem der Lukian-Gruppe) ’ΑΣ u.a. übersetzen μελχομ (𝔙 Melchom) wie Jer 30 1.3 (= 𝔐 49 1. 3) und Zeph 1 5, vokalisieren also den Konsonantentext von 𝔐 מלכם nach 1 Kö 11 5. 33 2 Kö 23 13 und denken an den Gott der Ammoniter. – b Entsprechend der Deutung von מלכם auf den Ammonitergott (s. Textanm. a) ergänzt 𝔊 nach Jer 30 3 (= 𝔐 49 3) οἱ ἱερεῖς αὐτῶν, setzt also כֹּהֲנָיו statt הוא voraus. 𝔗 𝔙, ferner die Parallele מלכם // שריו und der Inhalt des Kontextes in 13f. sprechen für den
21 knapperen, prägnanten 𝔐-Text. – 1a Procksch, Morgenstern u.a. nehmen aus metrischen Gründen an, daß hier der Name des Edomiterkönigs ausgefallen sei. Aber auch in 1 13b (s. Textanm. 1 13b) und 2 6b entspricht das Versmaß des überlieferten Textes nicht dem von 1 3b. 6b, so daß jede Herstellung metrischen Gleichmaßes unsicher bleibt. – b 𝔗 על דאוקיד גרמי מלכא דאדום (וסדינון בגירא בביתיה) deutet den Zweck der Verbrennung der Gebeine des Edomiterkönigs: „es hat daraus Kalkverputz für sein Haus gemacht"; vgl. Neher 52f.; 𝔙 betont die Totalität der Verbrennung: eo quod incenderit ossa
2 regis Idumaeae usque ad cinerem. – 2a „Moab" meint in 2b wie in 1a die moabitische Bevölkerung. Das Feuer wird in den meisten Strophen an eine Stadt gelegt. Darum schlug Procksch vor, בְּעָרֵי מוֹאָב zu lesen, und Meinhold קיר מוֹאָב. Letzteres leuchtet besser ein, wenn man im letzten Wort von 2a (הַקְּרִיּוֹת) den Nachtrag des abgesprengten Wortes (קיר; vgl. Jes 15 1) findet, der jetzt mit Hilfe des zum Artikel umgedeuteten Suffixes eines ursprünglichen

אַרְמְנוֹתֶיהָ (1 7 [10] 14) an falscher Stelle in den Text eingestellt worden wäre (so auch Weiser und Morgenstern). Aber dagegen spricht, (1.) daß קיר nicht קְרִיּוֹת ist, (2.) daß auch in 1 4 keine Stadt betroffen ist und (3.) in den Amosworten bei Nennung einer Stadt regelmäßig deren „Mauer" (1 7. 14) erwähnt wird (anders im sekundären Text 1 12). – b 5 MSS und 𝕲𝕾𝕿 setzen die Kopula voraus; aber die nackte Apposition entspricht dem Stil des Amos in 1 14. – **3a** Im Gefolge von Wellhausen werden die Suffixe durchweg maskulinisch gelesen: מְקִרְבָּהּ und שָׂרָיו; 𝕲 setzt in Handschriften der Lukian- and Catenengruppe und bei Theodorus Mopsuestensis mask. Suffixe voraus, sonst fem. 𝔐 behandelt Moab als Volk mask., als Land fem. (Ehrlich, Randglossen 230; vgl. HWildberger, Jesaja: BK X, Textanm. 2 8a). Vielleicht sind die fem. Suffixe auf Ḳerijoth bezogen (Amsler). – **4a** כְּזָבִים steht nur hier im Sinne von Abgöttern, gleichbedeutend mit הַבְּלִים im DtrG (Dt 32 21 1 Kö 16 13. 26 2 Kö 17 15; vgl. noch Jer 25 8 19 14 22 Jon 2 9 Ps 31 7); dementsprechend übersetzt 𝕲 (τὰ μάταια αὐτῶν) hier ebenso wie 1 Kö 16 13. 26 2 Kö 17 15 (an letzter Stelle auch הָלַךְ אַחֲרֵי הַהֶבֶל). – **5a** Zum sekundären Charakter von 4–5 s. u. S. 170f. – **6a** בעבור wechselt mit ב pretii wie in 8 6; vgl. Sir 7 18 (ב) 38 17 (בעבור). כסף wird als Gattungsbegriff determiniert (BrSynt § 21cβ). – b Zur Form vgl. Joüon, Gr § 65b; angesichts der dort nachgewiesenen zahlreichen Parallelen im Vokalwechsel beim inf. cstr. ḳ. ist es ganz unwahrscheinlich, daß מכר hier anders als gewöhnlich, nämlich nach קנה (8 6 = „erwerben") zu deuten ist (so Ehrlich 230f.; Neher 54). Vgl. auch Vrs. – **7a** Die Partizipialkonstruktion setzt hier die Anklagerede 6b fort wie in 6 1b. 3–6 den Weheruf 6 1a; es folgt impf. wie in 6 6a. – b שָׁאַף „schnappen nach", „lechzen nach" wird immer mit acc. verbunden („Luft" Jer 2 24 14 6; vgl. Jes 42 14; „Schatten" Hi 7 2; „Nachtruhe" Hi 36 20), auch in der Bedeutung „nachstellen" (Ez 36 3 Ps 56 2f.), die für 𝔐 hier wie 8 4 anzunehmen ist. Wahrscheinlicher ist mit 𝕲 (τὰ πατοῦντα) הַשָּׁאֲפִים von viel seltenerem, nur Gn 3 15 belegten, I שׁוּף zu lesen. 𝔐 erklärt sich dann als Verlesung einer älteren linearen Vokalisation im Sinne der häufigeren Vokabel. – c Der schon von 𝕲 vorgefundene Zusatz (ἐπὶ τὸν χοῦν τῆς γῆς) bestätigt die vermutete Deutung des part. (s. Textanm. b), indem er erklärt, daß der Kopf der Armen wie Dreck behandelt wird; er zerstört aber den Doppeldreier und fordert für eine glatte Lesung ein weiteres Verbum heraus, das dann auch 𝕲 (καὶ ἐκονδύλιζον = „ohrfeigen"), den Sinn des knappen ursprünglichen Textes mildernd, einfügt. – d ב bezeichnet bei Verben des Anfallens (KBL 103 Nr. 10) ein feindliches „gegen" wie 1 Kö 2 44b Nu 22 6 Jos 11 7 2 S 18 28; vgl. BrSynt § 106h. – e Zur Wortbedeutung vgl. LDelekat, VT 14 (1964) 44f. – f Sprachgebrauch und Wortsinn entsprechen 5 12 Prv 17 23 18 5 Dt 16 19. – g Die Wendung חלל את־שם קדשׁי gehört der Sprache Ezechiels (20 39 36 20–22; vgl. Zimmerli, BK XIII 457, auch 446 zu 20 9) und des Heiligkeitsgesetzes an (Lv 20 3 22 2. 32); auch die Anknüpfung mit למען liebt das Ezechielbuch (über 30mal), sie findet sich aber noch häufiger im dtn.-dtr. Lehrstil. – **8a** Auch 𝕲 setzt על nicht voraus. נטה hi. wird sonst transitiv gebraucht und nicht von Menschen, die „sich hinlegen", vgl. 2 7aβ 5 12bβ. – עַל־ wird mit den Ergänzungen in 7bβ und 8aβ bβ zur Sinnverknüpfung von 8a mit 7b eingedrungen sein. – b Die kultischen Ortsbestimmungen deuten wie 7bβ Amos von Hosea (etwa 4 13f.) her (Marti, Duhm, Alt bei Galling, ZDPV 67, 1944, 37f.). Ohne sie ergibt sich ein Doppeldreier wie in 6 und 7a. Beim letzten Glied (8bβ) fehlt eine Präposition; die beiden Zusätze gehörten wohl ursprünglich zusammen („neben jedem Altar ihres Gotteshauses") und sind erst sekundär aufgeteilt worden. – **9a** מִפְּנֵי hat hier nicht nur räumlichen Sinn („vor jem.

her"), sondern betont den persönlichen Beweggrund wie in Hos 10 15 Gn 6 13
Dt 28 20. Seit Duhm wird oft suff. 2. pl. (מִפְּנֵיכֶם) gelesen. Doch sind die Angeklagten auch vorher nie angeredet; erst der Einschub 10–12 geht zur Anrede-
2 11 form über. – **11a** מן erscheint hier in seiner partitiven Grundbedeutung „ein
Teil von" = „einige von" wie Ex 16 27 17 5 u.ö. (BrSynt § 111a). – **b** Die
Funktion wird als Zweck und Ziel der Handlung mit ל eingeführt (BrSynt
§ 107g). – **c** 𝔊 (εἰς ἁγιασμόν) hat wahrscheinlich nicht נזירים als Abstraktplural gedeutet, da sie den gleichen Plural in 12 (und Lv 25 11) zutreffend
übersetzt; sie wird vielmehr einen verstümmelten Text als נֵזֶר gelesen haben
12 (vgl. Lv 21 12 Sach 9 16). – **12a** Zum sekundären Charakter von 10–12 s.u.S.
13 172. – **13a** 𝔊 (κυλίω = „ich wälze", „ich rolle fort") geht vom Bild des rollen-
den Wagens aus, ebenso 'A (τριζήσω) 𝔙 (stridebo = „ich werde knirschen,
knarren"); zur Deutung des schwierigen hebr. Wortes auf das „Sich-Eingra-
ben" der Räder, „Zerfurchen" oder „Aufreißen" des Bodens s. HGese, VT 12
(1962) 417–424. – **b** Da bis 9 (und auch in der Fortsetzung unseres Wortes)
keine Anrede erfolgt, ist mit der Möglichkeit zu rechnen, daß 𝔐 erst nach Einschub der im paränetischen Stil gehaltenen Verse 10–12 aus ursprünglichem
14 תַּחְתֵּיהֶם entstand; s.u.S.173. – **14a** 14b und 15aβ sind wahrscheinlich im Interesse der Plerophorie nachgetragen. Denn (1.) der Wortbestand ist nahezu
völlig dem Kontext entnommen; (2.) die dreifache Wiederholung von
(נפשו) לא ימלט wäre für Amos ungewöhnlich; (3.) die beiden Sätze stören den
Parallelismus der klar einander zugeordneten Doppelreihen in 14f. und den
klimaktischen Aufbau von 14–16: der Schnelle // der Starke → der Bogen-
15 schütze // der Streitwagenführer → der beherzteste Vorkämpfer. – **15a** עמד
im Sinne von „Bestand haben" (2 Kö 6 31 Ps 33 11 Hi 8 15), „am Leben bleiben" (Ex 21 21), „(im Kampf) standhalten" (Ez 13 5). – **b** 𝔊 (οὐ μὴ διασωϑῇ)
setzt ni. יְמַלֵּט voraus; 𝔐 wird von 14b beeinflußt sein. – **c** S. Textanm. 14a. –
d רכב bezeichnet zunächst und grundsätzlich das „Fahren" und erst sekundär
das „Reiten", vgl. KGalling, ZThK 53 (1956) 131. S.u.z.St. – **16a** Wörtlich: „der hinsichtlich seines Herzens Starke"; vgl. BrSynt §§ 71a 77f. 𝔊
(καὶ εὑρήσει τὴν καρδίαν αὐτοῦ ἐν δυναστείαις) verliest das erste Wort (וְיִמְצָא)
und muß demnach בגבורים im Sinne von בִּגְבוּרֹת (vgl. Na 2 4) umdeuten. Zu
den Korrekturversuchen innerhalb der 𝔊-Tradition vgl. Ziegler: Bᶜ 𝔙 u.a.
stellen ὁ κραταιός voran, die Lukiangruppe, B* u.a. außerdem οὐ μή, der hexaplarische Text (εὑρεϑῇ ἡ καρδία) vokalisiert יִמָּצֵא, um den Sinn zu retten. 'ΑΣ
bestätigen 𝔐.

Form   Die streng gleichartige Form der Einzelsprüche weist unseren großen Komplex als eine geschlossene Überlieferungseinheit aus. Zwar ist
der letzte Spruch viel umfangreicher als alle vorangehenden, zeigt auch
neue Form- und Sachelemente (2 7f. 9. 13ff.), gibt aber an keiner Stelle
einen mit 3 1 vergleichbaren neuen Einsatz zu erkennen.

A. Die Form der Einzelsprüche. I. Völlig gleichförmig sind
der Aramäer- (1 3–5), der Philister- (1 6–8), der Ammoniter- (1 13–
15) und der Moabiterspruch (2 1–3) gebaut. Sie zeigen fünf Elemente:
1. die einleitende Botenspruchformel, 2. die allgemein begründete Ankündigung der Unwiderruflichkeit, 3. die besondere Begründung mit
Aufdeckung der Schuld, 4. die besondere Ausführung der Strafankündi-

gung, 5. die abschließende Botenspruchformel. In allen Sprüchen zeigen das 1., 2. und 5. Element mit Ausnahme des Namens im 2. den genau gleichen Wortlaut; das 3. und 4. Glied bleiben in Satzform und Umfang gleich, weitgehend auch im Wortlaut der ersten Periode der Strafankündigung.

1. Die einleitende Botenspruchformel כה אמר יהוה erscheint im Amosbuch erstmalig im Bereich der prophetischen Spruchsammlungen. Obwohl Hosea das Ich der Gottesrede geläufig ist (s. BK XIV/1, XIVf.), vermissen wir bei ihm dieses Formelement, das zu den wichtigsten Hilfen der Spruchabgrenzung und Spruchgliederung gehört. Es begegnet in elf echten Amosworten (1 3. 6. 13 2 1. 6 3 11.12 5 3. 4. 16 7 17) und in drei nachgetragenen Sprüchen (1 9. 11 2 4). Eindeutig bezeichnet die Formel den Beginn eines neuen Spruches außer in Kap. 1–2 nur noch in 3 12. Sonst ist ihr eine Konjunktion vorangestellt, und zwar meist לָכֵן (3 11 5 16 7 17), daneben כִּי (5 3. 4). Außer in 5 4 ist damit die einleitende Botenspruchformel besonders dem Element der Strafankündigung zugeordnet.

Die Vorgeschichte der Formel ist in dem allgemeinen und weitverbreiteten Vorgang der Botschaftsübermittlung zu suchen. Das haben die Darlegungen von LKöhler (Deuterojesaja: ZAWBeih 37, 1923, 102ff.) bis CWestermann (Grundformen prophetischer Rede: BEvTh 31, ²1964, 71ff.) gezeigt; vgl. WZimmerli, Ezechiel: BK XIII 73. Als anschauliche Beispiele gelten Gn 32 4–6 und Ri 1 114–15. Hier zeigt sich im größeren Rahmen der Berichte von Botensendungen die Herkunft der Formel aus einem Botenauftrag des Sendenden. Die dem Sendungsbericht entstammende Verbindung des Redeauftrags („X sprach zu Y: Du sollst zu Z sagen") mit der Botenspruchformel („So hat X gesprochen") (Gn 32 5) findet sich später häufig bei Jeremia (2 1f. 8 4 10 1f. u.ö.) und Ezechiel (2 4 3 10f. 27 u.ö.). Diese Verknüpfung weist in die Verkehrssprache des internationalen diplomatischen Umgangs zurück. Der Botschafterstil hat sich vor allem in Briefen literarisch erhalten, etwa im Brief des Itur-asdu an König Zimrilim von Mari: „Zu meinem Herrn sprich: So sagt dein Diener Itur-asdu" (bei WvSoden, WO 1, 1947–1952, 398; andere Beispiele bei Köhler a.a.O. 102; ferner ARM XIII 23 1f. 114 10, dazu HSchult, Vier weitere Mari-Briefe „prophetischen" Inhalts: ZDPV 82, 1966, 228–232). Der Sitz im Leben im mündlichen Verkehr wird recht anschaulich in den Jesaja-Erzählungen des dtr. Geschichtswerks. Der Bote Sanheribs ruft den Jerusalemern zu: „Sagt doch dem Hiskia: So hat der Großkönig gesprochen" (2 Kö 18 19; ebenso V. 29. 31: „So hat der König von Assur gesprochen"). Später schickt Hiskia Boten zum Propheten Jesaja: „Und sie sagten zu ihm: So hat Hiskia gesprochen..." (19 3). Der Prophet eröffnet seine Meldung: „Saget eurem Herrn: So hat Jahwe gesprochen..." (19 6). Hier wird die Heimat der prophetischen Botenspruchformel im Stil des allgemeinen diplomatischen Verkehrs durch den Erzählungszusammenhang erwiesen. Das Amosbuch selbst bestätigt den Befund, wenn der Oberpriester Amazja dem König Jerobeam die Worte des Propheten mit der Formel anzeigt: „So hat Amos gesprochen" (7 11); wenn hier auch Amos nicht der Sendende ist, so zeigt die Verwendung doch, wie fest die Formel in der allgemeinen Botschaftsübermittlung verankert ist.

FBaumgärtel hat die Herkunft der spezifisch prophetischen Botenspruchformel כה אמר יהוה noch genauer bestimmen wollen; vgl. FBaumgärtel, Die Formel n^e'um jahwe: ZAW 73 (1961) 277–290; ders., Zu den Gottesnamen in den Büchern Jeremia und Ezechiel: „Verbannung und Heimkehr", Festschr WRudolph (1961) 1–29. Er sucht sie im priesterlichen Bereich, und zwar in einem Orakelritual, das mit der Lade in Beziehung stand. Denn der mit der Lade verbundene Gottesname יהוה צבאות hinge vor allem an der Formel כה אמר (Festschr. Rudolph 20f.). Dagegen ist einerseits zu bedenken, daß diese Verbindung öfter als zweimal zuerst im Jeremiabuch (55mal), bei Haggai (5mal) und im Sacharjabuch (17mal) begegnet, im Zusammenhang mit Ladeüberlieferungen aber genauso vereinzelt (2 S 7 8) wie auch sonst im älteren Schrifttum. Andererseits bietet das erste datierbare gehäufte Vorkommen der Botenspruchformel bei Amos neben dem zehnmaligen einfachen כה אמר יהוה nur ein einziges Mal die erweiterte Form כה אמר יהוה אלהי צבאות (5 16); zudem ist in diesem Falle die Erweiterung sehr wahrscheinlich sekundär (s. Textanm. 5 16a). So ist die Übernahme aus einem kultischen Orakelstil durch Amos unwahrscheinlich. Auch sachlich empfiehlt sich die Bezeichnung „Orakelformel" (Baumgärtel) nicht, da die so eingeleiteten Mitteilungen meist gar nicht erfragt sind.

Daß wir die Bezeichnung „Botenspruchformel" bevorzugen, hat auch für die Übersetzung Bedeutung. Wie gezeigt wurde, gehört sie primär zum Sendungsvorgang (s.o.S. 165). In der Stunde der Botschaftsübermittlung erinnert sie an das frühere Ereignis der Beauftragung. Darum empfiehlt sich in der Regel die Wiedergabe: „So hat Jahwe gesprochen"; כה אמר עמוס in 7 11 muß ja auch unbedingt „so hat Amos gesprochen" übersetzt werden. Vgl. Zimmerli, BK XIII 73; Westermann, Grundformen prophetischer Rede 72; AHvanZyl, The Message Formula in the Book of Judges: OT Werkgemeenskap in Suid-Afrika (1959) 61–64.

2. Die allgemein begründete Ankündigung der Unwiderruflichkeit. Sie lautet ohne Varianten: „Wegen dreier Verbrechen von X und wegen vierer nehme ich es nicht zurück". Dieser erste Satz des Botenspruches faßt – noch verhüllt – die Strafbegründung und die Androhung unwiderruflicher Strafe zusammen. Besonders das erste Element steht sichtlich unter dem Formzwang einer festgeprägten Spruchtradition, zumal im folgenden immer nur ein Verbrechen enthüllt wird. Der gestaffelte Zahlenspruch muß bei der Erinnerung an „drei Verbrechen und vier" vorausgesetzt werden. Vgl. dazu WMWRoth, The

Numerical Sequence x/x + 1 in the Old Testament: VT 12 (1962) 300–311; GSauer, Die Sprüche Agurs: BWANT 84 (1963); HWWolff, Amos' geistige Heimat: WMANT 18 (1964) 24–30; WMWRoth, Numerical Sayings in the Old Testament: VTSuppl 13 (1965). Der gestaffelte Zahlenspruch stellt eine Reihe von Phänomenen zusammen, indem er einleitend deren Anzahl nach vorangehender Nennung der nächstniedrigeren Zahl angibt und dazu vorausschickt, was die folgenden Phänomene miteinander verbindet. – Die Belege reichen von der Zahlenfolge eins-zwei (Ps 62 12f. Hi 33 14f.) bis neun-zehn (Sir 25 7–11). Die bei Amos erscheinende Zahlenfolge drei-vier ist aber auch sonst am häufigsten anzutreffen (Prv 30 15f. 18f. 21–23. 29–31 Sir 26 5f.). Vier Dinge sind an den Fingern einer Hand aufzuzählen und leicht behältlich. Mündlich müssen diese Sprüche viel häufiger im Umlauf gewesen sein, als das literarische Vermächtnis erkennen läßt. Sonst könnte Amos nicht mit solcher Selbstverständlichkeit gestaffelte Zahlensprüche voraussetzen. – Die aufgereihten Phänomene können grundsätzlich allen Lebensbereichen zugehören, etwa der Naturkunde (Prv 30 15f.), der Völkerkunde (Sir 50 25f.) oder der Theologie (Ps 62 12f. Hi 5 19ff. 33 14f.). Aber die Ereignisse des menschlichen Zusammenlebens, insbesondere das rechte und das schlechte Verhalten, regten aus erzieherischen Gründen am häufigsten zur abgezählten Reihung an. Das zeigen auch die bisher einzigen außerbiblischen Belege für den gestaffelten(!) Zahlenspruch: ein Achikarspruch (VI, 92f.: AOT² 457; ANET² 428) nennt drei Verhaltensweisen, die Schamasch Lust bereiten, ein ugaritischer (Gordon 51, III, 17–21; vgl. Ug. Textbook § 7, 9) dreierlei schlechtes Betragen (beim Opfermahl), das Baal haßt. Im Alten Testament sind gestaffelte Zahlensprüche über gutes Verhalten (Sir 25 7–11) seltener als solche über das Unrecht (Prv 6 16–19 30 21–23 Sir 23 16–21 26 5f. 28 50 25f.). So wundert es uns nicht, daß Amos ausschließlich gestaffelte Zahlensprüche über Verbrechen voraussetzt.

Er setzt sie voraus, aber er führt sie nicht aus. Wie ist es zu erklären, daß nach der einleitenden Erinnerung an drei-vier Verbrechen in den Fremdvölkerworten des Amos nur eines genannt wird? Der reguläre gestaffelte Zahlenspruch führt nach der Ankündigung von x und x + 1 Phänomenen immer x + 1 und nie nur x Phänomene aus (vgl. Prv 6 16–19 30 15f. 18f. 21–23. 29–31 Sir 26 5f.). Nun läßt aber schon die einleitende Zahlenstaffelung vermuten, daß in der strengen Form auf dem x + 1. Phänomen ein besonderer Ton liegt. Tatsächlich können wir noch in den wenigen uns überlieferten gestaffelten Zahlensprüchen nachweisen, daß der letzte Punkt oft von den x voraufgehenden deutlich unterschieden wird. So bringen die Sprüche Prv 30 18f. und 29–31 jeweils zunächst drei außermenschliche Erscheinungen, um dann als viertes eine entsprechende menschliche Verhaltensweise herauszustellen. Wichtiger für uns sind Sprüche, die unrechte Taten aufzählen und dabei am Ende eine einmalige Klimax zeigen.

167

Sir 26 5f.:

> Vor drei Dingen bebt mein Herz,
>> vor dem vierten fürchte ich mich sehr:
>> vor Stadtklatsch, Volksauflauf und Verleumdung.
>>> Das alles ist elender als der Tod.
> Aber Herzeleid und Weh schafft eine eifersüchtige Frau,
>> und die Geißel ihrer Zunge macht sich an alles heran.

Sir 23 16-21 geißelt nach Selbstbefleckung 16b und Hurerei 17 den Ehebruch überaus stark (18–21). Ganz deutlich wird das Schlußglied in Sir 26 28 hervorgehoben:

> Über zweierlei ist mein Herz betrübt,
>> aber um des dritten willen steigt Zorn in mir auf:
> wenn ein vermögender Mann verarmt und darben muß,
>> wenn berühmte Leute in Schande geraten.
> Wenn sich aber einer von der Rechtschaffenheit zum Frevel wendet,
>> den wird der Herr für das Schwert bestimmen.

Nur der letzte Satz handelt von einem eigentlichen Verbrechen, das Gottes Strafe zu gewärtigen hat (vgl. HWWolff, Amos' geistige Heimat 26–29). Ähnlicher Art müssen in älterer Zeit die gestaffelten Zahlensprüche gewesen sein, auf die Amos anspielt. Er erwähnt von vier Verbrechen ausdrücklich nur das letzte, das das Maß der Schuld voll, ja übervoll macht, so daß Jahwes Eingreifen unausbleiblich ist.

Er mißt dabei, wie unser einleitendes Formelement deutlich zeigt, an allgemein bekanntem Traditionsgut, das für die mündliche Überlieferung besonders gut geeignet ist, da die Zahlenangabe mnemotechnische Hilfe bedeutet. Wenn die Gattung aus der Rätselfrage entstanden ist, wie OEißfeldt, Einleitung in das AT (³1964) 114f., annimmt, wird die katechetische Funktion noch verständlicher. Sie muß, wie die „Weisheit der Söhne des Ostens" (1 Kö 5 10 Prv 30 15ff.), nicht nur in Israel, sondern ebenso in den verwandten Nachbarvölkern bekannt gewesen sein. Da sie uns in kultischen Texten Israels nirgendwo begegnet und in der vorexilischen Literatur keinen Niederschlag fand, wird Amos hier am ehesten vom Traditionsgut der Sippenerziehung bestimmt sein.

Die Anspielung auf den gestaffelten Zahlenspruch ist der Ankündigung der Unwiderruflichkeit der später ausgeführten Strafansage untergeordnet. לא אשיבנו trägt den Ton des düster einführenden Satzes (zur Übersetzung von שוב hi. s. Textanm. 1 3b). Für Amos ist das stereotype Formelement der vorangestellten Unwiderruflichkeitsansage ein erster Hinweis auf die einschneidende Schärfe und den Endgültigkeitsanspruch seiner Redeweise. Vergleichbar ist etwa Hos 5 9b: „In Israels Stämmen verkünde ich, was feststeht" (s. BK XIV/1, 144). Doch dieser perfektisch bekräftigenden Schlußformel gegenüber ist Amos' verhüllt voranzeigendes Imperfekt zur Eröffnung des Botenspruchs weit unheimlicher.

Die rhythmische Form der Vorankündigung ist die eines Doppeldreiers in der Art eines Stufenparallelismus, der in der zweiten Reihe das begründende Element (על mit Zahl) aus der ersten wieder aufnimmt, um es dann zur Drohung hin weiterzuführen. Inmitten der mehrsilbigen Takte trägt das einsilbig synkopische לא den kräftigsten Ton. Das „Nein" hat rein formal im Amosbuch von Anfang an eine beherrschende Stelle.

3. Die besondere Begründung mit Aufdeckung der Schuld. Entsprechend der Abfolge im verhüllten Ankündigungssatz wird jetzt zunächst das entscheidende Verbrechen enthüllt. Dabei wird die Präposition על aufgenommen, nun aber mit dem suffigierten Infinitiv der Tat verbunden. Syntaktisch ist der Infinitivsatz enger mit dem voraufgehenden als mit dem folgenden verbunden. Als 5-6-taktige Periode steht er mit seinem einleitenden על wieder in einer Art Stufenparallelismus, nun zum ganzen des voraufgehenden Doppeldreiers, und entrollt selbständig in weit ausschwingender Aussage das zuvor untergeordnete Element der Begründung.

4. Die besondere Ausführung der Strafankündigung. Auf sie zielte schon die knappe Ankündigung der Unwiderruflichkeit, obwohl sie erst der Schuldaufdeckung folgt; so zeigt die Spruchstruktur, daß der Prophet kein anderes als ein begründetes und damit gerechtes Gericht ansagt. Aber diese Strafanzeige Jahwes selbst stellt erst den eigentlichen und zur Hauptsache auszuführenden Inhalt des Botenspruches dar. Hier ist nun das Wort, das Jahwe nach der Vorankündigung nicht zurücknehmen will. Dem Umfang wie der Voranzeige und endgültig beherrschenden Stellung nach ist es das Hauptelement eines jeden der Einzelsprüche. In drei durchweg synonym parallel gebauten Doppeldreiern (anders HKosmala, Ancient Hebrew Poetry: VT 14, 1964, 429) wird das Strafhandeln im Ichstil der Botenrede ausgeführt, wobei jeweils die erste Periode bis auf die Namen in den vier alten Fremdvölkerworten wörtlich gleich lautet. Gegen Ende werden jedesmal kurz die Bedrohten zum Subjekt der Aussage (1 5b. 8bβ. 15 2 2b). So wird die Folge von Jahwes Eingriff herausgestellt.

5. Die abschließende Botenspruchformel. Sie nimmt אמר יהוה aus der einleitenden Formel auf. Wie jene steht sie außerhalb des Metrums und rahmt mit ihr fünf meist sechstaktige Perioden, von denen nur die zweite nicht in parallele dreitaktige Reihen gegliedert ist. Insgesamt findet sich die Abschlußformel bei acht echten Amosworten, nämlich außer in den vier alten Fremdvölkerworten (1 5. 8. 15 2 3) noch in 5 17. 27 7 3. 6, zudem in erweiterter Fassung im sekundären Buchschluß (9 15). Merkwürdigerweise wird sie in der gesamten vorexilischen Prophetie sonst nicht verwandt. Bei Haggai, Sacharja und Maleachi erscheint sie dann sehr oft, aber durchweg erweitert. Die knappe Schlußformel אמר יהוה ist also als eine Eigenart ältester Amosüberlieferung zu werten, die nach

7 3.6 auf den Propheten selbst zurückgehen wird. Sie erscheint nur als Abschluß der Selbstankündigung künftigen Gotteshandelns und entspricht darin dem typischen Ort der einleitenden Botenspruchformel (s.o.S. 109). So unterstreicht die Botenspruchrahmung insgesamt das angekündigte Handeln Jahwes als den wesentlichen Inhalt der Botensprüche.

II. Von den vier bisher behandelten streng gleichförmig gebauten Fremdvölkerworten (1 3–5. 6–8. 13–15 2 1–3) heben sich unter rein formalen Kriterien die Tyrus- (1 9–10), die Edom- (1 11–12) und die Judastrophe (2 4–5) ab. Nur das 1. Element der einleitenden Botenspruchformel und das 2. der allgemein begründeten Ankündigung der Unwiderruflichkeit kehren gleichlautend wieder. Das 3. Element der Schuldaufdeckung beginnt zwar auch mit על c. inf., aber der Infinitivsatz ist verkürzt und wird dann erweitert durch einen (1 9) oder mehrere (1 11 2 4) Verbalsätze (im perf. oder impf. cons.). Das 4. Element der Strafankündigung erscheint auf ein Drittel des sonstigen Umfangs verkürzt; es nimmt den Wortlaut der jeweils ersten Periode der vier zuvor behandelten Fremdvölkerworte auf. Das 5. Element der abschließenden Botenformel fehlt in unseren drei Sprüchen regelmäßig.

Unter diesen Formvarianten fällt die Verlängerung der Strafbegründung gegenüber der Kürzung der Strafansage am meisten auf. Die Androhung von Jahwes Eingriff ist formelhaft knapp geworden; die Schilderung von dessen Folge für die Bedrohten, die sonst nie fehlte (1 5b. 8bβ. 15 2 2b; vgl. 2 14–16), ist ganz fortgefallen. Das Interesse ist zur Schuldaufdeckung hin verlagert. Es werden nicht mehr nur die Verbrechen selbst knapp angeführt, sondern Motive und innere Verhaltensweisen mit Hilfe eines bestimmten Frömmigkeitsvokabulars beschrieben. Schon solche schwerwiegenden Unterschiede der Sprache nötigen zu literarkritischen Konsequenzen. Hinzu kommt, daß die Schuldbeschreibung im Tyrusspruch (1 9bα) fast wörtlich die des Philisterspruchs (1 6b) aufnimmt, daß die Anklage des Edomspruchs (1 11bα) sachlich an die Vorwürfe gegen Damaskus (1 3b) und Ammon (1 13b) erinnert, dabei jedoch originelle Formulierungen blaß verallgemeinert, daß die Strafbegründung im Judaspruch (2 4b) im Unterschied selbst zur Israelstrophe nur das Gottesverhältnis betrifft, zugleich aber die sonst (4aα. 5) übernommene Form des Botenspruchs durch Nennung Jahwes in 3. Person sprengt. Damit sind diese drei Sprüche unabweisbar als Nachträge zu bestimmen. Seit Wellhausen, Marti, Nowack, Sellin und Weiser ist das immer schärfer gesehen und zuletzt von WHSchmidt (174–178) nachgewiesen worden. Von den Gegnern dieser Sicht (Cramer, Neher u.a.) wurden in der Regel die dargelegten formgeschichtlichen Argumente übersehen; Reventlow beachtet sie, kommt aber zur Behauptung der „Einheitlichkeit der Form" (62) aller Einzelsprüche von 1 3–2 5 nur durch eine große Anzahl literarkritischer Einzeleingriffe: Auf Grund der Behauptung, daß nicht nur die „Begründung ursprünglich jeweils nur einen einzigen Satz umfaßt" (56), sondern „auch die Strafankündigung in der Urform aus einem einzigen Satz bestanden" (58) habe, streicht er in den Strafankündigungen des Aramäer-, des Philister-, des Ammoniter- und des Moabspruchs jeweils die beiden letzten Perioden (1 5. 8. 14b–15 2 2b–3) und in den Strafbegründungen des Tyrus-, Edom- und Judaspruchs alle finitiven Verbalsätze (1 9bβ. 11bα²-β 2 4bα²-β) als erklärende Glossen. Mit dieser textgeschichtlich nicht belegbaren Vielzahl von Streichungen dürfte die einheitliche Form aller Einzelsprüche allzu teuer erkauft sein. Die überlieferte Eigenart der beiden Spruchgruppen wird ohne hinreichenden Grund verwischt. Demgegenüber ist die Abhebung einer nachgetragenen Schicht dreier vollständiger Sprüche nicht nur in der formgeschichtlichen Analyse des überlieferten Textes begründet, sondern auch sprachgeschichtlich und historisch-theologisch einsichtig zu machen (WHSchmidt; s.u.S. 184f.). Allerdings wird man dem Nachtrag weder mehr noch weniger als Tyrus-, Edom- und Judaspruch zuordnen dürfen. Duhm (ZAW 1911, 2; ähnlich Nowack) wollte auch die Philisterstrophe (1 6–8) der Grundschicht absprechen, weil sie die „Reihenfolge der bedrohten Völker" störe (zum Argument der „Reihenfolge" s.u.S.175ff.); und Robinson möchte nur das Juda-Wort ausklammern, da er lediglich „historischen Bedenken" (76) Gewicht beimißt (vgl. auch Maag 8); dazu s.u.S. 184f. Die vorgeführten formkritischen und sprachgeschichtlichen Beobachtungen nötigen uns, nicht mehr und nicht weniger als 1 9–12 und 2 4–5 einem Nachtrag zuzurechnen.

III. Wie verhält sich die Israelstrophe (2 6–16) zunächst unter formgeschichtlichen Gesichtspunkten zu den erarbeiteten beiden Schichten? Auf den ersten Blick gilt auch hier, daß nur das 1. und 2. Element (einleitende Botenspruchformel und allgemein begründete Ankündigung der Unwiderruflichkeit) gleichlautend wiederkehren. Weiter zeigt sich aber, daß weder das 3. noch das 4. und 5. Element in der Weise des Tyrus-, Edom- und Judaspruchs von den Sprüchen der Grundschicht unterschieden sind. Folgende Besonderheiten treten hervor:

1. Die doppelte Erweiterung der Schuldaufdeckung. a) In vier Perioden wird eine ganze Kette von Verbrechen aufgereiht. Die erste Periode (2 6b) ist wie bisher immer mit על c. inf. gebildet. Die Erweiterung unterscheidet sich inhaltlich und formal von der der Nachträge. Sie fügt nicht dem konkreten Verbrechen Motive an, sondern weitere konkrete Verbrechen. (Erst in einem abhebbaren Nachtrag findet eine Taterläuterung statt; s. Textanm. 2 7g zu 2 7bβ und Textanm. 2 8b zu 2 8aβ bβ) Diese Verlängerung der Anklageliste bietet kein perf. oder impf. cons.; sie wird vielmehr durch eine Partizipialform eingeleitet

(2 7a) und nur durch Imperfekta fortgeführt. Amos liebt auch sonst Partizipialformen in Anklagereden (4 1aßb 5 7 6 13[8 4]), vor allem in Verbindung mit dem Weheruf (5 18 6 1. 3–6), wo gelegentlich auch in der Fortsetzung ein impf. auftaucht (6 6a). Die Weheruf-Reihe zählt ähnlich wie der Zahlenspruch unrechte Taten auf (vgl. HWWolff, Amos' geistige Heimat 12–23). Auch ist uns wohl nicht zufällig in Prv 6 16–19 ein gestaffelter Zahlenspruch überliefert, der die von Jahwe gehaßten Taten mit Hilfe von Partizipialformen aufreiht. Demnach ist anzunehmen, daß die Anknüpfung der Erweiterung durch ein Partizip von jenen Spruchformen angeregt ist, auf die auch 2 6a ausdrücklich hinwies. Es ist also nicht wahrscheinlich, daß in 2 7 ein ganz neuer Spruch beginnt, der urprünglich etwa ein Weheruf gewesen wäre, und daß die alte Israelstrophe in 2 6 als Fragment endet (so Reventlow 57f.). Vielmehr zeigt 2 6b–8 in der Erweiterung der Verbrechensanzeige nach Stil und Inhalt eine deutlichere Anlehnung an einen ausgeführten vierreihigen gestaffelten Zahlenspruch als alle vorhergehenden Amossprüche, ganz zu schweigen von den nachgetragenen Sprüchen. Hier liegt eine wirkliche Steigerung vor, die von Amos selbst her zu verstehen ist. Metrisch zeigt der alte Text der Reihen (außer 7b) die Form synonymer Doppeldreier.
b) Die Fortsetzung in 2 9 intensiviert die Anklage auf die völlig neue Weise der Kontrastierung der Taten Israels mit dem Handeln Gottes für Israel; dazu CWestermann, ThB 24 (1964) 182. 329. Mit wirksamer Hervorhebung des Ichs Jahwes stellt eine viertaktige Einzelreihe zunächst Gottes Tat heraus; zur Verdeutlichung ihrer Größe folgen zwei Perioden mit je zwei synonymen Reihen.

Demgegenüber zeigen die folgenden Verse (10–12) vorwiegend prosaischen Stil. Als Nachträge erweisen sie sich überdies daran, daß sie alle zur Anrede übergehen, daß 10 in traditioneller Sprache die Exodus- und Wüstentradition nachholt, um in einem Finalsatz wieder bei der in 9 allein erwähnten Landgabetradition anzukommen, und daß 11f. in betont paränetischem Stil zu der in 6b–8 abgeschlossenen Schuldaufdeckung zurückkehrt. Auch inhaltlich werden sich diese Verse besser als spätere Zusätze erklären lassen (vgl. den genauen Einzelnachweis bei WH Schmidt 178–183). Sie unterstreichen unter anderen geschichtlichen Umständen die Tendenz des Amos, die Schuld Israels nicht nur durch die breit ausgeführte Reihe seiner Verbrechen, sondern durch Betonung der Heilstaten Gottes für Israel gegen mächtige Fremdvölker hervorzuheben.

2. Die Strafankündigung in 13–16 unterscheidet sich schon formal erheblich von den früheren Strophen. Während sie in den nachgetragenen Sprüchen im Umfang von drei auf eine Periode zurückging, wächst sie jetzt auf fünf Perioden mit meist klaren synonymen Doppeldreiern an. Dabei hebt sich die erste in vielfacher Hinsicht ab. Sie verläßt die stereotype Drohung, die auch die Nachträge aufgenommen

haben. In Rhythmus und Stil ist sie dem ursprünglich unmittelbar voraufgehenden Wort von Gottes grundlegendem Heilshandeln 9a verwandt. Wie
dort steht eine viertaktige Einzelreihe voran. Wie dort folgt ein Doppeldreier – allerdings nur einer! –, der durch Bildvergleich Jahwes Handeln
verdeutlicht. Noch stärker als dort wird Jahwes Ich eingangs betont. Denn
hier wird nicht Jahwes früheres Handeln den Taten Israels kontrastiert
wie in 9, sondern ein völlig neuer Einsatz eröffnet die Ansage der völlig
neuen Tat Jahwes. Sie steht als Gerichtstat ihrerseits im Kontrast zur alten Heilstat.

הִנֵּה bei Amos. הנה אנכי מעיק erinnert an später geläufiges הִנְנִי c. part. **Exkurs**
als Hauptkennwort des Erhörungswortes (s.o.S. 67f. zu Jl 2 19; BK XIV/1, 43
zu Hos 2 8). Diese Kurzform mit Suffix erscheint bei Amos noch in 6 14 und
7 8, die mit selbständigem אנכי in 9 9. הִנֵּה יָמִים בָּאִים findet sich im Eingang von
Gottessprüchen in 4 2 8 11 [9 13]; es fällt auf, daß in diesen Fällen zugleich die
eingeschaltete oder abschließende Gottesspruchformel נְאֻם יהוה auftaucht, die
sich auch am Ende von 2 13–16 findet (in 6 14 sekundär). הנה eröffnet einen
Hinweis auf Jahwes Handeln in 3. Person in 6 11 und 9 8, ebenso in [4 13]. Einen
ganz festen Ort hat וְהִנֵּה in den vier ersten Visionsberichten: es leitet ein, was
Jahwe dem Propheten zeigt (7 1.4.7 8 1), und hat damit die gleiche Funktion
wie in den alten Traumerzählungen (vgl. Gn 28 12 37 7; dazu BiblStud 35, 38f.).
Der Überblick zeigt, daß הנה siebenmal im Eingang der Gottesrede vorkommt (הנה אנכי 2 13 9 9; הנני 6 14 7 8; הנה ימים באים 4 2 8 ׃ [9 13]), viermal
weckt es im Visionsbericht die Aufmerksamkeit für das, was Jahwe dem Propheten gezeigt hat (7 1.4.7 8 1), und dreimal weist es auf Jahwes Handeln in
3. Person hin ([4 13] 6 11 9 8). Daraus folgt: 1. הנה ist bei Amos immer mit
Jahwe und seinem Offenbarungshandeln verbunden. Es weckt ausschließlich
die Aufmerksamkeit für Gottes Tat. 2. Es ist kein streng formelhafter Gebrauch festzustellen; bei 14fachem Vorkommen (davon wenigstens zweimal
sekundär) finden sich mindestens fünf verschiedenartige Verknüpfungen. Diese
Lebendigkeit des Sprachgebrauchs warnt vor der Zuordnung zu einem bestimmten, Amos vorgegebenen kultischen Formular. 3. Auffallend häufig begegnet הנה bei Amos in den Visionen (fünfmal); in ihnen zeigt sich bemer-
kenswerterweise auch der Übergang von der Hervorhebung des Visionsgegen-
standes (7 1.4.7 8 1) zum Gebrauch in der Eröffnung der Gottesrede als Hervorhebung der Selbstankündigung der Gottestat (7 8), der ebenso in 2 13 6 14
9 9 und ähnlich in 4 2 8 11 [9 13] vorliegt. In den echten Amosworten leitet
הנה immer eine Gerichtsankündigung ein. So gehören הנה אנכי und הנני
c. part. zur Vorgeschichte der später geläufigen Form des Erhörungswortes
(s.o.S. 68).

הנה signalisiert den Einsatz der eigentlichen Gottesbotschaft. Ob damit auch ein Übergang zur Anredeform verbunden ist, muß trotz 4 2 6 14
unsicher bleiben (s. Textanm. 2 13b), zumal תחתיהם in 2 13a mit dem
מפניהם in 2 9a im Rahmen des kontrastierenden Satzgefüges besser korres-
pondieren würde. Während statt zweier Doppeldreier in 9 nur einer in
13 zur Verdeutlichung der Jahwetat folgt, schließen sich weitere drei
Doppeldreier zur Schilderung der Folgen von Jahwes Tat an; die Betroffenen werden Subjekt. Damit ist wieder ein Element weiter ausgebaut,

das in den vier älteren Fremdvölkerworten nie fehlt (s.o.S. 169), jedoch immer in den jüngeren (s.o.S. 170).

3. Die Gottesspruchformel נאם יהוה tritt an die Stelle der abschließenden Botenspruchformel אמר יהוה in 1 5. 8. 15 2 3, während die drei jüngeren Sprüche in 1 10. 12 2 5 ohne Schlußformel bleiben. Warum steht die Gottespruchformel am Schluß der Israelstrophe, und auf wen geht sie zurück? Die Fragen sind nur vom Gesamtvorkommen im Amosbuch her zu beantworten.

Exkurs   נאם יהוה im Amosbuch. Insgesamt kommt die Formel 21mal vor, davon 13mal in Schlußstellung (2[11]. 16 3 15 4 3. 5. 6. 8. 9. 10. 11 9 7. 8.[12]), zweimal als Zwischenformel (3 10 6 14 8 3) und sechsmal mit anderen Formeln im Rahmen einer Sprucheinleitung (3 13 6 8 8 9.11 [9 13]). Als Zwischenformel und in den Sprucheinleitungen geht sie immer auf spätere redaktionelle Hände zurück, wie zum jeweiligen Text nachgewiesen wird. Wo sie am Schluß steht, ist sie zumindest in 2 11 und 9 12 sekundär. Wenn sie damit in wenigstens der Hälfte der Fälle aus späterer Zeit stammt, so entspricht das dem Befund, daß sie erst bei Jeremia (169mal) und bei Ezechiel (85mal) gehäuft erscheint; vgl. RRendtorff, Zum Gebrauch der Formel *neˀum jahwe* im Jeremiabuch: ZAW 66 (1954) 27–37, bes. 27f.; FBaumgärtel, Die Formel *neˀum jahwe*: ZAW 73 (1961) 277–290; CWestermann, Grundformen prophetischer Rede (²1964) 135f.

Bei Amos ist in den restlichen Fällen oft schwer zu entscheiden, ob sie zur literarischen Redaktion oder zu einem alten Amosspruch gehört. Ganz unentbehrlich im mündlich verkündeten Spruch erscheint sie vor allem in 9 7 und 3 15. In beiden Fällen ist das sprechende Ich nicht durch eine andere Rahmenformel mit Jahwe identifiziert. Dieser Befund gebietet es, damit zu rechnen, daß Amos selbst die Formel verwendet hat, allerdings nur am Schluß eines Spruchs. Für 2 16 ist es demnach auch wahrscheinlich, daß die Gottesspruchformel auf Amos selbst zurückgeht, zumal die voraufgehenden, von ihm herzuleitenden vier Fremdvölkerworte eine Schlußformel bieten. Es ist möglich, daß überhaupt die Verbindung נאם יהוה auf Amos oder den Traditionskreis, dem er entstammt, zurückgeht. Denn vor Amos ist sie nirgendwo in sicher datierbaren Texten (Ps 110 1?) nachweisbar, vor allem nicht für die ältere spezifisch israelitische Kultverkündigung. In Nu 24 3f. 15f. und 2 S 23 1 ist נאם mit einem menschlichen Sprecher verbunden, ebenso im weisheitlichen Bereich in Prv 30 1; Bileam-, David- und Agursprüche weisen in Seher- und Weisheitskreise der Umwelt, die im 8. Jh. wenigstens teilweise schon altertümlich wirken. In den genannten Fällen findet sich die Formel nur in der Sprucheröffnung. Amos, der selbst die Formel nur am Spruchschluß verwendet, hat mit Hilfe des archaischen Wortes נאם eine sprachlich ungewöhnliche Parallele zu der von ihm öfter verwandten abschließenden Botenspruchformel אמר יהוה entweder gebildet oder doch erstmalig nachweisbar in reicherem Maße gebraucht. Diese Gottesspruchformel konnte ihm am Schluß der Israelstrophe dazu dienen, den Höhepunkt des Ganzen mit auffälliger, ja feierlicher Betonung zu schließen.

Die Gottesspruchformel stellt also am Ende zahlreicher anderer Steigerungen in der Israelstrophe gegenüber der abschließenden Botenspruchformel eine solennere Bekräftigung der Gewißheit dar, daß im Prophetenspruch Jahwe selbst Israel entgegentritt. So wird sie wahrscheinlicher auf Amos selbst als auf eine spätere Redaktion zurückgehen.

B. Die Form der Komposition. Die Untersuchung zur Form der Einzelsprüche ergab, daß Damaskus-, Philister-, Ammoniter- und Moabspruch einerseits, Tyrus-, Edom- und Judaspruch andererseits je strukturell gleichartig und darum zu unterscheiden sind; von beiden Gruppen hebt sich die Israelstrophe ab. Die Dreiergruppe zeigt sich als sekundär durch Wortanleihen und Stilbrüche, die mangelnde Originalität verraten. Gegenüber der Vierergruppe ist bei ihr schon in der Form eine doppelte Umorientierung der Verkündigung zu erkennen: sie verlagert das Schwergewicht der Aussage von der Strafe auf die Schuld. Folgen der Strafe werden nicht mehr genannt, aber die Motive der Verbrechen werden aufgedeckt. Anders verhält sich die Form der Israelstrophe zu den ursprünglichen Fremdvölkerworten. Sie orientiert nicht um, sondern steigert extensiv und intensiv. Im Schuldaufweis wird zunächst der Umfang der Verbrechen der Zahlenangabe entsprechend vervierfacht, sodann wird das Proprium der Schuld Israels durch Gegenüberstellung mit Jahwes Einsatz für Israel aufgewiesen. Dementsprechend wird in der Strafansage zunächst das Ich Jahwes als des Urhebers eines ganz anderen Unheils stärker betont; danach werden dessen Folgen ungleich breiter geschildert. Schließlich fällt die abschließende Botenspruchformel nicht einfach aus wie in den nachgetragenen Sprüchen, sondern sie wird durch die solenne Gottesspruchformel ersetzt. So sind von der Form her die Israelstrophe und die vier ursprünglichen Fremdvölkerworte zusammenzusehen.

Von woher ist diese Kompositionsform zu verstehen? Die ältere Auslegung hat an die „natürliche Reihenfolge" (Marti 158) gedacht, in der Damaskus, Ammon und Moab geographisch von Norden nach Süden einander folgen. Aber dann muß man die Philisterstrophe ohne hinreichenden Grund ausscheiden. Sie kann einbezogen bleiben, wenn man die Anordnung von dem militärpolitischen Plan der Assyrer bestimmt sieht, wie ihn Amos nach JWellhausen (Die kleinen Propheten, ⁴1963, 68.75) erwartete. Doch wie kann der Prophet von solchem Interesse beherrscht sein, wenn er die Assyrer nicht einmal erwähnt? So stellt AWeiser (Die Profetie des Amos, 1929, 86f.) heraus, daß das aus der Komposition ersichtliche Hauptinteresse an Israel bedacht werden müsse; von hier aus ergab sich, daß die Aufeinanderfolge der Völker psychologisch bestimmt sei, nämlich vom Maß und von der Macht der Feindschaft, wie Israel sie empfand. Darum sollten Aramäer und Philister an erster Stelle stehen. Aber warum dann nicht – im Willen zur Steigerung – an letzter?

Die neuere Forschung ist stark bestimmt durch den Vorschlag von ABentzen (1950), im Hintergrunde der Völkerspruchkomposition des Amos das aus dem Mittleren Reich Ägyptens belegte Ritual der Ächtung feindlicher Fürsten und Völker zu sehen. Die Texte bieten vor allem KSethe, Die Ächtung feindlicher Fürsten, Völker und Dinge auf alt-

ägyptischen Tongefäßscherben des Mittleren Reiches: Abh. d. Preuß.
Ak. d. Wiss. Phil.-hist. Kl. 5 (1926); GPosener, Princes et pays d'Asie et
de Nubie, Textes hiératiques sur des figurines d'envoûtement du Moyen
Empire (1940); ANET 328f.; WHelck, Die Beziehungen Ägyptens zu
Vorderasien im 3. und 2. Jt. v. Chr.: Ägyptolog. Abhandlungen 5 (1962)
49–67; EVila, Un dépôt de textes d'envoûtement au Moyen Empire:
Journal des Savants (1963) 135–160; dazu GFohrer, Prophetie und Magie:
ZAW 78 (1966) 25–47 (33. 40ff.). Die ägyptischen Ächtungstexte aus dem
18. Jh. v. Chr. finden sich auf tönernen Schalen, Näpfen und Töpfen von
wenigstens 10 cm Durchmesser oder auf 31–35 cm großen Tonfiguren, die
kniende Gefangene darstellen, deren Hände auf dem Rücken gefesselt
sind; diese Figuren sind horizontal vom Hals bis zu den Knien vorn und
hinten eng beschriftet (Posener 17f.; kleinere von 14,5 cm Größe nur vorn,
s. EVila 147; vereinzelt wurden auch Vögel, Fische, Barken und andere
Figuren gefunden, s. EVila 158f.). Aufgereiht werden die Namen von
Fürsten, Orten und Landschaften in Nubien, im palästinisch-syrischen
Asien und in Libyen, ferner ägyptische Rebellen (auch Tote, deren Einwirkung aus dem Jenseits befürchtet wird) und schließlich Verderbens-
kräfte im allgemeinen, zuweilen auch Götter (SMorenz, Ägyptische Religion: Die Religionen der Menschheit 8, 1960, 28). In einer rituellen
Handlung zerbrach der ägyptische König oder ein Priester die Gefäße
oder Figuren; ein Wandbild der Bibliothek von Edfu zeigt einen Ritual-
Priester, der mit einem Stoß neun Figuren Gefangener mit einer Art Brat-
spieß durchbohrt (Posener 7). Die Handlung will magisch die Entmach-
tung der namentlich Genannten herbeiführen. Ähnliche sympathetische
Zauberhandlungen genau aus der Zeit des Amos sind uns jetzt für Syrien
aus einem Staatsvertrag der Sfire-Stelen, I A 37–42, bekannt: Beim Ver-
tragsschluß wird ein Wachsmann verbrannt oder geblendet, werden Bo-
gen und Pfeile zerbrochen, ein Kalb zerschnitten, Wachsfrauen entblößt,
geschlagen und genommen, um zu demonstrieren, daß im Falle des Vertragsbruchs dem Abtrünnigen und den Seinen das gleiche widerfahren
soll; vgl. Donner-Röllig, KAI Nr. 222 A 37ff. und Bd. II 251. Ähnliches
belegt um 750 der Vertrag zwischen Assurnirari V. und *Mati'ilu* von
Bît-Agusi, I 10–35 (EWeidner, AfO 8, 1932/33, 17–26, Text S. 18f.;
auch bei DJMcCarthy, Treaty and Covenant: AnBibl 21, 1963, 195).

Bentzens Erinnerung an die Ächtungstexte hat deshalb weithin
Beachtung gefunden (bei Kapelrud, Reventlow, Fohrer u.a.), weil sie zu
Am 1–2 eine Reihe von Analogien aufweisen, die so gemeinsam weder im
Alten Testament noch in seiner Umwelt zu finden sind. Hier wie dort
sind (1.) Völker und Orte genannt, die (2.) dem Untergang geweiht
werden; zugleich werden meist (3.) deren Herrscher und Fürsten genannt;
vor allem werden am Ende (4.) in den Ächtungstexten auch Ägypter selbst
betroffen wie bei Amos Israel. Bentzen selbst schränkt ein: natürlich dürfe

man bei Amos nicht an eine magische Handlung denken (vgl. Sfire I A 37–42 o.S. 176), zumal von beschrifteten Tongefäßen (teilweise vergleichbar wäre nur Jer 19) nicht die Rede sei; dennoch möchte Bentzen von der Redeform her auch in Israel ein vergleichbares Kultritual beim Neujahrsfest zur Ächtung der äußeren und inneren Feinde postulieren. Die weitreichenden Folgerungen, die daraus gezogen werden, fordern eine genauere Prüfung der Voraussetzungen. Reichen die vier genannten Entsprechungen aus, um von den Ächtungstexten her die Kompositionsform bei Amos zu verstehen? Zu bedenken ist:

1. Die Form der Texte ist ganz unvergleichbar. Die Ächtungstexte reihen nur Namen (von Fürsten, Städten, Ländern, bösen Mächten) auf; es gibt kaum einen Satz, geschweige denn mehrgliedrige Sprüche.

2. Die feste Reihenfolge der in den Ächtungstexten Genannten soll durch die Himmelsrichtungen bestimmt sein (Bentzen 89f.), und diese Anordnung soll selbst magische Bedeutung haben und noch bei Amos gegenüber Völkern wirken, „denen ein magisches Vorstellen und Handeln nicht unbekannt war" (Fohrer 41f.). Nun zeigen schon die Bemühungen Bentzens und Fohrers, daß eine konstante Folge von Süd-Nord-West-Ost nicht festzustellen und bei Amos eine solche Ordnung höchstens als Abwandlung der ägyptischen erkennbar ist, die aber schon in sich ganz fragwürdig bleibt. Vor allem hat aber die genauere Behandlung der ägyptischen Texte ergeben, daß bei der Abfolge eine Magie der Himmelsrichtungen nicht maßgeblich ist. Sie ist vielmehr durch die Linien der Handelsstraßen bestimmt, wie WHelck (62f.) nachgewiesen hat. So erklärt sich auch, daß in Asien nur im südlicheren Teil Namen von Herrschern erwähnt werden, weiter nördlich aber lediglich Städte oder Landschaften. Das Ächtungsritual will höchstwahrscheinlich die Karawanenwege sichern. Jedenfalls ist die Ortsfolge nicht durch magische Vorstellungen, sondern durch die Straßenverbindungen bestimmt.

3. Der Grund für die Nennung ist in Ägypten vom Ritual wie von den Texten her eindeutig: die Genannten gefährden ägyptische Interessen. Im Ausland und im Inland sollen mögliche oder wirkliche Rebellen und widrige Mächte gebannt werden. Dieser selbstverständliche und einzige Grund wird in den Namenreihen erst bei den allgemeinen, zusammenfassenden Bemerkungen genannt: „alle, die rebellieren, die intrigieren, die kämpfen, die von Kampf oder Rebellion reden" (vgl. Sethe 42f. 58f. 60ff.; ANET 329). Dagegen nennt Amos in jedem Spruch spezielle Verbrechen; sie sind vorweg als Grund der Drohungen betont durch Kennworte gestaffelter Zahlensprüche. Schon dadurch sind sie nicht als Verstöße gegen israelitische Interessen politischer Art qualifiziert, was in der Ausführung nie betont wird und im Einzelfall auch indirekt gar nicht zu folgern ist (2 1). Der Rahmen zeigt vielmehr deutlich, daß Jahwes Wille verletzt ist. Dieser Grund beherrscht die Sprüche.

4. Dem entspricht, daß die Bedrohung des eigenen Volkes völlig anderer Natur ist. Nicht das Interesse der herrschenden Macht, sondern Jahwes Wille verfügt. Darum zeigt der Israelspruch Steigerungen (s.o.S.175), die in Ägypten fehlen (so schon Bentzen 94). Allerdings geht den Namen einiger Ägypter das Wort *mwt* = „es sterbe" voran (Sethe 19.62–69). Hier sollen wie im Ausland einzelne rebellische Personen und Schadensmächte gebannt werden. Bei Amos wird ganz Israel ohne Möglichkeit des Entrinnens (2 14–16) bedroht (Kapelrud 20). Damit wird deutlich, wie völlig verschieden Grund und Ziel beider Texte sind. Vgl. RFey, Amos und Jesaja: WMANT 12 (1963) 46.

5. Schließlich ist nach dem Subjekt des Handelns zu fragen, genauer: nach der Funktion der Gottheit. Im Ächtungsritual greift der Mensch ins Weltgeschehen ein. Amos ist Bote der freien Taten Jahwes. In Ägypten werden in unseren Vergleichstexten die Götter nur gelegentlich ausdrücklich angerufen und in Dienst gestellt, natürlich verschiedene Götter (Ḥammu, Šamaš, Sin, Hadad; vgl. Helck 67); andere Götter sind selbst von der Ächtung betroffen (SMorenz, Ägypt. Religion 28; im Anschluß an GPosener, Les empreintes magiques de Gizeh et les morts dangereux: Mitteilungen d. Deutschen Archäol. Instituts Kairo 1958, 252ff., bes. 267). In Israel wird dem Volk das unwiderstehliche Handeln Jahwes verkündet; sein Wort allein gilt den Fremden wie Israel.

Diese Kette tiefer Differenzen läßt die Annahme kaum zu, daß die geringe Zahl von formalen Übereinstimmungen auf eine, wenn auch nur indirekte, Beeinflussung des Amos durch ein altes Ritenformular zurückgehe. Sie erklären sich leicht als selbstverständlich vom je eigenen Ansatz her.

Schon Bentzen (91ff.) hat den unmittelbaren Hintergrund der Komposition des Amos in vergleichbaren israelitischen Fluchzeremonien gesucht. Gewiß wird in einigen Psalmen (Bentzen nennt 75.76.82.149) Jahwe als Richter über alle Frevler auf Erden (75 11) besungen; auch einzelne Fremdvölker können dabei genannt (76 11 cj.; vgl. Kraus, BK XV und Ps 60 8–10), der Grund seines Richtens kann aufgedeckt (82 3f.) und die Strafe an Völkern und Fürsten expliziert (149 7f.) werden. Vgl. ferner Ps 9 9. 20f. 96 10 u.ö. Hier erscheinen verwandte Motive, die vom gemeinsamen Jahweglauben her Amos näher stehen als die Ächtungstexte; hinter den Psalmen der Jerusalemer Kultüberlieferung sind die kanaanäischen עליון- und El-Traditionen zu sehen; Kraus, BK XV 199f.; WHSchmidt, Königtum Gottes in Ugarit und Israel: ZAWBeih 80 (²1966) 39ff. Jedoch: abgesehen von der Schwierigkeit der Datierung solcher Psalmen und ihrer Zuordnung zu bestimmten kultischen Begehungen ist nirgendwo auch nur der geringste Anhalt für die Annahme zu finden, es habe im Kult Israels Formulare gegeben, in denen die Struktur des Einzelspruchs, die Zuordnung Israels zu Fremdvölkern und die verstärkte Verurteilung Israels Amos 1–2 vergleichbar wären.

Dasselbe gilt gegenüber der Annahme eines Fluchrituals der Bundesfestverkündigung, die Reventlow (62–75) vertreten hat. Reventlow führt die Beobachtungen Bentzens in kritischer Aufnahme von Weisers und Kapelruds Arbeiten weiter zu der These, ein „Bundesfest" sei der Sitz im Leben des universalen Anspruchs Jahwes; er stützt diese These im Anschluß an Würthweins und Bachs Ermittlungen auf die Annahme, Amos habe „bei seinen Vorwürfen das große Ganze des allgemein bekannten Bundesrechtsguts im Auge" (75), unter das auch die Völker gestellt würden. Wieder ist nicht zu bestreiten, daß die Anklagen des Amos mancherlei Anklänge an das in den Rechtscorpora überlieferte Recht Altisraels zeigen. Aber es fehlen nicht nur wörtliche Übereinstimmungen, die erlauben würden, von einem vorgegebenen Fluchritual zu sprechen. Es ist darüber hinaus kein Bundesfestkult in Israel nachzuweisen, in dem in Botenspruchform Anklage und Strafansage zusammengebunden wären, zugleich mehrere Völker und Israel in einer Spruchkomposition nebeneinander stünden und vor allem Israel als ganzem kräftiger als den Völkern ringsum der Untergang verkündet worden wäre. Ein solches Formular ist sogar höchst unwahrscheinlich, da die vorprophetischen Fluchformulare die jeweiligen Gesetzesübertreter, nicht aber ganz Israel treffen (Dt 27 15ff.).

Als gesichertes Ergebnis der neueren Forschung zur Frage nach der Herkunft der Form des Völkerspruchzyklus bleibt daher nur, daß mehrere einzelne Formelemente als verwandt entdeckt worden sind. Für das Ganze und für seine bestimmenden Züge ist ein Modell weder gefunden noch auch nur wahrscheinlich zu machen. Die Auflösung der Komposition in Einzelworte (Robinson; Osty) hat sich ebensowenig als haltbare Lösung erwiesen wie der Versuch Würthweins (ZAW 62, 1950, 37f.), die Fremdvölkerworte einer früheren heilsprophetischen und den Israelspruch einer späteren gerichtsprophetischen Wirksamkeit des Amos zuzuordnen. Beide Versuche erschweren nur die Erklärung der Gleichförmigkeit, zumal das Gemeinsame in den Einzelsprüchen allzu originell ist.

Was ergibt sich zur Erklärung der Form der Komposition nach Erschöpfung aller Vergleichsmöglichkeiten?

1. Hier ist eine in Israel vorher so noch nie gehörte Sprache laut geworden. Das muß heute wieder kräftig betont werden. Gewiß sehen wir neu, daß allerlei Überkommenes in das Neue eingeschmolzen ist. Aber Amos wurde als ein einzelner von Jahwe bezwungen (7 1–8 8 1–2 7 14f. 3 8). So erklärt sich die Leidenschaft und unabweisbare Gewißheit seines Auftrags, Israels Ende als Jahwes Willen zu bezeugen, wie auch die strenge Form des Botenspruchs, das Übergewicht der Israelstrophe und die Unterstellung aller anderen Völker unter Jahwes Wort.

2. Fremde Völker in Worte und Taten Jahwes einzubeziehen, war schon den altisraelitischen Exodus- und Landnahmetraditionen wie auch

den Überlieferungen von den frühen Jahwekriegen ganz unentbehrlich. Amos hat sie nachweislich vor Augen (2 9 3 2). Aramäer und Philister mögen als Hauptfeinde vorgezogen (vgl. 9 7), Ammon und Moab als verwandte Nachbarn (Gn 19 37f.) zugeordnet worden sein (Weiser, ATD⁴ 136). Unerhört aber ist Israels Einstufung in die Reihe dieser gerichtsreifen Völker. Solche Gleichstellung vollzieht erstmals Amos, und zwar wiederholt (9 7; vgl. 6 2). Nur von daher überrascht die genaue Übereinstimmung von Israelstrophe und Fremdvölkerworten in der Form der Sprucheröffnung und der Strafbegründung nicht.

3. In der durchgehaltenen Stereotypie ist kein Formelement so exakt gleichartig wie der Schuldaufweis, insbesondere die regelmäßige Aufnahme des gestaffelten Zahlenspruchs. Sie weist auf mündliche Traditionen der Sippenerziehung hin, die Israel wie anderes Weisheitsgut mit seiner Umwelt verbindet (s.o.S. 166ff.). Diese Erinnerung an des Propheten geistige Verwurzelung erklärt zwar weder die Strenge der Jahwe-Botenspruchform noch die Schärfe der Strafansage (dazu s.o. S. 108), wohl aber seine internationalen Interessen und Informationen wie auch die grundsätzliche Unterstellung aller Völker unter die gleiche Rechtsordnung. Vor allem aber erklärt die Geistesverwandtschaft mit der Denk- und Redeweise des Zahlenspruchs und ähnlicher weisheitlicher Formen der Reihenbildung unsere vorliegende Komposition gleichartiger Sprüche als rhetorische Möglichkeit.

4. Neben der Stereotypie macht diese Tradition schließlich die innere Struktur der Spruchreihe verständlich. Die vergleichende Denkweise des gestaffelten Zahlenspruchs mit ihrer häufigen Klimax im letzten Glied (s.o.S. 167f.) erklärt die wuchtig steigernden Varianten der Schlußstrophe. Ähnlich heben sich das Schlußglied der fünf Visionen und die Endreihen der didaktischen Fragen in 3 3–6. 8 ab. Beide Parallelen zeigen ferner für die vorauflaufenden Glieder die Neigung zur Paarbildung (s.o.S. 120). Insbesondere für die umorientierende Betonung der Schlußstrophe bei gleichbleibender Grundform bieten weder der liturgische Hymnenstil trotz seiner Refrainreihen (JLindblom, Die literarische Gattung der proph. Lit., 1924, 74; vgl. etwa Ps 46.67.99 oder die Klagelieder Ps 42/43.80) noch viel weniger andere kultische Formen Vergleichbares. Das einzige größere Kompositionsgebilde aus älterer Zeit, das von ferne im Repetitionsstil wie im Umbruch der Schlußstrophe vergleichbar ist, wäre Jothams Fabel in Ri 9 8–15; vgl. JMuilenburg, Hebrew Rhetoric: Repetition and Style: VTSuppl 1 (1953) 88–111 (103). Sie entstammt trotz anderer Einzelform und Thematik der gleichen geistigen Heimat der Weisheit. Amos ist dem ihm eigenen Auftrag in seiner Botenspruchkomposition mit der Struktur solchen Denkens und Dichtens gerecht geworden.

Ort   Wo hat diese neue Sprache ihren Sitz im Leben? Nur für einige der eingeschmolzenen Elemente können wir aus der Tradition Antworten vermuten: Der Zahlenspruch gehört in die Sippenpädagogik, die Ansage der Vernichtung bestimmter Fremdvölker zum Auftreten der Charismatiker bei Beginn der alten Jahwekriege, die Bedrohung von Vergehen einzelner Israeliten in die gottesdienstliche Fluchverkündung, die Verknüpfung eines bestimmten Verbrechens mit einer bestimmten Strafe in die kasuistische Rechtsbelehrung. Aber wie die Rahmenformeln des Botenspruchs aus der diplomatischen Verkehrssprache stammen, jetzt jedoch der Ausrichtung eines genauen, einmaligen Auftrags Jahwes dienen, so bringt die neue Redeform zwar eine Erinnerung an die Sippenpädagogik zum Zwecke der aktuellen Strafbegründung, verknüpft jedoch die akute Bedrohung der Fremdvölker mit der Israels in einer Weise, wie sie in keinem postulierten Neujahrs- oder Bundesfest Israels vorstellbar ist; mit dieser Botschaft würde es sich selbst aufheben. Deshalb muß als der Sitz im Leben unseres Botenspruchzyklus das in den Institutionen Israels nicht geordnete, sondern sich jeweils ü b e r r a s c h e n d ereignende Auftreten eines einzelnen prophetischen Sprechers angenommen werden.

Diese Sicht schließt die Möglichkeit ein, daß Amos mit unserem Spruchzyklus innerhalb einer Festversammlung aufgetreten ist. Daß in Bethel am Ende der Erntezeit im Herbst ein Jahwefest begangen wurde, sagt 1 Kö 12 32; daß Amos in Bethel auftrat, geht aus Am 7 10ff. hervor. Ob bei diesem Fest die Bedrohung der Feinde um und in Israel einen festen agendarischen Ort hatte, wissen wir nicht. Manche Forscher vermuten es. Aber die Bedrohung von Feinden mochte man zu jeder Zeit gern hören. So ernst sie Amos meinte, sie war doch zugleich ein kluges Lockmittel, ja eine Nötigung, die noch härtere Botschaft über Israel als Jahwes Wort aufzunehmen (AWeiser, Die Profetie des Amos 103; RSmend, Das Nein des Amos: EvTh 23, 1963, 410). Die Redekomposition würde besonders gut zu B e g i n n d e r W i r k s a m k e i t verständlich sein (so AWeiser, ATD⁴ 134; DDeden 124); später wäre der Überraschungserfolg ausgeblieben, der schon deshalb als Absicht angenommen werden kann, weil Amos, soweit wir wissen, sonst nie mehr von Verbrechen und Bestrafung der Fremdvölker sprach. S.u.S. 354ff. zu 7 10–17.

Läßt Amos erkennen, wann die Worte h i s t o r i s c h einzuordnen sind? Ereignisse, die in größere geschichtliche Zusammenhänge weisen, werden nur im Aramäer- und im Ammoniterspruch berührt. Gegen beide Völker wird der Vorwurf erhoben, Grausamkeiten in Gilead, dem ostjordanischen Gebiet Israels, begangen zu haben (1 3. 13); bei den Ammonitern wird ausdrücklich vermerkt, das Ziel sei Landeroberung gewesen.

Bisher nahm man zumeist an, damit sei auf Ereignisse aus dem letzten Drittel des 9.Jh. angespielt (Noth, GI⁶ 227; JBright, Geschichte Israels, 1966, 252; AWeiser, ATD z.St.). In der Tat wissen wir, daß Hasael von Damaskus (842–806) die aramäische Macht ungemein gefestigt hat, seit

Salmanassar III. (858–824) in seinem 21. Regierungsjahr, also um das Jahr 838, ein letztes Mal gegen Städte Hasaels „im Lande Damaskus" zu Felde zog (AOT 343; ANET 280; zu den Regierungsdaten der assyrischen Könige vgl. PvanderMeer, The Chronology of Ancient Western Asia and Egypt, ²1963, 8). Seitdem waren Salmanassar III. und sein Nachfolger Šamši-Adad V. (824–811) anderweitig gebunden. So wurden Hasael und sein Sohn Benhadad frei, Israel unter Jehu (845–818) und dessen Sohn Joahas (818–802) militärisch zu bedrängen (2 Kö 8 12 13 3; zu den Regierungsdaten der israelitischen Könige vgl. AJepsen in AJepsen/RHanhart, Untersuchungen zur israelitisch-jüdischen Chronologie: ZAWBeih 88, 1964, 42). Israels Truppen konnten nicht verhindern, (vgl. 2 Kö 13 7), daß das gesamte ostjordanische Gebiet bis zum Arnon, also auch „das ganze Land Gilead", verlorenging (2 Kö 10 32f.). Auch scheint Hasael mit den Philistern paktiert zu haben; jedenfalls entriß er um 815 Juda die spätestens seit Rehabeams Tagen annektierte alte Philisterstadt Gath (2 Kö 12 18; vgl. Noth, GI⁶ 217f.; s.u.S. 192). Die Philister erscheinen gleich neben den Aramäern in Am 1 6ff. Allerdings werden hier weder Gath noch Beziehungen zu Damaskus erwähnt; auch wird kein israelitisches oder judäisches Gebiet bei Namen genannt.

So wird man das Nebeneinander von Aram und Philistäa in Am 1 3–8 nicht ohne weiteres mit Vermutungen auf Grund der Eroberung Gaths durch Hasael erklären dürfen. Es ist überhaupt zu bezweifeln, daß Amos im Aramäerspruch Kriegsereignisse zur Sprache bringt, die wenigstens zwei Generationen zurückliegen. Denn einmal geht aus keinem Text hervor, daß damals zugleich die Ammoniter Gebietserweiterungen im Bereich des Landes Gilead vornahmen (113); 2 Kö 10 32f. schließt seinem Wortlaut nach aus, daß sie es überhaupt konnten. Zum andern kennen wir Amos sonst nur als einen Propheten, der aktuelle Verbrechen zur Sprache bringt.

Vor allem aber ist zu bedenken, daß die im 9. Jh. erfolgten aramäischen Eroberungen im Ostjordanland in den ersten beiden Jahrzehnten des 8. Jh. längst rückgängig gemacht wurden. In Adadnirari III. von Assur (806–783) stand nämlich indirekt ein Helfer für die israelitischen Könige auf (vgl. 2 Kö 13 5). Denn er schloß im 5. Jahr seiner Regierung, um 800, Benhadad in Damaskus ein und zwang ihn zur Unterwerfung (AOT 345; ANET 281). Die aramäische Macht wurde dabei offenbar so geschwächt, daß Joahas' Sohn Joas (802–787) ihm in drei Schlachten zahlreiche Städte wieder entreißen konnte, die Hasael seinem Vater genommen hatte (2 Kö 13 24f.). Diese israelitischen Erfolge konnte Jerobeam II. (787–747) nach 2 Kö 14 25 noch erheblich ausbauen und wohl gar Damaskus und Hamath erobern (2 Kö 14 28). Israel hatte sich also im ersten Viertel des 8. Jh. kräftig von den Niederlagen des 9. Jh. erholt. Sollte Amos wirklich in seinen Anklagen gegen Aram und Ammon dahinter zurückgegriffen haben? Ist es auszuschließen, daß er an Ereignisse seiner Gegenwart erinnerte?

Zur Beantwortung dieser Frage muß man den Wandel der weltpolitischen Lage ins Auge fassen, der bald nach Adadniraris III. Tod (782) eintrat. Das Reich von Urartu, dessen Zentrum am Van-See zu suchen ist, gewann unter seinen kraftvollen Herrschern Argišti I. und Sardur III. (810–743) die Übermacht über Assur; vgl. AGoetze, Kleinasien: Kulturgeschichte des Alten Orients III/1 (²1957) 192ff. Assur wurde von allen Seiten derart umklammert, daß es in der Forschung schon eine offene Frage ist, ob in der Schlacht von 773 zwischen Salmanassar IV. (782–772) und Damaskus die Aramäer angegriffen wurden (so ADupont-Sommer, Les Araméens, 1949) oder ob sie nicht vielmehr die Angreifer waren (so SCohen, The Political Background of the Words of Amos: HUCA 36, 1965, 153–160, bes. 158). Jedenfalls war Assyrien unter den folgenden Herrschern Assurdan III. (772–754) und Assurnirari V. (754–745) so geschwächt, daß die Aramäer reichlich Zeit zu neuer Kräftigung hatten; das wird indirekt durch die Tatsache bezeugt, daß Tiglatpileser III. im Jahre 732 das Reich von Damaskus endgültig beseitigte. Daraus geht deutlich genug hervor, daß eine Eroberung von Damaskus durch Jerobeam II. (2 Kö 14 28) keine dauerhaften Folgen hatte. So macht es die Gesamtlage verständlich, ja wahrscheinlich, daß im zweiten Viertel des 8. Jh. die Aramäer das angrenzende (nördliche) Gilead bedrängten (1 3). In dieser Zeit spricht kein Text dagegen, daß zugleich die Ammoniter in den südlichen Teil Gileads vorzudringen suchten (1 13). Schon gegen David waren Ammoniter und Aramäer vereint zu Felde gezogen (2 S 10 6ff.); im 9. Jh. hören wir dagegen nichts von solcher Koalition. Man wird für die Zeit Jerobeams II. mit Kriegshandlungen zu rechnen haben, in denen der Erfolg zwischen Israel einerseits, den Aramäern und Ammonitern andererseits wechselte. Das paßt ausgezeichnet in die Zeit des Amos um 760 (s. o. S. 106) und zu seinen sonstigen Aussagen (vgl. SCohen a.a.O.). Jetzt wird die Anspielung auf Siege in Transjordanien (6 13) ebenso verständlich wie Jerobeams Bedrohtsein „mit dem Schwert" (7 11) und die aramäischen und ammonitischen Übergriffe nach 1 3. 13. Auch 2 Kö 14 28 deutet an, daß Jerobeam II. in schwierige militärische Auseinandersetzungen verwickelt und nicht nur siegreich war (14 25). Hätte Amos in den Fremdvölkerworten an Ereignisse des vorhergehenden Jh. erinnert, dann wäre es kaum zu verstehen, daß er im Israelspruch (2 6ff.) von den israelitischen Gegenangriffen unter Joas und im Anfang der Regierungszeit Jerobeams II. ganz geschwiegen hätte. Meint Amos aber auch in 1 3–2 3 Ereignisse seiner Tage, dann entspricht das ganz seiner sonstigen Art, aktuell anzuklagen, angefangen vom Israelspruch unseres Zyklus. Auch erklärt sich dann im Blick auf die Übermacht Urartus sein Schweigen von Assur und seine Orientierung

der Deportationsdrohung nach Orten des Aramäerreichs (4 3 5 27), das
er recht weiträumig sieht (1 5). Überdies ist nicht erst von Assur, sondern
auch von Urartu bekannt, daß es Deportationen in großem Ausmaß (bis
zu 50000 Mann; vgl. Goetze a.a.O. 196) durchgeführt hat.

Als Ergebnis ist festzuhalten, daß die aramäischen Übergriffe im
Ostjordanland nach 1 3 zusammen mit ammonitischen Eroberungsver-
suchen nach 1 13 besser aus dem zweiten Viertel des 8.Jh. als aus dem
9.Jh. verständlich werden. Amos' Anspielungen bestätigen, daß er in
einer zweiten Phase der Regierungszeit Jerobeams II. auftrat, in der es
neben Sattheit und Selbstsicherheit auf Grund der Erfolge der ersten
Phase auch neue Krisen im Ostjordanland gab. So darf man in den Fremdvölkerworten nicht nur Bestätigungen bekannter historischer Phänomene
suchen, sondern wird sie auch als Quellen für einige Ergänzungen unserer
historischen Kenntnisse der Zeit um 760 auswerten können.

Im literarischen Werdeprozeß sollte man die Völkerspruchkomposition mit dem Visionenzyklus zusammensehen (7 1–8 8 1–2 9 1–4). In
beiden Fällen liegt Fünfstrophigkeit vor. Hier wie dort sind die ersten
vier Strophen paarweise geordnet (s.o.S. 113); die fünfte hebt sich durch
Varianten als Steigerung ab. Sie kündigt jeweils ein Erdbeben an und
führt beide Male die Unmöglichkeit der Flucht besonders breit und mit
ähnlichen Wendungen aus (vgl. 2 13–16 mit 9 1–4); nicht einmal ein Rest
kann sich retten (vgl. 9 1aβb mit 1 8bβ 2 14a 15b). Die stereotype Ansage,
daß Jahwe sein Wort nicht zurückwendet (1 3–2 6), findet eine ein-
leuchtende Erklärung in der Folge der Visionen; denn die beiden ersten
berichten von einer Rücknahme der Unheilsdrohung (7 3. 6), die späteren
nicht mehr. In diesem Zusammenhang zeigt sich auch die sonst seltene
(nur noch 5 17. 27) abschließende Botenspruchformel אמר יהוה, die auch
die alten Fremdvölkerworte bieten (1 5. 8. 15 2 3). Diese vielfältige Verwandtschaft läßt an eine gleichzeitige Niederschrift der beiden Texte
denken; vgl. LAlonso-Schökel, Die stilistische Analyse bei den Propheten:
VTSuppl 7 (1960) 154–164 (162).

Die nachgetragenen Sprüche 1 9–12 und 2 4f. sind in ihren Unterschieden zum alten Text und in ihrer gemeinsamen Struktur so eng verwandt (s.o.S. 170f.), daß man sie schon deshalb demselben Ergänzer zuschreiben möchte. Die Verlagerung des Akzents auf die Schuldfrage und
die Terminologie des Judaspruchs erinnern an Fragestellung und Sprache
des deuteronomistischen Geschichtswerks (Mitte des 6.Jh.). Die Ergänzung durch den Tyrus- und Edomspruch erinnert an die besondere Betonung, mit der bei Ezechiel nicht nur Tyrus (Ez 26–28), sondern auch
Edom (25 12–14, zwischen Ammon, Moab und Philistäa!) bedroht wird.
Beides wird von Ezechiel her aus der Zeit nach 587 verständlich (vgl.
Zimmerli, BK XIII 588f. und schon die Jer 27 3 bezeugte Koalition, in
der neben Moab und Ammon Edom, Tyrus und Juda erscheinen). Wie

bei Ezechiel fehlt auch beim Ergänzer des Amos ein Wort gegen Babylon, da es Gerichtsvollstrecker Jahwes ist (vgl. Zimmerli 580.604f.). So weisen die Völkerauswahl wie Sprache und Theologie in die Mitte des 6. Jh. (vgl. WHSchmidt 174–178).

Die Ergänzung in 2 10–12 versucht man aus der gleichen Zeit zu erklären (so WHSchmidt 178–182). Aber sie zeigt nicht wie 1 9–12 und 2 4f. den Willen zu einer aktuellen Zufügung für neue Hörer mit neuen Namen, sondern erweitert inmitten der alten Israelstrophe die Rückschau in die Heilsgeschichte mit liturgischem Gut. Die Wendung zum Hörer vollzieht sie nur auf stilistische Weise, indem sie paränetische Anrede einbaut. Der Sache nach dient sie wie die Judastrophe und auch die kleinen Ergänzungen in 7bβ 8aβ bβ der streng theologischen Schuldverdeutlichung. So ist ihr Verfasser fraglos dem weiten Kreis der exilisch-deuteronomistischen Interpreten der Prophetentradition verwandt.

Gegen die fremden Völker spricht Amos genauso als Bote Jahwes wie gegen Israel; vgl. zur Botenspruchformel o. S. 165f. Grund der Anklage sind überlieferte Reihen von Freveltaten, die in der Umwelt Israels in der Form von gestaffelten Zahlensprüchen ähnlich bekannt sein mochten wie in Israel selbst (s. o. S. 166ff.); für Amos stellen sie das allgemeingültige Recht seines Gottes dar. Kennwort der strafbaren Handlungen ist פְּשָׁעִים.

Wort 13

פֶּשַׁע ist das wichtigste Wort des Amos für Handlungen, die zu rügen sind; sonst ist es im Alten Testament weit seltener als חטא und עָוֹן (LKöhler, TheolAT, ⁴1966, 158ff.). Es erscheint siebenmal in echten (1 3.6.13 2 1.6 3 14 5 12) und dreimal in sekundären Worten (1 9.11 2 4). Zweimal findet sich das Verbum פשע in 4 4a.b. Dagegen ist nur einmal von עֲוֹנֹת (3 2), je einmal von חַטָּאות in Parallele zu פְּשָׁעִים (5 12), von der מַמְלָכָה הַחַטָּאָה (9 8) und von חַטָּאִים (9 10) die Rede. Es ist bezeichnend, daß das Nomen nur im Plural auftritt. Denn es dient als „rechtlicher terminus technicus zur Charakterisierung und Summierung bestimmter Fälle" (RKnierim, Die Hauptbegriffe für Sünde im Alten Testament, 1965, 127). Diese Fälle sind bei Amos an allen Stellen ausschließlich Eigentums- und Personaldelikte (vgl. Knierim a.a.O. 149).

Woher hat Amos diesen Oberbegriff? In älteren erzählenden Texten des Pentateuch erscheint er bei Rechtsauseinandersetzungen in der Sippe, so zwischen Jakob und Laban (Gn 31 36) und zwischen Joseph und seinen Brüdern (Gn 50 17). In den umfangreichen Rechtssammlungen des Pentateuch findet er sich nur ein einziges Mal: in Ex 22 8. Hier aber liegt ein „Grundsatz" von ungewöhnlicher Art vor, „in einer sehr altertümlichen und offenbar aus vorisraelitischer Zeit übernommenen Formulierung" (MNoth, ATD 5, 149), da in ihm noch von „Göttern" die Rede ist. An dieser Stelle ist wie bei Amos פשע ein Oberbegriff für Eigentumsvergehen, von denen in der folgenden Reihe vier spezielle Delikte aufgezählt werden; auch erinnert die Präposition der summierenden Eingangsformulierung (עַל־כָּל־דְּבַר־פֶּשַׁע) an Am 1 3.6 usw. So selten und eigentümlich der Gebrauch von פשע im Pentateuch erscheint, so dicht ist er in älteren Sammlungen des Proverbienbuches. Dem sieben- (bzw. zehn-)fachen Vorkommen des Nomens bei Amos entspricht ein zwölffaches Vor-

Exkurs

kommen in Prv (10 12. 19 12 13 17 9. 19 19 11 28 2. 13. 24 29 6. 16. 22; im gesamten Pentateuch nur neunmal, in älteren Pentateuchtexten nur viermal, s.o.; im
gesamten Psalter nur 14mal!). Dem zweifachen Vorkommen des Verbums bei
Amos steht ein ebenfalls zweifaches Vorkommen in Prv gegenüber (18 19 28 21);
der gesamte Pentateuch kennt das Verbum nicht, der Psalter hat es nur zweimal (37 38 51 15)! Schon diese Statistik dürfte hinreichend zeigen, in welche
Lebensbereiche das Hauptwort des Amos für Sünde ursprünglich gehört. Eine
Untersuchung seiner Bedeutung unterstreicht diesen Befund. Zunächst ist zu
sehen, daß es auch in Prv (10 12) wie bei Amos und Ex 22 8 als Sammelbegriff
und mit der Präposition עַל erscheint, zudem wie bei Amos im Plural (dazu
Knierim a.a.O. 126ff.). Wichtiger ist, daß es wie bei Amos ausschließlich Vergehen gegen die Mitmenschlichkeit meint: Es charakterisiert Haß, Zank, Streit
und Raub als Verbrechen (10 12 17 19 28 24 29 22); Kontrastbegriffe sind Liebe
und Langmut (10 12 17 9 19 11). In kanaanäischen Texten fehlt das Wort (vgl.
Donner-Röllig, KAI, und Jean-Hoftijzer, Dictionnaire des Inscriptions Sémiti-
ques de l'Ouest, 1965). Nur in Ugarit tauchte es bisher einmal auf (pšʿ), parallel zu Hochmut, Hoffart (gan): 2 Aqht VI 43f.

Für Amos folgt aus alledem, daß ihm das Wort aus dem gleichen Bereich
der mündlichen Sippentraditionen vertraut ist, in dem auch die gestaffelten
Zahlensprüche der Pädagogik dienten. Im Blick auf die konkreten Taten, die
er mit diesem Kennwort zusammenfaßt, erscheint die Übersetzung „Verbrechen" angemessen, da es sich in allen Fällen um Eigentums- und Personaldelikte handelt, die das Gemeinschaftsverhältnis bewußt verletzen (vgl.
Knierim a.a.O. 177ff. 183).

Der erste Spruch gilt den Verbrechen von Damaskus. Die Stadt
steht für ihre Herrscher (4) und ihre Bewohner (5b). Gemeint ist die nord-
östlich von Israel gelegene Metropole des Aramäerreiches. Als Oase am
Südostfuß des Antilibanon entwickelte sie vielleicht schon im 4. Jt. das
Leben eines Nomadenmarktes und einer Karawanenstadt (KGalling,
RGG³ II 22). In Davids Tagen war sie längst Zentrum eines Aramäer-
staates, wurde von ihm mit anderen Aramäerstaaten unterworfen (2 S
8 3–8 10 6–19), machte sich aber schon unter Salomo wieder selbständig
(1 Kö 11 23–25) und wurde nun Mittelpunkt eines größeren Aramäerreiches (vgl. MNoth, Beiträge zur Geschichte des Ostjordanlandes:
BBLAK = ZDPV 68, 1951, 19–36; ders., WAT⁴ 73f.). Unter der Oberhoheit von Damaskus machten die Aramäer nicht nur im 9. Jh., sondern
auch noch unter Jerobeam II. zur Zeit des Amos Israel schwer zu schaffen
(s.o.S. 183f.). Damaskus ist für Amos Orientierungspunkt im weiten Stra-
ßennetz des Alten Orients (5 27); ihm ist auch die Größe der Staatenwelt
des Aramäerreiches bewußt (5a), für das hier die nächstgelegene und erst-
verantwortliche Hauptstadt steht.

Der vorläufige Hinweis auf die Schuld ist verknüpft mit der vorwegge-
nommenen Erklärung der Unwiderruflichkeit der folgenden Strafankündigung. Das andeutende Suffix meint das Drohwort, das nicht zu-
rückgewendet wird (s. zur Diskussion anderer Deutungsversuche und zur
Begründung Textanm. 1 3b, auch Jes 45 23). Diese Ansage mag mit jenem

prophetischen Widerfahrnis zusammenhängen, das der Visionenzyklus festhält: Jahwe hat sich zuerst zweimal seine Strafanzeige leid sein lassen (7 3. 6), dann aber nicht mehr (7 8b 8 2b 9 4b); die dort abschließenden negativen Formulierungen (לֹא לְטוֹבָה und לֹא־אוֹסִיף עוֹד עֲבוֹר לוֹ) verneinen ausdrücklich den zuvor gewährten gütigen Widerruf. So erklärt und begründet der Visionenzyklus die stereotype Formel לֹא אֲשִׁיבֶנּוּ; vgl. o.S. 184. Im Wortlaut vergleichbar ist innerhalb des Alten Testaments nur der elohistische Bileamspruch, in dem die Wendung וְלֹא אֲשִׁיבֶנָּה (Nu 23 20b) auch im Gegensatz steht zu einer Form der Wurzel נחם (19a), die an Am 7 3. 6 erinnert. Zur Sache ist noch Jes 55 11 zu vergleichen. In akkadischen Gebeten findet sich häufig als Apposition zum Namen einer Gottheit, daß „ihr Befehl nicht umgewendet (geändert, umgestoßen) wird"; vgl. die bei WvSoden, AHw I (1965) 221 unter enû N aufgeführten Texte, z.B. EEbeling, Die akkadische Gebetsserie „Handerhebung": Deutsche Ak. d. Wiss. z. Berlin, Inst. f. Orientforschung, Nr. 20 (1953) 30ff. Z. 21ff. (Beschwörung durch Handerhebung zu Gula, der barmherzigen Göttin): „Auf das Wort deines erhabenen Befehls, der in Ekur nicht [verändert wird], und deine feste Zusage, die nicht gebeugt wird, möge mein zorniger Gott zurückkehren, meine zornige Göttin [sich mir zuwenden], der Gott meiner Stadt, Marduk, der in Zorn geraten ist, [möge sich beruhigen]...";
mit gleichen Wendungen wird z.B. die Göttin Tašmêtum angerufen, die durch ihr unwiderrufliches Wort die Entscheidungen anderer Götter wenden soll (a.a.O. 126f. Z. 36). Bei aller Ähnlichkeit der Formulierung ist der Unterschied doch deutlich: Voraussetzung der akkadischen Texte ist polytheistisches Denken, in dem der Mensch wünscht, daß des einen Gottes Verfügung aufgehoben, die des andern aber unumkehrbar sei. Das Wort des angerufenen Gottes wird als grundsätzlich unumstößlich bekannt. Der formgeschichtliche Ort ist der der oft hymnisch gestalteten Schmeichelrede in der Anrufung der Klagegebete. In den Ich-Hymnen sumerischer und babylonischer Götter sind Aussagen wie „Ich nehme es nicht zurück" nach WvSoden (brieflich) bis jetzt nicht zu finden. Bei Amos hingegen spricht das Ich Jahwes in der Botenrede und bezeugt die – nicht grundsätzliche (vgl. 7 3. 6), aber jetzt zu verkündende – Unabwendbarkeit der göttlichen Strafe.

Der Grund der Strafe wird mit dem Bild vom D r e s c h e n angegeben. Tertium comparationis ist die Gewaltsamkeit der Handlung, die die Ernte zerschneidet und zerdrückt. Da die vorn aufgebogenen Bretter des Dreschschlittens auf der Unterseite statt mit Flintsteinen in der Eisenzeit mit Eisenmessern bestückt waren, ist der gewünschte Erfolg noch größer. Diesen technischen Fortschritt hat Amos vor Augen, wenn er mit dem Bild grausame Kriegshandlungen beschreibt (vgl. 2 Kö 13 7 Mi 4 13 Hab 3 12 Jes 41 15; Dalman, AuS III 114; BRL 137–139). Es mag seinen Ursprung in der Behandlung einzelner Kriegsgefangener haben (vgl. Ri

8 7. 16), woran hier aber nicht unbedingt gedacht ist (so HEWFosbroke, The Interpreter's Bible VI 779).

Denn es ist von der Kriegsführung in einer Landschaft die Rede. Der Name Gilead bezeichnet ursprünglich sehr wahrscheinlich das Land südlich des Jabbok, wird aber dann für das gesamte ostjordanische Siedlungsgebiet gebraucht, wobei es sich südlich des Jabbok um ephraimitische, im Osten an Ammon angrenzende Besitzungen handelte (Ri 12 1–6), nördlich des Jabbok und vor allem des ʿaǧlūn um manassitische Besitzungen (1 Kö 4 13), die an das Aramäerreich angrenzten (vgl. MNoth, Gilead und Gad: ZDPV 75, 1959, 14–73, besonders 60f.). An dieses nördliche Gilead ist bei den Angriffen von Damaskus her zu denken.

14 Jahwe selbst kündigt sich als der Strafende an. Wie in 3 6 5 17 7 9 wird betont, daß er der eigentliche Urheber der Verheerungen ist. Feuer, das Element mit verschlingender Gewalt, bedroht in der zweiten Vision (7 4) und in 5 6 auch Israel. In beiden Worten folgt wie hier (und 1 7. [10. 12.] 14 2 2. [5]) „fressen" (אכל) als das eigentliche Geschäft des Feuers, ebenso bei dem von Jahwe ausgehenden Feuer in 1 Kö 18 38 Lv 10 2. In unserem Text tritt damit Jahwe als Heerführer und Eroberer auf; vgl. HFredriksson, Jahwe als Krieger (1945) 93f. Feuer dient der militärischen Eroberungstechnik zur Einnahme feindlicher Städte und besonders zur Zerstörung der Residenzpaläste. So wird im Staatsvertragstext der Könige Bar-gaʾjā von KTK und Matiʿ-ʾel von Arpad dem letzteren für den Fall des Vertragsbruchs angedroht, daß seine Hauptstadt Arpad und der König selbst im Feuer verbrennen (Sfīre I A 35–38 = Donner-Röllig, KAI Nr. 222 A 35–38). Salmanassar III. berichtet über seine Eroberung der Residenz des Herrschers von Hamath: „In seine Paläste warf ich Feuer" (Monolith-Inschrift II 89: AOT 340; ANET 278). Dem entspricht es, wenn bei Amos zunächst „Hasaels Haus" und „Benhadads Wohnburgen" in Brand gesetzt werden. ארמנות muß nach dem Zusammenhang befestigte, gut zu verteidigende (vgl. auch Prv 18 19) Teile des königlichen Palastes (vgl. 1 Kö 16 18 2 Kö 15 25) oder der Residenzstadt überhaupt (vgl. 1 7. 10. [12.] 14 2 2. [4] und Ps 122 7) bezeichnen. RdeVaux, Das Alte Testament und seine Lebensordnungen II (1962) 41, übersetzt „Burgfried". Auch aus dem sonstigen Gebrauch des Wortes bei Amos geht hervor, daß ארמנות Bauten meint, die international berühmt waren (3 9) und sowohl dem Sicherheitsbedürfnis (3 11) wie dem Ansammeln von Schätzen (3 10) und so dem Stolz (6 8) dienten. Etymologisch wird das Wort von LKöhler und VMaag (Text, Wortschatz und Begriffswelt des Buches Amos, 1950, 125f.) von I רמה hergeleitet, da die Wurzel im Akkadischen noch die Bedeutung „grundlegen" und „Wohnung nehmen" bewahrt habe. Für das Ohr des zeitgenössischen Israel sei der Anklang an die Wurzel רום leicht möglich, zumal die Wohntürme für Amos als Äußerungen des Hochmuts gelten (3 10f. 6 8; vgl. Maag a.a.O. 127). So trifft Jahwe in

diesen Bauwerken Selbstsicherheit und Reichtum ihrer Bewohner. Die Archäologie hat bisher wenig zur Erklärung der ארמנות beitragen können. AKuschke weist mich aber auf Hausmodelle aus Jemen (HThBossert, Altsyrien, 1951, Nr. 1275–1278) und auf die mehrstöckigen Bauwerke aus Ḥaḍramaut hin, die vielleicht ältere Bautraditionen festhalten (vander Meulen-vonWissmann, Ḥaḍramaut, 1932, Abb. neben S. 80. 113. 124 u.ö.).

Als Herren von Damaskus nennt Amos die Aramäerkönige Hasael und Benhadad. Der Name Benhadad kommt in der Geschichte der Aramäerkönige nachweisbar dreimal vor. Benhadad I., Sohn des Tabrimmon, regierte am Anfang des 9. Jh. (1 Kö 15 18. 20); vgl. MNoth, BK IX 338f. Von ihm zu unterscheiden ist der Gegner des Königs Ahab von Israel in der Mitte des 9. Jh. (1 Kö 20 1ff. 2 Kö 6 24 8 7. 9); er heißt regelmäßig מלך ארם wie auch auf der aramäischen Inschrift von *el-breǧ* der vielleicht mit ihm identische Barhadad (vgl. Donner-Röllig, KAI Nr. 201 Z. 1–3, dazu Bd. II 203f. und HBardtke, BHHW I 215). Er wurde nach 2 Kö 8 15 von Hasael, den Salmanassar III. „den Sohn eines Niemand" nennt, ermordet (Basaltstatue Salmanassars III. I 25f.: AOT 344; ANET 280; zu den Problemen der Identifikation des *Adad-idri* mit Benhadad II. vgl. EMichel, Die Welt des Orients 1, 1947, 59; weitere Literatur bei Bardtke a.a.O.). Zu dem Usurpator Hasael s.o.S. 181f. Ein Sohn dieses Dynastiebegründers Hasael (vgl. auch 1 Kö 19 15) trägt wieder den alten damaszenischen Königsnamen Benhadad; er wird 2 Kö 13 3. 24 und auf der Stele Zakirs von Hamath (Donner-Röllig, KAI 202 A 4) erwähnt; er ist ein Zeitgenosse Adadniraris III. von Assur und der Könige Joahas und Joas von Israel (s.o.S. 182 und KAI II 207. 209), regierte also von etwa 806 bis in das 8. Jh. hinein. Ob sich noch unter ihm die aramäische Macht wieder gekräftigt hat (s.o.S. 183) oder ob Amos an einen Hasael II., Benhadad IV. oder auch einen anderen Namensträger dachte, ist nach den bisher bekannten Quellen nicht auszumachen; wie noch Tiglatpileser III. fast 150 Jahre nach Omris Tod Israel „Haus Omris" nennt (AOT 347; ANET 284), so sind die aramäischen Herrscher seit Generationen unter den Namen Benhadad und Hasael bekannt (vgl. Cripps 120). Ihre Erwähnung macht den Bezug von 3b auf zeitgenössische Ereignisse keinesfalls unmöglich (s.o.S. 183f.).

Daß Jahwe als der kriegerische Eroberer von Damaskus gesehen wird, 15 zeigt die Fortsetzung noch deutlicher. Er zerbricht den „Riegel" von Damaskus. Gedacht ist an die Sicherung des Stadttors, die bei der Verteidigung ebenso wichtig wie die Mauerbefestigung war. Dieser Riegelverschluß bestand selbst in kleineren Städten aus Bronze oder Eisen (vgl. 1 Kö 4 13). Er sollte von innen her das Aufbrechen der Torflügel unmöglich machen. Deshalb war er in die Torpfosten eingelassen. Man mußte schon wie Simson in Ri 16 3 das Unmögliche fertigbringen und die Torpfosten mit den Flügeln ausheben, um die Riegelsicherung unwirksam zu machen. Jahwes Übermacht aber „zerbricht" den Riegel von Damaskus.

Darüber hinaus greift er zwei weitere Territorien in der Weite des Aramäerreiches an. Beide werden in einer hebräischen Form eingeführt, die diese Gebiete ihrem Wesen nach charakterisieren soll: „Sündental" – „Lusthausen". Solche Anspielung erschwert die Identifikation.

בקעת און könnte die fruchtbare Hochebene zwischen Libanon und Antilibanon meinen, die Jos 11 17 בִּקְעַת הַלְּבָנוֹן heißt. OEißfeldt (FF 12, 1936, 51–53) dachte an den berühmten Ort Baalbek in der Mitte jener Hochebene. Aber nicht nur vom Namen her ist eher an eine Landschaft zu denken, sondern auch von dem parallel erwähnten בית עדן, wenn nämlich dabei an den am Euphrat gelegenen Teilstaat Bit-Adini zu denken ist, dessen Hauptstadt Til-Barsip am linken Euphratufer etwas unterhalb von Karkemisch gelegen hat (heute tell aḥmar). In diesen nordsyrischen Bereich führt auch die Erwähnung von עֶדֶן in 2 Kö 19 12 und Ez 27 23 (vgl. WZimmerli, BK XIII 657, sowie 𝔊, dazu s.o. Textanm. 1 5d). Zwar wurde dieser Aramäerstaat um 856 durch Salmanassar III. zur assyrischen Provinz gemacht, aber unter Šamši-ilu, der das Territorium von Bit-Adini nachweislich etwa 30 Jahre lang (von 780–752 ist sein Name belegt) regierte, ist eine Zuordnung zum großaramäischen Reich bei der durch Urartu verursachten Schwächung Assurs leicht denkbar (vgl. AMalamat 25f.; NKGottwald 95f.; WWHallo, From Qarqar to Carchemisch–Assyria and Israel in the Light of New Discoveries: BA 23, 1960, 34–61, bes. 44, und o.S. 183f.). Vielleicht ist es der Tatkraft dieses „Szepterträgers" zu verdanken, daß Amos das weit entfernte Bit-Adini erwähnt. Wenn er daneben das wahrscheinlich sehr viel nähere Gebiet der Hochebene zwischen Libanon und Antilibanon anführt, so nennt er beide wohl als Vertreter der aus vielen kleinen Herrschaftsgebieten zusammengesetzten Macht des Aramäerreiches, das damals unter der Hegemonie von Damaskus stand (vgl. AAlt, Die syrische Staatenwelt: KlSchr III 223f.). Tiglatpileser III. jedenfalls hat 733/32 „16 Distrikte des Landes Damaskus" (Annalen Z. 209: AOT 347; ANET 283) in vier assyrische Provinzen verwandelt. Nachdem Amos in 4 damaszenische Königsnamen einführte, nennt er auch in 5a die verantwortlichen Fürsten. Doch bringt er statt der Namen nur die Funktion: יושב wird schon der Parallele wegen den „Thronenden" bezeichnen und nicht die Bewohnerschaft, für die eher ein Plural zu erwarten wäre. תומך שבט = „Träger eines Stabes" als Herrschaftszeichen weist eindeutig auf einen Regenten. Von beiden wird gesagt, daß Jahwe sie „fällen" (כרת hi.) wird, wie man Bäume fällt (1 Kö 5 20).

Das Volk der Aramäer hingegen wird deportiert, und zwar an seinen Ausgangsort קיר, der Amos 9 7 zufolge für Aram offenbar die gleiche Bedeutung hat wie Ägypten für Israels Geschichte. Dann bedeutet die Drohung, daß die stolze Reichsgeschichte der Aramäer gänzlich rückgängig gemacht wird. Eben das bewirkt Jahwe. Politische Werkzeuge nennt Amos nicht. Doch muß ihm die Vorstellung der massenhaften Umsiedlung besiegter Bevölkerungen bekannt gewesen sein. Vor ihm spricht das Alte Testament nie davon. Sie ist aber nicht erst von Tiglatpileser III. praktiziert worden, sondern schon von den in Amos' Tagen vorherrschenden Urartäern (s.o.S. 184). Nach 2 Kö 16 9 hat der Assyrer das angedrohte Geschick vollzogen.

Im Spruch gegen die Philister wird zunächst G a z a allein angeklagt – wie im Aramäerspruch Damaskus. Gaza gilt offenbar als die führende Philisterstadt (s.o.S. 94 zu Jl 4 4), obwohl sie am weitesten südlich im Grenzgebiet gegen Ägypten liegt (5 km von der Küste entfernt, heute *ġazze*; vgl. 1 Kö 5 1 mit 4 und MNoth, BK IX 76). Die Anklage lautet auf Verschleppung von Menschen. Hier handelt es sich um die seit ältesten Zeiten im Orient geübte Kriegspraxis, Menschen als Sklaven zu erbeuten; vgl. IMendelsohn, Slavery in the Ancient Near East (1949) 1ff., und 2 S 12 31 Dt 21 10; Codex Hammurabi § 280f. Wenn die Verschleppung שלמה genannt wird, so wird dabei an die vollständige Aushebung ganzer Ortschaften gedacht sein. Die erbeuteten Menschen werden an Edom ausgeliefert. סגר hi. wird in Dt 23 16 von der Auslieferung eines entlaufenen Sklaven an seinen rechtmäßigen Herrn gebraucht, in Ob 14 von Flüchtlingen; in gleicher Weise verwenden die Staatsvertragstexte von Sfire סכר haf. (Donner-Röllig, KAI 224 Z.2–3). So will Neher (52) es auch hier verstehen, da von Verkauf keine Rede sei. Amos will mit diesem Wort, das im ḳ „einschließen" bedeutet, den gewalttätigen Umgang mit den Festgenommenen herausstellen. Keinesfalls liegt der Ton darauf, daß die Edomiter wieder zu ihrem Recht kommen, sondern darauf, daß die Philister in großem Umfang wehrlose Menschen an Dritte preisgeben; vgl. verwandtes סכר hi. in Jes 19 4. Daß sie damit Geschäfte machen, interessiert ihn nach dem Wortlaut weniger als der Tatbestand, daß Menschen willenloses Objekt der Interessen von Gewalthabern werden. Die Philister decken von ihrem Überschuß an kriegsgefangenen Sklaven den Bedarf der Edomiter. Das Verfahren hat rein ökonomische Bedeutung (Mendelsohn a.a.O. 92ff. 121) und läßt offen, ob die Edomiter Arbeiter in größeren Mengen im Kupferbergbau und bei der Verhüttung am Ostrande des *wādi el-'araba* bei *fēnān* (Noth, WAT⁴ 40), ferner in ihren Hafenstädten Ezjon-Geber und Elath am Golf von *el-'aḳaba* (WAT⁴ 72) benötigten oder ob sie auf Grund ihrer alten nomadischen Beweglichkeit und des Zugangs zum Roten Meer als Zwischenhändler Abnehmer in Afrika und Südarabien fanden (vgl. NKGottwald 98f.). Daß israelitische (oder judäische) Dörfer von den philistäischen Aushebungen betroffen waren, ist zwar wahrscheinlich, denn auch nach Davids Philistersiegen hörten die Kämpfe im Grenzgebiet nicht auf (vgl. 1 Kö 2 39f. 15 27 16 15 2 Ch

16

11 8 2 Kö 12 18 2 Ch 26 6); und bei Jesaja (9 11) sind Aram und die Philister als Israels Bedränger („von vorn" und „von hinten") zusammengerückt. Doch Amos erwähnt hier weder eine Landschaft (wie in 3) noch eine Ortschaft. Nicht daß Israel betroffen wurde, sondern ausschließlich die Unmenschlichkeit als solche erfüllt den Anklagesatz. Der Willkür gegenüber Sklaven hat der Alte Orient schon im 2. Jt. deutliche Grenzen gesetzt, wie vor allem der Codex Hammurabi und die Nuzi-Texte zeigen (vgl. die Belege bei Mendelsohn a.a.O.); das altisraelitische Recht nahm diese Tendenz auf und setzte ihr neue Akzente. Bei Amos nun beginnt ein Aufmerken auf die Freiheit und Würde des Menschen schlechthin, das schließlich darauf zielt, den Sklaven zum gleichberechtigten Bruder des Freien zu erheben (Neh 5 8 Hi 31 13–15 1 Kor 12 13 Gal 3 28).

1 7   Das schuldige Gaza wird dem gleichen Feindangriff Jahwes wie Damaskus ausgesetzt werden (s.o.S. 188f. zu 1 4). Den göttlichen Feuerwurf wird auch die Befestigungsmauer nicht aufhalten.

8   Wie neben Damaskus andere aramäische Reichsteile bedroht wurden, so neben Gaza drei weitere Philisterstädte. Mit gleichen Worten wie 5aβ.γ heißt es, daß Jahwe „den Thronenden" von Asdod und den „Szepterträger" von Askalon „fällen" wird; s.o.S. 190. Asdod, das heutige *esdūd*, liegt etwa 35 km nordostwärts von Gaza und ebenso wie dieses etwa 5 km von der Küste entfernt; zu den Grabungsergebnissen vgl. DNFreedman, BA 26 (1963) 134–139. In der Mitte zwischen beiden Städten, jedoch unmittelbar am Meer, findet sich Askalon, das heutige ʿaskalān. Die Lage von Ekron (zur ursprünglichen Aussprache עֶקְרוֹן s. Textanm. 1 8a) ist noch nicht endgültig geklärt; jedenfalls ist es landeinwärts und eher nördlich als südlich von Asdod zu suchen. Nachdem es seit AAlt (PJ 29, 1933, 13) meist mit ʿāḳir gleichgesetzt wurde (so noch Noth, Josua, ²1953, 75), machen neuere Untersuchungen die Ansetzung bei der ḥirbet el-muḳannaʿ wahrscheinlich, die 20 km von der Küste entfernt auf der Breite von Asdod liegt (KGalling, RGG³ V 210). Gath wird wohl deshalb nicht erwähnt, weil es in Amos' Tagen unselbständig war. Nachdem Hasael es den Judäern entrissen hatte (2 Kö 12 18; s.o.S. 182), kam es vielleicht unter Ussia noch einmal in judäische Hände zurück (2 Ch 26 6), gehörte aber um 711 jedenfalls zum Herrschaftsbereich von Asdod (Sargons Prunkinschrift Z. 104: AOT 350; ANET 286).

Jahwes gegen Ekron gewendete „Hand" meint die zupackende Kraft. Wer in jemandes Hand ist, ist in seiner Gewalt (ARJohnson, The Vitality of the Individual in the Thought of Ancient Israel, ²1964, 56; vgl. Dt 26 8 Jes 5 25 u.ö. [Jes 1 25]). Erstmalig begegnet die für Amos charakteristische Vorstellung, daß es Unheil bedeutet, wenn Jahwe sich dem Menschen „zuwendet"; hier mit שוב hi. ausgedrückt, mit anderen Formulierungen 5 17b 7 8b 8 2b 9 4b. Ebenso kennzeichnend ist der Schlußsatz, der auch noch dem „Rest" der Philister Untergang verkündet; denn in Worten gegen

Israel wird häufig am Ende ausgeführt, daß ein zunächst vielleicht verbleibender Rest auch noch unentrinnbar von der Strafe erreicht wird (4 2 8 10 9 1; hier wird der Rest jeweils אחרית genannt; vgl. dazu HGese, VT 12, 1962, 436f.; zur Sache vgl. auch 2 14–16 6 9f. 9 1–4). Später nimmt Ezechiel (25 16) Am 1 8bβ auf.

Der Spruch gegen Tyrus klagt zunächst fast mit den gleichen Worten an wie der voraufgehende Philisterspruch; s.o.S. 191f. zu 6b. Schon dadurch wirkt er sekundär (s.o.S. 170). Drohworte gegen die führende phönikische Handels- und Seefahrerstadt mit ihrer Inselfestung (s.o.S. 94) werden in Israel erst nach dem Auftreten Nebukadnezars II. im Jahre 604 laut: Jer 27 3 47 4 25 22 Ez 26 1–28 19 Jes 23 Jl 4 4–8. In exilischer Zeit ist es verständlich, daß der Verfasser die in 1 6 für Deportationen gebrauchte Wendung הגלה גלות abwandelt, weil sie inzwischen für die Großaktionen der babylonischen Weltmacht reserviert ist (2 Kö 24 14f. 25 11 Jer 24 1 27 10 52 30 u.ö.); die Phöniker selbst deportieren nicht, sondern liefern nur (Flüchtlinge der) גָּלוּת aus (vgl. Ob 14). Der Ergänzer übernimmt aus 6b die Edomiter als Partner des Sklavenhandels, stehen sie doch in seiner Zeit wieder im Vordergrund des Interesses (s.u.S. 194 zu 11). Im Unterschied zu Amos erklärt er die Verwerflichkeit der Schuld von Tyrus: „Sie gedachten nicht des Bruderbundes". זכר wird erst im Dt (13mal), bei Ez (9mal) und Dtjes (9mal) ein geläufiges Wort (BSChilds, Memory and Tradition in Israel: Stud. in Bibl. Theol. 37, 1962, 43f.); die Verbindung זכר ברית ist vorexilisch nicht zu belegen, tritt aber in der Priesterschrift öfter auf (Gn 9 15f. Ex 2 24 6 5; ferner Lv 26 42. 45 Ez 16 60; WSchottroff, „Gedenken" im Alten Orient und im AT: WMANT 15, ²1967, 202). זכר drückt dabei ein „tätiges, nicht nur denkendes Verhalten" aus, es bezeichnet die „Wahrung" des Bundes (Schottroff a.a.O. 159f.). ברית ist etymologisch wohl mit dem akkadischen bi/ertu(m) zusammenzustellen, wobei die Dehnung der zweiten Silbe dem mittelassyrischen berittu („Band, Fessel") entspricht (OLoretz, VT 16, 1966, 239–241; WvSoden, Akk. Handwörterb. I, 1965, 129f.). Das Wort bezeichnet die rechtmäßige Verbundenheit zweier Partner; vgl. BK XIV/1, 61f. Der hier verwendete Terminus „Bruderbund" ist im Alten Testament einmalig und auch in der Umwelt Israels bisher nicht belegt. Jedoch ist im Zusammenhang mit politischen Vertragsabschlüssen stereotyp von Bruderschaft die Rede, z.B. im Vertrag zwischen Ramses II. und Ḫattušiliš III. („Er lebt in Bruderschaft und Frieden mit mir, und ich lebe in Bruderschaft und Frieden mit ihm": ANET 199f. 201f.; weitere Belege und Literatur bei EGerstenberger, Covenant and Commandment: JBL 84, 1965, 40f.); im Alten Testament erscheint die Anrede „mein Bruder" im Verlauf einer Vertragsverhandlung in 1 Kö 9 10–14 (13!); vgl. 1 Kö 20 32 Gn 13 8 31 46. 54. An das Bündnis zwischen Hiram von Tyrus und Salomo (vgl. auch 1 Kö 5 15–26), das eine Vorgeschichte unter David (2 S 5 11)

19

und eine Nachgeschichte unter Ahab (1 Kö 16 31) hat, erinnern jene Ausleger, die den „Bruderbund" auf das Verhältnis von Tyrus zu Israel beziehen und den Ausdruck von Amos herleiten wollen (Hitzig, Budde, Neher). Es ist aber wahrscheinlicher, daß die ברית אחים die Stammverwandtschaft Israel-Edom meint, die durch die Jakob-Esau-Sagen der Genesis kanonisch wurde: Gn 25ff. Nu 20 14; vgl. schon Wellhausen 69f., aber auch Nötscher, Fosbroke, Zimmerli, BK XIII 597, Noth, RGG³ II 309. Das deuteronomische Schrifttum, in dessen Nachfolge auch sonst die Sprache dieser Anklage steht, hat ausdrücklich Edom als „Bruder" Israels deklariert (Dt 23 8a; vgl. schon Hos 12 4). V. 11, der auf den gleichen Verfasser zurückgeht (s.o.S. 184), bestätigt diese Sicht, da hier eindeutig Edom im Bruderverhältnis gesehen wird. So wird also nicht an einen bestimmten politischen Vertrag erinnert, sondern an das Urbild aller politischen Verträge: die rechtlich-blutsmäßige Verbundenheit der Stammverwandten (vgl. GQuell, ThW II 115; KBL 26: „Pflicht gegen Stammverwandte"; PRU IV, 1956, 133, 21f.: „Mein Bruder, du und ich sind Brüder, Söhne eines und desselben Mannes"). Der ganze Satz entspricht der theologisch-heilsgeschichtlichen Sprache und Denk-

1 10 weise deuteronomistisch geschulter Kreise. Die Strafankündigung nimmt nur den ersten Satz der Drohungen gegen die Philisterstädte auf; s.o.S. 192 zu 7.

11   Auch im Edomiterspruch bestätigen die Einzelaussagen, daß er in exilischer Zeit nachgetragen ist. Zwar war das Verhältnis zwischen Israel und Edom seit den Tagen Davids (2 S 8 13f.) und Salomons (1 Kö 11 14f.) gespannt, zumal der Zugang zum Golf von el-ʿaḳaba häufig umstritten war (2 Kö 8 20–22 14 7.22 16 6), auch in Ussias', also Amos' Tagen (2 Kö 14 22). Doch war naturgemäß der Jerusalemer König der Angreifer, wenn er das edomitische Gebiet östlich und westlich des wādi el-ʿaraba zwichen dem Toten Meer und dem Golf von el-ʿaḳaba durchzog. So ist der „Zorn" Edoms durch Jahrhunderte angewachsen. Aber daß Edom „seinen Bruder mit dem Schwert verfolgte", wird zusammen mit den weiteren Aussagen erst aus der Zeit nach der babylonischen Eroberung Jerusalems im Jahre 587 voll verständlich und erst dann auch anderweitig belegt. Ez 35 5f. bezeugt, daß die Edomiter sich ihrerseits mit dem „Schwert" an den wehrlos gewordenen Judäern rächten, und Ob 14 verdeutlicht, daß sie insbesondere Flüchtlinge verfolgten, niedermachten oder auslieferten; vgl. auch Jl 4 19. Ob 10. 12 spricht im gleichen Zusammenhang wie unser Amos-Nachtrag vom „Bruder" Jakob (s.o.S. 193f. zu 9bβ). Erst in dieser Zeit war ein „Erbarmen" Edoms überhaupt zu erwarten. Aber es wurde ertötet durch überwallenden Zorn, der bis zum „Rauben" (s. Textanm. 11d) führte. Dabei wird an Plünderungen im zerstörten Jerusalem gedacht sein (Ob 13 Ps 137 7). So „wacht" (zur Form שמרה s. Textanm. 11e) die Wut; in bitterer Rache und hämischer

Freude über den Untergang (Ob 9ff. Ez 35 15) wirkt sie sich „dauerhaft"
aus (zum adverbialen Gebrauch von נצח im Sinne von „wirklich, wahr-
haftig" und dann „für immer" vgl. LDelekat, ZAW 76, 1964, 288, und
LKopf, VT 8, 1958, 184–186).

Die Strafankündigung nimmt wie im Tyrusspruch nur die Eingangs- **1 12**
formulierung der alten Amosworte auf. Als Ortsbestimmungen werden
Theman und Bozra eingesetzt. Bei Theman ist es möglich, daß an eine
Landschaft gedacht ist. Schon Wellhausen (70) beobachtete, daß בחומת
(7. 10. 14) hier fehlt; einfaches ב steht in 2 2. 5 vor Ländernamen. So ist
Theman vielleicht auch in Jer 49 7. 20 zu verstehen (WRudolph, Jeremia,
³1968, 290); doch kann es auch Stadtname sein (vgl. noch Gn 36 15. 42
Ob 9 Ez 25 13, dazu WZimmerli, BK XIII 597; NGlueck, AASOR 15,
1935, 82f. und BASOR 90, 1943, 5, möchte Theman bei der Ortslage
ṭawīlān in der Nähe von Petra suchen). Auch Bozra ist nicht nur eine einzelne Stadt (bṣēra) auf den Höhen ostwärts des wādi el-ʿaraba, ungefähr
auf halbem Wege zwischen der Südspitze des Toten Meeres und dem Golf
von el-ʿaḳaba gelegen, sondern zugleich Name eines größeren Bezirks, zu
dem mehrere Städte gehören (Jer 49 13; vgl. Jer 49 22 Jes 34 6 63 1 Gn
36 33). Sowohl Theman wie Bozra treten erst in exilischen und nachexilischen Texten unter den edomitischen Orts- und Landschaftsnamen
hervor.

Im Ammoniterspruch kommt wieder Amos zu Wort. Wie üblich **13**
nennt er die Angeklagten „Ammonitersöhne". Nur ausnahmsweise sagt
das Alte Testament „Ammon" (1 S 11 11 Ps 83 8), so wie in unserer Spruchreihe auch Amos von Aram (5), Edom (6), Moab (2 1) und Israel (2 6)
spricht; vgl. WZimmerli, BK XIII 589f. Die Anklage prangert „ihr
Aufschlitzen der Schwangeren Gileads" an. Im Alten Orient ist diese kriegerische Grausamkeit bekannt. Schon Tiglatpileser I. wird um 1100
v.Chr. gerühmt: „Er zerfetzte der Schwangeren Bäuche, durchbohrte der
Schwachen Leib" (HSchmökel, Ur, Assur und Babylon, 1955, 114). Auch
Homer kennt sie (Ilias VI, 57f.: „... Keiner davon entfliehe nun grausem
Verderben, / Keiner nun unserem Arm! Auch nicht im Schoße das
Knäblein, / Welches die Schwangere trägt, auch das nicht! Alles zugleich
nun / Sterbe, was Ilias nährt, hinweggerafft und vernichtet!"). Im Alten
Testament wird solche Handlungsweise nicht nur von dem Aramäer
Hasael erwartet (2 Kö 8 12), sondern sogar dem israelitischen König Menahem nachgesagt (2 Kö 15 16); Hosea droht sie 14 1 an. In diesen Fällen
erscheint בקע pi. (2 Kö 8 12 15 16) bzw. pu. (Hos 14 1), was anderwärts
„zerfetzen" (durch Tiere 2 Kö 2 24 Hos 13 8) bedeutet. Ob die ḳ-Vokali-
sation der Sprache des Amos entspricht, ist nicht mehr auszumachen;
s. Textanm. 1 13a. Er nennt solche Kriegstat strafwürdig – im Unterschied
zu den Rühmungen Tiglatpilesers und der Ilias –, weil sie Wehrlose und
zudem werdendes Leben trifft. Sie wird in den Dienst der Landbe-

sitzerweiterung gerückt. „Gilead" meint hier das ostjordanische Siedlungsgebiet des Stammes Ephraim südlich des Jabbok (s.o.S. 188 zu 3). Schon in der Richterzeit drängten die Ammoniter von Osten her wiederholt in die fruchtbaren westlichen Gebiete des Ostjordanlandes vor (Ri 11 4f. 1 S 11; vgl. Jer 49 1). In Amos' Tagen wagten sie es aufs neue, bestärkt durch die nördlich benachbarten Aramäer (3; s.o.S. 183). Jerobeam II. konnte die Grenze gegen Ammon offenbar nicht ohne Kampf „wiederherstellen" (vgl. 2 Kö 14 25. 28).

1 14　Die überraschende Variante וְהִצַּתִּי in der sonst stereotypen Eröffnung der Strafansage (וְשִׁלַּחְתִּי in 4. 7 2 2) stimmt mit Jer 49 (2.) 27 überein; sie wird auf einen Sprachgebrauch zurückgehen, der einem späteren Abschreiber geläufiger war, z.B. vom Jeremiabuch her (vgl. Jer 11 16 17 27 21 14 32 29 43 12 50 32). Das Feuer erobert רבה, „die Große", die Hauptstadt der Ammoniter (2 S 11 1 12 27. 29), die zur Unterscheidung von anderen „Großen" auch רַבַּת בְּנֵי עַמּוֹן (2 S 12 26 u.ö.) genannt wird; sie lag am Oberlauf des Jabbok im Bereich der heutigen jordanischen Hauptstadt ʿammān. Daß Jahwe als Krieger Feuer anlegt (s.o.S. 188 zu 4), bestätigt ausdrücklich die Fortsetzung. Der „Lärm am Kampftag", lautes Geschrei aller Kämpfer (1 S 4 5f.), verstärkt durch Hornblasen (2 2), wird sowohl als Angriffssignal (1 S 4 5f. Jer 4 19 Ez 21 27) wie auch, allerdings nur als Hornblasen, zur Warnung der Angegriffenen durch deren Wächter veranstaltet (Nu 10 9 Hos 5 8; s. BK XIV/1, 143). Hier wird an Angriffslärm zu denken sein; vgl. PHumbert, La „terouʿa". Analyse d'un rite biblique (1946). Das zeigt die Parallele der Fortsetzung, die Sturmesbrausen nennt, das hier nur als Begleiterscheinung der Theophanie Jahwes verstanden werden kann (vgl. Ps 83 16 Jes 29 6 Na 1 3). סער ist der peitschende, jagende (Ps 83 16), auch Feuer anfachende Sturm (Jer 23 19: Wirbelsturm); סופה bezeichnet das zerstörerische Stürmen (Hos 8 7) mit verheerenden Folgen für den Menschen; vgl. Prv 1 27 10 25. Jahwe bringt es in seinem Unwetter mit sich, indem er alle Gewalt der Wettergottheiten an sich reißt.

15　Er kämpft aber nicht gegen Götter, wie ein Teil der Textüberlieferung es will, der statt מַלְכָּם die Vokalisation מִלְכֹּם voraussetzt; s. Textanm. 15a. Vielmehr ist hier wie in den anderen Fremdvölker- und Israelworten des Amos der Mensch der von Jahwe Bedrohte. In unserem Zusammenhang spricht noch dafür, daß die שרים als höfische und militärische Beamte (s. BK XIV/1, 78) im vorangehenden parallelen Glied „ihren König" erwarten lassen (Hos 3 4 7 3. 5 13 10), ferner, daß ihm und seinen Beamten als Ende des Eroberungskrieges wie den Aramäern in 5 (s.o.S. 190f.) die Deportation angekündigt wird. Die Naturkräfte Feuer und Sturm stellt Jahwe in seinem heiligen Krieg also auch hier in den Dienst geschichtlicher Eingriffe.

2 1　Es folgt die Bedrohung der Moabiter, des Brudervolkes der Ammo-

niter; zur Komposition s.o.S. 180. Ihre hauptsächlichen Wohngebiete sind ostwärts der südlichen Hälfte des Toten Meeres zu suchen und reichen vom *sēl ḥēdān* und vom Arnon (*sēl el-mōǧib*) bis zum *wādi el-ḥesa* (vgl. weiter WZimmerli, BK XIII 593). Dieses mündet in das südliche Ende des Toten Meeres. Es ist die natürliche Grenze gegen Edom, da es durchweg recht tief eingeschnitten ist (MNoth, BBLAK = ZDPV 68, 1951, 46); außerdem waren aber seine Übergänge noch durch Grenzbefestigungen auf beiden Seiten gesichert (NGlueck, AASOR 15, 1935, 104ff.). Mit kriegerischen Auseinandersetzungen zwischen Moab und Edom ist also zu rechnen, wenn uns auch wenig davon überliefert ist. Sie werden vorausgesetzt, wenn Amos Moab anklagt, daß es die Gebeine eines Edomiterkönigs geschändet habe. Die Angaben sind aber zu blaß, als daß sie den Rückschluß erlaubten, solche Gewalttat sei das Ergebnis jenes Feldzugs gewesen, den nach 2 Kö 3 6f. Joram von Israel und Josaphat von Juda durch die Steppe von Edom und mit Unterstützung des Edomiterkönigs (2 Kö 3 9) gegen das aufsässige Moab geführt haben sollen (so AHvanZyl, The Moabites, 1960, 20). An Feindseligkeiten zwischen Moab und Edom erinnert wahrscheinlich auch der Schluß der *Mēšaʿ*-Inschrift: Z. 31—33; vgl. KAI II 179, auch van Zyl a.a.O. 143. Eine Datierung des Ereignisses erlaubt der Amos-Text nicht. Wahrscheinlich denkt der Prophet an ein uns unbekanntes Vorkommnis seiner jüngsten Vergangenheit und nicht an Kriege des 9. Jh. (s.o.S. 183f.). Königsgebeine wurden zu Kalk verbrannt. Dieses Verbrechen an einem Toten bildet das Gegenstück zu dem Frevel am werdenden Leben, der den Ammonitern in 1 13 vorgeworfen wird. Gebeine eines Toten erinnern die Alten nicht nur an gewesenes Leben. Vielmehr wohnt ihnen noch Kraft inne, wie 2 Kö 13 20f. zeigt, wonach ein Toter durch die Berührung der Gebeine Elisas wieder lebendig wird; vgl. ARJohnson, The Vitality of the Individual in the Thought of Ancient Israel (²1964) 88. Doch ist nicht erkennbar, daß Amos dieses magische Denken teilt. Vielleicht teilt er nur die allgemeine Ansicht, daß auch dem feindlichen Toten Ruhe zu gönnen sei (2 Kö 9 34; vgl. SAmsler, Commentaire de l'AT XIa, 1965, 177). Sie ist dadurch besonders empfindlich verletzt worden, daß die Gebeine „zu Kalk verbrannt" wurden. Der Verbrennungstod ist eine alte Strafe (Gn 38 24 Lv 20 14 Jos 7 25 u.ö.; vgl. KElliger, HAT 4, 276), die die volle Vernichtung des Bösen anstrebt. Wenn Amos betont: לשׂיד, dann will er sicher die Vollständigkeit der Vernichtung unterstreichen: Man verbrannte den Leichnam so gründlich, „daß die Knochenasche so fein und weißlich wie Kalkstaub wurde" (RGradwohl, Die Farben im AT: ZAWBeih 83, 1963, 87). So sieht es 𝔙 (s. Textanm. 2 1b): „bis zur Asche" verbrannte man. Da Amos jedoch offenbar etwas besonders Verwerfliches vor Augen hat, wird man darüber hinaus wahrscheinlich in לשׂיד mit 𝔗 angedeutet sehen müssen, daß die Moabiter mit dieser Königsasche Material herstellten, das man zum Tünchen von Steinen (Dt 27 2. 4) und Häusern benutzte (s. Textanm. 2 1b). Daß man solches einem Edomiterkönig antat, ist für Amos nicht weniger verwerflich, als wenn es einem Israeliten geschehen wäre. Dabei ist auch nicht im geringsten angedeutet, daß die Edomiter als Verbündete Israels angesehen wären (vgl. Reventlow 68). Daß der ganz wehrlose Menschenrest mißbraucht wird – daß der Mensch Material wird –, ist Grund genug zur Anklage.

22   Wieder greift Jahwe mit Feuer an. Als betroffen wird zuerst die in 1a als schuldig befundene Bevölkerung Moabs (vgl. auch מואב in 2b) ohne Ortsangabe genannt (s. Textanm. 2 2a), dann ist aber von den Wohnburgen Kerijoths die Rede. KHBernhardt (Zur Identifizierung moabitischer Ortslagen: ZDPV 76, 1960, 136–158) hat den Ort mit dem heutigen *ḳurēyāt ʿalēyān* identifiziert. Er liegt im östlichen Teil der fruchtbaren Hochebene *el-belḳa* (Karte a.a.O. 137). Daß er als einziger moabitischer Ort erwähnt wird, macht die *Mēšaʿ*-Inschrift verständlich, aus deren Z. 12f. hervorgeht, daß dort ein altehrwürdiges Heiligtum des Moabitergottes Kemosch bestand. Ob der Artikel bei Amos in הקריות ursprünglich ist oder auf einen späteren Abschreiber zurückgeht (vgl. Jer 48 41 mit 24), ist schwer zu entscheiden (vgl. Bernhardt a.a.O. 144). – Die Drohung hat wieder deutlich den Vernichtungskrieg Jahwes vor Augen. Denn Moab „stirbt" im Schlachtgetümmel; שאון entsteht bei großen Massen anstürmender Truppen (Jes 13 4) und beim Angriff auf befestigte Städte (Hos 10 14; s. BK XIV/1, 243). Zu תרועה s. o. S. 196 zu 114b. Außer der
3 Gesamtbevölkerung werden wie in 1 5. 8. 15 ausdrücklich die politischen Führer genannt, hier allerdings nicht wie in 115 neben den שרים der König, sondern der שופט. Damit wird der Regent gemeint sein, der sicher richterliche, darüber hinaus aber auch andere Entscheidungen zu treffen hatte (1 Kö 3 9 2 Kö 15 5 Dan 9 12), also praktisch doch wohl der König; vgl. WRichter, Zu den „Richtern Israels": ZAW 77 (1965) 40–72 (58. 71), und MNoth, BK IX 51. Denn seit alters ist die Staatsform des Königtums für Moab belegt (Nu 23 7 Ri 3 12ff. 2 Kö 3 4ff. Jer 27 3; *Mēšaʿ*-Inschrift Z. 1. 23). Wiederholt wird betont, daß in Jahwes Krieg diese Schänder der Menschenwürde die Todesstrafe ereilt.
4   Die Anklage gegen Juda ist breiter als alle vorigen; sie übertrifft sogar die gegen Edom (111) noch etwas an Wortreichtum. Qualitativ ist sie darin singulär, daß sie nicht Verbrechen gegen Menschen nennt, sondern allein und unmittelbar solche gegen Jahwe. Der Stilbruch innerhalb der Jahwerede, durch den Jahwe in 3. Person erscheint (bα), hebt diese für Juda wesentliche Schuld noch kräftiger heraus. Alle Wendungen geben die Sprache der deuteronomistischen Schule zu erkennen. Sie hat seit Josia (2 Kö 22 8. 11 23 24f.) die תורה in Gestalt des deuteronomischen Gesetzes als maßgebliche Weisung Jahwes vor Augen; sie sieht die Schuld Israels im Verwerfen (מאס) Jahwes und seiner Worte (1 S 8 7 10 19 15 23. 26 2 Kö 17 15),

denn das Wahren seiner Satzungen ist ihr oberstes Gebot (שמר חקיו:
Dt 4 5f. 40 5 1 6 17 7 11 11 32 16 12 17 19 26 16f. 1 Kö 3 14 8 58 9 4 2 Kö
17 37 23 3).Während die תורה im deuteronomistischen Sprachgebrauch die
Gesamtweisung Jahwes bezeichnet, meint חקים deren Einzelsatzungen;
vgl. Dt 4 44f. 17 19 und R.Hentschke, Satzung und Setzender: BWANT 83
(1963) 89.92. Die Kehrseite ist auch in der deuteronomistischen Schule
stets der Abfall zu den Fremdgöttern und die Verleitung durch sie (Ri
2 11ff. 1 S 12 20f. 2 Kö 17 15); in diesem Zusammenhang wird auch 2 Kö
21 9 תעה hi. und häufig הלך אחרי gebraucht (z.B. Dt 4 3 6 14 8 19 11 28 13 3
Ri 2 12 2 Kö 17 15). In der Schulsprache nicht zu belegen ist nur das
Wort כְּזָבִים für die Götzen; sonst bringt Dtr im Anschluß an Jeremia (2 5
u.ö.) das Wort הֶבֶל (2 Kö 17 15 u.ö.; s. Textanm. 4a), das aber schon in
Jer 10 14f. parallel zu שֶׁקֶר und in Ps 62 10 parallel zu כָּזָב steht; bei Dtr
führt 1 S 12 21 (2 Kö 17 15b) näher aus, daß die Fremdgötter nicht nützen
oder retten können und insofern täuschen, d.h. – wie es nun unser dtr.
Amosprediger ausdrückt –, daß sie „Lügen" in Person sind; vgl. MA
Klopfenstein, Die Lüge nach dem Alten Testament (1964) 236f. Daß Juda 2 5
statt dem gesetzten Jahwewort seit Vätertagen dem trügerischen Schein
folgte, bringt ihm das gleiche Gericht ein wie den Fremdvölkern ihre
Verbrechen. In einer Zeit, in der „das Feuer" Jerusalem längst erreicht
hat (2 Kö 25 9), liegt dem Dtr nicht daran, den stereotypen Satz des
Amos weiter auszuführen; beredt ist er nur da, wo er die Einsicht in den
Grund dieser Strafe seines Gottes aufdeckt (4).

Das letzte Wort des Amos richtet sich gegen „Israel". Ist der Staat 6
des Nordreichs gemeint? Von den voraufgehenden Amosworten her
könnte das zunächst anzunehmen sein, da in den entsprechenden Ein-
gangsstücken an gleicher Stelle die politischen Größen Damaskus (1 3),
Gaza (1 6), Ammoniter (1 13) und Moab (2 1) erscheinen. Auch wird am
Ende des Israelspruchs eine nationale Katastrophe angedroht (2 14–16).
Jedoch unterscheiden sich die Anklagesätze in 2 6–9 dadurch deutlich von
den Vorwürfen gegen die Fremdvölker, daß hier nicht Kriegsverbrechen
erwähnt werden, die vor allem der staatlichen Führung anzulasten wären. In den Strafansagen gegen die Fremdvölker sind immer die politisch
Verantwortlichen genannt (1 4f. 8. 15 2 3; außer in den sekundären
Stücken 1 10. 12 2 5!), im Israelspruch dagegen nirgendwo.

„Israel" im Amosbuch. Insgesamt kommt es 30mal vor, יִשְׂרָאֵל allein- Exkurs
stehend zehnmal (1 1bα¹ 2 6 3 14 [4 12a.b] 7 9. 11. 16. 17 9 7b), עַמִּי יִשְׂרָאֵל viermal
(7 8. 15 8 2 [9 14]), בְּתוּלַת יִשְׂרָאֵל einmal (5 2), בְּנֵי יִשְׂרָאֵל fünfmal ([2 11] 3 1. 12 4 5
9 7a), בֵּית יִשְׂרָאֵל achtmal (5 1. 3. 4. [25] 6 [1.] 14 [7 10b] 9 9), מֶלֶךְ יִשְׂרָאֵל zweimal
[1 1bα² 7 10a]. Bei näherem Zusehen läßt sich erkennen, daß der Wechsel im
Gebrauch von „Israel", „Haus Israel" und „Söhne Israels" nicht beliebig ist.
בֵּית יִשְׂרָאֵל erscheint am klarsten in 7 10b in einem Zusammenhang, in dem zu-

gleich vom Geschick des „Königs Israels" (7 10a; vgl. 9. 11 und 11bα[2]) und damit vom Geschick der Dynastie und des Staates (7 10bβ.γ) die Rede ist. Aber auch in den übrigen sieben Fällen geht es um den Staat des Nordreichs mit seinen machtpolitischen (5 1–3 [6 1]) und kultischen (5 4. 25; vgl. 7 13) Stützen inmitten der übrigen Völkerwelt (6 14 9 9). Demgegenüber erscheint einfaches יִשְׂרָאֵל neben עַמִּי יִשְׂרָאֵל (in 7 15. 16f.; vgl. 7 8. 9 und u. zu 78) im Sinne des Gottes-volkes (vgl. 4 12b). So wird denn auch in 9 7b auf Gottes Geschichte mit Israel, in 2 6 3 14 auf die Ordnungen Gottes für Israel (vgl. 2 9) angespielt und in 7 9. 11b. 17b (vgl. 11bα[1]) das Ende dieser Geschichte angesagt. Die gleiche Bedeutung hat בְּנֵי יִשְׂרָאֵל. Diese Wendung unterscheidet sich nur stilistisch von „Israel": „Söhne Israels" heißt es in der Regel bei direkter Anrede (mit 2. pers. pl. verbunden in 2 11 3 1a 4 5 9 7a; Ausnahme 3 12), „Israel" hingegen erscheint außer in 4 12 (2. pers. sg.) immer mit der 3. pers. sg. verbunden.

So sagt Amos denn auch an unserer Stelle „Israel" im Rahmen der Anklage des Gottesvolkes. Die Entfaltung dieser Anklage. in 6b–8 und besonders die Kontrastierung der Taten Israels mit den Taten Jahwes in 9 verdeutlichen das. Die gegen Israel aufgeführten Verbrechen unterschei-den sich von denen der Fremdvölker darin, daß sie nicht Kriegsverbre-chen gegen andere Völker darstellen, sondern Vergehen gegen die innere Ordnung des israelitischen Gemeinschaftslebens. Israels „Kriegsver-brechen" bestehen darin, daß die Mächtigeren die Schwachen im eigenen Volk vergewaltigen. Die volle Viererreihe solcher Verbrechen wird dar-geboten.

1. Verkauf Unschuldiger und Bedürftiger in Schuldsklaverei. Die-ser Tatbestand wird auch in Ex 21 7f. Lv 25 39 Dt 15 12 Jes 50 1 Neh 5 8 mit מכר = „verkaufen" benannt, das Gegenstück mit קנה „ankaufen" (8 6 Ex 21 2 Neh 5 8; s. auch Textanm. 2 6b). Er kann mit Menschendieb-stahl verbunden sein (Ex 21 16 Dt 24 7), ist es aber in der Regel nicht, wie die genannten Texte zeigen und das Beispiel 2 Kö 4 1 ausführt (vgl. Neh 5 2. 5). Weil der Betroffene hier צדיק genannt wird, hat man auch an den Tatbestand der Bestechung des Richters denken wollen (Sellin, Robinson). Doch davon spricht Amos nachweislich anders (5 12 und 2 7aβ; vgl. Jes 1 23 5 23 Mi 3 11 1 S 12 3 Ps 15 5). Zwar bezeichnet צדיק hier wie 5 12 den rechtlich Schuldlosen; aber nicht von seiner Verurteilung wird gespro-chen, sondern davon, daß er um Geld verkauft wird. Er steht in Parallele zum Armen (אביון), der sogar in dem verwandten Spruch 8 6 an seine Stelle treten kann (דַּלִּים // אביון). Als Grund und Zweck des Verkaufs (s. Textanm. 2 6a) wird die Beitreibung von geschuldetem Silber(geld) oder auch nur eines (gestohlenen? geliehenen, aber verlorenen?) Paares Sandalen genannt. נַעֲלַיִם (Dual) kommt nur bei Amos hier und 8 6 vor; der Dual betont vielleicht das einzelne Paar Sandalen (Joüon, Gr § 91c). Solche Schuld ist allzu gering, als daß ihretwegen ein armer Mensch in Schuldsklaverei geraten dürfe; der אביון ist selbst der Hilfe „bedürftig" (KBL). Hingegen muß die Silberschuld nicht ein Bagatellbetrag sein.

Hier wird der Verkäufer angeklagt, weil er für einen „Schuldlosen" Geld einlöst. Dabei könnte es sich z.B. um einen gestohlenen Menschen handeln (Ex 21 16 Dt 24 7) oder um den Sohn eines Schuldners (2 Kö 4 1). Man kann aus dem Tonfall der Anklage des Amos nicht schließen, daß er die Schuldsklaverei als Rechtsinstitut schlechthin ablehnt. Vielmehr verwirft er einmal den Verkauf von Personen, die persönlich schuldlos sind, und zum anderen den Verkauf von Hilfsbedürftigen, die nur eine von ihnen benötigte Kleinigkeit schulden. Nicht zufällig steht in der ersten Reihe צדיק, in der zweiten נעלים in betonter Schlußstellung. Sofern Amos überhaupt der Unterschied von „kasuistischem" und „apodiktischem" Recht vor Augen stand, kann man allenfalls sagen, daß er „mit einer der Grundtendenzen des apodiktischen Rechtes" (RBach 29; Ex 21 16 Dt 24 7) die nach dem kasuistischen Recht geübte Praxis der Schuldknechtschaft (Ex 21 2ff. 7ff. Dt 15 12ff.) auf persönlich haftbare schwere Schuldner beschränkt wissen wollte (vgl. 2 Kö 4 1ff. Lv 25 39ff. Neh 5 1ff.). Amos urteilt nicht von der Aufnahme oder Bestreitung bestimmter Rechtstraditionen her, sondern als einer, der „seinen Mund für den Schuldlosen und Hilfsbedürftigen öffnet" (Prv 31 9), wie man es in Israel nicht weniger als bei der „Weisheit der Söhne des Ostens" gelernt haben sollte (vgl. Ex 23 6f. Dt 15 7–11 mit Prv 14 31f. 19 17 22 22 29 14 31 8f. 20; ferner FCFensham, Widow, Orphan, and the Poor in Ancient Near Eastern Legal and Wisdom Literature: JNESt 21, 1962, 129–139; EHammershaimb, On the Ethics of the OT Prophets: VTSuppl 7, 1960, 75–101). Die Erinnerung an die Form des Zahlenspruchs in 2 6a legt es nahe, mit der Möglichkeit zu rechnen, daß die dem Amos vertraute Sippenweisheit die Praxis der Schuldknechtschaft in enge Grenzen wies.

2. Unterdrückung der Armen. Auf die gleichen weisheitlichen 2 7 Lebensordnungen der Sippen weist in 7a neben der Partizipialformulierung (s.o. S. 171f.) der Parallelismus der Aussagen über die דלים und die ענוים hin. Er findet sich nie in den Rechtsüberlieferungen des Pentateuch, dagegen in gleicher pluralischer Form und mit derselben Thematik in dem Weheruf Jes 10 2. Das läßt weniger auf Abhängigkeit Jesajas von Amos schließen (RFey, Amos und Jesaja: WMANT 12, 1963, 62f.) als vielmehr auf gemeinsame Herkunft aus weisheitlichem Traditionsgut (HWWolff, Amos' geistige Heimat 55–58); Prv 22 22 belegt die Parallele עני // דל mit demselben Thema im weisheitlichen Mahnwort („Beraube nicht den Hilflosen, weil er hilflos, und zermalme nicht den Elenden im Tor!"; vgl. weiter Ps 72 12f. 82 3f.). Auch einzeln kommt das Wort דל als Bezeichnung des Geringen, Kleinen, Hilflosen nirgends im Alten Testament so häufig vor wie im weisheitlichen Spruchgut (allein 13mal in Prv neben nur fünfmaligem Vorkommen im Pentateuch und zwei Stellen im Psalter!). דַּל steht im Gegensatz zum „Reichen" (עָשִׁיר Prv 10 15 22 16 28 11; vgl. 19 4); dabei heißt das den Armen gegenüber verübte

Unrecht dreimal „bedrücken", „vergewaltigen" (עשׁק in Prv 14 31 22 16
28 3; Prv 22 22 גזל = „berauben" // דכא pi. = „zertreten"). Dem entspricht es, daß Amos diejenigen anklagt, „die auf den Kopf der Hilflosen
'treten'" (s. Textanm. 2 7b). Die עניים (zu den Varianten der Wortform
vgl. LDelekat, VT 14, 1964, 35–49, bes. 44–46) sind die „Gebeugten",
„Niedergedrückten" (√ענה; vgl. EKutsch, עֲנָה, „Demut". Ein Beitrag zum
Thema „Gott und Mensch im AT": maschinenschr. Habilitationsschr.
Mainz 1960). Sie stehen nicht im Gegensatz zu den Reichen, sondern zu
den Gewalttätigen und Stolzen (vgl. Prv 16 19 22 22 30 14); insofern „ent-
hält der Begriff einen Rechtsanspruch" (AKuschke, Arm und reich im
AT: ZAW 57, 1939, 49f.). So heißt denn auch „ihren Weg ablenken"
(נטה דרך hi.) in unverkürzter Redeweise „die Wege der Rechtsordnung
abweisen" (הַטּוֹת אָרְחוֹת מִשְׁפָּט Prv 17 23; vgl. 18 5 Jes 10 2), nämlich den
Gang des Prozeßverfahrens im Tor (5 12). Solches Unrecht haben die
Sippenältesten nicht nur selbst zu meiden, sondern auch die kommende
Generation als etwas Verbotenes zu lehren. Eine apodiktische Reihe des
Bundesbuches hat diese Unterweisung aufgenommen (Ex 23 6; vgl. Dt
16 19 24 17). Sie führt aus, daß die Rechtsbeugung durch falsche Angaben
oder durch Bestechung (Ex 23 7f.) und durch entsprechende Begünsti-
gung einer Partei („Ansehen der Person" Dt 16 19) erfolgen kann.

3. Mißbrauch der Mädchen. Die נערה ist im allgemeinen eine
unmündige, jüngere weibliche Person; jedoch ist das Alter meist weniger
wichtig als die soziale Stellung. An unserer Stelle kommt weder ein eheli-
ches noch ein Kindschaftsverhältnis in Betracht, es ist aber auch kein
Sklavenverhältnis kenntlich gemacht (wie z.B. Prv 9 3 27 27 31 15 1 S 25 42
Gn 24 61; vgl. VMaag 175–177). Der Vorwurf trifft den Tatbestand,
daß „ein Mann und sein Vater" ehelichen Umgang mit „demselben
Mädchen" pflegen. Denn הלך אל heißt hier nicht weniger als „geschlecht-
lich verkehren" (vgl. Hos 3 3 cj.; BK XIV/1, 70). So wird נערה wie häufig das heiratsfähige Mädchen meinen (Gn 24 14. 16 u.ö., 34 3. 12 Dt 22 23– 29
Ri 21 12 1 S 9 11). Sprache und Rechtsfall sind in den gesetzlichen Überlieferungen nicht belegt. Zwar wird im apodiktischen Recht verboten, daß
derselbe Mann mit einer Frau und deren Tochter verkehrt (Lv 18 17
20 14) oder ein Sohn mit der Frau seines Vaters (Lv 18 8 20 11 Dt 23 1
27 20) oder ein Vater mit der Frau seines Sohnes (Lv 18 15 20 12), nicht
aber, daß Sohn und Vater mit dem gleichen jungen Mädchen verkehren.
Auch das kasuistische Recht sorgt dafür, daß beim geschlechtlichen Umgang mit einer Haussklavin diese entweder beim Vater oder beim Sohn
die Rechte einer Frau (Ex 21 7–11) erhält. Aber Amos spricht nicht von
einer Sklavin (אָמָה Ex 21 7), sondern von einem jungen Mädchen, das
weder als Magd noch als Tempelprostituierte näher bestimmt ist (RBach
30–33). Wenn das Verwerfliche in der „Ausnutzung der Wehrlosigkeit
und Hörigkeit" (VMaag 175) zu suchen wäre, müßte diese Abhängigkeit

und Schwäche betont sein. Als verwerflich wird hier aber lediglich betont, daß „ein Mann und sein Vater" mit „demselben Mädchen" verkehren, daß also der alte, verheiratete Vater das Liebesverhältnis des Sohnes stört und so ein Mädchen zum Objekt unerlaubter Lüste wird. Das von Amos bezeugte Sippenethos schützt also nicht nur die Rechtsverhältnisse der Ehe und der Sklavin, sondern die Person eines jungen Mädchens als solchen und seine werdende Ehe; es unterscheidet zugleich die Rechtsstellung des Sohnes wie des Vaters und wacht so über die Einmaligkeit des Liebesverhältnisses. Es steht damit der Auffassung von Dt 22 28f. besonders nahe und bietet dazu einen Dt. 22 23ff. verwandten Sonderfall: Der geschlechtliche Umgang mit einem Mädchen verpflichtet den jungen Mann zur Ehe und verbietet dem Vater den Verkehr genauso wie mit der Schwiegertochter. Damit liegt bei Amos eine Radikalisierung des apodiktischen Rechtssatzes Lv 18 15 (20 12) vor. Zu 7bβ s. Textanm. 2 7g. Der Zusatz deutet 7bα vielleicht nach Hos 4 14 (s. BK XIV/1, 110f.) und jedenfalls nach dem Maßstab des Heiligkeitsgesetzes (Lv 20 3 u.ö.). Zur Auslegung s. WZimmerli, BK XIII 457. 875f.

4. Ausnutzung Verschuldeter. V. 8 ist nur durch sekundäre Erweiterungen (s. Textanm. 2 8a und b) thematisch enger mit dem ebenfalls erweiterten V. 7b verknüpft worden. Ursprünglich behandeln zwei streng parallele dreitaktige Reihen die Verwendung von Pfandstücken und Strafgeldern. In der Weisheitsliteratur sind die Stichworte חבל (Prv 13 13 20 16 27 13 Hi 22 6 24 3. 9) und ענש (Prv 17 26 19 19 21 11 22 3 27 12) noch geläufiger als im Bundesbuch und im Deuteronomium (Ex 22 25 Dt 24 6. 17 bzw. Ex 21 22 Dt 22 19); sonst neben Amos 2 8 nur noch Ez 18 16 bzw. 2 Kö 23 33 2 Ch 36 3). Doch zeigt die Rechtsüberlieferung des Pentateuchs deutlicher, welches Unrecht Amos vor Augen steht. Dem Pfandrecht sind Grenzen gezogen nach Gegenstand, Zeit und Person: Handmühle und Reibstein dürfen nach Dt 24 6 als lebenswichtiges Werkzeug überhaupt nicht gepfändet werden; der Mantel (des Armen) darf nicht über Nacht als Pfand behalten werden (Ex 22 25 Dt 24 12f.); der Witwe darf das Kleid nicht abgenommen werden (Dt 24 17). Spricht Amos von „gepfändeten Kleidern", so nennt er Stücke, die der Witwe überhaupt nicht, anderen keinesfalls über Nacht entzogen werden dürfen. Das „Ausbreiten" der Kleider (נטה hi.) aber meint sicher das Herrichten des Nachtlagers zum Schlafenlegen (Ex 22 26 Dt 24 12). Amos klagt also Menschen an, die den Rechtsschutz in Not Geratener nicht beachten. Die Fortsetzung zeigt noch mehr, wie Amos sich in die Lage Verschuldeter hineinversetzt. ענושים = Geldstrafen werden z.B. dann auferlegt (ענש), wenn Männer beim Raufen eine schwangere Frau so stoßen, daß es zur Fehlgeburt kommt (Ex 21 22), oder wenn einer eine israelitische Jungfrau in schlechten Ruf bringt (Dt 22 19). Solche Bußgelder sollten zur Deckung des angerichteten Schadens verwendet wer-

den, nicht aber zur Veranstaltung von Trinkgelagen (vgl. 6 6).

Immer ist Amos auf den Rechtsschutz Bedrängter bedacht, auch dann noch, wenn sie schuldig wurden. Weder für die Einzelformulierung noch für die Themenfolge in 6b–8 ist ein bestimmtes Vorbild aufzuweisen. Nur sinngemäß finden sich für die Einzelanklagen Entsprechungen in der älteren Rechtsüberlieferung; auch der Typ einer Viererreihe läßt sich nur mit ungefähr verwandter Thematik etwa Lv 19 13–14a belegen. So scheint die vorliegende Anklagereihe von Amos auf Grund bekannter Fälle frei formuliert und in ihrer syntaktischen Struktur wie in der Themenauswahl durch Traditionen der Sippenweisheit bestimmt zu sein (s.o.S. 167f.).

2 9   Bei keinem der zuvor verurteilten Fremdvölker wurde die Anklage wie hier gesteigert: Nur Israel wird an Jahwes Tat gemessen. Scharf kontrastiert der Einsatz „Doch ich..." dem zuvor aufgewiesenen Verhalten. In Geschichtserzählungen des Psalters wird solche Gegenüberstellung zur Regel; vgl. Ps 106 7–23. Doch setzt Amos dem gegenwärtigen gewalttätigen Umgang mit den Schwachen in Israel das Geschichtswerk Jahwes zugunsten der Geringen entgegen. Er rottete die mächtigen Landesbewohner erbarmungslos aus: שׁמד hi. bezeichnet im sakralen Bannrecht des Jahwekrieges die völlige Vertilgung (Jos 11 20 7 12; vgl. 1 Kö 13 34). Die vormaligen Machthaber im Lande werden „Amoriter" genannt wie beim Elohisten (Gn 15 16 48 22 Nu 21 21. 25f. 31 22 2) und später beim Deuteronomisten (Dt 1 7. 19f. u.ö.; vgl. die dtr. Ergänzung im folgenden V. 10bβ). Aber der Kontext gibt nicht zu erkennen, daß Amos vom Elohisten abhängig wäre, auch nicht, daß er den vielleicht älteren Sprachgebrauch aufnähme, der die Amoriter als Gebirgsbewohner von den Kanaanäern als Bewohnern der Küstenebene unterscheidet (Nu 13 29 Dt 1 7 Jos 11 3). Etymologisch ist אמרי von *amurru* herzuleiten, das im Altakkadischen und Altbabylonischen Nomaden verschiedener Herkunft bezeichnet und dann im Mittel- und Spätbabylonischen wie im Neuassyrischen geographische Bezeichnung für den Westen wird (WvSoden, AHw I 46). Wie das Wort in den Sprachgebrauch Israels eingedrungen ist, konnte noch nicht geklärt werden (vgl. MNoth, ZAW 58, 1940/41, 182–187; RBach, BHHW I 84). Für Amos als Judäer ist aber zu beachten, daß einzelne ältere Sonderüberlieferungen die Amoriter speziell im judäischen Bereich lokalisieren (Ri 1 34f.; vgl. Gn 14 7. 13). Der jetzt angeklagten Israeliten wegen hat Jahwe die Amoriter einst vernichtet; zu מפניהם s. Textanm. 2 9a. Sie werden genauer charakterisiert hinsichtlich ihrer Größe und Stärke. Damit wird vor allem die Macht der Heilstat Jahwes, aber auch der Bezug zu der in 6b–8 geschilderten Schuld Israels herausgestellt. Höhe der Zedern und Stärke der Eichen sind beide sprichwörtlich; vgl. Jes 2 13 und dazu HWildberger, BK X 109. Aber nur Amos führt den Vergleich in die Landnahmetradition ein.

Er veranschaulicht damit ein Motiv, das der jahwistische Kundschafter-
bericht in Nu 13 28 mit anderen Worten herausstellt: „Das Volk, das im
Lande wohnt, ist gewaltig, die befestigten Städte sind sehr groß, und
sogar Enak-Sprößlinge haben wir dort gesehen." Die deuteronomistische
Nacherzählung hat eben diesen Zug in Dt 1 28 aufgenommen; Dt 9 2
schildert die Enakiter als unwiderstehliche Riesen. Dieses vom Jahwisten
literarisch überlieferte Motiv der Landnahmeüberlieferung ist ursprünglich mit der Gegend um Hebron (Nu 13 22) und der Person Kalebs
(Nu 13 30) verbunden und demnach eine südjudäische Überlieferung
(Noth, ATD 7, 91; vgl. auch „den Amoriter" von Mamre in Gn 14 13).
An vertraute judäische Tradition knüpft also Amos an, wenn er sagt, daß
Jahwe jene trotzigen Hünen ausgerottet habe. Der Fortgang der Land-
gabeerinnerung nimmt mit ואשמיד in 9b zunächst das Stichwort השמדתי
aus aα noch einmal auf, fügt aber dann hinzu, daß die Austilgung eine
totale war. Dabei bedient sich Amos einer Formel, die bisher noch zweimal nachgewiesen ist. In Jes 37 31 (= 2 Kö 19 30) wird den Entronnenen Judas zugesagt, daß sie wieder „Wurzel nach unten und Frucht
nach oben" treiben werden. Damit wird eine Fluchformel aufgenommen, die die 'Ešmun'azar-Inschrift aus dem Sidon des 5. Jh. Sargschän-
dern androht (Donner-Röllig, KAI 14, 11f.): „Weder sollen sie nach
unten Wurzel noch Frucht nach oben treiben." Nur drei unbedeutende
Abweichungen vom Amostext verbinden jene beiden anderen Belege:
Die Folge „Frucht – Wurzel" ist umgekehrt, beide Nomina stehen ohne
Suffix, und statt ממעל – מתחת heißt es (ה)לְמָטָ(ה) – לְמָעְלָ(ה). Die Anschauung
bleibt die gleiche; sie entspricht unserem „mit Stumpf und Stiel ausrotten", nur bleibt der Vorgang des Pflanzens und Erntens deutlicher, wiewohl er auf Personen bezogen wird, also an Seßhaftigkeit und Erfolg
denken läßt. Sollte hier „Frucht" auf Nachkommenschaft deuten wie in
Hos 9 16 Ez 17 9, so wäre die Folge Frucht – Wurzel schwerer verständlich (Neher, Deden erklären: die Jungen und die Alten; dagegen vgl. vor
allem Jes 37 31, auch Mal 3 19 ferner HLGinsberg, „Roots Below and Fruit
Above" and Related Matters: Hebrew and Semitic Studies, pres. to GR
Driver, ed. DWThomas and WDMcHardy, 1963, 59–71). Das Ausrotten
der Amoriter wird also als Ausroden veranschaulicht. Damit gewinnt die
Aufnahme der Landnahmetradition bei Amos einen ungewöhnlich düsteren Klang. Zwar verschweigt der erste Satz keinesfalls, daß die starken
Amoriter des (schwachen) Israel wegen vertrieben wurden; insofern wird
gerade der Eingang zum Spiegel der Schuld Israels. Aber wenn Amos das
Totalgericht an den Vorbewohnern am Ende stark betont, dann zeigt
sich darin der Übergang zur Drohung gegen die jetzige Bevölkerung.

Die prophetische Erinnerung an Jahwes Geschichtstaten hat das **2 10**
deuteronomistische Interesse zu den Ergänzungen in 10–12 angeregt (s.o.
S. 137f. und 172). Das den V. 9 eröffnende ואנכי wird eingangs wieder auf-

genommen, und das Objekt der Tat Jahwes האמרי beschließt den V. 10
(vgl. die noch weitergehende Einpassung der dtr. Ergänzungen von
1 9–12 2 4–5 in den Kontext). In diesen Rahmen werden die von Amos
nicht genannten Traditionen von Exodus und Wüstenzug eingetragen.
Während die Ich-Rede Jahwes beibehalten wird, erscheinen die Israeliten
nun nicht mehr in 3. Person, sondern sie werden angeredet. Dieser an-
dringend paränetische Stil setzt sich in 11f. auch noch mit anderen Mitteln durch. In der Darstellung des Exodus fällt auf, daß עלה hi. statt des
in deuteronomisch-deuteronomistischer Sprache ungleich häufigeren יצא
hi. verwendet wird; vgl. PHumbert, Dieu fait sortir: ThZ 18 (1962)
357–361; JWijngaards, הוציא and העלה. A Twofold Approach to the
Exodus: VT 15 (1965) 91–102. Allerdings sagen unzweifelhaft ältere
Texte wie Am 9 7 Hos 12 14 „heraufführen“, während allein das Buch Dt
neben zwanzigfachem „hinausführen“ nur ein einziges Mal עלה hi. (20 1)
für das Auszugsgeschehen verwendet. Dennoch macht die dtn.-dtr. Literatur die Wortwahl unseres Textes verständlich. Denn sie gebraucht עלה
hi. da, wo die Landgabe mit dem Auszug zusammengesehen wird
(1 S 8 8; vgl. 1 Kö 12 28; Wijngaards 99; umgekehrt steigt man von Palästina nach Ägypten hinab: vgl. ירד Jes 30 2 31 1), auch in zusammenfas-
sender Vorwegnahme des Gesamtgeschehens, wenn es in der Fortsetzung
einzeln entfaltet wird (Ri 6 8f. 1 S 12 6–8), insbesondere aber, wenn zugleich an den Kampf mit den Feinden gedacht wird (Dt 20 1 1 S 10 18;
Humbert 360 erinnert an den Gebrauch von עלה ḳ für Kriegsexpeditionen
in 1 Kö 20 22 Jes 21 2 u.ö.). Dem entspricht, daß 10a nach 9 und vor der
finalen Formulierung 10bβ Auszug und Landgabe zusammenfaßt und
insbesondere das in 9 vorausgesetzte Kampfgeschehen einschließt. Deshalb darf man bei näherer Untersuchung gerade des Sprachgebrauchs
wegen nicht unseren prosaischen, zeitlich Vorausgehendes nachholenden
Vers dem alten Prophetenspruch zuordnen (gegen Humbert 359 und
Wijngaards 98). Die Fortsetzung ist noch handgreiflicher deuteronomistisch. Denn nicht nur ist der volle Wortlaut von bα genau in Dt 29 4 und
ganz ähnlich Dt 8 2 belegt, vielmehr ist der Topos des vierzigjährigen
Wüstenaufenthaltes überhaupt erst seit deuteronomisch-deuteronomistischer Zeit belegt, nun aber reichlich (Dt 1 3 2 7 8 4 Jos 5 6; ferner bei
und nach P: Ex 16 35 Nu 14 33f. 32 13). Damit ist der schon zuvor als
sekundär erwiesene Charakter des Verses durch die innerhalb der Prophetenbücher singuläre Rede von der vierzigjährigen Wüstenführung in
Am 2 10 und 5 25 (s.u.z.St.) bestätigt. Dasselbe geschieht durch die in bβ an-
geschlossene finale Wendung „das Land in Besitz zu nehmen“. Sie ist genau
in dieser Form לרשת את (ה)ארץ eine ganz typisch deuteronomisch-deutero-
nomistische Predigtphrase; vgl. Dt 2 31 9 4f. 11 31 Jos 11 1 18 3 Ri 2 6 u.ö.
(in Jos 24 8 Ri 11 21 erscheinen in Verbindung mit dem Verbum ירש
sogar die Amoriter als Vorbesitzer des einzunehmenden Landes). Mit

dieser positiven Zielangabe der alten Heilsgeschichte und der vorangehenden Erinnerung an Jahwes Heraufführung aus Ägypten und seiner
Leitung durch vierzig Wüstenjahre ist der düster ausklingende Schluß
von 9 völlig übertönt vom Erweis göttlicher Güte. So wird מפניהם in
9aα kräftig unterstrichen.

Der Deuteronomist führt in der Fortsetzung seine Predigt im gleichen 2 11
Tenor zeitlich über die Landgabe hinaus. Jahwe erinnert daran, daß er
aus Israels Jugend einzelne mit besonderen Aufgaben betraute, indem er
Propheten und Nasiräer bestellte. קום hi. bezeichnet auch im Deuteronomium und im dtr. Geschichtswerk die Amtseinsetzung der Propheten
(Dt 18 15. 18), auch eines Richters (Ri 2 16. 18), Retters (Ri 3 9. 15), Priesters (1 S 2 35) und Königs (1 Kö 14 14) (vgl. dagegen den andersartigen
Gebrauch von קום hi. durch Amos in 6 14; ihn selbst hat Jahwe nicht
„bestellt", sondern „gegriffen", 7 15). Als Nasiräer wird allerdings direkt
nur Simson (Ri 13 5. 7 16 17) vorgestellt; zu Samuel vgl. 1 S 1 11. 28 2 20.
Sein Gelübde verpflichtet ihn als Gottgeweihten zur Abstinenz vor allem
von Wein (12a; vgl. Nu 6). Mit den Propheten wird dem dtr. Prediger die
Kette der bevollmächtigten Sprecher von Mose an (Dt 18 15. 18) über
Elia, Micha ben Jimla u.a. bis auf Amos selbst und über ihn hinaus vor
Augen stehen (vgl. 12b mit 7 16b!). Die Kombination der Auszugstradi-
tion mit der Prophetengeschichte findet sich auch sonst bei Dtr (Ri 6 8–10
2 Kö 17 7–14 Jer 7 22–26); vgl. Mi 6 4. Der Prediger erfragt in Jahwes
Namen die Zustimmung der Hörer; sie können und sie müssen bestätigen,
was Jahwe für sie tat und was er ihnen schenkte. Zum Abschluß der
Jahwerede steht die Gottesspruchformel, wie sie sich auch häufig in dtr.
redigierten Stücken des Jeremiabuches an dieser Stelle findet; vgl. z.B.
Jer 8 3 12 17 32 44 u.ö.

Mit 12 gehen die heilsgeschichtlichen Erinnerungen zur Anklage über, 12
was nach dem Übergang von 6–8 zu 9 aus Amos' Munde nicht mehr zu
erwarten ist. Israel hat die Nasiräer verführt, ihr Gelübde zu brechen;
satte Zeiten vermochten jene lebendigen Zeugen nicht zu ertragen, die
durch ihr Verhalten an das bescheidene Leben in der Wüste erinnerten
und zur völligen Hingabe an Jahwe gemahnten. Die Weise, wie die Propheten abgelehnt werden, erinnert wörtlich an Amazjas Verhalten
gegenüber Amos nach 7 16. So weit treibt der Deuteronomist seine Anklage vor, um die Exilsgeneration zur Schulderkenntnis anzuleiten; ihm
steht dabei neben Jahwes Tat (10) vor allem Jahwes Forderung vor Augen
(11f.).

Der Einsatz der Strafankündigung hebt zunächst Jahwes Ich kon- 13
trastierend zu dem gleichen Ich im ursprünglich unmittelbar vorangehenden V. 9 heraus. Wie Jahwe ursprünglich zugunsten Israels gegen
die starken Amoriter einschritt, so tritt er jetzt gegen Israel auf, da es die
Schwachen unterdrückt (6b–8). Zum formalen Parallelismus von 13 und

9, zum Einsatz mit הנה und zur Möglichkeit, תחתיהם statt תחתיכם zu lesen, s.o.S.172–174. עוק hi. ist vom nachbiblischen Hebräisch her (עוּקָה = „Aushöhlung") in Parallele zu arab. *'aḵḵa* = „spalten, aufschlitzen" (Gese 421) und ugarit. *'ḵḵ* = „zerreißen" (Gordon 75 I 27.37; vgl. Aistleitner, Wörterbuch³ Nr. 2089) zu deuten; es meint „aufspalten", „aufreißen", wobei an das Erdreich „unter" den Füßen des Menschen (תחתיכם) und den Rädern des Wagens zu denken ist. עגלה bezeichnet den Lastkarren des Bauern; vgl. 1 S 6 7ff. 2 S 6 3 Gn 45 19ff.; auf einem Wandrelief von Ninive ist ein solcher Wagen aus Lachisch mit zwei Rindern bespannt und mit zwei Speichenrädern versehen aus der Zeit um 700 v.Chr. dargestellt (BRL 532; BHHW III 2129). עמיר meint die geschnittenen Ähren, die vom Feld zur Dreschtenne gebracht werden (Jer 9 21 Mi 4 12; Dalman, AuS III 52.58). Die ungewöhnliche Konstruktion המלאה לה, die den Doppeldreier herstellt, betont wohl die Überfüllung des Erntewagens. Denn eben unter der Schwere der Last reißen die Wagenräder den weichen Ackerboden auf. Dabei entstehen Erdspalten, die an die Wirkungen eines Erdbebens erinnern. Solches Erdbeben als Jahwes Tat will der Vergleich verdeutlichen. Das einschießende Erntebild unterstreicht noch den Charakter des Strafgerichts; vgl. Mi 4 12f. Jl 4 13 und o.S. 97. Die vierte und fünfte Vision des Amos (8 1f. 9 1–4) zeigen die gleiche Verbindung (s.o.S.184).

2 14   Mit dem Erdbeben löst Israels Gott einen Gottesschrecken aus. Einst verwirrte er so das Heerlager der Feinde (1 S 14 15; vgl. Ri 5 4 Ps 18 8ff.), nun aber Israel selbst. Ein Erdbeben als Kriegswaffe Jahwes bezeugt auch die fünfte Vision. Ähnlich wie dort wird hier ausgeführt, daß ihr niemand zu entrinnen vermag. Zum klimaktischen Aufbau s. Textanm. 2 14a. Den Fußtruppen hilft weder Schnelligkeit (14aα) noch Kraft (14aβ). Denn jeder Ort der Zuflucht (מנוס) ist dem Untergang geweiht.

15 Auch den Männern der Streitwagen bleibt keine Hoffnung. Amos hat die Doppelbesetzung durch einen Schützen und einen Wagenlenker vor Augen. לא יעמד besagt nicht nur, daß der Bogenschütze (durch das Erdbeben) jene Standfestigkeit verliert, die er zum Zielen braucht, vielmehr, daß er überhaupt nicht „bestehen" bleibt; s. Textanm. 2 15a. Daß der רכב הסוס nicht als Reiter, sondern als Streitwagenführer zu verstehen ist, geht einmal aus dem Parallelismus mit dem Bogenschützen als dem anderen Besatzungsmitglied des Streitwagens hervor, zum anderen aber aus dem geschichtlichen Befund, nach dem sich Pferde bis in spätassyrische Zeit nur als Zugtiere der Kriegswagen, erst in persischer Zeit in kriegerischer Reiterei finden; vgl. HWildberger, BK X 101ff.; MLHenry, BHHW III 1439. Am ehesten sollte noch der Wagenlenker „sich in Sicherheit bringen" können; מלט ni. (s. Textanm. 2 15b) meint ein Entrinnen als Ergebnis der Flucht vor todbringender Bedrohung (vgl. Ri 3 29 1 S 30 17 und GFohrer, ThW VII 980). Aber auch das wird verneint.

Der Schlußvers steigert das erregende Bild hoffnungsloser Panik aufs 2 16 äußerste, und zwar formal wie inhaltlich; formal in Ablösung der voraufgehenden Doppeldreier durch eine lange Reihe unter Aufnahme der Wurzeln נוס und אמץ aus 14a (dazu Gese 426), inhaltlich mit der Skizze eines trostlosen Einzelschicksals. Dazu ist „der Beherzteste unter den Helden" ausersehen. לב ist hier das menschliche Lebenszentrum als Sitz von Kraft und Mut; vgl. Ps 27 14 31 25 mit Dt 28 67 Jes 7 2 Ez 21 20. Eben den mutigsten und kraftvollsten Kämpfer aber sieht man nur noch „nackt fliehen". So jagt – nach den negierten Sätzen in 14 und 15 – der einzige Überlebende ins Nichts. Hatte Amos in den Drohworten gegen die fremden Völker immer deren Herrscher besonders erwähnt, so schweigt die Israelstrophe davon. Man möchte stattdessen ein besonderes Wort gegen die Reichen erwarten. Aber sie sind ja wohl als führende Krieger zuerst getroffen. Das geschieht „an jenem Tage", dem Tage, da Jahwe „aufreißt" (13) und den Gottesschrecken auf Israels Streitmächte fallen läßt. Zu נאם יהוה s.o.S.174.

Israel wird getroffen, aber inmitten der Völker ringsum. Über- Ziel schauen wir die Gesamtkomposition, so muß zunächst herausgestellt werden, mit welcher Selbstverständlichkeit Jahwe durch Amos als einziger Herr aller Völker bezeugt wird. So deutlich und zugleich so unproblematisch hat keiner vor ihm gesagt, daß der Gott Israels auch Aramäer und Philister, Ammoniter und Moabiter prüft und straft. Andere Götter werden nicht einmal erwähnt. Es ist der alleinige Gott der Völkerwelt, mit dem Israel es in hervorragender Weise zu tun hat. Weil Jahwe allein Gott aller ist, kann seiner Anklage und seiner Strafe keiner entrinnen. Vielleicht würden andere leichter an den Gott der Bibel glauben, wenn nicht auch die Kirche noch verschweigen würde, daß er zuerst die zur Rechenschaft zieht, die er zuerst berufen hat.

Schuldig werden alle durch Vergehen gegen die Menschlichkeit. Auch das ist ein Novum in der Ausschließlichkeit, in der Schuld von Amos allein am Verhalten zu schwächeren Menschen gemessen wird. Unmenschlich ist es, Menschen wie Stroh zu dreschen (1 3) oder wie Ware auszuliefern (1 6), wehrlose Schwangere und das Leben der Ungeborenen zu gefährden (1 13) oder die Gebeine eines Toten auf ihren Materialwert hin auszubeuten (2 1). Das letzte Beispiel zeigt deutlich, daß solche Taten nicht erst dadurch Schuld vor Jahwe werden, daß sie gegen Menschen des Gottesvolkes gerichtet sind. Denn was einem toten Edomiterkönig geschieht, wiegt nicht weniger schwer als die Verbrechen gegen Bewohner Gileads (1 3. 13). „In der Lohe seiner Anklage leuchtet die Glut einer unendlichen Liebe" (LKöhler, Amos, 1917, 48). Die Sache Jahwes ist die Sache des hilflosen Menschen schlechthin. Gerade daß dies nach allen Seiten hin mit Schärfe ausgesprochen wird, macht die Völkersprüche des Amos als Kopfstück seiner Gesamtverkündigung überaus denkwürdig; vgl. KBarth, Kirchliche Dogmatik IV/2, 502–509.

Israel trifft kein anderer Vorwurf. Aber die gleiche Anklage gilt ihm schärfer, umfassender und begründeter als den anderen Völkern. Bei den anderen kommen offenbar durchweg Kriegsverbrechen zur Sprache. Israel aber vergeht sich in Friedenszeiten ebenso grausam an seinen eigenen Volksgenossen, die schuldlos (2 6b. 7a) und vor allem hilfs- und schutzbedürftig (6b–8) sind. Schon der Umfang der Anklage zeigt, daß für Amos Israel vielfach schuldiger ist als die Fremden. Vor allem aber könnte Israel den Einsatz seines Gottes zugunsten der Schwachen vor Augen haben, der seine eigene geschichtliche Existenz begründet hat (2 9). Israel allein hätte an Jahwes Einsatz ablesen können, daß die Sache des bedürftigen Menschen die Sache Gottes selbst ist. Darum ist es der Hauptschuldige.

Am Mitleid mit den Geplagten entscheidet sich die Zukunft des Gottesvolkes wie der Völker. Gegen die Kriegsverbrecher führt Jahwe selbst Krieg. Kein menschlicher Vermittler der angedrohten Strafen wird genannt. In den Fremdvölkerworten ist es das Feuer, das er selbst in die Burgen trägt, in der Israelstrophe wirkt er das Erdbeben, das die Panik unter den Starken Israels auslöst (s.o.S.188 und S.208). In dem heiligen Krieg, den einst Jahwe für Israel gegen die Feinde führte (2 9), steht nun Israel als Angriffsziel Jahwes in einer Reihe mit seinen Feinden. Das Gottesvolk, das das Vorrecht der Barmherzigkeit verachtet, ist selbst zum Feind Jahwes geworden. „Amos…: sein Jahwe setzt den roten Hahn… Zum Religionsgespräch mit Expropriateuren ist dieser Gott ungemein schlecht gelaunt" (EBloch, Das Prinzip Hoffnung, 1959, 577).

Nicht ein Wort läßt erkennen, daß Amos eine Besserung erhofft, auch nicht von Israel. So liegt der Ton seiner Rede auch nicht auf den Vergehen, so deutlich sie angeprangert werden. Die Wucht der Aussage gilt der Strafe, die – am deutlichsten in der Israelstrophe – alle Anzeichen endgültiger Vernichtung trägt. Diese Gerichtspredigt trägt keinerlei pädagogische Züge. Sie stößt ins Eschaton, sofern sie das Ende der bisherigen Gottesgeschichte mit Israel heraufführt. Darüber hinaus reflektiert der Prophet nicht.

Das Ende der Geschichte des Nordreichs Israel trat dann auch nach wenigen Jahrzehnten ein. Für den deuteronomistischen Ergänzer war das alte Wort damit nicht erledigt. Die stärkere Reflexion der Schuld in 1 9b. 11b 2 4b 12 (s.o.S.184f.) zeigt, daß die Judäer in der Geschichtskatastrophe des 6. Jh. stärker zur Besinnung auf die Ursachen der Gerichte Gottes angeleitet werden sollten. Heute hört die Kirche diese gewaltigen Eingangsstücke des Amosbuches in Gemeinschaft mit dem alten Gottesvolk und inmitten der heutigen Völkerwelt. Die Christenheit wird hier vor die gleiche Frage gestellt wie die übrige Menschheit; aber sie wird um Jesu Christi willen dringlicher zur Rede gestellt, wenn sie Schwache verachtet, das Recht von Wehrlosen verletzt und das Geschick Bedrängter vergißt. Hinsichtlich ihrer Zukunft darf sie sich nicht sicherer fühlen als die politischen Mächte. Ihre Zukunft ist verspielt, wenn ihr der Einsatz der Barmherzigkeit Gottes unmaßgeblich wird.

ERWÄHLUNG ALS GRUND DES GERICHTS
(3 1–2)

Literatur RFey, Amos und Jesaja: WMANT 12 (1963) 43–45. – WHSchmidt, Die deuteronomistische Redaktion des Amosbuches: ZAW 77 (1965) 168–193 (172f.). – RKnierim, Die Hauptbegriffe für Sünde im Alten Testament (1965) 204–206. – LASinclair, The Courtroom Motif in the Book of Amos: JBL 85 (1966) 351–353.

Text ¹Hört dieses Wort, das Jahwe gegen euch geredet hat ª, ihr Israelsöhne ᵇ [gegen die ganze Sippe, die ich aus Ägyptenland heraufgeführt habe; es lautet] ᶜ:
　　²Nur euch habe ich ersehn
　　　aus allen Sippen der Erde.
　　Drum ahnde ich an euch
　　　alle eure Vergehen.

1　　**1a** אשר דבר יהוה sehen Löhr, Marti, Morgenstern als sekundär an und stellen so auch in 1a einen Doppeldreier (wie in 2a. b) her. Aber bei Wegfall des Relativsatzes würde auch עליכם stören, wie der unmittelbare Anschluß des Vokativs in 4 1a zeigt (vgl. auch 8 4a und 3 13). Nach dem gleichen Aufruf zum Hören werden auch in 5 1a der Sprecher „dieses Wortes" und dessen Adressat ganz ähnlich im Relativsatz eingeführt. – b 𝔊 (οἶκος Ισραηλ) setzt wie in 5 1. 3f. 25 6 1. 14 7 10 9 9 בית ישראל voraus, das im Amosbuch geläufiger ist. בני ישראל kommt aber nicht nur in sekundären Stücken wie 2 11 vor, sondern auch in sicher echten Amosworten wie 3 12 4 5 9 7a, wo wie hier an die Vielzahl der Hörer gedacht ist; s.o.S.199f. Exkurs: „Israel" im Amosbuch. 𝔗𝔙 bestätigen 𝔐. – c 1b ist als Glosse erwiesen (1.) durch vorzeitigen Übergang der 3. pers. Jahwes in 1aβ zur 1. pers. in 2, (2.) durch die interpretierende Aufnahme des עליכם aus 1aβ und 2b in על־כל־המשפחה, (3.) durch Vorwegnahme des Stichwortes כל משפחות aus 2a, (4.) durch Wiederkehr der Sprache des Ergänzers aus 2 10a im Relativsatz 1bβ und (5.) durch Zufügung von לאמר, das bei Amos in ähnlichen Einführungen (4 1f. 51) nicht vorkommt, wohl aber in der Erweiterung 2 12 (sonst nur noch 7 10 und 8 5 im Amosbuch; s.o.S.116; vgl. AWeiser, Die Profetie des Amos, 1929, 27). Die Glosse will, wie 2 4f., verhindern, daß spätere judäische Hörer V. 2 nur auf das frühere Nordreich beziehen.

Form　　Man hat 3 1–2 als Abschluß und Krönung von 1 3–2 16 ansehen wollen (Budde, zuletzt VMaag, Text, Wortschatz und Begriffswelt 9). Zwar ist in 3 1f. auch von Israels Vergehen und zugleich von allen Sippen der Erde die Rede, aber einmal tritt ein anderes Wort für Sünde auf, und zum anderen wird Israel hier nicht den Völkern in Schuld und Strafe nebengeordnet, sondern von ihnen allen abgehoben. 3 1 setzt mit einer ganz neuartigen Eröffnungsformel ein. Als Abschluß von 2 6–9. 13–16 wäre 3 2 vor allem in der Strafankündigung eine blasse Verallgemeinerung (vgl. AWeiser, Die Profetie des Amos 116f.). Nur als Auftakt einer neuen Spruchreihe wirkt das Wort mit seinem Eigengewicht. Dabei ist es aber von 3 3–8 als selbständige rhetorische Einheit schon wegen des Übergangs zum Fragestil (in 3ff.) und zur 3. Person Jahwes (in 6.8) zu trennen.

1b ist als literarischer Nachtrag der deuteronomistischen Redaktion aus dem alten Spruch auszuscheiden; die Gründe sind Textanm. 1c aufgeführt. Die Nachinterpretation will die Katastrophe Judas ausdrücklich einbeziehen unter die Botschaft, die ursprünglich dem Nordreich zugerufen wurde, schützt also sachlich עליכם in 2b ebenso wie in 1a vor einer exklusiven Deutung. Hingegen können zu 1a keine überzeugenden Gründe für redaktionelle Herkunft genannt werden (anders WHSchmidt 173). Die Aufforderung zum Hören ist nicht mit der redaktionellen Einführung in Hos 41 zu vergleichen, sondern mit den entsprechenden Aufrufen in 41 51, die fraglos nicht von den folgenden Sprüchen getrennt werden können. Auch ist die Wendung „Hört dieses Wort, das Jahwe redete..." nicht als Variante der deuteronomistischen Wendung „Wort Jahwes, das (er redete)" zu erweisen, sondern der Relativsatz ist eher als Variante der Fortsetzung des entsprechenden Aufrufs in 41 und 51 anzusehen. Ein Jahwespruch in der 1. Pers. ohne irgendwelche Einführung wäre bei Amos ungewöhnlich.

Im Unterschied zum zweigliedrigen Lehreröffnungsruf liegt in dieser einfachen Aufforderung zum Hören der Aufmerksamkeitsruf vor (vgl. WZimmerli, BK XIII 360), wie er auch aus dem Munde von Weisen belegt ist; vgl. Prv 8 32 2 S 20 17 Ri 9 7. Die Wendung „Hört dieses Wort" muß nicht notwendig ein Jahwewort einleiten, wie 51 zeigt; vgl. „Worte des Amos" in 11. Dieses Amoswort führt jedoch ein Wort ein, „das Jahwe geredet hat".

2 bringt es in der straffen Form des zweigliedrigen Gerichtswortes, das im ersten Teil den Strafgrund im perfectum nennt und im zweiten Teil, mit על־כן eingeführt, im imperfectum das Strafereignis ankündigt (vgl. Hos 41–3 und BK XIV/1, 81f.). Das Besondere dieses Stückes liegt darin, daß auch im ersten Teil Jahwe Subjekt ist und nicht die Angeredeten, so daß hier nicht wie im Regelfall eine Rechtsverletzung der Strafgrund ist, sondern Jahwes Heilstat, wie sie ähnlich in 2 9 vor der Strafankündigung angeführt wird, dort allerdings zur Kontrastierung der Verbrechen Israels (s.o.S.172). Die strenge Entsprechung von Strafgrund und Strafereignis wird unterstrichen durch die straffe metrische Formung in zwei gleich langen Doppeldreiern.

Irgendeinen Anhaltspunkt zur Datierung oder Lokalisierung bietet der Spruch nicht. Wohl aber wird er gerade in der umfassenden Grundsätzlichkeit seiner Aussage als literarisches Kopfstück einer frühen Sammlung von Amosworten verständlich, deren Überschrift wir im Kern von 11 erkannten (s.o.S.130).

Amos tritt hier nicht mit der Botenformel wie in 1 3–2 16 auf (s.o.

Ort

Wort 1

S.165f.), sondern wie ein Rechtslehrer. Er verkündet allerdings nicht seine eigene Rechtsweisheit, sondern – im Ich-Stil der Botenrede – das begründete Urteil seines Gottes. דִּבֶּר verwendet Amos von Jahwes Reden, wenn der Akt als solcher wichtig ist (3 8), im Unterschied zu dem sehr häufigen אָמַר in Einleitungs- und Abschlußformeln (s.o.S.165f. 169f.). Auch an unserer Stelle liegt – zur Eröffnung einer Spruchsammlung – ein starker Ton auf Jahwes Reden als solchem, wie die figura etymologica zeigt, bei der hier das innere Objekt in einem Relativpronomen aufgenommen wird (vgl. BrSynt § 93f.). Anders als in 2 6ff. wendet der Prophet sich mit dem Jahwewort in direkter Anrede den Hörern zu, wie das auch das Jahwewort selbst tut.

Diese Anredeform verläßt der reflektierende Nachtrag 1b (s.o.S.212f.). Er verknüpft Stichworte des interpretierten Kontextes (vgl. כל משפחות 2a und עליכם 2b. 1a) mit dem liturgisch tradierten Satz von der Heraufführung aus Ägypten, wie ihn ebenso der Nachtrag in 2 10 kennt (s.o. S.206). Der Zusatz legt die originelle Aussage ידעתי (2a) im Sinne der deuteronomisch-deuteronomistischen Theologie mit Hilfe der Exodus-Tradition aus.

2   Gerade das aber ist nicht in Amos' Sinn. Denn der Prophet entreißt Israel die Auszugsüberlieferung, indem er sie nicht als Grund der Erwählungsgewißheit gelten läßt (9 7). Wie soll dann ידעתי erklärt werden? Daß damit eine differentia specifica Israels gegenüber den Völkern begründet sein soll, steht vom Kontext her außer Frage: „Nur euch" gilt Jahwes ידע, „nicht allen Sippen der Erde"; מן bezeichnet hier die Trennung in jenem scharfen privativen Sinne, der sonst parallel zur Negationspartikel steht (vgl. Hos 6 6 und BK XIV/1, 153; ferner BrSynt § 111c mit f). Die Präposition gibt die Bewegung zu erkennen, mit der ausschließlich Israel aus der Völkerwelt herausgelöst wird. Sie darf nicht im komparativischen Sinne gedeutet werden, wie ThCVriezen will (Die Erwählung Israels nach dem Alten Testament: AThANT 24, 1953, 37: „über andre Völker hinaus"). Das entspräche nicht der betont vorangestellten Exklusivpartikel (אתכם) רק, die auch der deuteronomischen Erwählungstheologie vertraut ist, so in Dt 10 15: „Nur (רק) deine Väter hat Jahwe geliebt... und hat ihre Nachkommen erwählt (וַיִּבְחַר)... aus allen Völkern (מִכָּל־הָעַמִּים)". Doch verwendet Amos noch nicht den deuteronomischen Spezialterminus für die Erwählung (בחר, vgl. Dt 7 7 14 2), sondern jenes bekannte Wort mit breiter Bedeutung, das ebenso die liebevoll intime Verbindung von Personen (Gn 4 1 1 Kö 1 4) wie die vernünftige Erkenntnis von Vorgängen (Hos 8 4 Prv 4 19) bezeichnet. Vor allem von der ersten Bedeutung her kann es die Erwählung bezeichnen (so später Jer 1 5 Gn 18 19 Ex 33 12.17), wobei allerdings die Erwählung auf die Berufung zu einer Aufgabe zielt. Darum übersetzen wir in Am 3 2, wo das Wort zum ersten Male diese prägnante Verwendung findet,

„ausersehen" (in 3 10 und 5 16 sagt ידע das Verstehen einer Aufgabe aus, in 5 12 das Kennen eines Tatbestandes; sonst fehlt das Wort bei Amos). An welche Geschichtsüberlieferung Amos bei diesem erwählenden Ausersehen denkt, ist nur von seinen sonstigen Aussagen her zu vermuten. Nach dem Ausscheiden der Exodus-Tradition (s.o. zu 1b und 9 7) kommt von den alten heilsgeschichtlichen Traditionen nur die Landgabe-Überlieferung in Betracht, die nach 2 9 (im Kontrast zu Israels Verhalten nach 2 6–8) als Heilstat eine für Israel normative Bedeutung haben sollte. Es ist aber auch nach dem dreifachen Vorkommen des Wortpaares צדקה - משפט bei Amos (5 7.24 6 12) an die Kundgabe des Jahwewillens zu denken. In jedem Falle sollte Jahwes ausschließliche Zuwendung zu Israel und seine Herauslösung aus allen Völkern Israels Verhalten bestimmen. Nur so ist 2a Strafgrund für die Strafansage in 2b. Dabei bezeichnet das perfectum ידעתי nicht nur ein vergangenes Faktum, sondern ein in die Gegenwart fortwirkendes Grundgeschehen; „ich habe euch liebevoll erwählt aus allen Sippen der Erde" heißt also zugleich: „Im Unterschied zu allen Völkern habe ich nur euch ganz persönlich ins Vertrauen gezogen und weiß um euch"; denn „ich habe exklusiv euch durch meine Willenskundgabe zu einer großen Aufgabe ausersehen".

Die Wendung כל משפחות האדמה erscheint im Alten Testament nur noch beim Jahwisten in Gn 12 3 28 14. Eine Beeinflussung von dorther ist nicht zu erkennen. Es mag eher mit Amos' geistiger Heimat zusammenhängen, daß er hier die Sippen als charakteristische ethnische Größe für die Weltbevölkerung nennt. In Jos 7 14–18 erscheint die „Sippe" als Glied des „Stammes" und als Zusammenfassung der verwandten „Häuser" (Großfamilien); vgl. JPedersen, Israel I-II (1926) 49f.; MNoth, WAT (⁴1962) 58f.; RdeVaux, Das Alte Testament und seine Lebensordnungen I 25f., und o.S. 107f.

Die Eröffnung des Folgesatzes mit „darum" bestätigt, daß Erwählung für Amos zugleich Verpflichtung bedeutet. Das entspricht so sehr seiner Gesamtverkündigung (s.o.S. 125f.), daß man על־כן nicht ironisch verstehen darf. Weicht Israel vom Weg der Erwählung, so folgt Jahwes פקד. פקד als „untersuchen" ist eine Auswirkung seines ידע als „ausersehen". פקד geht hier in Verbindung mit dem Objekt „Vergehen" zur Bedeutung „strafen" (auf Grund von Überprüfung), „zur Verantwortung ziehen" über (vgl. BK XIV/1, 19. 48f.). Geahndet werden „alle Vergehen". עון erscheint einzig hier bei Amos; vgl. den Exkurs פשע o.S. 185f. עון ist ein „Begriff der Umgangssprache" und bezeichnet die „Verkehrtheit" des Verhaltens, wobei nicht so sehr bewußte Bosheit im Blickfeld liegt, sondern mehr die Realität der Tat im Zusammenhang mit ihren konkreten Folgen (RKnierim, Die Hauptbegriffe für Sünde im Alten Testament, 1965, 236.238.242). Während Hosea das Wort häufig verwendet (s.BK XIV/1, 186f.), benutzt Amos es nur hier in einer generellen, zusammenfassenden Strafandrohung. Die durchgehende Anrede Israels zeigt, daß hier Amos ein Wort Jahwes des Richters bringt, der dem Schuldigen das Urteil verkündet.

Ziel   In aller Regel spricht Amos anders. Als Strafgrund werden sonst Verbrechen Israels genannt, hier dagegen wird nur betont, wie Jahwe Israel durch sein „Ausersehen" vor aller Welt ausgezeichnet und geadelt hat. Steht dieses Wort am Kopf einer Spruchsammlung, so bewahrt es den Ausleger vor einer verengend anthropologisierenden Auslegung der folgenden Worte. Nicht Israels Taten als solche führen sein Unheil herauf, sondern die Abwendung von der Erwählung, die im Vergehen zum Vorschein kommt. So nimmt 2a die gleiche Funktion wahr, die die Erinnerung an die Landgabe in 2 9 ausübt und die mitschwingt, wenn Jahwe sagt „mein Volk" (7 8.15 8 2). Vgl. RSmend, EvTh 23 (1963) 409f.

Die Strafandrohung wird im Unterschied zu allen anderen Sprüchen nicht konkret; s.o.S. 123f. Sie ähnelt darin nur der vierten Vision mit ihrer allgemeinen Ankündigung: „Das Ende ist gekommen für mein Volk Israel" (8 2). Ebenso ungewöhnlich ist es, daß an die Stelle bestimmter Vergehen der summierende Begriff „alle eure Vergehen" tritt. Gerade so aber ist dieses Wort des Amos als Eingangsspruch einer Sammlung hervorragend geeignet. „Alles, was er sonst sagt, ist ein Commentar zu diesen Worten" (Wellhausen 75).

Eine des Evangeliums sich freuende Kirche muß wissen, wie gefährlich und anspruchsvoll ihr „Vorzug" ist. „Von jedem aber, dem viel gegeben ist, – viel wird von ihm gefordert" (Lk 12 48).

DER ZWANG ZUR UNHEILSVERKÜNDUNG
(3 3–8)

WBaumgartner, Amos 3 3–8: ZAW 33 (1913) 78–80. – JMorgenstern, Literatur Amos-Studies I: HUCA 11 (1935) 29–67. – BHolwerda, De exegese van Amos 3 3–8 (1947). – HJunker, Leo rugiit, quis non timebit? Deus locutus est, quis non prophetabit? Eine textkritische und exegetische Untersuchung über Amos 3 3–8: TThZ 59 (1950) 4–13. – DWThomas, Note on נוֹעָדוּ in Amos III, 3: JThSt N.S. 7 (1956) 69–70. – SLehming, Erwägungen zu Amos (nbʼ in Am. 3,8): ZThK 55 (1958) 145–169 (151–154). – HGese, Kleine Beiträge zum Verständnis des Amosbuches (Zum Aufbau von Amos III 3–8): VT 12 (1962) 417–438 (424–427). – HGrafReventlow, Das Amt des Propheten bei Amos: FRLANT 80 (1962) 24–30. – WHSchmidt, Die deuteronomistische Redaktion des Amosbuches (Amos 3 7 innerhalb von 3 3–8): ZAW 77 (1965) 168–193 (183–188). – JLCrenshaw, The Influence of the Wise upon Amos: ZAW 79 (1967) 42–51.

Text

³Gehen auch zwei miteinander,
  wenn sie sich nicht begegnet[a]?[b]
⁴Brüllt der Löwe im Dickicht,
  und er hat keine Beute?
Erhebt der Leu seine Stimme [aus seinem Versteck][a],
  wenn er nicht etwas griff?
⁵Fällt ein Vogel zur ″[a]Erde,
  wenn das Wurfholz[b] ihn nicht (traf)?
Springt das Klappnetz auf vom Boden,
  wenn es nicht wirklich fängt?
⁶Oder stößt man ins Horn in der Stadt[a],
  und die Leute schrecken nicht auf?
Oder trifft ein Unglück die Stadt,
  und Jahwe war nicht am Werk?
⁷[Denn nicht wirkt der Herr Jahwe irgend etwas, ohne daß er seinen Plan seinen Knechten, den Propheten, (zuvor) enthüllt.][a]
⁸Hat der Löwe gebrüllt[a],
  wer fürchtet sich (dann) nicht?
Hat [der Herr][b] Jahwe geredet[a],
  wer verkündet (dann) nicht?

3a Ⓖ (γνωρίσωσιν ἑαυτούς = „sich kennen lernen") liest נוֹדְעוּ, da ידע 3 von 2a her vertraut ist; DWThomas denkt von arab. wdʼ her an die Bedeutung „sich versöhnen, Frieden machen", ʼA (συντάξωνται) Θ (συνέλθωσιν ἀλλήλοις) bestätigen 𝔐 als lectio difficilior, ähnlich 𝔙 (convenerit eis). ידע ni. heißt meist „sich verabreden", später jedoch auch „sich treffen lassen", „sich begegnen" (s. Textanm. 3b). – b Es wird bezweifelt, daß 3 ursprünglich zu 4–6. 8 gehört (vgl. KMarti, HGese 425, WHSchmidt 183): 1. Nur diesem Satz fehlt eine Parallele; 2. nur hier werden nicht zwei verschiedene Subjekte benannt, so daß nur hier das Verbum des Vordersatzes im Plural steht; 3. nur hier tritt ein friedliches Miteinander neben lauter spannungsvoll bedrohliche Bilder. Was will diese Erweiterung der folgenden Kette von Fragen? Gese sah nach Marti in

3 eine Begründung zu 2, wobei die Verabredung (יעד ni. in 3b) die Bestrafung
(2b) begründen soll. Aber verschlüsseln Glossen derartig? 3 wäre höchstens unter
Martis Voraussetzung der Stichwortassoziation 2 zuzuordnen, wenn nämlich
ᵍ (נוֹדָעוּ) ursprünglich wäre und sich auf 2a (יְדַעְתִּי) bezöge. Doch welcher
spätere Leser wäre denkbar, der 2a derart umständlich hätte erklären müssen,
so daß diese Glosse notwendig geworden wäre? Schon der Fragestil läßt 3 eher
als Ergänzung zu 4–6. 8 vermuten. Die Konjunktion בלתי אם kommt im Alten
Testament nur Am 3 3 + 4 vor (VMaag 132). יעד ni. beschreibt in Ex 25 22
30 6. 36 die Begegnung Gottes mit Mose. Will 3 in diesem Sinne schon direkt 8b
vorbereiten? Mit Sicherheit ist der sekundäre Charakter nicht zu erweisen. –

4 **4a** Die Ortsbestimmung schießt metrisch über, da die jeweils ersten Reihen in
4–6 dreitaktig sind; sonst fehlt nirgendwo eine Ortsbestimmung; darum wird
5 sie zur Vervollständigung der Parallelen nachgetragen sein. – **5a** 𝔐 („Klappnetz" = 𝔗𝔚) ist ᵍ noch unbekannt, sachlich unpassend und überfüllt die dreitaktige Reihe (vgl. Textanm. 4a); das Wort scheint aus b durch Augensprung
eines Abschreibers eingedrungen zu sein. – b Wer מוֹקֵשׁ als „Falle", „Schlinge"
deutet (aber s.u.S.223), muß das Wort umvokalisieren in ein pt., etwa מוֹקֵשׁ
6 (JMorgenstern, HUCA 11, 1936, 29) oder מִיקֵשׁ („Fänger", „Jäger"). – **6a** ᵍ⁵³⁴
bietet πολέμῳ statt regulärem πόλει und erfaßt so die Situation schärfer. –
7 **7a** Der Prosatext hebt sich als begründender (כי) Lehrsatz von den Fragen des
8 Kontextes deutlich als sekundär ab; s.u.S. 218f. – **8a** Der Vordersatz gibt mit
seiner Voranstellung des Subjekts und dem perf. („zusammengesetzter Nominalsatz") die Voraussetzung für das im imperf. beschriebene fortwährende
Geschehen an. Das perf. bezeichnet die unabhängige, das imperf. die abhängige
Handlung; vgl. Ps 60 12 26 1b 148 6b und DMichel, Tempora und Satzstellung
in den Psalmen: Abhdlgn. z. Ev.Th. 1 (1960) 128ff. – b In der Parallele zu 8a
ist אדני metrisch überschüssig (Sievers; JMorgenstern, HUCA 11, 1936, 30)
und soll wohl an den Sprachgebrauch von 3 7 angleichen (FBaumgärtel,
Festschr Rudolph, 1962, 11.19); nach Ausweis der Textgeschichte ist das Wort
im Amosbuch häufig nachgetragen; s. Textanm. 1 8b.

Form   Schon durch die beherrschende Form der Fragesätze, aber auch durch
die Thematik heben sich 3–8 aus ihrem heutigen Kontext heraus. Doch
ist es in dreifacher Hinsicht fraglich, ob das Stück auch als rhetorische
Einheit anzusehen ist.

Mit hochgradiger Sicherheit ist 3 7 erst literarisch nachgetragen
(gegen Harper, Greßmann, Theis, Robinson, Maag, Cripps u.a., mit
Marti, Duhm, Nowack, Sellin, Weiser, Lehming, Gese, Schmidt u.a.).
Hier tritt ein reiner Aussagesatz zwischen die Fragen. Die dichterische
Sprache streng paralleler Glieder wird damit von einer lehrhaften Prosa
unterbrochen. Sie erinnert an die Sprache deuteronomistischer Ge-
schichtsschreibung: vgl. die Propheten als Knechte Jahwes in 2 Kö
17 13. 23 21 10 24 2 Jer 7 25 25 4 u.ö., עשה דבר in 2 Kö 20 9 (17 12), Jahwes
סוד in Jer 23 18. 22 (vgl. Prv 20 19a). So verschiebt sich auch die Aussage
über die prophetische Verkündigung: Den Amostext beschäftigt das Verhältnis des Prophetenwortes zum voraufgehenden Jahwewort (vgl.
u.S. 225), den Deuteronomisten hingegen das Verhältnis des verkündigten
Wortes zur folgenden Jahwetat. Dieser Interpret entwickelt einen selb-

ständigen Lehrsatz im Anschluß an den vorgegebenen Wortlaut: Er ver-
knüpft in eigener Weise 6b (יהוה לא עשה) mit 8b (מי לא ינבא); vgl. AWeiser,
Die Profetie des Amos 128; SLehming 152. כי fungiert als literarische
Verknüpfungspartikel.

Wenn somit ziemlich sicher ist, daß die Redaktion, der wir 7 verdanken, schon die Verbindung von 6 und 8 voraussetzt, so bleibt doch die
Frage, ob 8 einen selbständigen Spruch bietet oder ob 8 von vornherein
mit 6 in einer Redeeinheit verbunden war. Zu ihrer Beantwortung ist
vorweg noch das andere Problem zu klären, wo denn die in 6 oder 8 en-
dende Redeeinheit beginnt, in 3 oder erst in 4. In Textanm. 3b wurden
die Argumente gegen die ursprüngliche Zugehörigkeit von 3 zu 4ff. geprüft; sie erschienen nicht zwingend. Als Einzelfrage, der die im folgenden regelmäßige Parallele fehlt, wirkt V. 3 wie ein Auftakt. So unerklärt
wie später nie ist das Subjekt: „zwei". Hier geht Amos wohl auf den
Protest ein, der die Fragenkette überhaupt erst ausgelöst hat und der den
Zusammenhang der Verkündigung des Propheten mit dem Wirken
Jahwes bestritten hat. Genau verstehen könnte diesen Eingang nur, wer
die uns nicht überlieferten Worte der Gegner kennt. Sehen wir die Funktion der Eingangsfrage recht, dann weist sie schon mit der Erwähnung
der „zwei" über 6 hinaus auf 8b als auf die eigentliche Antwort hin;
ähnlich erinnert 8a an 4a; vgl. SLehming 152.

Dennoch sehen viele Ausleger in 3–6 und 8 getrennte Sprüche
(WBaumgartner, HGreßmann, SAT II/1, ²1921, 339f., GHölscher,
LKöhler, WHSchmidt 183f., RSmend, EvTh 23, 1963, 412[42] u.a.). Sie
finden eine ganz selbständige Pointe schon in 6b erreicht. Denn in 6 gehe
die Fragepartikel ה steigernd zu אם über, in 8 aber rücke die Frage
jeweils in die zweite Reihe, erwarte mit der Partikel מי eine andersartige
Antwort und zeige ein anderes Metrum. In 6b soll eine umstrittene Frage
erreicht sein, die unabhängig von 8 zu sehen wäre und deren Antwort
durch die Analogie der voraufgehenden Fragen bestimmt wäre. Sie wolle
als Behauptung verstanden sein: „So kommt kein Unheil über die Stadt,
ohne von Jahwe zu stammen!" (Greßmann 339). Amos würde dann
gegen die Meinung angehen, Jahwe könne Israel kein Unheil antun.
Man verweist auf Mi 2 6f. 3 11 Jer 5 12 (WHSchmidt 184); vgl. auch
Am 5 14f. 9 10.

Aber diskutiert Amos jetzt diese Frage? Setzt er nicht hier vielmehr
die Antwort ebenso selbstverständlich voraus wie bei allen vorangehenden
Fragen? Jedenfalls ist 6b in der Formulierung der Frage von 6a überhaupt nicht abgesetzt. Auch kann man nicht sagen, erst in 6 sei von zu-
künftiger Bedrohung die Rede, in 5 dagegen von Gegenwart und in 4
von Vergangenheit (Gese 426); überall sind jederzeit mögliche Vorgänge
genannt. Schließlich wirkt 6b sachlich nicht so scharf und grundsätzlich,
als stünde die entscheidende Verkündigung des Amos vom Ende Israels

zur Debatte; vgl. 8 2 5 2; „Unheil in einer Stadt" – das erinnert neben dem Alarmhorn „in einer Stadt" an die mehr kleinräumigen Nöte, die je und je in Gestalt einer Seuche, eines Ernteschadens oder eines Überfalls ein Fasten auslösen können, mit dem man sich selbstverständlich an Jahwe als den Urheber wendet (Prv 16 4 Qoh 7 15 Hi 2 10 Sir 11 14; zu Jl 1 s.o.S. 37ff.). Wie Amos formuliert, wenn er das Geschick einer Stadt als Beispiel für den Tod Israels verkündet, zeigt 5 1–3; vgl. schon die Drohung für „das Land" im unmittelbar folgenden Spruch 3 11. V. 6b wird man eher auf der Linie der in 4 6–11 genannten Katastrophenfälle sehen müssen, d.h. allenfalls als Erinnerung an Jahwes Macht, Unheil zu senden. Insofern bereitet 6b mit seiner erstmaligen Erwähnung Jahwes als eine besonders wichtige Prämisse den eigentlichen Schluß in 8b vor. Entscheidend dafür, daß die Pointe der Fragenreihen erst in 8 zu sehen ist, könnte gerade der stilistische Umbruch sein. Die Voranstellung von Aussagesätzen in 8aα bα, die Verkürzung der Sätze mit ihrem Stakkato-Effekt (vgl. Morgenstern 31), der Übergang zur Wer-Frage und ihre Versetzung in die jeweils zweite Reihe (aβ bβ) zeigen, daß erst hier aus der Kette der Selbstverständlichkeiten die conclusio der neuen Erkenntnis gefolgert wird: Der Umschlag in die neue syntaktische Form will die neue These zum Schluß hervorheben. Denn auch sonst gehen die vorbereitenden Lehrfragen mit der conclusio zum Aussagesatz (Jes 10 8–11 28 23–29 40 12–17 Ez 15 1–5 Ex 4 11f. Hi 6 5–7 8 11–13 Sir 1 6–8) oder zur Aufforderung über (Hi 6 22–28 40 25–32); vgl. Am 6 12 und den halb ironisch fragenden, halb belehrenden Stil in der Streitschrift des Hori aus der Ramessidenzeit (ANET 475–479; dazu HBrunner, Altägyptische Erziehung, 1957, 95f. 170f.). So legt die Formanalyse nahe, 3–6. 8 als rhetorische Einheit anzusehen (im Ergebnis ebenso KMarti, ESellin, AWeiser, JMorgenstern, HJunker, HGese u.a.).

In ihr stellt sich die Gattung einer lehrhaften Disputation dar. Ihr erstes Merkmal ist die Rede von Jahwe in 3. Person (6b 8b). Amos spricht hier nicht wie bisher (1 3–3 2) und später zumeist als Bote seines Gottes, sondern als Verteidiger seines Botenamtes. Das hervorragende Charakteristikum ist die Frageform aller Sätze. Jede Frage ist eine rhetorische und ist negativ zu beantworten. „Die 'rhetorische Frage' peitscht die Affekte durch die Evidenz der Unnötigkeit der fragenden Formulierung auf" (HLausberg, Elemente der literarischen Rhetorik, ³1967, 145). So spürt noch der Leser die Atmosphäre leidenschaftlichen Streites. Doch zeigt die neungliedrige Kette der Fragen nicht nur die Heftigkeit des Ringens, sondern mehr noch einen beharrlichen Willen zum Überführen. Denn die lange Reihe zeigt stoffliche und stilistische Steigerungen (vgl. Gese 426), die die Spannung noch ständig erhöhen und schrittweise lehrhaft überzeugen. Die ersten fünf Fragen sind gleichmäßig mit ה eingeleitet. Dem friedlichen Auftakt (3) folgen zunächst zwei Sätze, in denen ein Tier das andere bezwingt (4), sodann zwei weitere, in denen der Mensch als Jäger das Tier bezwingt (5). Hier wird immer von der Wirkung auf die Ursache geschlossen, die die rhetorische Frage als unbestreitbar herausstellt. Mit der sechsten Frage (6a) variiert der Disputant erstmalig auch formal. Das Paradigma zeigt, wie ein Zwang über Menschen kommt; dabei tritt an die Stelle der Fragepartikel ה jetzt אם; vor allem aber wird von der Ursache her nach der Wirkung gefragt, wie das ähnlich nur noch in den beiden Schlußsätzen 8a.b geschieht. Daraus darf nicht auf eine beabsichtigte logische Unterscheidung der Frage nach der Begründung von der Frage nach der Folge geschlossen werden; man hat sicher nicht das prophetische Denken getroffen, wenn man aus der Abwandlung der Fragerichtung zwei getrennte Wortgruppen rekonstruieren wollte (WBaumgartner; vgl. AWeiser, Profetie 131; HGese 427). Dem Propheten kommt es sachlich ausschließlich auf den untrennbaren Zusammenhang von Wirkung und Ursache, von Folge und Grund an. Die in 6a erstmals zu beobachtende Umkehrung der Fragerichtung ist nur rhetorisch, nicht logisch bedeutsam. Sie weckt zusammen mit der geänderten Fragepartikel die Aufmerksamkeit neu, jetzt, wo die Überwältigung erstmals dem Menschen gilt. Die siebente Frage wiederholt zwar die Fragepartikel אם, und der Mensch ist auch hier betroffen, aber nun nicht vom menschlichen Alarmhorn her, sondern von Jahwes Unheil wirkender Tat. Um diese Ursache gewichtig herauszustellen, rückt Amos sie in die zweite Reihe, so daß nun wieder wie in 3–5 vom Ereignis her nach dem Urheber gefragt wird. So hat die Steigerung wohl mit 6a den Menschen als Betroffenen erreicht und auch in 6b Jahwe erstmals als den (Unheil) Wirkenden genannt. Aber damit ist die allgemeine Prämisse der ersten sechs Fragen (kein Geschehen ist aus sich selbst verständlich – also auch nicht prophetisches Reden!) nur präzisiert durch die genauere Prämisse: Menschennot kommt von Jahwe (– also auch Unheilsverkündigung!). Der Schluß ist erst mit den beiden schlagend knappen Doppelzweiern in 8a.b erreicht. (Letzte Sicherheit ist natürlich nicht zu erreichen, aber das Abwägen der Gründe macht diese Annahme weit wahrscheinlicher). Denn hier erscheint wie nie zuvor die entscheidende Aussage zunächst thetisch: „Jahwe hat geredet." Und die abschließende Frage zielt ebenso wie nie zuvor auf die Person: „Wer muß nicht Prophet werden?" (8b). Die in 8a vorangestellte Parallele ist schon direktes Bild für die Sache; vgl. 5 18f. und 1 2. Wie oben zum Problem der Einheit des Stückes gezeigt wurde, ist der Übergang zur These der Gattung der lehrhaften Disputation eigentümlich. Sie konkludiert: Wie kein Geschehen aus sich selbst heraus erklärbar ist und wie auch Unheil von Jahwe her kommt, so muß das Auftreten des Unheilsboten von Jahwes Reden her verstanden werden (vgl. auch HWWolff, Amos' geistige Heimat 5–12).

Daß Amos bis zuletzt lehrend streitet und den Hörer persönlich über-   Ort

winden will, zeigt der erneute Durchbruch des Fragestils noch innerhalb
der Schlußthese im Unterschied zu den vergleichbaren Texten (Jes
10 8–11 28 23–29 Hi 6 5–7 8 11–13). Amos hat diese lehrhafte Disputation
im Kreis seiner Gegner gesprochen, die den Zusammenhang seines Auftretens mit Jahwes Reden verneinen. Dann muß aber schon eine gewisse
Zeit der Unheilsverkündung durch Amos dieser Auseinandersetzung vorangegangen sein. Der Disput gehört jedenfalls nicht an den Anfang seines
Wirkens. Ob er in Samaria stattfand (so SLehming 164), ist nicht sicher
zu erweisen, aber im Blick auf die folgenden Sprüche 3 9–4 3 durchaus
wahrscheinlich.

Allerdings will er den Beginn seiner prophetischen Wirksamkeit zur
Sprache bringen, um den zwingenden Grund seines Redens zu nennen.
Darum ist es auch gut zu verstehen, daß diese Disputation gleich nach
dem kurzen Motto-Spruch (3 1–2) an den Anfang der alten Sammlung
der „Worte von Amos aus Thekoa" (s.o.S. 130) gerückt wurde. Hat sie
doch eine ähnlich legitimierende Funktion wie die Berufungs- oder Auf-
tragsberichte am Kopf anderer Prophetenspruchsammlungen (Jes 6
Jer 1 Ez 1–3; vgl. RFey, Amos und Jesaja: WMANT 12, 1963, 41). Der
Leser soll noch wie der erste Hörer durch Nötigung zum Mitdenken
überzeugt werden, daß Amos durch Jahwes Reden zu seinem furchter-
regenden Verkünden unwiderstehlich gezwungen wurde.

Wort 3 Wenn 3 zur ursprünglichen Fragenkette hinzugehört, obwohl der
Satz sich im Ton von den folgenden unterscheidet (s.o.S.219), so mag
dieser Einsatz vom Protest der Gegner des Propheten bestimmt sein,
dessen Wortlaut wir nicht kennen. Jedenfalls haben sie ihm bestritten,
daß sein Weg zugleich Jahwes Weg in Israel sei. Er beginnt seine Entgegnung nicht mit einer theologischen Grundsatzerklärung, geschweige denn
mit einem Hinweis auf kultische Traditionen oder Legitimationen, sondern mit der Herausforderung der Antwort auf einen alltäglichen Vorgang, der ihm von den Wanderungen zu seinen Sykomorenpflanzungen
und jetzt von Thekoa nach Bethel und von Bethel nach Samaria besonders vertraut war. Niemals wandern zwei miteinander, wenn nicht eine
Begegnung voranging. Um eine weite Strecke auf Steppenpisten oder
einsame Pfade zwischen den Ortschaften im dünnbesiedelten Kulturland
zu bewältigen, mag man sich auch „verabreden". Doch wird hier so
wenig wie in den folgenden Fragen direkt auf eine „Verabredung"
zwischen Jahwe und Amos angespielt; der mit יעד ni. bezeichnete Vorgang meint wie in 1 Kö 8 5 Nu 17 19 Jos 11 5 das einfache Zusammentreffen, zu dem der Gruß und ein „Woher?" – „Wohin?" gehören; vgl.
Textanm. 3 a. b. Anscheinend sucht Amos zuerst nur zu dieser allerselbst-
verständlichsten Wahrheit Zustimmung: Ohne ein Treffen gibt es kein
Zusammengehen zweier zuvor getrennter Menschen. Höchstens ganz
verhalten geht Amos damit auf die skeptische Frage ein: Was hat Amos

mit Jahwe zu tun? Vielleicht erinnert er hier und im folgenden an
sprichwörtliche Redensarten, wie sie seit alters umlaufen, um einzuschärfen: Frage immer nach der Ursache! So sagt ein altakkadisches
Sprichwort: „Begattung veranlaßt die Brust, Milch zu spenden" (A.K
4347, 28: ANET 425). In einer Sprichwörtersammlung aus Assurbanipals
Bibliothek heißt es ironisch: „Ohne Begattung wurde sie nämlich
schwanger, ohne Essen wurde sie nämlich dick" (BMeißner, Die babylo-
nisch-assyrische Literatur, 1930, 82). Aber Amos ist höchstens in der
Banalität seines Beispiels ironisch.

Auch die beiden folgenden synonymen Fragen gehören ins Leben des 4
Amos. Keinen ärgeren Feind kennt der Viehzüchter als den beutegierigen
Löwen. אריה ist das geläufigste Wort für den Löwen im Alten Testament;
כפיר bezeichnet das Jungtier, das sein Heißhunger das Rauben lehrt
(Ez 19 3). Der Schafzüchter und Hirte studiert das Verhalten des Löwen.
Das „Brüllen" und das „Erheben der Stimme" (hier wie 1 2 parallel)
verrät, daß ein Tier von der Herde verschleppt wurde (vgl. Hos 5 14). So
sichert der Löwe durch Abschreckung seine Beute (8a). Im יער wird es
ihm am wenigsten entrissen; der Zusatz in b (s. Textanm. 4a) erklärt
יער als „Versteck". Es ist das dichte Gebüsch, in dem Menschen hoffnungslos hängenbleiben können (2 S 18 8ff.), Wildwuchs und dichtes
Strauchwerk aller Art (Hos 2 14 Ez 15 2), Gestrüpp, wie es auch in der
Steppe gedeihen kann (Jes 21 13). Hier genießt der Löwe den טרף, den
von der Herde weggerissenen (Hos 5 14) und zerrissenen (Hos 6 1) Raub.
Selbst der gierige Junglöwe wird keinen Laut von sich geben, bevor er
seinen Fang getan hat, um nicht die erhoffte Beute zu verscheuchen und
die Hirten zur zeitigen Abwehr zu alarmieren (Jes 31 4). So kann Amos
seinen Gegnern die alte Hirtenweisheit vorhalten: Brüllt der Löwe, dann
ist ein Raub vorangegangen. Auch hier lehrt ein Vorgang, nach dem
voraufgehenden Faktum zurückzufragen. Das abhängige Geschehen
steht immer im imperf., das unabhängige, voraufgehende, auslösende
Faktum wird mit einem Nominalsatz (aβ) oder einem perf. (bβ wie 3b)
beschrieben.

Nicht nur das Tier wird dem Tier zum Todfeind, auch der Mensch. 5
Die didaktischen Fragen schreiten wohlgeordnet voran. Kunstvoll werden
„fallen" (a) und „aufspringen" (b) parallelisiert. Auch der Mensch als
Jäger ist dem Schafzüchter nicht fremd. Ihm und seinen Hirten bleibt
mehr Muße zum Tierfang als dem Ackerbauern. Die Großwildjagd allerdings liegt ihm fern. Zwei Geräte nennt er: מוקש ist hier sicher das ge-
schleuderte Wurfholz, da es bewirkt, daß der Vogel zur Erde fällt (aα):
MvOppenheim, Der Tell Halaf (1931) 93f. und Tafel 9b 17b belegen die
Häufigkeit des Bumerangs und des Wurfholzes als Jagdwaffe im alten Vor-
deren Orient; es dient vornehmlich dem Vogelfang; AMoortgat, Die bil-
dende Kunst des AO und die Bergvölker (1932) zeigt S. 44 und Tafel 18, wie

es einen Hasen trifft; vgl. BHHW II 792 und BRL 288f.). פח ist das aufge-
stellte Klappnetz (AOB 182; BHHW III 2111); es kann auch anderem
Kleinwild zur Falle werden, doch in erster Linie Vögeln (Ps 124 7 Prv 7 23).
GRDriver will מוקש zunächst als den beweglichen Teil des Klappnetzes
bestimmen (JBL 74, 1954, 131–136; vgl. AWeiser, ATD 24 z. St.); aber
auch nach Driver bezeichnet das Wort dann ein vollständiges Fanggerät,
denn anders wird nicht nur das „Fallen" des Vogels auf die Erde, sondern
auch die sonst häufige Parallelisierung von פח und מוקש unverständlich
(vgl. Jos 23 13 Jes 8 14 Ps 69 23 140 6 141 9; in Ps 140 6 bezeichnet מוקש etwas,
das aufgestellt wird). Die beiden Jagdszenen dienen in verschiedener Weise
dazu, die Frage nach dem auslösenden Geschehen einzuschärfen. In a
verursacht das Treffen des Wurfholzes, daß der Vogel fällt; wie in 4a
steht das auslösende Geschehen im Nominalsatz (5aβ), die Folge im imperf. (aα). In b dagegen löst der Fang, d.h. die Tatsache, daß das Tier ins
Netz geht, das Aufspringen der Falle aus. Die Folge steht in bα wie
immer im imperf., aber nun wird auch der das Aufspringen der Falle be-
wirkende Vorgang des Fangens im imperf. geschildert (ילכוד bβ), denn
das Fangen vollzieht sich noch gleichzeitig mit dem Hochspringen der
Falle; es ist aber als auslösender Akt durch den vorangestellten inf. abs.
(לכוד) betont (zur Unterscheidung des perf. in 4bβ und des imperf. in
5bβ vgl. HGese 426). Die Gefragten müssen die Erfahrungen des Jägers wie
die des Hirten bestätigen.

6   Nicht weniger die des Städters (6a+b: בעיר). Spricht Amos in Samaria, so rückt er der Erfahrungswelt seiner Hörer immer näher, zumal nun
in der Kette der Fragen der Mensch selbst der Gefährdete ist. Zur Steigerung s.o.S.220f. Ursache ist in a das Hornblasen des Wächters zum
Alarm bei Gefahr (s. BK XIV/1, 143 zu Hos 5 8 und o.S. 50 zu Jl 2 1), die
sofortige Folge das Aufschrecken der Bevölkerung. Das imperf. יתקע
(aα) ist nicht als Übergang zur Zukunft zu verstehen (so HGese 426), sondern hat nach אם iterative Bedeutung („wenn immer...", hier: „oder
sooft..."; vgl. BrSynt § 164 b und § 169 c); die Folge („sie erbeben") steht
wie immer im imperf. Deutlich rücken die Analogien für den Ursache-
Wirkung-Zusammenhang auch stofflich dem Ziel der Lehre näher. Bei
Hosea nimmt der Prophet selbst die Funktion des spähenden und alar-
mierenden Wächters wahr (8 1; vgl. 5 8; vgl. Jer 6 17 Ez 3 17 Hab 2 1). Bei
Amos ist das tertium comparationis nur die unausweichliche Folge.
Doch in der Konsequenz der Frage (Ursache – Folge) rückt 6a schon 8
ganz nahe. Dagegen fragt 6b nochmals wie 3–5 vom Ereignis nach der
Ursache zurück. Wie in 3b 4bβ wird sie als auslösendes Faktum perfektisch konstatiert (6bβ), die Folge wie immer imperfektisch beschrieben
(bα). Wenn es selbst hier für die Analogie zur Hauptsache auf den Zusammenhang von Wirkung und Ursache ankommt, so wird doch zum
ersten Mal materialiter theologisch gefragt. Jahwes Name fällt, und von

Unheil ist die Rede (vgl. 6 3 9 4. 10). Damit ist ein vorläufiger Gipfel im Fragen erreicht. Schon kann die Antwort nur mit angehaltenem Atem erwartet werden. Aber wer in Israel könnte die erwartete Antwort bestreiten? Noch wird ja durchaus nicht von dem Ende Israels gesprochen, sondern von jenen Nöten, die immer wieder einmal eine Stadt beunruhigen und zum Klagegebet vor Jahwe treiben (s.o.S.219f.). Gewiß hat die Kette der Paradigmen, die die Frage nach dem Geschehniszusammenhang einschärft, ihren Höhepunkt erreicht, indem Amos auf typisch gemeinisraelitische Glaubenslehre zurückgreift. Aber das eigentliche Ziel der Disputation ist damit eben erst aufs letzte vorbereitet.

Dieses Ziel ist stilistisch doppelt markiert: (1.) Die Sätze beginnen 8 nicht mehr mit der Fragepartikel, die immer mit einem imperf. verbunden war, sondern jetzt erfolgt der Einsatz mit der konstatierenden Aussage im perf.; (2.) die Frage nach dem Wirkungszusammenhang rückt ins zweite Glied und wird persönlich andringlich als Wer-Frage zugespitzt: Wer kann diese Reaktion vermeiden? Kunstvoll ist der Schlußfrage in 8a eine retardierende Parallele vorgerückt; sie greift die Bilder der Fragen vom Anfang (4) auf, um sie jetzt auch auf den Menschen zu beziehen und so eine letzte, schon thematische Analogie zu bringen (vgl. 1 2 5 18f.), und zwar genau im Stil der Schlußfrage. Ist so Jahwes Reden in exakte Parallele zum Löwengebrüll gerückt, dann kann die Frage nach der Reaktion nicht mehr verschieden beantwortet werden. Damit hat der Schlußsatz der Disputation schlechthin überführende Kraft gewonnen (zur Syntax s. Textanm. 8a). Die Gegner des Propheten müssen das nicht abstreitbare Faktum zur Kenntnis nehmen, daß Jahwe zu Amos geredet hat. דִּבֶּר erscheint (außer 3 1) nur hier für das Reden Jahwes; im Unterschied zu אמר, das direkte Reden einleitet, betont es das Reden als solches (vgl. דְּבַר תָּמִים in 5 10), die Übermittlung eines דָּבָר. Das perf. darf man so wenig auf die Vergangenheit beschränken wie in 3b 4b 6b und 8a; man wird 8b also nicht nur auf die Berufung (vgl. 7 15) beschränken dürfen; immer neue Überfälle Jahwes mit seinem Wort können eingeschlossen sein. Die stets unweigerliche Folge ist das Verkünden, ein Reflexakt wie das Erschrecken beim Löwengebrüll. נבא ni. benutzt Amos, um diese Wirkung zu schildern. Er gebraucht das Wort so selbstverständlich wie in 7 15 für sein Verkünden. Es deutet die Vollmacht dessen an, der den Erwartungen des Volkes aufs schärfste widersprechen muß, so gewiß ihm selbst die erschreckende Zumutung Jahwes ganz unerwünscht widerfuhr.

Der deuteronomistische Lehrsatz (s.o.S.218f.) legt in freiem An- 7 schluß an die prophetische Disputation seine Erkenntnis von der Bindung aller Geschichte an das zuvor verkündete Jahwewort dar. Die Anschauung, Jahwe tue überhaupt nichts ohne vorherige prophetische Ansage, ist für Amos nicht vorstellbar (RFey, Amos und Jesaja: WMANT 12, 1963,

42). Wohl teilt er die allgemeine Sicht Israels, daß auch Unheil von Jahwe ausgeht (6b), aber daß Jahwe redet und einen Propheten zum Verkünden nötigt (8), muß dem Volk ja gerade als Ereignis seines freien, unerwarteten Willens erst nahegebracht werden. Die deuteronomistische Schule hat die ganze Geschichte Israels auf die Verkettung von prophetischem Wort und Geschichtsereignis hin durchforscht (vgl. GvRad, ThB 8, 193ff.; HWWolff, ThB 22, 308ff.). Dem entspricht unser Interpret, indem er Amos' Disputation aus jener Theologie erklären will. דבר heißt hier „Sache", „Ereignis", „irgend etwas"; vgl. Gn 24 66 Ri 6 29 und JBarr, Bibelexegese und moderne Semantik (1965) 133–143. Kein Ding vollführt Jahwe, es sei denn, er decke (zuvor!) seinen Plan auf. Die Wendung גלה סוד ist sonst in der Spruchweisheit beheimatet und beschreibt dort eine in der menschlichen Gemeinschaft verwerfliche Tat zuchtloser Schwätzer: „ein Geheimnis ausplaudern" (Prv 11 13 20 19 25 9). Von hierher darf man unser Wort nicht erklären (gegen STerrien, Amos and Wisdom: Israel's Prophetic Heritage, Festschr Muilenburg, 1962, 112). Gewiß kommt auch jene Bedeutung von der ursprünglichen Vorstellung des סוד her, die den Kreis vor Augen hat, in dem man vertraulich miteinander berät (vgl. Gn 49 6 Ps 55 15 Jer 6 11 Ez 13 9, dazu LKöhler, Der hebräische Mensch, 1953, 89ff., und WZimmerli, BK XIII 292f.). Unsere Stelle ist aber von daher zu verstehen, daß auch vom Beraterkreis Jahwes gesprochen werden konnte (סוד יהוה in Jer 23 18. 22; vgl. Hi 15 8; die Vorstellung ohne das Wort 1 Kö 22 19ff. Hi 1 6ff.). In Jer 23 18. 22 ist es Kriterium wahrer Prophetie geworden, daß ein Prophet in der vertraulichen Gesprächsrunde um Jahwe gestanden hat (עמד). Der Amoskommentator denkt aber nicht mehr an den Kreis um Jahwe, sondern an das, was Jahwe darin verkündet hat: seinen Plan. Das zeigt am deutlichsten das Verbum: Jahwe „deckt auf", „enthüllt" (גלה) seinen Entschluß. Er will nicht, daß er sein Geheimnis bleibt. Er selbst „legt ihn offen" (vgl. von hieraus nachträglich die Parallelen der Wortverbindung Prv 11 13 20 19 25 9 und EJenni, Das hebräische Pi'el, 1968, 202f.). Er stellt mit seinem Volk die vertrauliche Verbindung her „durch seine Knechte, die Propheten" (zum dtr. Sprachgebrauch s.o.S.218). Beim Propheten als עבד ist an die hohen königlichen Bediensteten als „Knechte" zu denken (WZimmerli, ThW V 663f.).

Ziel Äußerst provozierende Sprüche mußten die führenden Kreise Israels und der Residenz Samaria ertragen. Amos' Worte greifen nicht nur Stolz und Selbstsicherheit an, sondern zerbrechen jegliche Hoffnung. Gerade angesichts der Schärfe seiner Botschaft will der Prophet nicht unverstanden bleiben. In der Denkweise und mit der Didaktik seiner Zeit ringt er in schrittweise steigernder, zugleich kunstvoller und kluger Rhetorik darum, daß die Notwendigkeit seiner unerhört erschreckenden Verkündigung erkannt wird. Fragend erinnert er an die unumstößlichen

Gesetze der Weltordnung, wenn er mit seinen Beispielen aus dem Leben
der Wanderer, der Raubtiere, der Jäger und der Städter darauf hinweist,
daß gerade auch bei den furchtbaren Ereignissen zurückzuforschen ist
nach den auslösenden Fakten. Ein vorläufiger Höhepunkt heischt Zustimmung zu der Einsicht, daß Unheil auf Jahwe zurückzuführen ist
(6b). So sollte sich der Hörer der äußersten Aussage nicht verschließen
können, daß auch die prophetische Verkündigung des Amos nur von
Jahwes Reden her verstanden werden darf (8b). Allerdings wird dieser
Schluß nicht theoretisch gefordert. Thetisch stellt Amos das ihm wider-
fahrene und von ihm nur zu bezeugende Geschehnis heraus: „Jahwe hat
geredet." Das verbum irresistibile läßt kein Schweigen zu. Auch jeder
andere in Israel, dem zugestoßen wäre, was den Schafzüchter aus Thekoa traf, hätte mit dieser Botschaft auftreten müssen. Jahwe hat geredet –
das ist die einzige Legitimation des Amos. Für die Auswirkung dieses un-
ableitbar vehementen Eingriffs und umgekehrt für die Notwendigkeit
seines niederschmetternden Verkündigens Verständnis zu erwecken, dem
dient seine Einschärfung des Fragens nach Ursache und Folge.

So ist Amos einer der ersten biblischen Zeugen, die den ganz unaus-
weichlichen Zwang beteuern, der sie zu ihrem Botendienst nötigte. Jeremia wird unter solchem Zwang leidend seinen Gott anklagen (20 7–9).
Paulus legt der Gemeinde dar, daß die unweigerliche Nötigung und nicht
irgendein Eigenwille ihn zur Evangeliumspredigt brachte (1 Kor 9 16f.).
Wer diese durch Menschen, aber nicht aus menschlichem Willen in die
Weltgeschichte eingetretene Stimme nicht aufnimmt, sondern anthropo-
logisch umdeutet, wird sie notwendig mißverstehen. Vgl. 7 10–17! Der
deuteronomistische Interpret in 7 läßt in aller Verhaltenheit die Barmherzigkeit ahnen, die darin liegt, daß Gott das Geheimnis seines Willens
Menschen anvertraut.

TERROR IN SAMARIA
(3 9–11)

Literatur AAlt, Der Stadtstaat Samaria: KlSchr III 258–302. – STerrien, Amos and Wisdom: Israel's Prophetic Heritage, Festschr JMuilenburg (1962) 108–115. – HDonner, Die soziale Botschaft der Propheten im Lichte der Gesellschaftsordnung in Israel: OrAnt 2 (1963) 229–245. – HWWolff, Amos' geistige Heimat: WMANT 18 (1964) 38–40. – HSPelser, Amos 3 11 – A Communication: OuTWP (1964/65) 153–156. – ILSeeligmann, Zur Terminologie für das Gerichtsverfahren im Wortschatz des biblischen Hebräisch: VTSuppl 16 (1967) 251–278. – FCrüsemann, Studien zur Formgeschichte von Hymnus und Danklied in Israel: WMANT 32 (1969) I 4 Exkurs (Die Heroldsinstruktion).

Text ⁹Gebt's kund über den Wohnburgen ᵃ zu Asdod ᵇ,
über den Wohnburgen ᶜ im Lande Ägypten!
Sprecht: Sammelt euch auf Samarias 'Berg' ᵈ ᵗ
Seht den maßlosen Terror ᵉ in seiner Mitte
und die Unterdrückten ᶠ darin ᵍ!
¹⁰Sie verstehen nicht, das Rechte zu tun, [spricht Jahwe] ᵃ,
die Gewalttat und Bedrückung in ihren Wohnburgen ᵇ häufen.
¹¹Darum hat so [der Herr] ᵃ Jahwe gesagt:
Ein Feind ᵇ 'wird' das Land 'umzingeln' ᶜ;
er reißt ᵈ deine Macht herunter von dir,
und deine Wohnburgen ᵉ werden geplündert.

9   9a 𝔊 (χώραις) scheint wie in 10. 11 und 6 8 statt ארמנות das geläufigere אֲרָצוֹת gelesen zu haben; s. Textanm. c.– b 𝔊 (ἐν Ἀσσυρίοις) setzt בְּאַשּׁוּר voraus, in Parallele zu בארץ מצרים. Der Sprachgebrauch bei Hosea (7 11 9 3 11 5 [𝔊]. 11 12 2; s. BK XIV/1, 187) kann hier eingewirkt haben. Amos selbst erwähnt Assur nie, hingegen Asdod in 1 8. Asdod ist parallel zu Ägypten als sekundäre Lesart kaum erklärbar und wird von den übrigen griechischen Übersetzungen bestätigt (ἐν ἀζώτῳ), ebenso von 𝔗𝔙. – c 𝔊 (ἐπὶ τὰς χώρας) setzt wieder אֲרָצוֹת statt ארמנות voraus. In 𝔐 folgendes בארץ findet danach verständlicherweise in 𝔊 keine Entsprechung. Hat aβ ursprünglich nur eine Ortsangabe vor Ägypten geboten, so ist das auch sonst geläufige (vgl. 9 7 [2 10 3 1]) בארץ wahrscheinlicher als עַל־הארמנות, womit die Wendung aus aα wiederholt wird. Doch kann die Wiederholung des Stichwortes ארמנות in 9aα.β im Blick auf 10b 11b ursprüngliche Absicht sein. – d 𝔊 (ἐπὶ τὸ ὄρος) setzt sg. הַר voraus und entspricht damit dem Sprachgebrauch des Amos in 4 1 6 1. Der sonst nur in Jer 31 5 belegte pl. meint die Berge der Landschaft und späteren assyrischen Provinz Samarien. 𝔐 (= 𝔗𝔙) denkt an die Berge rings um die Stadt Samaria, weil eine Völkerversammlung nach allgemeiner Vorstellung weiten Raum benötigt. Zwar sind im östlichen Halbkreis die umliegenden Berge höher als der Stadthügel (Samaria erhebt sich bis zu 463 m); aber die nächsten Bergspitzen (im Süden 523 m, im Osten 676 m, im NNO 689 m, im NNW 585 m) sind durchweg rund 4 km entfernt. Sie liegen somit zu weit abseits, als daß von ihnen aus – und darauf kommt es Amos an – die Unterdrückung von Menschen in der Stadt zu erkennen

wäre. – e 𝔊 (θαυμαστά) deutet „Wunderbares", Σ (ἀχορτασίας) „Hungersnöte",
𝔙 (insanias) „Tollheiten"; zur Wortbedeutung des Hebr. s.u.S.231f. – f Der
pl. kann die bedrängten Personen wie die Bedrängnis als solche bezeichnen, wie
Qoh 4 1 zeigt. Entsprechend der dortigen Abfolge (Qoh 4 1b!) und der Tendenz
des Amos (vgl. 4 1 הָעֹשְׁקוֹת) wird man hier eher an die Opfer der Wirren zu
denken haben (anders Ges-Buhl und KBL); für den Abstraktplural spricht die
Parallele מהומת. – g Wörtlich: „in ihrem Innern"; בקרב meint bei Amos in der
Regel „inmitten" von Menschenansammlungen (5 17 7 8. 10 2 3). – 10a Sekundär, 10
da das Jahwewort mit der Botenformel erst in 11 eingeführt wird (Sellin, Maag).
Schon 𝔊 (λέγει κύριος) setzt die Ergänzung voraus; s.o.S. 174. – b Zu 𝔊
(ἐν ταῖς χώραις αὐτῶν) s. Textanm. 9a. – 11a Fehlt in 𝔊 und Sah und ist bei 11
Amos in der Botenformel nicht üblich; s. auch Textanm. 1 8b. – b 𝔊 'A (Τύρος)
vokalisieren fälschlich צֹר (wie 1 10); 𝔗 (עקה) Σ (πολιορχία) Θ (fortitudo) setzen
wohl das Nomen צַר („Engigkeit") im Sinne von „Bedrängnis", „Belagerung"
voraus, ebenso 𝔐 dem Kontext nach (s. Textanm. c); 𝔙 (tribulatur) übersetzt
das gleiche Wort als perf.k. von צרר = „bedrückt werden". Der Kontext im
ganzen aber, vor allem b, nötigt, an die Person des Bedrängers zu denken. –
c 𝔐 liest das Nomen „Umkreis" im st. cstr. und versteht es parallel zu צַר
(= „Bedrängnis") wohl im Sinne von „Umzingelung"; dann fehlt aber in aβ
ein Prädikat, ebenso bei dem Vorschlag von ThHRobinson, HSPelser u.a.,
מִסָּבִיב zu lesen (vgl. 𝔊 καὶ κυκλόθεν). 𝔗 (תקפה) und 𝔙 (circuietur) lassen als
ursprüngliche Form יְסוֹבֵב vermuten (Wellhausen). – d Wörtlich: „läßt herabsteigen"; 𝔗 (ויבטל) 𝔙 (detrahetur) setzen vielleicht הוּרַד voraus, in Parallele
zu dem Passiv ונבוזו. 𝔊 (κατάξει) bestätigt 𝔐. – e S.o. Textanm. 9a.

Der Spruch hebt sich als Einheit stilistisch und thematisch von den Form
vorangehenden didaktischen Fragen (8) wie vom nachfolgenden, mit
neuer Botenformel eröffneten Stück (12) ab. Auch sein innerer Aufbau
erweist ihn als ein in sich vollständiges rhetorisches Gebilde.

Formgeschichtlich liegt eine dem Amos eigentümliche Weiterbildung
der Gattung prophetischer Gerichtsworte vor (s.BK XIV/1, 288). Die
Besonderheit liegt im Anfang, in dem Amos nicht als Bote erscheint,
sondern als einer, der selbst Boten entsendet. So tritt er als hohe Autorität auf. Er greift das entscheidende Element einer Heroldsinstruktion auf (vgl. FCrüsemann); ihr Sitz im Leben ist die Stunde der Beauftragung von Gesandten. Mit einer Kette von Imperativen werden sie in
ihre Aufgabe eingewiesen. Die Imperative השמיעו und אמרו gehören ganz
regelmäßig zur Topik solcher Botenanweisungen. Beide finden sich in
Jer 4 5 31 7 46 14 50 2 Jes 48 20, השמיעו außerdem in Jer 4 16 5 20, ein imp.
von אמר in Jes 40 9 62 11; der Adressat wird sonst nur noch in Jer 4 16
mit על eingeführt. Als Inhalt der Botschaft folgen Befehle auch in Jl 4 9
Jer 5 20 und 4 5, an der letzten Stelle wie hier bei Amos eine Aufforderung
zur Versammlung (האספו). Sie hat im Amos-Spruch ausschließlich die
Funktion, einen Augenzeugenbericht über die Verhältnisse in Samaria
herbeizuführen (9bβ וראו). Mit dieser Zielangabe ist die Funktion der
Heroldsinstruktion im Spruchganzen klar: Die Schuld Samarias soll
konstatiert werden (9bβ–10), und zwar von unabhängigen und kompeten-

ten Beobachtern. Darum hat das erste Element des prophetischen Gerichtsworts, der Schuldaufweis, durch die Botenanweisung sein besonderes Gepräge erhalten. Das zweite Element, die Strafansage, wird mit לכן (11) eröffnet, wie es bei Amos (5 11. 16 6 7 7 17), aber auch sonst (s.BK XIV/1, 288) häufig geschieht. Bezeichnend ist, daß erst dieses zweite Element mit der Botenformel als Jahwewort eingeführt wird (vgl. auch 5 16 7 17). Die Ankündigung des Gottesgerichts ist dem Propheten von Jahwe aufgenötigt (zum sekundären Charakter von נאם יהוה in 10 s. Textanm. 10a). Die Strafe als eine gerechte zu begründen, nimmt der Prophet im voraus selbst wahr, und zwar in einer Weise, die Aufsehen erregen muß, indem die Begründung als international unbestreitbar eingeführt wird (vgl. zur Voranstellung der Anklage HWWolff, ThB 22, 9ff.).

Der Spruch ist dichterisch gestaltet, aber nicht streng. Am straffsten geformt ist die Strafansage nach der Botenformel in 11 mit drei parallelen Reihen, von denen die ersten beiden sicher dreitaktig zu lesen sind (sie stellen die Aktion des Feindes dar), die dritte vielleicht zweitaktig (sie schildert die leidvollen Folgen). Amos schließt gern mit Stakkato-Effekt. Jedenfalls geht die Heroldsinstruktion wesentlich breiter einher: Der Auftrag beginnt in 9a („Verkündet...!") mit zwei ruhigen Doppeldreiern; die nähere Anweisung in 9b ist wohl zunächst als Doppelvierer zu lesen („und sprecht... und seht..."), zu dessen zweiter Reihe noch zwei weitere Takte parallel stehen, so daß insgesamt in der Heroldsinstruktion eine zweireihige und eine dreireihige Periode zusammengefügt sind. Das zusammenfassende Urteil in 10 will vielleicht wieder als Doppelvierer gelesen werden. Im ganzen sind also freie Rhythmen festzustellen. Der Prophet will seine Sache wohl schlagend, aber auch vollständig sagen.

Ort Der Spruch ist nirgendwo besser als in Israels Hauptstadt Samaria verkündet zu denken; vgl. 9bα. Die für die Zustände in der Stadt verantwortlichen Kreise stehen dem Propheten vor Augen. Die Form der Heroldsinstruktion setzt voraus, daß die Prominenz, die allein für den diplomatischen Verkehr in Betracht kommt, erster Adressat ist.

Im literarischen Kontext liefert der Spruch nach dem eingeschalteten Legitimationsdisput (3 3–6. 8) den ersten Kommentar zu dem grundsätzlichen Wort am Kopf der Sammlung der „Worte des Amos von Thekoa" (3 1–2, s.o.S.213). Er konkretisiert, welche „Verbrechen" Jahwe ahndet und wie er es tut.

Wort 9 Einen unerhörten Freimut und eine große innere Überlegenheit zeigt der Schafzüchter aus Thekoa, wenn er führende Einwohner Samarias nicht ohne Ironie auffordert, Abordnungen nach Asdod und Ägypten zu entsenden. So kühn wird einer, den Jahwes Reden bezwungen hat (8); aber ebenso zeigt er sich bereit, sein Urteil internationaler Kontrolle auszusetzen. Inhaber von ausländischen „Wohnburgen" werden zitiert, weil die „Wohnburgen" Samarias beurteilt werden sollen (10b). Zur Bedeutung von ארמנות s.o.S. 188f. Will man Amos' Zuständigkeit bezweifeln, so sollen Kenner hochentwickelter Wohnkultur als Augenzeugen zugezogen werden. Es ist die „Weisheit" des Amos und zugleich seine Freiheit, außerisraelitischen Menschen ein vor Jahwe gültiges Rechtsempfinden zuzutrauen (das setzen ja auch die Fremdvölkerworte 1 3ff. voraus; s.o.S.209).

Zeugen aus Asdod und Ägypten läßt er rufen. Statt in Asdod hat man schon früh in „Assur" eine bessere Parallele zu Ägypten sehen wollen; s. Textanm. 9b. Für Amos aber war Assur noch nicht in den politischen Horizont eingetreten; vgl. MNoth, ZDPV 77 (1961) 172, und o.S. 105f. 181–184. Die Philisterstädte dagegen beschäftigen Amos auch sonst (s.o.S. 192 zu 1 8, dort auch zur Lage von Asdod). Vielleicht haben Asdods Wohnburgen ihn auf seinen eigenen Wanderungen beeindruckt (s.o.S. 107f.), jedenfalls müssen sie für ihn wie für seine Hörer ähnlich berühmt gewesen sein wie die Architektur und der Reichtum Ägyptens. Die Elfenbeinschnitzereien Samarias zeigten weithin ägyptisierenden Stil, so z.B. das Horuskind auf einer Lotusblume, einen geflügelten Sphinx u.ä.; vgl. AParrot, Samaria: Bibel und Archäologie III (1957) 51ff. und Tafel III. Vielleicht liegt in der Parallelisierung von Asdod und Ägypten eine Steigerung, wie sie Amos im Fortschreiten der Rede liebt.

Die Zeugen werden in der Hauptstadt auf dem Berge (zum sg. s. Textanm. 9d) Szenen wie die von 4 1 und 6 1. 3ff. zu sehen bekommen. Sie werden hier zunächst als „große Wirren" beschrieben. מהומת wird meist mit einer Form von רב (Ez 22 5 Sach 14 13 2 Ch 15 5) oder גָּדוֹל (Dt 7 23 1 S 5 9 14 20) verbunden. Das Wort bezeichnet in der Regel die zerstörerische Verwirrung, die Jahwe selbst im Kriege über ein Heer kommen läßt (1 S 5 9 14 20 Jes 22 5 Sach 14 13 2 Ch 15 5 Dt 28 20); diese Verwirrung führt zu einem Gemetzel, das Selbstvernichtung (Dt 7 23) bedeutet; so kann 1 S 5 11 von einer מְהוּמַת־מָוֶת, „tödlicher Wirrnis", sprechen; es ist der vollendete Gegensatz zum שָׁלוֹם-Zustand (2 Ch 15 5). Deshalb muß man auch hier bei diesem Wort an Leben bedrohendes Verhalten denken, obwohl Amos zwischenmenschliches Geschehen vor Augen hat. Das ist bei diesem Wort sonst nur noch Ez 22 5 und Prv 15 16 der Fall. Besonders nahe steht Amos der vergleichende Lehrspruch: „Besser wenig mit Jahwefurcht als großer Vorrat (אוֹצָר) und Wirrnis (מְהוּמָה) dabei." Denn auch bei Amos sind die מהומת die Akte derer, die Vorräte anhäufen (האוצרים 10b). Der kriegerisch-mörderische Grundklang von מהומה wird auch für das gesellschaftliche Verhalten am besten mit „Terror" wiedergegeben. Die pl. Form ist als Abstrakt-Plural mit intensivierender Bedeutung zu verstehen (Ges-K § 124e). Vielfach wird auch das folgende עשוקים als Abstraktplural gedeutet; als solcher begegnet das Wort nur noch in der Weisheitsliteratur: Hi 35 9 Qoh 4 1; vgl. Textanm. 9f. Aber es wäre seltsam, wenn Amos hier nicht wie in zahlreichen verwandten Anklagen die persönlichen Opfer des terroristischen Vorgehens erwähnen wollte (vgl. zum pt.pass.ḳ von עשק das pt.act. in 4 1, ferner zur Sache 2 6–8 und 5 11f.).

10   Sieht man den Zusammenhang von terroristischem Sozialverhalten mit verwerflichem Schätzesammeln (9b–10b) im weisheitlichen Spruchgut belegt (Prv 15 16), so wundert es nicht, wenn Amos nun auch das vermißte positive Verhalten mit einem in den Rechtsüberlieferungen Israels unbekannten, aber der Weisheit wohl vertrauten Topos bezeichnet: נכחה (vgl. STerrien); es meint das „Gerade" als das Richtige, Aufrichtige, Gerechte (Prv 8 9 24 26 Sir 11 21 2 S 15 3, vgl. auch Jes 30 10 und HWWolff, WMANT 18, 38–40). Daß das Wort später in den nachexilischen Texten Jes 26 10 57 2 59 14 auftaucht (vgl. JLCrenshaw, The Influence of the Wise upon Amos: ZAW 79, 1967, 46), spricht nicht dagegen, daß es ursprünglich in der weisheitlichen Rechtsbelehrung in den israelitischen Sippen und dann auch am Jerusalemer Hof gebräuchlich war. Dieses Rechte, in dem Israel unterwiesen war, verstehen die Führer Samarias nicht zu tun.

Es sind die Reichen. Denn sie werden als die אוצרים geschildert; das sind Menschen, die Vorräte aufhäufen. Mit beißender Kritik setzt Amos als gehortete Schätze חמס ושד voraus. Das Wortpaar findet sich häufig: Jer 20 8 6 7 Jes 60 18 Hab 1 3 2 17 Ez 45 9, im letzten Spruch erscheint als Kontrastwortpaar משפט וצדקה, das auch Amos höchst wichtig ist (5 7. 24 6 12). Die ursprüngliche Bedeutung beider Wörter und also der Sinn der Paarung läßt sich noch ermitteln. Vgl. ILSeeligmann 257f.; RKnierim, Studien zur israelitischen Rechts- und Kulturgeschichte I: *cht'* und *chms*. Zwei Begriffe für Sünde in Israel und ihr Sitz im Leben: Diss. Heidelberg (1957) 125–146. חמס meint den Angriff auf das Leben eines Menschen. Der persönlich Angegriffene stößt das Wort als Notschrei aus (Hi 19 7 Hab 1 2 Jer 20 8; vgl. GvRad, TheolAT I 170; HJBoecker, Redeformen des Rechtslebens im AT: WMANT 14, 1964, 60f.). Auch steht חמס häufig in Parallele zu (ים)דמ (Hab 2 8. 17 Jer 51 35 Ez 7 23 9 9), ja es kann heißen, daß חמס wie Blut (Jes 1 15) an jemandes Händen klebt (Hi 16 17). Nach alledem meint חמס in erster Linie den Mord(versuch) oder doch den Angriff auf Leib und Leben. שד scheint daneben mehr die Schädigung von Sachwerten zu bedeuten; die Wurzel erscheint parallel zu „stehlen" in Ob 5 (vgl. Mi 2 4 und die wiederholte Verwendung von שד für die Ausplünderung und Verwüstung des Landes bei Hosea: 9 6 10 2. 14, s.BK XIV/1, 243), dürfte also in der vorliegenden Paarung „die an Gut und Besitz verübte Gewalt" (Seeligmann) bezeichnen. Das Wortpaar vereint also Gewalttat gegen Menschen und gegen ihren Besitz und steht im Grenzfall kurz für „Mord und Raub". Das sind die Schätze, die man in den Wohnburgen Samarias angesammelt hat. In ironisch verschärfter Anklage setzt der Prophet die Menschenschinderei und Ausbeutung selbst für das Ergebnis, das sich als Profit in der Ausstattung der herrschaftlichen Häuser darstellt (vgl. 12b. 15 5 11 6 4–6). Man hat sich Mord und Raub selbst in die Häuser geholt. Das sind die reichen Vorräte. Wahrscheinlich spiegelt sich in dem von Amos angeprangerten Tun die Art und Weise, in der das Kanaanäertum in der israelitischen Residenzstadt seine Herrschafts-, Wirtschafts- und Rechtsmethoden entfaltet hatte. Die Manipulationen der kanaanäischen Beamtenschaft werden auch das Verhalten der maßgeblichen israelitischen Kreise mitbestimmt haben. So war die Hauptstadt Mittel- und Ausgangspunkt der immer stärker einreißenden sozialen Mißstände; vgl. AAlt 298f. und HDonner 235f.

Eben daran wird das Land zugrunde gehen. Das Gotteswort der 11 Strafansage greift wörtlich am Schluß das Stichwort von den „Wohnburgen" auf, so wie es am Schluß der Anklage in 10b und am Anfang bei der Bestimmung der ausländischen Zeugen (9a) stand. Die Häuser der Räuber werden selbst ausgeraubt. Der Ort der Schuld wird der Ort der Strafe. Aber das ist nur die auf die Hörer persönlich zugespitzte Folge der umfassenden Katastrophe, die sich der Terror besorgt hat. „Ein Feind wird das Land 'umzingeln'" (s. Textanm. 11c). Eine Invasion wird angedroht, die das Land im ganzen trifft. Das ist mehr als „ein Unglück in der Stadt" (6b). Der Feind entkleidet den Staat seiner Macht, d.h. seiner Verteidigungs- und damit auch seiner Existenzmöglichkeit. Wer als Bedränger kommen wird, wird nicht gesagt. Eine militärische Übermacht wird es sein. Aber Jahwe ist es, dessen Wort solchen Untergang heraufführt.

Unbestimmt ist die geschichtliche Macht, die Jahwes Wort androht. Ziel Bestimmt aber ist, was sie erreicht: Einnahme des Landes, Zerstörung seiner politischen Selbständigkeit und damit zugleich Beraubung der Häuser derer, die selbst Räuber wurden. Die Gerichtsankündigung formuliert kurz und knapp die eine harte Botschaft vom Ende Israels, die Amos aufgezwungen ist. Viel ausführlicher ist die Einführung dieser Botschaft durch den Propheten selbst, die zugleich Begründung ist. Man spürt ihr an, wie stürmisch er um die Anerkennung der Gerechtigkeit seines Gottes ringt. Ungewöhnlich ist das Aufgebot der philistäischen und ägyptischen Zeugen. So will Amos seine Kritik der reichen Führer Israels dem Verdacht des allzu subjektiven Urteils entziehen. Terror, Unterdrückung und Ausplünderung von Menschen – das ist die Negation des Rechten, mit der Gottes Volk sich seiner Zukunft beraubt.

„RETTUNG" ALS TODESERWEIS

(3 12)

Literatur IRabinowitz, The Crux at Amos III 12: VT 11 (1961) 228–231. – HGese, Kleine Beiträge zum Verständnis des Amosbuches (III. Am III 12 und das assyrische Bett): VT 12 (1962) 417–438 (427–432). – HAMoeller, Ambiguity of Amos 3:12: BiTrans 15 (1964) 31–34.

Text So hat Jahwe gesprochen:
Wie der Hirt herausreißt
    aus dem Maul des Löwen
zwei Wadenbeine
    oder einen Ohrzipfel,
so werden die Israelsöhne herausgerissen,
    die in Samaria sitzen
ᵃ am Fußende der Liege ᵃ
und am 'Kopfstück' ᵇ des Bettes ᶜ.

    a 𝕲 (κατέναντι φυλῆς) las irrtümlich die bekannteren Worte לִקְרַאת מַטֶּה = „dem Stamm (Volk) gegenüber"; 'A (ἐν κλίματι κλίνης) Σ (ἐκ κλίματος κλίνη) bestätigen 𝔐. – b Mit Gese (427–432) lese ich בְּאָמֶשֶׁת; Gese hat die alten Versionen gründlich verglichen; zu akk. *amartu*, das neu- und spätbabylonisch auch in der Form *amaštu* belegt ist, vgl. AHw 40b; zum Übergang von *rt* zu *št*, der für das Neuassyrische nicht ohne Schwierigkeiten ist, vgl. WvSoden, Grundriß der akkadischen Grammatik (1952) § 35c, und RBorger, Or NS 30 (1961) 203. GRDriver (Studies in OTProphecy, ed. Rowley, 1950, 69) schlug וּבְמִקְרַשׁ „auf dem Rand" (des Bettes) vor; das Wort ist jedoch weder belegt noch bildet es – im Unterschied zu Geses Vorschlag – ein Gegenstück zu פאה. 𝔐 וּבִדְמֶשֶׁק ist unverständlich (der Stoff „Damast"? vgl. Moeller) und schon früh als Parallele zu בשמרון angesehen und in וּבְדַמֶשֶׁק verlesen worden: 𝕲 (ἐν Δαμασκῷ), ebenso 𝕲'ΑΣΘ 𝕾𝖁, was nach 1 3.5 (vgl. 5 27) nahelag. Wer „Damaskusbett' übersetzen will, muß die Worte wie Maag (17) umstellen: וּבְעֶרֶשׂ דַּמֶשֶׂק, wogegen aber eindeutig die parallele Wendung בפאת מטה spricht. Rabinowitz schlug vor, וּבַד מֶשֶׁק zu lesen („ein Teil vom Fuß"); ב in בפאת מטה soll als ב-essentiae verstanden werden; als Bedeutung erkennt Rabinowitz: „Gerade so sollen die Söhne Israels, die in Samarien wohnen, gerettet werden: wie das Stück einer Liege und ein Teil vom Bettfuß." Aber שֹׁק (Schenkel, Keule) wird nie für (Bett-) Fuß gebraucht und nach dem Vergleich in 12a ist eine solche neue Bildrede weder zu erwarten noch klar verständlich. – c 𝕲 (ἱερεῖς) setzt entweder einen anderen Text voraus, oder es liegt ein innergriechischer Abschreibfehler der zunächst unverstanden transkribierten Vokabel ערש = ἐρες vor; in 6 4 kennt 𝕲 ערש als στρωμνή. Sie hat das Wort wohl als Vokativ zu 13 gezogen (s. Hatch-Redp).

Form   Mit der Botenformel setzt ein neuer Spruch ein. Eine direkte Verbindung mit der Strafansage in 11 ist stilistisch nicht gegeben und stofflich nicht ohne weiteres zu erkennen. Umstritten ist das Ende. Viele möchten den Spruch abgeschlossen sehen mit dem kurzen Satz: „„...so werden die Israelsöhne gerettet". Die mit dem pt. הישבים beginnende Fortsetzung soll dann zu 13–15 gehören (HGreßmann, AWeiser, FNötscher, VMaag, SAmsler u.a.). Diese Ausleger vermissen eine nähere Bestimmung der Adressaten von 13 und eine Begründung der Gerichtsankündigung in 14f. Damit ist ein Problem fixiert, das einer Antwort bedarf. Man kann es aber wohl nicht so lösen, daß man den Schluß von 12 (bα²β) vom Voraufgehenden abtrennt. Denn dann entsteht fast das gleiche Problem für den Rest des V. 12 (a.bα¹): Es würde eine Anklage fehlen, die sonst in dem abschließenden Partizipialsatz als Apposition zu בני ישראל zu erkennen wäre. Zudem ist es recht unsicher, ob solche nackten Partizipien beim rednerischen Vortrag jemals am Anfang von Amossprüchen gestanden haben; jedenfalls treten sie in 2 7 3 10b 5 12b auch erst gegen Ende der Anklage auf, ebenso in 4 1, wo der Imperativ voraufgeht, der hier erst in 13 folgen würde. Nur 5 7 und 6 13 könnte man noch als partizipiale Spruchanfänge ansehen. Aber da beide Anfänge textkritisch unsicher sind, scheint mir aufs ganze gesehen doch viel mehr dafür zu sprechen, den ganzen Vers 12 als rhetorische Einheit zu nehmen (so auch DDeden, HEWFosbroke, HGese u.a., anders noch o.S. 111.115.119).

Auf diese Weise erhalten wir einen ganz ebenmäßig gebauten Vergleichsspruch. Ebenso lang wie der כאשר-Satz ist dann der כן-Satz. Die Anwendung entspricht weithin dem Vergleich, wie es schon die Aufnahme des Verbs יציל in ינצלו erwarten läßt. Gleichnissatz und Anwendungssatz laufen auch rhythmisch in je zwei Doppelzweiern parallel (vgl. Gese 428f.), wobei כאשר und כן jeweils als Auftakte gelesen werden könnten. Innerhalb der Botenrede erscheint Jahwes Ich so wenig wie in 3 11, im Unterschied zu den Sprüchen 1 3–2 16 und 3 1–2. Abgesehen von der Botenformel möchte man 3 12 vom Typ der ironischen Vergleichsrede her am ehesten als Disputationswort ansehen.

Denn das Leitwort „retten" (aα und bα) wird so eingeführt, als näh- **Ort** me Amos damit ein Stichwort abweisender Hörer auf, die seiner Gerichtsansage mit der Erinnerung an das Bekenntnis zu Jahwe als dem Retter Israels entgegentraten. Der Spruch ist so am besten denkbar im Zusammenhang eines Auftritts des Propheten in Samaria (bα). Daß er seinen literarischen Platz zwischen Gerichtsansagen gefunden hat, die ebenso fraglos in der Landeshauptstadt verkündet wurden (3 9–11 4 1–3, zu 3 13–15 s.u.S.238), wird deshalb kein Zufall sein.

Daß es eine Rettung geben wird, die Israel trotz der gegenteiligen **Wort** Botschaft des Amos erwarten kann, scheint der Prophet zunächst zu bejahen. Aber wie sie aussehen wird, zeigt das Beispiel aus seiner Berufserfahrung, das eine bestimmte Regel des Hirtenrechts voraussetzt; vgl. Ex 22 9–12. Wer ein Tier, das ihm zum Hüten anvertraut war, stehlen läßt, muß es dem Besitzer ersetzen. Dagegen entfällt die Erstattungspflicht, wenn das Tier von einem Raubtier zerrissen wurde; in diesem Falle aber muß der Hirt einen Beweis beibringen (עֵד Ex 22 12; vgl. Gn 31 39). Solche Beweisstücke können zwei dünne Wadenknochen oder auch nur ein Ohrzipfel sein. Jene „geretteten" Kleinstbelege sind also nichts anderes als Beweise für den unvermeidlichen Totalverlust. So wird das verbal aufgenommene Stichwort der „Rettung" sarkastisch interpretiert: Von einem unwiderstehlichen Räuber wird Israel zerrissen und verschlungen werden. Der Sache nach bestätigt das neue Botenwort disputierend das in V.11 vorangehende.

In 12 wird zudem ebenso wie in 9–11 auf die Bewohner Samarias gezielt (בשמרון). Die Andeutung ihres luxuriös-liederlichen Lebens spielt auf den Grund des Untergangs an. ישׁב wird durch 6 4a verdeutlicht als faules Sich – Fläzen und genießerisches Gelage. Auch in 6 4 stehen מטה und ערשׂ in Parallele. מטה ist die Liege, Couch, auf der man sich „ausstreckt" (נטה); vgl. ug. mṭṭ (Krt 30) und 2 S 3 31 (die „Bahre"); ערשׂ entspricht dem gemeinsemitischen Sammelnamen für das „Bett"; vgl. akk. eršu (AHw 246b) und ug. ʽrš (Gordon, UT 461f. Nr. 1927); der Wurzel eignet die Grundbedeutung „liegen, ruhen" (ASalonen, Die Möbel des alten Mesopotamien: AAF 1963, 110).

Das assyrische Bett kennt „die beiden Wände", nämlich Kopf- und Fußwand (Salonen 148–151). Das zugehörige Begriffspaar amar(š)tu – pūtu entspricht hebr. אֲמֵשׁת – פֵּאָה; vgl. KDeller, Or 33 (1964) 102, zu Salonen a.a.O. und in Aufnahme des Vorschlags von Gese; s.o. Textanm. b. פאה bezeichnet also das Fußende, während in אמשׁת der Kopfaufbau zu sehen ist, der beim Liegesessel Assurbanipals aus dem 7. Jh. als halbkreisförmig hochgeschwungener und mit Kissen gepolsterter Balken besonders gut ausgearbeitet (AOB 149 = ANEP 451), aber auch bei einfachen Betten zu erkennen ist (AOB 387; ANEP 658.660). Es kann sein, daß Amos' Vergleich für die Angeredeten dadurch besonders eindrucksvoll war, daß ihre Liegemöbel entsprechend gearbeitet waren. Das Kopfende konnte als Dämon gestaltet sein und die Füße als Löwenfüße (Gese 431). Belegt sind auch Elfenbeinreliefs an Betten (vgl. 6 4aα und unten zu 3 15, ein Beispiel bei Salonen, Tfl. XLIV: aus der 2. Hälfte des 8. Jh.). Aber Amos spielt auf solche Verzierungen hier nicht an.

Ziel   Sein Vergleich ist ohnehin klar. Jahwe nimmt den Selbstsicheren die ihnen selbstverständliche Hoffnung. „Gerettet" wird nur die Erinnerung an ein bequemes Leben. Bruchstücke ehemaligen Prunks werden nur noch den Untergang der Herrlichkeit Israels beweisen können. So schreckt Amos gerade diejenigen im Gottesvolk auf, die ihre Ruhe bisher ungestört genossen und ihr Leben von keiner Gefahr bedroht sahen.

DIE ZERSTÖRUNG DER BAUTEN
(3 13–15)

GSGlanzman,Two Notes: Amos 3, 15 and Osee 11, 8–9: CBQ 23 (1961) 227–233. **Literatur**
– HDonner, Die soziale Botschaft der Propheten: OrAnt 2 (1963) 229–245. –
HKBeebe, Ancient Palestinian Dwellings: BA 31 (1968) 38–58.

¹³Hört und fchärft's ein in Jakobs Haus   **Text**
    [fpricht der Herr Jahwe, der Gott der Heere]ᵃ:
¹⁴Ja, am Tage, da ich Jfraels Frevel an ihm ahnde,
    [fo ahnde ich an den Altären Bethels]ᵃ
  da werden die Hörner des Altars abgehauen und fallen zur Erde.
¹⁵Jch zerfchlage das Winterhaus famt dem Sommerhaus.
  Die Elfenbeinhäufer verfchwinden.
  Die zahlreichenᵃ Bauten fallenᵇ, fpricht Jahwe.

13a Der plerophorische Stil entspricht eher dem Glossator als Amos; er **13**
nimmt die Gottesspruchformel in 15bβ vorweg, um sogleich das in 14f. redende
Ich zu erklären; s. Exkurs o.S.174 und Textanm. 6 14a. – **14a** In typisch deuten- **14**
der Art werden Stichworte aus dem Kontext (14a: פקד; 14bβ: מזבח) aufgenommen und auf Bethel bezogen (vgl. 44), während der vorliegende Textzusammenhang an Samaria denken läßt (9; vgl. 12). 𝔙 glättet, indem sie entgegen der
hebräischen Syntax und der massoretischen Satzgliederung – unter Einschaltung einer copula vor על־מזבחות בית־אל – עליו zu ופקדתי und damit zum Nachsatz zieht: super eum visitabo, et super altaria Bethel. – **15a** Seit Marti wird viel- **15**
fach הַבְּנִים = „Ebenholz(bauten)" gelesen; so noch Robinson, Maag, Osty;
HDonner, OrAnt 2 (1963) 237, schlägt בְּרֹמִים = „mehrfarbig gewobene Vor-
hänge" vor (vgl. Zimmerli, BK XIII, Textanm 27 24c). Aber 1. sind diese Worte
nur noch Ez 27 15 bzw. Ez 27 24 belegt, 2. ist Amos das Wort רבים vertraut
(3 9 5 12; vgl. 6 2 7 4 8 3), 3. wird es von 𝔊 (ἕτεροι πολλοί) 𝔗 (סגיאין) 𝔙 (multae)
gestützt. Diesen alten Übersetzungen entsprechend sollte man nicht „die
großen Häuser" übersetzen (wie Deden, Cripps u.a.), da dann das Wort neben
Winter-, Sommer- und Elfenbeinhäusern in der Tat zu „matt" (Marti)wäre. Der
Schlußsatz ergänzt nicht, er summiert. – **b** Wörtlich: „nehmen ein Ende". 𝔊 (καὶ
προστεθήσονται = „werden hinzugefügt")setzt √יסף statt √סוף voraus, etwa וְנֹסְפוּ.

Mit dem Doppelbefehl zum Hören und Bezeugen setzt das neue **Form**
Wort ein. Daß die in 12b im Partizipialstil näher charakterisierten Israeliten die hier Angesprochenen seien, haben wir als unwahrscheinlich nachgewiesen (s.o.S.234f.). Doch mußten wir die Frage offenlassen, wie denn
das ungewöhnliche Fehlen des Schuldaufweises zu erklären sei. Vereinzelt fehlt er auch anderwärts (5 1–3). In 3 13–15 ist aber die Frage nach
dem Adressaten mit diesem Problem verbunden. Die zum Hören aufgerufen werden, sollen als Zeugen (והעידו) fungieren (13). Bezeugen sollen
sie, wie Jahwe Israels Verbrechen ahndet (14f.). Dann sind möglicherweise Nichtisraeliten angesprochen. Sollten es die gleichen sein, die in 9

durch Herolde herangeholt werden sollten? Eher sind andere jetzt schon in Samaria anwesende Ausländer angesprochen. Die in 9 sollten Zeugen der Schuld Israels werden (9b–10); dazu sollten sie selbst sehen (9b: וראו). Jetzt sollen Zeugen der Strafe Jahwes aufgeboten werden; sie können es nur werden, wenn sie zuvor Jahwes Strafankündigung hören (13a: שמעו). Neben die Zeugen der Schuld treten also in diesem Wort Zeugen der Strafe. Zugerüstet werden sie, indem ihnen die zu erwartenden Vorgänge als Jahwes Taten in der Gottesrede selbst zuvor verkündet werden (14f.). Wenn nur das folgende Wort und nicht auch das darin Angesagte bezeugt werden soll, können auch irgendwelche israelitische Hörer angesprochen sein. Jedenfalls liegt das Wort einer Zeugenbestallung vor (vgl. Dt 4 26 Jes 8 2 Jer 32 10).

Ort   Zwar wird Samaria nicht wie in 9 und 12 genannt. Jedoch wird auch dieses Wort wahrscheinlich in der Hauptstadt verkündet worden sein. Denn hier sind die Prachtbauten und die Besitzer von Sommer- und Winterhäusern (15) am ehesten zu erwarten. Ja, die seltene Spruchform einer Zurüstung von Zeugen des nahenden Untergangs macht einen engen räumlichen wie auch zeitlichen Zusammenhang mit den beiden voraufgehenden Sprüchen (9–11. 12) wahrscheinlich. Er erklärt das Fehlen des Schuldaufweises. In 9b. 10 war der Schuldaufweis schon gegeben. Der Schuld, die sich dort in den „Wohnburgen" zeigt, entspricht die Strafe der Zerstörung der Gebäude hier. Jedoch sollte man 13–15 nicht als unmittelbare Fortsetzung von 9–11 ansehen. Denn nicht nur schließt das Botenwort in 11 einen wohlgerundeten Spruch ab (s.o.S.233), vielmehr gehört wohl auch 12 zu den Voraussetzungen des neuen Wortes. Dort werden die Beweise in der Vergleichsrede aufgeführt (עֵד nach Ex 22 12 in 3 12a); hier werden nun den Zeugen die Beweisstücke für den Untergang Israels genannt (העידו): die Trümmer der Bauwerke. Inhaltlich ist also 13–15 sowohl als Fortsetzung von 9–11 wie von 12 zu verstehen. Doch wird es eine eigene rhetorische Einheit sein, die vielleicht von der Vergleichsrede in 12a her durch die Rückfrage nach den Beweisstücken für die kommende Katastrophe Israels herausgefordert wurde. Die literarische Verbundenheit von 9–15 mag sich so nach Art der Auftrittsskizzen im Hoseabuch erklären; s. BK XIV/1, 93.

Wort 13   Zum Hören werden Menschen aufgefordert, die zur Aufgabe eines Zeugen zugerüstet werden. עוד hi. kann heißen: zum Zeugen bestellen; vgl. Jes 8 2 Jer 32 10. 25. 44; בְּ führt den ein, gegen den der Zeuge auftreten soll: Dt 4 26. Doch werden in diesen Fällen die Zeugen stets im Akkusativ benannt. Ohne Akkusativ, jedoch mit בְּ der Betroffenen, bedeutet עוד hi. bei folgenden Aufforderungen „vermahnen", bei folgenden Ankündigungen, die zu bezeugen sind, wie hier „einschärfen"; vgl. Dt 8 19 Jer 6 10 Sach 3 6, OHSteck, Israel und das gewaltsame Geschick der Propheten: WMANT 23 (1967) 69f. Gegen das „Haus Jakob" sollen die

Hörer zu Aussagen befähigt werden. Diese Benennung Israels begegnet im Amosbuch sonst nur sekundär in 9 8b (vgl. aber „Jakob" in 6 8 7 2.5 8 7 und unten zu 7 2!). Sie scheint besonders an die Erwählung zu erinnern (vgl. Jes 8 17 Mi 2 7 Ob 17f.). Zu 13b s.o. Textanm. 13a.

כי führt die zu bezeugenden Fakten ein; vgl. כי nach עוד hi. c. ב Dt 14 4 26 8 19 31 28f., ferner zu Hos 4 16 9 7 BK XIV/1, 114. 173. Zunächst wird der Termin des Eintritts der Geschehnisse genannt; es ist der Zeitpunkt, an dem Jahwe die Verbrechen Israels strafen wird; zu פקד s.o.S. 215 zu 3 2; zu פשע s.o.S. 185f. Zu 14bα als Nachtrag aus der Josiazeit s.o.S. 135f. und Textanm. 3 14a.

Das erste Zeugnis für das Totalgericht wird sein, daß die Hörner des Altars abgehauen werden. Sie können in der Stunde der Blutrache und der Strafverfolgung ergriffen werden; sie bieten sich dem Flüchtigen als Halt an, damit er am Altar als der Asylstätte vor seinen Verfolgern sicher ist: 1 Kö 1 50 2 28 Ex 21 13f. Doch schon das alte Bundesrecht hatte verfügt, daß der Mörder mit Gewalt von den Hörnern des Altars weggerissen werden soll (Ex 21 14). Nun hat sich ganz Israel so schwerer Verbrechen schuldig gemacht, daß Jahwe selbst den Zufluchtsort zerstört. Sollten die Zeitgenossen des Amos den Altar schon als Ort der Entsündigung und Sühne angesehen haben (Ez 43 20, dazu Zimmerli, BK XIII 1102), dann wird Israel auch diese Möglichkeit der Rettung genommen. Die abgehauenen und zu Boden gefallenen Hörner des Altars dienen den Zeugen als erste Beweisstücke für das Totalgericht, wie dem Hirten der Ohrzipfel als Zeugnis für das verlorene Tier dient (s.o.S. 235f.).

Daß Jahwe selbst als der Strafende (14a) die Zerstörung bewirkt, 15 bringt die 1. pers. der Gottesrede im Eingang von 15 wieder zum Ausdruck (s.o.S. 123f.). נכה hi. meint das zerstörerische Zerschlagen der Bauwerke, das nur Trümmer übrigläßt (vgl. 6 11!). Sind Sommerhaus und Winterhaus verschiedene Gebäude oder zwei Wohnungen des gleichen Hauses? Gewiß gab es zweistöckige Häuser mit einem heizbaren Erdgeschoß und einem kühleren oberen Stockwerk. So erfahren wir von dem kühlen Obergemach des Ehud in Ri 3 20 und dem geheizten בית־החרף im Jerusalemer Palastbereich in Jer 36 22. Doch ist hier nicht sicher, ob בית nur einen Raum innerhalb eines größeren Gebäudes meint (Dalman, AuS I/2, 473; VII 79; ebenso KBL³ s.v. בית Nr. 1c). Jedenfalls denkt der bisher einzige altorientalische Text, der außer unserer Amosstelle Winterhaus und Sommerhaus nebeneinanderstellt, an zwei verschiedene Gebäude. Denn die Bauinschrift des Königs Barrākib von Sam'al aus der 2. Hälfte des 8. Jh. betont, daß seine Väter kein schönes Haus hatten, weil es für sie בית שתוא und בית כיצא zugleich war (KAI I 216, 18f.). Das Gebäude, dem die Inschrift gewidmet ist, „sollte offenbar dem Übelstande abhelfen, daß die Könige von Sam'al nur einen einzigen Palast als Winter- und Sommerquartier besaßen" (HDonner, KAI II

234). Die Begriffe „Winter- und Sommerhaus" tauchten demnach auf, als man für die verschiedenen Jahreszeiten Häuser in verschiedener Lage errichtete. Der israelitische König Ahab besaß schon ein Jh. zuvor einen Palast in der wärmeren Ebene in Jesreel (1 Kö 211) neben dem auf dem Berge Samaria (1 Kö 2118). Auch für sich genommen spricht der Amossatz für dieses Verständnis. Denn 15a will sicher nicht sagen, daß (nur) das Winterhaus „über" dem Sommerhaus zerschlagen würde. Denn abgesehen davon, daß bei zweistöckigen Häusern die luftige Sommerwohnung die obere ist (s.o. zu Ri 3 20), betont der Zusammenhang ja die Totalvernichtung. So bezeichnet denn hier auch על nicht die Höhendifferenz, sondern die Hinzufügung, heißt also nicht „über", sondern „mitsamt". Neben dem König werden auch „reichgewordene Glieder der Beamtenschaft" (Donner, OrAnt 2, 1963, 237) und der sonstigen Oberschicht den Luxus zweier Wohnungen wahrgenommen haben (vgl. Alt, KlSchr III 272). Ein genaueres Verständnis der Sommer- und Winterhäuser fehlt bis heute; vgl. HKBeebe 57.

Bei den „Elfenbeinhäusern" ist an Prachtvillen mit elfenbeinerner Innenausstattung zu denken; vgl. 6 4. Auch sie wird in den Tagen des Amos nicht nur im Königspalast vorhanden gewesen sein (vgl. 1 Kö 22 39 Ps 45 9), wenn auch verständlicherweise die Ausgrabungen dort die Hauptmasse an Elfenbeinfunden erbracht haben; vgl. Crowfoot, Samaria-Sebaste II: Early Ivories from Samaria (1938); AParrot, Samaria, die Hauptstadt des Reiches Israel: Bibel und Archäologie III (1957) 49–57; Noth, WAT⁴ 148. Jene Häuser waren ausgezeichnet durch reliefierte Elfenbeinplatten, die die Möbel zierten. Die „zahlreichen Häuser" lassen daran denken, daß die lebhafte Bautätigkeit, die seit Ahab in Nordisrael blühte, unter Jerobeam II. noch einmal einen besonderen Aufschwung nahm; vgl. 5 11 6 11 und Jes 5 9, wo der gleiche Ausdruck בתים רבים im Zusammenhang (Jes 5 8) an die Mehrung von Haus- und Grundbesitz in den Händen einer kleinen Oberschicht erinnert, die damit die altisraelitische Besitzrechtsordnung auflöste (vgl. das königliche Vorbild 1 Kö 21 und deVaux, Lebensordnungen I 115ff.). Diesem Treiben wird Untergang (ואבדו) und Ende (וספו) angesagt.

Ziel   Jahwe bestellt sich durch die Verkündigung seines Propheten Zeugen dafür, daß er selbst an seinem erwählten Volk die Strafe vollstrecken wird. Alle Stätten der Sicherheit und des Wohlbehagens, die sakralen (14) wie die alltäglichen (15), werden Israel seiner Verbrechen wegen genommen. In der Josiazeit hat man bei der Zerstörung des Bethel-Altars dieses Wort so erfüllt gefunden (2 Kö 23 15. 17), daß man es von dieser Erfüllung her genau erklären zu können meinte (14bα).

GEGEN DIE FRAUEN SAMARIAS
(4 1-3)

SSpeier, Bemerkungen zu Amos (IV 1a): VT 3 (1953) 305-310 (306f.). – Literatur
EZolli, Amos 4, 2b: Antonianum (Rom) 30 (1955) 188-189. – JJGlück, The
Verb PRṢ in the Bible and in the Qumran Literature: RQ 5 (1964/65) 123-127.
– SJSchwantes, Note on Amos 4 2b: ZAW 79 (1967) 82-83.

Text

¹Hört ᵃ dieses Wort,
ihr Basanskühe
  auf Samarias Berg,
die Hilflose unterdrücken,
  Bedürftige schinden,
die zu ihren ᵇ Herren sprechen:
  "Schaff ᶜ her, daß wir saufen!"
²Geschworen hat [der Herr] ᵃ Jahwe bei seiner Heiligkeit:
Ja ᵇ, gebt acht! Tage kommen über euch ᶜ,
da schleppt man euch ᶜ fort ᵈ mit Stricken ᵉ
  und euren Rest ᶠ mit Fischdornen ᵍ.
³Durch die Breschen ᵃ müßt ihr hinaus ᵇ,
  eine jede schnurstracks.ᶜ
Ihr 'werdet' geworfen ᵈ
  zum 'Hermon' ᵉ hin,
    spricht Jahwe.

1a S. Textanm. Jl 2 22a. – b Die Abweichung von der Anredeform ist in der 1
Kette der appositionellen Partizipien denkbar und wird auch von 𝔊 (τοῖς
κυρίοις αὐτῶν) und 𝔗 (לרבונהן) aufgenommen; s. auch 5 12a–b! לאדניכן setzt
𝔙 (dominis vestris) voraus. Zum mask. Suff. s. Textanm. 2c. – c 𝔊 (ἐπίδοτε) 𝔊 𝔙
(afferte) gleichen die Form dem pluralischen Adressaten an. 𝔐 denkt an die
einzelnen. – 2a Fehlt in 𝔊 𝔖; s. Textanm. 3 11a. – b נשבע כי ist nach Gn 22 16 Jes 2
45 23 Jer 22 5 49 13 1 Kö 11 3. 17. 30 eine normale Verbindung; כי bekräftigt
(Joüon, Gr § 165b). – c Es ist nicht mit Sicherheit zu entscheiden, ob hier ursprünglich fem. Suffixe standen (כֶן -) wie in bβ (אחריתכן). Der Ersatz der 2.
pers. pl. fem. durch eine mask. Form liegt schon im einleitenden Imperativ (1)
vor; s. Textanm. Jl 2 22a. – d Die 3. pers. sg. perf. pi. drückt das allgemeine
Subjekt aus (BrSynt § 36 d); pass. Verständnis (ni.) ist auch bei acc. Formulierung des logischen Subjekts und trotz mangelnder Kongruenz wahrscheinlicher,
vgl. Gn 27 42 (BrSynt § 35d). 𝔊 (λήμψονται ὑμᾶς) 𝔙 (levabunt vos) 𝔗 (ויטלח יתכון)
(ähnlich 𝔖) lesen pi. – e 𝔊 deutet ἐν ὅπλοις („mit Waffen"), 𝔙 in contis, 𝔗
על תריסיהן; sie sehen hier das gleiche Wort wie in Ps 5 13 91 4; 'A (θυρεοῖς)
entspricht diesen Parallelen genauer („mit Schilden"), zeigt aber zugleich,
daß sie hier nicht passen. Sie setzen צִנָּה pl. = Setzschild, Waffe voraus. Wahrscheinlicher ist vom parallelen סירות her an einen unregelmäßigen pl. von צֵן zu
denken; zur Erklärung des hebräischen Wortes s.u.S.244f. – f אחרית in der
ungewöhnlichen Bedeutung „Hinterteil" (Duhm; Nowack; BHK³: אֲחֹרֵיכֶן)
setzt nicht nur Änderung von אתכם (bα) in אַפְּכֶן voraus, sondern widerspricht
auch dem sonstigen Gebrauch des Wortes bei Amos in der Stilform der „irrealen

Synchorese" (vgl. 8 10 9 1 und Gese, VT 12, 1962, 436f.). – g 𝔊 übersetzt bβ: καὶ τοὺς μεθ᾽ ὑμῶν εἰς λέβητας ὑποκαιομένους ἐμβαλοῦσιν ἔμπυροι λοιμοί, versteht also סִירוֹת als „(brodelnde) Kessel" (Jer 1 13), liest statt דּוּגָה vielleicht דַּלְקָה (= „in Brand setzen"; so auch 𝔙: in ollis ferventibus) und zieht das erste Wort von 3 (wahrscheinlich וּפֹרְצִים gelesen; vgl. Ez 18 10) als Subjekt („feurige Verderber" = fiebrige Seuchen?) zu 2. – 3a Zum acc. als Richtungskasus („durch Mauerrisse hindurch") s. BrSynt § 89 und vgl. Gn 9 10 44 4. Martis Vorschlag, וַעֲרָמִים zu lesen, kann sich nicht auf 𝔊 berufen, da sie ופרצים bereits zu 2 gezogen hat (s. Textanm. 2g) und ihr γυμναί innergriechische Verderbnis von γυνή ist (so Q^mg, ebenso ᾽Α Θ); zudem wäre das fem. zu erwarten. 𝔙 (et per aperturas) stützt 𝔐. – b 𝔊 (ἐξενεχθήσεσθε) vokalisiert vielleicht תָּצֶנָה; vgl. AWeiser, Die Profetie des Amos (1929) 157. – c Wörtlich: „vor sich hin", dazu s.u.S.245. – d 𝔊 (ἀπορριφήσεσθε) setzt וְהָשְׁלַכְתֶּנָה voraus; 𝔐 (hi.) mag mit dem Mißverständnis des folgenden Wortes zusammenhängen. – e 𝔊 (εἰς τὸ ὄρος τὸ Ρεμμαν; vgl. Varianten bei Ziegler) liest הָהָר הָרִמֹּן (Dittographie). Die hexaplarische Rezension und die Katenengruppe sowie ᾽Α (Euseb., Onom.) lesen ἑρμωνα; 𝔙 Armon; 𝔖 חורמיני = Σ ἀρμενίαν (Armenien?); demnach ist wahrscheinlich הַרְמוֹנָה (Hoonacker, Sellin) zu lesen. Ob 𝔐 den „Bannort" (Buber) meint, ist ganz ungeklärt.

Form Der Aufmerksamkeitsruf (s.o.S.213 zu 3 1) eröffnet zusammen mit dem Anruf eines genau bezeichneten Adressaten ein neues Gerichtswort. Der Schuldaufweis wird unmittelbar mit der Anrede verbunden; schon diese selbst ist als Schimpfwort gestaltet, das durch drei appositionelle Partizipien, die in einem Zitat gipfeln, entfaltet wird. Die Strafankündigung als das eigentliche Element der Verkündigung wird statt mit der Botenformel (vgl. 3 11 5 3. 16 7 17) mit der Schwurformel angeschlossen. Diese Schwureinleitungsformel findet sich noch in 6 8 und 8 7; sie ist der älteren Prophetie sonst fremd. Der Gottesschwur bekräftigt in der deuteronomischen Literatur oft die Landverheißung: Dt 6 10. 18. 23 u.ö.; vgl. schon Gn 24 7 50 24 Ex 13 5 u.ö. Wahrscheinlich ist die Verbindung der Landverheißung mit der Gottesschwurformel jünger als Amos. Jedenfalls verwendet er sie für den Strafandrohungseid, der, sachlich im direkten Gegensatz zur Väterverheißung, die Vertreibung aus dem Lande als unumstößlichen Gotteswillen verkündet. In der späteren Prophetie eröffnet die gleiche Formel Drohungen gegen fremde Völker (Jes 14 24 Jer 49 13 51 14 u.ö.); vgl. FHorst, Der Eid im Alten Testament: ThB 12, 298ff., und HWildberger, Jesaja: BK X 184. Der Strafandrohungseid behält in unserem Spruch die 2. pers. pl. aus der anklagenden Anrede bei. Die Gottesspruchformel (s.o.S.109f.174) schließt diese besonders penetrante Variante eines Gerichtswortes ab (vgl. 3 9–11 o.S.229f.). Die folgenden Verse führen weder Form noch Inhalt unseres Spruches weiter. Die Rhythmen des Spruches sind wiederum frei. Läßt man die Einleitungswendungen in 1aα¹ und 2a sowie נאם יהוה am Ende von 3 unberücksichtigt, so kann die Anklagestrophe V.1 als Tripelvierer oder auch (angesichts des klaren Parallelismus im zweiten Vierer) als drei scharf zuschlagende Doppelzweier gelesen werden. Die Gerichtsandrohung wird in 2b als Doppeldreier, in 3 als Doppelvierer aufzufassen sein, wenn die beiden Worte in 3bα je zweitaktig zu lesen sind, was wiederum einen Stakkato-Effekt am Schluß ergibt.

Dieser Spruch ist an einen Teil der Bewohner Samarias gerichtet Ort (1a) und damit eindeutig in der Hauptstadt des Staates Israel von Amos ausgerufen worden. Wo konnte er dort eine Gruppe gepflegter, herrschsüchtiger und trinkfreudiger Damen ansprechen? Im Tor am östlichen Stadtrand? Oder drang er ins ausgedehnte Palastgelände vor? Der Spruch führt die Reihe der fraglos nach Samaria gehörigen Worte in 3 9–15 fort. Der Aufmerksamkeitsruf erinnert darüber hinaus an 3 1. Zumindest in der frühesten literarischen Sammlung gehört der Spruch zum ganzen 3. Kap.

Mit den „Basanskühen auf Samarias Berg" sind nach der fol- Wort genden genaueren Bestimmung eindeutig die Frauen der führenden Kreise der Hauptstadt gemeint, also der Beamten des Hofes (s.o.S.230 zu 3 9), der reichen Großgrundbesitzer (vgl. 5 11f.) und Händler (vgl. 8 4–6). Ob die metaphorische Bezeichnung „Basanskühe" zunächst eine „die Hörer einfangende Wirkung" (AWeiser, Profetie 156) haben soll wie die Aufnahme des Stichworts „retten" in 3 12 oder die Aufnahme kultischer Rede- und Bekenntnisformen in 3 2a 4 4 und 5 4, so daß die Angeredeten sich als „adliges Vollblut" (vgl. Σ βόες εὔτροφοι!) gewürdigt sehen, ist ebenso unsicher wie die Meinung, hier spräche Amos im Berufsjargon des Viehzüchters. Jedenfalls zeigen die Appositionen alsbald, daß den gepflegten Damen ein schockierendes Schimpfwort entgegengeschleudert wird. „Basan", in der Wortbedeutung die „steinlose, fruchtbare Ebene" (KBL³, dort Lit.), bezeichnet hier jene ostjordanische 500– 600 m hoch gelegene Ebene zu beiden Seiten des mittleren und oberen Jarmuk, die als fettes Weideland berühmt ist (Mi 7 14 Jer 50 19 Dt 32 14) und deren Rindvieh Ez 39 18 ausdrücklich „Mastvieh" heißt (vgl. HJBoecker, BHHW 1, 203, und HWildberger, BK X 109). Nach Ps 22 13 („zahlreiche Stiere umzingeln mich, die Starken Basans umstellen mich") waren Basanskühe ihren Hirten gegenüber besonders anspruchsvoll; vielleicht wird in Am 4 1 darauf angespielt, daß sie „von ihren Hirten verlangten, das Trinkwasser an sie heranzubringen" (Dalman, AuS VI 176). SSpeier vermutet nach heutigem arab. Sprachgebrauch einen „doppeldeutigen" Ausdruck für ein „üppig gebautes Mädchen". Der Vergleichspunkt für Amos ist im folgenden nicht die Körperfülle, sondern das Verhalten zur Umwelt. Zur Bezeichnung der „Armen" und „Bedürftigen" s.o.S. 200–202 zu 2 6f.; 2 6f. und 3 9f. (s.o.S. 231ff) erläutern zusammen mit 5 12 und 8 4–6, wie sich die Mißhandlungen durch Bedrücken und Erpressen (עשק), durch Stoßen und Schlagen (רצץ) praktisch vollziehen. Die beiden Verben für Unterdrückung stehen auch Hos

5 11 1 S 12 3f. und Dt 28 33 parallel. Die Verbindung von עשק mit דל, wozu wiederum אביון parallel steht, findet sich Prv 14 31 (vgl. auch Prv 22 16 28 3), das Gegenbild der fürsorglichen Frau zeigt Prv 31 9; zur Kritik am verschwenderischen Leben vgl. ferner Prv 20 1 21 17 23 29ff. 31 4f., wo insbesondere der übermäßige Weingenuß getadelt wird. So gipfelt denn auch hier die Anklage in einem entsprechenden Zitat. Amos belegt das genußsüchtige Wesen der Frauen mit ihren eigenen Worten, mit denen sie das Heranschaffen von Getränken von ihren Männern verlangen. Der Ehemann heißt in der Regel בעל (Ex 21 22 2 S 11 26 Prv 12 4 u.ö.), אדון eindeutig nur Gn 18 12; vgl. Ri 19 26 Ps 45 12. So könnte es sich hier zumindest auch um Nebenfrauen handeln. Die Frauen der Führenden (und die Konkubinen?) treten nicht nur gegenüber ihren Sklaven, sondern auch vor ihren Herren mit Forderungen auf; vgl. das Auftreten Isebels gegenüber Ahab 1 Kö 21 5ff. Unter der prophetischen Anklage gewinnt die Frau eine völlig selbständige Verantwortung.

2 So müssen die Frauen auch ihre Strafe annehmen. Die Androhung wird als Schwur Jahwes eingeführt (s.o.S.242). Diesen Schwur leistet Jahwe „bei seiner Heiligkeit"; die Verbindung findet bei Amos keine (vgl. 6 8 8 7), im übrigen Alten Testament nur in Ps 89 36 eine Parallele; hier zeigt der Kontext die besondere Bedeutung: Der Schwur Jahwes bei seiner Heiligkeit schließt jede Änderung (35) und jede Täuschung (36b) im Sinne eines Vertrags- und Treuebruchs aus (34f.); vgl. M. A. Klopfenstein, Die Lüge nach dem Alten Testament (1964) 12.40. Die Heiligkeit ist die schlechthin überlegene Gottheit Gottes selbst, die aller menschlichen Untreue und Hinfälligkeit entgegensteht (vgl. Nu 23 19). Wenn die Schwurformel an die Stelle der Botenspruchformel tritt (s.o.S. 165f.), so wird damit die Unumstößlichkeit des Verkündeten auf das kräftigste herausgestellt. Zur Eröffnung des von Jahwe Geschworenen mit כי s. Textanm. 2b, zu הנה o.S. 173. Wird die Aufmerksamkeit auf „kommende Tage" gerichtet, so werden damit Ereignisse einer neuen Ära eingeführt, die die Gegenwart total ändern (vgl. 1 S 2 31 2 Kö 20 17; sehr oft begegnet die Formel im Jeremiabuch, z.B. 7 32 9 24 16 14, dazu G v Rad, ThW II 949). Die Ausführung des Künftigen wird wie zumeist nach der voraufgehenden Wendung im perf. cons. verkündet (Ges-K § 112 x; vgl. 8 11 9 13 1 S 2 31 Jer 9 24 u.ö.). Verschleppung wird angesagt. נשא ni. bedeutet in 2 Kö 20 17, daß Sachwerte in die Verbannung abtransportiert werden. Zu נשא pi. liegt in 1 Kö 9 11 eine Formulierung mit gleichen Präpositionen vor: „Hiram belieferte (נִשָּׂא אֶת) Salomo mit (ב) Zedernholz." Da in unserem Spruch der Kontext fraglos Deportation voraussetzt, ist die passivische Deutung wahrscheinlicher; s. Textanm. 2d. Denn in צנות ist das Werkzeug der Verschleppung zu sehen. Die Deutung des Wortes ist noch unsicher (vgl. KBL); mit „Haken" würde doch wohl eher totes Vieh weggetragen; so wird man besser im Anschluß an akk. ṣerretu →

ṣinnitu an „Stricke" denken können; vgl. CAD 16, 201 und Enūma eliš I 72, dazu SJSchwantes; GRDriver möchte mit ⑤ an „Schilde" denken (WO 2, 20f.), doch sind sie als Transportmittel für Rindvieh recht unwahrscheinlich, s. Textanm. 2e. Kein „Rest" wird bleiben; vgl. 9 11 8 10 1 7, dazu HGese, VT 12 (1962) 436f. und zur Sache 2 13–16 3 12. Für den (vielleicht störrischen) Rest, der sich nicht bloß mit Stricken abführen läßt, müssen noch andere Werkzeuge eingesetzt werden. Bei סירות דוגה ist an Fischfanggeräte gedacht, aber doch wohl kaum an Angelhaken, sondern eher an eine Art Harpunen (vgl. Dalman, AuS VI 360), die als ungewöhnliches Viehtreibergerät für diesen ungewöhnlichen, gewaltsamen Abtransport gedacht sein mögen.

Daß er restlos und ohne Verzug geschieht, betont 3a neu. פרצים sind 3 die Lücken in den Mauern (vgl. 9 11 1 Kö 11 27 Neh 6 1), die die feindliche Eroberung hinterlassen hat; zur Sache vgl. 3 11bα! Die Zerstörung macht jeden Umweg durch ein Stadttor unnötig. Jede einzelne Frau kann und muß jetzt „gerade vor sich hin" durch die Breschen aus der Stadt hinausgehen. אשה נגדה entspricht genau der Wendung אִישׁ נֶגְדּוֹ in Jos 6 5. 20 (vgl. Jer 31 39!); wie in jener Erzählung nach dem Zusammenbruch der Stadtmauern Jerichos jeder Israelit „geradeaus", „schnurstracks" in die Stadt hineinsteigen konnte, so muß jetzt jede Frau Samarias auf kürzestem und schnellstem Wege hinaus. „Hingeworfen werden" (s. Textanm. 3d) Leichen (8 3 1 Kö 13 24f. Jer 14 16 u.ö.) oder gänzlich verachtete Lebewesen (Ez 16 5), in Jer 22 28 wird das Wort von der Deportation des Königs Jojachin gebraucht. Nur allgemein wird die Richtung der Verschleppung angegeben: „zum Hermon" (s. Textanm. 3e). Von vielen höher gelegenen Stellen im Staat Israel kann man jenen südlichen Teil des Antilibanon mit seinen über 2800 m hohen Spitzen sehen, von Samaria aus 120–150 km in nnö Richtung entfernt; dieses Hochgebirge trägt stellenweise ewigen Schnee und heißt danach heute *ǧebel et-telǧ*. Es liegt in der Hauptrichtung nach Damaskus (vgl. 5 27), der Metropole des Aramäerreiches, des alten Erzfeindes Israels; s.o.S. 186. Aber Amos nennt weder hier noch sonstwo in den überlieferten Sprüchen die Feindmacht mit Namen (vgl. 3 11 6 14), deren sich Jahwe bedienen wird.

Der Spruch legt die Grundgewißheit des Amos weiter aus, daß die Ziel fällige Strafe aller Vergehen (3 2b) das Ende ganz Israels bedeutet (8 2), nicht nur seiner Macht (3 11) und Pracht (3 15), sondern auch seiner Menschen. Von der genußsüchtig sorglosen Gesamtbewohnerschaft, bei der in 3 12 6 1–7 in erster Linie an die Männer gedacht sein wird, ist hier die Damenwelt der Führungsschicht in der Residenz gesondert angeklagt und bedroht. Auch deren herrsch- und genußsüchtiges Wesen trägt also zum Untergang bei. Nicht weniger als der Mann ist die Frau nach ihrem Verhalten zum Armen gefragt. Daß sie hier ausdrücklich unter Jahwes Gericht gestellt und also in ihrer Verantwortung für Israels Zukunft voll ernst genommen wird, ist durchaus nicht selbstverständlich in der Welt des Alten Orients. Eine ähnliche, doch anders motivierte Anklage zeigt nur Jesaja (3 16–24; vgl. HWildberger, BK X 145). Zum ersten Mal tritt als Strafe eine restlose Deportation in Sicht; vgl. 7 11.17 6 7 5 5.27. Der provozierende Vergleich mit anspruchsvollstem Mastvieh wird in einer ungewöhnlichen Weise von der Anklage bis in Einzelheiten der Strafansage durchgehalten. Man kann sich nur wundern, daß solche schockierenden Sprüche eine staatsrechtliche Anklage auf Landfriedensbruch und Aufruhr nicht schon in Samaria herausforderten (vgl. 7 10f.). Vielleicht ist uns das nur nicht überliefert. Amos' Weg von Samaria nach Bethel könnte schon gewaltsam erzwungen sein.

EIN SCHELTWORT GEGEN DIE KULTPILGER
UND SEINE SPÄTERE AUSLEGUNG
(4 4–13)

FHorst, Die Doxologien im Amosbuch: ZAW 47 (1929) 45–54 = Gottes Recht: ThB 12 (1961) 155–166. – THGaster, An Ancient Hymn in the Prophecies of Amos: Journal of the Manchester Egyptian and Oriental Society 19 (1935) 23–26. – JBegrich, Die priesterliche Tora: ZAWBeih 66 (1936) 63–88 = Gesammelte Studien zum Alten Testament: ThB 21 (1964) 232–260. – KGalling, Bethel und Gilgal: ZDPV 66 (1943) 140–155; 67 (1944) 21–43. – GJBotterweck, Zur Authentizität des Buches Amos: BZ NF 2 (1958) 176–189 (182–186). – JDWWatts, Vision and Prophecy in Amos (1958) 51–67. – RVuilleumier, La tradition cultuelle d'Israël dans la prophétie d'Amos et d'Osée: Cahiers théologiques 45 (1960) 88–90. – HGrafReventlow, Das Amt des Propheten bei Amos: FRLANT 80 (1962) 75–90. – RFey, Amos und Jesaja: WMANT 12 (1963) 88–96. – WBrueggemann, Amos IV 4–13 and Israel's Covenant Worship: VT 15 (1965) 1–15. – JLCrenshaw, Amos and the Theophanic Tradition: ZAW 80 (1968) 203–215. – FCrüsemann, Studien zur Formgeschichte von Hymnus und Danklied in Israel: WMANT 32 (1969) Kap. II 3b (Die Amos-Doxologien).

Literatur

Text

[4]Zieht ein in Bethel und übt Verbrechen,
   in Gilgal, übt noch mehr[a] Verbrechen!
Bringt am Morgen eure Schlachtopfer,
   am dritten Tage eure Zehntabgaben!
[5]Zündet[a] vom Sauerteig das Dankopfer an,
   und ruft freiwillige Gaben[b] aus, recht laut[c]!
Denn so liebt ihr es, ihr Israelsöhne, spricht [der Herr][d] Jahwe.
[[6]So gab ich euch auch[a]
blanke[b] Zähne in all euren Städten
und Mangel an Brot in all euren Ortschaften.
Doch ihr seid nicht zu mir zurückgekehrt, spricht Jahwe.
[7]Ich enthielt euch (auch)[a] den Regen vor, als
es noch drei Monate bis zur Ernte waren.
Ich lasse auf eine Stadt regnen,
aber auf eine andere Stadt lasse ich nicht regnen.
Ein Feld wird beregnet, und ein Feld, auf
das es[b] nicht regnet, vertrocknet.
[8]Und zwei, drei Städte wanken[a] zu einer anderen, um Wasser zu trinken, ohne
doch satt zu werden.
Doch ihr seid nicht[b] zu mir zurückgekehrt, spricht Jahwe.
[9]Ich schlug euch mit Kornbrand und Mehltau[a].
'Ich ließ'[b] eure Gärten und eure Weinberge 'vertrocknen'[b].
Eure Feigenbäume und eure Ölbäume frißt die Heuschrecke.
Doch ihr seid nicht[c] zu mir zurückgekehrt, spricht Jahwe.
[10]Ich schickte euch die Beulenpest[a] nach der Art[b] Ägyptens. Ich tötete mit dem
Schwert eure Jugend mitsamt euren schmucken[c] Rossen. Ich ließ den Gestank[d]

eures Heerlagers auffteigen, und zwar e in eure eigenen Nafen.

Doch ihr feid nicht f zu mir zurückgekehrt, fpricht Jahwe.

¹¹Ich ftürzte bei euch um, wie Gott Sodom und Gomorrha umftürzte. Da wart ihr wie ein dem Brand entriffenes Holzfcheit.

Doch ihr feid nicht a zu mir zurückgekehrt, fpricht Jahwe.

¹²Darum will ich dir folchermaßen tun, Israel!

Eben weil ich dir diefes tun will, mache dich bereit a zur Begegnung b mit deinem Gott, Israel!

¹³So: Seht!

    ªDer Berge bildet a und Hauch erfchafft,
    der dem Menfchen kündet, was fein Plan ift b,
    der Morgenröte zu c Wolkendunkel d macht,
    der über die Höhen der Erde fchreitet:
    Jahwe (Gott der Heere) e ift fein Name.]

4   **4a** Vgl. Ges-K § 114n. Seit Oettli wird oft וְהַרְבּוּ vorgeschlagen, was weder mit 𝔊 (καὶ εἰς Γαλγαλα ἐπληθύνατε τοῦ ἀσεβῆσαι) noch mit 𝔗 (בגלגלא אסגיאו), sondern allenfalls mit 𝔙 (ad Galgalam, et multiplicate praevaricationem) begründet werden könnte. „Die kurzen, harten Stilformen (Asyndese V.4aβ. 5aβ; der inf. statt des weicheren imp. V. 5aα) unterstützen wirkungsvoll die Schärfe des Wortes" (AWeiser, ZAWBeih 53, 1929, 162). Zur Übersetzung von פשע vgl. RKnierim, Die Hauptbegriffe für Sünde im Alten Testament (1965)
5   178. – **5a** Der inf. abs. ist inmitten der impp. und in gleicher Funktion wie diese nicht unmöglich; vgl. Ges-K § 113z; Joüon, Gr § 123x und Jes 37 30b (K). Seit Oort wird die Form meist dem Kontext angeglichen (וְקַטְּרוּ = 𝔙 et sacrificate). 𝔊 (καὶ ἀνέγνωσαν ἔξω νόμον) liest einen völlig anderen Text (וְקִרְאוּ מָחוּץ תּוֹרָה; 'A (εὐχαριστίαν) bestätigt 𝔐. – b 𝔊 (ונדורו נדרא) denkt durch Verlesung des ב in נדבות zu ר an Gelübde und liest demnach וְשַׁלֵּמוּ = „und erfüllt" (die Gelübde) statt des in 𝔐 folgenden הַשְׁמִיעוּ. – c S. Textanm. 5b. Wörtlich sagt 𝔐: „Laßt hören!" und meint bei asyndetischer Anfügung „öffentlich!". 𝔊 (ἀπαγγείλατε) verknüpft diesen letzten imp. mit dem folgenden, wo deshalb die Anredeform in die 3. pers. pl. verwandelt wird (ὅτι ταῦτα ἠγάπησαν οἱ υἱοὶ
6   Ισραηλ). – d S. Textanm. 3 8b. – **6a** 𝔊 (καὶ ἐγὼ δώσω) sucht mit der fut. Form das neue Wort als Strafandrohung an 5 anzuknüpfen. 𝔙 (dedi) folgt 𝔐. – b Wörtlich: „Reinheit der Zähne", d.h. „nichts zu beißen" (KBL). 𝔊 (γομφιασμὸν ὀδόντων) denkt an Zahnschmerzen und liest wahrscheinlich wie 𝔗 (אקהיות) 𝔊 (קהיות) 𝔙 (stuporem) קהיון, das nach קָהָה (Jer 31 29f. Ez 18 2) als „Stumpfheit" der Zähne zu deuten wäre. Σ Θ (καθαρισμόν) stützen 𝔐. –
7   **7a** וגם אנכי wird nachgetragen sein. אנכי ist zwar bei Amos selbst geläufig (s.u.S.251), befremdet aber neben אני in 6; auch beginnen alle folgenden Strophen direkt mit dem perf. Verbum (vgl. 9. 10. 11). – b 𝔊 (βρέξω) 𝔙 (plui) setzen entsprechend aβ אַמְטִיר voraus; die Lesung תַּמְטֵר (Graetz, Buber) in Parallele zu bα scheitert am folgenden עליה; der von 𝔐 überlieferte Text ist als neutrisches fem. zu verstehen, wie תַּשְׁלֵג („es schneit") in Ps 68 15, וְשָׂעֲרָה („es
8   stürmt") in Ps 50 3; vgl. BrSynt § 35a und Joüon, Gr § 152e. – **8a** 𝔊 (καὶ συναθροισθήσονται) 𝔖 scheinen וְנֶעֶדוּ zu lesen wie Nu 16 11; vgl. Harper. – b 𝔊 (καὶ οὐδ᾽ ὧς ...) steigert hier („und auch so nicht...") wie in 9. 10. 11 gegen-
9   über 6 (καὶ οὐκ. – **9a** 𝔊 (ἐπάταξα ὑμᾶς ἐν πυρώσει καὶ ἐν ἰκτέρῳ) fand hier Erkrankungen des Menschen (Gelbsucht und Fieber). 𝔖 fügt entsprechend Hag 2 17 das dort den gleichlautenden ersten vier Worten folgende Wort (וּבַבָּרָד) ihrer Übersetzung hinzu (ובברדא = „und mit Hagel"). – b 𝔊 (ἐπληθύνατε) liest הִרְבֵּיתֶם und bildet so einen Gegensatz zum folgenden: „Ihr

vermehrtet..., aber (es) ...frißt die Heuschrecke", ähnlich 511aβ b. 𝔗 (סגיות)
Σ Θ (τὸ πλῆθος) 𝔙 (multitudinem) setzen schon 𝔐 (inf. cstr. hi. v. רבה) voraus
(oder רְבָבוֹת?). Die Struktur der anderen Strophen macht es wahrscheinlich,
daß eine ursprüngliche Verbform הֶחֱרַבְתִּי (Wellhausen) falsch abgeschrieben
wurde. – c S. Textanm. 8b. – **10a** 𝔊 (θάνατον) deutet das Wort ebenso wie in   10
Ex 53 93. 15 Lv 2625 Nu 1412 Dt 2821 u.ö. 'A (λοιμόν) versteht 𝔐 richtig
(vgl. Ziegler 109). – b OProcksch (1910 und BHK³) und JMorgenstern (HUCA
32, 1961, 318) schlagen כְּדֶבֶר statt בדרך vor; RFey 92 weist auf die Analogie
von 11a hin, die aber durchaus nicht zwingend ist. Vielleicht ist כְּדֶרֶךְ entsprechend Gn 1931 zu lesen: כְּדֶרֶךְ כָּל־הָאָרֶץ („wie es auf der ganzen Erde
geht"; vgl. Gn 31 35 Jer 102). 𝔊 (ἐν ὁδῷ) las schon בדרך. – c Seit Zeijdner (1886)
wird häufig צְבִי („Zierde") gelesen; vgl. Maag 22; es ist vom Sinn her unwahrscheinlich, daß ursprünglich wie in 𝔐 von „kriegsgefangenen Rossen" die
Rede war. – d 𝔊 (ἐν πυρί) liest geläufigeres בָּאֵשׁ. – e Zum erläuternden ו vgl.
Ges-K § 154a (Anm. 1b). – f S. Textanm. 8b. – **11a** S. Textanm. 8b. – **12a** Die   11. 12
Form הָכוֹן begegnet nur noch Ez 387 in der Herausforderung zum Kampf. –
b 𝔊 (τοῦ ἐπικαλεῖσθαι) = 𝔖 las vielleicht (? אֶת) לִקְרֹאת und verstand die Be-
gegnung als Anrufung; aber von I קרא wird die inf. – Form לִקְרֹאת nie gebildet.
𝔙 (in occursum) 'A (κατέναντι) Σ E' (praeparare ut adverseris deo tuo)
Θ (εἰς ἀπάντησιν) stützen 𝔐. – **13a** 𝔊 (ἐγὼ στερεῶν βροντήν) bleibt zunächst im   13
Stil der voraufgehenden Ich-Rede und setzt רַעַם („Donner") in Parallele zu
רוח, wird darin aber von keiner alten Übersetzung gestützt. – b Das vorliegende
Nomen gehört zur Wurzel שיח „sich mit etwas befassen"; 𝔊 (τὸν χριστὸν αὐτοῦ)
liest vertrauteres מְשִׁיחוֹ; 'A (τίς ὁμιλία αὐτοῦ) Σ (τὸ φώνημα αὐτοῦ) Θ (τὸν
λόγον αὐτοῦ) 𝔙 (eloquium suum) bestätigen und deuten 𝔐. 𝔗 (מא עובדוהי)
könnte מַעֲשֵׂהוּ gelesen haben; so konjiziert auch Ehrlich (Randglossen). –
c 𝔊 (ὄρθρον καὶ ὁμίχλην) setzt wie 𝔐MSS וְעֵיפָה voraus. Nach 58aα¹ wäre 𝔊
als Urtext durchaus erwägenswert; aber 58aα²-β sprechen für 𝔐; vgl. Joüon,
Gr § 125w. 𝔙 kennt schon 𝔐 und übersetzt: faciens matutinam nebulam; auch
𝔊 hat unter עיפה Nebel verstanden. Akk. upū heißt „Gewölk". – d Σ (ἑσπέραν)
verdeutlicht die Antithese. – e Die kürzere Form belegen die parallelen Strophen
als ursprünglich, vgl. 58 96; zur Auffüllung vgl. Textanm. 313a und 614a.

So uneinheitlich auf den ersten Blick die in 44–13 zusammengestellten   Form
Stücke wirken, so klar sind sie doch in der vorliegenden literarischen
Überlieferung miteinander verknüpft. Vgl. zunächst nur die Anfänge in
6. 12a.b 13. Nach 44 setzt erst 51 formal und thematisch eindeutig neu
ein. So ist es verständlich, daß neuerdings versucht wurde, den ganzen
Abschnitt von liturgischen Traditionen her als einheitliche Rede aufzufassen (WBrueggemann; vgl. früher JWellhausen, WRHarper, RSCripps),
nachdem es üblich geworden war, ihn in mindestens drei selbständige
Einheiten zu zerlegen (4–5. 6–12. 13; vgl. AWeiser, VMaag, SAmsler),
wobei die Zuordnung der Sätze von 12 besondere Schwierigkeiten bereitete. Die Frage ist neu zu stellen, wie sich die überlieferte literarische Verknüpfung zur mündlichen Verkündigung des Propheten verhält.

Zunächst hebt sich 4–5 vom Folgenden deutlich ab. Sowohl die ab-   4–5
schließende Gottesspruchformel in 5b (s.o.S.174) wie das Ende klarer
Rhythmen wie auch der Themenwechsel markieren eine tiefe Zäsur.

Formgeschichtlich ist der Spruch als Parodie einer Priestertora zu verstehen (JBegrich). Als Formelemente priesterlicher Tora sind erstens kultische Anweisungen im pluralischen Imperativ und zweitens ein beurteilender Schlußsatz anzunehmen, der mit כי eingeleitet sein konnte; vgl. Lv 7 22–25 19 5–8 Dt 14 4–8. 21. Diese solenne Form parodiert Amos in doppelter Hinsicht. Als Ziel der Anweisungen nennt er gleich zu Beginn in 4a zweimal verbrecherisches Handeln; die Priestertora hat als ihr Ziel das Leben zugesagt; vgl. 5 4b Lv 18 5a Ez 33 13, dazu WZimmerli, „Leben" und „Tod" im Buche des Propheten Ezechiel: ThZ 13 (1957) 494–508 = Gottes Offenbarung: ThB 19 (1963) 178–191. Zum anderen begründet der Schluß 5b die Ritualanweisungen nicht mit dem Jahwewillen, sondern ironisch mit der (willkürlichen) Eigenliebe der Angesprochenen. So parodiert also dieser Spruch Ziel und Grund priesterlicher Kultanweisungen. Damit wird er zu einer Scheltrede, deren Herkunft von Amos nicht bezweifelt werden kann. Die Anweisungen ergehen in drei ebenmäßigen Doppeldreiern, wobei in den Parallelgliedern die je zweite Reihe eine Steigerung bietet (ganz deutlich in 4a und 5a). Das Schlußurteil bringt mit einem Doppelzweier (die Gottesspruchformel ausgenommen) den Stakkato-Effekt.

6-11   Wie ist neben diesem scharf geschliffenen Wort die Fortsetzung zu beurteilen? In der Satzstruktur läuft sie im allgemeinen von 6–11 einheitlich durch. Fünf Abschnitte ergeben sich schon durch die Gottesspruchformel am Ende von 6. 8. 9. 10 und 11. Daß diese Gliederung sachgemäß ist, zeigt der jeweils unmittelbar voraufgehende Satz: „Doch ihr seid nicht zu mir zurückgekehrt." Die Abschnitte beginnen jeweils mit einem Verb in der 1. pers. sg. perf., das den Bericht von Gottes Strafhandeln eröffnet, das Umkehr herbeiführen wollte; zu den Verknüpfungen in 6aα und 7aα s.u.S.251 und Textanm.7a. Ich-Rede Jahwes (Ausnahme אלהים in 11a) und Anredeform (2. pers. pl.) werden durchgehalten. Diese einheitliche Form der Anklage wegen andauernder Unbußfertigkeit hat zusammen mit der Fünfgliedrigkeit, die an den Völkerspruch- und an den Visionenzyklus erinnert, die Herleitung von Amos im allgemeinen unbestreitbar erscheinen lassen.

Doch bedarf diese Annahme der Überprüfung. Zunächst zwingen stilistische Gründe dazu. Wer den Text Amos zusprechen will, muß zahlreiche Sätze und Wendungen streichen. Dabei weichen die Vorschläge stark voneinander ab (vgl. AWeiser, JMorgenstern, HGrafReventlow), denn die Kriterien sind unklar. Ein ungefähr ebenmäßiger Parallelismus der Glieder liegt nur ausnahmsweise vor: in 6a. 7aβ. 9a; sonst sind nur rhythmisch recht freie Parallelen zu erkennen, die durch willkürliche Streichungen kaum zu bessern sind (7b. 10a. bα), oder reine Prosasätze (8. 11). Im vorliegenden Text wechseln also poetische und prosaische Satzgebilde, wobei die letzteren gegen Ende zunehmen. Geht man vom fünffachen Refrain des Schlußsatzes aus und versucht, „Strophen" zu finden, so trifft man neben dem mangelnden rhythmischen Ebenmaß auf eine sehr unterschiedliche Länge: Der erste Redeabschnitt (6) umfaßt zehn, der zweite (7f.) 37 Wörter (ohne Verknüpfungswörter und Schlußsätze); in der Regel wird nur eine Plage mehr oder weniger breit behandelt (6 Hunger, 7 Dürre, 9 Ernteschäden, 11 „Umsturz"), in 10 mindestens zwei (Pest und Schwert). LKöhler (Amos, 1917, 17) nannte das Stück ein „Torso an Haupt und Füßen", „ein Bruchstück mit Auffüllungen". Vergleicht man die fünf Redeabschnitte mit den fünf Strophen des Völkerspruchzyklus oder auch des Visionenzyklus, so sieht man einmal, daß dort das Gleichmaß des Strophenbaus ungleich strenger ist, zum anderen, daß die Thematik geschlossener und mit Steigerung durchgeführt wird, und schließlich, daß Erweiterungen durch leicht abhebbare, in sich geschlossene Ergänzungen erfolgen, nicht dagegen durch schwer erkennbare Einschaltungen. Vor allem ist dort jede Strophe beherrscht von der Strafansage. Hier aber findet sich innerhalb der fünf gleichmäßig abgeschlossenen Redeabschnitte nur Anklage. In vielfacher Hinsicht also weicht der Stil in 6–11 ab von vergleichbaren Amosworten und deren sekundärer Überarbeitung. Kein Kürzungsversuch vermag diesen Eindruck mit klaren Gründen zu verwischen. Zum zweiten fällt die Verknüpfung mit dem vorangehenden Scheltwort durch וגם־אני (6a) auf. Sowohl die Partikel וגם zur Verknüpfung von Sprüchen (ganz anders 7 6!) wie das Personalpronomen in der Form אני (sonst immer אנכי: 2 13 5 1 6 8 7 14 9 9) sind dem Amosbuch sonst fremd. Mit וגם־אני wird in anderen Prophetenworten oft an ein Anklagewort die Androhung der entsprechenden Strafe angeschlossen, so Mi 6 13 Jer 13 26 Ez 16 43 20 25 Mal 2 9. Hier dagegen wird an Vergangenes erinnert, das noch vor dem aktuellen Anklagewort liegt. So muß וגם als sekundäre Verknüpfungsformel angesehen werden, wie sie Jl 4 4 (s. o. S. 89) Jes 28 7 31 2 Jer 5 18 26 20 u. ö. vorkommt; vgl. schon גם zur Einführung judäischer Glossen im Hoseabuch (BK XIV/1 zu Hos 4 5 5 5 6 11). Alte Amosworte finden wir nie so miteinander verbunden. (Meist sind sie unverknüpft gereiht; in 5 4 und wahrscheinlich auch in 12 dient כִּי, in 5 11 לָכֵן (vgl. 13) der literarischen Verknotung.) Woher stammt also unser stilistisch eigenartiges Stück?

Untersuchen wir zunächst weiter seine sprachliche Form, so zeigen sich beim Vergleich mit Plagenreihen in altorientalischen (z.B. KAI 222 A 14ff., vgl. ferner FCFensham, ZAW 75, 1963, 168) und alttestamentlichen (z.B. Ex 7–12) Texten besonders starke Berührungen zwischen Am 4 6–11 und den Lohn- und Strafankündigungen am Ende des Heiligkeitsgesetzes in Lv 26 (vgl. HGrafReventlow 83ff; WBrueggemann 7f.). In diesem Kapitel ist dann auch wie im ganzen Heiligkeitsgesetz (im Unterschied zu Amos und zur Sprache des Deuteronomiums) das אני Jahwes zu Hause (vgl. nur Lv 26 16. 24 [גם־אני]. 28. 32. 41. 44 und Mandelkern 1254). Vor allem aber finden sich hier alle Plagen, die Am 4 6–11 aufreiht, der Sache nach wieder, zum großen Teil auch die Hauptstichworte, ähnlich in den Flüchen von Dt 28 und innerhalb der königlichen Fürbitte Salomos 1 Kö 8 33–37.

Am 4	Lv 26	Dt 28	1 Kö 8
6 נתתי	4.6.11.17.19		
	30f. וְנָתַתִּי		
Hunger	26.29	48.53ff.	37
חסר לחם	26 לֶחֶם	48.57 חֹסֶר כֹּל	
7f. Dürre	19	23f.	35
7 הגשם והמטרתי	4 גִּשְׁמֵיכֶם	...אֶת־מְטַר... 24	35 מָטָר
8 ולא ישבעו	26 וְלֹא תִשְׂבָּעוּ		
9 הכיתי אתכם	24 וְהִכֵּיתִי אֶתְכֶם		
Mißernte	20	22.38	37
בשדפון ובירקון		22 וּבַשִּׁדָּפוֹן וּבַיֵּרָקוֹן	37 שִׁדָּפוֹן יֵרָקוֹן
וכרמיכם		30 כֶּרֶם 39 כְּרָמִים	
וזיתיכם		40 זֵיתִים	
Heuschrecke		38	37
10 Pest	16.25	21.27.35	37
שלחתי בכם דבר בדרך מצרים	25 וְשִׁלַּחְתִּי דֶבֶר	21 הַדֶּבֶר / 27 בְּשְׁחִין מִצְרַיִם	37 דֶּבֶר
Schwert	25.33.36f.	22	33
בחרב	25.33.36f. חֶרֶב	22 וּבַחֶרֶב	
11 „Umsturz"	30–33		

Die Wendung כמהפכת אלהים את־סדם ואת־עמרה (11) findet sich wörtlich in Jes 13 19b und Jer 50 40 (gegen Babel), ähnlich Jer 49 18 (gegen Edom) und Dt 29 22 (gegen Israel), aber weder in Lv 26 noch in Dt 28 oder 1 Kö 8. Sollte das von dem besonderen geschichtlichen Ort unseres Stückes her zu deuten sein? Mit Lv 26 ist Am 4 6–11 über die Einzelentsprechungen hinaus besonders durch folgendes verbunden: Die klassische Plagentrias Hunger – Schwert – Pest (Jer 14 12 21 7.9 u.ö.; Ez 6 11f. 12 16) ist hier wie dort breit ausgebaut und mehrschichtig erweitert; vgl. KElliger, Leviticus: HAT I 4 (1966) 367ff. Der Stil ist jeweils als rhythmische Prosa zu bestimmen (Elliger 367.369). Weiterhin verbinden das Ich der Gottesrede und die pluralische Anrede Lv 26 und Am 4 6–11. Der Unterschied besteht darin, daß alles, was in Lv 26 für den Fall des Ungehorsams konditional angedroht wird, in Am 4 6–11 als Gottes geschehene Tat konstatiert wird. Daß eine Umsetzung aus der futurischen in die perfektische Form erfolgt ist, kann man noch daran erkennen, daß zwar die Eingangsverben der fünf Redeabschnitte ganz einheitlich die Vergangenheitsform zeigen, daß aber die ältere Drohform in der Fortsetzung noch mehrfach erhalten geblieben ist, so in 7aβ.b 8.9aα (vgl. HGrafReventlow 87). Solche Inkonsequenz in den Verbformen ist Amos kaum zuzutrauen.

Faßt man die bisherigen Beobachtungen zum Stil, zur Verknüpfung des Stückes mit 4f. und zur Sprache zusammen, so sollte man aus 6–11 nicht folgern, daß Amos „in der Sukzession eines fest geordneten Amtes" stehe (Graf Reventlow 90) oder die Liturgie einer Bundeserneuerung zelebriere (WBrueggemann 13), sondern daß Am 4 6–11 in die Nähe des Heiligkeitsgesetzes gehört, das in der letzten Periode des vorexilischen Kultus gewachsen sein wird (MNoth, ATD 6, 1962, 109f.), wobei Lv 26 „sich vermutlich aus einem Stück der Agende des großen Herbstfestes entwickelt" hat (KElliger, HAT I 4, 371). Dt 28 steht mit seinen Fluchworten und vor allem mit der Rede von Jahwe in 3. Person weiter entfernt.

Im losen Anschluß an das Amoswort 4 4–5 dient 6–11 dazu, an dem vielfach eingetretenen Strafhandeln Jahwes die hartnäckige Weigerung Israels zur Umkehr als seine große Schuld herauszustellen. Eine solche Verkündigungsabsicht lag Amos selbst aber in zweifacher Hinsicht fern: Wenn er sonst Israel am Handeln seines Gottes mißt, dann stellt er es vor dessen Heilstaten (2 9 3 2), und Israels Schuld wird außerdem nie als Verstockung gegen Jahwes Drohtaten, sondern immer als Verbrechen gegen die Nächsten herausgestellt. Aber die Plagen Jahwes werden auch unter anderem Aspekt als in den Strafandrohungen von Lv 26 (wo ihr Ziel die „Züchtigung" zum Gehorsam ist: 18. 23. 28) und den Flüchen von Dt 28 aufgereiht. Mit jeder Plage wartete Jahwe nach Am 4 6ff. auf Umkehr. Diese Verbindung der Plagenreihe mit dem Thema „Umkehr" findet sich sonst nur in einer bestimmten Schicht von 1 Kö 8, die nicht der letzten dtr. Schicht entspricht (vgl. MNoth, BK IX 188ff.): in 1 Kö 8 33. 35 (s. Tabelle o. S. 252). 1 Kö 8 verbindet die Themen in der Fürbitte, Am 4 6–11 in der Anklage. Kurzum, wir finden an das alte Scheltwort des Amos in 4f. eine fünfgliedrige Homilie angeschlossen, die die in kultischen Fluchformularen angedrohten Strafen wie 1 Kö 8 33ff. als Mahnungen zur Umkehr verstanden hat, die aber von Israel bisher mit Unbußfertigkeit beantwortet wurde. Die Frage verschärft sich: An welchem Ort wurde so angeklagt?

Hat man erst einmal den großen Abstand der Anklage in 6–11 von 12 Worten des Amos erkannt, so wundert den Leser der im Blick auf die Botschaft des Amos allerdings sehr merkwürdige V. 12 nicht mehr allzusehr. Amos schließt an Anklageworte mit לכן entweder ein כה אמר יהוה an (3 11 5 16 7 17) oder ein Ereignis, in dem die Bedrohten Subjekt sind (5 11 6 7). In jedem Falle ist die Strafankündigung ganz konkret. Hier dagegen wird zwar mit כה in 12a auf ein bestimmtes Tun Jahwes hingewiesen, ohne daß es jedoch zu einer Erklärung kommt. Stattdessen wird in 12b offenbar auf eben dieses Handeln Jahwes mit זאת zurückverwiesen, um mit dieser Begründung (עקב כי) Israel aufzufordern, sich seinem Gott zu stellen. Beide Male, am Ende von 12a und von 12b, wird „Israel" solenn angesprochen, wie das bei Amos in dieser Form unbekannt (vgl. בני ישראל in

5b und Exkurs o.S. 199f.), wohl aber liturgischen Ansprachen eigentümlich ist. So erledigt sich das verbreitete Bedauern, in 12a liege eine verstümmelte Strafankündigung des Amos vor. Statt vage Ergänzungen zu postulieren, bleibt vielmehr zu fragen, auf welches Geschehen mit כה und זאת konkret hingewiesen wird und in welchem historischen Zusammenhang einerseits 12a mit 6–11, andererseits 12b mit 13 gesehen werden muß. Jedenfalls ist 12 ein höchst merkwürdiges Überleitungsstück von 6–11 zu 13 mit eindringlichem Hinweis auf einen Vorgang, den die Hörer offenbar vor Augen hatten und der deshalb keiner Explikation bedurfte.

13   Daß die Aufforderung zur Begegnung mit Gott (12b) mit 13 verdeutlicht werden soll, ja daß 13 die Weise der Verwirklichung dieser Begegnung angibt, zeigt schon die Verknüpfung mit כי in 13a. Was folgt, ist die besondere Form eines partizipialen Hymnus, der mit dem Bekenntnis zum Namen Jahwes schließt. Welche Art der Begegnung mit Jahwe deutet er nach dem dunklen Fingerzeig auf Jahwes Tat an?

Kein Text verknüpft die Reihe der Züchtigungsplagen, das Umkehrthema und den Lobpreis des Jahwenamens so wie 1 Kö 8 33ff. Nach 33 und 35 vollendet sich die reuige Umkehr eben im Bekenntnis zum Namen Jahwes וְהוֹדוּ אֶת־שְׁמֶךָ; vgl. schon die entsprechenden Erhebungen von FHorst (162ff) zu den Hymnen im Amosbuch, die er mit Hinweis auf Jos 7 19 als Exhomologesen aus der sakralen Rechtspflege erklärt hat, in der sie Confessio und Doxologie zugleich sind. 1 Kö 8 33ff. zeigt darüber hinaus, daß die in Am 4 6–13 vorliegende Verknüpfung von Plagenreihe und Umkehrerwartung mit dem Lobpreis eine die Rechtmäßigkeit der Strafe anerkennende Gerichtsdoxologie ist; vgl. GvRad, TheolAT I⁴, 368ff.; JLCrenshaw 211f.

Exkurs Die hymnischen Stücke im Amosbuch (4 13 5 8f. 9 5f.) müssen im Zusammenhang beurteilt werden. Das verlangen in gleicher Weise die Einheitlichkeit ihrer Form, die Verwandtschaft ihrer Thematik und die Zusammenhänge, in denen sie im Amosbuch zu finden sind.

Drei gemeinsame Formmerkmale ragen hervor: die Partizipien zum Beginn jeder Reihe oder Doppelreihe, der Abschluß mehrerer Reihen mit יהוה (אלהי צבאות) שמו (4 13 5 8 9 6) und die im ganzen ungewöhnlich ebenmäßigen Doppeldreierrhythmen. Dennoch ist die Frage zu stellen, ob drei verschiedenartige Hymnen (AWeiser, RSCripps) oder ob zwei (FHorst), drei (JDWWatts) oder vier (THGaster, VMaag) Strophen eines Hymnus vorliegen. Für die Annahme verschiedener Hymnen sprechen zunächst folgende Beobachtungen: Die Zahl der dem Refrain vorangehenden Reihen schwankt im überlieferten Text zwischen vier (4 13) und neun (9 5f.); die Partizipien sind in 4 13 und 5 8a undeterminiert, danach immer determiniert; in 4 13 und 5 8aα beginnt jede Reihe mit einem Partizip, danach wechseln Partizipial- und finite Verbformen; schließlich ist unsicher, ob 4 13aα (ohne כי הנה) als Dreier oder als Doppelzweier zu lesen ist; selbst wenn man die Reihe als Dreier liest, weicht sie mit ihren zwei Partizipien von allen anderen Reihen ab. Auf der anderen Seite muß man nicht nur der sonst gemeinsamen Formmerkmale wegen an einen mehrstrophigen Hymnus denken, sondern auch der thema-

Am 44–13

tischen Verzahnung wegen. In einem Falle wird sie im identischen Wortlaut einer ganzen Periode besonders deutlich (5 8b = 9 6b).

Oder ist eine der Perioden sekundär nachgetragen? Diese Frage ist vielleicht zu bejahen, da auch 9 5b eine wörtliche Parallele in 8 8b hat. Hier besteht eine hochgradige Wahrscheinlichkeit, daß 9 5b nachgetragen ist; denn erstens zeigt dieses Stück als einziges in den Hymnen in keiner der beiden Reihen ein Partizip, und zum anderen wird der Nachtrag gut verständlich, da der Abschreiber schon in 9 5aβ an die Reihe 8 8aβ erinnert wurde und demnach auch die Fortsetzung zugehörig fand. Spätere Auffüllung ist auch im Falle von 5 9 wahrscheinlich; denn dieses Stück steht merkwürdig isoliert nach dem Schlußsatz יהוה שמו in 5 8 und zeigt auch thematisch keine rechte Verbindung zu den anderen Hymnenstücken; zudem ist es textlich ungleich schlechter überliefert. Zeigt sich so an wahrscheinlich drei Stellen eine Tendenz zur sekundären Erweiterung dieser Texte, so erhebt sich für die erste Reihe von 5 8 die Frage, ob sie als einziger alleinstehender Dreier durch ein paralleles Glied aufzufüllen ist, das irrtümlich übergangen wurde; THGaster (24) schlug zur Ergänzung im Anschluß an Hi 38 32 הַמּוֹצִיא מַזָּרוֹת בְּעִתּוֹ vor, FCrüsemann a.a.O. überzeugender angesichts der engen Beziehungen der Hymnen des Amosbuches zu Hi 5 9–16 und 9 5–10 (dazu auch JLCrenshaw 211) nach Hi 9 9 וְעָשׁ וְחַדְרֵי תֵמָן. Doch muß auch hier mit der Möglichkeit gerechnet werden, daß 5 8aα¹ sekundär nachgetragen ist, und zwar in diesem Falle, weil die drei in Am 5 8aα¹ überlieferten Wörter in Hi 9 9 die zweite Reihe von Hi 9 8 (וְדוֹרֵךְ עַל־בָּמֳתֵי יָם) fortsetzen, die sehr an 4 13bβ erinnert. Auch wäre עשה im Anfang von 5 8 die einzige Wiederholung eines Partizips (vgl. 4 13aβ) in allen Strophen. Der Nachtrag würde die copula ו vor dem folgenden הפך herausgefordert und vielleicht einen ursprünglichen Artikel verdrängt haben. Doch ist in diesem Falle eine Sicherheit noch weniger zu erreichen als in den zuvor behandelten Fällen möglicher Erweiterung. So sind alle Rekonstruktionsversuche mit äußerster Zurückhaltung zu betrachten; vgl. GJBotterweck und vor allem FCrüsemann.

Mit starker Betonung dieses Vorbehalts könnte man immerhin in 4 13 das Modell dreier gleichmäßig gebauter Strophen erkennen. Dabei sind die beiden Eingangsworte כי הנה als sekundäre Einführung vom alten Hymnentext abzuheben, und im Schlußsatz ist אלהי־צבאות als sekundäre Erweiterung anzusehen (vgl. 3 13 5 14. 15. 16. 27 6 8. 14 und vor allem die Kurzfassung des Schlußsatzes in 5 8 und 9 6). Dann würden zwei Perioden von Partizipialsätzen mit „Jahwe ist sein Name" abgeschlossen. Ebenso würde als zweite Strophe 5 8 aus zwei Doppeldreiern bestehen, wenn man den ersten isolierten Dreier ebenso wie 9 als Nachtrag ansehen dürfte. Schließlich enthält auch 9 5f. die gleiche Strophe aus zwei Doppeldreiern, wenn die ersten drei Worte in 5 (entsprechend der Ergänzung in 4 13b), ferner 5b (aus 8 8b) und 6b (aus 5 8b) nachgetragen wären. Dann ergäbe sich folgende Rekonstruktion:

ומגיד לאדם מה שחו	יוצר הרים ובִרא רוח
ודרך על במתי ארץ	עשה שחר עיפה
	יהוה שמו
ויום לילה החשיך	ההפך לבקר צלמות
וישפכם על־פני הארץ	הקורא למי־הים
	יהוה שמו
ואבלו כל־יושבי בה	הנוגע בארץ ותמוג
ואגדתו על־ארץ יסדה	הבונה בשמים מעלותו
	יהוה שמו

Für das Ebenmaß eines ursprünglich dreistrophigen Hymnus könnte noch sprechen, daß jeweils der letzte Dreier eine Aussage über die Erde macht. Doch erinnern die oben genannten Unregelmäßigkeiten an die Unsicherheit jeder Rekonstruktion eines einheitlichen Hymnus. In jedem Falle muß damit gerechnet werden, daß schon bei der Aufnahme der hymnischen Stücke ins Amosbuch mindestens ein Teil der jetzt vorliegenden Erweiterungen hinzukam. Der hier bezeugte partizipiale Hymnentyp mit יהוה שמו als Strophenschluß fand keine Aufnahme in den Psalter. Doch hat FCrüsemann ihn als eine Grundform des Hymnus in Israel aufgedeckt. Neben den drei Amosbelegen findet er sich als Traditionsgut auch bei Deuterojesaja (47 4 51 15 54 4f.) und Jeremia (10 12–16 = 51 15–19 31 35 32 18 33 2 50 34). Insbesondere an Deuterojesaja kann gezeigt werden, daß Partizipialreihen (40 22f. 26–29 42 5 45 7. 18) auf eine besondere hymnische Tradition zurückweisen, in der das allgemeine göttliche Tun in Natur und Menschenwelt besungen wird (vgl. Hi 5 9–16 9 5–10), nicht aber Jahwes spezielles heilsgeschichtliches Handeln in Israel, wie es im imperativischen Hymnus geschieht (FCrüsemann Kap. II 2). Die Thematik wie die Form des partizipialen Hymnus weisen in die Umwelt; vgl. die Zusammenstellung der Parallelen bei FCrüsemann Kap. II 6; s.u.S.263f. und zu 58 95f. Mit dem Schluß „Jahwe ist sein Name" wird der Gott Israels als der wahre Urheber jener sonst auf andere Götter zurückgeführten Taten bekannt. So ist deutlich zu erkennen, daß dieser Hymnentyp in der Auseinandersetzung Israels mit dem Glauben der Umwelt entstanden ist, und zwar noch in vorexilischer Zeit. Wie erklärt sich dann sein Vorkommen im Amosbuch?

Ort
4-5   Mit Sicherheit kann auf Amos selbst nur das Scheltwort 4–5 zurückgeführt werden. Ob es in Bethel, in Gilgal oder wie die vorangehenden Worte in Samaria ausgerufen wurde, ist nicht auszumachen. Wie die voraufgehenden Sprüche ist die Parodie ohne jede Verknüpfungsformel den „Worten des Amos aus Thekoa" eingereiht.

6-13   Dagegen warnten uns bei den folgenden Stücken schon die einleitende Verknüpfung in 6, aber auch andere stilistische Eigentümlichkeiten, ferner in 12 die dunklen Hinweise auf ein bestimmtes nicht expliziertes Geschehen und die hier erfolgende Verbindung der Anklage (6–11) mit dem Hymnus (13), an Amos als Verfasser zu denken. Die enge stilistische Verzahnung von 6–11. 12a. b. 13 und die sachliche Verschränkung der Anklage wegen Unbußfertigkeit mit präsentem Gerichtsgeschehen und hymnischem Jahwebekenntnis (vgl. 1 Kö 8 33ff.) erinnern an einen liturgischen Akt; zu שוב s.u.S.260 zu 6. Doch wird man weder von Bundeserneuerung sprechen (Brueggemann) noch Amos als Liturgen dieses Aktes benennen dürfen (GrafReventlow). Wir sahen: Sprache und Thematik sprechen dagegen. Doch ist diese umfangreiche Ergänzung auch von Stil und Anliegen der deuteronomistischen Redaktion und erst recht der nachexilischen Heilseschatologen klar unterschieden (s.o.S.137f.). Auf der Suche nach Ort und Funktion dieser Liturgie werden wir davon ausgehen müssen, daß in 12 mit כה (ebenso wie mit זאת) auf etwas den Hörern Sichtbares hingewiesen wird (vgl. Gn 15 5b), auf ein präsentes Ereignis (1 S 11 7), auf eine Handlung, auf die der Sprecher mit einer

Handbewegung hindeuten kann (Ex 5 15). Ist ein Vorgang aus der Geschichte nach Amos bekannt, den die Nachwelt mit dem alten Prophetenwort in Beziehung setzen konnte? Die Zeit des Geschehens müßte zugleich Sprache und Themen dieses Stückes verständlich machen und darüber hinaus erklären, warum sich gerade in 5 8f. und 9 5f. hymnische Stücke von derselben Art wie in 4 13 finden. Nun hat schon Sellin darauf hingewiesen, daß der Hymnenredaktor an jene Stellen anknüpft, die den Untergang des Heiligtums von Bethel verkünden (KAT XII 193). Für 4 13 paßt das im Anschluß an das Scheltwort gegen die Bethel-Wallfahrer (4f.) nur dann, wenn man 6–12 hinzunimmt; für 5 8f., wenn man 7 zu 10 stellt und 6 als Nachinterpretation zu 5 4f. erkennt; für 9 5f., wenn man sieht, daß der Redaktor den Altar von 9 1 ebenso selbstverständlich in Bethel lokalisierte wie der Ergänzer von 3 14bα den von 3 14bβ. Aus welchem anderen Anlaß sollte man später an diese Bethel- (und Altar-) Worte anknüpfen als aus dem der Zerstörung des Bethel-Altars durch Josia, von der in 2 Kö 23 15–20 berichtet wird, zumal dort auch diese kultpolitische Maßnahme als Erfüllung des Jahwewortes verstanden wird, das ein Gottesmann aus Juda verkündete (16f.)? (Zur Beurteilung von 1 Kö 13 neben 2 Kö 23 16–18 vgl. MNoth, Könige: BKIX/1, 1968, 293ff. mit OEißfeldt, Amos und Jona in volkstümlicher Überlieferung: KlSchr IV, 1968, 138f.)

In der Tat wird vieles in 6–13 verständlich, wenn hier die Worte eines Liturgen festgehalten sind, der unter dem Eindruck der Tat Josias in Bethel auftrat. Dann wird das dunkle כה und זאת in 12 hell. Dann wird auch die Nähe zu Lv 26 und 1 Kö 8 33ff. verständlich. Doch wird man das Stück nicht wie 2 4–5 als deuteronomistisch bezeichnen dürfen (vgl. LKöhler, Amos, 1917, 53). Der Hymnus weist in eine (frühdeuteronomische) Zeit des Kampfes mit den Göttern der Umwelt (s.o.S.256), wie er für das Bethelheiligtum seit der assyrischen Eroberung Samarias besonders aktuell war. Es ist die Zeit, in der sich die geschichtstheologische Deutung der Katastrophe des Nordreichs anbahnt, die den Untergang auf den fehlenden Umkehrwillen zurückführt (2 Kö 17 13f.). Aber der Liturg zieht das Prophetenwort noch nicht direkt als Ruf zur Umkehr heran. Vielmehr zählt er eigenständig in Anlehnung an bekannte Reihen Jahwes Gerichtstaten als Reizungen zur Umkehr auf (Lv 26 18. 23. 28 1 Kö 8 33ff.). Nach den traditionellen Topoi (6–10), die in Lv 26 1 Kö 8 und Dt 28 wiederkehren, bringt er in 11 als speziellen Höhepunkt jenen an Sodom und Gomorrha erinnernden Umsturz, der im gleichen Wortlaut in Jes 13 19 und Jer 50 40 auf den Untergang Babylons bezogen wird und der hier wohl die totale politische Katastrophe des Nordreichs bezeichnen soll; s.u.S.261f. zu 11. Was zur Zeit unseres Predigers in Josias Tagen in Bethel noch ansprechbar ist, kann in der Tat nur „ein dem Feuer entrissenes Brandscheit" genannt werden. Dieser Rest soll nach der langen Zeit der Unbußfertigkeit Josias Zerstörungswerk als Gerichtswerk Jahwes erkennen und so Jahwe die Ehre geben, indem er den Hymnus aufnimmt. Die תּוֹדָה ist als Schuldbekenntnis ebenso wie als Dankbekenntnis „Antwort auf einen erfahrenen Machterweis Gottes" (GBornkamm, Lobpreis, Bekenntnis und Opfer: Gesammelte Aufsätze III, 1968, 126).

Zur Kontrolle dieser Datierung empfiehlt es sich, das nächstverwandte Strophengedicht aus dem Jahrhundert des Amos zu vergleichen: Jes 9 7-20 5 25-29. Wieviel ferner steht es der liturgischen Sprache, wieviel konkreter bezieht es sich auf politische Heimsuchungen, wieviel regelmäßiger ist es in seiner metrisch-strophischen Struktur (vgl. HWildberger, BK X 209f.)!

Der Redaktor, der diese Homilie und Anleitung zur Gerichtsdoxologie den Amosüberlieferungen eingefügt hat, sah in Josias Aktion gegen Bethel eine Besiegelung der Worte des Propheten gegen die Nordreichheiligtümer.

Wort 4 Die beiden ersten Worte des Amos – „Zieht ein in Bethel!" – könnten einer offiziellen priesterlichen Anweisung entsprechen. בוא meint den Einzug der Wallfahrer ins Heiligtum (vgl. 5 5 Ps 95 6 100 2 Hos 4 15 Jes 1 12 Jl 1 13; durch die Tore: Ps 100 4; in die Vorhöfe: 96 8; vgl. Ex 34 34 und HJKraus, BK XV 661.687). Bezeichnen die Psalmen als Ziel des Einzugs im unmittelbar folgenden Aufruf den Lobpreis Jahwes (Ps 95 6 100 4), hat die Priestertora den Einziehenden das Leben zugesagt (s.o.S.250), so schließt Amos in einem zweiten Imperativ, die Toraform parodierend (s.o.S.250), die Aufforderung an, „Verbrechen zu üben"; sie wird sofort steigernd wiederholt: „massenhaft Verbrechen zu üben". Hat man den Kontrast zum ursprünglichen Ziel des kultischen Introitus vor Augen, so bietet sich für פשע die Bedeutung „brechen mit (Jahwe)" an (vgl. Jes 1 28; für die politische Revolte: 1 Kö 12 19 2 Kö 8 22; dazu RKnierim, Die Hauptbegriffe für Sünde im Alten Testament, 1965, 150.178). Die Wallfahrt wird für Amos zum Aufruhr gegen Jahwe. Nur hier gebraucht er das Verbum, sonst immer das Nomen (s. Exkurs S. 185f.), das bei ihm regelmäßig Verbrechen gegen die menschliche Gemeinschaft meint. Von daher ist auch hier der Bruch mit Jahwe zu interpretieren; vgl. 5 4f. mit 5 14f. Als Heiligtümer nennt Amos Bethel und Gilgal. Bethel liegt etwa 40 km südlich von Samaria und 18 km nördlich von Jerusalem; das alte Heiligtum lag östlich der Stadt bei *burǧ bētīn* (vgl. BK XIV/1, 113.143, und MNoth, BK IX 283); Gilgal ist etwa 30 km ostsüdostwärts von Bethel im Jordangraben zu suchen, mit großer Wahrscheinlichkeit bei *ḫirbet el-mefǧir*, 2 km nördlich von *erīḥa*; vgl. KDSchunck, Benjamin: ZAWBeih 86 (1963) 39-48, und BK XIV/1, 113. War Bethel als Nordreichsheiligtum durch Jerobeam I. ausgezeichnet worden (1 Kö 12 29; s.u. zu 7 13), so galt Gilgal als zentrales Heiligtum der Landnahmezeit (KD Schunck a.a.O. 44; HJKraus, Gilgal: VT 1, 1951, 181-199).

Im folgenden erklärt Amos das verbrecherische Handeln durch die Opferpraxis. Er denkt wohl daran, daß die kultischen Darbringungen die Gerechtigkeit gegenüber den Unterdrückten ersetzen sollen; vgl. 5 21–24 und die unmittelbar vorangehenden Sprüche 3 9–4 3! בוא hi. bezeichnet „den Opfervorgang als ganzen" (RRendtorff, Studien zur Geschichte des Opfers im alten Israel: WMANT 24, 1967, 148). Unsicher ist, ob לבקר distributiv zu verstehen ist (Cripps, Robinson z.St., LDelekat, VT 14, 1964, 8: „Tag für Tag aufs neue"); denn dafür steht in der Regel לַבְּקָרִים (Jes 33 2 Ps 73 14 101 8 Thr 3 23). Die Nennung eines bestimmten Termins in der folgenden Reihe legt es näher, an den Morgen nach der Ankunft am Wallfahrtsort zu denken (AWeiser, Profetie 162). Schlachtopfer bezeugt auch Hosea als die wesentliche Opferart der Zeit (3 4 8 13 12 12). Besonders beliebt sind sie, weil sie in einem Festmahl mit Fleischverzehr gipfeln; vgl. Hos 4 13 8 13 und RRendtorff a.a.O. 144f. Am „dritten Tag" sollen die Zehntabgaben dargebracht werden. Damit ist wohl der auf den Morgen nach der Ankunft folgende Tag gemeint. Ob der dritte Tag im Kult des 8. Jh. eine besondere Bedeutung hatte, ist kaum noch zu erkennen; vgl. CBarth, Theophanie, Bundschließung und neuer Anfang am dritten Tag: EvTh 28 (1968) 521–533 (531f.!). Der Zehnte wird für Bethel vom Elohisten auf Jakob zurückgeführt (Gn 28 22). Das Deuteronomium nennt als abzuliefernde Zehnterträge Korn, Wein und Öl (12 17 14 23), der ältere Rechtssatz Dt 14 22 spricht nur vom Feldertrag der Aussaat; es ist nicht ausgeschlossen, daß in älterer Zeit auch Kleinvieh hinzugehört wie im „Königsrecht" 1 S 8 15.17. Nach dem Deuteronomium wird auch die Zehntabgabe am Heiligtum in gemeinsamer fröhlicher Mahlfeier verzehrt (12 6f. 11f. 17f. 14 23. 26); den Priestern kam wohl nur ein Anteil zu (vgl. FHorst, ThB 12, 153, und WHSchmidt, Zehnten: RGG³ VI 1878). Amos sagt: „eure" Schlachtopfer, „eure" Zehnten, weil nach seinem Urteil damit nicht Gottes Sache getrieben wird. Rauchopfer (קטר) nennt auch Hosea parallel zu Schlachtopfern 5 (4 13 11 2; vgl. BK XIV/1, 48. 107f.). Als Material kommt ein Teil des Schlachtopfers in Betracht, etwa das Fett (1 S 2 13ff.; RRendtorff a.a.O. 147f.). Amos aber führt ausdrücklich „einen Teil vom Gesäuerten" auf (vgl. Ex 23 18). מן wird hier nicht privativ gebraucht sein (ohne Verwendung von Sauerteig, Ungesäuertes, so ThHRobinson), sondern partitiv (BrSynt § 111a; vgl. HJHermisson, Sprache und Ritus im altisraelitischen Kult: WMANT 19, 1965, 33). Brotringe aus gesäuertem Teig nennt Lv 7 13 als Dankopfergabe. Bringt sie dem Opfernden auch leiblichen Genuß? Jedenfalls erhöht sie wie die „freiwilligen Gaben" sein Ansehen; darum läßt man sie recht laut ausrufen.

Der abschließende kurze Begründungssatz bringt das mit פשע in 4a bereits angekündigte und in den Suffixen von 4b sich fortsetzende Urteil auf die Formel des Eigenwillens. Die Opferveranstaltungen dienen dem eigenen höheren Genuß und dem eigenen höheren Ruhm. Die Begründung erklärt damit nur, warum die Hörer faktisch so handeln, wie es geschieht. Nicht gegen die Kulteinrichtungen, sondern gegen die Kultteilnehmer wendet sich Amos.

6 Ein Redaktor (zur Verknüpfungsformel וגם־אני s.o.S.251) fügt die Anklage hinzu, die wahrscheinlich ein Prediger in Jahwes Namen anläßlich der Zerstörung des Bethel-Heiligtums durch den König Josia erhoben hat (s.o.S.257f.). Ist Amos stets mit aktueller Schuld beschäftigt, die Jahwes Heilstaten widerspricht (z.B. 2 6–9 3 2, s.o.S.125f. 182f.), so wird im folgenden geschichtstheologisch eine Kette vergangener Fehlreaktionen auf Jahwes Züchtigungen als Schuldansammlung vor Augen geführt. In freiem Anschluß an häufig formulierte Plagenketten (s.o.S.251f.) erinnert Gott zuerst an Hungersnöte, die er allen Ortschaften geschickt hat. Ein ungewöhnlicher, euphemistischer Ausdruck, „blanke Zähne", tritt neben den unmißverständlich deutenden: „Mangel an Brot". Das Ziel dieser wie aller folgenden Plagen war die Umkehr zu Jahwe selbst. Soweit wir sehen, haben Hosea (2 9 3 4f. 14 2) und Jesaja (9 12 30 15) als erste in der Umkehr den Sinn der Gerichte erkannt; der Deuteronomist hat sie zur Mahnung erhoben (ThB 22, 315ff.). Auf dieser Linie steht unser Ankläger; er verbindet שוב mit עד wie sonst nur Hos 14 2 Jes 9 12 (19 22) Dt 4 30 30 2. Von Hosea (14 2; vgl. 2 9 3 4f.) bis zum Deuteronomisten (Dt 4 30; vgl. 28f. 1 S 7 3 2 Kö 23 25) meint שוב עד vornehmlich die Rückkehr von den Fremdgöttern zu Jahwe. Amos ist dieses Thema unbekannt. Aber in Josias Tagen wird es brennend, offenbar besonders am Bethel-Heiligtum (2 Kö 23 15ff., s.o.S.257).

Die Gottesspruchformel beschließt diesen und jeden folgenden Abschnitt (8. 9. 10. 11). Amos hat strophenartige Gebilde mit אמר יהוה abgeschlossen (1 5. 8. 15 2 3 7 3. 6), mit נאם יהוה nur Einzelworte (3 15 4 3. 5 9 7) oder eine größere Komposition (2 16). Die hier vorliegende Häufung entspricht dem späteren häufigen Gebrauch (s. Exkurs o.S. 174) und kann von dem Prediger der Josiazeit im Anschluß an 4 5 gewählt worden sein.

7 An zweiter Stelle wird in ungewöhnlicher Breite die Strafe der Dürre geschildert. Es ist möglich, daß große Teile dieses Stückes mit der neuen Verknüpfung (dazu s. Textanm. 7a) nachgetragen sind. Doch bleibt jeder Ausscheidungsversuch ganz unsicher. Die Regenschauer (גשם s.o. S. 76) werden besonders ungern im Frühjahr (März/April) entbehrt; drei Monate Trockenheit sind eine zu lange Zeit bis zur Getreideernte (קציר), also vor allem für Gerste und Weizen, die zumeist im Mai/Juni eingebracht wurden (Dalman, AuS III 4–6). Daneben tritt als eine 8 andere Not, daß das Land nur strichweise Regen erhält. Viele Städte bleiben in der Dürrezone (aβ); so kommt es, daß einzelne Städte ihren Trinkwasservorrat mit zwei oder drei anderen teilen müssen, ohne daß der Vorrat ausreiche (8). Offensichtlich gehören 7aβ und 8 zusammen.

7b tritt dazwischen und überträgt den Gedanken vom strichweisen Regen-
fall auf die Ackeranteile, ohne als Konsequenz eine neue Not auszuführen; hier drängt sich die Vermutung eines Nachtrags besonders stark
auf. Auch Dürrezeiten bewirkten die Umkehr nicht.

Der dritte Abschnitt nennt zunächst Getreideschäden. שִׁדָּפוֹן wird im- 9
mer mit יֵרָקוֹן verbunden: 1 Kö 8 37 2 Ch 6 28 Dt 28 22 Hag 2 17. שִׁדָּפוֹן
wird vom heißen Ostwind bewirkt, wenn er das Getreide vorzeitig „aus-
trocknet" (vgl. שָׁדַף Gn 41 6), ja versengt, so daß es braun wird (Dalman,
AuS II 333f.: „Braunrost"). 𝕲 übersetzt שִׁדָּפוֹן in Dt 28 22 und 2 Ch 6 28
ἀνεμοφθορία („Windschaden", „Windbruch"), kennt also den Zusammenhang des Schadens mit dem Ostwind. יֵרָקוֹן (Jer 30 6: „Blässe" des
Gesichts) meint hier wie sonst immer neben שִׁדָּפוֹן das „Blaßwerden der
Spitzen des grünen Getreides infolge Würmerbildung" (Dalman, AuS I/
2, 326). 𝕲 hat an unserer Stelle an Erkrankungen des Menschen gedacht; s. Textanm. 9a. Der alte Text stellt neben die Getreideschäden
weitere Ernteeinbußen; die „Gärten" können Gemüse (Dt 11 10 1 Kö
21 2) wie Baumfrüchte (Gn 2 9f.) einbringen; dieser Ertrag soll ebenso
vertrocknen (? s. Textanm. 9b) wie die Reben der Weinberge, wenn nicht
die Weinstöcke schon (gemäß den massoretischen Akzenten) wie die
Feigen- und Ölbäume dem Fraß der Heuschrecke anheimfallen; zur
Heuschreckenplage s. Exkurs o.S. 30–32 und Jl 1 6f., wonach die Heuschrecken Weinstöcke und Feigenbäume abschälen. Auch diese Ernteschäden erweckten die Umkehr nicht.

Der vierte Abschnitt nennt als nächste Züchtigung דֶּבֶר. Sie wird 10
näher bestimmt: „nach der Art Ägyptens". Damit wird an jene Seuche
erinnert, die nach Ex 9 3–7 (J) den ganzen Viehbesitz Ägyptens hinraffte:
Pferde, Esel, Kamele, Rindvieh und Kleinvieh; aber das Wort schließt
auch die Pest ein, die Menschen befällt (Ez 14 19 Ex 9 15 [J]; vgl. Ex
9 9f. [P] und Dt 28 27); immer ist eine tödliche Seuche gemeint (Ex 9 6
Jer 14 12 Ez 14 19). So steht sie oft, wie hier, neben dem „Schwert" (z.B.
Lv 26 25 Ex 5 3 Ez 5 17 14 12 21 7. 9 u.ö.). Hier trifft es besonders die Jugend;
בַּחוּרִים, die ausgewachsenen, kräftigen jungen Männer, stellen die Elite
der Kampftruppen (1 S 9 2 Jes 9 16; vgl. HWildberger, BK X 218); die
„Pferde" entscheiden über die Kampfkraft der Streitwagenkorps (s.o.
S. 208 zu 2 15). מַחֲנֶה (sg.) faßt in der Bedeutung „Kriegslager" das gesamte Heer zusammen (Dt 23 10 Ri 7 10), das der Vernichtung preisgegeben wird und dessen Verwesungsgestank dem Volk in die Nase steigen
muß (vgl. Jl 2 11 und o.S. 74). Rückkehr zu Jahwe brachten auch die
militärischen Niederlagen nicht.

Ist der Prediger mit 10 schon von den Naturkatastrophen zu den Ein- 11
griffen Jahwes in die politische Geschichte übergegangen, so steigert er die
Plagenreihe, die bisher aufs ganze gesehen durchaus im Rahmen der oft
genannten Strafketten blieb (s.o.S. 251f.), am Schluß in völlig ungewohn-

ter Weise. Sollte hier nicht an die endgültige Zerstörung des Nordreichs
als selbständiger politischer Größe durch die Assyrer im Jahre 721 erinnert werden? Die geprägte Wendung „wie Gott Sodom und Gomorrha
umstürzte" verdeutlicht immer die totale Vernichtung politischer Größen: Babylons (Jes 13 19 Jer 50 40), Edoms (Jer 49 18) oder Israels (Dt
29 22). Der Prediger der Josiazeit blickt auf den Untergang des Nordreichs zurück und kann verständlicherweise die in Bethel Angesprochenen
einem dem Feuer entrissenen Holzscheit vergleichen. Aus Amos' Mund
wäre dieser fünfte Abschnitt besonders schwer zu erklären. Wo sagt er
אלהים? Die ganze Wendung „wie Gott Sodom und Gomorrha umstürzte"
ist in weit späterer Zeit als fest geprägte Formel belegt. Wollte man הפך
auf ein von Amos verkündetes Erdbeben beziehen (2 13 [8 8] 9 1), so
bliebe zu bedenken, daß das Wort in der Sodom-Überlieferung Gn
19 21. 25. 29 zwar vorkommt, aber nicht im Zusammenhang eines Erdbebens. Zudem ist die Verkündigung des Amos „zwei Jahre vor dem
Erdbeben" anzusetzen (11b), so daß ein Rückblick auf das Ereignis
durch den Propheten auch von daher unwahrscheinlich ist (vgl. KBudde,
JBL 43, 1924, 50; AWeiser, Profetie 171). Der in 4 6–11 sprechende Ankläger wird also den Mangel an Umkehrwilligkeit bei denen vermissen,
die auch nach der assyrischen Eroberung des Gebiets fremden Göttern
huldigen; vgl. 2 Kö 17 13ff. (28!).

12   „Darum" – weil alle Züchtigungen Jahwes die restlichen Anhänger
des Bethel-Heiligtums nicht veranlassen konnten, zu Jahwe zurückzu-
kehren – weist der Prediger nun mit seinem Finger (כה) auf die Zerstörung dieses Heiligtums durch Josia als auf Jahwes Tat hin (vgl. 2 Kö
23 15ff. und o.S.257). So wird der in Amos' Sprache ganz ungewöhnliche
Ausdruck verständlich, der nicht ein Drohwort folgen läßt (s.o.S.253),
sondern die gegenwärtige Maßnahme Josias als begründet erklärt. Die
Imperfekta (אעשה) dienen dem Ausdruck der gegenwärtigen einmaligen
Handlung; s. BrSynt § 42f. Damit entfallen alle gezwungenen Deutungen
und Erklärungen des Satzes. „Im Dunkeln" bleiben die näheren Um-
stände nicht „absichtlich, da das Unbekannte oft unheimlicher und
schrecklicher ist als das Bekannte" (Robinson 87). Wo hat Amos das
kommende Gericht je im Dunkeln gelassen? Willkür wäre es, eine andere
Drohung des Amos hierher zu setzen (Sellin 220 schlug 3 14b vor, wobei
noch weitere Konjekturen erforderlich werden) oder die Tilgung einer
besonders entsetzlichen Drohung an dieser Stelle anzunehmen („Eine
Feder hat sich gesträubt, sie abzuschreiben!" – meint HGreßmann 344).
Warum hat sich bei 2 13–16 4 1–3 5 1–2 und vielen ähnlichen Worten die
Feder nicht gesträubt? Alle derartigen Vermutungen erscheinen schon
deshalb als abwegig, weil 12a gar kein Strafurteil einführt.

Trifft unsere Vermutung zu, daß der Satz vielmehr den Akt Josias in
Bethel als Gottes gerechtes Gericht deutet, dann wird auch der Übergang

in b ungezwungen verständlich. Nun wird diese Handlung zum aktuellen Grund, die versammelte Israelgemeinde aufzufordern, sich ihrem Gott zu stellen. Der imp. הכן ist nur noch einmal in Ez 38 7 belegt. Dort wird Gog aufgefordert, sich Jahwe zur Verfügung zu stellen (zum Text vgl. WZimmerli, BK XIII 926). Die Sinaiperikope bringt die gleiche Wurzel in partizipialer Verbindung (Ex 19 11: וְהָיוּ נְכֹנִים; 15: הֱיוּ נְכֹנִים; 34 2: וֶהְיֵה נָכוֹן); mit ihr wird die Bereitschaft Israels bzw. Moses zur Gottes- begegnung ausgedrückt. Im gleichen Zusammenhang wird die Begeg- nung selbst mit der Wendung לִקְרַאת הָאֱלֹהִים formuliert (Ex 19 17 [E]); vgl. FHorst, ThB 12, 165; WBrueggemann 2–4 (mit לקראת vgl. auch קְרִי in Lv 26 21. 23f. 27f. 40f.). אלהיך darf in der liturgischen Anrede innerhalb der Ich-Rede aufgrund der Aufnahme tradierter Form so wenig als Stil- bruch angesehen werden wie „euer Gott" in der Formel „Ich bin Jahwe, euer Gott"; vgl. auch Lv 26 44 u.ö. Amos hingegen ist אלהים mit und ohne Suffix (vgl. 11) fremd (zu 2 8 s. Textanm. 2 8b). Vgl. schon zu יהוה inner- halb der Gottesrede Hos 1 2 u.ö., dazu BK XIV/1, 16f.

So liegt hier höchstwahrscheinlich eine liturgische Anweisung des Sprechers am zerstörten Bethel-Altar vor, der die Versammelten auffor- dert, sich Jahwe zu stellen, „wie Akan durch das Gottesurteil unmittelbar unter die Augen des richtenden Gottes gestellt wurde" (FHorst a.a.O. mit Hinweis auf Jos 7 19). Unmittelbarer noch erläutern unseren Zusam- menhang der Ratschlag, den Eliphas dem seiner Ansicht nach zu Recht gestraften Hiob in Hi 5 8 erteilt: „Ich würde an Gott mich wenden." Dann folgen in 5 9ff. hymnische Aussagen im Partizipialstil, die uns schon formal 13 sowie inhaltlich an den im Amosbuch folgenden Hymnus erinnerten (s.o. S.255). Die gestrafte Bethel-Gemeinde soll in dieser Weise dem sakra- len Prozeß entsprechend Jahwe die Ehre geben (vgl. FHorst, Hiob: BK XVI 64. 82f.).

כי הנה weckt eingangs die Aufmerksamkeit für die anzustimmende Doxologie. Zu deren Stil und Zusammenhang s. Exkurs o. S.254ff. Zunächst wird der mächtige Schöpfer gepriesen, der „Berge bildet" in einer Weise, in der der Mensch nur Tonfiguren gestalten kann. יצר meint das pla- stische Gestalten, bei dem der Künstler Hand an sein Werk legt (vgl. Jer 18 3–6 und Humbert, OH 82–88). In Parallele zu יצר steht nur noch bei Dtjes (43 1. 7 45 7. 18) ברא, das Wort, mit dem die Priesterschrift (Gn 11. 21. 27 u.ö.) יצר im jahwistischen Schöpfungsbericht als Bezeichnung für das schöpferische Handeln Gottes (Gn 2 7f. 18) ablöst; vgl. CWester- mann, BK I 136ff., und WHSchmidt, Die Schöpfungsgeschichte: WMANT 17 (²1967) 164ff. 200. Eine theologische Differenz zwischen beiden Verben ist jedoch hier wie an den genannten Dtjes-Stellen nicht bewußt. Unsere Stelle spricht neben Ez 28 13. 15 für die Vermutung, daß ברא zur vorexilischen, kanaanäischen Kultsprache gehörte; vgl. PHumbert, OH 146–165; WZimmerli, BK XIII 682. Was meint רוח? In Parallele zum vorangehenden הרים ist an Wind zu denken; neben das sichtbar Gewaltige tritt das unsichtbar Gewaltige. Auch der Wind, dem der Mythos Schöpferkraft zuschreibt, ist Geschöpf; vgl. KGalling, ZThK 47 (1950) 154; CWestermann, BK I 149f. 𝔊 übersetzt allerdings nicht ἄνεμος, sondern πνεῦμα und denkt an des Menschen Geist. Dann ergibt sich ein Übergang zur folgenden Reihe. ברא hat zwar oft den Menschen und Menschliches zum Objekt – bei Ez (21 35 28 13. 15) ausschließlich, bei P überwiegend (Gn 1 27 5 1f. 6 7), bei Dtjes nur im kleineren Teil der Belege (43 1. 7. 15 45 12 54 16) –, jedoch auch andere Geschöpfe (Gn 1 1. 21 2 3 Jes 40 26. 28 41 20 42 5 45 7f. 18). Dabei haben die Stellen, die ברא // יצר setzen, ebenso den Menschen (Jes 43 1. 7) wie anderes (Jes 45 7: Finsternis, Unheil; Jes 45 18: Himmel, Erde) zum Gegenstand. In Jes 45 12 folgt dem Machen (עשׂה) der Erde das Erschaffen (ברא) des Menschen. רוח kommt sonst nie direkt als Objekt von ברא vor, im weiteren Wortfeld allerdings Ps 51 12, wo es des Menschen Geist meint. Auch in Jes 42 5 folgt der Aussage von der Erschaffung der Erde die von der Gabe des Lebenshauchs und der רוח an die Erdbewohner. Es mag sich empfehlen, die Doppelsinnigkeit des hebr. רוח gerade in unserem Hymnus beim Übergang von der ersten zur dritten Partizipialaussage zu bedenken; daran will unsere Übersetzung „Hauch" erinnern; vgl. DLys, „Rûach". Le souffle dans l'Ancien Testament: EHPhR 56 (1962) 66. Die dritte Aussage führt eindeutig zum Menschen. Gott wird gepriesen, weil er im Wort Kontakt mit ihm aufnimmt. Problematisch ist das Suffix in שׂחו. Wessen Sinnen tut Gott kund, sein eigenes oder das des Menschen? An des Menschen Sinnen könnten ähnliche partizipiale Aussagen in Jer 11 20 („der Nieren und Herz prüft") und Ps 94 11 („der die Pläne des Menschen kennt") erinnern (zu שׂיחה Hi 15 4 vgl. FHorst, BK XVI 222). Doch läßt sowohl das Hapaxlegomenon שׂח als solches eher an Gottes Plan denken (so auch durchweg die alten Übersetzungen, s. Textanm. 13b) wie auch das Partizip מגיד. Dann liegt sachlich Am 3 7 als Parallele näher. Der Schöpfer nimmt die Wortverbindung zum Menschen auf. Hier spürt man zum ersten Mal einen Bezug des Hymnus zur vorangehenden Homilie. Er wird noch deutlicher im folgenden, vor allem, wenn mit 𝔐 zu lesen ist: „der Morgenröte zu Finsternis macht", was die gegenwärtigen Hörer auf das Gerichtswerk deuten können. Die letzte Aussage: „der auf die Höhen der Erde tritt", könnte direkt auch auf das Höhenheiligtum von Bethel bezogen werden. Die mit kleinen Abwandlungen verbreitete Aussage (vgl. Mi 1 3; Hi 9 8 spricht von den Höhen des Meeres, Jes 14 14 vom Thronen Eljons auf den Höhen des Gewölks) kann gut kanaanäischer Tradition entstammen. Zu בָּמָה s. BK XIV/1, 229. Baalšāmēm nimmt im Unterschied zu Hadad von allen Höhen des Landes Besitz; vgl. RHillmann, Wasser und Berg: Diss. Halle (1965) 195. Aber diese Aussage ist nun mit allen anderen dem Fremdgott entrissen und Anlaß des Lobpreises Jahwes geworden. Jahwe ist der Name, dem allein die Ruhmestaten zuzuschreiben sind. So erscheint dieser Hymnus, der die Merkmale des Kampfes gegen den Synkretismus an sich trägt, besonders geeignet, die endliche Umkehr zu Jahwe zu vollziehen aufgrund des Gerichtes über Bethel, in der Beugung unter dieses Gericht und im Bekenntnis zum Richter.

Blicken wir auf die Verse 4–13 zurück, so liegt vor uns ein Weg- Ziel stück Verkündigungsgeschichte von wenigstens 130 Jahren. Amos hat in 4f. noch den regsten Wallfahrtseifer und Opferdienst am Bethel- und Gilgalheiligtum in der Blütezeit des Nordreichs vor Augen. Aus dem Gewand priesterlicher Anweisung streckt sich die nackte, anklagende Faust prophetischen Urteils hervor: Durch fromme Betriebsamkeit brecht ihr mit Jahwe und treibt, was ihr selbst liebt! Nicht zu den Kultorten, den Kultgegenständen und -bräuchen als solchen nimmt der Prophet Stellung, sondern zu den Menschen, die sich ihrer bedienen. So veranlaßt das entlarvende Scheltwort die folgenden Generationen zur Prüfung: Was ist Triebkraft der gottesdienstlichen Akte? Welchen Einfluß haben sie auf das Alltagsleben? Amos sah sie vor allem deshalb als Bruch mit Jahwe an, weil sie Verbrechen gegen bedrängte Mitmenschen nicht verhinderten (s.o.S.258f.). Wenn sich unsere Deutung bewährt, daß 6–13 aus der Josiazeit stammen, dann hat ein Sprecher aus einer der folgenden Generationen angesichts der Zerstörung des Bethel-Heiligtums gegen Ende der assyrischen Vorherrschaft Amos neu verstanden. Inzwischen hatte der Kultort seit hundert Jahren zur assyrischen Provinz Samaria gehört. Er wird sich nicht nur weiterhin den Göttern Kanaans wie zur Zeit Hoseas geöffnet haben (vgl. Hos 4 15 10 5 und BK XIV/1, 227f.), sondern darüber hinaus den Göttern der Großmacht Assur. Unser Prediger erkennt in Josias harter Maßnahme gegen den Altar von Bethel die Tat seines Gottes (12). Sie steht am Ende einer langen Reihe von Züchtigungen durch Natur- und Geschichtskatastrophen (6–11). Deren Ziel war es, die Anklage des Amos endlich verstehen zu lehren. Nur sah dieser Bußprediger die Schuld weniger in der fehlenden Gerechtigkeit gegenüber den armen Volksschichten als vielmehr in der Hinwendung zu den fremden Göttern (s.o.S.260). Die bisher versäumte Rückkehr zu Jahwe soll nun endlich im rühmend-reuigen Bekenntnis zu ihm (13) Ereignis werden. Hatte Amos einen florierenden Gottesdienst als Dienst an der eigenen Macht und dem eigenen Genuß auf Kosten der Unterdrückten vor Augen, so richtet sich der jüngere Sprecher gegen eine Kultgemeinde, die die Fruchtbarkeitsgötter um der wirtschaftlichen Produktivität willen und die Machtgötter der politischen Obergewalt zuliebe anstelle Jahwes inthronisiert hatten. So ist rechter Gottesdienst zu verschiedenen Zeiten unterschiedlich bedroht. Die Grundfrage formuliert Amos in reicher Zeit ironisch: Wessen Liebe bewegt euch? Die eigene oder die des Gottes

Israels? Die spätere Stimme faßt die Frage unter dem Eindruck der Gerichte Gottes neu: Wem wendet ihr euch entschlossen im Lobpreis zu?

Die redaktionelle Verknüpfung fordert jede Lesergeneration heraus, das Falsche des eigenen Gottesdienstes zu erforschen.

TOTENKLAGE ÜBER ISRAEL
(5 1–17)

HJahnow, Das hebräische Leichenlied im Rahmen der Völkerdichtung:
ZAWBeih 36 (1923). – SSpeier, Bemerkungen zu Amos: VT 3 (1953) 305 bis
310 (V. 8b: 307). – GRDriver, Two Astronomical Passages in the Old Testament: JThSt 4 (1953) 208–212. – FHorst, Die Kennzeichen der hebräischen
Poesie: ThR 21 (1953) 97–121. – JDWWatts, Note on the Text of Amos V 7:
VT 4 (1954) 215f. – FHesse, Amos 5 4–6. 14f.: ZAW 68 (1956) 1–17. – JDW
Watts, Vision and Prophecy in Amos (1958) 54–57. – CWestermann, Grundformen prophetischer Rede (1960; ²1964) 137–142. – HGese, Kleine Beiträge
zum Verständnis des Amosbuches: VT 12 (1962) 417– 438 (IV. אִכָּר 'Ackerknecht' und Am V 7–17: 432–436). – EGerstenberger, The Woe-Oracles of the
Prophets: JBL 81 (1962) 249–263. – HWWolff, Amos' geistige Heimat:
WMANT 18 (1964) 12–23. 40–46. – JJGlück, Three Notes on the Book of
Amos: OuTWP (1964/65) 115–121. – SAmsler, Amos, prophète de la onzième
heure: ThZ 21 (1965) 318–328. – GFohrer, Prophetie und Magie: Studien zur
alttestamentlichen Prophetie, ZAW Beih 99 (1967) 242–264 (254f.). – GWanke,
אוֹי und הוֹי: ZAW 78 (1966) 215–218. – KWNeubauer, Erwägungen zu
Amos 5 4–15: ZAW 78 (1966) 292–316. – RJClifford, The Use of HÔY
in the Prophets: CBQ 28 (1966) 458–464. – JGWilliams, The Alas-Oracles
of the Eight-Century Prophets: HUCA 38 (1967) 75–91. – HGottlieb,
Amos und Jerusalem: VT 17 (1967) 430–463 (hier: 451–454). – JLCrenshaw, The Influence of the Wise upon Amos: ZAW 79 (1967) 42–52.
– HWildberger, Weherufe über Rücksichtslosigkeit und Leichtsinn: BK
X (1968) 175–202. – HDPreuß, Jahweglaube und Zukunftserwartung:
BWANT 87 (1968) 158–161. 181f. – HJHermisson, Studien zur israelitischen
Spruchweisheit: WMANT 28 (1968) 88f. – FCrüsemann: Studien zu
den Hymnen und Dankliedern des Psalters: WMANT 32 (1969).

¹Hört dieses Wortᵃ, das ich als Totenklage
über euchᵇ anstimme, Haus Israelᶜ:
  ²Gefallen ist, nicht steht mehr auf
    die Jungfrau Israelᵃ,
  liegt hingestreckt auf eignem Boden,
    und keiner hilft ihr wieder aufᵇ.
³Denn so hat [der Herr]ᵃ Jahwe gesagt 'für das Haus Israel'ᵇ:
  Die Stadt, dieᶜ als Tausendschaft ausrückt,
    hundert bekommt sie zurück;
  und dieᵈ als Hundertschaft ausrückt,
    zehn bekommt sie zurück'ᵇ.

⁴Ja, so hat Jahwe gesagt für das Haus Israel:
  Suchet mich! Dannᵃ lebt ihr.
  ⁵Nicht suchet Bethel!
    In Gilgal zieht nicht ein!
  – Nach Beersebaᵃ geht nicht hinüber! –ᵇ

Denn Gilgal geht^c gefangen fort,
        und Bethel wird^c zuschanden^d.

[⁶Suchet Jahwe! Dann lebt ihr . Damit Josephs Haus nicht wie Feuer wirkt^a und frißt und keiner löscht ^bwegen Bethel^b.]

⁷Weh'^a denen, die Recht in Wermut^b verwandeln
        und Gerechtigkeit zu Boden stoßen^c.

[⁸^a(Der Siebenstern und Orion schuf)^a,
der zum Morgen die Finsternis wandelt,
        der den Tag zur Nacht verfinstert,
der den Wassern des Meeres ruft
        und sie ausgießt aufs Antlitz der Erde:
Jahwe '' ^bist sein Name.

⁹^d(Der Verheerung über den Starken 'bestellt'^a,
        und es kommt^b Verheerung^c über die feste Stadt.)^d]

¹⁰Sie hassen im Tor den, der zurechtweist,
        und scheuen den, der vollständig aussagt^a.

¹¹Darum:
Weil ihr Pachtzins vom Hilflosen erpreßt^a
        und Kornsteuer von ihm nehmt:
Quadersteinhäuser habt ihr gebaut,
        doch wohnen werdet ihr nicht darin.
Prächtige Weingärten habt ihr gepflanzt,
        doch trinken werdet ihr nicht ihren Wein.

¹²Ja^a, ich kenne eure zahlreichen Verbrechen
        und eure ^bkräftigen Verfehlungen^b;
sie bedrängen den Schuldlosen,
        sie nehmen Bestechungsgeld an
                und weisen den Bedürftigen im Tor ab^c.

– ¹³Darum schweigt der Verständige zu jener Zeit, denn es ist böse Zeit.

¹⁴Suchet das Gute und nicht das Böse, damit ihr am Leben bleibt und damit Jahwe [Gott der Heere]^a wirklich mit euch ist, wie ihr sagt.
¹⁵^aHaßt das Böse und liebt das Gute^a! Richtet das Recht im Tor auf! Vielleicht^a ist Jahwe [Gott der Heere]^b gnädig dem Rest Josephs. –

¹⁶Darum hat so Jahwe [der Gott der Heere, der Herr]^a gesagt:
        Auf allen Plätzen Trauerfeiern,
                in allen Gassen rufen sie: O weh! O weh!
        Sie rufen den Ackerknecht zur Trauer,
                'zum Wehgeschrei'^b die Klagekundigen.
        ¹⁷In allen Weingärten (hört man) Wehgeschrei.
        Denn ich schreite durch deine Mitte, hat Jahwe gesagt.

1a 𝔊 (τὸν λόγον κυρίου) kann nicht früh genug herausstellen, daß Amos „Jahwes **1**
Wort" verkündet. Der alte Text hebt aber deutlich das alte Amoswort von
dem erst in 3 eingeführten Jahwewort ab. Vgl. schon 𝔐 in 3 10, s. Textanm.
3 10a. – **b** Kollektives בית ישראל wird auch im Kontext von 5 4. 25 6 14 plura-
lisch ausgelegt. – **c** 𝔊 (𝔙) verbinden οἶκος Ισραηλ (Domus Israel) als Subjekt
mit dem folgenden Satz. Entsprechend ordnet 𝔙 in 2 virgo Israel dem nachfolgenden Satz zu. Dem widerspricht der Anschluß des Vokativs an die gleichartig gebauten Aufrufe zum Hören in 3 1a 4 1a. – **2a** S. Textanm. 1c. 𝔗 **2**
(בנתא חדא כנשתא דישראל) umschreibt „der Töchter eine aus der Gemeinde
Israel" und schränkt damit das totale Gerichtswort ein. – **b** Wörtlich besagt die
partizipiale Zustandsschilderung: „Keiner ist da, der sie zum Aufstehen bringt".
– **3a** S. Textanm. 1 8b. Die Botenformel bietet in der Regel im Amosbuch nur **3**
יהוה. – **b** Die Parallele in 4 (vgl. 1) legt es nahe, לבית ישראל vom Ende des
Verses hierherzuziehen; dort ist die Wendung wenig sinnvoll; vielleicht ist sie
überhaupt zu tilgen und als aberratio oculi zu erklären. – **c** 𝔊 erklärt ἐξ ἧς,
ebenso 𝔗𝔊𝔙. – **d** והעיר am Anfang von 3b zu ergänzen (so Greßmann, Maag),
ist textgeschichtlich unbegründet und allein metri causa nicht zu verantworten.
– **4a** Der Sinn des 2. imp. ist nahezu final (vgl. Joüon, Gr §§ 116f. 168a), wird **4**
jedoch nicht wie in 14 mit למען kenntlich gemacht; vgl. FHesse 4f.[22] Der erste
imp. bekommt den Charakter einer Bedingung (Ges-K § 110f.; vgl. KBeyer,
Semitische Syntax im Neuen Testament,[2]1968, 243). – **5a** 𝔊 (τὸ φρέαρ τοῦ **5**
ὅρκου) gibt im Unterschied zu 8 14 nicht den Eigennamen wieder, sondern
deutet „Schwurbrunnen" wie in Gn 21 14. 31 und zumeist. – **b** Da der Satz in b
keine Entsprechung findet, wird er als Nachtrag zu werten sein; vgl. schon
AvGall, Altisraelitische Kultstätten: ZAWBeih 3 (1898) 50; JMorgenstern
spricht von einer judäischen Glosse (HUCA 32, 1961, 319); s.o.S. 133. – **c** Die
Städtenamen sind ausnahmsweise maskulin behandelt, da vornehmlich an
ihre Bevölkerung gedacht ist; vgl. Mi 5 1. Joüon, Gr § 134g, erklärt den Befund nur für die mit בית gebildeten Städtenamen. – **d** 𝔊 (ὡς οὐχ ὑπάρχουσα)
liest אַיִן oder deutet אָוֶן als das Nichtige. – **6a** 𝔊 (ἀναλάμψῃ) deutet צלח viel- **6**
leicht sinngemäß; vgl. צלח als Bezeichnung des Wirksamwerdens der רוח in
Ri 14 6. 19 u.ö. Die Konjektur יִשְׁלַח (Maag 21) zieht die Änderung des folgenden Wortes in בָּאֵשׁ (schon Sellin 227) nach sich und kann sich nicht auf die ähnliche Wendung in 1 4. 7 usw. berufen. FHesse (6[28]) will תצלח אש lesen. 𝔐 ist textgeschichtlich einhellig bestätigt. Vgl. die ähnliche Konstruktion in Jer 4 4b 21 12b.
– **b–b** 𝔊 (τῷ οἴκῳ Ισραηλ) verallgemeinert 𝔐, deren Text auch 𝔗 ᾽ΑΣΘ 𝔙 voraussetzen. Der פן-Satz mit dreimaligem Subjektswechsel wirkt ohnehin ge-
schraubt; אכל und כבה pi. stehen sonst immer mit acc. לבית־אל gibt das eigentliche Ziel des Satzes an: ל bezeichnet hier die nähere Beziehung (KBL 465
Nr. 19; BrSynt § 107i) und zeigt, daß 5 gedeutet werden soll. Es ist daher
keinesfalls zu streichen (so Robinson, Maag, Hesse u.a.) oder mit 𝔊 in לבית
ישראל zu ändern (Nowack, Greßmann u.a.). – **7a** Seit GASmith (1896) ist meist **7**
ein הוי (wie 5 18 6 1) vorgeschaltet worden, das durch Augensprung ausgefallen sein könnte. S. Textanm. b und u. Exkurs S. 284ff. – **b** Budde und Maag lesen
nach 𝔊 (εἰς ὕψος) לְמַעֲלָה; die Wendung הפך למעלה ist zwar in Ri 7 13 in der
Bedeutung „das Unterste zuoberst kehren" belegt, aber sie ist hier sowohl
vom Sinn (Maag: „auf den Kopf stellen") als auch von der Sachparallele 6
12b her unwahrscheinlich. – **c** 𝔊 (κύριος ὁ ποιῶν εἰς ὕψος κρίμα καὶ δικαιοσύνην
εἰς γῆν ἔθηκε) liest die beiden ersten und demnach auch das letzte Wort anders. Statt ההפכים ללענה setzt sie vielleicht יהוה פֹּכֶה מִלְמַעֲלָה (so Watts; statt
פֹּכֶה[?] wäre als Vorlage von ποιῶν nach den sonstigen Übersetzungsgepflo-

genheiten von 𝔊 im Amosbuch eher עָשָׂה, vom Schriftbild her פֹּעַל zu erwarten)
und am Ende demgemäß die sg. Form הִנִּיחַ voraus. Damit sucht sie den Text
den beiden folgenden hymnischen Versen im Stil anzugleichen; er trifft aber
nicht ihre Thematik (nach Watts: „Es ist Jahwe, der Gerechtigkeit von oben
ausgießt und Gerechtigkeit der Erde verleiht"; s.o.S. 256). Dagegen spricht für
𝔐 als ursprünglichen Text: 1. Die hymnischen Einschaltungen beginnen im
Amosbuch nicht mit יהוה; der Refrain am Schluß יהוה שְׁמוֹ schließt diesen Anfang geradezu aus (s.o.S.254). 2. Die Topik des 𝔐-Textes entspricht der
Sprache des Amos (6 12; vgl. 5 24) und läßt viel eher eine Aussage über den
Menschen als über Jahwe erwarten. 3. V. 10 bleibt ohne V. 7 ein Fragment;
10 fordert geradezu 7 als Anfang, allerdings mit konjiziertem הוֹי. Nun kann man
𝔊 entnehmen, daß der Anfang von 7 so zerstört war, daß ihr Übersetzungs-
versuch möglich wurde; immerhin war die Zahl der beschädigten Buchstaben
so groß, daß auch von daher ein dem 𝔐-Text ursprünglich vorgeschaltetes
הוֹי sehr wahrscheinlich ist. Was 𝔊 מ'' (פעל) פכה יהוה las, wird unverderbt
8 הוֹי ההפכים geheißen haben. – 8a–a Dieser allein stehende Dreier ist wahrscheinlich entweder sekundär oder durch ein unbekanntes paralleles Glied ergänzt zu
denken; s.o.S.255. 𝔊 (ποιῶν πάντα καὶ μετασκευάζων) erkennt hier im Unterschied zu Hi 9 9 38 31 die Sternbilder nicht; sie faßt den Sinn des Folgenden
9 zusammen: „Der alles macht und umgestaltet". – b 𝔊 (ὁ θεὸς ὁ παντοκράτωρ)
setzt wie 𝔐 in 4 13 zusätzliches אלהי צבאות. – 9a 𝔊 (ὁ διαιρῶν) liest vielleicht הַמַּבְדִּיל im Sinne von „aussondern", „bestellen zu" (vgl. 1 Ch 25 1
2 Ch 25 10); 𝔐 („der erheiternde"; vgl. Ps 39 14 Hi 9 27 10 20) müßte im Zusammenhang etwa „der aufleuchten läßt" gedeutet werden. Maag will den
Text nach 𝔊 mit Oort und Sellin so herstellen: הַמַּפְלִיג שֶׁבֶר עַל־עֹז / וְשֹׁד עַל־מִבְצָר
יָבִיא und übersetzt: „Der Zertrümmerung über Burgen hereinbrechen läßt /
Und Vergewaltigung über Festen bringt". – b Ob nach 𝔊 (ἐπάγων) יָבִיא („er
bringt") zu lesen ist, bleibt in einem solchen stilistisch ohnehin gebrochenen
Nachtrag ganz unsicher. – c Wiederholtes שֹׁד verstößt gegen das Gesetz der
Alternation im parallelismus membrorum, das sonst in den Hymnenstücken
4 13 5 8 9 5f. durchgehalten wird, außer in 9 5aα²β, einem Doppeldreier, der
wahrscheinlich ebenso wie 5 9 nachgetragen ist (vgl. 8 8a u.o.S. 255). – d–d Der
Vers wirkt hinter dem Strophenschluß in 8b wie ein Nachtrag, s.o.S.255;
10 VMaag (25) nennt ihn einen „Hymnensplitter". – 10a דבר תמים könnte auch
den „Sprecher der Unschuldigen" meinen, wird hier aber doch den bezeich-
11 nen, „der vollständige Angaben macht"; s.u.S. 289. – 11a בשׁס ist nach HTorczyner, JPOS 16 (1936) 6f., von akk. šabāsu = „Steuern erheben" her zu verstehen; die ungewöhnliche (po.-) Form läßt an einen inf. cstr. c. suff. denken;
vielleicht ist ein ursprünglicher inf. k. (שָׁבְסְכֶם oder שׁוֹבְסְכֶם; Torczyner a.a.O.7
schlug בְּשָׁסְכֶם oder בְּשׁוֹסְכֶם als ursprüngliche Lesung vor, Klaus Beyer brieflich
שׁוּבְסְכֶם) bei der transpositio der ersten beiden Vokale umvokalisiert worden.
Seit Wellhausen wurde meist בּוּסְכֶם (= „niedertreten") gelesen. 𝔊 (κατεκον-
δυλίζετε) denkt an Faustschläge oder Ohrfeigen und scheint eine 2. pers. pl.
12 impf. in genauer Parallele zu תקחו (ἐδέξασθε) vorauszusetzen. – 12a כי findet
sich zur Sprucheröffnung in 3 14·4 2aβ 6 14a, in 3 7 und 5 4 zur literarischen Verknüpfung, s.u.S.273f. – b–b Die maskuline Form עצמים hat seit Wellhausen oft
zur Lesung חַטָּאיְכֶם (vgl. Jes 1 18) geführt; aber der Parallelismus zu 12aα mag
zu der Inkongruenz geführt haben; er bestätigt 𝔐 ebenso wie 𝔊 (καὶ ἰσχυραὶ
αἱ ἁμαρτίαι ὑμῶν). – c Zum Übergang von der Anredeform in a zur 3. Person
14 nach den Partizipien vgl. 4 1 mit Textanm. b. – 14a אלהי צבאות ist wahrschein-
15 lich wie in 4 13 nachgetragen; s. dort Textanm. e. – 15a–a 𝔊 (μεμισήκαμεν τὰ

270

πονηρὰ καὶ ἠγαπήκαμεν τὰ καλά) bietet die Verben in 1. pl. und die Objekte im pl., als läge ein das Erbarmen Jahwes erklärendes Bekenntnis vor; so wird denn auch b statt mit אוּלַי mit ὅπως (ἐλεήσῃ) eingeleitet. – b S.o. Textanm. 14a. – 16a 𝔊 (ὁ θεὸς ὁ παντοκράτωρ) kennt אֲדֹנָי noch nicht, bildet also eine Zwi- 16 schenstufe zwischen dem wahrscheinlich ganz knappen Amosstil und der litur- gischen Breite der Endredaktion (s.o. Textanm. 3a und 14a). – b 𝔊 (καὶ κοπετὸν καὶ εἰς εἰδότας θρῆνον) setzt schon 𝔐 voraus; als ursprünglich wird וְאֶל־מִסְפֵּד entsprechend der synonymen Parallele in 16b anzunehmen sein (Wellhausen). Die Umstellung von אֶל ist als Schreiberversehen zu erklären.

In 5 1-17 sind die verschiedenartigsten Sprüche zusammengestellt. Nur fünf von ihnen gehören ziemlich sicher zur frühen Sammlung der „Worte des Amos aus Thekoa" (s.o.S.130): 1–3. 4–5. 7 + 10. 11. 12 + 16–17, die übrigen sehr wahrscheinlich zu verschiedenen Schichten der Nach- interpretation: 6 + 8 + 9. 13. 14–15. Es setzen sich also sowohl die in Kap. 3–4 beobachtete Grundsammlung wie auch die Nachträge fort. Die ge- meinsame Behandlung dieser Spruchgruppe hat zunächst nur methodische Gründe. Von V.1 bis V. 17 sind die Worte teils so merkwürdig mitein- ander verknüpft und teils so schwer deutbar ineinander verschlungen, daß die Fragen nach den ursprünglichen rhetorischen Einheiten und ihrer Form sowie der literarhistorischen Entwicklung bis zur Endgestalt am besten gemeinsam erörtert werden. Es zeigt sich dann auch, daß Worte zur Totenklage (1f. 16f.) die übrigen Worte umklammern.

Der erste Spruch ist zwar zunächst wie 3 1 und 4 1 mit dem Aufmerk- samkeitsruf (1) eröffnet, was auf die Zugehörigkeit zur gleichen Spruch- sammlung hinweist; es folgt aber erstmals ein Wort, das keinerlei Hin- weis auf Israels Schuld enthält, ein fiktives Leichenlied, das den bereits eingetretenen Todesfall einer Person, der „Jungfrau Israel", in überlie- ferten Klagerhythmen besingt, damit aber nach dem Vorspruch das gegenwärtig um Amos versammelte, hörende „Haus Israel" meint. Mit כִּי und der Botenformel wird ein Jahwewort angeschlossen, das die Dezi- mierung des aus einer Stadt ausrückenden Heeres verkündet. Gehören die Leichenklage des Amos und das folgende Jahwewort zusammen? Selbstverständlich ist das nicht. Denn dort ist ganz Israel gemeint, hier eine Stadt; und auch sonst verknüpft כִּי rhetorisch selbständige Sprüche erst bei der literarischen Komposition (vgl. 4). Doch die Gegengründe sind stärker: Das Metrum der Leichenklage aus 2 setzt sich in 3aβ fort; das Thema des großen Sterbens verdeutlicht 3; vor allem kennen wir kei- ne (am wenigsten eine derart umfassende) Gerichtsansage des Propheten, die ohne Hinweis auf das ihn legitimierende Jahwewort bliebe. So wird man die Aussage über „die Stadt" als exemplarisch für ganz Israel neh- men müssen; das Hebräische determiniert den Gattungsbegriff, um ihn als kollektiven Singular zu bestimmen, d.h. „um die Gesamtheit der zu derselben Gattung gehörigen Individuen zu bezeichnen" (Ges-K § 126m;

Form

1–3

vgl. BrSynt § 18b); „die Stadt" bedeutet hier sachlich „jede Stadt". Das einleitende כי kündigt also die Explikation und zugleich die Autorisation der Leichenklage an. Es ist ungewöhnlich, daß Amos einem Gerichtswort Jahwes nicht eine die Strafe begründende Anklage voraufschickt (vgl. 3 2. 9–11 4 1–3 5 12 + 16f. 7 16f.), sondern eine das kommende Unheil selbst verdichtende und vergegenwärtigende fiktive Liedform.

4f.   V. 4a schließt den nächsten Spruch dem Wortlaut nach genau so an, wie wir es in 3aα fanden. Auch zielt der neue Aufruf alsbald auf Leben und ist so antithetisch mit der Totenklage verbunden. Doch wird hier כי erst auf die literarische Verknüpfung zurückgehen, wie ja auch כי selbständige Sprüche eröffnen kann (vgl. 12 mit Textanm. a!). Denn erstens sind zwei durch Botenformel eingeleitete Jahweworte in einem Spruchgefüge unmittelbar hintereinander weder im allgemeinen noch speziell hier als doppelte Begründung der Leichenklage in 2 zu erwarten. Ferner geht das Thema vom Kriegsschauplatz und Schlachtentod (3) zu den Heiligtümern und zur Exilierung (5) über. Schließlich zeigt die Abfolge von Mahnung (4b), Warnung (5a) und Begründung (5b) die eigene Rundung des Spruches. Formgeschichtlich ist diese Komposition originell. Gewiß fließen Elemente priesterlicher Tora ein, insofern die Mahnung (4) in die Lebenszusage mündet und hinter der Warnung (5a) negierte Wallfahrtsanweisungen zu sehen sind (s. o. S. 250 zu 4 4f.). Doch zeigt die antithetische Parallele von Imperativ (4b) und Vetitiv (5a) ein typisch weisheitliches Strukturelement; und auch die Lebenszusage steht der weisheitlichen Mahnrede besonders nahe (vgl. Prv 4 4–6 9 6–8 19 18 20 13. 20. 22 24 21 30 7f. und HWWolff, Amos' geistige Heimat 30–36). Doch das ganz Neue dieses Typs von Mahn- und Warnwort bringt die Begründung mit dem künftigen Geschehen. Weder der alte Gotteswille (wie in der Priestertora) noch der Aufweis der Folgen (wie im weisheitlichen Mahnwort) bekräftigt die Unterweisung, sondern die vom Propheten angekündigte Gottestat. Damit begegnet uns zum ersten Mal das formgeschichtliche Novum einer prophetischen Mahnrede.

6.8f.   V. 6 setzt zunächst die Mahnrede in 4b aus der 1. Person der Gottesrede in die 3. Person um. An die Stelle des antithetischen Vetitivs und der Begründung mit dem kommenden Gerichtsgeschehen tritt ein פן-Satz, der die Strafe konditionalisiert und so die Mahnrede in eine ultimative Verwarnung verwandelt; sie ist formgeschichtlich vom Schlichtungsvorschlag her zu erklären; vgl. BK XIV/1, XV und 37ff. zu Hos 2 4f. Nun ist in diesem פן-Satz nicht nur die Strafe von anderer Art als in 5b, sondern der Stil ist auch prosaisch und zudem besonders umständlich geworden; s. Textanm. 6b–b. Am Ende wird nur auf Bethel, nicht auf Gilgal Bezug genommen. Die Form- und Sachdifferenzen lassen einen Nachtrag vermuten, der sich an das Amoswort über Bethel und Gilgal in 5 4f. ähnlich wie 4 6–12 an 4 4f. anschließt, wobei das umständliche

Satzgefüge besonders an 4 12 erinnert. Hinzu kommt, daß auch hier in allernächster Nähe ein hymnisches Stück folgt: 8[f.]; zum Problem der sekundären Erweiterung dieses Stückes s.o.S. 255. So erscheint das Gefüge von 4f. 6 und 8[f.] als eine verkürzte Analogie zu 4 4f.6–12 und 13; verkürzt ist der Mittelteil: An das alte Amoswort schließt sich jetzt gleich eine ultimative Mahnung an (6), die als Überleitung zum Hymnus (8[f.]) die gleiche Funktion der Aufforderung zur Gerichtsdoxologie wahrnimmt wie 4 12bβ; vgl. דרש in der Anleitung zum doxologischen Schuldbekenntnis in Hi 5 8, dazu FHorst, Hiob: BK XVI 64.82 und o.S. 263.

Dieser Zusammenhang dürfte so deutlich sein, daß die Zwischen- **7.10** schaltung von 7 im überlieferten Text auf ein Abschreiberversehen zurückgeführt werden muß; 6 + 8[f.] wurden zunächst am Rand nachgetragen und können so sehr leicht bei der nächsten Abschrift an verschiedenen Stellen in die Kolumne eingereiht worden sein. Die Zusammengehörigkeit von 7 und 10 ist vom Thema her offensichtlich. Hier liegt höchstwahrscheinlich ein Weheruf vor (zum Text s.o. Textanm. 7a), der als solcher in diesem Umfang durchaus eine selbständige rhetorische Einheit darstellen kann (s.u. Exkurs S. 284ff.).

Bis heute wollen viele Ausleger 11 als unmittelbare Fortsetzung von **11** 7 + 10 ansehen (Sellin, Maag, Amsler u.a.). Auf den ersten Blick ist das durch die in alten Amosworten häufige Anknüpfung der Strafansage mit לכן an eine voraufgehende Strafbegründung gerechtfertigt (vgl. 3 11 5 16 6 7 7 17). Doch haben diejenigen Forscher, die 11 wenigstens von 10 trennen wollen (Weiser, Robinson, Neubauer 313), sicher die besseren Gründe für sich. 1. Die Verbindung לכן יען ist einmalig. לכן kommt über 200mal im Alten Testament vor und יען gegen 100mal, aber nirgends sonst ist diese direkte Verbindung zu finden. Häufig geht in einem Spruch יען mit einem Begründungssatz einem לכן mit Folgesatz voran (z.B. 2 Kö 1 16 Jes 29 13f. 30 12f. Jer 23 38aβb 39 Ez 13 22f.); vgl. WZimmerli, Ezechiel: BK XIII 74*. So ist לכן יען als ursprünglich mündliche Verknüpfung von 10 und 11 schon von der Wortstatistik her unwahrscheinlich. 2. 7 und 10 klagen in 3. Person an, 11 in 2. Person. 3. Das Thema von 7 + 10 ist nicht das gleiche wie in 11: Der Spruch 7 + 10 klagt wegen Rechtsbrechung im Tor an, 11 wegen Abgabenforderung von Armen. 4. 11, mit יען beginnend, ist eine völlig in sich gerundete Einheit, ein Gerichtswort (vgl. 3 2. 9–11 4 1–3 5 12 + 16f.) mit Feststellungsurteil (aα) und Tatfolgebestimmung (aβ.b); beide Teile stehen in Anredeform wie in 3 2 4 1–3. Aus allem ergibt sich, daß לכן in diesem Falle als literarische Verknüpfung der selbständigen Sprüche 7 + 10 und 11 (mit יען beginnend) anzusehen ist. Dafür, daß לכן auch sonst der rein literarischen Anknüpfung diente, folgt gleich in 13 ein Beleg.

Doch zunächst wird in 12 mit כי (s. Textanm. 12a) ein neues Gerichts- **12. 16f.** wort angeschlossen; hier ist nicht sicher zu entscheiden, ob כי schon zur mündlichen Rede gehörte (in 3 14 4 2a und 6 14 leitet es allerdings jeweils zu Beginn der Gottesrede die Strafansage ein) oder wie in (3 7 und) 5 4 literarisch verknüpft, was hier etwas näher liegen könnte. Jedenfalls wird eine Schuldfeststellung in Anredeform eingeführt. Darin wird man den ersten Teil des in 16f. mit der Strafankündigung abschließenden Gerichtswortes sehen müssen. Denn das den V. 16 eröffnende לכן zwingt dazu, nach einer voraufgehenden Strafbegründung zu fragen wie in 3 11 6 7 7 17 und anders als bei לכן יען in 5 11 (s.o.). Eine solche ist vorher nur in 12 zu finden. Da die Strafansage ausdrücklich als Jahwewort eingeführt wird, ist das in 12 redende Ich als das des Amos zu deuten wie in 3 9f. 4 1 5 1f.

13   Doch als Fortsetzung von 12 findet sich im heutigen Text zunächst ein anderer לכן-Satz in 13. Er sieht in 12 nicht einen Grund für Jahwes Einschreiten (wie 16f.), sondern zieht eine Konsequenz für menschliches Verhalten. Daß er nicht von Amos und nicht aus der ersten Sammlung der „Worte des Amos aus Thekoa" stammt, geht daraus hervor, daß Amos nicht zu den klugen Schweigern gehören durfte (vgl. 3 8) und daß

14f.   das Wort, zusammen mit 14f., den ursprünglichen Zusammenhang von 12 + 16f. unterbricht.

Nun möchten die meisten Forscher 14f. doch als Amoswort verstehen (Duhm, Marti, Maag, Hesse, Neubauer u.a.); nur wenige haben wie A Weiser, Profetie 185ff., entschlossen Bedenken angemeldet. Neben der Beobachtung, daß 14f. zusammen mit dem sicher sekundären V. 13 die Einheit 12 + 16f. sprengt, sollte zu denken geben, daß 14f. sich als eine Interpretation von 4b (vgl. 14a) mit Hilfe von 7 + 10–12 (vgl. 15a mit 7a. 10a. 12b) ausweist, die in einem bei Amos unbekannten, dem hoffenden Hörer entgegenkommenden Diskussionsstil (14b) die vernichtenden Strafansagen von 5b. 2f. und 16f. ersetzt durch ein bei Amos sonst nie anzutreffendes „Vielleicht" des Erbarmens Gottes mit einem Rest (15b). Kleine Sprachdifferenzen sind daneben bezeichnend: An die Stelle des 2. Imperativs im Mahnwort 4b (וחיו) tritt ein Finalsatz (למען תחיו); „Israel" (4a; vgl. 1f.) heißt hier „Joseph" (15b) wie im Amosbuch nur noch in dem ebenso nachgetragenen Satz 6 6b (s.o.S. 133f.). 5 6 sagte „Haus Joseph" und war stilistisch wie sachlich eine ganz andersartige Interpretation von 4.

Damit stellt sich die Frage nach dem Ort der verschiedenen Nachinterpretationen.

Bevor wir ihr nachgehen, bleibt festzustellen, daß sich alle Nachträge auch durch ihre prosaische Form von den Amossprüchen unterscheiden (6. 13; 14f. zeigt in den Antithesen von 14a und 15a nur schwache Ansätze gehobener Sprache); eine Ausnahme macht verständlicherweise das zu 6 gehörige hymnische Stück 8[f.]. Sonst zeigen nur die alten Prophetenworte durchgängig klare parallele Glieder: Das Leichenlied stellt zwei für diese Gattung typische (vgl.

Thr) Fünfer synonym parallel (vgl. KBudde, ZAW 2, 1882, 1ff.; JBegrich, ThB 21, 147; WZimmerli, BK XIII 420; anders FHorst, ThR 21, 1953, 118); das akzentuierende System scheint nach neueren Untersuchungen wenigstens für die israelitische Königszeit den Vorzug vor dem alternierenden System zu verdienen (so SSegert, Problems of Hebrew Prosody: VTSuppl VII, 1960, 283–291; vgl. DNFreedman, Archaic Forms in Early Hebrew Poetry: ZAW 72, 1960, 101–107). Jeder Fünfer besteht aus zwei ungleich langen Reihen; die zweite, kürzere erweckt durch die so entstehenden „hinkenden Rhythmen" mit ihren Abbrüchen eine „trostlose Stimmung" (HJahnow 90–92). Auch der Botenspruch 3 bietet zwei streng parallele Sätze, von denen der erste den Leichenlied-Rhythmus fortsetzt, der zweite jedoch auch die erste Reihe zu zwei Takten verkürzt, so daß zum Ende wieder, wie oft bei Amos, eine Art Stakkato-Effekt spürbar wird. Der nächste Botenspruch in 4b 5 stellt seinen kurzen Auftakt (4b) antithetisch parallel zu einem ersten Doppeldreier (5aα.β), dessen beide Reihen synonym parallel zueinander stehen, ebenso wie das im zweiten, abschließenden Doppeldreier (5b) der Fall ist; im ganzen bildet 5b eine synthetische Parallele zu 5aα, wobei die chiastische Stellung der Reihen zueinander (Bethel–Gilgal//Gilgal–Bethel) ebenso wie die Alliterationen in 5b besonders kunstvolle Gestaltung anzeigen. Der Weheruf (s.o.S.273) besteht aus zwei klaren Doppeldreiern, deren Reihen synonym parallel laufen. Die gleiche Metrik von je zwei dreitaktigen Reihen überwiegt in den beiden Gerichtsworten: 11 zeigt drei Doppeldreier, von denen der erste in sich, die beiden anderen zueinander synonym parallel stehen; 12+16f. gehen zur Hauptsache in der Form von in sich synonym parallelen Doppeldreiern einher (12a 16aβb); die Schlußreihen sowohl der Anklage wie der Strafansage halten durch kleine Varianten das Aufhorchen bis zum Ende wach: 12b löst den Doppeldreier durch einen Siebener ab, in dem nach einem Doppelzweier ein paralleler Einzeldreier effektvoll die Anklage beschließt. Ähnlich eindrucksvoll wird die Strafansage mit einer synthetischen Parallele in 17 beschlossen, wobei die letzte Reihe, mit כי eingeleitet, sich besonders heraushebt, auch wenn sie nicht zweitaktig, sondern (ähnlich der kurzen Reihe am Spruchbeginn in 12aβ) vielleicht dreitaktig zu lesen ist. Die einleitenden und abschließenden Rahmenformeln stehen ebenso wie die literarischen Verknüpfungspartikeln außerhalb des Metrums.

Von keinem der Amosworte dieses Abschnitts kann eindeutig gesagt Ort werden, wo es gesprochen wurde. An keiner Stelle innerhalb von 5 1-17 wird ein Adressat so genau bestimmt wie in 3 9–4 3. Anklagen wie Drohungen greifen immer weit über einen einzelnen Ort hinaus. Der erste Spruch (1–3) faßt wie kein anderer das Geschick des gesamten Staates Israel zusammen. Der letzte Spruch unseres Abschnitts summiert in seiner Anklage (12) die zuvor in 7 + 10 und 11 genannten Verbrechen und unterstreicht in seiner Strafansage die Totalität (dreifaches כל in 16f.) des Todesverhängnisses. Nimmt man zu dieser die Sprüche umklammernden einheitlichen Thematik der Totenklage in 1f. und 16f. hinzu, daß die Einzelworte mehrfach literarisch verknüpft erscheinen (4. 11. 12), so drängt sich der Eindruck auf, daß die Worte auch nach dem Urteil der ersten Aufzeichnung an ein und demselben Ort gesprochen zu denken sind, sei es nun in Bethel oder Samaria. Wir hätten dann wieder eine Art

Auftrittsskizze vor uns, wobei zwischen den einzelnen Sprüchen an Ein-
würfe der Hörer zu denken ist (vgl. o.S. 238).

Das erste nachgetragene Stück (6. 8[f.]) ist wegen der oben aufgewiesenen Formanalogie zu 4 6–13 und wegen der auf Bethel hin (6b) ver-
engenden Deutung von 4f. an diesem Ort im Zusammenhang mit der
Zerstörungsaktion Josias gesprochen zu denken (s.o.S. 257f.). Vielleicht
hat der Liturg die passenden Amosworte zuvor verlesen, wie schon 4 4f.
so hier 5 4f. mit der Ankündigung, daß „Bethel zuschanden“ werde (vgl.
2 Kö 23 17); oder dieser Liturg hat die im freien Anschluß an Amos verkündeten Stücke an diesen genau passenden Stellen den „Worten des
Amos aus Thekoa“ eingefügt.

Der Nachtrag 14f. unterscheidet sich sprachlich und sachlich sowohl
von 6 als auch von den deuteronomistischen Nachträgen. So deutlich er
sich von Amos' eigenen Worten abhebt (s.o.S. 274), so deutlich ist doch
auch, daß er der Verkündigung des Propheten recht nahe steht: Er legt
gleichsam 4b (vgl. 14a) mit Hilfe von 10 und 12 aus. Da andere Texte
(vor allem 7 10–17; s.o.S. 131ff.) uns nötigen, an die Tätigkeit eines oder
mehrerer Amosschüler zu denken, ist auch dieser Text am ehesten auf
solche Kreise zurückzuführen, die wenige Jahrzehnte nach ihm diskutie-
rend (14b) die Botschaft des Meisters vertreten und bis zu einer Hoffnung
für einen „Rest“ weitergeführt haben. Der Bestand des Nordreichs unter
Jerobeam II. scheint schon erheblich reduziert zu sein (s.o.S. 134). Wenn
diese Amosschüler in den gleichen Kreisen wie der Meister in Juda beheimatet waren, dann ist ihrer Ergänzung der „Worte des Amos aus
Thekoa“ auch am ehesten 13 zuzuschreiben.

Wort 1 Der eingliedrige Aufmerksamkeitsruf lädt hier nicht zum Hören auf
Jahwes Wort ein (wie 3 1), sondern zunächst auf Worte des prophetischen Sprechers selbst (ähnlich 4 1); so ist es schon im Aufmerksamkeitsruf der Weisheit wie in ihrem zweigliedrigen Lehreröffnungsruf üblich
(Prv 5 7 7 24 8 32f. Hi 34 2. 10; vgl. weiter BK XIV/1, 122f.). In Thr 1 18
wird auch die Klage mit solchem „Höret!“ eingeleitet. Die Eröffnung
der Leichenklage mit dem Aufmerksamkeitsruf wird besonders dann
verständlich, wenn ihre erste Funktion die der Bekanntgabe eines Todesfalles war (HJahnow 101). Amos zeigt hier ein Sterben an, das allen Zuhörern noch gänzlich unbekannt war. Er bedient sich für sein eigenes
„Anheben der Leichenklage über jem.“ der bei Jeremia (7 29 9 9) und
besonders bei Ezechiel (19 1 26 17 27 2. 32 28 12 32 2) auch später belegten
Wendung נשָׂא קִינָה עַל־. Schlechthin einzigartig ist, daß die Hörer selbst
(עֲלֵיכֶם) als die beklagten Leichen angesprochen werden, und zwar als
„das Haus Israel“, d.h. als der Staat des Nordreichs (s.o.S. 199f.); damit
sind nur die Totenklagen bei Ezechiel über Fremdvölker wie Tyrus
(26 17 27 32) und Ägypten (32 2) zu vergleichen. Daß Amos als Mann
die Totenklage anstimmt, befremdet nicht. Auch 5 16 werden Männer

als Klagesänger vorgestellt; in 2 S 3 31 gebietet David Joab und allem Volk die Totenklage; er selbst stimmt die קינה an (וַיְקֹנֵן in 2 S 3 33); auch 2 Ch 35 25 führen männliche wie weibliche Sänger die Leichenklage Jeremias über Josia auf. Erst später treten Frauen in der allgemeinen Totenklage hervor (nach der speziellen Trauer der Töchter Israels um die Tochter Jephthas in Ri 11 40 erst Jer 9 16ff. Lk 23 27; vgl. GStählin, θρηνέω, θρῆνος: ThW III 150ff.).

Absonderlich an der Leichenklage des Amos ist also zunächst weder 2 das Auftreten eines Mannes noch die Form, die vielmehr sowohl in der Rhythmik (s.o.S.274f.) wie in der Topik dem üblichen entspricht. Auch David klagt um Saul und Jonathan, weil sie „gefallen" sind. „Wie sind die Helden gefallen (נָפְלוּ)!" ist geradezu der cantus firmus dieser Totenklage (2 S 1 19. 25. 27). Ähnlich wird Abner beklagt: „Wie man durch Frevler fällt, bist du gefallen!"(2 S 3 34). Immer ist dabei der Tod durchs Schwert gemeint, wie Thr 2 21 ausdrücklich von Jerusalems Jugend klagend bezeugt – und zwar dort auch von jungen Mädchen (בְּתוּלוֹת) wie von jungen Männern (בַּחוּרִים): „Durchs Schwert sind sie gefallen": נָפְלוּ בֶחָרֶב; vgl. noch Jer 9 21. Amos nimmt nicht nur dieses Stichwort, sondern auch das perf. auf. Trifft man des Propheten Meinung, wenn man von fingierter Leichenklage spricht? Will er nicht im Bild der gefallenen Jungfrau Israel das vor seinem Gott vollendete Faktum des Untergangs als gegenwärtig schon zu beklagendes vorführen (vgl. 8 2)? Die Gefallene steht nicht mehr auf, ihr Sturz ist endgültig, weil tödlich. Aus dem Rahmen aller üblichen Leichenklagen fällt erst die Nennung des Toten: die „Jungfrau Israel". Erstmalig bei Amos gilt die קינה einer kollektiven Größe, hier dem Staat Israel; erst Ezechiel verwendet wieder in gleicher Weise die sonst immer auf Einzelpersonen bezogene Form, indem er sie auf Tyrus bezieht (26 17 27 2. 32 28 12); aber vgl. auch Nah 2 12f. 3 7 Zeph 2 15b Mi 1 8ff. 16 Jer 9 16–21 48 17 49 3 (Hinweis von J Jeremias). Jesaja beklagt in 1 21f. nicht den Tod, sondern die Untreue Jerusalems (RFey, Amos und Jesaja 65). Die Trauer schmerzt aufs tiefste, weil sie Israel als „Jungfrau" trifft; zu בתולה s.o.S.34f., auch Thr 2 21 (in Jl 1 8 ist die Jungfrau die Klagende, nicht die Beklagte). Jugendlichkeit und Jungfräulichkeit zugleich sind gemeint; vgl. die Trauer um Jephthas Tochter Ri 11 39f. Israel fühlt sich gegenwärtig in jugendlicher Kraft und Frische (s.o.S. 105f.); aber sein Ende ist besiegelt, bevor es zur Erfüllung seines Lebensgeschicks kommt. „Auf seinem eigenen Boden" fällt Israel. Vorausgesetzt ist die Vorstellung vom Feindeinbruch ins israelitische Staatsgebiet; vgl. 3 11 4 3 6 14. נטש ni. besagt, daß die „Leiche" hilflos sich selbst überlassen daliegt, (von Gott) „preisgegeben"; נטש k. meint oft, daß Gott sein Volk aufgibt (Ri 6 13 1 S 12 22 1 Kö 8 57 2 Kö 21 14 Jes 2 6, dazu HWildberger, BK X 97f.). Wie in der ersten Periode (לֹא תוֹסִיף קוּם), so wird am Ende des Liedes nochmals – nun knapp partizipial – ausgesprochen, daß jede

Aufhilfe ausgeschlossen ist (אֵין מְקִימָה); formal ähnlich schließt das Leichenlied Jer 9 20f. mit dem Bild der geschnittenen Garben, die niemand aufsammelt: קוּם. וְאֵין מְאַסֵּף hi. bezeichnet wie in Hos 6 2 den Akt, mit dem einem tödlich Verwundeten aufgeholfen, d.h. wieder zum Leben geholfen wird. Das ist also der Schmerz dieser Klage: Kraftvolles, noch nicht erfülltes Leben ist dem Tode ausgeliefert worden, ohne daß irgendein Helfer da wäre. Während andere Leichenklagen die Vorgänge, die Auswirkungen, den Gegensatz von Einst und Jetzt und andere Motive breit und liedartig ausmalen (vgl. nur 2 S 119–27 Jer 9 16–21 Ez 19. 26 17f. 27 3–10. 26. 28–32. 34f.), gestaltet Amos die קִינָה kaum aus, sondern bringt die kurze, bittere Meldung des Todesfalles. Sie betont wiederholt die Unabänderlichkeit.

3   Von woher die Vorstellung eines militärischen Zusammenbruchs (נפל) im eigenen Lande (עַל־אַדְמָתָה) kommt, zeigt das folgende und ausdrücklich als Begründung (כי) eingeführte Jahwewort; zum Zusammenhang von 2 und 3 s. auch o.S. 271f. (dort ist auch die exemplarische Bedeutung der Aussage von 3 über „die Stadt" wahrscheinlich gemacht). Die Stadt ist der Sammelpunkt oder auch der Wohnsitz einer Sippe (מִשְׁפָּחָה) als einer Siedlungsgemeinschaft (1 S 20 6. 29 Mi 5 1). Eine Sippe aber stellt als Kontingent zum Heerbann des Stammes (Jos 7 16f.) eine „Tausendschaft" (vgl. 1 S 10 19 אֶלֶף mit 21 מִשְׁפָּחָה, ferner GvRad, Der Heilige Krieg im alten Israel 26f.; deVaux, Lebensordnungen II 17), die wiederum in Hundertschaften gegliedert ist (Ri 7 16 1 S 22 7 2 S 18 1. 4). יצא bezeichnet das Ausrücken der Truppen zur Feldschlacht, z.B. 2 S 18 2–4. 6 2 Kö 5 2 Jes 37 9. Ist die Hälfte eines Heeres verlorengegangen, mag der Kampf noch nicht aussichtslos sein, wenn wenigstens der König in Sicherheit ist (2 S 18 3). Aber eine Dezimierung, wie sie hier angesagt wird, bedeutet „eine derartige Verblutung eines Volkes, daß ein Wiederaufkommen unmöglich ist" (AWeiser, Profetie 180). Zwar wollen Ausleger immer noch den Gedanken eines geretteten Restes in diesem Spruch finden (HDPreuß, Jahweglaube und Zukunftserwartung: BWANT 87, 1968, 159–181), doch zeigt Amos' eigene Auslegung in der vorangestellten Totenklage, daß in 5 3 so wenig wie in 3 12 daran zu denken ist. Wenn in Israels Städten von tausend nur hundert und von hundert nur zehn Männer aus dem Krieg heimkehren, dann ist über den Staat Israel das Todesurteil gefällt.

4   Wie ist zu erklären, daß den Worten über das große Sterben, die den unabänderlichen Beschluß Jahwes kundtun, ein Wort der Mahnung angefügt wird, das Aussicht auf Leben eröffnet? Völlig einzigartig ist solche Mahnrede unter den Sprüchen des Amos; und die angefügte Zusage des Lebens steht geradezu im Widerspruch zu der unmittelbar voraufgehenden wie zu der gesamten Botschaft des Propheten. Allein die Nachinterpretationen von 4 in 6 und 14f. sagen Vergleichbares. Aber es besteht kein

Grund, 4f. wie 6 und 14f. Amos selbst abzusprechen.

Drei schon vorliegende Erklärungsversuche sind zu erwägen. A Weiser (Profetie 190ff.) hört aus 5 4 eine ähnliche Ironie wie aus 4 4f.; sie sei jedoch verhaltener. Amos arbeite mit wirkungsvoller Paradoxie. Die positive Forderung in 4b stehe „ganz im Schatten der folgenden Worte gegen Bethel und Gilgal" (191). Gewiß ist zu sehen, daß die beiden kurzen Worte der Mahnung und Zusage in 4b völlig zurücktreten gegenüber dem kunstvoll ausgebauten Spruch 5. Doch haben schon E Würthwein, Amos-Studien: ZAW 62 (1950) 38, und dann F Hesse 7ff. die Vermutung ironischer Paradoxie zurückgewiesen. Der Spruch zeigt keineswegs die Züge von Worten wie 3 12 oder 4 4f. So kommt F Hesse zu einer anderen Erklärung: „Hier wird ein einziges Mal die sonst so geschlossene Verkündigung des Propheten, die gewiß in allen ihren Punkten im Auftrage Gottes geschah, empfindlich gestört durch ein über den Propheten gekommenes Jahwewort, das anmutet wie ein Einbruch aus einer ganz anderen Welt... hier zeigt es sich..., daß sein Gott die Freiheit hat, in diese ‚Gottes-und Weltanschauung' des Propheten einzubrechen und alles wieder umzuwerfen." Dieser Hinweis auf des Propheten völliges Angewiesensein auf die Freiheit seines Gottes ist zu beachten. Nur zeigt eben die Fortsetzung von 4 in dem dann doch beherrschenden V. 5, daß die sonstige Verkündigung durchaus nicht umgeworfen wird. 4b verliert sich fast in dem Schatten, den 5 genau wie die Gesamtverkündigung des Amos wirft. Es bleibt ein dritter Erklärungsversuch zu erwägen. A Alt (KlSchr II 269) unterscheidet wohl mit Recht die Stellung zum Rechtswillen Jahwes in der Oberschicht der Hauptstadt und den breiten Massen der Landbevölkerung. Er rechnet damit, daß Amos zu diesen Kreisen anders als zu den Führenden gesprochen habe. Von da aus versteht er das Wort des Propheten: „Wo er zu diesen Schichten redet, kann er daher gelegentlich sogar von der Bescheltung und Drohung absehen und zur Mahnung übergehen, offenbar in der wenn auch zaghaften Erwartung, daß sie... noch auf fruchtbaren Boden fallen könnte." Bei dieser Sicht wird auch der Zusammenhang mit 5 verständlich; Amos würde dann die „breiten Massen der Landbevölkerung" zu trennen versuchen von den offiziellen Kreisen der kultischen und politischen Führung, wie es ähnlich bei Hosea geschieht (2 4ff.; vgl. BK XIV/1, 39f. sowie die Notwendigkeit, bei Hosea verschiedene Adressatenkreise zu unterscheiden: BK XIV/1, XIV und XXV). Doch scheitert dieser Versuch bei Amos wohl daran, daß wir sonst bei ihm eine derartige Unterscheidung nicht feststellen können, daß im Gegenteil ausdrücklich neben den Führern auch Gesamtisrael uneingeschränkt (2 14–16 9 1–4) das Gericht zugesprochen wird (3 2 5 21–27 7 11. 17). Vor allem aber ist unser Spruch genau dem gleichen Adressaten zugedacht wie die unmittelbar voraufgehende Todesansage: vgl. לבית ישראל in 4a mit den gleichen Worten in 1 und 3!

Man wird damit rechnen müssen, daß in dem knappen Auftakt 4b zu dem Hauptspruch 5 eine Parole aufgenommen wird, die dem Propheten nach seiner Todesanzeige von 2f. von seinen Hörern entgegengehalten wurde und die an die Lebenszusage Jahwes auf Grund der kultischen Tradition und mit Hinweis auf die Wallfahrtsorte erinnerte (s.o.S.250 zu 4 4). Wenn Amos seine Entgegnung als Mahnung mit Zusage begann, so kann in dieser Redeform zwar eine priesterlich-kultische Form vermutet werden (vgl. WZimmerli, Ezechiel: BK XIII 399f.415). Aber die Aufforderung zum Suchen Jahwes in Form eines imp. von דרש meint im Alten Testament nirgendwo das Aufsuchen Jahwes in einem Heiligtum, sondern zumeist die Befragung eines Propheten bzw. Jahwes durch einen Propheten (1 Kö 22 5 = 2 Ch 18 4 2 Kö 22 13 = 2 Ch 34 21 Jer 21 2; ferner CWestermann, Die Begriffe für Fragen und Suchen im Alten Testament: KuD 6, 1960, 2–30 und BK XIV/1, 241f.). Demnach fordert Amos hier dem Sinne nach auf, nach dem Jahwewort, wie es durch ihn als Propheten ergeht, zu fragen; vgl. CWestermann a.a.O.22: „Gegen das Sich-Wenden an Jahwe am Kultort stellt Amos das Sich-Wenden an Jahwe, das nur durch einen Propheten möglich ist." Völlig verfehlt und im Amosbuch unbegründbar wäre es, bei dem Objekt des Suchens an Jerusalem zu denken (das betont mit Recht HGottlieb 453 gegen ASKapelrud, Central Ideas 57; zu Am 1 2 s.o.S.151f.).

וחיו nennt die Folge solchen Suchens (zur Syntax s.o. Textanm. 4a). Als zweiter imp. nach einem ersten erscheint וחיו insgesamt achtmal im Alten Testament. An keiner dieser Stellen gehört die Formulierung zur Kultsprache, vielleicht mit Ausnahme des späten Nachtrags in Ez 18 32b; vgl. Zimmerli z.St. Immer sonst wird das Leben denen in Aussicht gestellt, die einem klugen (Gn 42 18), weisen (Prv 9 6), ja konkreten politischen Rat (2 Kö 18 32 Jer 27 12. 17) folgen. Wenn Amos hier die Reaktion auf die Todesdrohung gegen den Staat aufnimmt, dann legen sich besonders die letzten Stellen als Parallelen nahe.

Dann ist der verheißungsvolle Appell in 4b als eine Konditionalisierung des Überlebens der Hörer zu verstehen. Jahwe antwortet ihnen: Hört ihr auf mein Wort, das mein Bote euch verkündet, dann bleibt ihr am Leben. Keine Ironie (AWeiser) spielt in dies Wort hinein; Jahwes Freiheit, noch in der Todesstunde zu seinem Lebenswort zu stehen, bricht sich Bahn (FHesse); aber als Entgegnung auf ein dem Propheten widersprechendes Wort wird dieses Mahnwort kaum noch auf Gehorsam rechnen, sondern nur mehr Erinnerung an das alte, doch längst überhörte Jahwewort sein. Es klingt eindrucksvoll. Aber gilt es noch? Jedenfalls
5 muß es alsbald dem ausgebauten Warn- und Drohwort weichen (5), das offensichtlich die eigentlich einzuprägende Aussage bringt (vgl. die Umfunktionierung der Mahnrede zum Schuldaufweis in 23f. und u.S. 304f.).

Antithetisch zu den Imperativen in 4b stehen die Prohibitive in 5a; eine Unterscheidung von אל mit juss. als Vetitiv und לא mit juss. als Prohibitiv (so WRichter, Recht und Ethos: StANT 15, 1966, 71ff. 78[88], im Anschluß an WvSoden, Grundriß der akkadischen Grammatik, 1952, § 81 h.i) würde eine feine Steigerung in 5a erkennen lassen. Die Warnung, Bethel aufzusuchen, nimmt דרש aus 4b in der Antithese auf. Das Heiligtum konkurriert mit dem prophetischen Gotteswort. Zu Bethel, Gilgal und בוא als Wallfahrtsterminus s.o.S.258 zu 4 4.

Zum sekundären Charakter der Warnung vor Beerseba s. Textanm. 5b. Der Nachtrag erklärt sich vielleicht aus der Hand von Amosschülern (s.o.S.133f.), die in Juda mit Beerseba-Pilgern aus dem Nordreich ins Gespräch über die Amosworte kamen. Daß aus dem Nordreich alte Wallfahrtsverbindungen mit Beerseba gepflegt wurden, läßt der Fluchtweg Elias nach 1 Kö 19 3f. und die Wirksamkeit der Samuelsöhne nach 1 S 8 2 erkennen; vgl. WZimmerli, Geschichte und Tradition von Beerseba im Alten Testament (1932) 4ff. Als Grenzheiligtum im tiefen Süden Judas wird es vom Gebirge Ephraim her unter Umgehung Jerusalems als des judäischen Kultzentrums erreicht. Möglicherweise pflegte es Verbindung mit den Edomitern wegen des gemeinsamen Stammvaters Esau (vgl. „Isaak" in Amos 7 9. 16 und KGalling, Festschr Bertholet, 1950, 182f.; AAlt, KlSchr I 53; HJKraus, Gottesdienst in Israel, [2]1962, 201f.). Auch die folgenden Generationen sollen wissen, daß kein Weg vorbeiführt an der prophetischen Anklage.

Während der Nachtrag über Beerseba ohne Drohung bleibt, wird Gilgal das Exil angedroht wie den Führungskreisen Samarias (4 2f. 6 7), den Kultteilnehmern (5 21–23) in 5 27 und dem ganzen Volk in 7 11. 17. Hier steht der Ort Gilgal für die, die sich dort versammeln. Die Alliteration (vierfache Konsonantenfolge גל) und die chiastische Anordnung der Parallelen (5aα.β–bα.β) zeigen die kunstvolle Gestaltung (s.o.S.275) und damit die prophetische Absicht, ebendiesen Teil des Spruches nach dem bloßen Auftakt von 4b unvergeßlich einzuprägen. Wie Gilgal als Denkmal der Landgabe (Jos 4 20ff.) Denkmal der Landvertreibung werden soll, so soll Bethel als Gottes Haus (Gn 28 16[J]. 17[E]) schändlicher Vernichtung anheimfallen; im Wort און klingt Unheil, Unrecht und Nichtigkeit zusammen (vgl. KBL[3]). Daß unser Amosspruch sich gerade mit seinem letzten Teil unauslöschlich dem Gedächtnis eingrub, belegt Hosea, bei dem der altheilige Kultort geradezu nach diesem Amoswort umbenannt zu sein scheint: בֵּית אָוֶן (Hos 4 15 5 8; vgl. BK XIV/1, 113). JWellhausens freie Wiedergabe trifft dichterische Kraft und sachliche Schärfe aufs beste: „Gilgal wird zum Galgen gehn und Bethel wird des Teufels werden." Daß die alte verheißungsvolle Mahnung, die Amos vielleicht disputierend aufnahm, noch Gehör finden und Israels Geschick wahrhaft wenden würde, tritt ganz hinter der Gewißheit des Vernichtungsschlags zurück. So bleibt im Rückblick von 5 auf 4b der Eindruck, daß Amos zwar nicht das alte Verheißungswort bestritt, wohl aber die Erwartung, es könne jetzt noch den Tod Israels aufhalten. So ungewöhnlich sein Mahnwort ist, das Warnwort überwiegt, und alles wird zuletzt ins Dunkel der Gerichtsankündigung gerückt, die hier eindeutig das letzte Wort behält.

6   Daß 6 mit seiner Umsetzung der Jahwerede in die Prophetenrede und der Abwandlung der uneingeschränkten Gerichtsansage in eine Verwarnung eine „Exegese" oder „Interpretation" von 4f. darstellt, wird mehr und mehr gesehen (FHesse 6, KWNeubauer 315f.). Doch wird man aus Sprache (s. Textanm. 6a und b) und Stil (s.o.S. 272) schließen müssen, daß sie nicht vom Propheten selbst stammt; der Vergleich mit 4 6–13, die Einschränkung der Warnung auf Bethel sowie die Verbindung mit dem Hymnus in 8f. (s.o.S. 135f. und 273) führen zu der Vermutung, daß hier eine Auslegung des Amoswortes 5 4f. in der Zeit der josianischen Zerstörung des Bethel-Heiligtums vorliegt. So bestätigen sich alte Zweifel an der Authentizität, die schon Oort im Jahre 1900 (s. Harper, ICC 121) geäußert hat. Man muß dann auch nicht mehr „Gilgal" neben „Bethel" in diesem Wort vermissen, wie Sellin es tat. „Im Hinblick auf Bethel" (לבית־אל; vgl. Textanm. b–b) wird die Bewohnerschaft des ehemaligen Nordreichs gewarnt, daß nicht ein unlöschbares Feuer ausbreche und um sich fresse. Mit unbeholfener Satzkonstruktion wird das alte Gerichtsbild des Amos vom fressenden Feuer aufgenommen (1 4. 7. 14 2 2). Vielleicht hat der Ausleger auch im Sinn, daß in der zweiten Vision 7 4–6 die Gerichtsdrohung mit dem Feuer noch einmal zurückgenommen wurde. Bei neuer Beugung unter das Jahwewort (a) und unter die Strafe der Zerstörung Bethels durch Josia (2 Kö 23 15ff.) wird auch diese Generation verschont. Nur hier heißen die Betroffenen „Haus Joseph". Damit sind die mittelpalästinischen Stämme (Ephraim und Manasse) gemeint und dann das Nordreich überhaupt (2 S 19 21 kann der Benjaminit Simei als Vertreter des „Hauses Joseph" bezeichnet werden), besonders im Gegenüber zu Juda (Ez 37 16. 19). Nach dem Ende des Staates Israel und der Aufnahme des Israelnamens für das legitime Jahwevolk ist die Bezeichnung „Haus Joseph" für die israelitischen Bewohner der assyrischen Provinz Samaria, die sich dem Bethel-Heiligtum zugehörig wußten, besonders gut verständlich. War das Gericht über Bethel (4 12, vgl. 2 Kö 23 15ff.) durch die Unbußfertigkeit der von Jahwe Abgefallenen begründet (4 6–11), so kann Amos' neu ergriffenes Wort (6a nach 4b) doch dazu anleiten, daß die Restbevölkerung nach dem im Jahre 721 eingetretenen Gericht (5b) nicht auch noch ein Flammenherd werde (6b).

(Zu 7 s.u.S. 284ff.)

8   Daß die Menschen um Bethel neu nach Jahwe fragen und ihn suchen, soll der Hymnus bezeugen (s.o.S. 273 zu דרש als Einführung der Gerichts-

doxologie nach Hi 5 8). 8 gehört zu 6 wie 4 13 zu 6–11 und 9 5f. zu 9 1–4,
wenn anders bei den gleichartigen hymnischen Stücken entsprechend
gleichartige Bezugspunkte im Amosbuch anzunehmen sind. Das ist allein beim Bezug auf die Worte gegen den Bethel-Altar der Fall (Sellin;
s.o.S. 257), nicht aber bei einer Verbindung mit dem Erdbebenmotiv (so
AWeiser, Profetie 202), das weder in 4 13 noch in 5 8f. hervortritt und im
Kontext der Amosworte nur in 9 1–4/5f. eine Rolle spielt. Ob die Einschaltung von 8 (der Hymnus mag zuerst am Rande oder Kolumnenende
nachgetragen worden sein) hinter 7 statt hinter 6 mit der „Stichwort-
anreihung" (והפך – ההפכים) zu erklären ist (so AWeiser, Profetie 202,
HGese 434), bleibt unsicher. Sie würde aber wahrscheinlich machen, daß
bei jenem Abschreibeakt die drei ersten Wörter von 8 noch nicht zum
Text gehörten, wofür auch andere Gründe sprechen (s.o.S. 255). Die
Rühmung des Schöpfers der Sternbilder steht isoliert. כימה, etymologisch als „Haufe, Herde" zu deuten (KBL; 𝔊 übersetzt πάντα!), bezeichnet als „Sternhaufe" das „Siebengestirn", die Plejaden (so auch 𝔊 in Hi
38 31; 𝔙 Arcturus = 𝔊 in Hi 9 9 = der „Bärenjäger", d.i. der dem großen
Bären folgende Stern). כסיל (wörtlich der „Freche") wird von 𝔙 wie in
Hi 38 31 richtig mit „Orion" wiedergegeben (in Hi 9 9 übersetzt 𝔊
Ἕσπερος = „Abendstern"). Beide Sternbilder treten auch in Hi 9 9 und
38 31 paarweise auf; ob damit zugleich auf den Wechsel der Jahreszeiten
hingedeutet wird (da der Orion dem Sommer, die Plejaden dem Winter
zuzuordnen seien; so GFohrer, Hiob: KAT XVI, 1963, 206), ist fraglich.

Dem Einzeldreier folgen zwei synonym parallele Doppeldreier, die
vielleicht allein den ursprünglichen Hymnentext an dieser Stelle dar-
stellten (s.o.S. 255). Beide Perioden preisen den, der die großen Wandlungen heraufführt, der Dunkelheit („Todesschatten" muß das israelitische Ohr in צַלְמָוֶת gehört haben, wenn es in alter Zeit so ausgesprochen
wurde) in Morgenlicht verwandelt, aber auch den Tag zur Nacht verfinstert; der den Wassern des Meeres ruft, was hier in Antithese zum folgenden sehr gut die Bedeutung „er sammelt sie" (so SSpeier) haben kann
(ist an Wolkenbildung oder Dürre oder Rückgang der Flußüberschwem-
mungen gedacht?), und der sie dann wiederum über die Erde ausgießt.
Die Anbetung des großen kosmischen Umgestalters (vgl. 𝔊 in a α¹ und Textanm. 9a!) muß, auf Jahwe bezogen, für Israel geeignet gewesen sein, sein
geschichtliches Zerstören (nun etwa des Bethel-Heiligtums) wie sein künftiges Verschonen (vgl. V. 6) in der Exhomologese zu preisen.

Der folgende Vers läßt zwar noch den Hymnenstil erkennen, ist aber 9
textlich so zerstört und schwer deutbar (s. die Textanmerkungen!), daß
er schon von daher als für spätere Abschreiber mühsam entzifferbarer Zusatz gelten kann. Vor allem aber verläßt er das Thema der übrigen hymnischen Stücke, die vornehmlich vom kosmischen Walten Gottes handeln
und nur einmal von seinem allgemeinen Wirken am Menschen (4 13aα,

und wie anders als in 5 9! Vgl. auch o.S. 256). Hier ist in den einigermaßen gesicherten Textstücken von „Festung", „Gewalt(tätern)" und
„Verheerung" die Rede; vgl. das Nebeneinander von מבצר und שד in
Hos 10 14; dem älteren Hymnus ist also wohl eine Zeile über das geschichtliche Gericht Jahwes angefügt worden, in der sein machtvolles, auch
kriegerisches Eingreifen (vgl. 3) gegen die Gewalttäter (7. 10–12) gerühmt werden soll.

(Zu 10ff. s.u.S. 289).

7   Wie 5 2f. 4f. um das Todesverhängnis Israels kreisen, so nimmt wahrscheinlich 5 7 einleitend das Hauptwort der Totenklage auf, wenn הוֹי ursprünglich das Wort eröffnete (s. Textanm. 7a). Doch brechen hier Fragen auf, die eine generelle Untersuchung der Weherufe erfordern.

Exkurs   Die Formgeschichte der הוֹי-Rufe ist neuerdings lebhaft diskutiert
worden. Hier sind aus der o.S. 267 zusammengestellten Literatur besonders
herauszuheben die Arbeiten von CWestermann (1960; ²1964), EGerstenberger
(1962), HWWolff (1964), GFohrer (1966), GWanke (1966), RJClifford (1966),
JGWilliams (1967), JLCrenshaw (1967), HWildberger (1968), HJHermisson
(1968). Im Blick auf Amos haben wir nach der Herkunft der Verbindung des
הוֹי-Rufs mit pluralischen Partizipien oder Substantiven zu fragen, die eine
beklagenswerte Verhaltensweise beschreiben (5 18 6 1 5 7 cj.).

Drei verschiedene Antworten sind umstritten:

a) Die prophetischen Weherufe wandeln kultische Fluchworte nach Art
des Fluchdodekalogs von Dt 27 15–26 ab; diese These deutet SMowinckel,
Psalmenstudien V (1923) 119, an, und sie wird von CWestermann 137ff.
ausgeführt.

b) Die Weherufe sind mit der Aufnahme des הוֹי aus der Totenklage von
den Propheten frei gestaltet worden; schon JHempel (Die althebräische
Literatur, 1930, 66) sah den Weheruf als eine der Redeformen des Propheten an, die „sein persönliches Mitleben ... zum Ausdruck" bringen.
GWanke (218) bahnt die genannte These mit genaueren Beobachtungen
an und RJClifford führt sie unabhängig von ihm durch.

c) Die Grundform des Weherufs mit pluralischen Partizipien oder Substantiven, die eine beklagenswerte Verhaltensweise beschreiben, ist in der päda-
gogischen Sippenweisheit zu suchen (EGerstenberger, HWWolff,
JGWilliams 84f.).

Aus den vorliegenden Untersuchungen können folgende Ergebnisse als
gesichert gelten:

1. Die אָרוּר-Worte in Dt 27 15–26 zeigen eine ähnliche Struktur wie die bei
Amos belegten Weherufe.

2. Zwischen הוֹי- und אוֹי-Worten ist ein deutlicher Unterschied zu erkennen.
אוֹי kommt 23mal vor und wird davon 20mal mit ל verbunden (z.B. Hos
7 13 9 12 Jes 3 9); bezeichnend ist die Verbindung אוֹי לִי (Jes 6 5 Jer 4 31
10 19) und אוֹי לָנוּ (1 S 4 7f. Jer 4 13 6 4), die als „Angstruf" bestimmt werden kann; ist ל mit suff. der 2. oder 3. pers. verbunden, „so erhält das Wort
drohende Bedeutung" (GWanke 217).

3. Demgegenüber ist הוֹי zunächst reine Interjektion (JGWilliams 82.86.89)
und schon insofern mit dem alleinstehenden Ruf der Totenklage הוֹ־הוֹ (5 16)
zusammenzusehen. Bei 51-fachem Vorkommen wird הוֹי nämlich nur vier-

mal mit einer Präpositon (אֶל ,עַל, לְ) verbunden; von den 47 übrigen Fällen gehören sechs (wie 5 16) direkt zur Totenklage: 1 Kö 13 30 Jer 22 18 (viermal) und 34 5; vier weitere haben in späterer Zeit die verschlissene Bedeutung einer allgemeinen Aufforderung („Ha!" „Los"!) erhalten (Jes 55 1 Sach 2 10 [zweimal]. 11). In den restlichen, also der überwiegenden Mehrheit der Stellen, folgt auf הוי 23mal ein Partizip, im übrigen zumeist ein Substantiv, das wie die Partizipien das Verhalten dessen charakterisiert, der unter das Kennwort der Totenklage gestellt wird, gelegentlich ein Name.[1]

Aus diesen Erhebungen ist festzuhalten, daß אוי ל und הוי mit nominaler Fortsetzung ohne Präposition weithin syntaktisch gut zu unterscheiden und in ihrer je spezifischen Hauptbedeutung einerseits als „Angstruf" ([לָנוּ] אוֹי לִי), andererseits als Leichenklageruf ([אָחוֹת] הוֹי אָחִי) erkennbar sind.

Angesichts der offenen Probleme scheint mir die Frage, wie das Verhältnis zwischen הוי- und ארור-Worten zu klären ist, verhältnismäßig leicht beantwortbar. Folgende Gründe sprechen für die Eigenständigkeit der Weherufe: Sie sind in der älteren Prophetie bei konstanter Grundform mit mancherlei Nuancen breit belegt; dagegen ist ארור in verwandter Partizipial-Verbindung nur im Fluchdodekalog Dt 27 zu finden. Wäre diese Form den Fluchworten eigentümlich, so wäre eine breitere Streuung zu erwarten. Vor allem ist das völlige Fehlen von Fluchworten in der älteren Prophetie neben den zahlreichen Weherufen kaum verständlich zu machen, wenn die Propheten mit den Weherufen nur eine Abwandlung der Fluchsprüche geboten haben sollen. Schließlich bietet die Fluchreihe reine eingliedrige Partizipialsätze, und zwar im sg.; dagegen ist in den Weherufen die Verbindung von pl.ptt. mit finiten Verbformen die Regel (Christof Hardmeier). So haben die neueren Arbeiten auch die Eigenständigkeit der Weherufe zumeist nicht mehr bestritten (GWanke, RJClifford, JGWilliams).

Schwieriger und umstrittener bleibt die Frage, ob die Propheten erstmalig den Ruf der Leichenklage zur Gestaltung ihrer Weherufe aufgenommen haben oder ob die in Frage stehende und bei Amos erstmals bezeugte Grund-

---

[1] Die bisher vorliegenden Statistiken differieren teilweise erheblich. Christof Hardmeier hat sie überprüft und für die ingesamt 51 הוי-Stellen folgendes Ergebnis erbracht:

6 × Totenklage (1 Kö 13 30 Jer 22 18 [4 ×]. 34 5)
8 × selbständige Interjektion,
    davon 4 × „wehe!" (Jes 1 24 17 12 Jer 30 7 47 6)
    und 4 × „Ha! Los!" (Jes 55 1 Sach 2 10 [2 ×]. 11)
2 × mit Namen ohne praep. (Jes 10 5: Assur; Jes 29 1: Ariel)
4 × mit praep. (עַל: Jer 50 27 [+ suff.] Ez 13 3 [+ subst.]; אֶל [+ Name]: Jer 48 1; לְ [+pt.] Ez 13 18)
3 × mit adj. (Jes 5 21.22 Am 6 1)
5 × mit subst. (Jes 1 4 18 1 28 1 30 1 Nah 3 1)
4 × mit substantivierten ptt. (Jer 23 1 Ez 34 2 Zeph 2 5 Sach 11 17)
19 × mit pt. (Jes 5 8.11.18.20 10 1 29 15 31 1 33 1 45 9.10 Jer 22 13 Am 5 18 Mi 2 1 Hab 2 6.9. 12.15.19 Zeph 3 1).
Die Partizipien stehen in den älteren Texten fast immer im pl. (12 ×: Jes 5 8.11.18.20 10 1 29 15 31 1 Am 5 18 Mi 2 1 Jer 23 1 Ez 34 2 Zeph 2 5), in den jüngeren meist im sg. (11 ×: Jes 33 1 45 9.10 Jer 22 13 Hab 2 6.9.12.15.19 Zeph 3 1 Sach 11 17).
Berücksichtigt sind nur die massoretischen Textformen und keinerlei Konjekturen (zu Am 5 7 vgl. Textanm. 7a; zu 6 13 vgl. Textanm. 613a; außerdem bezieht sich die Statistik nur auf die dem הוי jeweils unmittelbar folgenden Wörter, erfaßt also z.B. nicht die in der Spruchfortsetzung häufig auftretenden weiteren Partizipien (vgl. Am 6 1.3-6).

form bereits für eine pädagogische Sippenweisheit zu postulieren ist. Als Haupteinwand gegen diese Vermutung wird betont, daß literarische Belege nicht vorliegen. Dennoch meine ich, daß Amos die Grundform vorgegeben war:

1. So wahrscheinlich es ist, daß der Ruf der „Klagekundigen" הוֹ־הוֹ, den Amos 5 16 zitiert, dem הוֹי engstens verwandt ist, so bezeichnend ist es, daß er seine Weherufe eben nicht mit jenem ihm vertrauten הוֹ der Leichenklage eröffnet. Verständlich wird das eigentlich nur, wenn die Spruchform mit הוֹי bereits geprägt war.

2. Dieses הוֹי ist aber anderwärts auch als Leichenklageruf belegt; die Verbindung „Weh mein Bruder", „Weh meine Schwester", „Weh mein Herr" (1 Kö 13 30 Jer 22 18 34 5) zeigt wie bei הוֹ (5 16), daß der Ruf in der Großfamilie, in der Siedlungsgemeinschaft der Sippe zu Hause ist. Wenn eine Grundform von Wehesprüchen vor Amos anzunehmen ist, dann eben in diesem Bereich der Sippe. Der Weg von denen, die die Leichenklage pflegten (vgl. יוֹדְעֵי נֶהִי in 16), zu denen, die kunstvolle Leichenlieder anstimmten (wie Amos selbst in 2), konnte nicht sehr weit sein; in Jer 9 16 heißen die Klagefrauen zugleich die „Weisen".

3. Im 8. Jh. finden wir nun in der Prophetie den gleichen Formtyp bei Jesaja (5 8–24 10 1–4 28 1ff. 29 1ff. 15 30 1ff. 31 1ff.) und Micha (2 1ff.) ebenso wie bei Amos. Jesaja zeigt bei gleichbleibender Grundform einerseits eine besondere Nähe zu singulär weisheitlichen Themen (5 20f.), andererseits eine breit ausfächernde Variabilität der Gestaltung; nimmt man den Michabeleg hinzu, so ist weit unwahrscheinlicher, daß Jesaja und Micha direkt von Amos abhängig sind, als daß allen dreien eine gemeinsame Form vorgegeben war, die in bestimmten Kreisen Israels gepflegt wurde (HWWolff 53–58). Die prägende Kraft der Amosüberlieferung durch Vermittlung der Amos-Schule ist damit für bestimmte Bereiche nicht ausgeschlossen.

4. Bei Jesaja ist zu sehen, daß neben den Weherufen auch ein von Haus aus davon wohl zu unterscheidender אוֹי-Spruch stehen kann (3 11), wie er sich auch nach üblicher Textemendation in Qoh 10 16 findet und schließlich in Prv 23 29f. vorausgesetzt ist; hier zeigt der Wechsel verschiedener Ausdrücke אֲבוֹי־אוֹי im Verein mit den aus den הוֹי-Rufen vertrauten Partizipialformulierungen, daß es weisheitliche Kreise gab, in denen die alten Differenzen zwischen הוֹי und אוֹי ähnlich wie die dialektartigen Unterschiede zwischen הוֹי und הוֹ verschwammen (vgl. GFohrer 38; JGWilliams 82). Angesichts solcher möglichen Wandlungen wird der Blick auch für verwandte Themen frei. Denn daß wenigstens die hier aufgeführten אוֹי-Worte dem weisheitlichen Spruchgut zugehören, wird nicht bezweifelt (vgl. HWildberger, BK X 126f.; WLHolladay, Isa. III 10–11: An Archaic Wisdom Passage: VT 18, 1968, 481–487). Für die Parallele der אֶשְׁרֵי-Worte verweise ich hier nur kurz auf HWildberger 126f.; HWWolff 18ff. und für ägyptisches Vergleichsmaterial auf ChrKayatz, Studien zu Proverbien 1–9: WMANT 22 (1966) 51f.

5. Ist es angesichts einiger formgeschichtlich fließender Übergangsstellen zwischen הוֹי- und אוֹי-Worten methodisch richtig, auch die letzteren in die Vergleiche einzubeziehen, so wird der verhältnismäßig geschlossene Themenkreis zu einem besonders wichtigen Hinweis auf eine Beheimatung der prophetischen Weherufe in der Weisheit. Denn erziehliche, rechtliche und sozialethische Fragen, wie sie im Zusammenleben der Menschen geklärt werden müssen, verbinden ganz deutlich die prophetischen Wehe-

worte untereinander und mit weisheitlichem Spruchgut: משפט und (ה)צדק
sind wie in Am 5 7 das Thema im Weheruf Jer 22 13 (vgl. 18!) und der
Sache nach in Jes 5 20. 23f. (vgl. 5 7), wo sachlich der Vergleich mit der Bitternis besonders lebhaft an Am 5 7a erinnert (vgl. Prv 5 4). Die Genußsucht
bei gleichzeitiger Herrschgier verbindet Am 6 1. 3–6 thematisch mit Jes
5 8. 11. 22 Mi 2 1f. wie mit Prv 23 29ff. Qoh 10 16; die Arroganz der Führer
erscheint in Am 6 1 wie in Jes 5 19. 21. Immer ist Verwandtschaft der Grundform bei Variation des Ausdrucks zu beachten. Verständlich wird solche
Vergleichbarkeit, wenn ein dem Amos vertrautes weisheitliches Ethos solche
Themen in dieser Grundform behandelte. Vgl. weiter die Worterklärung.

6. Die Wahrscheinlichkeit, daß nicht erst Amos Weheworte geprägt hat, ist
deshalb groß, weil er auch sonst nachweisbar und unbestritten weisheitliche Formen aufgenommen hat. Hier muß neben den didaktischen Fragen
(s.o.S.111f.) besonders an die bei ihm als bekannt vorausgesetzten gestaffelten Zahlensprüche (s.o.S.114) erinnert werden. Damit wird auch der Einwand entkräftet, Weherufe in der Gestalt, wie sie bei Amos erstmals und
dann alsbald bei Jesaja und Micha auftreten, seien literarisch nicht belegt.
Auch die Drei-Vierer-Zahlensprüche, an die Am 1 3–2 6 erinnert, sind uns
nur mit ihrer Form, nicht aber mit ihrem Inhalt belegt. Auch in diesem
Falle muß es sich um Spruchgut handeln, das wie die Weherufe in den Sip-
penkreisen, in denen Amos groß wurde, anders als in den Schulen bei Hofe
lediglich mündlich überliefert wurde. Auch Leichenklagelieder von dem
Typ, der uns in 5 2 begegnet, sind erst mit Amos Literatur geworden, obwohl die Form gewiß nicht von ihm erfunden ist. Zahlensprüche wie Weherufe und Leichenklage verlangen stark danach, geprägte mündliche Sippenweisheit anzunehmen; der Nachwuchs der Großfamilie brauchte doch
Unterricht. Soll es wahrscheinlicher sein, daß Amos „Bildungsweisheit" etwa an der hohen Schule zu Jerusalem aufgenommen hätte (vgl. HJHermisson 91f.)? Warum sollten nicht judäische Landstädte wie Thekoa mit ihrem
סוד der Ältesten Pflegestätten altisraelitischer Sippenweisheit gewesen sein
(vgl. HWWolff 53f.)? Warum sollte sie nicht auch in den Micha und Jesaja
zugänglichen „Schulen" aufgenommen worden sein?

7. Mündliche Formtradition macht schließlich die Varianten der Grundform verständlich. Die zu postulierenden erziehlichen Wehesprüche in der
Sippe brachten keine ausgeführte Drohung. Ihre Funktion war ja, vor einem
Wege zu warnen, der zum Tode führte. Von daher erklärt sich, daß 5 7 + 10
eine geschlossene Sprucheinheit darstellt, ohne daß eine Drohung folgt (zu
לכן in 11 s.o.S.273). Dem Propheten steht es frei, die Grundform des Weherufs durch eine Gerichtsansage zu erweitern (vgl. 6 7 nach 1. 3–6), wie es in
der weisheitlichen Vorform nicht üblich war (vgl. auch Jes 5 21. 22). Man
muß unbedingt betonen, daß im הוי des Amos von seinem Kontext her der
erschütternde Ton des Leichenklagerufs viel stärker mitschwingt als in den
angenommenen Lehrsprüchen (vgl. JGWilliams 85f.).

Den Todesweg Israels haben diejenigen angeführt, die gegen משפט und
צדקה verstießen. Das Wortpaar ist bei Amos von zentraler Bedeutung; es
kehrt in parallelen Aussagen in 5 24 und 6 12 wieder, משפט allein in 5 15 in
einer Nachinterpretation (s.o.S.274). Es mag überraschen, daß dieses
Wortpaar in den alten Rechtssammlungen Israels im Pentateuch völlig
unbekannt ist. Hingegen treffen wir es in ähnlich parallelen Aussagen im

alten weisheitlichen Spruchgut an; so Prv 16 8: „Besser wenig mit צדקה als viele Einkünfte ohne משפט"; oder Prv 21 3: „Übe צדקה und משפט, das ist von Jahwe mehr begehrt als Schlachtopfer"; ja die Weisheit sagt von sich selbst aus: „Ich schreite auf dem Weg der צדקה und auf der Mitte der Pfade des משפט" (Prv 8 20). So nimmt es nicht wunder, daß später die Summe der Weisheit mit diesem Wortpaar zusammengefaßt werden kann (Prv 1 3 2 9; vgl. Gn 18 19). Die Spruchweisheit Israels ist also von der Sorge bewegt, daß משפט und צדקה dem Volke fehlen. Datierbar begegnet das Wortpaar nach Amos bei Jesaja (1 21 5 7 28 17). Er klagt Israel an, daß es diese Doppelgabe verschleudert und verdorben hat. Vom altisraelitischen Wissen her, wie es die Sippen pflegten, müssen משפט und צדקה dann auch in der höfischen Weisheit an Stelle der ägyptischen Maat als Thronsockel und Richtmaß des Königtums Raum gewonnen haben (vgl. HWWolff, BiblStud 35, 1962, 72, dort weitere Literatur; als Texte seien hier nur genannt: 2 S 8 15 Jes 9 6 Ps 72 1f.; Jer 22 15 im Weheruf!). Es muß auffallen, daß beim Vergleich Jojakims mit seinem Vater Josia den Armen und Bedrängten (Jer 22 16f.) משפט und צדקה gelten; ihnen zugute sind sie dem König gegeben; so sagt es auch der Königspsalm 72 (1–4. 12–14!). Diese Traditionslinie dürfte klarmachen, daß Amos hinsichtlich unseres Wortpaars den Quellen der Überlieferung in Israel besonders nahe stand. Bei ihm hat משפט als geordnete Rechtspflege seinen Ort im Tor (10, vgl. 15). Er spricht noch nicht wie nach ihm schon Hosea (5 1) von den Funktionen, die dann auch der Hof und die Priester für die Rechtsverwaltung wahrnehmen müssen (s. BK XIV/1, 123f.). So meint bei Amos משפט die den Rechtsfrieden aufrichtende und bewahrende Ordnung, die in der Ortsgerichtsbarkeit im Tor mit dem Rechtsentscheid geübt sein will. צדקה bezeichnet das Verhalten, das dieser Ordnung entspricht, also den rechtlichen Einsatz dessen, der als צַדִּיק „im Recht" ist und so für den צַדִּיק eintritt, der als „Unschuldiger" angeklagt wird (vgl. 2 6 5 12). Vgl. AJepsen, צדק und צדקה im Alten Testament: Gottes Wort und Gottes Land (Festschr HWHertzberg, 1965) 78–89; HHSchmid, Gerechtigkeit als Weltordnung: BHTh 40 (1968) 111ff., dort S. 1f. umfangreiche weitere Literaturangaben. Zur Bedeutung von νόμος und δίκη in der griechischen Polis nach Hesiod (um 700) und Solon (um 650) vgl. RBultmann, Das Urchristentum im Rahmen der antiken Religionen (1949) 117f. Amos klagt über die, die die Rechtsordnung „in ihr Gegenteil verkehren"; denn das besagt הפך ל hier wie in 5 8 6 12 8 10 u.ö. im Alten Testament. משפט wird zu „Wermut" (Artemisia absinthium). Von Spanien über Nordafrika bis zum Iran gedeiht diese kleine, bis 1,20 m hohe, buschartige Pflanze mit ihren fein gefiederten Blättern. Im frühen Winter blüht sie und trägt Früchte. In Palästina wächst sie vor allem im Negeb, in der Wüste Juda und in Transjordanien. Vgl. MZohary, Plant Life of Palestine: Chronica Botanica, New Series of Plant Science Books

33 (1962) 134; CHPeisker, BHHW III 2167. Bekannt ist sie wegen ihres
äußerst scharfen Bitterstoffes (vgl. Prv 5 4), der allerdings ungiftig ist.
Dennoch kommt das Wort, weil es einen widerlichen Geschmack asso-
ziiert, meist parallel zu „Gift" (ראש) vor: 6 12 Dt 29 17 Jer 23 15 Thr 3 19;
es dient dazu, das Geschick des Gottlosen (Dt 29 17), des in die Verbannung Verstoßenen (Jer 9 14f.) und das Elend des Sterbenden (Thr 3 19) zu
verdeutlichen. Die Rechtsordnung sollte das Heilkraut sein, das Jahwe
zur Genesung der Gekränkten, zur Befreiung der Bedrängten gestiftet hat.
Auch nach der Spruchweisheit kommt משפט von Jahwe: Prv 29 26 16 33.
Indem Menschen Gutes böse und Böses gut nennen, verwandeln sie das
„Süße" ins „Bittere" (so der entsprechende Weheruf Jesajas [5 20. 23];
zum Textzusammenhang vgl. HWildberger, BK X z.St.). Von der צדקה
sagt das parallele Glied in einem neuen Bild, daß sie zu Boden geworfen
wird (הניח לארץ noch Jes 28 2 von umwerfenden Wasserfluten); damit
wird anschaulich, was den Schuldlosen widerfährt und denen, die für sie
eintreten.

(Zu 8f. s.o.S. 282ff.).

Denn ihnen begegnet – nun wird die Bildsprache von 7 verlassen – 10
Haß und Abscheu (10). שנא kommt in den Pentateuchtexten, die das Verhalten im Prozeß ordnen, nie vor, wohl aber spricht die ältere Spruchweisheit häufig vom Haß im Blick auf die rechte Rede. „Wer Zurecht-
weisung (תוכחת) haßt, ist dumm" (Prv 12 1), oder: „er muß sterben'
(15 10). תוכחת heißt das Wort des מוכיח. „Das Lügenwort (דבר־שֶׁקֶר) haßt
der Gerechte" (13 5). „Blutmenschen hassen den Redlichen" (תָּם 29 10;
vgl. 26 28). In diesem Sprachraum lebt Amos, wenn er von denen spricht,
die den דבר תמים verabscheuen. Diesen Haß hat er „im Tor" vor Augen, also
am Gerichtsplatz der Sippe, den auch die Spruchweisheit als solchen
kennt (Prv 22 22); gemeint ist der Platz vor der Innenseite des Tors mitsamt den Innenräumen des Tordurchgangs mit seinen Nischen, an denen sich teilweise Bänke befanden; vgl. MNoth, WAT⁴ 138; LDelekat,
BHHW III 2009f.; deVaux, Lebensordnungen I 150ff. Dort versammeln
sich Kläger, Angeklagte und Zeugen vor den Ältesten (Dt 21 19 25 7 Rt
4 11). Unter ihnen ist der מוכיח (zu יכח hi. s. BK XIV/1, 94). Er ist im
Kreise der Ältesten der, „der feststellt, was recht ist"; vgl. Prv 24 25 mit
23f.; 28 23 25 12 Jes 29 21, dazu HJBoecker, Redeformen des Rechtslebens
im Alten Testament: WMANT 14 (1964) 45–47 (vgl. ILSeeligmann,
VTSuppl XVI, 1967, 266ff.); zum Zusammenhang des Amtes mit der
„Weisheitsschule" WRichter, Recht und Ethos: StANT 15 (1966) 166 bis
186. Während der מוכיח Entscheidungsvollmacht ausübt – wenn auch
nicht anzunehmen ist, daß er im Ältestenkreis ein Amt auf Dauer wahrnimmt –, ist der דבר תמים hauptsächlich im Kreise der Zeugen zu suchen.
Von Prv 29 10 her könnte man an den „Sprecher der Untadeligen" denken, aber weit wahrscheinlicher nennt תמים die Eigenschaft des Sprechers:

„Er ist aufrichtig" und haßt als solcher den דְּבַר־שֶׁקֶר (Prv 13 5). דבר תמים ist also eine Parallelbildung zu הֹלֵךְ תָּמִים (Prv 28 18 Ps 15 2). So zeigt sich dieser Weheruf des Amos bis in die Wahl der einzelnen Worte geprägt von einem Ethos, wie es Amos kaum anders als aus der Übung im Kreise der Sippen-Ältesten vertraut sein kann. Der Weheruf bleibt ohne ausgeführte Gerichtsankündigung.

11   Denn 11 ist, mit לכן wahrscheinlich erst nachträglich angeschlossen (s. o. S. 273), ein selbständiges und andersartig begründetes Wort der Strafandrohung, das zudem zur Anrede übergeht. Jetzt führt die Gier der Besitzmehrung auf Kosten Armer zur Anklage. Sicher ist im zweiten Sätzchen des Verses von Getreideabgabe die Rede. בר bezeichnet im Unterschied zu דָּגָן das Korn, das sich im Handel befindet, wie 8 5f. deutlich zeigt, aber auch Gn 42 3. 25f. Prv 11 26 u.ö. (vgl. Dalman, AuS III 161; zu beachten ist auch, daß akk. bāru III „Steuer", „Tribut" bedeutet, s. AHw 108, also genau מַשְׂאַת = „Erhebung", „Abgabe" entspricht). Der voraufgehende erste Satzteil ist unsicher, doch legt der Parallelismus die Konjektur „Pachtzins erheben" (s. Textanm. a) durchaus nahe. In Rechnungen aus dem Tempelarchiv in Nippur aus der Kassitenzeit erscheint šabāsu šibsa ina egli („Pachtzins für ein Feld erheben"); vgl. HTorczyner, Altbabylonische Tempelrechnungen, 1913; dort S. 130 zahlreiche Belege für šibsu = „Pachtabgabe". Ex 22 24 verbietet das Zinsnehmen für Geld, das dem Armen (עָנִי) geliehen ist (vgl. Lv 25 37 Dt 23 20). Die Spruchweisheit ist hier noch beredter; Amos scheint ihr auch in diesem Falle näher zu stehen. Prv 28 8 („Wer Vermögen mehrt durch Zins und Aufschlag, sammelt es für den, der sich der Hilflosen erbarmt") spricht nicht nur allgemeiner von Vermögen und von Aufschlag, sondern nennt auch die Armen wie Amos דַּלִּים. Das Wort ist den kultischen Rechtssammlungen in diesem Zusammenhang unbekannt; Ex 23 3 Lv 19 15 bringen es vereinzelt in Weisungen für das Rechtsverfahren, auch sie beschränken sich beim Thema Zins immer auf Geld; sie kennen ferner das den Sprüchen vertraute Wort für Handelsgetreide (בר in Prv 11 26 14 4) nicht.

Auf Kosten der verarmten Pächter haben sich die Angeredeten anstelle der gewöhnlichen, leicht verfallenden Lehmziegelhäuser kostspielige Bauten aus glatt behauenen Quadersteinen leisten können; vgl. Jes 9 9 und MNoth, WAT⁴ 139f. und 137 Abb. 4 D1–2; RKnierim, BHHW II 657–660; diese vielleicht von den Phönikern erlernte Bauweise diente in Israel zuerst dem großen Jerusalemer Tempel- und Palastbau unter Salomo (1 Kö 5 31 6 36 7 9. 11. 12, dazu MNoth, BK IX 139, ferner AAlt, KlSchr II 311–319). Es werden prachtvolle Weingärten angelegt; ihre Kostbarkeit (חמד) wird in ihrer begehrten Lage und in ihrer vorbildlichen Anlage zu sehen sein (vgl. Jes 5 2). Hausbau und Weinberganlage, die ein selbständiges, freies Leben begründenden einmaligen Unternehmungen eines Mannes, bringt diese Generation der Führungsschicht in einer unerhört anspruchsvollen Weise zustande. Aber sie wird nicht in den Genuß ihrer großartigen Objekte kommen. Die Form der Drohung erinnert an Flüche, die in den Sfīre-Texten die Vertragsbrüchigen mit folgenden Sätzen treffen: „... sieben Stuten sollen ein Fohlen säugen, und es wird doch nicht satt werden; sieben Kühe sollen ein Kalb säugen, und es wird doch nicht satt werden; sieben Schafe sollen ein Lamm säugen, und es wird doch nicht satt werden; und sieben Hennen sollen auf Nahrungssuche gehen und werden doch nichts töten" (KAI 222 A 22–24, vgl. Annalen Assurbanipals IX: ANET 300a). Die gleiche Redeform, die im Vordersatz eine Tätigkeit und im Nachsatz deren Vergeblichkeit nennt, findet sich Hos 4 10 Mi 6 14f. Lv 26 26b Dt 28 30. 38–41, in Dt 28 30αβb auch mit gleichem Inhalt. Zum Fluch der Vergeblichkeit oder Nutzlosigkeit vgl. DRHillers, Treaty-Curses and the Old Testament Prophets: Biblica et Orientalia 16 (1964) 28f. Bei Amos ist diese Form einer Androhung der Vergeblichkeit menschlicher Höchstleistungen, der Unerreichbarkeit eines erstrebten Zieles, einmalig. Zur Sache vgl. den Weheruf Jes 5 8–10.

Mit 12 setzt ein neuer Spruch mit neuer Anklage ein. Zu כי sowie zur 12 Verbindung von 12 mit 16f. s.o.S. 273f. Das redende Ich dürfte hier doch eher Amos als Jahwe sein, zumal erst das höchstwahrscheinlich hinzugehörige Jahwewort in 16f. mit der Botenformel eingeleitet wird (s.o.S. 274). Auch sonst geht ja die Anklage als Prophetenwort dem Jahwewort voran (3 9f. 4 1 7 16); schon in 5 1 führte Amos sich selbst als Sprecher ein. Wie im vorangehenden Wort 11 werden die Angeklagten direkt angesprochen, anders als im Weheruf 7 + 10. Dieser mag eine leidenschaftliche Abwehr herausgefordert haben, gegen die nun Amos nicht nur weitere Einzelbelege des Unrechts anführt wie in 11, sondern zunächst summierend feststellt, daß er sehr wohl „zahlreiche Verbrechen und kräftige Verfehlungen" in Erfahrung gebracht habe (ידעתי). Zu פשע s.o.S. 185f. Offensichtlich zielt das Wort auch hier (vgl. b) auf Personaldelikte. Das im ganzen Alten Testament sehr viel häufigere, aber bei Amos seltene Wort חטאת beurteilt an sich unterschiedslos rechtliche, sozialethische und kultische Vergehen als Verfehlungen, verstärkt aber hier nur die Erklärung bestimmter Verfahren im Tor (b) als Gegenstand der Anklage. Die Parallele רבים // עצמים findet sich häufig (Jes 8 7 Mi 4 3 Jes 53 12 Sach 8 22 Dt 7 1 Ps 135 10 Prv 7 26), wird meist jedoch auf Völker bezogen. Hier bekräftigen diese Beifügungen die neu eröffnete Anklage. Die folgenden drei Einzelbeispiele explizieren in zwei partizipialen Ausdrücken und mit einem finiten Verbum die Beschuldigungen. (1.) Die Angeklagten bedrängen den Unschuldigen; der צדיק ist hier wie 2 6 der, der צדקה übt (7) und sich demgemäß menschlich wohlverhält, vor Gericht also tadelsfrei dasteht. Solche Unschuldigen werden feindselig behandelt; צרר beschreibt das Handeln des Bedrängers (צר; vgl. 3 11 vom militärischen Gegner, der den Feind einkesselt). Die nächste (2.) Aussage wird konkreter, indem sie denen, die Recht zu finden haben, die Annahme von Bestechungsgeld vorwirft; damit wird der generelle Vorwurf von 7 („Gerechtigkeit zu Boden stoßen") verdeutlicht; vgl. den Weheruf Jes 5 23 und Jes 1 23 (an beiden Stellen zeigt Jesaja einen anderen Sprachgebrauch; das Bestechungsmittel nennt Jesaja שֹׁחַד = Geschenk, Amos dagegen כפר = das, was etwas zudecken [כִּפֶּר] soll: Schweigegeld; in Prv 6 35 sind beide Ausdrücke in einem Spruch zusammengeflossen). Diese zweite Explikation des Verbrechens gehört mit der ersten eng zusammen: Bestechung führt dazu, den Unschuldigen für schuldig und den Schuldigen für unschuldig zu erklären; dagegen kämpft die weisheitliche Rechtslehre leidenschaftlich (Jes 5 23 Prv 17 15). Vgl. im großen Hymnus an Schamasch II 41–47 (ANET 388): „Den ungerechten Richter läßt du das Gefängnis sehen, / den, der Bestechung annimmt, nicht recht handelt, die Strafe tragen. / Wer keine Bestechung annimmt, für den Schwachen Fürsprache einlegt, / der gefällt Schamasch wohl (und) gewinnt ein längeres Leben... / Wer Geld für Trug gibt, Gewalt antut, welchen Vorteil hat der?" (zit. nach AFalkenstein-WvSoden, Sumerische und Akkadische Hymnen und Gebete, 1953, 243f.). Die letzte (3.) Erläuterung im ausklingenden Verbalsatz faßt wieder die Grundanklage zusammen im Blick auf die liebsten Kinder des Propheten, die „Bedürftigen" (zum Begriff s.o.S. 200). Die „Armen" werden als die unschuldig Bedrängten die eigentlich „Gerechten" in Israel; vgl. ASKapelrud, New Ideas in Amos: VTSuppl XV (1966) 193–206. בשער zeigt, daß der ganze Vers wie 7 + 10 das Verfahren beim Ortsgericht „im Tor" (s.o.S. 289) vor Augen hat. נטה hi. = „zur Strecke bringen" hat in der Regel משפט zum Objekt (Prv 17 23 auch in Verbindung mit „Bestechungsgeschenk"!, ferner Ex 23 6 Dt 16 19 1 S 8 3 u.ö.); vgl. WRichter, Recht und Ethos: StANT 15 (1966) 156 und o.S. 202 zu 2 7aβ. Amos aber sieht in seinem verkürzenden Ausdruck die Armen selbst direkt „hingestreckt" (d.i. von ihrem Recht abgedrängt) werden. So wird hier am Ende der Weheruf über die, die Unrecht tun (7 + 10), wie in 11aα verdeutlicht an denen, die Unrecht leiden.

(Zu 13–15 s.u.S. 293ff.).

16.17   Die Gerichtsankündigung über die Rechtsvergehen (12) hebt das allgemeine „Wehe" des Wehespruchs (7 cj.) als das ursprüngliche „Wehe" der Totenklage ins Bewußtsein. Zu הו-הו im Verhältnis zu הוי s.o.S. 286f. Als Termini für die Leichenklagerufe und das zugehörige Ritual (s.o.S. 37f. zu Jl 1 11–14 und S. 276ff. zu Am 5 1f.) werden מספד (dreimal in 16f.!) und אבל genannt. Schon die Häufung der Ausdrücke zeigt, was dann die Ortsbestimmungen verdeutlichen: wie allbeherrschend die Leichenklage werden soll. Nicht nur auf allen freien Plätzen soll sie laut werden (רחבות meint die weiträumigeren Versammlungsmöglichkeiten am Tor, am

Heiligtum, auf der Ortstenne); auch in die engen Gassen (חוצות) zwischen den Häusern der Stadt soll sie hineindringen; sie soll aus den Siedlungen hinausgetragen werden in die Weingärten, die sonst Stätten schönster Erwartungen und ausgelassener Freude sind (vgl. 11b). Der Vorschlag von HGese (434), ובכל־כְּרָמִים zu lesen, bleibt angesichts der beiden Parellelwendungen in 16aß.γ (בכל־רחבות – בכל חוצות) unwahrscheinlich. Hingegen ist seine philologische Erklärung von אִכָּר als grundbesitzloser Landarbeiter (432f.) insofern von sachlichem Gewicht, als damit deutlich wird, daß die Geschundenen und Übervorteilten (11a 12b) ihren Unterdrückern gerade noch den Dienst der Leichenklage leisten können. Die „Klagekundigen" schaffen ihre Pflichten angesichts des Massensterbens nicht. יודעי נהי weist darauf hin, daß es eine ganze „Leichensängerzunft" (HJahnow 2. 58) gegeben haben muß, in der das Personal auch eine besondere Schulung erfuhr. In Jer 9 16 werden die Klagefrauen zugleich חֲכָמוֹת genannt. Die „Kenner der Klage" haben sicher nicht nur das הוֹ־הוֹ in unendlicher Wiederholung auszustoßen (mit diesem הו hängt vielleicht נהי zusammen, so HJahnow 91; vgl. KBL), sondern müssen auch Elemente der Dichtkunst, mindestens der Formen der öffentlichen Mitteilung und Beklagung der Todesfälle beherrschen (vgl. 1f.), aber schließlich auch das umfängliche Zeremoniell der Fastenordnung: Zerreißen der Kleider, Saq-Anlegen, Haarscheren, Staub-aufs-Haupt-Streuen und anderes mehr; vgl. 8 10 und EKutsch, „Trauerbräuche" und „Selbstminderungsriten" im Alten Testament: ThSt Zürich 78 (1965) 25ff.; auch GStählin, ThW III 150 mit Hinweis auf die θρήνων ἔξαρχοι des Homer und die „bezahlten griechischen θρήνων σοφισταί". Das Jahwewort des Amos sieht also Stadt und Land Israels in einem einzigen Gewoge von Leichenklagen untergehen.

Kurz und herb betont er am Ende, wer der Urheber dieses Hinsterbens Israels ist. Jahwe selbst sagt es: „Denn ich schreite durch deine Mitte." Es ist wie ein Nachhall der dritten und vierten Vision (7 8 8 2): Jahwe geht nicht mehr (schonend) vorüber (עבר ל); vgl. 9 4. Nicht irgendwelche strafenden Taten Jahwes sind zu nennen (s.o.S. 123f.), aber auch nicht seine Abwesenheit ist sein Gericht über Israel, sondern allein seine Präsenz, sein persönliches Einschreiten bewirkt den Tod Israels (zu עבר ב vgl. besonders Ex 12 12 Nah 2 1, auch JLCrenshaw, Amos and the Theophanic Tradition: ZAW 80, 1968, 206f.).

Als alte Fortsetzung von 12 leuchtet 13 weit weniger ein als 16f. Wann **13** hätte Amos eine Anklage in eine solche Reflexion einmünden lassen? Sollte er hier seine eigene Weisheit aussprechen, die er dann auf Jahwes Geheiß durchbrechen mußte (SAmsler 211)? Verständlich wird die Aussage dagegen als Nachtrag zu dem zusammenhängenden Spruch 12 + 16f. Der Einsichtige wird nicht zum Unrecht im Tor schweigen (12), wohl aber zu dem Gericht, das Jahwe über das Land schickt (16f.). Das ist die

„böse Zeit"; vgl. Mi 2 3bβ. Bei einem Schüler des Amos ist es verständlich, daß er das Schweigen für geboten erklärt, weil er vielleicht das Gericht über das Nordreich schon nahen sieht; vgl. zur Frage der Datierung der Amosschule o.S. 134. Er erinnert den Verständigen daran, daß nun der Widerspruch gegen das alte prophetische Wort (vgl. 7 10f.) endgültig sein Recht verloren hat. Daß 13 zusammen mit 14f. den alten Zusammenhang von 12 und 16 sprengt, möchte die Deutung des Verses aus dem Fortgang der Diskussion über das überlieferte Amoswort in der Zeit der für das Nordreich bedrohlichen Assyrergefahr erwägenswert erscheinen lassen.

14   Denn 14f. führt mitten in dieses Gespräch hinein. Mit Recht hat man darin eine Auslegung von 4f. gesehen (FHesse); nur wird sie mit ihren Varianten aus Amos' eigenem Mund nicht so gut verständlich wie aus dem eines Schülers (s.o.S. 274). Die antithetische Parallele von Mahnung und Warnung mit Folgebestimmung ist rein weisheitlich (vgl. Prv 24 21f. 25 9f.; למען z.B. Prv 19 20, vgl. Ex 20 12). Sie imitiert und interpretiert 5 4f.; „sucht Jahwe!" heißt: „sucht das Gute!"; „... nicht Bethel, nicht Gilgal!" heißt: „nicht das Böse!". ואל־רע ist ein verkürzter Vetitiv, bei dem der imp. דרשו vom voraufgehenden Glied gedanklich zu ergänzen ist (Ges-K § 152g). Außer der formalen Antithese ist aus dem Prophetenwort zunächst nur der imp. דרשו aufgenommen. Die Verbindung דרש טוב begegnet außer an unserer Stelle nur noch Est 10 3. Doch formuliert Prv 11 27 ähnlich: „Wer Gutes anstrebt (שֹׁחֵר טוֹב), sucht Wohlgefallen, doch wer Böses sucht (וְדֹרֵשׁ רָעָה), den trifft es." דרש heißt hier: „bedachtsein auf", „besorgtsein um" (vgl. o.S. 280 zu 4 und CWestermann, KuD 6, 1960, 15). Unterscheidungsvermögen zwischen Gut und Böse ist für den Weisen das eigentlich Erstrebenswerte (1 Kö 3 9); 15a wird es näher als Fähigkeit zur rechten richterlichen Entscheidung (משפט) definieren und darin sowohl in der Nachfolge des Amos (7. 10. 12) wie der Weisheit (1 Kö 3 11; vgl. MNoth, BK IX 51) stehen. „So redet keiner, der das Leben gesetzlich normieren möchte" (GvRad, TheolAT II⁴ 193).

Auch die Lebenszusage wird näher definiert: nicht nur, indem das finale למען „Leben" als erstrebtes, weil inzwischen sichtlich gefährdetes Ziel noch mehr heraushebt als die Verbindung der beiden Imperative in 4b, sondern vor allem durch den eine Diskussion aufnehmenden Nachsatz: „und es so sei – Jahwe mit euch! –, wie ihr sagt". „Jahwe mit euch" als alte Zusage für den heiligen Krieg (Dt 20 4 Mi 3 11 Jes 7 14 8 10 Ps 46 8. 11) wird in der Assyrerkrise denen entgegengehalten worden sein, die an das alte Drohwort des Amos erinnerten. Wenn die Nachträge aus Gesprächen mit Beerseba-Pilgern aus dem Nordreich stammen (s.o.S. 281 zu 5aβ), könnten diese auch an ihr spezielles Isaakbekenntnis erinnert haben (vgl. Gn 46 4a 26 3; dazu HDPreuß, „... ich will mit dir sein!":

ZAW 80, 1968, 153). Doch wie auch die Sicherheit der Disputanten begründet gewesen sein mag, der Amosschüler stellt sie unter die Bedingung, das Gute zu suchen. Denn 14a und b stehen fraglos „in konditionalem Verhältnis zueinander" (KWNeubauer 305f.), auch wenn כן auf das abschließende כאשר zu beziehen ist (vgl. 3 12, anders Neubauer a.a.O.).

Der gängigen Kultparole wird nochmals die unabdingbare Bedin- 15 gung entgegengestellt, nun aber doppelt verdeutlicht. „Sucht!" (14a) wird jetzt zum Entscheidungsakt zwischen Haß und Liebe gegenüber dem Bösen und dem Guten; der Chiasmus „gut-böse" (14a), „böse-gut" (15a) zeigt, daß jetzt in 15 die Absage an das von Amos verworfene Leben Vorrang erhält. Das Gute aber wird erklärt als „Aufrichten der Rechtsordnung im Tor". So wird 4f. mit Hilfe von 7. 10. 12 interpretiert. יצג hi. bezeichnet im allgemeinen das Aufstellen von Sachen (Gn 30 38 Ri 8 27 1 S 5 2 2 S 6 17); hier heißt es „Geltung verschaffen". Zum „Tor" s.o.S. 289).

Hatte 14 die religiöse Sicherheit im Blick auf die politische Zukunft konditionalisiert, so wird die Abwendung Jahwes vom prophetisch angedrohten Totalgericht nun selbst für den Fall eines gebesserten Verhaltens unter ein „Vielleicht" gerückt. So zurückhaltend, fast skeptisch, redet ein weisheitlicher Prophetenschüler (vgl. Jl 2 14 Jon 3 9 Zeph 2 3 und o.S. 59), aber kein Prophet von der Art des Amos. Was Jahwe „vielleicht" tut, wird mit dem Wort חנן angekündigt, das ursprünglich die Verpflichtung eines Herrn ausspricht, seinem Knecht gegenüber huldvoll und gemeinschaftsgemäß zu handeln. Das Wort setzt Großmut des Überlegenen wie Loyalität des Untergebenen voraus, umfaßt also nicht eigentlich Vergebung von Schuld (vgl. KWNeubauer, Der Stamm *chnn* im Sprachgebrauch des Alten Testaments: Diss. Berlin, 1964, 55. 110). Von Jahwe wird es besonders häufig im Kultruf der Psalmen gebraucht: חָנֵּנִי (4 2 6 3 9 14, insgesamt 18mal) oder חָנֵּנוּ (123 3). So mag der Ausleger auch hier an Voten der Disputanten anknüpfen. Wenn nur für einen „Rest Josephs" Jahwes Huld erhofft wird, so scheinen unabwendbare Verluste schon vorausgesetzt zu sein, wie sie unter Tiglatpileser im Jahre 733 mit der Abtrennung der assyrischen Provinzen Dor, Megiddo und Gilead eintraten (BK XIV/1, 140). Amos hat das Nordreich nie „Joseph" genannt; zu 6 6b s.u.; beachte den andersartigen Sprachgebrauch der späteren Nachinterpretation 6 („Haus Joseph"), zur Bedeutung s.o.S. 282.

(Zu 16–17 s.o.S. 292f.)

Aus allen alten Amosworten in diesem Abschnitt wehen die Todes- **Ziel** dünste. Die Leichenklage, die der Prophet selbst am Anfang über ein Israel ohne Lebenserfüllung anstimmt (2f.), tönt am Ende vielstimmig über Stadt und Land (16f.). Dazwischen stehen Bilder eines verbluteten Heeres 3, veröder Häuser und Weinberge (11). Der Grund wird in einem Verhalten Israels gesehen, das unter dem alten Weheruf der Totenklage (7 + 10) steht, im Umsturz des Rechts der Unschuldigen, in der Überforderung der Besitzlosen (11. 12). Weder Bethel noch Gilgal, keine Wallfahrt zu den alten Gedenkstätten der Väterverheißung und der Landschenkung kann die retten, die die heilvolle Lebensordnung der israelitischen Sippen zum Unheil der Armen verkehrt haben (5).

Nur wie eine Erinnerung an völlig Vergessenes oder doch Verfehltes schimmern aus den schwarzen Todesschatten die Worte auf: „Suchet mich! Dann lebt ihr!" (4b). Bei Amos selbst sind sie alsbald wieder von düstersten Drohungen verschlungen (5b, s.o.S.281f.). Er ist nicht der Prophet der elften, sondern der zwölften Stunde (vgl. SAmsler, Amos, prophète de la onzième heure: ThZ 21, 1965, 318–328). Für den Staat des Nordreichs im ganzen jedenfalls wird kein Ausweg aus dem Todesverhängnis sichtbar. „Es geht durchs Sterben nur". Als todbringenden Akt aber nennt Amos nur Jahwes eigenes Einschreiten (17b).

Die in 13–15 den alten Zusammenhang unterbrechenden Worte geben zu erkennen, daß das alte Prophetenwort bis in die Anfänge seiner Erfüllung unter Tiglatpileser III. im Gedächtnis Israels wachblieb. Denen, die noch im Widerstreit leben zwischen der prophetischen Todesbotschaft und den alten Überlieferungen von Jahwes Beistand und Gunst, wird die bei Amos nur mit einem einzigen Wort angedeutete Mahnung (4b) nun breit als vielleicht mögliche Hilfe zur Rettung entfaltet. Der ernste Ruf zur Entscheidung für das Gute als weise Erneuerung der Rechtsordnung für die Armen ist eindeutig, die Bestätigung der religiösen Zuversicht dagegen auffällig zurückhaltend formuliert (14f.). Doch gilt im Sinne dieser Prophetenschüler: „Solange etwas aufgegeben ist, solange ist der Mensch nicht hoffnungslos aufgegeben" (SKierkegaard, Das Evangelium der Leiden: Gesammelte Werke, Diederichs o.J., 18, 291). Vielleicht wollen die gleichen Schüler in 13 als Voraussetzung die schweigende Annahme der „bösen Zeit" nennen(?).

Ein Jahrhundert später sehen wir das Prophetenwort noch weiter in die Zukunft hineinwirken. Auch diese von Amos wie von seinen unmittelbaren Schülern deutlich unterschiedene neue Predigt in 6 (s.o.S. 272f.) knüpft wie 14f. an 4f. an. Wenn es zutrifft, daß sie in die Tage Josias und seiner Expedition gegen das Bethel-Heiligtum gehört (s.o.S.282), dann wird hier über einem Stück vollstreckten Gottesgerichts das alte Wort zu einer Mahnung zur Umkehr und Reue; die ultimative Verwarnung lädt zum Lobpreis des Richters ein (8).

Merkwürdig bleibt, daß aus den alten Amosworten, die eine für das Nordreich Israel totale Todesbotschaft bringen, nur das beim Propheten völlig überschattete Wort „Suchet mich, dann lebt ihr!" zur weitergehenden Verkündigung in neuen Situationen geführt hat. Was liegt näher, als im Namen der neutestamentlichen Botschaft an genau der gleichen Stelle anzuknüpfen? Aber dürfte sich eine christliche Verkündigung weiter vom Schrecken der prophetischen Gerichtsdrohung entfernen als die Ausleger in 13–15 und 6 + 8f.? Weder die Bedeutung des Kreuzestodes Jesu noch die gegenwärtiger Schuld erlauben es. Eher wäre zu fragen, ob nicht im Namen des Gekreuzigten die Leichenklage des Amos über ganze Zonen traditioneller Christlichkeit anzustimmen wäre wie einst über das Nordreich Israel. Die Begründungen des Amos könnten die im Evangelium selbst dargelegten Gründe aufdecken helfen.

VOM UNENTRINNBAREN ZUGRIFF JAHWES
(5 18–20)

Literatur KDSchunck, Strukturlinien in der Entwicklung der Vorstellung vom 'Tag Jahwes': VT 14 (1964) 319–330. – GvRad, TheolAT II⁴ 129–133. – SHerrmann, Die prophetischen Heilserwartungen im Alten Testament: BWANT 85 (1965) 120–122. – REClements, Prophecy and Covenant: StBTh 43 (1965) 107–110. – MWeiss, The Origin of the ''Day of the Lord'' – Reconsidered: HUCA 37 (1966) 29–72. – WZimmerli, Ezechiel: BK XIII 158–186 (166–168). – HWildberger, Jesaja: BK X 91–115 (91. 105f.). – S.o.S. 38f.

Text ¹⁸Weh denen, die sich Jahwes Tag herbeiwünschen!
Was bedeutet euch denn[a] Jahwes Tag?
[b][Finsternis (bringt) er und kein Licht.][b]
¹⁹Wie wenn jemand vor einem Löwen flieht,
und da stellt ihn ein Bär;
er gelangt (noch) ins Haus[a]
und stützt seine Hand an die Wand,
da beißt ihn die Schlange –
²⁰(bringt) nicht (so) Finsternis Jahwes Tag und kein Licht?
Ja, Düsternis[a] und kein Glanz (eignet) ihm[b].

18   18a 𝔙 (ad quid eam vobis) faßt wie 𝕲 (αὕτη) זֶה nicht als Verstärkung des Fragewortes למה auf, wie es nach Gn 18 13 1 S 17 28 2 S 12 23 und Ges-K § 136c richtig ist, sondern als Demonstrativpronomen. Demnach ordnet 𝔙 das zweite יום יהוה 18bβ zu. – b–b Hier wird die rhetorische Frage von 20a in der Form des Urteils vorweggenommen. Diese vorschnelle Entspannung wird angesichts des Gesamttenors des Spruches (s.u.S.302) sekundär sein (so schon Löhr, Procksch, Duhm, Sellin; vgl. AWeiser, Profetie 213). 19 erklärt nicht ein
19   voraufgehendes חשך, sondern 20 bringt den Ertrag von 19 ein. – 19a 𝕲 (εἰς τὸν οἶκον αὐτοῦ) interpretiert הבית, als sei בֵּיתוֹ (,,sein Haus'') vorausgesetzt. –
20   20a ABEhrlich, Randglossen V 241, schlägt die Vokalisation וְאָפֵל aus Gründen des Rhythmus vor. אָפֵל ist sonst nicht belegt und als Adjektiv (Ges-Buhl, KBL³) neben den drei parallelen Substantiven unwahrscheinlich. Auch 𝕲 (γνόφος) und 𝔙 (caligo) verstehen אפל als subst. – b 𝕲 ordnet mit Recht 20b nicht der Fragepartikel in 20a unter, sondern übersetzt einen selbständigen Satz (καὶ γνόφος οὐκ ἔχων φέγγος αὐτῇ). Trotz der copula in ואפל, die explikativ zu verstehen wäre, zeigt abschließendes לו deutlich genug den selbständigen Nominalsatz.

Form   Die überlieferte Grundform des Weherufs mit הוי und pluralischem Partizip (s.o.S.284ff.) beherrscht zwar die Eröffnung des Spruches, wird aber in dreifacher Weise aufgesprengt und erweitert. Gesprengt wird sie schon in 18b mit dem Übergang zur Anredeform (2. pl.), da zum ursprünglich lehrhaften Tenor der weisheitlichen Weherufe die 3. pl. gehört (so z.B. 5 7. 10 6 1. 4–6 Jes 5 8ff. Mi 2 1). Es zeigt sich, daß Propheten wie Amos überkommene Gattungen nur selten aufnehmen können, ohne sie umzugestalten und auszuweiten (vgl. EGerstenberger, The Woe-Oracles of the Prophets: JBL 81, 1962, 249–263, hier 253f.). Ähnlich geht 6 3b innerhalb des Weherufs zur Anrede über. Der zudringliche Charakter wird verstärkt, indem zum zweiten die Frageform in 18b aus der Gattung des Weherufs heraustritt. Sie wiederholt sich 20a (s.o.S. 220f. zu 3 3–8 und u.S. 330 zu 6 12 9 7). Klingt die erste Frage (18b) inquisitorisch provozierend, so hat die zweite Frage (20a) darin ihre Besonderheit, daß sie in der Vergleichsrede (כַּאֲשֶׁר – כֵּן in 3 12) den כֵּן-Satz bzw. die durch den Vergleich erläuterte Sachaussage (2 13) umprägt, um Zustimmung herauszufordern. Der Vergleich selbst aber (19) bringt drittens das umfänglichste neue Element ins Spruchganze ein, „die Geschichte von einem Pechvogel, der zwei Gefahren entrinnt, einer dritten aber erliegt" (WBaumgartner, RGG³ IV 586f., der sie den „Märchen" zuordnet); größte, erregendste Vorgänge sind aufs äußerste verdichtet; eine Einzelgestalt steht als Exempel für Israel (vgl. 3 12 5 2). Der Spruch ist ein glänzendes Beispiel für die prophetische Gestaltungskraft; der Rahmengattung des Weherufs ist die Gliedgattung didaktischer Fragen im Anredestil angefügt und dieser wieder als Vergleichsstück eine kurze Erzählung eingegliedert. Wenn unsere syntaktische Bestimmung von 20b zutrifft (s. Textanm. 20b), so schlägt Amos zum Schluß den Zuhörern seine Antwort auf die gestellten Fragen in kürzester These um die Ohren. Zur Verbindung von „Rahmen- und Gliedgattungen" vgl. KKoch, Was ist Formgeschichte? (²1967) 29–31.

Der Spruch ist eine eigene rhetorische Einheit. Eine Verknüpfung mit den Nachbarsprüchen ist nicht zu erkennen. In ganz anderer Weise als in 5 1–17 wird das Geschick Israels einem Todesfall verglichen; vgl. 2 16f. Literarisch ordnet sich das Wort vom Thema her dem Voraufgehenden gut zu. Weder abzuweisen noch zu belegen ist die Möglichkeit, daß der Spruch ein neuer Beitrag innerhalb des gleichen Auftritts des Amos ist, zu dem die Sprüche in 1–17 gehören. Man könnte seiner Todesdrohung mit der Erwartung eines Jahwetages begegnet sein, der den großen Jahwetagen in der Geschichte des Volkes entsprechen würde; s.u.S. 301. Auch hier kann nicht gesagt werden, ob Amos das Wort in Samaria oder Bethel sprach.

Das „Wehe" zeigt diejenigen auf lebensgefährlichen Abwegen, die sich den Tag Jahwes ebenso gierig herbeiwünschen, wie Hungrige nach Speise (Nu 11 34), Durstige nach Wasser (2 S 23 15) und Gierige nach Leckerbissen verlangen (Prv 23 3. 6). In allen Fällen steht אוה hitp. Die Begierde ist ein Hauptgegenstand weisheitlicher Erziehung, denn sie ist eine Eigenschaft des Faulen (Prv 13 4 21 25), des Frevlers (Prv 11 23 21 26) und jedes Zuchtlosen (Prv 23 3. 6; vgl. 24 1). Daher ist es gut möglich, daß die Begehrlichkeit ebenso wie die Verletzung der Rechtsordnung (7) zu den

Ort

Wort 18

Themen der dem Amos vorgegebenen, mündlich überlieferten erziehlichen Weherufe gehörte. Aber das Herbeisehnen des Jahwetages unter das Hauptwort der Totenklage zu rücken, war gewiß unserem Propheten vorbehalten. Literarisch finden wir das Wort „Tag Jahwes" zuerst bei Amos belegt. Doch wird man es nicht als einen von ihm erstmalig geprägten Terminus ansehen dürfen. MWeiss (46) hält es für wahrscheinlich, daß Amos' Hörerschaft den Ausdruck erstmalig aus seinem Munde vernommen habe; da „Tag" für den Israeliten weniger einen zeitlichen Termin als solchen meint, sondern der „Tag" mit den zu seiner Zeit sich ereignenden Geschehnissen, Eingriffen und Wirkungen zusammenfällt (vgl. JPedersen, Israel I-II, 1954, 120; SHerrmann 121), könnte man in der Wendung „Tag Jahwes" an sich einen durchaus neutralen Hinweis auf ein allgemeines von Jahwe her kommendes Geschehen sehen. Aber der Textzusammenhang verbietet das doch. Amos ringt sichtlich um diesen Ausdruck; dreifach wiederholt (18a.b 20) ist er der Streitpunkt dieses Spruches schlechthin. Nicht nur wird der „Tag Jahwes" mit genau diesem Stichwort offenbar vom Volk herbeigewünscht, sondern die Hörer werden geradezu auf ihre Deutung dieses Kennwortes hin examiniert (b). Nun hat GvRad (133) mit Recht davor gewarnt, die Beweiskraft von Am 5 18 hinsichtlich der Vorstellungen, die die Zeitgenossen des Amos mit dem „Tag Jahwes" verbanden, zu überschätzen. Zunächst gibt er nur dies her, daß Israel ein höchst erwünschtes Ereignis darin sah (a). Im übrigen wird man spätere Texte, die vom „Tag Jahwes" handeln, heranziehen müssen (s.o.S. 38f.). Die Vermutung GvRads bestätigt sich immer mehr, daß der Begriff am besten aus den Traditionen des heiligen Krieges verständlich wird und so von Haus aus einen Tag des Aufbruchs Jahwes gegen die Feinde Israels meint, wie es etwa der Midianstag war (Jes 9 3; vgl. Ri 7; vgl. zur Bestätigung und zur Abwehr älterer Deutungsversuche KDSchunck; ferner SHerrmann 122f.). Israel konnte sich Amos gegenüber auf manchen großen „Tag Jahwes" berufen, an dem er seinen Rettungswillen geschichtlich unter Beweis gestellt hatte; die von Amos selbst (2 9) angeführte Vernichtung der Amoriter hätte ebenso unter dies Stichwort fallen können wie jüngste kriegerische Erfolge (6 13), wo man sie religiös gedeutet hätte. Konnte man der prophetischen Androhung einer endgültigen Niederlage Israels (3! vgl. 2. 26f.) nicht entgegenhalten, daß Jahwe sich bei neuer Bedrohung genauso als Retter erweisen werde wie früher und daß man einen solchen Tag Amos zum Trotz geradezu herbeisehne? Der Prophet aber stellt sofort in Frage, daß der Tag glückhaft sei. למה ל fragt nach der Bedeutung, dem Nutzen oder Schaden von etwas für jemanden (wie Hi 30 2: „Was bedeutet mir – לָמָּה לִּי – ihrer Hände Kraft?"); zu זֶה als Verstärkungspartikel s. Textanm. 18a.

19   Nun sollte man doch beachten, daß und wie Amos selbst jenes Schlagwort ins Bewußtsein hebt und seine Frage mit einem Vergleich

der Antwort entgegengeführt. Die Erzählung berichtet knapp einen Fluchtweg. Die Kette der perff. conss. und die einmalige Nennung des אִישׁ
sprechen eindeutig dafür, daß es sich nicht um zwei Erzählungen handelt
(der vor dem Löwen Fliehende wird vom Bären gestellt, der ins Haus
Flüchtende wird von der Schlange gebissen, so BrSynt § 41k), sondern
um eine einzige (so Joüon, Gr § 119q). Sie besagt: Einer, der vor einem
Löwen fliehen muß, sieht sich plötzlich einem Bären gegenüber, dem
mindestens ebenso gefährlichen Tier (vielleicht liegt sogar eine kleine
Steigerung vor, vgl. Hos 13 7f.). Aber auch dieser Lebensbedrohung kann
er entrinnen und sich sogar in ein Haus retten. Dort stützt er seine Hand
an die Wand, ebenso erschöpft wie beruhigt; da beißt ihn die nicht wahr-
genommene Schlange. Offenbar ist an tödliche Folge gedacht. Die
Schlange ist ja im Alten Testament der Todfeind des Menschen (Gn 3 15
Nu 21 6 Jer 8 17; vgl. Grether-Fichtner, ThW V 572, ferner Jes 14 29 und
Prv 23 32, dazu WMANT 18, 1964, 11). Der Stoff entspricht durchaus
dem Lebensbereich des Schafzüchters wie die didaktischen Fragen in
3 3–6. 8 und der Vergleich in 3 12. Nichts nötigt, ein überkommenes Märchen aufgegriffen zu sehen (Baumgartner; s.o.S.298). Der Art und Kunst
des Propheten entspricht es vielmehr, wenn er selbst eine Geschichte auf
das Problem des Jahwetages hin entwirft. Sollte sie bei der Präzision der
sonstigen Aussagen des Amos nicht mehr sagen wollen als dies, daß der
Jahwetag als finsterer Gerichtstag unentrinnbar ist? Muß die Geschichte
nicht direkt darauf eingehen wollen, daß die Hörer sich den Jahwetag
wünschen, weil sie ihn als Siegestag kennen? Jedenfalls sagt die drama-
tische Skizze, daß jener Mann zweimal der Lebensgefahr entronnen ist,
aber daß er gerade im Augenblick des Sicherheitsgefühls tödlich gebissen
wird. Hier trifft doch jeder Satz aufs genaueste unter der Voraussetzung,
daß man sich auf Grund früherer Jahwetage, die Rettung vor übermächtigen Feinden brachten, auch vor keinem kommenden, von Amos
angedrohten Krieg (2 14–16 3 11 5 3) fürchtet. Insofern gibt unser Text
mit dieser Zug um Zug beredten weisheitlichen Lehrerzählung für die
Deutung des Tages Jahwes durch GvRad auf den heiligen Krieg – allerdings nur für diese Deutung – mehr her, als man bislang dachte. Er macht
zugleich den mit Amos gegebenen Umschwung der Bedeutung des Jahwetages verständlich: Daß Israel wiederholt dem Feind entrinnen konnte,
Rettung erfuhr und ihm insofern der Tag Jahwes Jubel und Beute bedeutet, schließt nicht aus, daß er nun den Tod bringt. Nicht zum ersten
Mal würde der Prophet Israels wechselndes Geschick in einer Einzelgestalt darstellen (vgl. 3 12 5 2). Es ist bei Amos nicht auszuschließen,
sondern es drängt sich im Gegenteil wiederholt auf, daß seine Vergleiche
nahezu allegorisch gedeutet sein wollen. So war ja auch in 5 2 nicht nur
der Tod das tertium comparationis, vielmehr gewannen daneben die
„Jungfrau" und der „eigene Ackerboden" Bedeutung; vgl. auch o.S.238

zur Deutung von 3 12 durch 14f. Sicherheit der Deutung ist hier wohl nicht zu erlangen. Gewiß aber spricht die geschliffene Kurzerzählung nicht nur von dem Tod dessen, der sich sicher fühlt, sondern auch von einer voraufgehenden Geschichte wiederholter Rettung. Vielleicht verklammert Amos so auf seine ironische Weise (vgl. 3 12!) das Schlagwort der Heilsgewißheit mit seiner neuen Deutung auf den Gerichtstag.

20   Die rhetorische Frage 20a erwartet Zustimmung, daß nur noch die Unheilsbedeutung gilt. Finsternis und Dunkel sind die Chiffren tödlichen Verderbens, gehören zum Traditionsgut des heiligen Krieges und bleiben es seit Amos für den Jahwetag (vgl. Zeph 1 15 Jes 13 10 Jl 2 2 3 4 und o.S. 51.81). Bei ihm selbst mag die Schärfe der Antithese und dabei das Gegensatzpaar Finsternis-Licht der weisheitlichen Tradition entstammen (vgl. Jes 5 20), aber mindestens נגה scheint besonders stark in solchen Texten verwurzelt zu sein, die Jahwes Epiphanie zur Rettung vor den Feinden besingen (Jes 9 1 Ps 18 13. 29 Hab 3 4. 11 Jes 13 10; vgl. FSchnutenhaus, Das Kommen und Erscheinen Gottes im Alten Testament: ZAW 76, 1964, 1–22, hier 9f.). Eben solches Aufleuchten der Rettung wird am Ende strikt negiert. So ist das formgeschichtlich kunstvolle und vielschichtige Stück thematisch vollendet durchgestaltet.

Ziel   Mit ungewöhnlich vielfältigen Mitteln sucht dieser Weheruf in seinen bestürmenden Fragen und seiner erregenden Vergleichserzählung den Hörer aus dem Haus seiner Selbstsicherheit herauszuholen. Er desillusioniert den Leichtsinn. Israel meint, vielleicht auf Grund früherer Rettungserfahrungen, einer Gefahr endgültig entronnen zu sein; aber gerade im Bewußtsein der Rettung ist es dem Todesdunkel endgültig verfallen.

Eschatologisch ist das Wort nur in dem präzisen Sinne zu nennen, daß es das Ende des Staates Israel gegen erneut ausgesprochene Sicherheiten als ganz unentrinnbar bezeugt. Schon Luther wehrte die Deutung auf den Jüngsten Tag ab. „Non de extremo iudicio" handelt Amos, sondern von der Zeit des Gerichts und der Verwüstung durch die Assyrer; Belege bei GKrause, Studien zu Luthers Auslegung der kleinen Propheten: BHTh 33 (1962) 319. So bleibt der Spruch ein Angriff auf alle heilsgeschichtlich gegründete Selbstsicherheit des wandernden Gottesvolkes.

DIE VERWERFUNG DES GOTTESDIENSTES
(5 21–27)

HJunker, Amos und die „opferlose Mosezeit": ThGl 27 (1935) 686–695. – Literatur
EWürthwein, Amos 5, 21–27: ThLZ 72 (1947) 143–152. – EASpeiser, Note on
Amos 5:26: BASOR 108 (1947) 5. – HWHertzberg, Die prophetische Kritik
am Kult: ThLZ 75 (1950) 219–226 = Beiträge zur Traditionsgeschichte und
Theologie des Alten Testaments (1962) 81–90. – JPHyatt, The Translation and
Meaning of Amos 5 23–24: ZAW 68 (1956) 17–24. – RHentschke, Die Stellung
der vorexilischen Schriftpropheten zum Kultus: ZAWBeih 75 (1957) 24–26.
76–88. – EWürthwein, Kultpolemik oder Kultbescheid?: Festschr AWeiser
(1963) 115–131. – JPHyatt, The Prophetic Criticism of Israelite Worship
(1963). – WHSchmidt, Die deuteronomistische Redaktion des Amosbuches:
ZAW 77 (1965) 168–193 (188–191). – SGevirtz, A New Look at an Old Crux:
Amos 5 26: JBL 82 (1968) 267–276. – MSekine, Das Problem der Kultpolémik
bei den Propheten: EvTh 28 (1968) 605–609. – SErlandsson, Amos 5:25–27, ett
crux interpretum: SEÅ 33 (1968) 76–82.

²¹Ich haſſe, ªich verwerfeᵇ eure Feſte.   Text
　　Ich kann eure Verſammlungen nicht riechen.
²²[Außer wenn ihr mir Brandopfer darbringt]ª
Eure Spenden kann ich nicht anerkennen.
　　Ich kann das Mahlopfer eures Maſtviehs nicht ſehen.
²³Halteª mir fern das Getöſe deiner Lieder.
　　Das Spiel deiner Laute kann ich nicht hören.
²⁴Doch ſollte Recht wie Waſſer ſprudelnª,
　　Gerechtigkeit wie ein nie verſiegender Bach.
²⁵ ª[Habt ihr mir Schlachtopfer und Gabe vierzig Jahre lang in der Wüſte dargebracht, Haus Iſraelᵇ, ²⁶und Sakkutᶜ (euren König)ᵉ und Kewanᵈ, eure Bilder
(den Stern eurer Götter)ᵉ, die ihr euch gemacht habt, getragen?]ª
²⁷So führe ich euch in die Verbannung
　　noch über Damaskus hinaus,
　　　　hat Jahwe geſagt [Gott der Heere iſt ſein Name]ª.

21a Verben, die einen einheitlichen Vorgang schildern, werden oft asynde- 21
tisch zueinander gestellt; vgl. Hos 9 9 (הִשְׁכִּימוּ הִשְׁחִיתוּ) Zeph 3 7 (הֶעֱמִיקוּ שִׁחֵתוּ)
und BrSynt § 133b. – b Perf. hat besonders bei Verben geistig-seelischen Verhaltens präsentisch-konstatierende Bedeutung; vgl. Ps 103 13 (רִחַם) Jer 2 2
(זָכַרְתִּי) und Joüon, Gr § 112a; BrSynt § 41c. – 22a Die Reihe stört den stren- 22
gen Parallelismus der Glieder in 21–24; auch durch den Wechsel des Subjekts
(2. pl. statt 1. sg. in 21. 22aβ) und das Fehlen des suff. bei עלות fällt sie aus dem
Rahmen. Selbst wenn man den Ausfall einer Reihe nach 22aα annimmt
(EWürthwein, Kultbescheid 117), kann man doch keinen Parallelismus wie im
Kontext herstellen; vgl. den Vorschlag von JMorgenstern, HUCA 1961, 302.
319, לא אקחינה מידיכם einzufügen. Wollte man 22aα als Vordersatz zu 22aβ b ansehen („auch wenn ihr..., so kann ich nicht..."), würde עלות als Oberbegriff zu
מנחות und שלם angenommen werden müssen, was kaum angeht (s.u.S.307).

Zudem hat כי אם nach vorausgehenden negativen Sätzen konzessive Funktion (vgl. 3 7 8 11 Gn 32 27 1 Kö 17 1 Ez 33 11 und BrSynt § 168; Ges-K § 163c); diese kann aber nur im Interesse eines späteren Glossators liegen; העלה עלות findet sich sehr oft im chronistischen Geschichtswerk (1 Ch 16 2. 40 21 24. 26 23 31 29 21 2 Ch 1 6 8 12 23 18 24 14 29 7. 27 35 14. 16 Esr 3 3. 6). 𝕲 hat den Exzeptionssatz (vgl. Ges-K § 163c) nicht erkannt, sondern mit dem folgenden verschmolzen: διότι ἐὰν ἐνέγκητέ μοι ὁλοκαυτώματα καὶ θυσίας ὑμῶν, οὐ προσδέ-
23 ξομαι. – **23a** Der sg. imp. und die sg. suff. befremden nach den pl. Formen in 21f. War הסר wie קשר in 4 5 ursprünglich als inf. abs. gemeint und mit Objekten mit pl. suff. verbunden (שיריכם und נבליכם, so EWürthwein, Kultbescheid 117), die dann nach einem späteren Mißverständnis der Form als sg. imp. in suff. 2. pers. sg. abgeändert wurden? Doch ist höchst unsicher, ob Abschreiber so arbeiteten. Vrs bestätigen 𝔐. Vielleicht ist der Übergang zum sg. zusammen mit dem Übergang zu einem imp. aus der Anlehnung des neuen Formele-
24 mentes an eine andere Gattung zu erklären; s.u.S. 308. – **24a** גלל ni. juss. wörtl.
25–26 „sich wälzen". – **25–26a–a** Der reine Prosastil und der Übergang zu geschichts- und kulttheologischen Spezialfragen verraten den Glossator. Schon 24 ging von der Kultverwerfung zu einer positiven Kontrastaussage über, so daß 25f. als Nachtrag zu 21–23 erscheint. Auch מנחה im sg. (25) neben pl. מנחתיכם in 22 fällt auf. Die Satzstellung zeigt deutlich, daß die Opfer als solche in Frage gestellt werden (Marti), und nicht, ob sie Jahwe oder anderen Göttern gelten sollten (HWHertzberg). Nichts spricht dagegen, in 26 die Fortsetzung der Frage von 25 zu sehen; so Guthe, Marti, Sellin, Maag, Würthwein, Amsler, anders Nowack, Robinson, Weiser. – **b** 𝕲ᴼ u.a. fügen λέγει κύριος hinzu und setzen damit den Brauch fort, נאם יהוה nachzu-tragen, s.o.S. 174. Zu den eigenartigen Varianten des alexandrinischen Textes vgl. Ziegler 40–43. – **c** 𝕲 (τὴν σκηνὴν τοῦ Μολοχ) las סכּת; nach dem entsprechenden akk. Götternamen ist סכּוּת zu vokalisieren; die mas-soret. Vokalisation will wohl an שׁקוּץ = Scheusal erinnern. – **d** Ραιφαν in 𝕲 wird gemeinhin als innergriechische Entstellung von Καιφαν angesehen; die Lesung כּיּון entspricht 𝕲 (כיפנא) und akk. *kajjamānu* = Saturn (AHw 420). Zur jetzigen Vokalisation s. Textanm. c; vgl. ESchrader, Die Keilinschriften und das Alte Testament, ³1903, 408–410). – **e** Die Appositionen wirken wie nachgetragene Erklärungen. 𝕲 (τοῦ Μολοχ καὶ τὸ ἄστρον τοῦ θεοῦ ὑμῶν) sieht die beiden Nachträge noch nebeneinander und den Relativsatz als zu צלמיכם
27 gehörig (τοὺς τύπους αὐτῶν, οὓς ἐποιήσατε ἑαυτοῖς). – **27a** Die aus 1 5. 8 (cj.). 15 2 3 5 17 bekannte Kurzform der Botenschlußformel ist hier nach der Endgestalt von 4 13b erweitert.

Form Stilistisch heben sich 21ff. von 18–20 durch den Übergang zur 1. Person der Jahwerede ab. Sie findet sich auch noch in 27 wieder. Vor dem Beginn des nächsten Weherufs in 6 1 ist kein Anzeichen einer neuen selb-ständigen Redeeinheit zu erkennen. Nur erweist sich neben 22aα (s. Textanm. 22a). 25f. als Zusatz. Zu den in Textanm. 25–26a–a angeführten Beobachtungen ist hinzuzufügen, daß hier (wie in 22aα) das Subjekt der Aussage nicht Jahwe ist wie vorher und nachher, sondern Israel in 2. pers. pl. So bleibt zwar die Anredeform erhalten, aber sie nimmt einen ande-ren Charakter an, indem neben die indikativischen (21f. 27) und impera-tivischen (23f. im sg.!) Sätze eine Doppelfrage tritt, die an den paräne-tischen Stil in 2 10–12 (11b!) erinnert; auch die Erwähnung der vierzigjährigen Wüstenzeit verbindet 25f. mit jenem Text (2 10bα). So wird der alte Spruch nur aus 21. 22aβb 23f. 27 bestanden haben. Als Formelemente heben sich syntaktisch deutlich voneinander ab: (a) 21. 22aβb, (b) 23f., (c) 27.

Schon im ersten Element (a) ist das Ich Jahwes zu erkennen. Zwar finden wir in Spruchanfängen, die die Schuld Israels herausstellen, auch das prophetische Ich (5 12; vgl. o.S. 291), doch ist hier nicht wie in dem 5 12 zugehörigen Wort 16f. und anderwärts (3 11 4 2; vgl. 5 3) die Strafansage Jahwes ausdrücklich vom Vorhergehenden abgehoben; vielmehr ist sie in 27 mit perf. cons. genauso angefügt wie in den Fremdvölkerworten 1 3–8. 13–2 3, in denen das Ich Jahwes auch jeweils den ganzen Spruch prägt. 5 21–27 zeigt so in allen Elementen die Grundform der Botenrede; dem entspricht die abschließende Botenformel (s.o.S. 169f.). Ein einleitendes כֹּה אָמַר יְהוָה fehlt allerdings; selbst wenn man vermuten wollte, daß es vor der Strafankündigung in 27 dem Einschub von 25f. zum Opfer gefallen wäre, müßte man aus formgeschichtlichen Gründen das Ich in 21ff. auf Jahwe deuten. Denn in 21f. ist die Gattung eines Kultbescheids zu erkennen (vgl. EWürthwein), wie er im Psalter als Erhörungszuspruch zwischen Bittklage und Danklied anzunehmen ist (vgl. Ps 28 1f. mit 6 und Hos 6 1–3 mit 4ff., dazu BK XIV/1, 151) und wie er in der Prophetie mehrfach als Abweisungsbescheid belegt ist (Jes 1 10–17 Jer 6 19–21 Mal 1 10). In allen genannten Fällen spricht aber Jahwe selbst (vgl. noch Ps 35 3: „Sprich zu meiner Seele: Deine Hilfe bin ich"). Im Klageritual ist hier die Stimme eines Kultsprechers anzunehmen. Auf den Kultbescheid weisen auch die wichtigsten verbalen Termini (s.u. Worterklärung). Im ersten Teil unseres Spruches bedient sich Amos also wie in 4 4f. einer kultischen Redeform, allerdings nicht der jenes Priesters, dessen Belehrungen dem kultischen Tun vorangehen (gegen JBegrich, ThB 21, 243, der unser Stück auch als priesterliche Tora bestimmt), sondern eines die Entscheidung Jahwes deklaratorisch verkündenden Sprechers, der inmitten des gottesdienstlichen Handelns fungiert (EWürthwein). Die Gattung des Kultbescheids ist demnach hinter dem ersten Formelement unseres Spruches zu sehen. Einzelbeobachtungen werden zeigen, daß Amos sie frei ausgestaltet. Auch bringt er sie nur als Gliedgattung in seinen Spruch ein.

(b) Denn das zweite Formelement (23f.) entstammt einem anderen Bereich. Es führt den Bescheid, der noch einmal in 23b nachklingt, mit einer Anweisung fort (23a 24). Die Reihung von imp. (23a) und Folgebestimmung (die sachlich die gegensätzliche Erwartung bringt) (24) erinnert zusammen mit der Thematik von 23 stärker an 4 4f. (5 4b) und macht JBegrichs Vergleich mit der priesterlichen Tora verständlich; doch liegt hier eine ernsthafte Aufforderung vor, die mit der Antithese von Kult und Recht und mit der Topik von 24 eher an weisheitliche

Mahnrede erinnert. Vielleicht erklärt die Anlehnung an eine andere Gattung den Übergang zur 2. pers. sg. Jedoch wird sie in die Grundform der Botenrede umgesetzt und mit dem Element des negativen Kultbescheids verknüpft. Beide in 21–24 verbundenen Formelemente des Kultbescheids und der lehrhaften Mahnung (ebenso in Jes 11 1–15 + 16f.) treten bei Amos zusammen an die Stelle der Anklage im normalen prophetischen Gerichtswort. Auch die Mahnrede dient, da sie nicht befolgt wird, dem Schuldaufweis. Sie hält Israel gleichsam den Spiegel zur Selbsterkenntnis vor (vgl. 5 4b).

(c) Nur so wird nämlich der unmittelbare Anschluß des dritten Formelements, der Strafansage, verständlich. Er erweist das Spruchganze als eine neue, merkwürdige Abwandlung der Hauptgattung der prophetischen Gerichtsrede (vgl. 3 1f. 9–11 4 1–3 5 11. 12 + 16f. 7 16f.), indem hier der Unheilsankündigung ausnahmsweise zum Zwecke der Schuldaufdeckung die Nachahmung eines Kultbescheids und eine Mahnrede als abgewandelte Gliedgattungen vorgeschaltet sind.

Die verschiedenen Gattungselemente erklären auch leichte Abwandlungen des Rhythmus. Während in 21. 22aβb fast völlig gleichartige Doppeldreier zu erkennen sind (ist 22b viertaktig zu lesen?), geht 23 zu einem Doppelvierer über, dem in 24 wieder ein Doppeldreier zugeordnet ist. Nach dem Prosaeinschub 25f. schließt 27 mit einem Doppelzweier, wodurch die Strafansage mit Stakkato-Effekt pointiert wird.

Ort Thematik und Form des Kultbescheids lassen dies Wort eher am Reichsheiligtum in Bethel als anderwärts verkündet denken. In 7 11b ist eine Androhung der Verbannung in Bethel vorausgesetzt. Der unvermittelte Einsatz mit der Ichrede Jahwes fällt auf; sonst finden wir ein einleitendes כֹּה אָמַר יהוה (s. o. S. 165) oder „Hört dieses Wort…!" (s. o. S. 213 zu 3 1). Wenn die Textüberlieferung dem mündlichen Vortrag entspricht, wird man sich vorstellen müssen, daß Amos einem Kultsprecher am Heiligtum ins Wort fiel. Dann wird auch das erregt wirkende asyndetische Nebeneinander der beiden ersten Verben verständlich: „Ich hasse, ich verwerfe…".

Die Ergänzung in 25f. wird auf die deuteronomistische Redaktion zurückzuführen sein (WHSchmidt); dann werden die Beziehungen zu 2 10bα 11b (s. o. S. 304) verständlich, ferner die heilsgeschichtlich begründete grundsätzliche Kritik am Vollzug bestimmter Jahwerituale (HW Wolff, ThB 22, 321f.) und am Fremdgötterkult.

Wort Nirgendwo finden sich diese beiden schärfsten Aussagen der Ableh-
21 nung „ich hasse, ich verwerfe" so wie hier beieinander (im weiteren Zusammenhang nur Hos 9 15. 17 und Ps 36 3. 5). Vertrauensäußerungen des Psalters bringen das Bekenntnis, daß Jahwe Übeltäter (Ps 5 6), Freunde der Gewalttat (Ps 11 5) und Verehrer nichtiger Götzen „haßt" (Ps 31 7 cj.). Aber daß ein solches Bekenntnis auf entsprechende Kultbescheide

zurückgehe, ist uns nicht bezeugt. Belegt ist שׂנא bei Amos noch in 5 10 (15), wo vom Haß der Menschen, und in 6 8, wo wie hier vom Haß Jahwes die Rede ist. Von Israels Verwerfung (מאס) durch Jahwe spricht Ps 78 59. 67, von der Verwerfung der Abtrünnigen Ps 53 6; in der Regel ist sie Reaktion auf die Ablehnung Jahwes durch die Menschen (1 S 15 23 Hos 4 6); die prophetische Sprache wirkt im dtr Geschichtswerk nach (2 Kö 17 20 23 27; vgl. Jer 7 29). Hier sind Objekt der Verwerfung die „Feste", ähnlich Jes 1 14.

Dieser Grundsatzerklärung leidenschaftlicher Ablehnung der kultischen Festbegehungen folgt eine Verdeutlichung sowohl des göttlichen Verhaltens als auch des Festgeschehens. Jahwes „Riechen" gilt ursprünglich Opfergaben (Gn 8 21 Lv 26 31 1 S 26 19, wo es in bezug auf die מִנְחָה [vgl. 22aβ] mit der Sühnefunktion des Opfers zusammenhängt; vgl. R Rendtorff, Studien zur Geschichte des Opfers im alten Israel: WMANT 24, 1967, 253); Amos bezieht es auf die „Festversammlungen"; hier und Jes 1 13 hat עצרה fraglos diese Bedeutung (anders Jl 1 15 u.ö., s.o.S. 38). So generalisiert Amos Begriffe, die im Opferkult eine technische Bedeutung hatten. Sowohl Jahwes Verhalten wie die Objekte des ersten Doppeldreiers zeigen eine bislang ganz unbekannte Verschärfung und Ausweitung eines „Kultbescheids" (s.o.S. 305).

Zu 22aα s. Textanm. 22a. מִנְחָה erscheint bei Amos als Sammelbegriff 22 für alle Opferdarbringungen (wie bei Jesaja, vgl. 1 13 und H Wildberger, BK X 38. 41; ferner Gn 4 3–5 und R Hentschke, RGG³ IV 1645). Das wird durch den Plural unterstrichen, der sonst bei diesem Wort äußerst selten ist (R Rendtorff a.a.O. 58, vgl. 197f.). Auf alle Opfer bezieht sich also das Verhalten Jahwes: „Ich erkenne sie nicht an." רצה ist das häufigste und umfassendste Wort für die freundliche und vor allem offizielle Annahme der Opfer, im Unterschied zum speziellen „riechen" (21b), „blicken" (22b) und „hören" (23b). Für ein Opfer, das nicht den Ritualvorschriften entspricht, bestimmt die priesterliche Tora: לֹא יֵרָצֶה (Lv 19 7; vgl. 5f. 7 18 22 23. 27), d.h., „es wird nicht anerkannt". Beim aktuellen Vollzug erklärt demgemäß der kultische Sprecher in Jahwes Namen ארצה oder לֹא ארצה (Ez 20 41 Mal 1 10; vgl. Ps 51 18 Jer 14 12 2 S 24 23, E Würthwein, Kultbescheid 122f. und R Rendtorff a.a.O. 253–258). Amos spricht als Bote Jahwes die generelle Nichtanerkennung aller kultischen Darbringungen seiner Hörer aus. – שֶׁלֶם kommt nur hier im sg. vor; mit diesem Wort hebt Amos das sonst שְׁלָמִים (זֶבַח) genannte Opfer hervor. Es ist wahrscheinlich etymologisch nicht vom wurzelverwandten subst. שָׁלוֹם her als „Heilsopfer" zu deuten, sondern nach שׁלם pi. als „Schlußopfer" zu erklären, mit dem die Kultfeier in einer großen Opfermahlzeit beendet wird (vgl. KBL; Rendtorff a.a.O. 132f. und o.S. 259 zu 4 4). Daß hierzu „Masttiere" benötigt wurden, erwähnt Amos vielleicht weniger wegen des Fettes, das Jahwe dargebracht wurde (Jes 1 11), als

wegen des Fleischgenusses der Festgemeinde (vgl. 6 4b). Jedenfalls ist
Jahwes Verhalten in diesem Falle nicht mit einem Terminus der Opfer-
torot gekennzeichnet. נבט hi. findet sich sonst nicht im Zusammenhang
der Opferdarbringung (EWürthwein, ThLZ 1947, 147, kann nur auf
Thr 4 16 verweisen); es bezeichnet mehr das Hinsehen und Achten auf
Menschen (Ps 13 4 33 13 80 15).

23   Wie beim Gelage nach 6 4f. Fleischgenuß, Gesang und Lautenspiel
zusammengehören, so auch bei den gottesdienstlichen Feiern. Der Gesang
wird nicht durch den ablehnenden Bescheid zurückgewiesen, sondern ein
Mahnwort fordert nun direkt seine Entfernung. Hat Jahwe bisher nur
sich selbst den Kultakten verschlossen, so verjagt er jetzt die Festgemeinde
aus seiner Gegenwart. Vom המון der Lieder ist wie vom Schlachten-
getöse die Rede; vgl. 1 Kö 20 13 und o.S. 97 zu Jl 4 14. Man wird an das
geradezu ekstatische Tosen der Sänger bei den Erntefesten zu denken
haben; vgl. 8 10 Hos 9 1, dazu BK XIV/1, 197 und RHentschke, ZAW
Beih 75, 77f. Der Übergang zum imp. und zur sg. Anrede könnte auf
einen neuen Adressaten hinweisen, dem sich Amos mit der neuen Redeform (s.o.S. 305f.) zuwendet. Fordert er den verantwortlichen Priester auf
(vgl. 7 10–17), er solle dem Grölen ein Ende bereiten, oder eine andere
bedeutende Einzelperson (vgl. die unserem Vers entsprechende Parallele
von שִׁיר und זַמֵּר בְּנֶבֶל im Königsgelübde Ps 144 9, dazu HJKraus, BK XV
942. 944) oder wird die Kultgemeinde als ganze im sg. wie in Dt 6 4 angeredet? Die Aufforderung begründet noch einmal ein Satz in der Form
des Kultbescheids (23b). Er bezieht sich grammatisch nur auf die Instrumente, die den Gesang begleiten, der Sache nach ebenso auf beides
wie vorher der Befehl zur Entfernung des Getöses. זמר pi. bezeichnet das
Spielen eines Instruments, hier der Laute. נבל ist ein Saiteninstrument,
wahrscheinlich mit schrägem Joch und topfartigem (נבל auch = Krug)
Resonanzboden (BRL 391; GWallis, BHHW II 647 und 1259/60 Abb. 2;
GLoud, The Megiddo Ivories, 1939, Plate 4; ANEP 193. 199.
202. 208); 𝕲 übersetzt blaß ὄργανον, 𝖁 genauer lyra (in 6 5 psalterium);
danach empfiehlt sich entsprechend dem archäologischen Befund die
Übersetzung „Leier" oder „Laute". Sie ist in Israel das älteste und
wichtigste Saiteninstrument; vgl. CHKraeling, Music in the Bible:
New Oxford History of Music I (Ancient and Oriental Music, ed.
EWellesz) (1957) 283–312 (296!); sie konnte bis zu zehn Saiten haben:
Ps 33 2 144 9; vgl. die Abbildung einer Laute mit 10 Saiten aus Assur
bei Kraeling a.a.O. Plate VIIIa, ferner AOB 151 (musizierende Gefan-
gene, vielleicht Judäer aus Lachisch, Ninive ca. 700) und ANEP 200
(Karkemisch 9./8. Jh., links ein Lautenspieler). Nachdem Jahwe zuvor
Nase (21b) und Augen (22b) verschlossen hat, schließt er nun auch sein
Ohr. Nicht vom Klagegebet ist die Rede wie in Jes 1 15 Jer 14 12; der
שִׁיר (8 10 im Gegensatz zur קִינָה) und das Lautenspiel sind dem Lob-

preis zugeordnet (Ps 33 2f. 57 8f. 71 22 98 1 108 2f. 144 9 150 3); so wird man bei שמע nicht an die spezielle Bedeutung „erhören" zu denken haben, wie sie Ps 6 9f. 28 2. 6 vorliegt (vgl. EWürthwein, Kultbescheid 126), sondern ebenso wie bei נבט hi. in 22b an die allgemeine: Jahwe will schlechthin nichts hören von der Festmusik.

Stattdessen sollte etwas ganz anderes in der Versammlung Israels laut 24
und von daher im Volke geübt werden: משפט und צדקה (zur Wortbedeutung s.o.S. 287f. zu 7). Die Jussiv-Form יגל wird mit ו-copulativum angeschlossen. Man hat 24 als Beginn der Gerichtsdrohung angesehen (Keil, Sellin, Weiser); aber diese wird im perf. cons. eingeführt (27; vgl. 1 4 u.o.S. 305f.); auch müßte dann „Recht" und „Gerechtigkeit" auf Jahwes Handeln bezogen werden, was bei Amos sonst nie geschieht (vgl. 5 7 6 12); schließlich zeigt Jes 1 13–17 einen bis in die Thematik ähnlichen Übergang vom Kultischen zum Rechtlichen (משפט in 17). Kann die jussivische Deutung des Satzes als gesichert gelten (vgl. RHentschke 78–81), so greift Amos in dem adversativen Gefüge von 23f. wie Jes 1 11–17 (vgl. HWildberger, BK X 35f.) auf die weisheitliche Gegenüberstellung von Opfer und Gebet mit „Recht und Gerechtigkeit" zurück; vgl. Prv 21 3. 27 15 8 und die ägyptische Lehre für König Merikare 129: „Die Tugend des recht Gesinnten ist besser als der Opferochse der Ungerechten"; vgl. ferner Hos 6 5b–6. Nach Amos sollen Recht und Gerechtigkeit sich „wie Wasser" einherwälzen, ja, „wie ein ständig wasserführender Fluß"; איתן hat die Grundbedeutung „stark fließend" und dient so zur Unterscheidung eines נחל, der das ganze Jahr hindurch, auch in den Dürremonaten, Wasser führt, von den leicht versiegenden Winterbächen (vgl. ASchwarzenbach, Die geographische Terminologie im Hebräischen des Alten Testaments, 1954, 30ff.). Was Israel in Wermut und Gift verkehrt hat (7 6 12), das sollte Segen und Gedeihen im Volke wirken, wie die Bäche und Flüsse einem Lande Fruchtbarkeit und Leben schenken (Dt 8 7 1 Kö 17 4. 6 Jes 35 6). Wenn 23 einen verantwortlichen Einzelnen im Blick hat, so wird er in 24 genau auf seine eigentliche Pflicht hin angesprochen; vgl. Hos 4 4–6 und BK XIV/1, 97f.

Der deuteronomistische Redaktor stellt seine Generation, in Erinne- 25
rung an die Heilsgeschichte, vor eine kultische Grundsatzfrage. Die Vorstellung der opferlosen Frühzeit findet sich sonst nur noch in der deuteronomistischen Bearbeitung des Jeremiabuches (7 21–23). Mit זבחים wird zunächst ein Terminus nachgetragen, der dem Ergänzer im überlieferten Amostext fehlte (zur Sache s.o.S. 259 zu 4 4). מנחה, das hier im Unterschied zu 22 im üblichen sg. erscheint, dient jetzt nicht mehr als Gesamtbezeichnung der Opfer (s.o.S. 307), sondern meint wie seit 2 Kö 16 15 allgemein in der späteren Zeit ein selbständiges vegetabilisches Opfer (Rendtorff a.a.O. 197). Erst „Schlachtopfer" und „pflanzliches Opfer" zusammen bezeichnen in der Sprache des 6. Jh. das Ganze aller kulti-

schen Darbringungen. Die Erinnerung an die „Wüste" als solche (noch nicht Jer 7 22!) wird den Gedanken gefördert haben, daß dort neben tierischen vegetabilische Opfer (Mehl, Öl, Weihrauch) gar nicht aufzutreiben waren; vor allem aber ist unser Theologe von dem hoseanisch-jeremianischen Gedanken der Wüstenzeit als der Zeit der unbedingten Treue bestimmt (Hos 9 10 Jer 2 2, vgl. BK XIV/1, 212f.). Als die Zeit der „vierzig Jahre" hat er sie schon 2 10 eingeführt (s.o.S. 206). „Vierzig Jahre" meinen in seiner Vorstellung die Zeitspanne, „innerhalb deren die Gesamtzahl der erwachsenen und im Leben aktiv handelnden Männer sich in der Regel auswechselt" (Noth, ÜSt 21), in der eine ganze Generation ausstirbt. Hier lebt eine Tradition weiter, nach der die erste Generation Israels nur unter dem Gottesrecht ohne Opferforderung lebte (vgl. HJKraus, Gottesdienst in Israel, ²1962, 134f.).

26   Fehlten sogar die Opfer, so erst recht die Fremdgötterbilder. Da Subjekt und Tempus von 26 der Frage in 25 entsprechen, legt sich dem Verständnis die Fortsetzung der Frage am nächsten; so nach gründlichen Erwägungen Marti, KHC 196f. und Sellin, KAT XII².³ 236–239 (s. Textanm. 26a). Wer 26 als Drohung zu 27 ziehen will, muß umvokalisieren: וּנְשָׂאתֶם (vgl. 4 2b, RHentschke 87) und entweder 25 vor 24 rücken (AWeiser, wobei der Zusammenhang von 24 und 26 hinsichtlich der Tempora und die Bedeutung von משפט und צדקה – s.o.S. 309 – fragwürdig werden) oder 26 hinter 27 stellen, denn in der Strafankündigung steht das Eingreifen Jahwes immer vor der Darstellung der Folge bei den Betroffenen; vgl. 2 13-16 und CWestermann, Grundformen prophetischer Rede (²1964) 107ff. נשא setzt als Objekte Götterbilder auf Standarten voraus; vgl. OEißfeldt, Lade und Stierbild: ZAW 58 (1940/41) 190–215. Solche Standarten sind uns aus dem Zweistromland bekannt: Neben der Stierstandarte aus Mari (ANEP 305; vgl. ferner 104. 625. 684) ist hier besonders ein Ziegelorthostat mit einem bunten Emaillebild aus Assur vom Ende des 8. Jh. zu erwähnen (ANEP 535), auf dem ein Beter mit einer Standarte vor einem Gott steht. An der Spitze der Standarte ist der achtstrahlige Stern befestigt, der (in größerer Form) über dem Kopf der Gottheit zu sehen ist. Der Deuteronomist nennt sehr wahrscheinlich die Gestirngottheiten Sakkut und Kewan (s. Textanm. c. d), die wohl mit der assyrischen Besatzung und Umsiedlung unter den Bewohnern des ehemaligen Nordreichs Einzug gehalten haben (vgl. 2 Kö 17 29-31) und auch in Jerusalem bekannt geworden waren. Die Fremdgötter sind schon damit verworfen, daß sie selbstgefertigt sind: עשה (ל) = „(für sich selbst) machen" mit Götterbildern als Objekt gebraucht der Deuteronomist (vgl. 1 Kö 14 9 2 Kö 17 29-31) im Anschluß an Hosea (8 4. 6 13 2); צלמים, in den Bilderverbotstexten ungebräuchlich, erscheint 1 S 6 5 2 Kö 11 18, die Verbindung עשה צלמים in Ez 7 20 16 17; vgl. WHSchmidt 190. Wer den Text als Amoswort deuten will, ist zu tieferen Eingriffen in den Text

gezwungen, ohne doch seinen Sinn für die Zeit Jerobeams II. klären und mit der sonstigen Verkündigung des Propheten vereinen zu können (vgl. die Versuche von ESellin, AWeiser, VMaag, RHentschke, SAmsler, SGevirtz); auch bleibt dann die massoretische Vokalisation von סכות und כיון nach שִׁקּוּץ (vgl. גִּלּוּלִים) für die Abgötter (vgl. Dt 29 16; WZimmerli, BK XIII 150; Márti 197) sowie der erläuternde Nachtrag „Stern" dunkel.

Die Strafankündigung des Amos für die, „die Gottes Gebote verachten 27 und sich zugleich im Kultus ein geordnetes Gottesverhältnis vorlügen" (GvRad, VuF 1947/48, 184), entspricht der Drohung gegen Gilgal, die, auf ganz Israel ausgeweitet, vor Amazja in Bethel ausdrücklich wiederholt wird (7 17; vgl. 11): Deportation. Dabei stellt Jahwe sich selbst als der Befehlshaber vor, der die Wegführung in die Verbannung verfügt; vgl. 1 4. 7f. 14 2 2f. 3 15 6 14. Daß Amos große, gewaltsame Umsiedlungen kannte, geht schon aus 1 5 hervor, s.o.S. 191. Das Ziel der Verschleppung bleibt ebenso unbestimmt wie in 4 3 (s.o.S. 245). Zu מהלאה = „über ... hinaus" bei Ortsbestimmungen vgl. Gn 35 21 Jer 22 19 und KBL³; diese Parallelen denken nicht an eine weite Entfernung vom genannten Ort, sondern betonen nur, daß das Ziel „außerhalb" und insofern „über den Ort hinaus" liegt, also in seinem Hinterland. „Über Damaskus hinaus" läßt demnach durchaus nicht „klar erkennen, daß Amos die Assyrer im Auge hat" (JWellhausen 84). Abgesehen davon, daß Amos Assur auch sonst nie erwähnt (s.o.S. 106), ist daran zu erinnern, daß er die weite Ausdehnung des Aramäerreichs kennt (1 5 und o.S. 190). Damaskus ist die Metropole des alten und auch zeitgenössischen Erbfeindes (s.o.S. 181–184). Die Stadt ist der allen Hörern bekannte Ort, über den die Verbindungsstraßen nicht nur durch die Wüste über Tadmar-Palmyra zum mittleren Euphrat führen, sondern auch westlich oder ostwärts am Libanon vorbei nach Nordsyrien (Noth, WAT⁴ 172f.). Doch erfährt der Hörer nicht mehr, als daß der Verbannungsort im Hinterland von Damaskus liegt.

Amos 5 26f. in der Damaskusschrift. Die Gemeinde von Qumran- Exkurs Damaskus nimmt in der Damaskusschrift (7 13–19) Amos 5 27 zusammen mit 26 als Rechtfertigung für diejenigen auf, die sich von der Priesterschaft in Jerusalem gelöst haben und die „Gemeinde des neuen Bundes im Lande Damaskus" bilden (vgl. 6 5. 19 8 21). „Die Standhaften retteten sich ins Land des Nordens, wie er gesagt hat: 'Ich führe in die Verbannung Sakkut (סכות), euren König, und Kewan, eure Bilder, über die Zelte (מאהלי) von Damaskus hinaus'." Damit wird zunächst in 7 13–15a – mit der angegebenen kleinen Verlesung von מהלאה – Amos 5 27 mit 26 verknüpft und als Rettungsverheißung gedeutet. Dem entspricht die nachfolgende Einzelerklärung: „Die Bücher des Gesetzes, sie sind die Hütte (סוכת) des Königs, wie er gesagt hat: 'Und ich richte auf die zerfallene Hütte Davids.' Der König, das ist die Gemeinde (2 Worte dl, vgl. ELohse, Die Texte aus Qumran, 1964, 80). Und der Kewan der Bilder, das sind die Bücher der Propheten, deren Worte Israel verachtet hat. Und der Stern, das ist der Erforscher des Gesetzes, der nach Damaskus kommt, wie geschrieben steht…" (folgt Zitat Nu 24 17). So deutet 7 15–19 Zug um Zug die Hauptbegriffe von Amos 5 26; dabei wird סכות (14) zu סוכת (16) und nach Am 9 11 ausgelegt. Ob „das Land von Damaskus" in der Damaskusschrift geographisch exakt zu verstehen ist oder als Chiffre für den Aufenthaltsort in der Wüste von Qumran, ist umstritten. Für das erstere spricht, daß „Damaskus" aus Am 5 27 in 7 15 wohl erwähnt wird („über die Zelte von Damaskus hinaus"), aber keine Erklärung wie die übrigen Hauptworte des Amostextes findet; vgl. PKahle, ThLZ 77 (1952) 409; JMaier, Die Texte vom Toten Meer II (1960) 49f.; MBurrows, Mehr Klarheit über die Schriftrollen (1958) 191 bis 198. Wahrscheinlich haben die Essener Am 5 21–23 als Gerichtswort über die Jerusalemer Priesterschaft verstanden.

Ziel Amos bedroht im Namen Jahwes die Menschen Israels, die im gottesdienstlichen Feiern der Gabe des Rechts (s.o.S.309) ausweichen. Ausbau und Verschärfung der übernommenen Formen zeigen, daß Amos nicht nur einen begrenzt gültigen Bescheid gibt, so wenig er andererseits grundsätzliche Erwägungen über den Kult als solchen anstellt. Eben in gezielter Anrede wird „das für Amos mögliche Maximum an Grundsätzlichkeit" erreicht (RSmend, EvTh 23, 1963, 414; vgl. MSekine). Der Deuteronomist schreitet dann in 25f. mit heilsgeschichtlicher Argumentation zu theologisch generellen Erwägungen fort. So führt er durch die Absage an die selbstgefertigten Götter den Text der neutestamentlichen Absage an die Opferleistung des Menschen entgegen. Amos bedroht die Selbstsicherheit einer in gottesdienstlichen Ordnungen lebenden Gemeinde und stellt sie unausweichlich vor den lebendigen Gott, der auf Recht und Gerechtigkeit verweist und auf sein nahendes Eingreifen. „Wir haben es hier mit der ersten radikalen Kritik der Religion zu tun, die als geistige Entfremdung denunziert wird" (GCasalis, Göttinger Predigtmeditationen 19, 1964/65, 335).

Karl Barth hat es in seiner Abschiedsvorlesung im Wintersemester 1961/62 (Einführung in die evangelische Theologie, 1962, 146ff.) für richtig und nötig befunden, unseren Text auch auf „die der Theologie widerfahrende 'Anfechtung'" zu beziehen, in der „sich Gott diesem von Menschen unternommenen und in Gang gesetzten Werk entzieht" (147). Der schriftgelehrte Schreiber und Leser wird Barths Ausführungen nur zu seinem eigenen und seiner Umwelt Schaden übergehen können. Karl Barth beschreibt als schlimme Möglichkeit unserer theologischen Arbeit: „Alles ist in Ordnung, aber Alles auch in schwerster Unordnung. Die Mühle läuft, aber sie läuft leer. Alle Segel sind gesetzt, aber kein Wind füllt sie, treibt das Schiff. Der Brunnen ist da, und viele Röhren hat er auch, aber es kommt kein Wasser. Da ist wohl Wissenschaft, aber keine in der Macht ihres Gegenstandes leuchtende Erkenntnis. Da ist wohl Gläubigkeit, aber nicht der von Gott entzündete und dann selber zündende Glaube. Da geschieht in Wirklichkeit nicht, was da zu geschehen scheint. Denn es geschieht, daß Gott, um den es da angeblich geht, nur eben schweigt zu dem, was da – leider nicht von ihm her, sondern nur über ihn – gedacht und gesagt wird. Es geschieht, daß er sich zur Theologie und zu den Theologen so verhält, wie es in Variation der berühmten Stelle Amos 5 zu beschreiben wäre: 'Ich hasse, ich verschmähe eure Vorlesungen und Seminare, eure Predigten, Vorträge und Bibelarbeiten, und mag nicht riechen eure Gespräche, Tagungen und Freizeiten. Denn wenn ihr da eure hermeneutischen, dogmatischen, ethischen und pastoralen Weisheiten voreinander und vor mir ausbreitet – an diesen euren Opfern habe ich kein Gefallen, und das Opfer dieser eurer Mastkälber sehe ich nicht an. Hinweg von mir das Geplärre, das ihr Alten mit euren dicken Büchern und ihr Jungen schon mit euren Dissertationen veranstaltet! – und das Spiel der Rezensionen, das ihr in euren theologischen Zeitschriften, Rundschauen und Umschauen, in euren Kirchen- und Literaturzeitungen treibt, mag ich nicht hören'. Schrecklich, wenn es geschieht, daß Gott schweigt, und eben indem er schweigt, so redet – schrecklich, wenn der eine und andere Theologe es bemerken oder doch ahnen muß, daß das geschieht – und eben: Am schrecklichsten, wenn Viele es – munter weiter und weiter machend – nicht einmal zu bemerken, wohl nicht einmal zu ahnen scheinen, daß das geschieht, daß die Theologie mit ihren Fragen samt und sonders von Gott in Frage gestellt, zuhöchst und zuletzt durch die ihr von i h m her widerfahrende Anfechtung gefährdet ist!" (148f.).

WEHE DEN SICHEREN!
(6 1–7)

Literatur RFey, Amos und Jesaja: WMANT 12 (1963) 10–17. – OEißfeldt, Etymologische und archäologische Erklärung alttestamentlicher Wörter: OrAnt 5 (1966) 165–176. – Literatur zu den Weherufen s.o.S.267 und S.284.

Text ¹Weh [den Sicheren in Zion und]ᵃ
    den Sorglosen auf Samarias Berg,
        den Vornehmen der Spitze unter den Völkern,
[und das Haus Israel kommt zu ihnen.]ᵇ
    – ²Zieht nach Kalne hinüber und schaut,
        geht von dort nach Groß-Hamathᵃ,
            steigt hinab nach Gath der Philister!
        Seid (ihr)ᵇ besser als jene Reiche,
            oder ist ihrᶜ Gebiet größer als euerᶜ Gebiet? –
³die denᵃ Unheilstag verdrängen,
    aber die Herrschaftᵇ der Gewalt 'führen sie'ᶜ herbei,
⁴die auf Elfenbeinliegen lagern
    und sich auf ihren Betten fläzenᵃ,
die die Böckchen aus der Herde verspeisen
    und die Kälber mitten aus der Mast,
⁵die grölen zum Klang der Laute,
    sich Instrumente erfinden [wie David]ᵃ,
⁶die den Wein ausᵃ Kannen trinken
    und Spitzenöl versalben.
    – Aber um den Zusammenbruch Josephs kümmern sie sich nicht. –
⁷Darum (gilt) jetzt:
Sie ziehn an der Spitze der Verbannten,
    und fertig ist das Fest der Fläzendenᵃ.
    'Spruch Jahwes [des Gottes der Heere]'ᵇ.

1   1a Die Erwähnung Zions im Munde des Amos bereitet der Auslegung größte Schwierigkeiten. SOettli, Amos und Hosea (1901) 72, fragt zwar: „Warum soll der Judäer Amos nicht auch seine Heimat in der Rede streifen dürfen?" Aber der Prophet tut es sonst nie, es entspricht auch nicht seinem Auftrag (7 15), und hier erscheinen die „Sorglosen in Zion" nicht beiläufig, sondern betont am Anfang. So haben sich die Ausleger bemüht, die tonangebende erste Reihe doch irgendwie auf Samaria zu beziehen. GFohrer, ThW VII 294, sagt, Zion sei in diesem Falle „Fachausdruck für die Lage der Hauptstadt, die sich im Nordreich Israel auf dessen 'Zion', dem Berg Samarias befindet". Aber dieser Sprachgebrauch wäre eine singuläre Ausnahme; mußte er nicht auch im Samarien des 8. Jh. zweideutig sein? Wo wäre Amos jemals nicht darauf aus, seine Hörer ganz eindeutig zu fixieren? ESellin schlug in KAT XII (¹¹1922) בָּעִיר statt בציון vor und dachte an die „Hauptstadt" als synonyme Parallele zum „Berg Samaria" in aβ (vgl. עִיר in 8 und 1 S 27 5). Das ist gerade für die Eingangsaussage nach dem sonstigen Sprachgebrauch des Amos (3 9. 12 4 1)

unwahrscheinlich und ohne Deckung in der Textüberlieferung. So kehrte Sellin selbst in KAT XII (²·³1929/30) zum überlieferten Text zurück. A Weiser, Profetie (1929), hat die Schwierigkeit dadurch beheben wollen, daß er שאנים in Parallele zu בטחים verstehen wollte und übersetzte: „die stolz sind auf Zion". Er erhärtet die Deutung mit der Geschichtserinnerung an die Schlacht bei Bet-Schemesch, die zu einer Einnahme Jerusalems im Anfang des 8. Jh. führte (Noth, GI 217). Den Stolz auf diesen militärischen Sieg über Zion soll Amos ansprechen. Doch dieses Ereignis liegt in Amos' Tagen rund dreißig Jahre zurück; vor allem aber bedeutet שאנ nie „stolz", sondern „sorglos", „sicher", auch würden bei Weisers Deutung בציין und בהר שמרן keine gedankliche Parallele mehr bilden. ABEhrlich, Randglossen V 243, schlug im Blick auf 8 בְּגָאֹון vor, und VMaag liest nach ihm und Budde בִּגְאֹונָם („die sorglos" – Maag: „ahnungslos" – „sind in ihrem hochfahrenden Wesen"). Dieser Vorschlag entfernt sich wie der von ESellin (בָּעִיר s.o.) weit vom überlieferten Konsonantenbestand und hebt den Parallelismus der Städte vollends auf. 𝔊 (Οὐαὶ τοῖς ἐξουθενοῦσι Σιων), die sonst שאנ nie so übersetzt, hat anscheinend die Schwierigkeit im Zusammenhang der Amosworte erkannt, wenn sie gegen den Wortsinn des Hebräischen von den „Verächtern Zions" spricht. So drängt sich mir nach Prüfung aller sonstigen Vorschläge eine Lösung auf, die schon Marti 1904 vorbereitet hat. Er sieht בציין ו השאנים als einen Nachtrag an, und zwar „von der Hand dessen, der von Amos auch Juda berücksichtigt sehen wollte", auf den also auch 2 4f. 3 1b und die sonstigen von uns als deuteronomistisch herausgestellten Ergänzungen zurückgehen. Für diese Erklärung (vgl. auch VMaag, RGG³ I 331) sprechen zusammen mit der Tatsache, daß alle anderen unbefriedigend bleiben, folgende Gründe: 1. Weder שאנים noch „Zion" muß eine sonst nicht bezeugte Bedeutung beigelegt werden. 2. Der Weheruf beginnt auch hier mit einem Partizip und nicht mit einem Adjektiv; der Einsatz mit Partizipien nach הוי und der anschließende Wechsel mit finiten Verbformen ist die Regel ohne Ausnahme bei Amos (vgl 5 7. 10. 18 und die Fortsetzung 6 3–6). 3. Da sich auch 1bβ schwer in den Zusammenhang fügen will (s. Textanm. b), ergibt sich für 1aβbα ein klarer Doppeldreier. 4. Der Spruch setzt mit dem Hauptadressaten ein und paßt zur sonstigen Verkündigung des Amos. – b Die Wortgruppe ist schon von 𝔊, die ihre Worte auf den vorangehenden und den folgenden Satz aufteilt, dabei aber den Wortlaut von 𝔐 voraussetzt, sowie von 𝔙 (ingredientes pompatice domum Israel) nicht verstanden worden. Die Verständnisschwierigkeit hat zu phantastischen Konjekturen geführt. SOettli, Amos und Hosea (1901) 72, schlug vor, וְכֵאלֹהִים (הֵמָּה) בְּבֵית יִשְׂרָאֵל zu lesen, und findet damit bis in die Gegenwart Gefolgschaft (ThH Robinson, A Weiser, VMaag), obwohl der Konsonantentext an wenigstens vier Stellen abzuändern ist und keine alte Version Deckung bietet. ABEhrlich, Randglossen V (1912) 243, bleibt in bβ ganz beim Konsonantentext, vokalisiert aber וּבָאוּ, bezieht להם auf vorangehendes הגוים und sieht das Stück als Übergang zu 2: „Begebt euch zu ihnen, Haus Israel!" Dabei ist fälschlich vorausgesetzt, daß 2 zum ursprünglichen Weheruf gehört (s.u.S.318). Marti 199 sieht in bβ eine Glosse zu aβ und liest וּבָאלֵהֵי בֵית יִשְׂרָאֵל = „die sich auf den Berg Samariens verlassen" „und (zwar) auf die Götter des Hauses Israel"; er verweist auf Jes 10 9–11 (10!). Der Vorschlag bleibt dichter als der von ABEhrlich beim Konsonantentext. Entscheidend ist die Erkenntnis, daß der Satz nur als Nachtrag verständlich gemacht werden kann. Als solcher aber kann er (statt mit Marti als Glosse zu aβ) im überlieferten Wortlaut besser als deuteronomistische Glosse zu bα (הגוים; vgl.o. Ehrlich!) erklärt werden (vgl. Jos 23 7

315

2 Kö 17 8. 11. 15. 33 u.ö.): „Und zu denen (den Fremdvölkern) kam das Haus Israel." Der Vorschlag, bβ als deuteronomistische Nachinterpretation anzusehen, hat folgende Vorteile: 1. Die kühnen Konjekturen werden unnötig. 2. Der Anstoß fällt hin, daß der Satz innerhalb des Amoswortes viel zu blaß wäre; es wäre der einzige, der in 1 + 3–6 keinen Vorwurf gegen die Führungsschicht brächte; ebendarum sah man sich zu den forciert ironischen Konjekturen herausgefordert (SAmsler 216²). 3. Der Satz fällt als prosaische, sprachlich etwas unbeholfene Notiz aus der Kette der in 1 + 3–6 ganz streng durchgeführten Doppeldreier heraus und findet mit seiner Konstruktion keine Parallele in den sonstigen Reihen des Weherufs. 4. Amos konstruiert בוא nie mit ל, sondern mit dem acc. (4 4 5 5. 19), mit אֶל (8 2) oder עַל (4 2). בוא ל ist überhaupt sehr selten (Jer 50 26), erscheint aber wiederholt im DtrG (1 S 9 12, in Jos 2 3 auch in einer Glosse). 5. Für den alten Amostext ergibt sich so in 1, nachdem auch השאנים בציון ו als deuteronomistischer Nachtrag erkannt ist (s. Textanm. a), ein klarer Doppeldreier. – **2a** Zur st.cstr.-Form statt üblichem חֲמָת s. Joüon, Gr § 131n. – b אַתֶּם zu ergänzen (SOettli 72, AWeiser, Profetie 232) erscheint angesichts der Präsenz des angeredeten Subjekts vor dem Sprecher unnötig; es liegt ein einpoliger (KOberhuber, VT 3, 1953, 3ff.) bzw. eingliedriger (BrSynt § 13b) Nominalsatz vor (vgl. Ps 115 7). – c Die Suffixe zu vertauschen, ist zwar seit JWellhausen weithin üblich, aber der jetzige Textbestand ist schlechter aus sekundärer Entstehung zu erklären als aus der Zeit des 8. Jh. „Das Wort erhält einen guten Sinn, wenn es als Ausspruch der ewig Sicheren ... betrachtet wird" (VMaag 39). – **3a** Zu ל beim acc. s. Joüon, Gr § 125k. – b Die Wendung שבת חמס bleibt schwierig, da שבת sonst im Alten Testament „Stillsitzen" = „Untätigkeit" bedeutet (Ex 21 19 Prv 20 3). WNowack, AWeiser schlagen שֶׁבֶר וְחָמָס („Verderben und Gewalt") vor, Marti nach 3 10 שֹׁד וְחָמָס („Frevel und Gewalttat"), KBL, VMaag, SAmsler mit Rücksicht auf die Parallele יוֹם: שְׁנַת חָמָס („Jahr der Drangsal"). Keine der Änderungen des Konsonantentextes hat Anhalt an der alten Texttradition. 𝕲 (σαββάτων ψευδῶν) und 𝕍 (solio iniquitatis) bestätigen 𝔐. Eine Deutung nach Prv 20 3 שֶׁבֶת מֵרִיב) für unsere Stelle („Untätigkeit gegenüber Gewalt") läßt nicht nur das privative מִן vermissen, sondern auch einen klaren antithetischen Parallelismus, der von den Verben her zu erwarten ist. JReider, Etymological Studies in Biblical Hebrew: VT 2 (1952) 113–130, hat von ar. *watbat* her die Bedeutung „Angriff" für שֶׁבֶת in unserem Text postuliert (122). Sie paßt vorzüglich in den Kontext. Aber da sie im Alten Testament keine Stütze findet, bleibt immer noch die von 𝕍 (solio iniquitatis) gestützte Deutung Wellhausens zu erwägen, der an ישׁב = „thronen" (des Königs und Richters) denkt, wonach שֶׁבֶת hier soviel wie „Herrschaft" bedeutet. – c 𝔐 („aber ihr führt herbei") überrascht durch den Übergang zum Anredestil, der sich im Kontext des alten Weherufes nicht findet. In 5 18b liegt er allerdings auch in einem Weheruf vor. Doch wenn er hier ursprünglich wäre, sollte man ihn auch in den 5. 6. 7 folgenden finiten Verben erwarten. 𝕍 setzt schon 2. pers. pl. voraus, aber 𝕲 läßt Anrede in ihrer Partizipialübersetzung nicht erkennen. Wahrscheinlich ist ursprüngliches וַיַּגִּישׁוּן nach Einschaltung von 2 der 2. pers. pl. dieses

4 Verses angeglichen worden. – **4a** Wörtlich: „überhängende", „herabhängende" (von Decken Ex 26 12, vom Kopfbund Ex 23 15, vom wuchernden Wein-

5 stock Ez 17 6); hier „Hingeräkelte". – **5a** 𝕲 (ὡς ἑστῶτα ἐλογίσαντο καὶ οὐχ ὡς φεύγοντα) weiß nichts von David. Aus 𝔐 ist nur חָשְׁבוּ in ἐλογίσαντο wiederzuerkennen. Statt כדויד setzt 𝕲 vielleicht כְּעֹמֵד voraus (vgl. Sach 3 1: ἑστῶτα = עֹמֵד), dazu in Antithese statt כלי- שׁיר vielleicht כְּשָׂרִיד (vgl. Ob 14 τοὺς φεύγοντας

ἐξ αὐτῶν = שְׂרִידָיו); statt לָהֶם setzt 𝔊 eine Negation voraus. So wird der Sinn völlig entstellt: der Satz spricht von einem Prahlen mit Standhaftigkeit an Stelle des in Parallele zu a näherliegenden Sinnes von 𝔐. Für die Entscheidung über die Ursprünglichkeit von כדוד ist festzuhalten, daß 𝔊 schon eine ähnliche Konsonantengruppe voraussetzt. Dennoch ist „wie David" als Nachtrag zu verstehen: Es sprengt nicht nur den im Kontext regelmäßigen Doppeldreier, sondern ist sowohl im Munde des Amos wie vor den Ohren der Führer des Nordreichs unwahrscheinlich. Hingegen ist es als Nachtrag aus nachexilischer Zeit ebenso gut vorstellbar wie die in chronistische Zeit weisende Aussage 5 22aα; s.o.S. 304. – **6a** Wörtlich: „aus Weinkannen trinken"; ב als **6** praep. denkt an die Ruhe, mit der der Mund des Trinkers am Gefäß haftet (vgl. Gn 44 5 und BrSynt § 106a). – **7a** Die Übersetzung soll an die Alliteration **7** der drei hebräischen Wörter erinnern; wörtlich: „Und es verschwindet das Gelage der Hingeräkelten." 𝔊 (καὶ ἐξαρθήσεται χρεμετισμὸς ἵππων ἐξ Εφραιμ = „und weggenommen wird das Wiehern der Pferde aus Ephraim") muß סוּסִים statt סְרוּחִים gelesen haben; das führte zur speziellen Übersetzung („Wiehern") des generell richtig verstandenen מרזח („Gekreische", s.u.S. 322). „Aus Ephraim" wird erläuternde Zutat sein; vgl. KVollers, ZAW 3 (1883) 268. – **b** Da (אלהי צבאות) נאם יהוה in 8 neben נשבע יהוה sicher nicht ursprünglich ist, könnte es durch Abschreiberversehen vom Ende von 7 dorthin versprengt sein. Es wäre ungewöhnlich, wenn ein Wort der Gerichtsankündigung von Amos nicht ausdrücklich als Gotteswort erklärt wäre. Doch fehlt die Gottesspruchformel in 𝔊 hier wie dort; s. Textanm. 8c. Zur Erweiterung der kurzen Gottesspruchformel s.u.S. 332ff. zu 6 14.

6 1+3–6a zeigen die Grundform der Weherufe; s.o.S. 284ff.; zu 1 s. **Form** Textanm. a und b, zu 5 Textanm. a. Mindestens die jeweils erste Reihe eines jeden Doppeldreiers beginnt mit einer pl. Partizipialform. Der Weheruf nimmt hier die Funktion der Anklage im prophetischen Gerichtswort wahr, dessen Strafansage wie oft bei Amos mit לָכֵן angeschlossen wird (3 11 5 16 7 17; zu 5 11 s.o.S. 273). Im Unterschied zu den Weherufen, die nie als Jahweworte gekennzeichnet sind, war die Strafandrohung wahrscheinlich zum Abschluß als „Spruch Jahwes" gekennzeichnet (s. Textanm. 7b). Die Zugehörigkeit von 7 zu 1 + 3–6 wird außer durch das verbindende לכן durch Stichwortverknüpfungen erhärtet; so nimmt בראש in 7a das wiederholte (ב)ראשית von 1bα. 6aβ auf, und das sehr ungewöhnliche סרוחים in 7b erinnert an 4aβ (anders AWeiser, Profetie 229 bis 248).

6b fällt aus dem Rahmen der Doppeldreier heraus. Auch enthält er die einzige negierte Aussage. Einen negativen Satz am Ende eines sonst positiv formulierten Weherufs bringt allerdings auch der thematisch verwandte Spruch Jes 5 11–13 unmittelbar vor dem Drohwort; vgl. RFey, Amos und Jesaja 12. Aber dort ist der Parallelismus der Glieder auch im negativen Teil erhalten (12b). Zudem fällt bei Amos auf, daß Israel hier wie sonst nur noch in 5 15 „Joseph" genannt wird (zu „Haus Joseph" in 5 6 s.o.S. 282). Vor allem aber ist zu beachten, daß – wie in 5 15 vom „Rest Josephs" – hier vom „Zusammenbruch Josephs" gesprochen wird.

Eine solche Aussage innerhalb einer Anklage wäre in Amos' Munde ungewöhnlich. Stilistische, sprachliche und thematische Beobachtungen nötigen also zu der Frage, ob 6b als Nachtrag aus einer späteren Zeit besser verständlich zu machen ist.

Das gleiche gilt von 2. Die Anredeformen in 2. pers. pl. mit Imperativen (2a) und Fragen (2b) unterbrechen den wie üblich in Partizipialformen und in 3. pers. pl. einhergehenden ursprünglichen Lehrstil des Weherufs (s.o.S.286f.; zu 3b s. Textanm. 3c). Rhythmisch fällt die dreigliedrige Kette der Aufrufe in 2a aus dem Rahmen. Sachlich kommt hinzu, daß hier gerade diejenige Philisterstadt erwähnt wird (Gath), die in 1 6–8 fehlt (s.o.S.192). Der Disputationsstil erinnert an die kommentierende Auseinandersetzung eines Amosschülers mit Angehörigen des Nordreichs in 5 14f. (s.o.S. 131–135 und 294).

Ort   Tatsächlich werden die Nachträge in 6 2 und 6b besser aus den Schülerkreisen des Amos verständlich als vom Propheten selbst her. Kalne und Hamath sind 738 von Tiglatpileser III. erobert worden; zur gleichen Zeit wird der israelitische König Menahem schon tributpflichtig; Gath muß 734 seine Selbständigkeit oder die judäische Oberhoheit (s.o.S.192) gegen die assyrische eintauschen. Aus dieser Zeit, zwischen 738 und 733 (s.u.S. 321f.), in der auch der „Zusammenbruch Josephs" droht, wird die Neuinterpretation des Weherufs gegen die Selbstsicheren mit Hilfe aktueller politischer Vergleiche verständlich.

Der alte Weheruf aber trifft eine unangefochtene Sicherheit, die Amos wohl in Samaria selbst angegriffen hat.

Wort   Denn בטח bezeichnet hier in der Sprache des Amos die Vertrauens-
1 seligkeit und das Sicherheitsgefühl als solches. So redet die Spruchweisheit von der Sorglosigkeit des Toren, der sich gehenläßt (Prv 14 16), oder von dem, der sich durch seinen Reichtum sicher glaubt (Prv 11 28). ב muß dann nicht den Grund solcher Sicherheit angeben (wie Hos 10 13 Dt 28 52); denn die Frage, ob der Burgberg von Samaria leicht zu verteidigen sei, war in Amos' Tagen nicht aktuell. Vielmehr soll wohl nur der Ort der angesprochenen Sorglosen angegeben werden wie in 4 1 (vgl. 3 9). In diesem Sinne hat auch der Deuteronomist 1a ergänzt (s. Textanm. 1a). Auch die Fortsetzung weiß von keiner Gefahr, gegenüber der man sein Vertrauen auf die günstige Lage der Hauptstadt setzen müßte, sondern zeigt völlig unbekümmerte Arroganz. Man sieht sich „ausgezeichnet". נקב heißt ursprünglich „etwas durchlöchern" (2 Kö 12 10 Jes 36 6 Hag 1 6), dann „etwas bestimmen, festsetzen" (etwa den Lohn, Gn 30 28) und dadurch ehrenvoll (Jes 62 2) oder auch lästernd (Lv 24 11. 16) etwas hervorheben. In den letztgenannten Fällen geht es um Namen und Ansehen. So wird das passive Partizip hier zum Ausdruck für die Prominenz. ראשית meint in diesem Zusammenhang natürlich nicht den zeitlichen Anfang (Gn 11), sondern das qualitativ Erste (1 S 2 29 15 21, auch ראשית גוים Nu

318

24 20), die Spitzenklasse (wie 6aβ!). So gründet also die Sorglosigkeit der samarischen Führungsschicht im Bewußtsein der Zugehörigkeit zu dem schlechthin überlegenen Volk. Dieser stolzen Sicherheit gilt das Wehe der Totenklage. Die Glosse bβ könnte sich auf die נְקֻבִים beziehen, also umschreiben, daß das Haus Israel auf seine Führer angewiesen ist; diese Banalität müßte man aus der Ungewöhnlichkeit des Wortes נקבים erklären. Aber heißt das Volk im Gegensatz zur Führung בית ישראל (s.o.S. 199f. und Hos 5 1, dazu BK XIV/1, 123)? Näher liegt הגוים als Beziehungswort und damit der deuteronomistische Gedanke, daß sich Israel in die Gefolgschaft der Heidenvölker begeben hat, s. Textanm. 1b.

Der Amosschüler (s.o.S. 318) legt das Wehe über die Selbstsicheren 2 der Generation in der Zeit der Assyrergefahr unter Tiglatpileser III. aus. Jetzt liegen bestimmte Völker zum Vergleich im Blickfeld. Kalne (Jes 10 9 Kalno, akk. *Kullani*) ist Hauptstadt eines nordsyrischen Staates (vgl. Noth, WAT⁴ 235 und MABeek, BHHW II 922). Er wurde 738 von Tiglatpileser erobert, ebenso Hamath (vgl. TGI² Nr. 24). Ob die merkwürdige Verbindung חמת רבה die Hauptstadt Hamath oder das Großreich von Hamath meint, das nach dem Jahre 800 zu großer Ausdehnung gelangte, bleibt unsicher. Das philistäische Gath erwähnt der judäische Amosschüler vielleicht deshalb, weil es der judäischen Grenze am nächsten lag und nach zeitweiligem judäischen Besitz schließlich der assyrischen Herrschaft zufiel; zur Identifikation der Ortslage vgl. HEKassis, Gath and the Structure of the „Philistine" Society: JBL 84 (1965) 259 bis 271 (259f.) und TGI² 64 (wahrscheinlich ʿaraḳ el-menšīye). Wie Hamath (720) und Kalne (717) ist auch Gath (712/11) unter Sargon II. endgültig unterworfen worden. Aber wie schon Tiglatpileser Hamath und Kalne auf ihr Kerngebiet beschränkte und tributpflichtig machte, so hat sein Vormarsch in die philistäische Küstenebene 734 (TGI² Nr. 25) die Philisterstädte ihrer Selbständigkeit beraubt. Wenn der Amosschüler Nordisraeliten (etwa auf ihrer Wallfahrt nach Beerseba, s.o.S. 281 zu 5 5aγ) anspricht, dann hat das Wort zwischen 738 (Menahems Tributpflicht) und 733 (Umwandlung von Dor, Megiddo und Gilead in assyrische Provinzen und Beschränkung einer relativen Selbständigkeit auf das samarische Bergland) eine immer noch vorhandene Sicherheit genau getroffen. Die Frage „seid ihr besser als jene Reiche?" will wohl weniger zum moralischen als zum Vergleich der Tüchtigkeit und Widerstandskraft anregen; vgl. Nah 3 8. Die andere Frage trifft – im überlieferten Wortlaut (s. Textanm. 2c) – die Sorglosigkeit derer, die Israel im Vergleich zu Hamath, Kalne und Philistäa zu unbedeutend fanden, als daß Tiglatpilesers Eroberungslust sich auf es richten würde.

V. 3–6 entfaltet die stolze Sicherheit der samarischen Führer als 3 Schuld. Den „Unheilstag", der dem Frevler nach Prv 16 4 droht und den Amos als „Tag Jahwes" verkündet hatte (5 18–20), schließen sie aus ihrer

Lebensrechnung aus. נדה pi. heißt „verdrängen", im Haß „ächten" (so Jes 66 5). Amos könnte an die Reaktion denken, die seine Unheilsverkündigung auslöste. Ob die Hörer den bösen Tag wie einen bösen Geist „mit magischen Mitteln wegbeschwören, verscheuchen" wollen (so VMaag, Text, Wortschatz und Begriffswelt 209) oder ob sie ihn sich nur aus dem Sinn schlagen (KBL: „fern wähnen"): sie führen jedenfalls zugleich „Gewalttat" herbei (zu חמס s.o.S. 232 zu 3 10, zu שבת Textanm. 3b); dabei mag in erster Linie an das Verhalten der Führenden gegenüber den kleinen Leuten gedacht sein wie in 4 1 und 3 9f. Die Unterdrückten müssen

4 leiden, während die Unterdrücker faulenzen, fressen, spielen und saufen.

Dieses Wohlstandsleben führt Amos hier so anschaulich vor wie sonst nie. Die Rolle, die die Polstermöbel (zu Liege und Bett s.o.S. 236 zu 3 12) mit ihren kostbaren elfenbeinernen Einlagen (s.o.S. 240 zu 3 15) für die Reichen spielen, haben schon andere Sprüche vorgeführt. Jetzt aber sehen wir die Benutzer auf ihnen nicht nur faul und liederlich, sondern auch in Übersättigung (4b) und Trunkenheit (vgl. 6a), ihrer Glieder nicht mehr mächtig, herumhängen; zu סרח s. Textanm. 4a. Amos bedient sich in aufreizender Weise eines Wortes, das sonst nur von schlaff herunterhängenden Textilien oder wuchernden Weinranken, aber nie von Menschen gebraucht wird. Sie essen die jungen Widder aus der Kleinviehherde, die als Schlachtvieh zartes Fleisch bieten. Daneben kommt vom Großvieh für den verwöhnten Geschmack nur Kalbfleisch in Betracht, und zwar von Kälbern „aus der Mast". רבק heißt „festbinden" (ar. rabaḳa); מרבק ist das Gehege, in dem Tiere in ihrer Bewegungsfreiheit gehindert sind, so daß sie gemästet werden können, also die „Masthürde" (VMaag 168). Nur erlesene Fleischsorten akzeptiert die Prominenz.

5 Zum Festgelage gehört Musik. Die Bedeutung von פרט ist noch nicht geklärt. Man hat an das „Reißen" der Saiten (Ges-Buhl) oder auch parallel zu חשב an „Improvisieren" (KBL) gedacht. עַל־פִּי = „über dem Mund" aber bedeutet doch wohl schwerlich „auf den Saiten", sondern eher „zum Klang der Laute" (zu נבל s.o.S. 308 zu 5 23). Das führt für פרט zur Bedeutung „kreischen", „johlen". Darauf weist auch die Parallele, die vom Erfinden der Musikgeräte spricht. Denn zum Spiel der Instrumente (b) gehört das Singen, von dem also vermutlich a spricht (vgl. 5 23). כְּלֵי־שִׁיר sind Musikinstrumente, die das Singen begleiten (s.o.S. 308); 1 Ch 15 16 werden sie zusammenfassend vor Laute, Zithern und Zymbeln genannt; 1 Ch 16 42 2 Ch 5 13 stehen Trompeten und Zymbeln vor den כלי שיר; in 2 Ch 23 13 sind sie – im Unterschied zu den Trompeten – den Sängern zugeordnet. So wird man in ihnen die typischen Begleitinstrumente zum Gesang zu sehen haben, etwa Saiteninstrumente und Handpauken (Ex 15 20 1 S 18 6), zu denen allerlei Varianten zu „erfinden" (חשב) waren. Da in chronistischer Zeit das Instrumentarium des Tempels auf David zurückgeführt wurde, 2 Ch 29 27 (vgl. 1 Ch 15 16)

sogar direkt von כְּלֵי דָוִיד für die das Singen begleitenden Instrumente gesprochen wird, ist der Nachtrag כדויד aus spätnachexilischer Zeit gut verständlich. Amos hatte ein ausgelassenes, lärmendes Improvisieren im Ohr, das ihm ebenso Ausdruck sorgloser Sicherheit war wie das zugehö- 6 rige Trinken.

Es zeichnet sich durch Maßlosigkeit aus. Amos weist darauf ebenso knapp wie drastisch hin, wenn er als Gefäße, aus denen getrunken wird, מזרקי יין nennt. זרק heißt „sprengen", etwa Blut an den Altar (Ex 24 6. 8 2 Kö 16 13. 15). מזרק ist dementsprechend eine weite Schale, die Flüssigkeit zum Zwecke des Sprengens aufnehmen kann. Vgl. AMHoneyman, The Pottery Vessels of the Old Testament: PEQ 1939, 76–90 (83f. und Plate XIX Fig. 6). Nur bei Amos sind solche Schalen als Weinschalen bezeugt. Eine Elfenbeinschnitzerei aus Megiddo zeigt einen Fürsten, der aus einer Schale trinkt. Vor ihm stehen ein Diener und ein Lautenspieler; s. JBPritchard, Die Archäologie und das Alte Testament (Wiesbaden o.J.) S. 48 und Abb. 14. Sie dienten wahrscheinlich als Behälter, in denen der Wein mit Gewürzen gemischt wurde (Barrois, Manuel I 388). Normalerweise wurde aus ihnen sicher nicht wie aus dem Becher (כוס) getrunken. Trifft das für die von Amos angeklagte Gesellschaft dennoch zu, so wird ihre Unmäßigkeit damit angeprangert. Der ungezügelte Weingenuß wird auch vom Weisheitslehrer gerügt: Prv 20 1 21 17 23 20f. 29ff. 31 4–7. Auch er stellt neben die Verschwendung von Wein die von Öl (Prv 20 1). Amos denkt an Öl, das man zur Pflege der Haut einreibt (משח) und dessen Duft das Lebensgefühl steigert (Cant 1 3 4 10, auch hier neben Wein); es gehört zu den hohen Genüssen des Lebens (Qoh 9 8). So denkt Amos hier an das Öl, das „Wohlbefinden, Hochgefühl und Freude" steigert (EKutsch, Salbung als Rechtsakt im Alten Testament: ZAWBeih 87, 1963, 5). Der alte Orient weiß viel von Festmählern zu sagen, so Assarhaddon von Assur im 7. Jh.: „… Die Leute meines Landes ließ ich alle an festlichen Tafeln bei Schmaus und Gastmahl (in einem neuerbauten Palast) Platz nehmen; ich ließ ihr Herz jauchzen, tränkte ihr Inneres mit Wein … und ließ mit vorzüglichem Öl … ihren Kopf benetzen" (Text bei Kutsch a.a.O. 5). Die samarischen Führer sind auch nur mit feinstem Öl zufrieden; zu ראשית s.o.S.318 f. zu 1b. An bildlichen Darstellungen von Gelagen mit Trinkern und Musikanten fehlt es nicht, vgl. ANEP, z.B. Nr.637, ein Relief aus Karkemisch aus der 2. Hälfte des 8. Jh., oder Assurbanipals berühmtes Bankett in der Weinlaube (AParrot, Assur: Universum der Kunst, 1961, Abb. 60).

Sehr wahrscheinlich haben erst die gleichen Schüler des Amos, die wir in 2 kennenlernten (s.o.S.319), 6b hinzugefügt (s.o.S.317f.). Sie erinnern mit dem „Zusammenbruch Josephs" an die von 738 bis 733 immer bedrohlicher werdende Lage des Staates Israel, der mehr und mehr in die düsteren Schatten des Großreichs geriet und dann den größten Teil seines Staatsgebietes verliert (s. o. S. 134). Und immer noch gibt es die allzu sicheren Menschen in der Residenz, die im Wohlleben verharren, statt „krank zu werden" (חלה ni.) vor Sorge um die Existenz Israels.

7   So breit die Schilderung des unheilträchtigen Verhaltens unter dem „Wehe" angelegt ist, so knapp wird nun mit einem „darum jetzt" das „Wehe" in der Ankündigung des nahenden Geschicks expliziert. Die Verbannung wird angedroht (vgl. 5 5. 27 und o. S. 281. 311). Der kurze Doppelsatz ist derart geschliffen, daß der Zusammenhang von Schuld und Geschick gleich doppelt durch Stichwortaufnahme ironisch verdeutlicht wird: Die sich an der „Spitze" der Völker wissen und „Spitzen"-Qualitäten beanspruchen (1b. 6aβ ראשית), dürfen „an der Spitze" (בראש) ins Exil marschieren; und die sich bei ihren Festgelagen herumräkeln, müssen das Ende ihrer Bettkultur erleben (סרחים aus 4aβ wird in 7b aufgenommen). Zur Alliteration in 7b s. Textanm. 7a. Gerade das Schlußwort muß sich unvergeßlich in das Gedächtnis der Hörer einkrallen. מרזח bezeichnet im späteren Phönizischen und Punischen die kultische Festversammlung (KAI Nr. 16 Z. 1, Nr. 69 Z. 16), in Jer 16 5 die Totenklagefeier; OEißfeldt hat wahrscheinlich gemacht, daß die dem Wort zugrunde liegende Wurzel רזח nicht „sich vereinen", „sich sammeln" (רזח II), sondern „schreien", „kreischen" (רזח I) heißt; vgl. 𝕲 χρεμετισμός und o. Textanm. 7a. Das die Totenklage und das Festgelage Verbindende ist das laute Geschrei. Das Lärmen und Grölen der Trunkenen wird dem schweigenden Marsch in die Verbannung weichen.

Ziel   Ungewöhnlich breiten Raum nimmt hier die Darstellung der Lebensweise israelitischer Führer ein. Die Institution der Monarchie hat eine Klasse von höfischen und militärischen Beamten hervorgebracht, die zusammen mit der kleinen Gruppe von Großgrundbesitzern ein üppiges Leben genießen konnten. Vom Gott Israels und seinem Recht ist bei ihnen mit keiner Silbe die Rede. Daß hier Unrecht an anderen geschieht, wird im alten Spruch nur mit zwei Silben angedeutet (3b), in der Nachinterpretation allerdings etwas breiter ausgeführt (6b). Die Kehrseite dieser Schuld steht im Vordergrund: ein selbstsicheres Überlegenheitsgefühl (1), das den Gedanken an den verkündeten „bösen Tag" (3) beim wohligen Gelage mit den erlesensten Speisen (4), mit tosendem Singen und Musizieren (5), mit maßlosem Weingenuß und verschwenderischen Parfümerien (6) vertreiben soll. So übt die Spitze der samarischen Gesellschaft ihre schmähliche Spitzenrolle bei der Verbannung ein; so bereitet sie selbst das Ende aller ihrer Feste.

Wenige Jahrzehnte nach Amos können die immer noch Blinden auf die Modellfälle des eigenen Zusammenbruchs in der politischen Nachbarschaft verwiesen werden (2. 6b). Der Weheruf Jesu in Lk 6 24f. findet hier vorweg seine Auslegung auf weite Führungskreise im Gottesvolk: „Weh euch, ihr Reichen, denn ihr habt euren Trost empfangen. Weh euch, ihr Satten, denn ihr werdet hungern. Weh euch, die ihr jetzt lacht, denn ihr werdet klagen und weinen".

DER UNTERGANG DER STADT
(6 8–11)

Literatur GRDriver, A Hebrew Burial Custom: ZAW 66 (1954) 314–315. – RFey, Amos und Jesaja: WMANT 12 (1963) 48f. 80f. – WSchottroff, „Gedenken" im Alten Orient und im Alten Testament: WMANT 15 (²1967) 250f. 395.

Text ⁸Geschworen hat [der Herr]ᵃ Jahwe bei seinem Lebenᵇ
[spricht Jahwe, der Gott der Heere]ᶜ:
Ich verabscheue Jakobs Anmaßung.
Seine Wohnburgen hasse ich.
Ich liefere aus, was in der Stadt istᵈ.

⁹Und dann: Wenn auch zehn Männer in einem Hause übrigbleiben, so sterben sie dochᵃ. ¹⁰Und 'man'ᵃ nimmt seinenᵇ Verwandten und 'zwingt'ᶜ (ihn), die Leichen aus dem Hause zu bringen. Sagt er zu dem, der im hintersten Winkel des Hauses sitzt: „Ist noch einer bei dir?", so sagt der: „Keiner!", und er sagt: „Still! denn man darf Jahwe nicht mit Namen nennenᵈ".

¹¹Denn – gebt acht! – Jahwe gebietet:
Er schlägt das große Haus in Brücheᵃ
und das kleine Haus in Trümmerᵃ.

8   8a אדני fehlt noch in 𝔊; s. Textanm. 1 8b. – b 𝔊 (καθ' ἑαυτοῦ) setzt schon voraus, daß נפש hier das Ich des Sprechers meint (wie Prv 8 36 19 8 1 S 18 1); aber die so naheliegende Übersetzung „sich selbst" läßt zu wenig erkennen, daß in נפש immer noch das mitschwingt, worauf jemand als Person begehrend und verlangend aus ist; vgl. WHSchmidt, Anthropologische Begriffe im Alten Testament: EvTh 24 (1964) 374–388 (380f.!); בנפשו ist hier bei Amos bedeutungsverwandt mit בקדשו in 4 2. – c Die erweiterte Gottesspruchformel kennt 𝔊 an dieser Stelle noch nicht; vielleicht gehört sie in ihrer Kurzform ursprünglich hinter 7; s. Textanm. 7b und 14a; 𝔙 übersetzt sie schon hier (dicit Dominus Deus exercituum). – d Wörtlich: „die Stadt und was sie erfüllt". ו expliziert, daß die Stadt hinsichtlich ihrer Bewohnerschaft (vgl. הָאָרֶץ in 7 10!), vielleicht auch hinsichtlich der transportablen Wertsachen gemeint ist (vgl.

9   auch die Aussagen über Gilgal und Bethel in 5 5 und VMaag 217). – 9a 𝔊 fügt hinzu: καὶ ὑπολειφθήσονται οἱ κατάλοιποι („und die Übrigen werden bleiben"). AWeiser, Profetie 215, sieht darin ein ursprüngliches וְנִשְׁאַר אַחֵר übersetzt und findet so das Beziehungswort zu den Suffixen 3. pers. sg. in 10aα. Doch so wird man dem pl. Verbum von 𝔊 nicht gerecht; auch übersetzt 𝔊 mit οἱ κατάλοιποι in 1 8 und 9 12 שְׁאֵרִית, in 9 1 אַחֲרִית (vgl. 𝔐 in 4 2!). Sucht man ein Beziehungswort zu den folgenden Suffixen, so wäre an נִשְׁאַר שְׁאָר als Textvorlage von 𝔊 zu denken. Doch sind auf diese Weise die Textschwierigkeiten in 10aα nicht zu beheben; s. Textanm. 10a. Die Rede vom Rest wäre bei Amos nur in der Stilform der „irrealen Synchorese" (HGese, VT 12, 1962, 436; s.o.S.245 zu 4 2) zu erwarten. Die Vorlage von 𝔊 scheint hingegen eine gewisse Abschwächung der harten Unheilsdrohung einzutragen. – 10a Für die ersten drei Worte ist

10   noch keine sichere Textgrundlage gefunden. 𝔐 („sein Onkel und sein Ver-

brenner trägt ihn") ist weder von 9 noch von der Fortsetzung in 10 her sinnvoll. 𝕲 (καὶ λήμψονται) setzt וְנִשָּׂאוּ voraus. Dabei ist das bei der Suffixform vermißte Beziehungswort überflüssig. Als Subjekt ist unbestimmtes „man" anzunehmen; 𝕲 allerdings sucht das Subjekt in דודו, das dann jedoch pl. übersetzt werden muß (οἱ οἰκεῖοι αὐτῶν). – b Hier ist das Suffix vielleicht auf בית
als Familie zu beziehen. – c 𝕲 (καὶ παραβιῶνται) setzt wahrscheinlich וּפְצֵרוּ voraus (vgl. Gn 19 3. 9 33 11 Ri 19 7 2 Kö 2 17 5 16); damit wird der folgende inf. c.
ל verständlich. Dunkel bleibt die Verbindung mit dem folgenden, wenn man
bei 𝔐 bleibt, also einem pt. des sonst nicht belegten סרף, das man als irrtüm-
liche oder absichtliche (Maag 164–167: ein „Kanaanismus", der den „nächsten lebenden Verwandten" bezeichnet) Verschreibung von שׂרף ansehen wollte, ebenso, wenn man mit GRDriver סרף als eine gemeinsemitische Wurzel für
„salben", „einbalsamieren" postuliert. Leichenverbrennung „war in Israel
ganz ungewöhnlich" (LWächter, Der Tod im Alten Testament: AzTh II/8,
1967, 183). In der Regel greift man noch tiefer in den überlieferten Konsonantentext ein (vgl. AWeiser, SAmsler u.a.). – d Vgl. WSchottroff. – **11a** 𝕲 **11**
(θλάσμασι – ῥάγμασιν) bildet die Assonanz von 𝔐 nach.

8 setzt mit einem neuen Jahweschwur ein; vgl. 4 2 und o.S.244. In　Form
der Gottesrede ist hier das Urteil über die Schuld (a) eng mit der Strafansage (b) verbunden. Der Spruch ist als Redeeinheit durchaus abgerun-
det und bedarf an sich keiner Fortsetzung.

Jedoch schließt der überlieferte Text in 9f. eine Kurzerzählung an, die
nur lose thematisch mit 8 verbunden ist. Wurde dort die Stadt mit ihrer
Bewohnerschaft bedroht, so wird in der Fortsetzung das Geschick der
Familie eines einzelnen übriggebliebenen Hauses geschildert. Allerdings
legt Amos öfter Wert darauf, die Vertilgung auch noch des letzten Restes
zu schildern; vgl. 1 8 2 13–16 4 2 8 10 9 1–4. In all diesen Fällen ist aber die
Einheit des jeweiligen Spruches viel klarer als die zwischen 8 und 9f. Schon
והיה könnte auf sekundäre Verknüpfung hinweisen (vgl. 8 9); wahrscheinlich
nachgetragen begegnet die Verbindung והיה אם auch im Fortgang des ersten
Visionsberichts (7 2; s. Textanm. 7 1^(d–d)). Schwerer wiegt die Beobachtung,
daß kein parallelismus membrorum mehr vorliegt, sondern syntaktisch
verschlungene Gebilde, wie sie Amos sonst nicht kennt; dicht beieinander
erscheinen vier verschiedenartige Nebensätze: ein Konditionalsatz (9), ein
finaler Infinitivsatz (10aα), ein Relativsatz (10aβ) und ein Begründungssatz
(10bβ). Es handelt sich um reine Prosaerzählung. Gerade das nächstver-
gleichbare Stück, die Gleichniserzählung in 5 19, zeigt mit ihrer einfachen
Reihung kurzer Hauptsätze den Unterschied. Dem Berichtstil der dritten
und vierten Visionserzählung (7 8f. 8 1f.) entspricht hingegen das dreifache ואמר in 10 durchaus. Die Monotonie des Rahmens läßt den erregenden Gehalt der Redestücke um so greller hervortreten. Von 8 unterscheidet 9f. am meisten, daß das Ich der Gottesrede nicht nur wegfällt,
sondern am Ende in 10bβ sogar von Jahwe in 3. Person die Rede ist.
Faßt man die Beobachtungen zusammen, so wird man 9f. sehr wahrscheinlich von der rhetorischen Einheit 8 abheben müssen, jedoch nicht

mit Sicherheit entscheiden können, ob die Kurzerzählung Fragment eines anderen Amoswortes ist oder Nacherzählung eines Amosthemas durch die Amosschule; für das letztere könnte besonders der syntaktisch verschlungene Stil (vgl. 5 14f. und 8 4–6) und das Interesse an einzelnen Kultphänomenen sprechen (s.o.S. 134).

In 11 wird ein weiteres Spruchfragment angeschlossen. Die Verknüpfung in 11aα – „denn – gebt acht! – Jahwe gebietet" – zeigt die Handschrift der Amosschule: vgl. 9 9. Den „Worten des Amos aus Thekoa" in Kap. 3–6 und den alten Zyklen ist eine derartige Spruchverbindung fremd. Zudem wird Drohung mit Drohung verbunden (vgl. 9 8a. 9). Als sekundäre Verknüpfungsformel ist 11aα auch dadurch ausgewiesen, daß dem angekündigten Gebieten Jahwes nicht ein Wort Jahwes folgt, sondern eine Aussage über sein Tun in 3. Person (aβb; vgl. 9 9). Diese ist im Unterschied zu 9f. wie 8 als synonymer Parallelismus dichterisch geformt und zeigt mit der Assonanz der Schlußworte beider Reihen wieder die sprachliche Gestaltungskunst des Propheten (s.o.S. 115f.). So verbietet gerade die Härte des Übergangs in 11aα, 11aβb Amos abzusprechen. Da kein Amosspruch mit perf. cons. beginnt, wohl aber häufig die Strafansagen (1 4. 7. 14 2 2 3 14bβ 15 5 27) nach voraufgehendem Schuldaufweis, muß ein Fragment vorliegen; thematisch paßt es zu 8; mit 9f. ist es durch das Stichwort בית verbunden.

Ort 8 kann gut in Samaria verkündet worden sein. Welche Stadt hatte sonst Wohnburgen? Auch der Anschluß an den sicher in Samaria anzusetzenden voraufgehenden Spruch (1–7) spricht dafür. Ebenso wird 11 (wie 3 15) am besten vor Adressaten der Residenzstadt mit der reichen Wohnkultur ihrer Beamtenschaft verständlich.

Der literarische Ort der drei miteinander verbundenen Sprüche liegt dicht vor dem Ende der alten Sammlung der „Worte des Amos aus Thekoa" (Kap. 3–6). Wie Beobachtungen zu 12–14 erhärten (s.u.S. 334), werden hier abschließend noch kurze Worte und Spruchfragmente gesammelt, vermutlich nicht ohne Mitwirkung der Amosschule.

Wort Der Ton fällt mehr und mehr auf Jahwes richterliches Eingreifen. So
8 beginnt das erste Wort sogleich mit dem Jahweschwur, der in 4 2 erst nach einer ausführlichen Darlegung der Schuld der Adressaten in 4 1 folgt. Jahwe kann bei keinem Höheren schwören als bei „sich selbst" (s. Textanm. 8b!). Vielleicht war das Berühren der Kehle (נפש) als eines lebenswichtigen Organs noch von alten Schwurriten bekannt, wie sie in Mari belegt sind: ARM II No. 77 und S. 237 (*napištam lapātum*); vgl. AHw 535; JMMunn-Rankin, Diplomacy in Western Asia in the Early Second Millenium B.C.: Iraq 18 (1956) 68–110 (89f.): Bei den Vertragsverhandlungen zwischen Hammurabi und Zimrilim berührten beide ihre Kehle; so wird Erdrosselung für den Vertragsbrüchigen angedeutet (ARM II 62, 9[1] u.ö.; vgl. AHw 535 [*lapātum* G 3a] und 738 [*napištu* A1]).

So schwört Jahwe „bei seinem Leben" Abscheu und Haß. תעב hitp. und שׂנא stehen schon 5 10 parallel, dort als Verhaltensweise von Menschen, hier von Jahwe. Daß תאב statt sonst stets üblichem תעב geschrieben wird, beruht schwerlich auf einem Versehen, sondern wird eher das Befremden eines alten Schreibers zeigen, der das in einer Verbform meist von Menschen ausgesagte „Verabscheuen" als ein oft verwerfliches Handeln nicht in gleicher Weise von Jahwe gesagt haben wollte. Amos aber lebt in der Tradition der Weisheit, die sehr oft (12mal in Prv!) von der תּוֹעֲבַת יהוה spricht, gerade auch als von seinem Abscheu gegenüber dem Hochmut (Prv 16 5) und Stolz (Prv 6 16f., hier auch תועבה // שׂנא). So ist auch bei Amos Gegenstand von Jahwes Abscheu der „Stolz" Jakobs. גאון ist der Spruchweisheit bekannt als Weg zum Untergang (Prv 16 18) und als etwas, was Jahwe „haßt" (Prv 8 13). Nur selten bringt Amos so die Schuld auf einen Begriff; „Anmaßung" faßt zusammen, was in 2 6–8 3 9f. 15 4 1 5 7. 10–12. 21–23 6 1. 3–6. 13f. im einzelnen als Willkür, Unrecht, Luxus und militärisches Selbstbewußtsein konkret ausgeführt wurde. Wenn גאון in diesem Spruch und in der ganzen Spruchgruppe als einzige Ursache der Ablehnung Jahwes genannt wird, so ist damit die Wurzel allen Übels aufgedeckt: superbia übersetzt 𝔙, ὕβρις 𝔊. Jakob steht hier wie 3 13 7 2. 5 [9 8 7] und Jes 9 7 (vgl. 17 4) für das Nordreich, vielleicht auch in Hos 10 11 (so GWanke, ZAWBeih 97, 1966, 56, anders BK XIV/1, 240). Vielleicht ist die Verbindung „Stolz Jakobs" nach den in Hos 12 3f. aufgenommenen Vätertraditionen sprichwörtlich; vgl. Am 8 7 Nah 2 3(?) Ps 47 5. Für Amos äußert er sich in den stattlichen „Wohnburgen"; zum Wort s.o.S. 188f., zur Sache 3 9–11. Als Strafe wird die Auslieferung genannt; zu סגר hi. s.o. S. 191 zu 1 6. Das Wort meint auch hier die Auslieferung und Preisgabe vor allem der Bewohnerschaft, aber vielleicht auch der aufgehäuften Schätze (vgl. 3 10 und Textanm. 8d). Jahwe gibt Jakob den Händen Fremder preis (vgl. 5 27 6 14). Daß עיר hier ähnlich wie הָעִיר in 5 3 kollektiv zu verstehen sei, ist vor allem im Blick auf die Wohnburgen unwahrscheinlich; s.o.S. 326.

Die folgende Erzählung führt das Thema restloser Vernichtung in 9 höchst anschaulicher Weise aus. Sie rückt neben das Gesamtbild von der Preisgabe der Stadt die Szene eines einzelnen Hauses in Großaufnahme (vgl. 2 13–16). Sie geht aus von einem verbliebenen Rest von zehn Menschen einer Familie. Lapidar-lakonisch wird auch von diesen bisher Verschonten gesagt: „Sie sterben." Das Folgende legt nahe, daß hier an den Tod durch eine Seuche gedacht ist. Denn nicht ein Feind, dem sie ausgeliefert werden, sondern Jahwe selbst wird gefürchtet (10bβ). Irgendwie 10 müssen die Leichen aus dem Hause geschafft werden. Wenn der unsichere Rekonstruktionsversuch (s. Textanm. a–c) ungefähr zutrifft, so wird irgendein Verwandter dazu gezwungen (von wem?). עצמים (Gebeine) findet sich als Wort für „Leichen" nur hier, sonst עֲצָמוֹת (Gn 50 25 Ex 13 19 Ez

6 5 u.ö.). Das Grauen des Todes, der auch noch den Letzten sucht, läßt das Flüstergespräch unheimlich spüren. Der die Leichen aus dem Hause holt, fragt ins Dunkle hinein. Die ירכתי הבית bezeichnen den hintersten (1 Kö 6 16), unzugänglichsten (Ps 128 3), verstecktesten (vgl. Jon 1 5) Teil des Hauses (יַרְכָה ist der „Rücken": Gn 49 13). Unklar bleibt, wer gefragt wird: „Ist noch einer bei dir?" Lebte noch ein Schwerkranker unter den Toten? Durchsucht ein zweiter die Winkel des Hauses? Die weitere Antwort klärt: noch schwebt einer in Gefahr. Denn der Schweigen gebietende Angstruf „Pst!" eröffnet sie. הס gebietet sonst vor allem das Schweigen im Heiligtum vor Jahwes Nähe (Hab 2 20 Zeph 1 7 Sach 2 17 Neh 8 11). Hier herrscht die Sorge, daß Jahwes Name erwähnt wird, etwa im Klageaufschrei. זכר hi., vielleicht Denominativ von זֵכֶר (BS Childs, Memory and Tradition: StBTh 37, 1962, 12; vgl. WSchottroff), meint die bloße Nennung des Namens. Die Wendung הזכיר בשם erscheint außer an unserer Stelle noch Jos 23 7 (von fremden Göttern), Jes 48 1 und Ps 20 8 (vom Gott Israels). Magische Untertöne schwingen mit: Die Nennung des Namens führt unweigerlich die Präsenz Jahwes selbst herbei; vgl. 1 S 20 42 2 Kö 2 24 und Bietenhard, ThW V 254. Nach allem, was Amos verkündet hat, bedeutet Jahwes Gegenwart unausweichlich tödliche Gefahr (5 17 9 4). Der assyrische König Enlilnirâri (1326–1317) beginnt einen Erlaß über die Benachrichtigung von einem Todesfall unter Palastangehörigen mit dem Befehl: „Die Gottheit soll ja nicht sprechen!" Hier liegt wahrscheinlich eine apotropäische Wendung vor; vgl. EWeidner, Hof- und Haremserlasse assyrischer Könige: AfO 17 (1954 bis 1956) 257–293 (270f!).

11   Die Drohung gegen die großen und kleinen Häuser bringt eine weitere Ergänzung zum Jahweschwur gegen die Stadt und ihre Wohnburgen (8). Ob die Unterscheidung „großer" und „kleiner" Häuser identisch ist mit der von Sommer- und Winterhäusern in 3 15, bleibt sehr unsicher. Lieber wird man bei den „großen" an die Quadersteinbauten aus 5 11 denken; die „kleinen" sind vielleicht in den prachtvoll angelegten Weingärten zu suchen (AWeiser, Profetie 201). Der harte Text will aber nicht die Neugierde solcher Fragen wecken, sondern aussagen, daß eben alle, große wie kleine Häuser dem Schlag Jahwes anheimfallen. הִכָּה denkt wahrscheinlich wie 3 15 9 1 (2 13) an ein Erdbeben. Das zeigt das Ergebnis: zerbrochene (רסס) und gespaltene (בקע) Mauern, also ein Trümmerfeld.

Ziel   Die kleine Spruch- und Fragmentenreihe verbindet Jahwes Drohung gegen die „Häuser", vornehmlich wohl der Residenz. Als Grund seines Abscheus gegen die Bewohnerschaft wird nur stolze Anmaßung genannt. Damit wird jenes Verhalten aufgedeckt, das als Schuld alle konkret beschriebenen Fehlhandlungen bestimmt. גָּאוֹן hat נְכֹחָה (3 10), מִשְׁפָּט und צְדָקָה (5 7.24 6 12) verdrängt. Darum wird die stolze Stadt durch Jahwes

Haß Fremden ausgeliefert. Die Bewohnerschaft wird preisgegeben (8).
Der Tod schleicht bis in die äußersten Winkel des letzten Hauses (9f.).
Nur ein Trümmerfeld bleibt übrig (11). Neben diesen scharfen Straf-
ansagen steht kein einziger konkreter Vorwurf. In 6 1 + 3-7 überwog die
Zahl der Sätze, die Schuld aufwiesen, weit die kurze Drohung am Schluß.
Sonst hielten sich die beiden Hauptelemente prophetischer Gerichtsworte
– Anklage und Strafankündigung – im allgemeinen die Waage. Nur in
5 1-3 trat die Schuldfrage ganz zurück. Und dort war auch direkt vom
Tode die Rede. Sprach 5 3 von Dezimierung des Heeres, so geht 6 9 noch
weiter: Auch ein Rest von Männern muß sterben. Selbst ein allerletzter,
im hintersten Winkel des Hauses Hinsiechender wimmert nur noch vor
Angst. Das Gefälle der Erzählung erinnert von fern an das Gleichnis von
5 19: Vor Jahwes Zugriff gibt es kein Entkommen. Ohne Ermüden schärft
Amos ein: Vor dem Schlag des Gottes Israels kann keine selbsterbaute
Wohnburg Sicherheit bieten.

ZERSTÖRTE WELTORDNUNG
(6 12)

Literatur AWeiser, Die Profetie des Amos: ZAWBeih 53 (1929) 197–199. – FHorst, Recht und Religion im Bereich des Alten Testaments: Gottes Recht, ThB 12 (1961) 260–291. – HHSchmid, Gerechtigkeit als Weltordnung: BHTh 40 (1968) 112f.

Text 𝕽ennen 𝕽offe über 𝕱elfen?
　　　 𝕺der pflügt man^a mit 'dem 𝕽ind das 𝕸eer'^b?
　　 𝕯och ihr verwandelt 𝕽echt in 𝕲ift
　　　 und die 𝕱rucht der 𝕲erechtigkeit in 𝖂ermut.

12a Die 3. pers. sg. meint hier das allgemeine Subjekt „man"; vgl. Textanm. 4 2d, Gn 11 9 und BrSynt § 36d. Eine Änderung in ni. יֵחָרֵשׁ, die nach JDMichaelis, Deutsche Übersetzung des Alten Testaments I (1772), JWellhausen, AWeiser u.a. vornahmen, erübrigt sich. – b 𝔐 („Pflügt einer mit Rindern?") bietet eine im Zusammenhang sinnlose Selbstverständlichkeit. Die voraufgehende Parallele läßt nach einer Entsprechung zur Ortsbestimmung בסלע fragen. So hat sich seit JDMichaelis (s. Textanm. a) בְּבָקָר יָם durchgesetzt. Aus der unvokalisierten Konsonantenfolge den pl. בקרים zu lesen, legte der vorausgehende pl. סוסים nahe.

Form　　Die weisheitliche Art, von mehreren rhetorischen Fragen zu einer Erkenntnis hinzuführen, ist aus 3 3–6. 8 vertraut (s.o.S. 220f.). Die Besonderheit dieser kurzen Spruchkomposition liegt darin, daß die verglichenen Phänomene in Antithese zur Sache stehen. כי hat hier wie nach negierten Sätzen adversative Bedeutung, da die vorangehenden Fragen negativ zu beantworten sind. An Gegenbildern aus dem Tierleben soll der Mensch die Verkehrtheit seines Verhaltens erkennen. Ähnlich argumentieren Jesaja (1 3) und Jeremia (8 7) – allerdings nicht im Fragestil –, indem sie dem rechten Verhalten der Tiere das falsche Verhalten des Menschen entgegenstellen. Die rhythmische Form unterstreicht die scharfe Prägnanz des aggressiven Anredestils: Zwei in sich synonym parallele Doppeldreier stehen in Antithese zueinander.

Ort　　Das Wort könnte ein vollständiger Spruch aus einer der Diskussionen um „Recht und Gerechtigkeit" (vgl. 5 7. 24) sein. Daß eine Strafandrohung nicht mit ihm verbunden ist, muß nicht zu der Annahme führen, es sci ein Fragment. Wohl aber wird es einem Auftritt entstammen, in dem auch noch andere Worte des Propheten fielen. Als besonders einprägsame Formulierung wird es hier mit anderen kurzen Worten nachgetragen (s.o.S. 326 zu 8–11 Ort). Es kann weder mit 11 noch mit 13f. eine rhetorische Einheit gebildet haben; didaktischer Stil und Thematik ver-

wehren diese Annahme. Die Verbindung 5 7. 10 6 12 5 11b 6 11 als ursprüngliche Verkündigungseinheit (AWeiser) läßt sich nicht erweisen.

Die beiden rhetorischen Fragen provozieren mit Absurdem. Natürlich Wort
rennen Pferde schon der Hufe wegen nicht über Felsen, wobei nicht nur
an steile Wände und zackig-spitze Klippen gedacht werden muß, sondern auch an das felsige Bergland mit seinem steinigen Boden (Jes 42 11).
Denn Pferde sind in Amos' Tagen nur als Zugtiere der Streitwagen bekannt (s.o.S. 208 zu 2 15), die vornehmlich in den Ebenen operieren und
Pisten suchen, die schnelle Bewegung ermöglichen. Der Fels ruiniert das
Pferd. Vollends verrückt wäre es – Amos steigert wieder! –, das Rind zum
Pflügen statt auf den Acker aufs Meer zu treiben. Das Tier ersöffe und
der Acker bliebe ungepflügt. Aber genau solchen Irrsinn begeht Israel,
wenn es die Rechtsordnung verdreht, so daß das gesunde Gemeinschaftsleben wie durch Gift getötet wird und das Verhalten im Gemeinwesen
und vor Gericht („die Frucht der Gerechtigkeit") widerlich bitter statt
wohltätig ist. Die meisten Wörter in 12b sind schon in 5 7 besprochen
(s.o.S. 287ff.). Neu ist hier als Parallele zu Wermut „Gift", das man von
Beeren (Dt 32 32f.), Wurzeln (Dt 29 17) oder Schlangen (Dt 32 24 Hi 20 16)
kennt. Zu פרי צדקה als Ertrag (Ergebnis) eines Treuverhaltens vgl. als
Parallelbegriff „Frucht der Weisheit" in Prv 8 18, wozu nach 17. 19 צדקה
gehört, und als Kontrastbegriff „Lügenfrucht" (פְּרִי־כַחַשׁ Hos 10 13 neben
wahrscheinlich zu konjizierendem פְּרִי־צֶדֶק Hos 10 12, dazu BK XIV/1,
234, Textanm. 12f).

Israels Verkehrtheit deckt Amos seinem weisheitlichen Denken ge- Ziel
mäß im Licht der allgemeinen Weltordnung auf. Wie er in 1 3–2 8 Israel
und die Völker prinzipiell unter gleichem Recht stehen sah, wie er die
Nötigung zu seinem prophetischen Verkündigen in 3 3–6. 8 mit den verschiedenartigsten Ursache-Wirkung-Zusammenhängen verdeutlichte, so
zeigt er jetzt, daß die Perversion des Rechts das in anderen Bereichen
selbstverständlich waltende Ordnungsgefüge zerstört. Was kein Tier und
kein Tierpfleger je tun würde, das tun Menschen gegen Menschen, wenn
sie Richter bestechen, Zeugen einschüchtern oder sonstwie Macht miß-
brauchen. 2 6–8 3 9f. 4 1 5 10–12 illustrieren zur Genüge solche verbittern-
de, ja tödliche Verrücktheit in Israel. Nicht einmal „erwählt" (3 2), nur
klug müßten die Hörer sein (Lk 16 8!), um den Wahnsinn ihres Verhaltens
einzusehen.

DER UNTERGANG DER SIEGER
(6 13–14)

Literatur HFredriksson, Jahwe als Krieger (1945). – MMetzger, Lodebar und der tell el-mghannije: ZDPV 76 (1960) 97–102. – AHvanZyl, The Moabites (1960) 147f.

Text [13].............., die sich freuen über Lodebar[a], die sagen: „Haben wir uns nicht mit eigener Kraft Karnajim[b] genommen?" [14]Ja, gebt acht! Ich lasse gegen euch, Haus Israel, ein Volk antreten [spricht Jahwe, der Gott der Heere][a], das wird euch bedrängen von Lebo-Hamath[b] bis zum Steppenbach.

13   13a 𝔊 (ἐπ᾽ οὐδενὶ λόγῳ) Σ (ἀλόγως) 𝔙 (in nihilo) übersetzen 𝔐 wörtlich (MBuber: „Unding"); gemeint ist jedoch der in Jos 13 26 2 S 9 4. 5 17 27 bezeugte Ortsname. – b Auch hier bieten 𝔊 (κέρατα) 𝔙 (cornua) eine Ortsnamendeutung (MBuber: „Hörnerpaar"); vgl. 1 Makk 5 26. 43f. 2 Makk 14   12 21. 26 . – 14a Die erweiterte Gottesspruchformel fehlt ursprünglich in 𝔊 (vgl. Ziegler). Die Stellung zwischen dem Vokativ „Haus Israel" und dem Objekt „ein Volk" befremdet und erklärt sich am besten aus sekundärer Einschaltung; hat יהוה נאם ursprünglich am Spruchende gestanden (vgl. Textanm. 7b und 8c)? Ohne Kenntnis des Spruchanfangs ist die Frage schwer zu beantworten; s.u. Exkurs S. 333 – b 𝔊 (τοῦ μὴ εἰσελθεῖν εἰς Εμαθ) mißversteht die geographische Bestimmung als negierten Finalsatz im Sinn des Zieles der Bedrängnis; schon Σ (ἀπὸ εἰσόδου) und 𝔙 (ab introitu) treffen die richtige Deutung.

Form   Wenigstens der Anfang dieses Spruches ist nur fragmentarisch überliefert. Mit nackten Partizipien hat kein Amosspruch begonnen (s.o.S. 171f. zu 2 7, S.235 zu 3 12, S.284 zu 5 7). Es kann ein הוי am Anfang gestanden haben (so VMaag, SAmsler), wie wir es in 5 18 und 6 1 fanden und in 5 7 annahmen (doch zeigt das Wort nicht das Ebenmaß der anderen Weherufe); es könnte auch ein Aufruf zum Hören mit Benennung der Adressaten wie in 4 1 oder eine andersartige Spruchöffnung wie in 5 12 der partizipialen Charakterisierung der Angesprochenen voraufgegangen sein. In jedem Falle dienen die Partizipialsätze wie immer dem Schuldaufweis. Deiktisches כי und das die Aufmerksamkeit weckende הנה mit Suffix und Partizip (s.S. 173 Exkurs) eröffnen die Strafansage, die im Ich der Jahwerede ergeht und Jahwes Tat (a) und deren Folgen (b) als unmittelbar bevorstehend und in direkter Anrede verkündet.

Exkurs   צבאות(ה) (אלהי) יהוה kommt im Amosbuch neunmal vor, davon sechsmal יהוה אלהי הצבאות (4 13 5 14. 15. 16 [+ אדני]. 27 6 8), zweimal יהוה אלהי הצבאות (3 13 6 14) und einmal אדני יהוה הצבאות (9 5). Außer in 5 14f. treten die Epitheta immer in Rahmenformeln auf, also bei נאם יהוה (3 13 6 8. 14), (כה) אָמַר יהוה (5 16. 27), im Kehrvers יהוה שְׁמוֹ (4 13; vgl. 5 27) und in dem isolierten Kopfstück 9 5. In allen Fällen drängt sich mit mehr oder weniger starken Gründen die Vermutung auf, daß die Gesamtformel oder doch die Erweiterung (אלהי) צבאות (ה) sekundär zugefügt wurde (s. die Textanmerkungen zu den genannten Stellen).

Zunächst fällt auf, daß die Wendung יהוה אלהי (ה)צבאות mit achtmaligem Vorkommen weit überwiegt und daß sie ausschließlich in Kap. 3–6, also im alten Korpus der „Worte des Amos aus Thekoa", erscheint. Die Kurzform יהוה צבאות (אדני) ist nur einmal in 9 5 nachgetragen, also außerhalb dieses Korpus. Nur mit größter Vorsicht sollten aus dieser Streuung im Amosbuch Schlüsse gezogen werden, da die Formeln auch schon die doxologischen Nachträge aus der Josiazeit ergriffen haben, nicht jedoch die deuteronomistischen und nachexilischen Zusätze.

Die beherrschende Stellung der längeren Form יהוה אלהי (ה)צבאות verdient besondere Beachtung, weil sie im Gegensatz zum Gesamtvorkommen im Alten Testament steht. Neben dem achtmaligen Vorkommen im Amosbuch findet sie sich im übrigen Alten Testament nur noch zehnmal (2 S 5 10 1 Kö 19 10. 14 Hos 12 6 Jer 5 14 15 16 35 17 38 17 44 7 Ps 89 9); dabei handelt es sich vielfach, wie im Amosbuch, um Nachträge (z.B. Hos 12 6 Jer 5 14 2 S 5 10 Ps 89 9, nach 𝔊 auch in 1 Kö 19 10. 14). Achtzehnmal ist also die längere Form insgesamt, zumeist in Nachträgen, belegt. Demgegenüber wird die kürzere Form יהוה צבאות, die im Amosbuch nur in 9 5 erscheint, insgesamt 267mal gezählt (so OEißfeldt, Jahwe Zebaoth: KlSchr III 112f.; vgl. BNWambacq, L'épithète divine Jahvé Seba'ôt, 1947; GWanke, Die Zionstheologie der Korachiten: ZAWBeih 97, 1966, 40–46). Kürzere und längere Form erscheinen also im Verhältnis 15:1. Die Redaktion im Amosbuch ist eindeutiger Hauptvertreter der längeren Form (8mal; vgl. die obige Statistik). Man darf darum die Redaktion im Amosbuch nicht in Zusammenhang bringen mit dem sehr häufigen Vorkommen der Kurzform יהוה צבאות in den Büchern Haggai, Sacharja und Maleachi (GWanke a.a.O. 42). Das älteste in etwa datierbare Vorkommen der längeren Form ist in Jer 15 16, also in der späten Königszeit, wohl unter Jojakim, zu suchen, das jüngste in den Barucherzählungen des Jeremiabuchs. Da im Amosbuch die Doxologien der Josiazeit von der Redaktion teilweise mitbetroffen werden (s.o. Textanm. 4 13e), die Doxologien in ihrer ursprünglichen Form jedoch noch deutlich von der אלהי צבאות-Redaktion unterschieden sind (vgl. 4 13 mit 5 8 9 6), andererseits die deuteronomistischen und nachexilischen Schichten ganz unberührt erscheinen, kommt für die Zufügung von אלהי (ה)צבאות im Amosbuch mit hoher Wahrscheinlichkeit die Zeit um 600 in Frage, also die Zeit der Jeremia-Texte.

Was will diese Prädizierung Jahwes als des אלהי (ה)צבאות und die Betonung, daß eben dessen Wort vom Propheten verkündet wurde? In 5 27 6 8. 14 9 5 spricht der Zusammenhang unverkennbar von Jahwe als dem Heerführer, der Israels Feinde gegen sein Volk einsetzt. Auch im Zusammenhang von 3 13 5 14f. 5 16 scheint an Kriegsaktionen gedacht zu sein, im Sinne des Redaktors wohl auch in 4 13b (Ähnliches gilt von 2 S 5 10 Jer 38 17 44 7). Wenn auch für יהוה צבאות die Deutung von צבאות als Abstraktplural im Sinne von „Mächtigkeit" (OEißfeldt a.a.O. 106ff.) angenommen werden konnte, so will doch der Amosredaktor Jahwe offenbar als den „Gott der Heere" (gerade auch der feindlichen Heere) herausstellen; vgl. HFredriksson 50–55 und GvRad, Theol ATI I[4] 32 mit Hinweis auf 1 S 17 45.

Daß sich in den Kapp. 1–2 und 7–9 des Amosbuches redaktionelle Ergänzungen mit אלהי (ה)צבאות nicht finden, darf nur mit größter Vorsicht für die

Vermutung herangezogen werden, daß erst mit der deuteronomistischen Redaktion die „Worte des Amos aus Thekoa" mit der „Zyklenniederschrift" (s.o.S. 130f.) verbunden worden sind. Allerdings wundert man sich, daß die Erweiterung z.B. in 1 3ff. 2 16 7 17 9 1ff. 10 nicht ebenso erscheint wie in 5 27 6 8. 14 usw.; aber auch in 4 3 und 5 3 fehlt sie. Die Bethel-Interpretation der Josiazeit (s.o.S. 135–137) umfaßt schon Kapp. 3–9, die deshalb allerdings noch nicht literarisch verbunden gewesen sein müssen. Man wird also für die literarische Verbindung der „Worte des Amos aus Thekoa" mit der „Zyklenniederschrift" sowohl an die alte Amosschule wie an die deuteronomistische Redaktion denken können.

Ort Das Spruchfragment gehört in die Zeit nach den erfolgreichen militärischen Operationen Jerobeams II. im Ostjordanland, die die Vorstöße von Aramäern (1 3) und Ammonitern (1 13) abwehrten (s.o.S. 105f.). In der Residenz Samaria wird Amos den Truppenführern begegnet sein. Als Fragment beschließt das Wort zusammen mit den kurzen Ergänzungen in 9–12 die zumeist vollständig erhaltenen größeren Sprüche in der alten Sammlung der „Worte des Amos aus Thekoa". Ob der fragmentarische Charakter dieser letzten Worte, der in 11 und 13 besonders deutlich zu erkennen ist (s.o.S. 326 und 332), von der ersten Niederschrift herrührt oder auf spätere Beschädigung des Dokuments zurückgeht, ist nicht mehr auszumachen.

Wort Bei der Freude über Lodebar wird ebenso wie bei der über Karnajim
13 an einen Schlachtensieg zu denken sein. Der Ortsname wird verschiedenartig geschrieben. Die Vokalisation לֹא דָבָר findet sich nur hier; 2 S 17 27 heißt es לֹא דְבַר, 2 S 9 4. 5 לוֹ דְבָר und Jos 13 26 לִדְבִר; wahrscheinlich ist dort mit MNoth, Josua (²1953) 76 לִדְבָר zu lesen; vgl. auch KElliger, BHHW II 1101. So hat wohl schon die alte Amos-Überlieferung die prophetische Kritik weitergeführt und aus dem Ortsnamen die Bedeutung „Unding" ironisch heraushören wollen (s. Textanm. 13a), wenn nicht gar Amos selbst; vgl. die Ortsnamen 1 5 und Textanm. 1 5[c.d]. Lodebar ist sehr wahrscheinlich auf dem *tell el-hamme* zu suchen; er liegt nördlich des Jabbok, wo der Fluß aus dem Gebirge heraus- und in die weite Jordansenke eintritt (MMetzger 101f.). Der Grenzverlauf nach Jos 13 26 weist auf diese Stelle in der Nähe von Mahanajim (die *tulūl ed-dahab* liegen 4 km ostsüdostwärts vom *tell el-hamme*); der archäologische Befund bezeugt eine Besiedlung in der Eisenzeit (NGlueck, Explorations in Eastern Palestine IV, Nr. 190). An dieser strategisch wichtigen Stelle sind Kämpfe gegen die nach Westen vordrängenden Ammoniter (vgl. 1 13) besonders gut vorzustellen. Bei Karnajim hingegen hat man an Kämpfe mit den Aramäern zu denken (vgl. 1 3). Der Ort liegt an einem nördlichen Zufluß des mittleren Jarmuk, also schon tief im Einflußbereich von Damaskus. Es ist das heutige *šēḫ saʿd*, 4 km nördlich von Astharoth = *tell ʿaštara*. Im Jahre 732 benennt Tiglatpileser III. eine der unterworfenen Provinzen aus dem besiegten Aramäerreich *Ḳarnini*, eben nach ihrer Hauptstadt

Karnajim (Noth, WAT⁴ 92; BHHW II 935). Die Sieger rühmen sich der eigenen militärischen Leistung („mit unserer Kraft" … „für uns") bei der Einnahme dieser wichtigen Stadt. Der Name der Stadt, Dual von קֶרֶן, das Horn bzw. das Doppelhorn als Sinnbild der Kraft (des Stieres und auch der Weltmächte, Sach 2 4), mag angeregt haben, eben hier das Bewußtsein eigener kriegerischer Überlegenheit stolz zur Sprache zu bringen. Für Amos belegen die Eroberer mit ihren stolzen Sprüchen nur ihre Schuld (vgl. גָּאוֹן in 8); zur Funktion der Zitate im Schuldaufweis s. 4 1 und HWWolff, Das Zitat im Prophetenspruch: ThB 22 (1964) 43.81.94.

Schon ist Jahwe im Begriff, den Gegenangriff einzuleiten (הִנְנִי mit pt.). 14 Wie Jahwe einst für Israel einen Retter auftreten ließ (Ri 3 9), wie er einen Widersacher gegen Salomo (1 Kö 11 14) oder einen König gegen das Haus Jerobeams (1 Kö 14 14) auftreten ließ, so läßt er jetzt gegen den Staat Israel ein Volk antreten (קום hi.). Welches Volk, sagt er nicht. Die Aramäer, als die eben Besiegten, wird er hier kaum im Sinn haben (vgl. zu 4 3 und 5 27). Schon Meyer, GA II 2, 358, hat davor gewarnt, nur an die Assyrer zu denken, die Amos nie erwähnt; ebensogut sei an „irgendein bisher unbekanntes Volk oder etwa Uraṛṭu" zu denken. Amos deutet Jahwes Werkzeug nur eben an: „ein Volk", so unbestimmt, wie er 3 11 von „einem Feind" sprach. Er ist nicht ein Bote irgendeiner Weltmacht, sondern ihres alleinigen Befehlshabers, Jahwes. Neben der Hauptsache, dessen Aktion zu verkünden, sind ihm nur noch die Folgen für Israel einen ausgeführten Satz wert: „Sie werden euch unterdrücken." Der pl. לחצו siеht in dem collectivum „Volk" schon die Truppen der überlegenen Macht kommen, um Israel zu „bedrängen" und zu „quälen", wie es einst Ägypten tat; vgl. לחץ in Ex 3 9 (E). Der Bereich der Unterwerfung wird mit Grenzmarkierungen beschrieben. לבוא חמת ist in dem Bereich von Libanon und Antilibanon zu suchen; ob dabei an einen bestimmten Ort oder aber allgemeiner an einen Landstrich gedacht ist, der die Grenze des Reiches von Hamath und damit den Zugang zu dessen Hauptstadt am Orontes bezeichnet, muß einstweilen offenbleiben; vgl. KElliger, BHHW II 630 und die ausführliche Erörterung der Deutungsmöglichkeiten bei WZimmerli, Ezechiel: BK XIII 1213f. Sicher ist die Nordgrenze Israels gemeint, wie aus Nu 34 8 und Ez 47 16f. 48 1 verläßlich hervorgeht. Der „Steppenbach" soll daneben die Südgrenze bezeichnen. Er ist in der Nähe des Nordendes des Toten Meers zu suchen, das in Dt 3 17 2 Kö 14 25 u.ö. יָם הָעֲרָבָה heißt. Gedacht wird meist an den Unterlauf des *wādi el-ḳelt*, das von Westen bei Jericho in die Jordansenke mündet (AAlt, PJB 25, 1929, 57ff.; KGalling, ZDPV 66, 1943, 153; KBL 733), aber auch an das *wādi kefrēn*, das vom ostjordanischen Gebirge herkommt (AHvanZyl). Die ganze Wendung erinnert stark an 2 Kö 14 25; dort wird eine Verheißung des Propheten Jona erwähnt, nach der

Jerobeam Israels Grenze von Lebo-Hamath bis zum Steppenmeer wiederherstellen werde. Es ist nicht ausgeschlossen, daß Amos in seiner Grenzbeschreibung kritisch auf diese Botschaft eines zeitgenössischen Heilspropheten Bezug nimmt; vgl. OEißfeldt, Amos und Jona in volkstümlicher Überlieferung: KlSchr IV (1968) 140 und HWWolff, Studien zum Jonabuch: BiblStud 47 (1965) 14f. Noch einmal betont Amos, nunmehr in geographischen Kategorien, die Totalität des Untergangs des Nordreichs.

Ziel   Dieses Spruchfragment bringt noch einen neuen Zug in das Bild der Schuld Israels. Das stolze Selbstbewußtsein wurde schon in 6 8 angeprangert, in 6 1. 3–6 galt das „Wehe!" den verschwenderischen (Sieges?-) Feiern. Hier nun werden die großen Worte genannt, in denen man seine eigene kriegerische Kraft rühmt. Diesem selbstsicheren Überlegenheitsgefühl wird Jahwe ein Ende bereiten. Wer seine Zukunft auf eigene Macht gründet, wird an der Macht scheitern, die Jahwe als quälende Übermacht antreten läßt. Schon die Spruchweisheit lehrte: „Für den Tag der Schlacht wird das Roß gerüstet, aber der Sieg kommt von Jahwe" (Prv 21 31). Amos muß verkünden, daß Jahwe im völligen Untergang Israels seinen Sieg feiern wird.

VERGEBLICHE BITTE UM VERZEIHUNG
(7 1–9)

JMorgenstern, Amos-Studies I: HUCA 11 (1936) 68–130. – HJunker, Zu Literatur Amos 7,7–9: Bibl 17 (1936) 359–364. – IPSeierstad, Die Offenbarungserlebnisse der Propheten Amos, Jesaja und Jeremia (1946) 52–59. 82–91. – FHesse, Die Fürbitte im Alten Testament: Diss. Erlangen (1949). – EWürthwein, Amos-Studien: ZAW 62 (1950) 10–52 (28–35). – EJenni, Die politischen Voraussagen der Propheten: AThANT 29 (1956) 38–41. – JDWWatts, Vision and Prophecy in Amos (1958) 22–31. – FHorst, Die Visionsschilderungen der alttestamentlichen Propheten: EvTh 20 (1960) 193–205. – HGrafReventlow, Das Amt des Propheten bei Amos: FRLANT 80 (1962) 30–56. – STalmon, The Gezer Calendar and the Seasonal Cycle of Ancient Canaan: JAOS 83 (1963) 177–187. – DRHillers, Amos 7,4 and Ancient Parallels: CBQ 26 (1964) 221bis 225. – GBrunet, La vision de l'étain: VT 16 (1966) 387–395. – HWerner, Amos: Exempla Biblica 4 (1969) 129–145.

¹Solches hat [mein Herr]ᵃ Jahwe mich sehen lassen: Sieh, da war einer, der Text einen Heuschreckenschwarm bildeteᵇ, als die Spätsaat zu wachsen begann, und da ᵈ[sieh, die ᶜSpätsaat folgt der Mahd des Königsᶜ, ²und es geschah, wenn]ᵈ er die Pflanzen des Landes ganz auffressen wollte, sprach ich: „Mein Herr Jahwe, verzeih dochᵃ! Wieᵇ soll Jakob bestehenᵇ? Es ist doch so klein." ³Da hat esᵃ Jahwe leid getan. „Es ᵃsoll nicht geschehen", hat Jahwe gesagt.

⁴Solches hat [mein Herr]ᵃ Jahwe mich sehen lassen: Sieh, da rief einer ʿeinen Feuerregen'ᵇ herbei [mein Herr Jahwe]ᶜ, und er fraß die große Grundflut. Und da er das Ackerland fraßᵈ, ⁵sprach ich: „Mein Herr Jahwe, halte einᵃ! Wieᵇ soll Jakob bestehenᵇ? Es ist doch so klein." ⁶Da hat esᵃ Jahwe leid getan. „Auch dasᵃ soll nicht geschehen", hat Jahwe [mein Herr]ᵇ gesagt.

⁷Solches hat ʿJahwe'ᵃ mich sehen lassen: Sieh, da stand einer [mein Herr]ᵇ auf einer Mauer [Richtblei]ᶜ, und in seiner Hand (hielt er) ein Richtblei. ⁸Da sagte Jahwe zu mir: „Was siehst du, Amos?" Ich sagte: „Ein Richtblei." Da sagte mein Herr zu mir: „Sieh, ich lege ein Richtblei an mitten in meinem Volke Israel. Ich gehe nicht länger (schonend) an ihm vorüber."

⁹Dann werden Isaaksᵃ Höhen verwüstet,
  Israels Heiligtümer werden zertrümmert,
    und gegen Jerobeams Haus trete ich auf mit dem Schwert.

1a אדני fehlt noch in 𝔊; s. Textanm. 1 8b. – b 𝔊 (ἐπιγονή) 𝔗 (בבית) 𝔊 lasen 1 irrtümlich יֵצֶר. 𝔙 (fictor locustae) sowie die entsprechenden Partizipien in 4 und 7 stützen 𝔐. – c–c 𝔊 (βροῦχος εἰς Γωγ ὁ βασιλεύς) las יֶלֶק (vgl. Jl 1 4, „Heuschrecke") statt לקש, אֶחָד statt אחר und גּוֹג statt גזי, ähnlich 𝔖; die Ergänzung (s. Textanm. d) scheint also schlecht lesbar vorgelegen zu haben. – d–d Der Nachtrag in 1b will לקש näher erläutern. Wahrscheinlich führte er den umständlichen Anschluß von 2 mit den ersten beiden Wörtern herbei. והיה

befremdet im Fortgang der Erzählung (vgl. den Anfang von 4b und s.o.S. 325 zu 6 9) und wird deshalb als Verschreibung von וַיְהִי angesehen (so Joüon, Gr § 119z); ebenso seltsam mutet die Konjunktion אם (mit folgendem perf.) im Vergleich mit dem sonstigen parataktischen Stil an. So sollte man als ursprüngliche Fortsetzung von 1a vor der Einführung der Prophetenrede einfaches וְכִלָּה erwarten, entsprechend ואכלה in 4bβ vor 5. Das perf. konstatiert das Faktum, das den Einspruch des Propheten auslöst. Weniger entspricht dem Stil des parallelen zweiten Berichts der Vorschlag וַיְהִי הָא מְכַלֶּה (Torrey, JBL 1894,

2 63, JWellhausen, ESellin u.a.). – 2a S. Textanm. 5a. – b Da „Jakob" Subjekt von יקום ist, muß מי prädikativ (als Zustandsakkusativ) gedeutet werden: „Als wer kann Jakob bestehen?" GRinaldi, mj(mî): Bi e Or 9 (1967) 118, übersetzt qualis; vgl. Rt 3 16 und KBL 518. 𝔊 (τίς ἀναστήσει τὸν Ιακωβ) liest יָקִים, macht „Jakob" zum Objekt und entzieht sich so der ungewöhnlichen Kon-

3 struktion. – 3a על bezeichnet bei נחם den Gegenstand, nicht den Grund des Umschwungs; vgl. Jer 18 8. 10 Jl 2 13 Jon 3 10 u.ö. Die fem. Formen drücken das Neutrum aus (Joüon, Gr § 152c). 𝔊 (μετανόησον) versteht נחם als imp.

4 und zieht 3a noch zum Gebet („laß es dir leid sein!"). – 4a Auch hier bot 𝔊 ursprünglich wie in 1 (s. Textanm. 1a) nur einfaches κύριος; vgl. Ziegler. – b 𝔐 („anzugreifen mit Feuer") wird zwar schon von den Vrs vorausgesetzt, ist aber dennoch höchst unwahrscheinlich: ריב gehört zur Sprache des Rechtsstreits und bezeichnet mit folgendem ב immer den Angeklagten bzw. den Angegriffenen (Gn 31 36 Ri 6 32 Hos 2 4); ב über לרב hinweg auf קרא zu beziehen, ist der Stellung wegen schwierig. Man erwartet eine Parallelbildung zu 1, ein pt. c. obj. Elhorst (1901) will לַהֲבֶת אֵשׁ lesen (vgl. Ps 29 7); geläufiger wäre לַהַב אֵשׁ (Jes 29 6 30 30 Jl 2 5). DRHillers hat den Vorschlag von MKrenkel (Zur Kritik und Exegese der kleinen Propheten: ZwTh 14, 1866, 271) wieder aufgenommen, לִרְבִיב אֵשׁ zu lesen; dabei bleibt der Konsonantenbestand unverändert, nur die Worttrennung wird verschoben. Angesichts der Sachparallelen Gn 19 24 Ez 38 22, die allerdings das Wort nicht bieten, bleiben nur geringe Bedenken; sie bestehen vor allem darin, daß das Wort im übrigen Alten Testament nur im pl. (רביבים) vorkommt; aber in Ugarit ist rbb in Parallele zu „Tau" (vgl. Dt 32 2 Mi 5 6) belegt: Gordon 1 Aqht 44; ʿnt II 39f.; vgl. Aistleitner, WBNr 2480:„Sprühregen". Daß man die Worte später falsch abtrennte und eine geläufigere Vokabel hineingelesen wurde, ist bei der Seltenheit von רְבָב „Regen" verständlich. – c Schon die Stellung zeigt, daß hier eine nachgetragene Bestimmung des Rufenden vorliegt. 𝔊 übersetzt einfaches κύριος, 𝔙 (Dominus Deus) setzt 𝔐 voraus. DRHillers spricht von „vertikaler Dittographie"

5 aus 3. – d Erst 𝔊BV fügen κυρίου (יהוה) hinzu, noch nicht 𝔊W (3. Jh.). – 5a 𝔗 (שבוק כען לחובי שארה דבית יעקב) setzt hier den gleichen imp. wie in 2 voraus (ebenso 𝔖), deutet aber zugleich den Satz um: „Laß jetzt den Verschuldeten

6 einen Rest des Hauses Jakob übrig!" – b S. Textanm. 2b. – 6a S. Textanm. 3a. –

7 b S. Textanm. 1a und vgl. 3b sowie VMaag 119. – 7a 𝔊B (οὕτως ἔδειξέ μοι κύριος καὶ ἰδοὺ ἑστηκώς ...) setzt genau die gleiche Einleitung wie 1 und 4 voraus (s. Textanm. 1a und 4a), also כה הראני יהוה והנה נצב. 𝔙 (haec ostendit mihi Dominus) bestätigt die ersten vier Wörter dieses Textes, setzt dann allerdings והנה אדני (et ecce Dominus stans) wie 𝔐 voraus. 𝔊A, Origenes und andere (s. Ziegler) ergänzen (ἰδοὺ) ἀνὴρ (ἑστηκώς). – b אדני ist hier ebenso nachgetragen wie אדני יהוה in 4aβ (s. Textanm. 4c); 𝔊 setzt es noch nicht voraus. – c חומה wird seit Oort häufig gelesen; das sogleich noch dreimal folgende אנך kann durch Augensprung fälschlich hier eingedrungen sein und den st.cstr. חומת nach sich gezogen haben. Nicht unmöglich ist jedoch auch, daß חומת אנך

wegen der folgenden Wiederholungen aus der Verlesung eines ursprünglichen חוֹמַת אֶבֶן entstanden ist, denn die alten Übersetzungen setzen alle schon 𝔐 voraus. 𝔊 ἐπὶ τείχους ἀδαμαντίνου („auf einer Mauer von Erz"), Ἀ γανῶντα („glänzend"), Θ τηκόμενον („geschmolzen"), 𝔙 super murum litum. 𝔖 דדין deutet an allen Stellen אֲנָךְ als „Gericht" (דין). – 9a 𝔊 (τοῦ γέλωτος) liest 9 שְׂחֹק („Gelächter"); vgl. Gn 21 6; Σ τὰ ὑψηλὰ τοῦ ιακωβ.

Mit dem Satz „Solches hat Jahwe mich sehen lassen" (7 1) setzt ein Form
völlig neuartiger Überlieferungskomplex im Amosbuch ein. Da sich der
gleiche Eröffnungssatz in 7 4. 7 und 8 1 wiederholt, 7 9 + 10–17 sich jedoch
stilistisch und thematisch vom Zusammenhang abheben, muß in 7 1–8 und
8 1–2 eine ursprüngliche literarische Einheit gesehen werden, die vielleicht sogar noch in 9 1–4 eine Fortsetzung fand.

Der diesem Komplex gemeinsame Stil des prophetischen Ich-Berichts
sowie der Inhalt, der zunächst nur den Propheten angeht, legen es nahe,
Amos als Verfasser anzunehmen; dabei muß offenbleiben, ob er selbst
den Bericht niedergeschrieben oder diktiert hat. Die streng ebenmäßige
Form macht es unwahrscheinlich, daß Spätere eine freie Erzählung des
Propheten niederschrieben.

Der gleichmäßig wiederholte Eröffnungssatz kennzeichnet die Stücke
sofort als Visionsberichte. In ihrer Komposition zeigen sie die typische
Form autobiographischer Memorabilien (s. BK XIV/1, 9f. 71f.).
Mit knappen Worten sind unerhörte Widerfahrnisse skizziert. Die beherrschende Tatsache, auf die alles Berichtete zuläuft, ist Jahwes Entscheid, das Ende Israels heraufzuführen. Er wird in 8 2 mitgeteilt und in
9 1–4 entfaltet.

Die Berichte der ersten drei Visionen in 7 1–8 führen auf diese Hauptsache zu. Die beiden ersten zeigen drei Formelemente: Am Anfang steht
die Schilderung der eigentlichen Visionsszene (1–2aα. 4), bei der jeweils
zuerst eine Gestalt in pt.-Form vorgestellt wird („ein Bildender", „ein
Rufender"), die etwas bewirkt („Heuschrecken", „Feuerregen", s. Textanm. 4b), das gleichermaßen verheerende Folgen zeigt („fressen"); als
zweites folgt der Aufschrei des Propheten (2aβb. 5), der mit Ausnahme
des imp. völlig gleich lautet; ähnliches gilt auch von dem dritten Element,
dem Entscheid Jahwes (3. 6), der zunächst als Regung seines Mitleids berichtet und sodann mit seinem Wort belegt wird, wobei die einzige Wortabweichung im zweiten Bericht in der steigernden Zufügung „auch dies"
besteht. Die unscheinbare Erweiterung unterstreicht die literarische Zusammengehörigkeit des ersten und zweiten Visionsberichts.

Daß auch das dritte (7f.) wie das vierte (8 1f.) Stück mit den beiden
ersten literarisch zusammengehört, zeigt neben dem gemeinsamen Eröffnungssatz ebenfalls der Schlußsatz: „Ich gehe nicht noch einmal schonend an ihm vorüber", denn לֹא־אוֹסִיף עוֹד ist nur nach dem voraufgehenden doppelten Erhörungsbescheid in 3 und 6 sinnvoll. Der Satz

zeigt zugleich die entscheidende Wende zur Hauptaussage dieser Memorabilien an, die sich im übrigen im andersartigen Aufbau des dritten und vierten Berichts spiegelt. Beide sind viergliedrig. Abgesehen vom Eröffnungssatz weicht schon das erste Formelement von dem entsprechenden im ersten und zweiten Bericht ab; denn es bietet keine Szene mit einem Geschehnisablauf, sondern ein Einzelbild (Maurer mit Senkblei 7, Korb mit Herbstfrucht 8 1). Dieser Bildschau folgt nun nicht ein Wort des Amos, sondern eine in beiden Fällen gleichlautende Frage Jahwes (8aα 8 2aα); im dritten Element hat Amos das Geschaute nur ins Wort zu fassen (8aβ 8 2aβ); im abschließenden vierten Element, einem zweiten Gotteswort, deutet Jahwe das Bild (8bα 8 2bα) und bekräftigt, daß er nicht mehr verschonen wird (8bβ 8 2bβ).

Unübersehbar wechselt die Art der Berichterstattung im Übergang von der zweiten zur dritten Vision wegen des anderen Gehalts. Dabei bleibt die literarische Einheit unbestreitbar. Diese Erkenntnis nötigt, die in 7 1–8 berichteten Fakten im Blick auf 8 1f. zu verstehen; vgl. auch o. S. 112f.

Der Zyklus bietet hinsichtlich des Verhältnisses von visionärer Erscheinung und angezeigtem Geschehen drei verschiedene Visionstypen: die Ereignisvision (7 1f. 4f. 9 1ff., s. u. S. 343. 345), die Symbolvision (7 7f., s. u. S. 347) und die Wortspielvision (8 1f., s. u. S. 367).

Das Hauptmerkmal dichterischer Gestaltung, der parallelismus membrorum, fehlt den Memorabilien völlig. Darum erscheint es von vornherein wenig aussichtsreich, nach einer metrischen Form zu suchen. GFohrer (Über den Kurzvers: ZAW 66, 1954, 199–236 = Studien zur alttestamentlichen Prophetie: ZAWBeih 99, 1967, 59–91) findet hier „Kurzverse" (229f. bzw. 85). Daß gehobene, ja fein geschliffene Prosa vorliegt, zeigt bereits der paarweise, bis in den Wortlaut hinein gleichförmige Aufbau in 7 1–6 und 7f. 8 1f.

Schon in der dichterischen Form hebt sich dagegen 9 von den Visionsberichten ab. 9a erscheint als Doppeldreier im synonymen Parallelismus (Subjekt und Prädikat stehen chiastisch); b spitzt als viertaktige dritte Reihe die Drohung persönlich zu, indem Jahwe in 1. pers. Subjekt und Jerobeams Haus Objekt wird.

Ort   Auch inhaltlich ist 9 vom dritten Visionsbericht deutlich unterschieden. Nichts erinnert mehr an das Visionsbild. Der Satz „Ich gehe nicht mehr schonend an ihm vorüber" schloß den Visionsbericht deutlich ab (8bβ). Warum wurde 9 hier eingeschaltet? Der Spruch soll offenbar der Überleitung zu 10–17 dienen. Denn er präzisiert Jahwes unabwendbares Eingreifen, das dem Propheten in der dritten Vision gewiß geworden war (8), dahin, daß die „Höhen Isaaks" betroffen werden („Isaak" findet sich nur noch 16b im Amosbuch!), die „Heiligtümer Israels" („Heiligtum" nur noch 13b!) und das „Haus Jerobeams" („Jerobeam" nur

noch 11a in einem Amosspruch!). Andererseits korrigiert er die Todesdrohung gegen Jerobeam in 11a, indem er sie auf sein „Haus" bezieht, da
erst Jerobeams Sohn Sacharja durchs Schwert fiel (vgl. 2 Kö 14 29 mit
15 10). So wird in 9 wie in 10–17 (s.o.S. 131 f.) die Amosschule am Werk
sein, die mündliche Überlieferungen ihres Meisters mit seiner bereits
literarisch vorliegenden Hinterlassenschaft zusammenarbeitete (s.o.S.
131ff.).

Daß die Einschaltung von 9–17 zwischen 7f. und 8 1f. erfolgte, ist gut
verständlich, weil die Texte einander erläutern. Die dritte und vierte
Vision erklären der Amosschule, wie das in 15 geschilderte Widerfahrnis in Gang kam. Andererseits erklärt die Ausweisung aus Bethel (12),
warum Amos seine Visionen niederschrieb, wobei die fünfte (9 1–4) wegen
7 9a 16f. eingeschlossen zu denken ist.

Den Visionsmemorabilien spürt man an, daß sie im größeren Abstand
von den geschilderten Erlebnissen aufgezeichnet wurden. Die einheitliche Stilisierung der verschiedenartigen Inhalte wird so verständlich,
auch die darstellerische Verwandtschaft mit dem Völkerspruchzyklus
(s.o.S. 130f. 184). Wem vertraute Amos die Niederschrift an? Sollte man
nicht zuerst an die denken, die dann auch als seine Schüler in der judäischen Heimat Ergänzungen vornahmen? Wenn er ihnen nach seiner ab-
rupt beendeten Wirksamkeit im Nordreich die unsagbar schweren Zumutungen Jahwes mitteilte, dann erklärt sich, warum sein Bericht von einem
Verkündigungsauftrag ebenso schweigt wie von der Schuld Israels. Er
sollte eben nicht sein Auftreten vor den israelitischen Hörern rechtfertigen, wie es das Wort 7 15f. vor dem Priester Amazja in Bethel tat. Vielmehr läßt sich denken, daß Amos seinen Vertrauten darlegen wollte, wie
die unerhörte und unabweisbare Gewißheit vom restlosen Ende Israels
über ihn gekommen war, die doch bis dahin in Juda wie in Israel ohne
jedes Beispiel war. So werden diese Memorabilien nach der Rückkehr aus
Samaria und Bethel niedergeschrieben worden sein.

In welche Zeit aber gehören die berichteten Widerfahrnisse selbst?
Gewiß sollte man nicht ohne weiteres von Berufungsvisionen sprechen
(darauf weisen mit Recht ThRobinson, DDeden u.a. hin). Sie enthalten
ja nicht nur keinen Auftrag zur Verkündigung. Es ist auch keineswegs ausgeschlossen, daß die fünf Jahwebegegnungen, die uns in einem ziemlich
einheitlichen literarischen Gebilde vor Augen treten, zu recht verschiedenen Zeiten stattfanden (AWeiser, Profetie 14). Noch weniger aber stützen
die Berichte die Vermutung, die Ereignisse würden „zeitlich nach seiner
Berufung" liegen (EWürthwein 29). Warum muß man schon Prophet sein,
um in Israel Bitten wie 2 und 5 ausrufen zu können (vgl. schon FHesse
40f.)? Amos selbst sagt, daß das überraschende Jahwewiderfahrnis seine
Bitten herausgefordert hat. Wo hat er Israel je anderes als Unheil
verkündet, so daß man eine heils- und eine unheilsprophetische Phase

unterscheiden könnte? Zu 1 3–2 16 s.o.S. 175ff. So wird man den harten Weg, den Amos in den Visionen geführt worden ist, ungebrochen wenigstens bis zur dritten oder vierten Vision, zur entscheidenden Vorbereitung seines Auftretens im Nordreich rechnen müssen. Die Erschütterungen dieser tief einsamen Einsichten müssen in ihm nachbeben, wenn er in der Zeit seines Auftretens die Nötigung zu seinem Reden mit dem Schrecken vor dem Löwen vergleicht (3 8), wenn er Amazja sagt, Jahwe habe ihn von der Herde weg gegen Israel aufgebracht (7 15); an diese Visionen müssen die ältesten Redaktoren gedacht haben, wenn sie sie „zwei Jahre vor dem Erdbeben" datieren (1 1b, s.o.S. 149f.).

Daß die tödliche Gewißheit in ihm langsam reifte, ist vielleicht daraus zu schließen, daß einige Visionen in verschiedene Jahreszeiten verweisen; vgl. STalmon 183f. Die Heuschrecken schaut er im späten Frühjahr; der Gezer-Kalender spricht ebenso von Spätsaat (ירחו לקש; vgl. KAI Nr. 182 Z. 2) wie 1a; das Feuer, das alles ausdörrt, kann von der hochsommerlichen Hitze her verstanden werden (4); schließlich mag der Korb mit Herbstfrucht (8 1) an den letzten Monat קץ des Gezer-Kalenders erinnern (vgl. KAI Nr. 182 Z. 7). Doch die Form des Berichts hebt viel mehr die Zusammengehörigkeit der Geschehnisse hervor.

Wort 1 ראה im Eröffnungssatz „So hat Jahwe mich sehen lassen" umfaßt mit dem Visionären zugleich das Auditive; so spricht die Überschrift sachgemäß vom „Schauen" der „Worte" (1 1); schon in Mari wird „dem Unterschied zwischen Sehen und Hören überhaupt kein Gewicht beigemessen" (FEllermeier, Prophetie in Mari und Israel, 1968, 90; vgl. besonders ARM XIII, 112: „Er schaute: Baut dieses Haus nicht!" כה הראני ist also hier und in 4. 7 8 1 als Einleitung nicht nur der unmittelbar folgenden Schauung, sondern des ganzen Stückes bis zum entscheidenden Jahwewort anzusehen (zur Psychologie der Visionen s.u.S. 346 zu 4). Merkwürdig ist, daß der zunächst geschaute „Gestaltende" ganz unbestimmt bleibt, zumal für Amos – wie der Aufschrei in 2 zeigt – ein anderer als Jahwe nicht denkbar ist, da schöpferisches Bilden von Lebewesen gemeint ist; vgl. Gn 2 19 und zum Wort יצר o.S. 263f. zu 4 13. Im Bericht soll lediglich herausgestellt werden, was der, den er sieht, erschafft: den Heuschreckenschwarm; גבי kommt außer an unserer Stelle nur noch Nah 3 17 vor (zu den üblichen Benennungen s.o.S. 30ff.); ungewöhnlicher Sprachgebrauch sollte den Leser der Amos-Visionen von vornherein nicht verwundern (vgl. רבב in 4 und Textanm. 4b). Amos sieht den Heuschreckenschwarm zu einer Zeit, wo er besonders gefährlich ist. לקש bezeichnet die Spätsaat des Getreides und vielleicht darüber hinaus den letzten Wuchs aller Nahrungs- und Futtermittel, der im späteren Frühjahr, im Laufe des April, auf Grund des Spätregens noch gedeihen kann, bevor für ein halbes Jahr die völlige Trockenheit einsetzt (vgl. Dalman, AuS I/2, 411f.). Die Ergänzung (s. Textanm. 1d–d) setzt vielleicht das

Recht des Königs voraus, den ersten Schnitt durchzuführen (vgl. 1 Kö
18 5?). גז bezeichnet nicht nur die Schafschur, sondern auch das Mähen,
Abschneiden und Abweiden des Grünwuchses bzw. die gemähten Wiesen
selbst (Ps 72 6).

Der Heuschreckenschwarm, den Jahwe Amos schauen läßt, ist dabei, 2
allen Grünwuchs vollständig aufzufressen. עשׂב umfaßt Saaten wie Wildwuchs; die Heuschrecken schonen aber ebensowenig Weinstöcke, Feigenbäume und andere Obstbäume (Jl 1 4–7 und o. S. 32ff.). Unmittelbar
macht sich der Ausfall des Getreides und Gemüses für den Menschen und
des Futters für das Vieh bemerkbar, wenn die gesamte Vegetation des
Spätregens im Frühjahr den Heuschrecken anheimfällt. Da das Geschaute
direkt das Kommende anzeigt, liegt der Typ der Ereignisvision vor.

Israels Zukunft ist gefährdet. Darum schreit Amos auf: „Mein
Herr Jahwe!" Die Verbindung אדני יהוה gehört in die Gebetssprache
(2 S 7 18–20. 22. 28 Ri 6 22), besonders in die flehentliche Klage (Jos 7 7
Jer 1 6 4 10 14 13 Ez 4 14 9 8 21 5), und dürfte darum gerade hier im
Unterschied zu den zahlreichen Stellen im Amosbuch, in denen
אדני nachgetragen ist (s. Textanm. 1 8b), ursprünglich sein; vgl.
dagegen FBaumgärtel, Zu den Gottesnamen in den Büchern Jeremia und
Ezechiel: Verbannung und Heimkehr, Festschr WRudolph, hrsg.
AKuschke (1961) 1–29 (10f.!). Die Verbindung „läßt in einzigartiger
Weise gleichzeitig Jahwes absolute Erhabenheit und seine unmittelbare
Verbundenheit mit dem Propheten anklingen" (VMaag 119). „Vergib
doch!" fleht dieser ihn an. סלח ist wurzelverwandt mit akk. salāḫu =
„besprengen"; über die spezielle Bedeutung „zur Reinigung besprengen"
hat es sich zu der im Alten Testament allein bezeugten Bedeutung „ver-
zeihen", „vergeben" entwickelt; vgl. JJStamm, Erlösen und Vergeben
im Alten Testament (1940) 57f.; zu ug. slḫ s. Gordon, UT (Glossary Nr.
1757). Obwohl eine Schuld in keiner Weise verdeutlicht wird, ist Verzeihung doch die entscheidende Voraussetzung wirklicher Aussetzung
der als Strafe verstandenen Heuschreckenplage. Der Bericht sagt kein
Wort zuviel, auch nicht zur Begründung der Bitte. Sie spricht nur aus,
daß Jakob für sich selbst hilflos ist. Zu מי s. Textanm. 2b.

Warum nennt Amos hier Israel „Jakob"? Will er Jahwe an die Erwählung des Erzvaters erinnern, der ja als Stifter des Bethel-Heiligtums
gilt (vgl. Gn 28 10–22 und o.S.239 zu 3 13)? Oder schließt der Name
„Jakob" das Schuldbekenntnis für jenes Israel ein, das sich anmaßend
gegen Jahwe auflehnte, aber Jahwe doch nicht entgehen kann (vgl. Hos
12 3–5 und o.S.327 zu 6 8)? Der Begründungssatz weist nur darauf hin,
daß Jakob klein, also hilfsbedürftig ist, und erinnert damit an das weisheitliche Mahnwort Prv 22 22: „Beraube nicht den Hilflosen (דַּל), denn
hilflos ist er (כִּי דַל הוּא). Zermalme nicht den Bedrückten im Tor" (vgl.
HWWolff, Amos' geistige Heimat: WMANT 18, 1964, 48f.). Amos

verzichtet auf jede Erinnerung an Tradition; weder Verheißung noch Erwählung führt er an. So bleibt es fraglich, ob man eine derartige Fürbitte in Israel nur im Munde eines schon beamteten Kultfunktionärs erwarten darf (vgl. FHesse 40f.; EWürthwein 29: „Nur als Nabi konnte er jene Fürbitte üben"; HGrafReventlow 34ff.). Was Amos zum Bittschrei vor Jahwe trieb, war die kommende Verheerung, die Jahwe ihm zeigte, und die Einsicht in die Hilflosigkeit des Schuldigen.

3   Wie reagiert Jahwe? נחם ni. c. על bezeichnet eine emotionale Sinnesänderung, die erregte Abwendung von einem früheren Entscheid; sie kann für den Betroffenen ebenso ungünstig (Gn 6 6f. 1 S 15 11. 35) wie günstig sein (2 S 24 16 Jl 2 13 par.), bedeutet also ebensowenig Vergebung wie Verurteilung (vgl. KBL und o.S. 58f.). Hier wird Jahwe durch den Einwand dessen bewegt, dem er seinen Willen in der Vision anvertraut hat. Zur Sache vgl. Gn 18 17–32 Ex 32 11–14! Welcher Wandel sich in Jahwe vollzieht, sagt das Zitat des Jahwewortes genauer: „Es soll nicht geschehen" – nämlich das Gericht in der Form des Israels Zukunft bedrohenden Heuschreckeneinfalls. Eine Sinnesänderung im Blick auf Israel ist insofern nicht zu erkennen, als die erbetene Verzeihung nicht ausgesprochen wird; in 5 wird sie auch nicht mehr erwartet. Der knappe Bericht gibt nur zu verstehen, daß die gezeigte Strafe nicht eintreten soll. Im Zusammenhang bedeutet das zunächst nicht mehr als Strafaufschub oder genauer: Bereitschaft zur Strafänderung; vgl. JJStamm, Erlösen und Vergeben 113. Sieht man auf die folgenden Visionen, so mag man eher an das Angebot einer Strafauswahl als an Vergebung denken; vgl. 2 S 24 12ff.

4   War der Heuschreckenbildner schon eine übernatürliche Gestalt, so werden die mythischen Züge in der zweiten Vision noch deutlicher. Auch hier hat der frühe Kommentator (s. Textanm. 4c) natürlich die unausgesprochene Meinung des Amos getroffen, daß Jahwe es ist, der ruft; aber der Prophet will nur herausstellen, wen er ruft, nämlich den 'Feuerregen' (s. Textanm. 4b); die den Konsonantenbestand wahrende Konjektur רִבֻב אֵשׁ bewährt sich gerade neben der תהום רבה, die vom Feuer gefressen wird. Die hochsommerliche Glut ist also hier verdichtet zu Feuergüssen; sie verzehren die Grundflut und damit auch die Äcker. Verwandte Traditionen finden sich im hethitischen Mythos von dem Drachen Illujankaš (ANET 125f.) und im Gesang des Ullikummi (ANET 123, II-c), in Hesiods Theogonie (687–700)[1], andeutungsweise auch in

[1]Bis in Einzelheiten sind die Vorstellungen hier besonders überraschend verwandt. Die Stelle handelt vom Kampf des Zeus gegen die Titanen:
[687]Nicht hielt Zeus noch länger zurück sein Zürnen; es schwoll ihm
       Stürmisch im Herzen die Wut, und alle gewaltige Stärke
       Brach ihm hervor. Er schritt mit unaufhörlichen Blitzen
[690]Vom Olymp und dem Himmel herab, und feurige Strahlen
       Flogen Schlag auf Schlag mit Glanz und Donnergerassel
       Aus der mächtigen Hand und wälzten die heiligen Flammen
       Endlos; rings erdröhnte die nahrungspendende Erde

Homers Ilias (II 780–785); vgl. DRHillers 223ff. Die große Grundflut ist hier als der Fruchtbarkeit spendende unterirdische Ozean gedacht, der alle Quellen speist; vgl. Gn 7 11 49 25 und CWestermann, Genesis: BK I (1967) 145f. In Ugarit wohnt El „an der Quelle der Ströme, inmitten der Flußbetten der Grundfluten (*thmtm*)", d.h. doch wohl, „in einem kosmischen Paradiese" (OKaiser, Die mythische Bedeutung des Meeres in Ägypten, Ugarit und Israel: ZAWBeih 78, 1959, 45–49, zit. 48; vgl. WHSchmidt, Königtum Gottes in Ugarit und Israel: ZAWBeih 80, ²1966, 7f.). Wenn alle Wasservorkommen verzehrt werden und damit alle Quellen versiegen müssen, dann wird auch der Ackeranteil, der dem einzelnen israelitischen Bauern zugemessen ist (חלק), vom Feuer gefressen. Auch hier liegt der Typ der Ereignisvision vor. Die Gegenstände der ersten und zweiten Vision sind zwar deutlich auf die konkreten Existenz-

Brandbeschüttet; es krachte im Feuer die endlose Waldung.
⁶⁹⁵Rings auch kochte der Boden und auch des Okeanos Wellen
Und die Öde des Meeres, und feurige Dämpfe umleckten
Alle Titanen der Erde. Die schreckliche Flamme erhob sich
Bis in die göttliche Luft, und selbst der Gewaltigen Auge
Blendete das Geleucht und Funkeln der Blitze und Strahlen.
⁷⁰⁰Fürchterlich füllte die Glut das Chaos.
(übers. ThvScheffer; vgl. Urtext und Kommentar von MLWest, Hesiod Theogony, 1966, 137. 349ff.)

Die Topoi der Amos-Vision sind vollständig vorhanden: der Feuerregen, sein Fressen, die große Grundflut und der Ackerboden. Hesiod gehört ins Jahrhundert des Amos. Es drängt sich die Vermutung auf, daß die Zeitgenossen die Grundzüge ihrer Anschauung der gleichen hethitisch-kleinasiatischen Quelle verdanken. (Vgl. zu den obengenannten hethitischen Quellen AGoetze, Kleinasien: HdA, ²1957, 140, dazu Abb. 20: ein Orthostatenrelief aus Malatya zeigt den Wettergott mit dem Blitzbündel, wie er den Meeresdrachen Illujankaš tötet; s. auch EAkurgal, Die Kunst der Hethiter, 1961, Tafel 104 unten und PWalcot, Hesiod and the Near East, 1966.) Was bei Hesiod dichterisch breit ausgestaltet in die „Theogonie" gehört, muß Amos als Jahwes Handeln gegen Israel erkennen. Wie wortkarg macht die Erschütterung den Betroffenen! Wie anders wird die Leidenschaft auch der Darstellung, wo alles zum Gespräch mit Jahwe drängt! Darüber darf nicht hinwegtäuschen, daß auch Hesiod eine Art prophetischer Berufung erfuhr, die ihn hinter der Herde weg berief:
(Die unsterblichen Götter)
...lehrten auch den Hesiodos edle Gesänge,
Wie er Lämmer betreut an des heiligen Helikon Hängen.
So begannen zu mir zuerst die olympischen, hehren
Musen zu reden, die Töchter des aigisschwingenden Gottes:
„Hirten vom Lande, ihr Lumpengesindel und lediglich Bäuche,
Seht, wir reden viel Trug, auch wenn es wie Wirklichkeit klänge,
Seht aber, wenn wir gewillt, verkünden wir lautere Wahrheit".
(Theogonie 21–28)
Denn der Auftrag galt nicht dem Weg konkreter menschlicher Geschichte, vielmehr sagt er: (die Musen)
Hießen mich preisen die Sippe der ewigen, seligen Götter,
Und sie selber immer zuerst und zuletzt zu besingen.
(Theogonie 33f.)
Diese völlig andere Anweisung erklärt den tiefen Unterschied. Zum Vergleich Hesiods mit prophetischer Literatur s.UHölscher, Anaximander und die Anfänge der Philosophie (II): Hermes 81 (1953) 385–418 (410–413!).

grundlagen Israels bezogen, aber nicht in der alltäglichen Gegenwart vorfindbar und darum auch nicht von etwas natürlich Geschautem ausgelöst.

Darum betont Amos auch: „So hat Jahwe mich sehen lassen." Psychologisch ist nicht an ein normales Wachsein, sondern an ein überhöhtes Wachbewußtsein zu denken. Es ist von einem ekstatischen Erlöschen des Ichbewußtseins streng zu unterscheiden, denn dann wäre die
5 kritische Reaktion im Einspruch (2 und 5) der Fürbitte nicht zu erklären; vgl. IPSeierstad und HWWolff, ThB 22 (1964) 213–217. Der neue Aufschrei unterscheidet sich dadurch von dem in der ersten Vision, daß er statt mit סלח־נא jetzt mit חדל־נא anhebt. Absolutes חדל heißt soviel wie „nicht tun" (KBL³). Im Erschrecken über das verhängnisvolle Feuer wagt Amos zwar nicht mehr die Bitte um Verzeihung, die zuvor als solche nicht Erhörung fand (s.o.S.344 zu 3), aber er fällt dennoch Jahwe ins Wort, daß er ablasse, den verheerenden Feuerregen herbeizurufen. Zur mit 2 gleichlautenden Begründung s.o.S. 343.

6   Noch einmal wird die Gestalt der Strafe (גם־היא) zurückgenommen; im übrigen s.o.S. 344 zu 3.

7   Biographisch früher oder später folgt ein mit den ersten beiden Visionen nicht zu vergleichendes Bild. Keine Plage wie Heuschrecken oder Feuer erscheint, sondern einer, der auf einer Mauer (s. Textanm.7b.c) steht und in dessen Hand ein אנך zu sehen ist. Wie die Deutung in 8 ergibt, kommt es auf diesen Gegenstand allein an. Daß der, der ihn in der Hand hält, auf einer Mauer steht, kann darum nur auf dessen Funktion hindeuten. Das Geschaute kann dann wohl nur der Prüfung der Mauer dienen. Ein Baumeister prüft, ob sie standfest oder baufällig ist. Demnach wäre אנך das Senkblei als Prüfgerät; vgl. מִשְׁקֹלֶת in Jes 28 17 2 Kö 2113.

Gegen diese Deutung steht die Erwägung, daß ebenso wie in 1 und 4 ein Gerichtszeichen zu erwarten wäre. Man hat darum mit vanHoonacker (1908) חַמַּת אֲנָךְ in der Bedeutung „glühendes Blei" lesen wollen (wobei נצב על „bei etwas stehen" heißen soll) und dazu an die in der Mischna (San 72) bezeugte Art der Todesstrafe erinnert, bei der flüssig gemachtes Blei in den Mund des Verbrechers gegossen wurde, so daß sein Inneres verbrannte (HJunker). Doch dagegen spricht der überlieferte Text, und zwar nicht nur die „Mauer", sondern auch, daß der Stehende אנך „in seiner Hand" hält (nachdem er zuvor nur „dabeistehen" sollte). Ebenso schwierig bleibt die Erklärung, אנך bedeute „Zinn", und zwar als unentbehrliches Material zur Herstellung von Waffen, wäre also gleichbedeutend mit „Schwert" (GBrunet). Nun kann allerdings akk. anāku ebenso „Zinn" wie „Blei" bedeuten (AHw 49; vgl. KBL³), und im Alten Testament kommt אנך nur in dieser Vision vor. Aber was soll das Nebeneinander einer „Zinnmauer" (GBrunet hält אנך auch in 7a für ursprünglich) und des „Zinns in seiner Hand"? Und warum heißt es „Zinn", wenn „Schwert" gemeint wäre (vgl. 9 1–4)? Selbst V. 9, den GBrunet zum dritten Visionsbericht hinzuzieht, klärt diese Frage nicht. Zudem ist 9 abzutrennen (s.o.S. 340). So wird man sich durch den Wortlaut vom Zwang der Frage nach einem Gerichtszeichen, die zu solchen Deutungen verleitet hat, lösen müssen. Auch in der vierten Vision weist das Visionsbild selbst (8 2a) noch gar nicht so wie in 7 1. 4 auf das Gericht hin. Hier tut es weder das Bild noch seine Deutung, wenn wir von dem her, der auf der Mauer steht, in אֲנָךְ das Richtblei als Prüfgerät in Sachparallele zu מִשְׁקֶלֶת und קָו in Jes 28 17 sehen.

Der Schauung folgt sofort die Frage Jahwes nach dem Geschauten, 8 die Antwort des Amos und dann die Deutung Jahwes. Der katechetische Stil erinnert an die didaktische Methode im Unterricht der „Weisen"; vgl. JLindblom, Wisdom in the Old Testament Prophets: VTSuppl 3 (1955) 192–204 (202). In der Frage wird Amos hier wie 8 2a und wie Jeremia im gleichartigen Zusammenhang (Jer 111 24 3) mit seinem Eigennamen angesprochen (vgl. die bei Ezechiel häufige Anrede „Menschensohn", 2 1 u.ö., dazu WZimmerli, BK XIII 70). Verhalten zeigt sich darin an, wie der Mensch Amos bei seiner Zurüstung von seinem Gott beiseite genommen wird. Amos antwortet mit dem einzigen Wort: „Senkblei!" Keine Silbe erwähnt die Mauer und den, der darauf steht, oder auch nur die Hand, die das Lot anlegt. So wortkarg spricht der, der aufs äußerste gespannt ist: Was soll dies Prüfgerät? Bangt er schon darum, wie die Prüfung ausgeht? Jahwes Entscheidungswort sagt zunächst, daß er das Richtblei inmitten seines Volkes Israel anlegt. Anders als die erste und zweite Vision bedarf diese dritte solcher Deutung. Anders als die vierte bedient sie sich genau des gleichen Stichworts und nicht nur einer Wortassonanz. FHorst (201) hat auch in 7 7f. den Typ einer Assonanzvision sehen wollen, indem er in 8b אֲנָחָה („Seufzen", „Stöhnen") zu lesen vorschlug, auf das אֲנָךְ ebenso hinführen solle wie in 8 2 קַיִץ auf קֵץ. „Das Bildwort soll auf ein Hörwort zielen"; FHorst erinnert dabei an Jer 111f. 13f.; in Jer 113f. ist wenigstens ein wichtiger Teil (צָפוֹן) wie im überlieferten Text von Am 7 8 im Bildwort und im Deutewort identisch. FHorsts Vorschlag kommt wie die Umdeutungen der Vision von der Erwartung her, die Schauung müsse sofort auf die Strafe zielen. Mit dem Senkblei in Israel stellt aber Jahwe zunächst die Frage, ob Israel haltbar oder abbruchreif sei. Die dritte Vision ist somit dem Typ der Symbolvision zuzuordnen und sowohl von den ersten beiden als Ereignisvisionen wie auch von der vierten als Wortspielvision zu unterscheiden. Damit ist im Munde Jahwes erstmalig, wenigstens implizit, die Frage nach Israels Schuld aufgegriffen, die Amos in seiner ersten Fürsprache „Vergib doch!" (2) vorausgesetzt hatte, die er aber in der zweiten Vision so nicht zu wiederholen wagte. Jahwe hatte bisher zwar die angezeigten Strafen ausgesetzt, aber kein Wort zur Beurteilung Israels gesagt. Ebendarauf aber zielt die neue Vision. Zum ersten Mal ist jetzt der genannt, dem die Prüfung gilt: „mein Volk Israel". „Israel" meint hier wie immer bei Amos das Nordreich (vgl. 7 15 עַמִּי יִשְׂרָאֵל mit 12 אֶרֶץ יְהוּדָה); Israel als das einheitliche Gottesvolk würde ישראל עמי heißen (VMaag 218f.).

In der Dichte der Memorabiliensprache wird der Ansage der Prüfung sofort das Ergebnis zugefügt: Jahwe geht nicht mehr schonend vorüber; zu עבר vgl. 5 17 und o.S.293. Die Wendung „fernerhin nicht mehr schonend vorübergehen" sagt zugleich definitiv, worauf sich Jahwe in seinem „Sich-leid-sein-Lassen" auf Amos' Fürsprache hin eingelassen hat: Er schritt nicht mit den angedrohten Strafen ein (vgl. 5 17). Aber er gewährte auch nicht die erbetene Verzeihung. Dann müßte es wenigstens heißen: עָבַר עַל־פֶּשַׁע wie Prv 19 11 Mi 7 18. עָבַר לְ heißt nur: bei jem. nicht (strafend) einschreiten, entspricht also genau dem לא תהיה von 3 und 6. Die dritte Vision zeigt also, daß Jahwe lediglich zu einer neuen Prüfung der Schuldfrage bereit war. Sie bringt keine Entscheidung hinsichtlich der Strafgestalt, die die Ausleger hier nur vergeblich suchen können, wohl aber weist sie die bisher unentschiedene Bitte um Vergebung endgültig ab.

9   Zur Verdeutlichung und Überleitung zu 10–17 (s.o.S.340) wird ein Drohwort in der Form der Jahwerede eingeführt, das den Heiligtümern und dem Königshaus gilt. Es wirkt wie eine Zusammenfassung der ausgeführten Worte gegen den Kult und die höfischen Kreise (5 5. 21–23 6 1. 3–6). Die במות sind die zahlreichen Höhenheiligtümer im Lande (vgl. Hos 10 8 und BK XIV/1, 229); vielleicht ist aber auch hier schon an Bethel gedacht; vgl. 1 Kö 12 31f. und HSeebaß, Die Verwerfung Jerobeams I. und Salomos: WO 4 (1968) 162–182 (170!). Den „Höhen" wird Verwüstung angedroht: שמם ni. kann Vernichtung bedeuten (Jl 1 17 von Vorräten), auch die Verödung von Orten, die als zerstörte (Ez 6 4 Am 9 14) menschenleer werden (Jes 54 3 Jer 12 11). Im Hintergrund steht die Erwartung der Deportation der Bevölkerung (5 5. 27 6 7 7 11. 17). Höhen „Isaaks" sagt dieser Spruch, weil er wohl die Beerseba-Wallfahrer aus dem Nordreich vor Augen hatte, die Isaak als heros eponymos beanspruchten; s.o.S. 134 und S.281 zu 5 5aγ; ferner AJepsen ‚Zur Überlieferungsgeschichte der Vätergestalten: WZLeipzig 3 (1953/54) 269ff. Die bei Amos selbst unbekannte Bezeichnung der Nordreichsbewohner als „Isaak" mag wie die Kontraktion eines wichtigen Teils der Amosbotschaft in diesem Spruch auf die Amosschule zurückgehen. Eine Einschränkung von „Isaak" auf den Bereich von Pnuel-Mahanajim bzw. auf das transjordanische Gebiet des Nordreichs im Gegenüber zu „Israel" als Zisjordanien (7 16) ist aus dem sonstigen Sprachgebrauch nicht zu erhärten (gegen AvanSelms, Isaac in Amos: OuTWP, 1964/65, 157–165). Die מקדשי ישראל werden die größeren Staatsheiligtümer sein, wie denn auch Bethel ausdrücklich in 7 13 מִקְדַּשׁ מֶלֶךְ genannt wird. Auch sie werden

durch Feindeinfall und Entvölkerung verwüstet werden. Dabei wird das Königshaus dem Schwert zum Opfer fallen, wie es Jerobeams Sohn Sacharja geschah (2 Kö 15 10; s.o.S. 340 Ort).

Überschaut man den Bericht von den ersten drei Visionen, so über- Ziel rascht zunächst, was alles er nicht sagt: Weder Zeiten noch Orte des Geschehens werden auch nur angedeutet, die vom Unheil Betroffenen sind in der ersten und zweiten Vision gar nicht, in der dritten nur beiläufig und allgemein erwähnt, über den Grund des Eingreifens Jahwes verlautet schlechterdings nichts. Auch in Einzelheiten sind diese Memorabilien ungemein knapp gehalten, so daß viele Fragen offenbleiben: Wie weit reicht die Zusage „das soll nicht geschehen" in 3 und 6? Warum wird der Ackeranteil neben der großen Grundflut in 4 erwähnt? Wie verhält sich das Anlegen des Senkbleis in Israel zur Absage weiterer Schonung? Die schwerste Frage aber wird von der Komposition gestellt. Die Formulierungen sind in der Spitze jeweils so geschliffen, daß sie offenbar in eine genaue Richtung zielen. Ist sie zu erkennen?

Amos will sie offenbar in vorgerückter Stunde angeben (s.o.S. 341). Als Verstoßener und Verkannter vertraut er einem Kreis von Menschen, von dem die zuerst aufgeworfenen vordergründigen Fragen gar nicht gestellt werden müssen, jene Enthüllungen Jahwes an, die ihn in tiefste Einsamkeit versetzten. Er mußte Mitwisser eines unabwendbaren Vernichtungswillens seines Gottes werden. Er läßt keinen Zweifel daran, mit welch entschlossener Leidenschaft er von sich aus mit Israel litt und in Solidarität mit den Ohnmächtigen für sie mit dem Übermächtigen stritt (2.5). Aber er mußte sich beim Namen rufen lassen (8aα), und alles in ihm kam zum Verstummen, was nicht bereit war, das eine Wort nachzusprechen, das Jahwe ihm gezeigt hatte (8aβ). Die völlige Einsamkeit dieser Gesichte und Zwiegespräche, die ihn mit der unwiderleglichen Gegenwart seines Gottes, des Gottes Israels, umfing, führte Mißtrauen und Feindschaft herauf, aber eben um jenes aufgenötigten Wortes willen, das seine skeptischen Gegner am Ende doch überlebte.

Wie lautet das Wort, dem er nach dem Bericht der ersten drei Visionen nicht widerstehen konnte? Der ebenmäßige Rahmen macht es der Forschung anscheinend leicht, die Klarheit der entscheidenden Aussage zu erkennen, die der Bericht vermitteln möchte. Doch erschwert er die Einsicht in die verwirrenden Vorgänge selbst, die gerade hinter den ersten drei der fünf Visionsberichte bei genauerem Zusehen wahrzunehmen sind. Man mag bedauern, daß die ursprüngliche literarische Einheit der ersten vier Visionen durch den Einschub von 7 9-17 unterbrochen wurde. Doch lenken die redigierenden Schüler eben so den Blick auf den stürmischen Weg von der ersten zur dritten Vision, mit der offenbar ein wichtiges Ziel erreicht ist. Vor allem verhindert diese Redaktion eine verflachende Sicht, die hinter den beiden erzählerisch gleichartig strukturierten Berichten nur eine jeweilige Verdoppelung gleicher Aussagen finden könnte. Es wird nötig, das Eigene jeder Vision schärfer zu sehen und damit die Not des Weges, den Amos geführt wurde. Dabei ging es an keiner Stelle um „Erkenntnisse höherer Welten", sondern um „zukünftige Dinge,… die sich auch hart im Raum des Gegenständlichen begeben". Man muß staunen „über das Maß von Konzentration auf das geschichtlich Ereignishafte und das völlige Fehlen irgendwelcher 'spekulativer' Gelüste" (vRad, TheolAT II⁴ 67).

Gleichartig sind die beiden ersten Visionen zunächst darin, daß sie Amos bestürmen mit zwei Gefahren, die die Zukunft Israels aufs schwerste gefährden: Heuschrecken und Dürre stellen das Weiterleben in Frage. Aber dann stellt sich in der Fürbitte die Differenz ein: Aus der Identität aller übrigen Wörter hebt sich um so vernehmbarer das „Vergib doch!" in 2 vom „Halt ein!" in 5 ab. Die erste Bitte zielt auf Israels Schuld: daß sie weggewaschen und damit der Grund alles strafenden Einschreitens weggenommen werde. Die zweite Bitte hat nur noch Jahwes Strafe des Feuerregens im Blick: eben diese Vernichtung möchte nicht eintreffen. Die Erkenntnis dieser Differenz erschließt erst den Sinn des ersten Visionenpaars. Worin liegt der Unterschied begründet? Darin, daß die Bitte um Vergebung als solche nicht erhört wird (s.o.S. 344 zu 3). Nicht Schuld wird vergeben, sondern Strafe wird ausgesetzt. Geduld erzielt Amos, nicht Verzeihung. Warum wäre sonst überhaupt eine zweite Schreckensvision auf ihn zugekommen? „Das soll nicht geschehen!" (3). Jahwe sagte gewiß nicht weniger zu, aber auch nicht mehr. Nur wenn man das der besonnenen Wortkargheit entnimmt, versteht man die einzige Abwandlung des zweiten Aufschreis: „Halt ein!" (5). Amos kann nach dem Jahweentscheid in 3 nicht mehr erwarten. Die kurze Erweiterung im neuen Jahweentscheid – „Auch dies soll nicht geschehen!" – bestätigt, daß nicht die Schuld, sondern die Form der Strafe aufgehoben ist.

Es erscheint mithin zu einfach, wenn man erklärt: Zweimal wurde Amos erhört, dann nicht mehr. Schon zwischen den ersten beiden Visionen steht verborgen die unerledigte Schuldfrage. Die zweite Vision vernichtet die Hoffnung, die im ersten Aufschrei des Amos lebte, weithin. Die neu gezeigte Strafe, der Feuerregen, sicher nicht minder gefährlich als die Heuschrecken, beweist, daß nicht Vergebung, sondern nur Aussetzung der ersten Strafe erfolgte. Amos begreift und schreit nur: „Halt ein!" Und Jahwes Sinnesänderung sagt nur: „Auch dieses geschieht nicht!"

Bis hierher ist die Frage der Schuld nur höchst indirekt durch Amos' „Vergib doch!" in 2 eingeführt. Erst in der dritten Vision nimmt Jahwe sie, nicht weniger indirekt, auf: Das Richtblei muß prüfen, ob die Mauer Israel bestehen kann oder niedergerissen werden muß. Das Ergebnis steht sofort fest: Keine Verschonung ist weiterhin möglich. Die Wendung

לֹא־אוֹסִיף עוֹד in 8 ist nur im Zusammenhören mit 3 und 6 klar; sie interpretiert rückwirkend die früheren Jahweentscheide: Bisher war nur Strafaufschub konzediert. Mit sparsamsten Worten, aber doch klar genug, stellt der letzte Jahweentscheid heraus: Die Prüfung der Schuld macht weitere Schonung unmöglich. Nur so negativ wird es gesagt. Von einer konkreten Strafe ist nun in dieser Vision mit keiner Silbe die Rede. Das macht die Differenz zur parallelen vierten Vision (8 1f.) aus. Dabei ist festzuhalten, daß die Schuldfrage nicht von Jahwe, sondern lediglich in der Verhüllung der Vergebungsbitte durch Amos (2) eingeführt wurde. Die drei Stationen auf dem Weg einsamen Hörens und Ringens sind im Alten Testament vergleichbar nur mit Abrahams Hören und Ringen um Sodom in Gn 18 17ff., hinsichtlich der Strafabwandlung mit der Wahl, die der Prophet Gad dem König David zwischen drei Jahren Hungersnot, drei Monaten Verfolgung und drei Tagen Pest anbietet (2 S 24 13ff.).

Das Ergebnis ist für das Gesamtverständnis der Amosworte wichtig: Jahwes eigentliches Wort ist das Gericht. Die Schuldfrage ist von Amos eingebracht. Jahwes Erbarmen bricht in seiner Geduld durch. Aber die Prüfung verbietet am Ende ein Verschonen. Das Faktum des Schlußentscheides in 8bβ herauszuheben, dazu sind alle vorherigen Einzelheiten im Memorabile wiedergegeben. In 9 interpretieren die Schüler den Entscheid mit einem Extrakt aus Amos-Worten (s. o. S. 348).

Was mag den heutigen Leser des Amos beunruhigen, der über Hosea und Jeremia hinaus zum Neuen Testament und mit ihm in die Gegenwart blickt? Wird er sich erinnern, daß auch Jesu Verkündigung trotz seiner Solidarität mit den Verbrechern ein „zu spät" kannte? Oder wird ihm das Neue an dem Christus Gottes gerade von Amos her aufgehen: daß er für die Straffälligen nicht nur aufschrie, sondern an ihre Stelle trat? Doch hält der auf der Mauer nicht noch immer das Richtblei in der Hand und prüft, ob das Haus senkrecht über diesem Fundament wächst oder abbruchreif geworden ist?

DER ANKLÄGER WIRD VERURTEILT
(7 10–17)

Literatur LKeimer, Eine Bemerkung zu Amos 714: Bibl 8 (1927) 441–444. – LRost, Zu Amos 710–17: ThZahn-Festgabe (1928) 229–236. – JMorgenstern, Amos-Studies I: HUCA 11 (1936) 29–67. – AvanHoonacker, Le sens de la protestation d'Amos VII 14–15: EThL 18 (1941) 65–67. – HHRowley, Was Amos a Nabi?: Festschr OEißfeldt (1947) 191–198. – EWürthwein, Amos-Studien: ZAW 62 (1950) 16–24. – GADanell, Var Amos verkligen en nabi?: SvenskExÅ 16 (1951) 7–20. – EBaumann, Eine Einzelheit: ZAW 64 (1952) 62. – SSpeier, Bemerkungen zu Amos: VT 3 (1953) 307–310. – GRDriver, Amos VII, 14: ExpT 67 (1955/56) 91–92. – JMacCormack, Amos VII, 14a: ExpT 67 (1955/56) 318. – PRAckroyd, Amos VII, 14: ExpT 68 (1956/57) 94. – EVogt, Waw Explicative in Amos VII, 14: ExpT 68 (1956/57) 301–302. – HJStoebe, Der Prophet Amos und sein bürgerlicher Beruf: WuD NF 5 (1957) 160–181. – RHentschke, Die Stellung der vorexilischen Schriftpropheten zum Kultus: ZAWBeih 75 (1957) 149–152. – ASKapelrud, Profeten Amos og hans yrke: NorskTT 59 (1958) 76–79. – JDWWatts, Vision and Prophecy in Amos (1958) 9–12.32–35. – SLehming, Erwägungen zu Amos: ZThK 55 (1958) 145–169. – AHJGunneweg, Erwägungen zu Amos 7, 14: ZThK 57 (1960) 1–16. – SCohen, Amos Was a Navi: HUCA 32 (1961) 175–178. – HGraf Reventlow, Das Amt des Propheten bei Amos: FRLANT 80 (1962) 14–24. – RSmend, Das Nein des Amos: EvTh 23 (1963) 404–423 (416–418). – SBartina, »Hiendo los higos de los sicomoras« (Am 7 14): EstBíbl 25 (1966) 349–354. – HNRichardson, A Critical Note on Amos 714: JBL 85 (1966) 89. – HSchmid, „Nicht Prophet bin ich, noch bin ich Prophetensohn". Zur Erklärung von Amos 7, 14a: Jud 23 (1967) 68–74. – SSegert, Zur Bedeutung des Wortes NŌQĒD: Hebräische Wortforschung. Festschr WBaumgartner, VTSuppl 16 (1967) 279–283.

Text ¹⁰Da übersandte Amazja, der Priester von Bethel, Jerobeam, dem König von Israel, folgende (Meldung): „Amos zettelt gegen dich Aufruhr an mitten im Hause Israel; das Land vermag alle seine Sprüche nicht mehr zu ertragen. ¹¹Denn so hat Amos gesagt: 'Jerobeam stirbt durchs Schwert, und Israel wird verschleppt, verschleppt von seinem Boden weg.'ᵃ ¹²Zu Amos aber sagte Amazja: „Seher, geh! Flüchte dichᵃ in das Land Juda! Dort iß Brot! Dort tritt als Prophet auf! ¹³Aber in Bethel tritt nicht noch einmal als Prophet auf! Denn Königsheiligtum ist hier, Staatstempel ist hier."

¹⁴Da entgegnete Amos und sagte zu Amazja: „Ich (bin)ᵃ keinᵇ Prophet, auch kein Prophetenschüler (bin)ᵃ ich. Vielmehr (bin)ᵃ ich Viehzüchterᶜ und Maulbeerfeigenᵈ-Ritzerᵉ. ¹⁵Aber Jahwe hat mich hinter der Herde weg gegriffen, und Jahwe hat zu mir gesagt: 'Geh! Tritt als Prophet hin vor mein Volk Israel!' ¹⁶So höre nun Jahwes Spruch: 'Du sagst da: Verkündige nicht als Prophet gegen Israel! Eifereᵃ nicht gegen Isaaks Haus!' ¹⁷Darum hat Jahwe so gesagt: 'Deine Frau wird in der Stadtᵃ zur Hure.

Deine Söhne und deine Töchter werden durchs Schwert fallen.

Dein Boden wird mit der Meßschnur verteilt.
     Du selbst wirst auf unreinem Boden sterben.
ᵇUnd Israel wird verschleppt, verschleppt von seinem Boden wegᵇ.‟

11a S. Textanm. 17b–b.– **12a** Der Dativ hebt die Bedeutung des Vorgangs für **11. 12**
die angesprochene Person hervor; Ges-K § 119. – **14a** 𝔊 übersetzt ἤμην, erst **14**
Chrysostomus und wenige Minuskelhandschriften sowie die übrigen griechischen Übersetzungen bieten εἰμί, 𝔙 sum. Von 13a her ist präsentische, von 15
her präteritale Übersetzung verständlich. Der hebräische Nominalsatz ist für
sich genommen hinsichtlich des Tempus neutral; die Zeitstufe ist jeweils aus
dem Kontext zu erschließen. Zur Sache s.u.S. 359f. – b Die betont präsentische
Deutung des Nominalsatzes hat wegen der entstehenden Spannung zu 15 dazu
verleitet, das erste לא entweder als Ablehnung der voraufgehenden Amazjarede anzusehen (SCohen 177: „No! I am indeed a Navi, but not a Ben Navi‟)
oder als versichernde, emphatische Partikel (HNRichardson 89: „I am surely a
Nabi, but not a member of the prophetic guild‟); vgl. schon GRDriver und
PRAckroyd. Aber der Parallelismus des ersten und zweiten לא ist schwerlich
bestreitbar. Zum Problem der präteritalen oder präsentischen Deutung s.u.
S. 360. – c 𝔊 (αἰπόλος = „Ziegenhirt‟) wird von folgendem צאן („Kleinvieh‟ 15)
mitbestimmt sein; ’ΑΣΘΕ′ korrigieren βουκόλος = „Rinderhirt‟. בוקר
mag in der Tat zunächst „Rinderhirt‟ heißen, als Denominativ von בָּקָר und
als substantiviertes Partizip (Beer-Meyer I, 1952, § 36,2), aber da Amos nach
der Fortsetzung in 15a vornehmlich mit Schafen und Ziegen (צאן) beschäftigt
ist, empfiehlt sich die umfassendere Übersetzung „Viehzüchter‟. Weder aus 𝔊
(αἰπόλος) noch aus folgendem צאן (15) wird man auf ursprüngliches נוֹקֵד
schließen dürfen (so VMaag), zumal dieses Wort 𝔊 in 11 unbekannt zu sein
scheint (vgl. Textanm.11b); von den alten Übersetzungen gibt nur 𝔗 נֹקֵד in
11 und בוקר in 7 14 mit dem gleichen Wort wieder (מרי גיתין), interpretiert
aber damit („Herdenbesitzer‟). – d 𝔗 (ושקמים לי בשפילא) erklärt sachkundig,
daß diese Früchte nur in der „Niederung‟ gedeihen. – e 𝔗 übersetzt בולס
nicht, fügt aber hinzu: מן חובי עמי אנא מסגיף נפשי („wegen der Sünden meines Volkes bringe ich mein Leben in Not‟). – **16a** 𝔊 kennt in 9 13 die eigent **16**
liche Bedeutung von נטף hi. (ἀποσταλάξει) wie auch 𝔙 (stillabunt bzw. stillabis) dort und hier, doch übersetzt 𝔊 hier ὀχλαγωγήσῃς („das Volk zusammenrotten‟); die Verwendung des Wortes „tröpfeln‟, „triefen‟ für geiferndes
Reden erscheint 𝔊 befremdlich. – **17a** SSpeier schlägt, unterstützt von GRDri **17**
ver, nach etymologischen Untersuchungen vor, die Bedeutung „Feind‟ für
עיר (von der Wurzel עור III „hitzig sein‟, „sich erregen‟) anzunehmen. Vgl.
BK XIV/1, Textanm. 11 9a sowie זנה ב Ez 16 17. Doch wenn man auch „in der
Stadt‟ auffällig blaß finden könnte, so bleibt doch zu beachten, daß Amos
den Feind in 9 4 wie üblich אֹיֵב nennt und auch 𝔊 (ἐν τῇ πόλει) sowie
die übrigen Vrs 𝔐 wie üblich übersetzen. – b–b Die genaue Wiederholung von
11b wirkt wie ein Interpretament zum voraufgehenden Satz, zumal die Aussage über Gesamt-Israel vereinzelt neben den beiden Paaren synonymer Parallelen steht, die alle Amazja betreffen. Sie kann aber durchaus schon von dem
Berichterstatter herrühren, dem wir 10–17 verdanken. LRost (231ff.) hält den
Satz in 17 gerade wegen מעל אדמתו für ursprünglich und nimmt in 11b eine
eben um diese Wendung gekürzte dreitaktige Reihe an, so daß sich dort als
Doppeldreier ergäbe: בחרב ימות ירבעם וישראל גלה יגלה. S.u.S. 363f..

Dieses Prosastück hebt sich vom voraufgehenden Spruch (9), der als **Form**
Jahwerede ergeht, vor allem aber von dem weiteren Kontext (7 1–8

8 1–2) dadurch deutlich ab, daß ein anderer als Amos selbst berichtet, und zwar nicht von dem, was der Prophet mit Jahwe erlebte, sondern wie er gegen Amazja auftreten mußte. Amazja ist das eigentliche Thema dieses Stückes, von 10a an bis 16f. Wer hier ein Stück Amos-Biographie vermutet, muß sowohl am Anfang Mitteilungen über Amos' Auftreten vermissen wie am Schluß einen Bericht darüber, was der Hof aufgrund der Meldung aus Bethel verfügt hat und wie Amos sich nach der Ausweisung durch Amazja verhielt (vgl. KBudde, Zur Geschichte des Buches Amos: ZAWBeih 27, 1914, 66f.).

Erkennt man Amazja und nicht Amos als Thema dieser Erzählung an, so muß man sie nicht mehr als Fragment einer Prophetenbiographie mißverstehen, sondern sieht die klare Form eines Apophthegma (Memorabile), in dem ein Geschichtsausschnitt nur dazu vorgeführt wird, um das Hervorwachsen eines gezielten Prophetenspruches verständlich zu machen und den Spruch auf diese Weise zu erklären (s. BK XIV/1, 9f. 71f.). So bereiten zwei vorangestellte kurze Szenenskizzen (10f. 12f.) den Leser auf den großen Spruch des Amos vor, der seinem Umfang und seiner Stellung nach alles andere überragt (14–17). Demgemäß bringen schon die beiden Einleitungsstücke fast nur Wortzitate (10b 11; 12aβb 13); sofern Geschehen berichtet wird (10a 12aα), sind damit nur Worte eingeleitet. Im ersten Wort meldet Amazja dem König Jerobeam, was Amos tat (10bα) und bewirkte (10bβ); er belegt es mit einem einzigen Spruch (11). Das zweite Wort richtet Amazja an Amos: Er erteilt einen Rat (12a) und begründet ihn mit dem Hinweis darauf, wo weiteres Wirken möglich ist (12b) und wo nicht (13). Im ersten Wort meldet der Priester dem König die Anmaßung des Propheten. Im zweiten Wort berät der Priester den Propheten aufgrund der Autorität des Königs. Beides setzt der große Amosspruch voraus: Im ersten Teil bringt der Prophet eine Erklärung zu seiner eigenen Person (14f.), im zweiten Teil wendet er sich Amazja zu (16f.). Der erste Teil bringt im Wort die wichtigsten biographischen Daten, aber offenbar nur, um zu betonen, daß nicht eigentlich Amos der von Amazja Angezeigte und Abgewiesene ist (14), sondern Jahwe (15). Damit ist das Autoritätsproblem, das Amazja unentschieden vor dem Hof wie vor dem Propheten ausbreitet, unter bemerkenswertem Verschweigen des Königsnamens eindeutig entschieden. Daraus folgt, daß Amos sich im zweiten Teil nur mit einem Jahwewort Amazja zuwenden kann. Es ist ein zweigliedriges Gerichtswort an einen Einzelnen: Das begründende Glied belegt die Schuld mit einem Zitat (16), auf dessen Verständnis der Hörer durch 13 vorbereitet ist; die Strafansage wird noch einmal ausdrücklich mit der Botenformel als Jahwespruch eingeführt. Auf diesen Jahwespruch läuft somit von 10 an alles zu, nicht auf die Frage nach dem Geschick des Propheten.

Der Berichterstatter blieb dem Auftrag des Propheten treu, Jahwe und nicht seinen Boten zur Sprache zu bringen, den Hörer in Israel unter das Gotteswort zu stellen und nicht die Geschichte seines Sprechers in den Vordergrund zu spielen.

Wem verdanken wir diesen Bericht? Es muß wohl ein Zeitgenosse gewesen sein, dem die Verkündigung des Propheten und auch seine Erlebnisse persönlich bekannt waren. Das Signum des Historischen tragen die sonst unbekannte Gestalt des Bethel-Priesters Amazja und seine Aktion an sich, ebenso alles, was als Verkündigung des Amos dem Inhalt und der Spruchstruktur nach festgehalten wird. Unbeantwortbar ist die Frage, ob der Verfasser seine Kenntnisse als Begleiter des Propheten auf seinen Wegen durch das Nordreich eingebracht hat oder durch spätere Berichte von Amos selbst oder anderen Gefährten. In jedem Fall nötigt dieses Stück zu der Annahme, daß sich ein Kreis von Schülern noch zu Lebzeiten des Propheten gebildet hat, der sich um die Überlieferung der Hinterlassenschaft des Meisters gekümmert hat.

Wann diese literarische Arbeit geschah, läßt sich relativ deutlich zeigen. Sie kann erst nach der Rückkehr des Propheten ins Südreich begonnen haben. Dafür sprechen mancherlei verschiedenartige Anzeichen. In 10 wird Jerobeam ausdrücklich „König Israels" genannt; der Amosspruch selbst, im Nordreich gesprochen, kann solche Apposition entbehren (11; vgl. 9). Weiter setzt das Stück bereits den Visionenzyklus als literarische Gegebenheit voraus; zusammen mit 9 unterbricht es den Zusammenhang von 7 8 und 8 1 und legt aus, was Jahwes schonungsloses Einschreiten konkret für Königtum, Kult und Volk bedeutet und inwiefern für alle Kreise des Nordreichs das Ende hereinbricht. Zugleich gewinnt V. 15 durch den Kontext, in den der Schülerkreis seinen Bericht einschaltet, scharfe Kontur, indem geschildert wird, wie es sich ereignete, daß Jahwe Amos hinter der Herde wegnahm. Wenn unsere Analyse der Überschrift 11 zutrifft (s.o.S. 146f. 149f.), dann spiegelt sich in deren zweitem Relativsatz schon eine Verbindung der Zyklenniederschrift mit den „Worten des Amos aus Thekoa", die wir in Kap. 3–6 zu suchen haben. In jenem zweiten Relativsatz in 11 aber ist, im Unterschied zur Sprache der Visionsberichte selbst, חָזָה für das „Schauen" der Worte gebraucht; dementsprechend wird nur in unserem Bericht Amos im Munde des Amazja חֹזֶה genannt (12). Wir können nicht mehr unterscheiden, was Amazja selbst sagte und was der Berichterstatter in der Einzelformulierung zutreffend fand (die Formulierung des Amos in 14 möchte vermuten lassen, daß Amazja ihn als נביא angesprochen hat). Die Amosschule hat demnach nicht nur die Zyklenniederschrift vorgefunden, sondern mit ihr die „Worte des Amos aus Thekoa" verbunden. Nur so werden auch ihre Ergänzungen in Kap. 3–6 verständlich; s.o.S. 132ff.

Solche Ergänzungen wiesen uns in das viertletzte Jahrzehnt des 8. Jh., in die Zeit um 735 (s.o.S. 319 zu 6 2 und S. 321f. zu 6 6b). Ein Abstand von etwa zwanzig bis dreißig Jahren zum Auftreten des Amos im Nordreich erklärt, daß einerseits die Generation der Ohrenzeugen Fakten und Grundzüge der Verkündigung genau kennt, zumal sie weithin schon literarisch fixiert sind, daß aber andererseits in die Ergänzungen spezielle Neuformulierungen einfließen. Dazu gehört mit weit größerer Sicherheit, als es sich von der Anrede חֹזֶה in 12 behaupten läßt, die Benennung Israels als Isaak in 9 und 16, die das übrige Amosbuch nicht kennt. Da der Name Isaak hervorragend an Beerseba haftet (s.o.S. 348 zu 7 9, ferner KGalling, Festschr ABertholet, 1950, 182f.), andererseits die Amosschule Kontakte mit Beerseba-Pilgern aus dem Nordreich aufgenommen hat (s.o.S. 281 zu 5 5aγ und u.S. 382 zu 8 14), drängt sich die Vermutung auf, daß unser Ergänzungsbericht dort seinen Ort hat, wo die Amosschule eine Generation nach dem Auftreten ihres Meisters den Juda durchwandernden Beerseba-Pilgern aus dem Nordreich in dessen tiefer Krise die drohende Erfüllung der Worte ihres Meisters vor Augen stellte. Inzwischen hatte sich die Drohung gegen Jerobeam an seinem Sohn erfüllt (s. zu 9). Sachlich ähnlich wie in 9 werden in 10–17 Königtum (11) und Kult (16f.) zugleich angegriffen. Die sonst überlieferten alten Amosworte verwerfen beides in getrennten Sprüchen und nicht wie hier in Gestalt der Repräsentanten (Jerobeam und Amazja). Zur stärkeren Betonung kultischer Fragen in der alten Amosschule s.o.S. 134.

Wann die hier beschriebene Auseinandersetzung mit Amazja historisch anzusetzen ist, kann nur vermutet werden. Zwei Anhaltspunkte bieten sich an. Der Wortlaut der Meldung des Amazja in 10f. setzt voraus, daß der Name Amos am Hof schon bekannt war (10b) und daß Amos schon zuvor eine größere Anzahl von Sprüchen verkündet hatte (10b); ihr Inhalt hat sich aber in Bethel derart verschärft, daß sein weiteres Wirken nunmehr politisch unerträglich erscheint (11). Weist schon dieser Inhalt der priesterlichen Anzeige darauf hin, daß die Tätigkeit des Amos nicht nur bereits eine Vorgeschichte hatte, sondern auf ihren Höhepunkt gekommen war, so bestätigt das der Rat zur Flucht, den Amazja dem Propheten selbst erteilt (12; beachte auch die Formulierung לֹא תוֹסִיף עוֹד in 13a, die eine voraufgehende Wirksamkeit auch in Bethel bestätigt; vgl. den gleichen Sprachgebrauch in 7 8bβ 8 2bβ). Nach alledem ist es recht wahrscheinlich, daß der Berichterstatter mit der Bethelszene den Abschluß der Wirksamkeit im Nordreich festhalten wollte.

Für ein Bild der Gesamtwirksamkeit des Amos bietet sich dann die Hypothese an, er sei mit seiner Botschaft zunächst in der Hauptstadt Samaria und zuletzt in Bethel aufgetreten. In Samaria sind unbezweifelbar aus der Sammlung Kap. 3–6 einige der ersten und letzten Sprüche verkündet (3 9. 12 4 1 6 1! S.o.S. 246), darüber hinaus mit hoher Wahrscheinlichkeit andere Sprüche, die Samaria nicht ausdrücklich erwähnen; mit gleicher Sicherheit kann kein einziger Spruch aus den „Worten des

Amos aus Thekoa" in Bethel lokalisiert werden. Andererseits ist durch
7 10–17 das Auftreten des Amos in Bethel verbürgt und sehr wahrscheinlich
mit einer zweiten Phase seines Wirkens und dessen Ende verbunden; einiges
spricht dafür, daß am Beginn seiner Wirksamkeit in Bethel die Völkersprüche aus 1 3–2 16 standen (vgl. o.S. 181 und LRost 236); die persönliche Bedrohung Jerobeams und dann auch Amazjas könnten den Schluß-
punkt gesetzt haben.

Der Priester Amazja hatte offenbar Aufsichtsfunktionen am Staats-   **Wort**
heiligtum wahrzunehmen; vgl. Jer 20 1f. 29 26 (EWürthwein 19; SLeh-   **10**
ming 163). Im Nordreich weiß man, daß Revolten, die eine ganze Dynastie gefährden, von Prophetenkreisen ausgehen können. Die Dynastie
Jehus, zu der Jerobeam II. gehört, ist selbst mit Hilfe der Elisa-Gruppe
an die Macht gekommen (2 Kö 9 1ff.). Jehus Aktion wird mit dem Wort
קשר (2 Kö 10 9; hitp. 2 Kö 9 14) beschrieben. Es meint das Aufwiegeln
und den verschwörerischen Zusammenschluß (קשר heißt ursprünglich
„verknüpfen": Gn 38 28 Prv 3 3 Gn 44 30) einer Gruppe mit dem Ziel
eines gewaltsamen Sturzes der Herrschenden (vgl. 1 Kö 15 27 16 9. 16. 20
2 Kö 12 21 14 19 15 10 u.ö.). Solches Treiben muß der verantwortliche
Kultbeamte melden, zumal es sich „innerhalb des Staates" Israel vollzieht, und zwar nicht weit entfernt von der Grenze nach Juda, angezettelt
von einem Judäer. Amazja verweist zur Begründung seiner Aktion gegen
Amos zunächst generell auf „alle seine Sprüche". Mit diesem Ausdruck
kann man zwar nicht die Annahme einer längeren Tätigkeit des Amos in
Bethel begründen (vgl. SLehming 162 gegen EWürthwein 21), aber noch
weniger ein nur einmaliges Auftreten. Wiederholtes Reden hat ein Maß
erreicht, das unerträglich ist. Wenn Amazja כול hi. verwendet, so sieht er
das Land, d.h. dessen hörende Bevölkerung, wie ein riesiges Gefäß an,
das ein begrenztes Maß „fassen" kann (vgl. 1 Kö 7 26. 38). Jetzt aber ist   **11**
der entscheidende Tropfen gefallen, der das Faß zum Überlaufen brachte: die Androhung des gewaltsamen Todes gegen den König. Der Schüler bewahrt hier offenbar das Wort des Meisters, obwohl wahrscheinlich
zur Zeit seines Berichts (s.o.S. 355f.) Jerobeam II. schon eines natürlichen
Todes gestorben war (2 Kö 14 29); das Wort ist deshalb vorweg auf dessen
Sohn Sacharja ausgelegt (בֵּית יָרָבְעָם 9, s.o.S. 348f.), der nach 2 Kö 15 10 das
Opfer einer gewalttätigen Verschwörung wurde. Daß Amos selbst in
einem kurzen Spruch zugleich mit dem Tode Jerobeams auch die Deportation der Bevölkerung angedroht hat, ist eher unwahrscheinlich. Der
Erzähler läßt Amazja die unerträglichen Hauptsätze des Propheten zusammenfassen. Der zweite Satz ist im Unterschied zum ersten vielfach
belegt. Er könnte durchaus auch in Bethel gesprochen sein (vgl. 5 27 mit
21–23; 5 5); für Samaria ist er in 6 7 belegt (vgl. 6 1 und o.S. 318f.).

Der Bote aus Bethel hat nach Samaria eine Wegstrecke von mehr als   **12**
50 km zurückzulegen. Eine Antwort ist erst nach Tagen zu erwarten. Daß

Amazja sich Amos selbst zuwendet, ist vor dem Eintreffen einer königlichen Verfügung nicht selbstverständlich. Seine folgenden Worte tragen denn auch Kennzeichen selbständigen Vorgehens. Schwankt der Priester zwischen der Autorität des Königs und der eines Jahwepropheten? Die Anrede חֹזֶה würdigt ein Charisma; zu חזה s.o.S. 154 und VMaag 147. In vorexilischer Zeit wird das Wort weit seltener gebraucht als נביא, so für Gad in 2 S 24 11 (גָּד הַנָּבִיא חֹזֵה דָוִד), wo es wie eine spezielle Amtsbezeichnung wirkt, dann erst bei Jesaja (30 10), wo חֹזִים parallel zu רֹאִים steht (vgl. 1 S 9 9) und eine Gruppe bezeichnet, der sich Jesaja zugehörig weiß, anders als zu dem Priester und dem נביא in 28 7. In Mi 3 7 werden die חֹזִים neben den Wahrsagern kritisch gesehen; in Jes 29 10 und 2 Kö 17 13 ist חֹזֶה und נביא synonym gebraucht, in beiden Fällen vielleicht erst im überarbeiteten Text. Erst der Chronist verwendet חֹזֶה häufiger (vgl. RRendtorff, ThW VI 810). Daraus ist zu schließen, daß der חזה in vorexilischer Zeit wohl als נביא gilt, aber ein נביא nicht notwendig ein חזה sein muß. חזה ist jedenfalls das weit seltenere Wort. Hat Amazja diese solenne Anrede benutzt oder der Amosschüler ihm diese Anrede in den Mund gelegt, so zeigt sich darin der Respekt des Priesters vor Amos als einem ungewöhnlichen Charismatiker. (Hat Amos seine Worte in Bethel als Visionsberichte verkündet? Vgl. 9 1–4; ferner 7 9 als Nachtrag zu 7 7f.) Amazja befindet sich in einem Autoritätenkonflikt. Nur so wird zu dieser Stunde der Befehl zur Flucht verständlich, den er ihm anscheinend nicht ohne persönliches Wohlwollen erteilt (ברח־לך; s. Textanm. 12a). In amtlicher Vollmacht hätte er ihn vielleicht nur aus dem Tempelgelände, nicht aber aus dem Staatsgebiet verweisen können (vgl. HSchmid 70f.). Doch sein Rat weist „in das Land Juda". Mit keiner Silbe erwähnt er Amos gegenüber den Inhalt seiner Verkündigung; nur indirekt kommt sie des Ortes seines Auftretens wegen zur Sprache; zwar hatte auch schon die Meldung an den Hof betont, „inmitten des Hauses Israel" wirke Amos in einer für „dieses Land" unerträglichen Weise (10a.b). Juda nennt Amazja nicht etwa als Heimat des Propheten, sondern als ein Staatsgebiet, in dem er ungehindert „sein Leben fristen" könne; zu אכל לחם s. KBL³ 45; die prophetische Tätigkeit des Amos schließt für Amazja sein Anrecht auf Verpflegung durchaus ein. In der Beratung des Priesters ist dem Anschein nach lediglich der Ort der Tätigkeit strittig. So erweckt er den Eindruck, daß er Amos einen Platz zur Ermöglichung seiner Verkündigung anweisen möchte: ושׁם תנבא besagt, in Juda könne er unbehindert gegen Jerobeam und das Nordreich als Prophet wirken. So also will Amazja seinem Konflikt entgehen: Verkündigungsverbot wagt er nicht, auch will er die Verfügung des Königs nicht abwarten, darum rät er zum Grenzübertritt. Damit will er vielleicht das Leben eines Jahweboten retten, dem der König vermutlich keine Gnade gewähren würde.

13   Die anschließende Warnung deutet das an; auch sie zeigt das für

Amazja einzige Problem: Es ist der Ort der Verkündigung. Mag der Priester Jahwe als Auftraggeber des Amos nicht bestreiten wollen – als „Seher" gesteht er ihm die Notwendigkeit seines Verkündigens generell zu –, in Bethel ist es nicht möglich: Hier ist der Staatstempel (בית ממלכה), über den der König selbst als oberste Instanz die Aufsicht führt, an dem der König auch selbst kultisch handeln kann (מִקְדַּשׁ־מֶלֶךְ; vgl. 1 Kö 12 31 bis 33), ist er doch ausdrücklich als Reichsheiligtum gegen Jerusalem und das Königtum von Juda durch Jerobeam I. gegründet worden; vgl. 1 Kö 12 26–29, dazu MNoth, BK IX 281ff., ferner HSeebaß, Die Verwerfung Jerobeams I. und Salomos: WO 4 (1968) 163–182 (169–174!). In Bethel darf Jerobeam II. nicht bedroht werden. So will sich Amazja dem Konflikt entziehen, indem er beides anerkennt: das Recht Jerobeams in Bethel und das Recht des Amos zur Verkündigung. Was hat Amos zu dem Kompromiß „Ortswechsel" zu sagen?

Der erste Teil seiner Antwort stellt heraus, daß nicht sein Propheten- **14** recht und das damit verbundene Lebens- und Unterhaltsrecht zur Diskussion stehen, sondern einzig Jahwes genauer Auftrag. Hatte der kompromißlerische Kultbeamte nur von der Person des Amos und seinem Konflikt mit dem König gesprochen, jedoch mit keiner Silbe vom Gott Israels, so rückt Amos den wahren Sachverhalt sofort doppelt zurecht: Zuerst schaltet er seine Person entschieden aus (in drei kurzen Nominalsätzen mit dem jeweiligen Subjekt אנכי: 14), sodann verweist er ebenso entschlossen auf den, dem alle Betroffenen allein unterstehen (in drei längeren Verbalsätzen, von denen die ersten beiden Jahwe zum Subjekt haben: 15a.b, während der dritte das „Wort Jahwes" einführt: 16a).

Umstritten ist in der Auslegung vor allem die Frage, ob die Nominalsätze in 14 nur über die Vergangenheit oder auch über die Gegenwart des Propheten etwas aussagen wollen. Die Diskussion wird deshalb mit Leidenschaft geführt, weil mit jener Frage das Selbstverständnis des Amos verbunden ist und so zugleich das Problem der Unterscheidung des freien und des beamteten Prophetentums.

Amos' Beruf wird von ihm selbst allein in dieser Aussage näher erörtert **Exkurs** (zu 11 s.o.S.154). Stellen wir zunächst fest, was als unbestritten gelten kann:

1. Amos hatte einen Beruf ausgeübt, der ihn voll ernähren konnte; darin hatte er mit prophetischer Tätigkeit nichts zu tun (14).

2. Der Verkündigungsauftrag erreicht ihn mit einer Wende in seinem Leben, die er nicht von einem eigenen oder anderer Menschen Entschluß herleiten kann, sondern auf Jahwes Eingriff zurückführen muß (15).

3. Der Satz 14 will zunächst als Antwort auf den Rat Amazjas verstanden werden, der Amos die Möglichkeit zum Lebensunterhalt (אכל לחם) und zur Wirksamkeit als Prophet (תנבא) nicht nehmen, sondern auch für die Zukunft durch Grenzübertritt eröffnen will (12b: שָׁם־שָׁם).

4. Der größere Satzzusammenhang 14f. läßt in keinem Wort ein Interesse an einem Gegensatz zwischen Einst und Jetzt im Leben des Amos erkennen, jedoch zeigt die unüberhörbar betonte Gegenüberstellung des dreifachen

„Ich" in 14 mit dem ebenso dreifach als Subjekt herausgestellten „Jahwe" in 15-16, daß hier Amazjas Beurteilung des gegenwärtigen Falles korrigiert werden soll (vgl. JDWWatts 11).

5. Amazja nannte nach dem vorliegenden Wortlaut Amos nicht einen „Propheten", sondern einen „Seher" (12a), jedoch spricht er wiederholt von der Funktion prophetischen Verkündigens (הִנָּבֵא 12b 13a; vgl. 16bα).

Diese Beobachtungen am Text können zunächst als Grundlage für die Beantwortung der umstrittenen Fragen gelten, die auf das eine Problem der präsentischen oder präteritalen Übersetzung der Nominalsätze zurückgeführt werden können (vgl. Textanm. 14a). Bis in die jüngste Literatur hinein hält sich die Zahl der gegensätzlichen Antworten fast die Waage: präsentisch übersetzen FNötscher, VMaag, ANeher, EBaumann, DDeden, HEWFosbroke, RHentschke, SLehming, RSmend; präterital HHRowley, RSCripps, EWürthwein, GQuell, Wahre und falsche Propheten (1952) 139f., ChEOsty, AHJGunneweg, REClements, Prophecy and Covenant (1965) 36f., HGrafReventlow, SAmsler.

Dieses Tempusproblem hängt an folgenden offenen Fragen:

a) Kann durch syntaktische Regeln über die Zeitstufe entschieden werden?

b) Was bedeutet die Trennung von der Herde (15a) und vor allem die gegenwärtige Wahrnehmung des Auftrags הנבא (15b) für die Deutung der Nominalsätze in 14?

c) Sind die Wörter חזה (12) und נביא (14) von gleicher oder unterschiedlicher Bedeutung?

ad a) Im Regelfall gilt, daß ein Nominalsatz einen Zustand in jenem Zeitraum schildert, über den der zugehörige Verbalsatz aussagt. Da der zugehörige Verbalsatz 15 über Vergangenes berichtet, ist für viele auch die Entscheidung über die präteritale Übersetzung von 14 gefallen. Doch zwingen mich Gegengründe, hier eine Ausnahme von der Hauptregel anzunehmen: (1) 14a muß als Anfang der Antwort des Amos zunächst von der unmittelbar voraufgehenden Anrede des Amazja her verstanden werden (s.o. Ziffer 3). In diesem speziellen Kontext werden die Nominalsätze notwendig als Aussagen über den gegenwärtigen Status des Propheten gehört. (2) Es liegt in 14 nicht nur ein einfacher Vordersatz zum Verbalsatz 15 vor, sondern eine dreifache nominale Aussage, die ihr eigenes Gewicht hat und dreifach das präsente Ich des Amos zum Subjekt hat. (3) In Aufnahme und Fortführung des oben unter Ziffer 4 Ausgeführten ist zu bedenken, daß in 15 ein Ereignis der Vergangenheit nur deshalb erzählt wird, weil es die Gegenwart bestimmt; sollte 14 trotzdem einen Zustand beschreiben wollen, der jenem Ereignis von 15 voraufläge und mit ihm abgeschlossen wäre, so wäre entsprechend Gn 1 2 (הָיְתָה vor וַיֹּאמֶר in 13) ein הָיִיתִי in 14 zu erwarten (EBaumann). Umfassendere syntaktische Erwägungen sprechen also für ein präsentisches Verständnis von 14.

ad b) Kann Amos für die Gegenwart bestreiten, נביא („Prophet") zu sein, wenn er den Befehl Jahwes הנבא („als Prophet aufzutreten") angenommen hat und wahrnimmt? Mit dieser Frage scheint vielen schon von 15b her die Entscheidung für die präteritale Deutung von 14 gefallen zu sein. Man verweist dann auch auf 3 7 und 2 11 und die dortigen positiven Aussagen über den נביא (HGrafReventlow). Aber jene Stellen sind sekundär (s.o.S.218 und S.172). Der einzig verbleibende Spruch, in dem Amos selbst zur Sache aussagt, 3 8, redet auch nur verbal von seinem הנבא. Man kann gerade diesem Wort entnehmen, daß im Sinne des Amos ein (prophetisches) Verkündigen nicht an das Amt des Propheten gebunden ist. Die rhetorische Frage: „Wenn Jahwe redet, wer muß dann nicht verkündigen?" meint doch, kein Israelit, wer er auch sei, könne sich dem entziehen (s.o.S.225). Amos will offenbar auch an unserer Stelle zwischen dem Amt und dem Akt unterschieden wissen. „Der Gegensatz zwischen dem nicht-nābī von v. 14 und dem hinnābē von v. 15" ist „durch die Gleichheit des Wortstammes fast zur Paradoxie gesteigert" (RSmend 417). So kann die Verwendung des Verbums נבא ni. bei Amos die syntaktische Entscheidung für die präsentische Auffassung von 14 nicht hindern, sondern nur befestigen.

ad c) Auch Amazja gebraucht nicht das Nomen נביא, sondern nur das Verbum נבא ni. (s.o. Ziffer 5), aber er redet Amos doch als „Seher" an. Bestreitet ihm damit Amazja die Amtsrechte eines „Propheten" und behandelt er ihn als einen bettelnden Spekulanten (vgl. Mi 3 5–7), demgegenüber dann Amos betonen müßte, daß er nur in der Vergangenheit kein נביא war? Wir haben aber schon aufgezeigt, daß חֹזֶה und נביא nicht immer austauschbare Begriffe waren (RHentschke 150), sondern daß חֹזֶה hier eher als eine ungewöhnlichere Würdebezeichnung anzusehen ist (Jes 30 10 2 S 24 11, s.o.S. 358). Amos, der von seinen Visionen berichten kann, weist diese Anrede nicht zurück; aber er verwahrt sich dagegen, daß er deshalb auch der Berufsgruppe נביא zugewiesen und als deren Glied behandelt wird. Auch der Sprachgebrauch der Amazjarede macht also die präsentische Übersetzung von 14 sinnvoller als die präteritale.

Aus allem folgt, daß Amos für seine Person einen scharfen Gegensatz feststellt zwischen einem Amtspropheten (נביא) und einem Berufenen Jahwes, zwischen einem von Propheten geschulten בן־נביא und einem Gesandten Jahwes, zwischen einem besoldeten Kultusbeamten und seiner freien, allein durch Jahwe herbeigeführten Wirksamkeit. Als beruflich unabhängiger Mann, der weder ein Prophet war noch ist, mußte er zeitweilig Jahwes Bote in Israel sein und so vorübergehend eine Funktion ähnlich der eines Ahia von Silo, Micha ben Jimla, Elia und Elisa wahrnehmen, ohne doch ein Daueramt zu haben oder gar einer Prophetenschule verbunden zu sein, wie es bei jenen wenigstens teilweise der Fall war. Zum הנבא mußte er ja sagen, נביא wurde er darum nicht, jedoch kann man ihn einen חזה nennen.

Lehnt Amos ab, נביא zu sein, so weist er damit also eine Beurteilung seines Auftretens von seinem Lebensberuf her ab; er muß aus dieser Tätigkeit nicht seinen Lebensunterhalt bestreiten (12b), weiß sich ihr auch nicht auf Lebenszeit verpflichtet, geschweige denn einem bestimmten Heiligtum zugeordnet. Erst recht weist er zurück, daß man ihn als בן־נביא einstuft; der Ausdruck wird fast nur von den Elisaschülern verwendet (2 Kö 2 3. 5. 15 4 1. 38 6 1 9 1), außerdem noch von dem Anonymus 1 Kö 20 35 (SCohen 176). Der Prophetenschüler (בן) bezeichnet das Unterordnungsverhältnis zum Propheten-„Vater", 2 Kö 2 12 6 21 13 14) empfängt nicht selbständig Worte Gottes, sondern führt Aufträge des Propheten durch; vgl. 2 Kö 9 1; Amos könnte ja wie jener Elisa-Schüler von einem Propheten aus Juda geschickt sein. Aber weder als Meister noch als Schüler gehört Amos zu einer Genossenschaft. Vor allem ist er wirtschaftlich unabhängig. Als Viehzüchter gehört er wahrscheinlich zu den führenden Kreisen; außer Schafen und Ziegen (צאן 15) mag er auch

einige Rinder besessen haben; s. Textanm. 14c, o. S. 154, HJStoebe 177
und SSegert 280f. Außerdem hat er mit Maulbeerfeigen zu tun. Der ficus
sycomorus ist an warmes Klima gebunden und gedeiht nur in der Niede-
rung, dort allerdings massenhaft (vgl. 1 Kö 10 27), also vor allem im Mit-
telmeerküstengebiet und auch in der Jordansenke; er bringt drei- oder
viermal im Jahr Früchte; vgl. das Bild einer Sykomore bei Dalman, AuS
I/2 Abb. 6. בלס bezeichnet die Arbeit des Ritzens, die mit dem Nagel
oder einem Eisen geschieht. Vor der Reife muß diese Veredelungsarbeit
an jeder Frucht geübt werden, damit sie süß wird. Das war wohl die Beschäftigung armer Leute, da sie viel Mühe bei verhältnismäßig geringem
Ertrag mit sich brachte. Aber nur deshalb darf man Amos nicht als armen
Mann betrachten (LKöhler, Amos, 1917, 37; JFeliks, BHHW II 1177).
Der Ausdruck erscheint nur hier. Wir wissen nicht, ob die Wortverbindung בולס שקמים nur den bezeichnete, der die Arbeit selbst verrichtete,
oder auch den, der sie durchführen ließ. Sicher ist, daß Amos hier auf
eine weitere Einnahmequelle hinweist.

15   Diesen Mann in gesicherter Existenz hat Jahwe eines Tages „genommen“, so wie einer ein wehrloses Jungtier „nimmt“ (Gn 18 7), Untergeordnete in Dienst „nimmt“ (Ex 17 5) oder eine Ehefrau „nimmt“ (Gn
4 19 Ex 34 16 Hos 1 2; vgl. BK XIV/1, 13). Amos kann den Ort dieses
Eingriffs in sein Leben benennen: Damals ging er „hinter dem Kleinvieh“ her. Das muß nicht heißen, daß er seinen Beruf nunmehr endgültig
aufgab. Unser Verständnis von 14 legt das Gegenteil näher. Zum Griff
Jahwes gehörte die Stimme seines Befehls: „Geh, tritt mit prophetischer
Verkündigung vor mein Volk Israel hin!“ Die praep. אל wird durch לך
mitbestimmt sein; vgl. in 16b: לא תנבא על. אֶל bezeichnet in erster Linie
das Ziel einer Bewegung, על oft das Ziel einer feindlichen Handlung
(vgl. BrSynt §§ 108a. 110b). Zu עמי ישראל als Bezeichnung des Nordreichs
s. o. S. 348 zu 8. Damit erklärt Amos, daß Jahwe nicht nur über den Inhalt
seiner Botschaft, sondern auch über den Ort seines Auftretens entschieden
hat, so daß Amazjas Kompromiß (שם–שם 12b) eine klare Entscheidung
gegen Jahwes Anweisung darstellt. Die Visionen sagen von solchem Befehl nichts. Dennoch spricht mehr dafür als dagegen, daß Amos den
Auftrag im Zusammenhang mit den Visionen vernommen hat (s. o. S. 341
zu 1–8 Ort).

16   Nachdem klargestellt ist, daß Amazja sich nicht um das Leben des
Amos, sondern um den Willen Jahwes zu kümmern hat (14f.), ruft der
„Seher“ nunmehr dem Priester das ihm persönlich geltende Jahwewort
zu. דבר־יהוה findet sich in alten Amosworten sonst nicht (zu 8 11f. s. u. S.
379f.), geschweige denn der Aufruf „Höre Jahwes Wort!“ (vgl. 3 1a);
er ist an dieser Stelle nicht unbedingt zu erwarten, da das Jahwewort erst
in 17 mit der Botenformel eingeführt wird; vielleicht ist der Aufruf in 16a
der Amosschule geläufig gewesen (vgl. Jes 1 10 28 13. 14). Das Folgende jedoch

entspricht ganz der Art des Amos. Als Begründung für das Drohwort in 17 wird ein Zitat eingeführt, und zwar wie 4 1 und 6 13 mit pt., hier אתה אמר. Im zitierten Wort des Priesters ist dessen Schuld präsent. Vor allem dieses Zitat wird den Bericht der dem Amoswort voraufgehenden Fakten herausgefordert haben. Es entspricht inhaltlich zunächst 13a; jenes Amazjawort ist inzwischen als Gegensatz zu Jahwes Weisung offenbar geworden (15bβ). Statt der praep. אל in 15b erscheint aber jetzt verschärfend על, womit Amos als Gegner Israels charakterisiert ist (vgl. BrSynt § 110b; SAmsler, ThZ 21, 1965, 325). In Paraellele zu נבא ni. steht נטף hi., das wörtlich „fließen lassen“ bedeutet; s. Textanm. 16a. Das Wort bezeichnet ein leidenschaftliches Reden, bei dem Tropfen aus dem Munde eines Eiferers sprühen bzw. der Speichel fließt. Es muß durchaus nicht einen verächtlichen Sinn haben („geifern“, „sabbern“, vgl. Mi 2 6. 11; ferner 1 QpHab 10 9: מטיף הכזב für den „Lügenpropheten“), sondern kann Ez 21 2. 7 auch in einem Auftrag Jahwes für das heftige Reden des Propheten stehen (vgl. WZimmerli, BK XIII 464). Die Art, in der Amazja nach 12f. mit Amos persönlich umging, berechtigt nicht, in der Verwendung des Wortes einen despektierlichen Unterton zu finden. Amazja untersagte das erregte, feindselige (auch hier findet sich die praep. על!) Reden gegen das „Haus Isaak“ (zu dieser Benennung „Israels“ – vgl. das parallele Glied! – s. o. S. 348 zu 9). Amos kann nur feststellen, daß der Kompromißvorschlag des Priesters (12f.) gegen Jahwes Befehl steht, der eben auch über den Ort des Auftretens entschieden hat (15b); so muß er das Redeverbot (13b) für Bethel als die Schuld Amazjas herausstellen.

Darum gilt ihm Jahwes Strafansage. Neben das Gerichtswort gegen 17 Jerobeam (9b 11a) tritt damit ein zweites Gerichtswort gegen eine Einzelperson. Es führt genauer aus, was die Eroberung Israels durch einen Feind und die Deportation Israels für eine Einzelgestalt wie den Priester von Bethel mit sich bringt (zu 17bβ s. Textanm. 17b–b). Seine Familie ist mitbetroffen; vgl. Hos 4 5f. und BK XIV/1,96. Seine Frau wird zur Hure. Meist deutet man בעיר auf die Stadt als den Ort ihres verwerflichen Treibens. Dazu wäre an Dt 22 23f. zu erinnern (vgl. ILSeeligmann, Zur Terminologie für das Gerichtsverfahren: Hebräische Wortforschung. Festschr WBaumgartner, VTSuppl 16, 1967, 259). Denn eine Frau, dic sich fremden Beischlaf „in der Stadt“ gefallen läßt, ohne um Hilfe zu schreien, wird mitschuldig; anders wäre es, wenn sie auf freiem Felde (בַּשָּׂדֶה) vergewaltigt würde. Dieser Beleg macht die Wendung „huren in der Stadt“ hinreichend verständlich, wenn auch in den folgenden parallelen Aussagen die Feindbegegnung vorausgesetzt ist. Eine ausdrückliche Erwähnung des „Feindes“ wird an dieser Stelle nur durch zweifelhafte Etymologie von עיר gefunden; s. Textanm. 17a. In jedem Fall erfüllt sich hier ein Fluch, wie er inhaltlich ähnlich in altorientalischen Staatsverträgen ausgesprochen wird; vgl. neben dem Assurnirari-Vertrag (bei DRHillers, Treaty-Curses and the Old Testament Prophets, 1964, 58) vor allem Sfîre I A (KAI Nr. 222 A) Z. 40f., wo den „Frauen des Mati'-'el und den Frauen seiner Nachkommen und den Frauen seiner Großen" angedroht wird, daß sie „entblößt werden". Von Amos wird weiter den Söhnen und den Töchtern der Tod durchs Schwert angedroht; חרב erscheint in den Strafansagen alter Amosworte außer an dieser Stelle nur im näheren Zusammenhang, nämlich im fünften Visionsbericht (9 1. 4) und im Wort gegen Jerobeam (7 9. 11), schließlich noch 9 10. Hier wird nicht nur dem Priestertum in Bethel die Zukunft abgesagt, sondern dem Leben der Familie des Amazja überhaupt. Neben die Schande der Frau und den Tod der Nachkommen tritt als drittes der Verlust des Besitzes oder der Heimat. Was meint „dein Boden"? אדמה bezeichnet im allgemeinen bei Amos das gesamte Kulturland (3 2), insbesondere soweit es Israels Heimatboden war (5 2 7 11b 17bβ 9 8). So könnte Amos dem Priester die Verteilung des ganzen Heimatgebietes (durch Feinde an Neusiedler) androhen; vgl. Mi 2 4f. Doch ist das zwischen den ihn persönlich treffenden Strafen (vgl. aα und bα) nicht sicher und angesichts des suff. אדמתך sogar unwahrscheinlich. אדמה kann bei Amos auch das einzelne Bodenstück bezeichnen (3 5). So ist nicht ganz auszuschließen, daß Amazja wie der Priester Ebjathar in 1 Kö 2 26f. und die priesterliche Familie Jeremias nach Jer 32 6ff. über eigenen Grundbesitz verfügte; in jenen beiden Fällen heißt er allerdings nicht אדמה, sondern שָׂדֶה. Man müßte an „ein ihm vom König zugesprochenes Amtslehen" denken (so AAlt, KlSchr III 360. 373ff.; ferner MNoth, BK IX/1, 35). In jedem Fall soll die „Meßschnur" in Aktion treten, mit der ein neues „Verteilen" des Landes, natürlich an Fremde, eingeleitet wird. Das „Verteilen durch die Meßschnur" wird vom Einzelgrundstück des Großgrundbesitzers wie vom gesamten Heimatgebiet Israels her verständlich (vgl. Mi 2 4f.). In der Parallelaussage wird das „unreine Land" dem Land Amazjas gegenübergestellt. Das eigene Land Israels (vgl. 5 2) als Heilsgabe Jahwes (2 9!) fällt Fremden in die Hände, und der Priester muß dort sterben, wo ihm kein Jahwedienst mehr möglich sein wird; vgl. 2 Kö 5 17 und BK XIV/1, 199f. zu Hos 9 3f. So führt Amos für den Priester in Bethel im einzelnen aus, was mit den Kriegs- und Deportationsandrohungen Israel im ganzen angekündigt wurde.

Ziel Dieses einzige Mal zeigt uns ein Amosschüler ein Wort des Propheten in seiner Szenerie. Wir erleben mit, wie es aus der Konfrontation herauswächst. Sie prägt nicht nur die Anklage (16), sondern appliziert auch die dem Propheten aufgenötigte Grundgewißheit speziell auf das Leben des Priesters (17). Das dem Gerichtswort vorangehende Disputationswort (14f.) gibt die unerhörte Souveränität und Autorität des Mannes aus Thekoa zu erkennen. Da Jahwe ihn griff, hat er ihm zugleich eine völlige Freiheit und Überlegenheit gegenüber örtlichen Autoritäten geschenkt und ihn unabhängig gemacht von institutionellen Vorrechten. Die dem Prophetenwort voraufgehende Meldung Amazjas an den Hof (10f.) und sein Rat, den er Amos erteilt (12f.), stellen den ganzen Auftritt unter die Frage, wer eigentlich der Aufrührer sei. Ist Amos nicht völlig mißverstanden, wenn er als Rebell gegen Jerobeam angezeigt wird? In Wahrheit wird Amazja, der Priester, mit seiner Kompromißfreudigkeit als Aufrührer entlarvt, nämlich als Rebell gegen Jahwe, da er seinem Boten das Wort am gebotenen Ort verwehrt. So wird der Ankläger verurteilt und der Angeklagte zum Urteilsverkünder. Dabei stellt sich nach beiden Seiten heraus: Nicht das Amt macht Amos zum Zeugen des Gottes Israels, sondern Jahwes Zugriff, Jahwes Auftrag und der ungeteilte Gehorsam. Ob sich im Fortgang der Ereignisse das Wort des widersprechenden Priesters oder die Botschaft des Propheten oder beides verwirklicht, diese Frage kann den Amosschüler auch nicht zu einem einzigen Satz bewegen. Er gibt nur zu erkennen, was in Wahrheit überliefernswert ist. So leitet er an, es mit dem zu halten, der gesagt hat: „Meine Speise ist es, den Willen dessen zu tun, der mich gesandt hat, und sein Werk zu Ende zu führen" (Joh 4 34).

DAS ENDE IST GEKOMMEN
(8 1–3)

Literatur WBaumgartner, Die Etymologie von hebräisch *Kelūb* Korb: ThZ 7 (1951) 77f. –
BDRahtjen, A Critical Note on Amos 8 1–2: JBL 83 (1964) 416–417. – SELoewenstamm, כלוב קיץ (A Remark on the Typology of the Prophetic Vision
[Amos VIII, 1–3]): Tarbiz 34 (1964/65) hebr.: 319–322 (Summary: II). – Ferner s.o.S. 337 zu 7 1–9.

Text ¹Solches hat [mein Herr]ᵃ Jahwe mich sehen lassen: Sieh da, ein Erntekorbᵇ.
²Dann fragte erᵃ: „Was siehst du, Amos?" Ich antwortete:„Einen Erntekorbᵇ."
Da sagte Jahwe zu mir: „Das Endeᵇ ist gekommen für mein Volk Israel. Ich
gehe nicht noch einmal (schonend) an ihm vorüber."
³Dann heulen die Palast-'Sängerinnen'ᵃ.
An jenem Tage [spricht mein Herr Jahwe]ᵇ gibt es viele Leichenᶜ.
Überall wirft manᵈ sie hin. Still!

1   1a אדני fand 𝕲 noch nicht vor; s. Textanm. 7 1a 4a 7a. – b Wörtlich: „Ein
Korb mit Sommerobst". 𝕲 (ἄγγος ἰξευτοῦ = „Vogelfängergerät") las irrtümlich כְּלִי מוֹקֵשׁ, vgl. 3 5; ᾽ΑΣ verstanden richtig (κάλαθος ὀπώρας), aber auch
2   Θ korrigiert ausdrücklich: ἄγγος ὀπώρας θερίνης. – 2a 𝕊 ergänzt nach 7 8:
יהוה אלי („Jahwe zu mir"); 𝕲 (καὶ εἶπε) bestätigt 𝔐. – b Die Übersetzung
„Ernte" – „Ende" versucht, der Alliteration קיץ-קץ zu entsprechen. Es ist
unsicher, ob die Wörter zur Zeit des Amos in Aussprache und Schreibung unterschieden waren; vgl. LRost, ZAW 63 (1951) 216⁴ und BDRahtjen. Der
Gezer-Kalender, der wahrscheinlich aus der 2. Hälfte des 10. Jh. stammt,
schreibt den letzten Monat des Jahres ירח קץ, wobei קץ wie קיץ die Sommer
3   obsternte bezeichnet (s. KAI Nr. 182 und u.S. 368). – 3a 𝔐 („Lieder") ist als
Subjekt zu „heulen" nicht denkbar; der pl. שִׁירוֹת kommt sonst nie vor; auch
im Amosbuch ist immer שִׁירִים als pl. vorausgesetzt; vgl. 5 23 8 10. So wird ursprüngliches שָׁרוֹת sekundär nach 5 23 (שִׁירַיִךְ) und 6 5 (כְּלֵי־שִׁיר) verlesen worden sein. Ausführliche Erwägungen zur Stützung von 𝔐 stellt vanGelderen,
Het Boek Amos (1933) 224f. an. – b Die erweiterte Gottesspruchformel
נאם אדני יהוה findet sich in den Sprucheinschaltungen zwischen der vierten und
fünften Vision dreimal (3. 9. 11), sonst im ganzen Amosbuch nur noch 3 13 4 5.
Auch in 9 geht der Formel (וְהָיָה) בַּיּוֹם הַהוּא voraus (vgl. 13), in 11 הִנֵּה יָמִים בָּאִים.
Vgl. den Exkurs o.S. 174. – c פגר hat hier wie 1 S 17 46 Na 3 3 kollektive Bedeutung. Der Satz ist wie der voraufgehende und folgende als Verbalsatz
anzusehen, so daß רב als 3. pers. sg. pf. v. רבב entsprechend dem Tempus der parallelen Verben aufzufassen ist. – d Die 3. pers. sg. ist hier als allgemeines Subjekt anzusehen; so auch 4 2 6 12 (s. Textanm. 4 2d und 6 12a; vgl. BrSynt § 36d).

Form   Der Bericht der vierten Vision (1–2) ist ebenso aufgebaut wie der
der dritten (7 8f.). Er bringt vier Glieder: die Schauung (1), die Frage
Jahwes nach dem Kennwort (2aα), die Antwort des Amos (2aβ) und die
Deutung Jahwes (2b); vgl. o.S. 113 und S. 339f. zu 7 1–9 Form.
         Nur zwei Varianten sind zu notieren. Im Bericht der Schauung folgt

auf והנה nicht wie in 7 1. 4. 7 ein Partizip, das eine Person als Bildner, Rufer oder Träger eines Gegenstandes einführt, sondern sofort der Gegenstand; die Differenz ist insofern ebenso unbedeutend wie kennzeichnend, als auch in den vorangehenden Visionen alles auf den Gegenstand ankam. So verschwanden in der dritten Vision der „auf der Mauer Stehende" (7 7a) und „seine Hand" (7b) schon in der Antwort des Amos völlig hinter dem „Senkblei" (8). Jetzt erscheint von vornherein nur der „Erntekorb" (8 1). Vielleicht verkürzt der Erzähler den Bericht damit nur genauso, wie er in der Einführungsformel zur Frage Jahwes Worte spart (vgl. 2aα mit 7 8aα und Textanm. 8 2a).

Die andere Variante zeigt sich im Verhältnis des Deutewortes Jahwes zur prophetischen Kennzeichnung des Visionsbildes. Waren in der dritten Vision Bildwort und Deutewort auch inhaltlich völlig identisch (7 8), so ähneln sie jetzt einander nur im Wortklang, differieren aber im Inhalt. Lag in der dritten der Typ der Symbolvision vor, so hier der der Wortspielvision (wie Jer 1 11f.; vgl. FHorst 201f.; SELoewenstamm erinnert an Alexander d. Gr., der während der Belagerung von Tyrus im Traum einen tanzenden „Satyr" schaute und als Deutung erfuhr: σὴ Τῦρος, „dein ist Tyrus").

In 3 wird ganz ähnlich wie in 7 9 dem Visionsbericht ein Prophetenwort mit drei Sätzen, beginnend mit einer Verbform in 3. pers. pl. perf. cons., angeschlossen, das (nachträglich, s. Textanm. 3b) als Jahwewort bestimmt wird, obwohl es (anders als 7 9) keine Jahwerede in 1. Person bringt.

In welche Zeit die vierte Vision gehört, ist schwer zu sagen. Wenn die Erwähnung der „Spätsaat" in 7 1 (לֶקֶשׁ) in das Frühjahr verweist (s.o.S. 342), so der „Korb mit Sommerobst" in den beginnenden Herbst (s.u.S. 368). Im Gezer-Kalender erscheint לקשׁ als dritte Monatsbezeichnung, קץ als achte (KAI Nr. 182 Z. 2 und Z. 7). Dann könnte ein halbes Jahr zwischen dem Beginn der Visionen und dem Höhepunkt in der vierten liegen. Doch wer will sagen, ob das, was „Jahwe sehen läßt", an den Kalender gebunden ist? **Ort**

Literarisch ist der Bericht sicher gleichzeitig mit 7 1–8 entstanden, wie der gleichförmige Stil zeigt (s.o.S. 339f.). Auch wird 3 der gleichen Redaktionsstufe angehören wie 7 9; die Art und Weise der Nachinterpretation der Visionsberichte sind verwandt. Hier wie dort wird mündlich überliefertes Amosgut (vgl. 6 9f.) von der Amosschule nachgetragen sein (s.o.S. 340f.).

Auch hier ist der Ausgangspunkt des Schauens nicht ein alltäglicher **Wort** Gegenstand als solcher, den zur gleichen Zeit jeder andere hätte sehen **1** können, sondern Jahwe, der den Gegenstand sehen läßt (anders AWeiser, Profetie 11f.). Das gilt, obwohl die verkürzende Darstellung keine Person im Visionsbild erscheinen läßt wie 7 1. 4. 7 (s.o.S. 339f. Form). כלוב ist ein Behälter; wahrscheinlich ist das Nomen etymologisch nicht von

כלב = „fassen" (vgl. כֶּלֶב „Hund", ar. *kalaba* „packen") herzuleiten, sondern von einer √כלב = √כבל = „binden", „flechten" (vgl. äth. *karabō* = Korb), so daß כלוב „etwas (von Weiden) Geflochtenes" bedeutet (WBaumgartner nach ADillmann und JLevy), sei es einen „Käfig" (für Vögel Jer 5 27) oder (nur hier im Alten Testament) einen „Korb". קיץ nennt die Bestimmung des Korbes; so meint es nicht den „Sommer" selbst, sondern das, was der Sommer bringt: das „Sommerobst". קיץ erscheint in Jer 40 10. 12 als Erntegut, das wie Wein und Öl eingebracht wird; in 2 S 16 1 werden hundert Stück קיץ zwischen 200 Broten, hundert Rosinenkuchen und einem Schlauch Wein erwähnt, die ebenso wie Brot „zum Essen" (2 S 16 2) bestimmt werden. Die Parallele zu Weintrauben und Oliven läßt in erster Linie an Feigen (und ähnliche gleichzeitig reifende Baumfrüchte wie Granatäpfel) denken. Sie werden im August/September eingebracht; vgl. Dalman, AuS I/1,7f. und KAI II 182. Wahrscheinlich sieht Amos also einen Korb mit frisch geernteten Feigen.

2   Aber im folgenden kommt es gar nicht auf dieses Bild, sondern ausschließlich auf dessen Benennung durch Amos an, genauer: auf deren zweiten Teil (קיץ). Denn nur diesen nimmt das Deutewort קץ auf, und zwar lediglich wegen des verwandten Wortklanges; s. Textanm. 2b. Der Sinn ist ein völlig anderer. Die Wörter sind wurzelverschieden (SE Loewenstamm). Gehört קיץ zur Wurzel קיץ (ar. *ḳāṯa* = „sehr heiß sein"), so קץ zu קצץ („abhauen", Dt 25 12: die Hand; vgl. ug. *ḳṣ* = „schneiden", „schlachten" bei Aistleitner, WB Nr. 2434, und die phöniz. 'Ešmun-'azar-Inschrift KAI Nr. 14 Z. 9f. 22: „vernichten"). Im Blick auf Personen bedeutet קץ demnach das Lebensende, den Tod (vgl. Ps 39 5 Hi 6 11 Thr 4 18). „Eingetroffen" (בא) ist dieses Ende, läßt Jahwe Amos wissen. Was ältere Propheten wie Ahia von Silo, Elia und Elisa gegen die Königshäuser Jerobeams I. (1 Kö 14 10ff.), Baesas (1 Kö 16 2ff.) und Ahabs (1 Kö 21 20ff. 2 Kö 9 7ff.) angedroht haben, das gilt nun Jahwes Volk Israel; zur Bedeutung von עמי ישראל (Nordreich) vgl. 7 8. 15 und o. S. 348. Hatte die dritte Vision dargetan, warum Jahwe „nicht mehr schonend vorübergeht", so zeigt diese vierte die furchtbare Folge. Sie wird denn auch Amos jene Grundgewißheit erstmals aufgedrängt haben, die seine Verkündigung vom Tod Israels herausgefordert hat (vgl. 5 2. 16f. 6 9f. 2 14–16). Keinem ist die Botschaft vom Lebensende Israels so bündig und uneingeschränkt zugemutet worden wie Amos. Bei Ezechiel finden wir das Stichwort קץ aufgenommen und die Botschaft von der Vernichtung breit ausgeführt; vgl. Ez 7 2. 3. 6 und WZimmerli, BK XIII 169f.

3   Der angefügte Spruch ist geeignet, das Ende als Lebensende zu veranschaulichen. „Heulen" gehört zur Totenklage; vgl. Jer 4 8 25 34 49 3 Ez 21 17 Mi 1 8 Zeph 1 11. Das Wehgeschrei wird jetzt angestimmt von jenen Sängerinnen (s. Textanm. 3a), die sonst dem Königshof zu den

schönsten Genüssen verhelfen. Wo immer im Alten Testament שרות erwähnt werden, gehören sie zum Hof; 2 S 19 36 2 Ch 35 25 Qoh 2 8. Kostbare Schätze des Königs sind neben Silber und Gold Sänger und Sängerinnen (Qoh 2 8). Nach 2 Ch 35 25 stimmen sie die Totenklage über
Josia an. So wird auch hier bei היכל an den königlichen Palast gedacht
sein (vgl. 1 Kö 2 11) und nicht an den Tempel; vgl. akk. *ekallu* (AHw
191f.), o.S. 94 und MNoth, BK IX/1, 100 (Textanm. 1 Kö 6 17z). Den
Grund der Wehklage nennen die beiden folgenden Sätze: die Vielzahl
der Leichen. Die Begräbnisplätze können oder sollen sie nicht fassen; so
wirft man sie überall hin; zu שלך s.o.S. 245. Das Todesgericht wird gesteigert durch die Schande, nicht begraben zu werden; dann fressen
Hunde und Vögel die Leichen (1 Kö 14 11 u.ö.), oder sie dienen als Dünger auf dem Acker (Jer 16 4 u.ö.); vgl. LWächter, Der Tod im Alten
Testament: AzTh II 8 (1967) 171ff. Wie unheimlich der Tod umgeht,
bringt הס, der strengstes Schweigen gebietende Anruf, zum Ausdruck
(s.o.S. 328). Jeder Laut könnte den Feind des Lebens locken.

Formal läuft die vierte zur dritten Vision fast völlig parallel (s.o.S. *Ziel*
339f.), sachlich führt sie weiter. Dort erschien das Bild der Prüfung, hier
steht nun das Stichwort des Urteils. Die vierte Vision verhält sich zur
dritten wie die Strafankündigung zur Anklage. Beide zusammen bekräftigen, daß ein Strafaufschub nicht mehr möglich, ein Verschonen nicht
zu erwarten ist. Hatten die erste und die zweite Vision schon bestimmte
Weisen der Vernichtung Israels angezeigt, die aber zurückgenommen wurden, so schweigt die vierte Vision selbst noch über die Gestalt, in der das
Lebensende zu Israel kommt. Das angefügte Wort (3) jedoch kündet die
Wehklage über ein schauerliches Massensterben an. Über die, von denen
Jahwe selbst sagt, daß sie zu seinem Volk gehören, muß in bestimmter
geschichtlicher Stunde ein Prophet am Ende seines einsamen Ringens
mit seinem Gott die Gewißheit erlangen: Das Ende ist gekommen.

SPRÜCHE ÜBER DAS ENDE
(8 4–14)

Literatur FJNeuberg, An Unrecognized Meaning of Hebrew DÔR: JNESt 9 (1950) 215–217. – JMorgenstern, The Loss of Words at the Ends of Lines in Manuscripts of Biblical Poetry (Amos 8 13): HUCA 25 (1954) 41–63 (44–51). – MLeahy, The Popular Idea of God in Amos: IrishThQ 22 (1955) 68–73. – SBartina, „Vivit Potentia Beer-Šeba!" (Amos 8,14): VD 34 (1956) 202–210. – RBYScott, Weights and Measures of the Bible: BA 22 (1959) 22–40. – AStrobel, Maße und Gewichte: BHHW II (1964) 1159–1169. – EKutsch, „Trauerbräuche" und „Selbstminderungsriten" im Alten Testament: ThSt Zürich 78 (1965) 25–42.

Text ⁴Höret dies,
   die ihr den Bedürftigen tretet[a]
      und[c] die Bedrückten[b] im Lande beseitigt[c],
⁵die ihr sagt[a]:
   Wann ist der Neumond vorüber,
      damit[b] wir Getreide verkaufen[c] können,
   und der Sabbat, daß wir Korn anbieten können
      'und den Abfall[d] vom Korn verkaufen'[e],
   daß wir das Hohlmaß verkleinern
      und den Gewichtstein vergrößern
         und mit falscher Waage betrügen,
⁶daß wir für Geld die Hilflosen kaufen
      und den Bedürftigen für ein Paar Sandalen'[a]?
⁷Geschworen hat Jahwe beim Stolz Jakobs:
   Niemals[a] vergesse ich all ihre Taten.

⁸Sollte deswegen nicht die Erde erzittern
   und trauern alles, was darauf wohnt,
sich ganz heben wie der 'Strom'[a]
[und aufgewühlt sein][b]
   und 'sinken'[c] wie Ägyptens Strom?

⁹Und an jenem Tage geschieht es, spricht mein Herr Jahwe,
da bringe ich die Sonne ein am Mittag
   und verfinstere die Erde am hellen Tage.
¹⁰Ich verwandle eure Feste in Trauerzeit
   und all eure Lieder in Totenklage.
Ich bringe das Sackzeug auf alle Hüften
   und auf jeden Kopf eine Glatze.
Ich richte es her wie Trauer über den Einzigen[a]
   und das[b] Ende wie einen bitteren Tag.

[¹¹Gebt acht, es kommen Tage, spricht mein Herr Jahwe,
   da schicke ich Hunger ins Land,
      [a]nicht Hunger nach Brot

ᵇund nicht Durſt nach Waſſerᵇ,
ſondernᵃ Jahwes Worteᶜ zu hören.
¹²Sie werden wanken von Meerᵃ zu Meer,
  ᵇvom Norden zum Oſten werden ſie umherſtreifenᵇ,
    ᶜum Jahwes Wort zu ſuchenᶜ,
      aber ſie werden (es) nicht finden.]
¹³An jenem Tage
  verſchmachtenᵃ die ſchönen Mädchen
    und die jungen Männer vor Durſtᵇ,
  ¹⁴die da ſchwören bei der Schuldᵃ Samarias
    und ſprechen: „So wahr dein Gott lebt, Dan!"
      und „So wahr der Wegᵇ nach Beerſeba lebt!"
  Sie werden fallen und nicht mehr aufſtehen.

4a S. Textanm. 27b. Auch hier setzt $\mathfrak{G}$ (ἐκτρίβοντες) הַשָּׁ(א)פִים voraus; 4
vgl. Hi 917 und FHorst, BK XVI 140, Textanm. 917c. – b Zur Vokalisation
vgl. LDelekat, VT 14 (1964) 46f. – c $\mathfrak{G}$ (καὶ καταδυναστεύοντες) stellt in ihrer
Übersetzung den inf. cstr.c. לְ auch syntaktisch parallel zum voraufgehenden
Partizip. Damit entspricht $\mathfrak{G}$ dem Sinn der hebr. Konstruktion, in der hier der
inf. cstr. c. לְ unter Zurückstellung seiner finalen Bedeutung dem voraufgehenden Partizip sachlich nebengeordnet ist; das wird durch die copula וְ bestätigt,
die darum vor לָשֶׁבֶת nicht zu streichen ist; gegen AWeiser, Profetie 27; vgl.
Jer 1710 4419 Hos 123 und Joüon, Gr § 124p; Ges-K § 114p. – 5a Wie auch 5
710 zeigt, steht לֵאמֹר nicht nur nach verba dicendi (wie 212 31). – b Der indirekte Kohortativ hat nach der vorangehenden Frage finalen Sinn; vgl. Jes
4126 und Joüon, Gr § 116c. – c Das Objekt ist von der gleichen Wurzel hergeleitet wie die Verbform. Solche Paronomasie legt dem Hörer nahe, daß die
Sache ihrer natürlichen Bestimmung zugeführt wird; vgl. BrSynt § 91. – d $\mathfrak{G}$
(καὶ ἀπὸ παντὸς γενήματος) las irrtümlich וּמִכָּל־ („und von jedem Erzeugnis").
– e Aus thematischen und metrischen Gründen ist 6b wahrscheinlich hierher
umzustellen. – 6a S. Textanm. 5e. – 7a Zur elliptischen Verwendung von אם als 6. 7
Schwurpartikel vgl. BrSynt § 170 c. – 8a $\mathfrak{M}$ („wie das Licht") verliest das durch 8
das parallele Glied und durch 95bα gesicherte כַּיְאֹר. Wie יְאֹר מצרים zeigt,
ist יְאֹר hier nicht eigennamartig verwendet, sondern es bezeichnet den
„Strom" schlechthin; so übersetzt auch $\mathfrak{G}$ an allen Stellen ποταμός, $\mathfrak{V}$ fluvius
und rivus Aegypti. – b $\mathfrak{G}$ kennt die auch metrisch in den parallelen dreitaktigen Reihen überschießende zusätzliche Interpretation von $\mathfrak{M}$ noch nicht. –
c K (וְנִשְׁקָה = „und wird getränkt") überliefert einen Schreibfehler; er führt
die bekannte Wurzel mit einer sonst nie bezeugten ni.-Form und wenig sinnvoller Bedeutung ein. Q korrigiert וְנִשְׁקְעָה und stellt damit das nach 95b ursprüngliche Verbum wieder her; da dieses sonst nicht im ni. belegt ist, wird
wie dort וְשָׁקְעָה zu lesen sein. – 10a Das nomen rectum (יָחִיד) bestimmt hier als 10
gen. obj. die besondere Art der Trauer; vgl. BrSynt § 77e; Joüon, Gr § 129e. –
bWörtlich: „sein Ende". Suff.3.pers.sg.fem.in bα.β muß neutrisch verstanden und
auf den in a geschilderten Vorgang im ganzen bezogen werden. – 11a–a BDuhm 11
(ZAW 31, 1911, 16) streicht die negativen Antithesen von כִּי אִם־ לֹא־רָעָב bis
als Glosse eines „Biedermanns"; s.u.S. 379. – b–b ThHRobinson („vielleicht")
und VMaag streichen aus den Antithesen die über den Durst, weil die positive
Drohung nur vom Hunger sprach; s.u.S. 379. – c $\mathfrak{G}$ (λόγον κυρίου) $\mathfrak{G}$ $\mathfrak{V}$ (verbum Domini) setzen den geläufigeren sg. דְּבַר־יהוה voraus. – 12a $\mathfrak{G}$ (ὕδατα) hat 12
irrtümlich מַיִם vokalisiert. – b–b OProcksch, Die kleinen prophetischen Schriften vor dem Exil (1910) 170 streicht 12aβ; s.u.S. 380. – c–c Der von 11b abwei-

chende sg. („Jahwes Wort") kann zu der Vermutung führen, der Infinitiv-
13 satz sei ein Nachtrag, der den Sinn sichern wolle. – **13a** Das Genus der Verbform ist durch das nächstfolgende feminine Subjekt bestimmt, obwohl die Aussage auch das zweite maskuline Subjekt betrifft; vgl. Nu 12 1 Gn 33 7 und
Joüon, Gr § 150 q. – b ESellin, VMaag, JMorgenstern lesen הָאַמְּצִים; so werden
in Parallele zu den „schönen Mädchen" die Jungmänner „die starken" genannt; aber damit entfällt die Angabe des Grundes, aus dem beide „ohnmäch-
tig werden" (עלף hitp.), und zugleich das Stichwort, das 11f. (צמא) mit 13
verbindet. An der Texttradition findet die Konjektur keinen Anhalt, erst recht
nicht der Vorschlag von JMorgenstern, der mit dem Ausfall von vier Wörtern
am Ende von 13 rechnet. Seine Rekonstruktion (mit Hilfe von Jes 40 28–31)
14 bleibt eine unbegründbare Vermutung. – **14a** Es wird vermutet (Osty u.a.), daß
𝔐 ursprüngliches אֲשִׁמַת umvokalisiert hat; אֲשִׁימָא ist aus 2 Kö 17 30 als Gottheit
des syrischen Hamath bekannt, aber nicht für Samaria belegt (vgl. אשמביתאל
bei Cowley, ArPap 22, 124; AOB 454). VMaag u.a. lesen deshalb lieber אֲשֵׁרַת,
da ein Bild der אֲשֵׁרָה für das Nordreich, wahrscheinlich sogar für Samaria, bezeugt ist (1 Kö 16 33 2 Kö 17 16), weichen aber damit vom Konsonantentext
ab. – b 𝔊 (ὁ θεός σου) gleicht offenbar an aß an. ESellin, WZimmerli (Geschichte und Tradition von Beerseba, 1932, 3⁵), KGalling (ZDPV 67, 1944,
38), VMaag, DDeden u.a. lesen דֹּדְךָ und verstehen dabei דּוֹד als Schutzgott der
heiligen Stätte; doch ist diese Bedeutung allenfalls in der Meša-Inschrift zu
belegen; dort (KAI Nr. 181) wird Z. 12 der Altar des דוד aus dem israelitischen
Ataroth genannt (Z. 11); die Deutung ist bisher unsicher; vgl. RMeyer, WZ
Leipzig 3 (1953/54) 196³; MLeahy 70 und KAI II 175, ferner JJStamm,
VTSuppl VII (1960) 172. Neuerdings hat man דרך in Anlehnung an ug. *drkt*
(Gordon, UT Nr. 702 und Aistleitner, WB Nr. 792) als Bezeichnung von
„Stärke", „Macht" deuten wollen (vgl. Bartina u.a., KBL³ 223 דֶּרֶךְ Nr. 7; vgl.
BK XIV/1, Textanm. 10 13b); dabei wird an die Fischgöttin „*Derkêtô*" von As-
kalon erinnert, die im Nabatäer-Tempel von *ḥirbet tannûr* bezeugt (JStarcky, 75,
1968, 228f., nach NGlueck, Deities and Dolphins, 1966) und zu דרך באר־שׁבע
in Beziehung gebracht wurde (JTMilik, Syria 1958, 238⁶); doch wer sagt, daß
דרך = *drkt* ist, zumal für דרך die Bedeutung „Herrschaft" im Hebräischen, besonders im Blick auf eine Gottheit, durchaus nicht gesichert ist. FJNeuberg
schlägt vor, דֹּרְךָ zu vokalisieren; דּוֹר („Kreis", „Versammlung") soll hier die
Bedeutung „Götterversammlung" annehmen: „Dein Pantheon, o Beerseba!"
(so auch PRAckroyd, JSS 13, 1968, 4; vgl. KAI Nr. 26 III Z. 18: דר בן אלם).
Doch wer in Israel sollte je so gesprochen haben? Die Hinweise auf den Konsonantentext von Ps 84 11 49 20 u.a. überzeugen nicht.

Form   Die Spruchgruppe ist ebenso zwischen die vierte und fünfte Vision
eingeschaltet wie 7 10–17 zwischen die dritte und vierte. Dort wurden die
Folgen des in 7 9 an die dritte Vision angeschlossenen Amoswortes erzählt,
hier interpretieren verschiedene Sprüche das in 3 ausgelegte Thema der
vierten Vision: das Lebensende Israels, das zur Trauer führt.

Fünf Sprüche sind zu unterscheiden. Nur der erste (4–7) bringt ein
vollständiges Gerichtswort mit auffallend breiter Strafbegründung (4–6)
und ebenso auffallend blasser Strafansage (7). Allen anderen fehlt entweder das Element der Anklage völlig, oder es wird umklammert von
Drohungen (14a); sie führen ähnlich wie 3 aus, in welcher Gestalt das

Ende kommt. In 7. 9f. 11f. ergehen die Drohungen in Form der Jahwerede. Der in 8 mit העל זאת ungewöhnlich an 4–7 anknüpfende Spruch erläutert die farblose Drohung von 7b in Form einer rhetorischen Frage. Der dritte Spruch (9f.) wird mit der für Nachträge beliebten Wendung והיה ביום ההוא angeschlossen (vgl. o. S. 90 zu Jl 4 18), der fünfte (13f.) mit der kürzeren Formel ביום ההוא (vgl. den Wechsel zwischen der kürzeren und längeren Verknüpfungsformel in Jes 7 18. 20. 21. 23). Diese Anschlußformeln finden sich in den älteren Spruchkompositionen des Amosbuches zum Sprucheingang nie, sondern nur noch in 9 11; eingeschaltet ist ביום ההוא נאם אדני יהוה in 8 3, als Abschluß steht ביום ההוא נאם יהוה in 2 16. Noch ungewöhnlicher ist die Einführung des vierten Spruches (11f.) mit הנה ימים באים נאם אדני יהוה, die im Amosbuch nur noch in dem Nachtrag 9 13 eine Parallele findet, aber besonders häufig im Jeremiabuch belegt ist: Jer 7 32 9 24 16 14 und weitere zwölfmal; s. Mandelkern 471; vgl. die andersartige Konstruktion im Amoswort 4 2.

Der eigentümlichen Spruchverknüpfung entsprechen andere Stileigentümlichkeiten, die von den Amosworten abweichen. Statt „Hört dieses Wort!" (3 1 4 1 5 1; vgl. „Hört und bezeugt!" in 3 13) beginnt der erste Spruch: „Hört dies!" (4a). Danach überraschen die für Amos ungewöhnlichen Ketten von Infinitiven: 5b–6a (zu 4b s. Textanm. 4c), weiter die ungewöhnliche Art der Strafansage in Form einer rhetorischen Frage (8), die breite Ausführung des Trauerrituals in 9f., die zerdehnte Darlegung zum Thema „Hunger" in 11f., die zu mancherlei Tilgungsvorschlägen Anlaß gab (s. Textanm. 11a–a. b–b 12b–b. c–c), die Umklammerung der Anklage (14a) durch Unheilsansagen (13. 14b).

Die formalen Differenzen beziehen sich also nicht nur auf den unmittelbaren Kontext des Visionenzyklus, sondern darüber hinaus auf die Art der Spruchverknüpfung und auf die Spruchstruktur selbst. Daraus ist eine doppelte Konsequenz zu ziehen. Zunächst ist an einen anderen literarischen Bearbeiter als den der Zyklen und der „Worte des Amos aus Thekoa" in Kap. 3–6 zu denken. Die parallele Einschaltung in 7 9. 10–17 läßt hier in erster Linie auch für 8 3. 4–14 an die Amosschule denken; vgl. o. S. 367 zu 8 3 und S. 355 zu 7 9. 10–17. So wird die gleichartige Unterbrechung des bereits literarisch vorliegenden Visionenzyklus und die neuartige Spruchverbindung verständlich. Die literarische Hinterlassenschaft der Amosschule unterscheidet sich bemerkbar von den literarischen Schichten, die auf Amos unmittelbar zurückgehen; s. o. S. 130ff.

Darüber hinaus sind Unterschiede in Form und Inhalt der Sprüche festzustellen. Zunächst ist allerdings die Nähe zu Amos zu beachten, wie sie auch den Berichterstatter von 7 10ff. kennzeichnet (s. o. S. 354f.). Die Anklage, die in 4–6 das kommende Ende begründet, nimmt nachweislich Amosworte auf, und zwar in 4 und 6 den Wortlaut von 2 7a und 6b. Winzige Varianten im Vokabular weisen auf die Freiheit mündlicher Über-

Ort

lieferung hin. Die Schwurformel in 7a erinnert an 4 2 und 6 8. Die An-kündigung der Leichenklage in 9f. nimmt nicht nur die Thematik, son-dern auch die wichtigsten Kennworte aus 5 1f. 16f. (קִינָה und אֵבֶל) auf; vgl. auch schon אבל in 8. Geradezu wie eine Auslegung der Leichenklage in 5 2 wirkt 13f. Die Symbolgestalt „Jungfrau Israel" (בְּתוּלַת יִשְׂרָאֵל), die „gefallen ist und nicht mehr aufsteht" (נָפְלָה לֹא־תוֹסִיף קוּם), erscheint nun in der Wirklichkeit der hinschmachtenden „schönen Jungfrauen und Jung-mannen" (הבתולת היפות והבחורים), die „fallen und nicht wieder aufstehen" (ונפלו ולא־יקומו עוד). Dabei hallt in לא עוד zugleich das Schlußwort der in der Spruchfolge ausgelegten (dritten und) vierten Vision nach (8 2bβ). Die diese Worte formulierten, haben offenbar (wie in 7 14ff.) Amos' eigene Sprüche noch im Ohr.

Doch sie sprechen nicht nur anders (s.o.S. 372f. Form), sondern legen die Botschaft in neuer Situation aus. Im einzelnen kann meist nicht ge-sagt werden, was alt und was neu ist, ob die Sätze über den betrügeri-schen Handel in 5 an mündliche Amostraditionen anschließen, wie das von 4 und 6 nachzuweisen ist, oder ob hier eine freie Weiterführung pro-phetischer Gedanken in andere Bereiche des Rechtsbruchs vorliegt. Die Verachtung von Neumond und Sabbat nach 5a könnte anderen Hörern als den festfreudigen Gesprächspartnern in 5 21ff. nachgesagt werden. Die Ausmalung der Trauerriten in 9f. zeigt etwas stärkeres Interesse am Zeremoniell, als wir es bei Amos antreffen. Sollte in 14a auf Abgötterei in Samaria, Dan und Beerseba angespielt sein, so befänden wir uns dichter bei der Thematik Hoseas als bei der des Amos.

Eben die Erinnerung an Dan in 14aβ warnt davor, diese Worte zu spät anzusetzen. Sie müssen vor dem Einmarsch Tiglatpilesers III. im Jahre 733 gesprochen sein. Wir werden in die gleiche Zeit der dreißiger Jahre des 8. Jh. geführt, in die 6 2 hineinpaßt (s.o.S. 319). Wenn die An-geredeten auf den „Weg nach Beerseba" schwören, dann sind die glei-chen Nordreichspilger gemeint, für die 5 4f. in 5aγ erweitert wurde. Die Art, eine Drohung in die Form einer Diskussionsfrage zu kleiden (8), ent-spricht der Disputationsfreudigkeit, aber auch einer etwas größeren Un-sicherheit der Amosschüler (vgl. 5 14f. 6 2). Kurzum, diese Ergänzer sind bemüht, das alte Amoswort, das zum größten Teil schon schriftlich fixiert ist, den Pilgern aus dem Nordreich vor dessen Zusammenbruch so nahe wie möglich zu bringen. ·

Nur 11f. wird wahrscheinlich aus späterer Zeit stammen. Schon die Einführungsformel weist auf eine andere redaktionelle Hand (s.o.S. 373). Man hat versucht, durch Streichung von 11b und 12b einen Kern zu ret-ten, in dem dann nur von einer natürlichen Hungersnot gesprochen wäre (Marti). Aber weder ist sicher, daß Amos diese Gestalt des Gerichts er-wartet hat, noch kann sich die Kürzung auf ältere Textformen stützen. Völlig auszuschließen ist es nicht, daß Amos, dem das Jahwewort verwehrt war (7 16), später einen Hunger nach diesem Wort angedroht hat, der nicht mehr gestillt werden würde. Aber wahrscheinlicher kommt in den theologisch reflektierenden Sätzen doch jener deuteronomistische Prediger zu Wort, der über die Abweisung des Jahwewortes gründlich nachgedacht hat (2 11f.; vgl. 2 4). Kann בצמא in 13b die Einfügung an dieser Stelle angeregt haben?

Der erste Spruch beginnt mit dem einfachen Aufmerksamkeitsruf; vgl. **Wort** zu 3 1 4 1 5 1 o.S. 213; זאת als Objekt des Hörens findet sich auch Mi 3 9 und **4** in den ausgebauten Lehreröffnungsrufen Hos 5 1 Jl 1 2 (s.o.S. 22). Die Angerufenen sind sofort im Vokativ als Unterdrücker der Bedürftigen charakterisiert; zu שאף, אביון und ענו s. Textanm. 4a und o.S. 200–202 zu 2 6f. Das Niedertreten der Armen ist auf das Ziel ihrer Vernichtung aus; zur Konstruktion s. Textanm. 4c. שבת hi. gebraucht Hosea im gleichen Sinne für die Ausrottung des israelitischen Königshauses (1 4; s. BK XIV/ 1,20), Ezechiel in Ausführung des Themas vom „Ende" (s.o.S. 368 zu 8 2) für die Vernichtung allen Stolzes (Ez 7 24). Der Spruch Am 8 4–7 bringt zunächst nur indirekt zum Ausdruck, daß die, die Bedrückte vernichten, das Ende des Jahwevolkes herbeiführen.

Bevor in 6 weiter von der Schuld gegen Hilflose die Rede ist, wird in 5 **5** als neues Thema der Betrug im Handel angeschlagen. Dabei wird die Gesamtaussage von 5 und 6 als Zitat von Worten der Angeklagten eingeführt. In ihren eigenen Reden liegt der Beleg ihres Unrechts vor (s.o.S. 116). „Wann ist der Neumond vorbei... und der Sabbat?" Sie drängen derart zu ihren bösen Geschäften, daß sie um die Zeit geizen, wenn ihnen fürs Geschäft alle vier Wochen ein Neumondtag und dazu jeder siebente Tag entgeht. Sie können nicht einmal mehr die Freude dieser Feiertage genießen (vgl. 1 S 20 5 Jes 1 13f. Hos 2 13 und BK XIV/1, 46; auch 2 Kö 4 23 und Ez 46 3 nennen Neumondfest und Sabbat nebeneinander). Insbesondere der Sabbat ist als Tag strenger Arbeitsruhe hier wie auch sonst vorausgesetzt. Sollte der siebente Tag anderwärts als Markttag mit Arbeitstabus belegt sein, so ist doch hier in Israel gerade auch der Handel streng verboten (vgl. EJenni, Die theologische Begründung des Sabbatgebotes im Alten Testament: ThSt Zürich 46, 1956, 12f.); Jer 17 21–27 warnt vor dem Lasttragen am Sabbat; Neh 13 15–22 wird Marktverbot verfügt; Nu 15 32–36 ist dann sogar Holzauflesen und Ex 35 3 Feueranzünden am Sabbat verboten. Das Marktverbot scheint zu den älteren Bestimmungen über die Sabbatruhe zu gehören; der Kontext in Am 8 4 und 6 legt die Annahme nahe, daß das soziale Moment der Schonung von Sklaven dabei eine Rolle spielte (vgl. Ex 23 12 Dt 5 14f.). Hier jedoch wird nur die Hemmung des Handels selbst erwähnt. שבר bezeichnet wie בר das Handelsgetreide; wie hier finden sich beide Worte im Wechsel auch Gn 42 1–3. 25f. (s.o.S. 290 zu 5 11). Das Verbum שבר meint im ḳ. den Einkauf solchen Getreides (z.B. Gn 42 2f.), im hi. den Verkauf (Gn 42 6

Prv 11 26). פתח = „öffnen" läßt als Objekt zunächst den „Sack", der das Korn enthält, erwarten (so Gn 42 27 43 21 44 11); wird das Wort hier auf den Inhalt übertragen, so bekommt es die Bedeutung „anbieten". Die Bosheit des Geschäftseifers zeigt sich zunächst darin, daß nicht nur gutes Getreide, sondern auch „Abfall" angeboten wird; zur Umstellung von 6b s. Textanm. 5e. מפל kommt in diesem Sinne nur hier vor und muß minder- wertige Ware bezeichnen, die, zu Boden gefallen, verschmutzt und zer- treten ist (Hi 41 15 bedeutet es „Wampen" des Krokodils). Vollends gegen die Ordnungen verstößt es, wenn die Maße gefälscht werden. Das Epha ist ein Hohlmaß, das etwa 40 Liter faßt; vgl. Barrois, Manuel II 247bis 252; RBYScott; AStrobel; WZimmerli, BK XIII 1161. Damit wird die verkaufte Ware gemessen. Wenn es durch Einlagen oder Umformung verkleinert wird, liegt nicht mehr אֵיפַת צֶדֶק (Lv 19 36) vor, sondern אֵיפַת רָזוֹן וְעוּמָה, ein „verfluchtes, geschrumpftes Epha" (Mi 6 10; vgl. Dt 25 14f.). Der Käufer erhält zu wenig. Der Seqel dagegen bezeichnet das Gewicht, mit dem der Kaufpreis, das Geld, abgewogen wurde, solange es keine ge- prägten Münzen gab; die Gewichte bestanden wohl zumeist aus unten abgeplatteten Kalksteinkugeln. Das Normgewicht des Seqel lag bei etwa 11,5 Gramm (Barrois, Manuel II 252–258; BRL 187; vgl. Scott und Strobel). Wurden die Seqel auf irgendeine Weise vergrößert, also schwe- rer, so konnte man sie nicht mehr אַבְנֵי צֶדֶק (Lv 19 36) nennen; sie waren אַבְנֵי מִרְמָה (Mi 6 11 „falsche Gewichtsteine") geworden (vgl. Dt 25 13. 15). Der Kaufpreis war durch Betrug erhöht. Denn das Normgewicht wurde in eine der beiden Schalen der Waage gelegt, die in aller Regel nicht dem Messen der Ware, sondern des Kaufpreises diente (Jer 32 10). So konnte ein Händler auch mit einer genauen (richtigen) Waage (מֹאזְנֵי צֶדֶק Lv 19 36 Hi 31 6 Ez 45 10 oder מֹאזְנֵי מִשְׁפָּט Prv 16 11) den Käufer überlisten. Die dritte Betrugsmöglichkeit ergab die Änderung der Waage. עות heißt dieser Eingriff hier; damit war ein „Krümmen" gemeint, das vielleicht nicht nur ein „Fälschen" im allgemeinen Sinne bedeutete (etwa durch Beschweren der Normschale), sondern ein konkretes „Verbiegen" des Waagebalkens. So wurde aus der rechten Waage מאזני מרמה. Die Wurzel רמה bedeutet „betrügen" und „verraten". Die Trugwaage dient der listig- verschlagenen Übervorteilung des Käufers; vgl. MAKlopfenstein, Die Lüge nach dem Alten Testament (1964) 310ff. Die Spruchweisheit spricht wiederholt von מאזני מרמה (Prv 11 1 20 23) und ist auch sonst beredt in dieser Sache (Prv 16 11 20 10); dagegen erwähnt die Gesetzesüberliefe- rung den Begriff nicht, wenn sie auch in Lv 19 35f. und Dt 25 13–15 zur Sache Stellung nimmt. Auch im großen Hymnus an Schamasch heißt es im weisheitlichen Lehrstil (1151–54): „Wer die Waage nimmt, (frevel-) haft (handelt), die Gewichtssteine des Beutels verändert, ... tut dem Ge- winn Abbruch... Wer ehrlich die Waage nimmt, genießt viele (Segnungen)" (nach AFalkenstein-WvSoden, Sumerische und akkadische Hymnen und

Gebete, 1953, 244; ANET 388). Im 8. Jh. muß das korrupte Wirtschaftsleben in den israelitischen Städten weit verbreitet gewesen sein; vgl. Hos
12 8 Mi 6 10f. und BK XIV/1, 278. Die allgemeine Lehre ist hier in ge-
zielte Anklage umgesetzt.

Nicht nur des Warenhandels wegen können die Angesprochenen 6
das Ende des Feiertags nicht abwarten, sondern – schlimmer noch – weil
sie auf Menschenhandel aus sind. Die üblen Praktiken der Schuldsklaverei werden wie in 2 6b herausgestellt (s.o.S. 200f.), nur daß vom An-
kauf (קנה) statt vom Verkauf der Armen die Rede ist.

Als Schwur Jahwes wird die Drohung ähnlich wie in 4 2 6 8 eingeleitet. 7
Doch was meint „Stolz Jakobs", bei dem Jahwe schwört? In 6 8 bedeutet
גאון יעקב fraglos die hoffärtige Anmaßung Israels (s.o.S. 327). Nimmt man
auch hier diesen Sinn an, dann würde Jahwe „höhnisch bei dieser unabänderlichen Tatsache" schwören (JWellhausen 93). Dagegen ist zu
erwägen, daß Jahwe sonst immer bei sich selbst schwört. „Stolz Jakobs"
müßte dann ein Prädikat Jahwes sein. „So wahr ich der Stolz Jakobs bin,
vergesse ich nie eure Thaten", paraphrasiert KMarti (217). So klingt
die Rede noch sarkastischer, weil der, auf den Jakob stolz ist, sein Volk
hart straft (vgl. 3 2). Diese Deutung setzt voraus, daß „Stolz Jakobs" als
Epitheton Jahwes bekannt war. Das ist aber durchaus nicht der Fall.
„Stolz Jakobs" findet sich nur noch Ps 47 5 und meint dort das Land
Israels (vgl. Jes 58 14). Sonst ist nur noch Mi 5 3 (בִּגְאוֹן שֵׁם יהוה) vergleichbar. An unserer Stelle fehlt aber die eindeutige Beziehung auf Jahwe. So
wird man doch bei der Bedeutung von 6 8 (vgl. auch Hos 5 5 7 10) bleiben müssen. Dabei kann die Abweichung von den Amosworten 4 2 und
6 8, in denen Jahwe „bei seiner Heiligkeit" oder „bei seinem Leben"
schwört, damit erklärt werden, daß hier die Amosschule formuliert, die
sich vielleicht frei an 6 8 anschloß, so daß sogar als Sinn denkbar wäre:
„Jahwe hat gegen den Stolz Jakobs geschworen"; doch wäre dann als
praep. לְ zu erwarten (Gn 24 7 Dt 2 14 26 3 Ri 2 15 2 S 3 9 Ps 132 11 u.ö.;
vgl. ESellin 258). So bleibt der ironische Sinn am wahrscheinlichsten:
Jahwes Schwur gilt ebenso unabänderlich, wie die freche Anmaßung
Israels unverbesserlich erscheint.

In der Fortsetzung zeigt sich die Sprache der Schüler noch deutlicher.
Die Amos-Sprüche 4 2 und 6 8 benutzen die Schwurpartikel (s. Textanm.
7a) nicht und bringen höchst konkrete Strafansagen. Hier dagegen kündigt Jahwe für Amos ganz ungewöhnlich blaß und allgemein an, daß er
„ihre Taten niemals vergessen werde". Damit ist ein aus Klageliedern
wohl vertrauter Satz aufgenommen, etwa Ps 74 19: „Vergiß nicht auf
immer das Leben deiner Armen" (אַל תִּשְׁכַּח לָנֶצַח; vgl. Ps 13 2 44 24f. 77 9f.).
Die Drohung klingt fast wie ein abweisender Kultbescheid. In den Tagen
der Amosschüler, zwei, drei Jahrzehnte nach der Verkündigung des Propheten, die zunächst für das Nordreich noch ruhig verlaufen waren, hat

es schon seinen besonderen Sinn, wenn die Disputanten aus dem Nordreich erinnert werden: „Nicht auf immer vergißt Jahwe all eure Taten!" Schon kommt Tiglatpileser III. bedrohlich nahe (s.o.S. 134).

8   Eine rhetorische Frage folgt. Sie stellt ein Gericht als Folge von Jahwes Nicht-Vergessen zur Diskussion (s.o.S. 373 Form): Man wird zunächst an das Erdbeben erinnert, das schon in der Überschrift zur Datierung angeführt wurde (s.o.S. 150.155), das auch 2 13 (s.o.S. 208) androhte (dort im Anschluß an das mit 8 4–6 so verwandte Anklagewort 2 4–6) und das schließlich auch in der fünften Vision (9 1) bezeugt wird, also in dem unserem Einschub vorgegebenen Kontext. Statt רעש in 11 9 1 steht hier רגז (vom Erdbeben auch Jl 2 10 1 S 14 15 Hab 3 7; in Ps 77 19 neben רעש). Vielleicht wird an das bald nach Amos' Wirksamkeit eingetretene Erdbeben erinnert. Nur hier und 9 5 wird Trauer als Wirkung eines Erdbebens auf den Menschen genannt. Die Spruchreihe interpretiert „das Ende" (2) weiter in der in 3 eingeschlagenen Richtung. Merkwürdig ist der Vergleich des Erdbebens, bei dem mehrere Stöße in wenigen Minuten aufeinander folgen, mit dem durch Monate sich hinziehenden Steigen und Fallen des Nils. Vielleicht will die Ergänzung ונגרשה (s. Textanm. 8b) deutend korrigieren, da hier das Bild aufgewühlter Wasser erscheint, wie denn גרש in Jes 57 20 das Wogen des Meeres beschreibt; vgl. JBlau, Über homonyme Wurzeln: VT 6 (1956) 242–248 (245); anders LDelekat, Zum hebräischen Wörterbuch: VT 14 (1964) 22f. Hat der, der den Vergleich einführte, „die Erscheinungen selbst nie gesehen" (ThHRobinson), hat er „seine Bekanntschaft mit den Wundern der Welt ausnutzen wollen" (JWellhausen), oder sollte das tertium comparationis nur die unwiderstehliche und weitgreifende Gewalt des Naturgeschehens sein, die einen Einbruch des Chaos schlechthin herbeiführt (vgl. SAmsler)? Jedenfalls wird hier ähnlich wie Hos 4 1–3 (vgl. auch Jer 5 25f. 23 10) vorausgesetzt, daß der Mensch in Israel, der an den gerechten Lebensordnungen rüttelt, zugleich die Erde und ihre Bewohner ins Verderben hineinreißt (vgl. BK XIV/1, 86). Zu יאור vgl. WZimmerli, BK XIII 707.

9   Aber auch der übrige Kosmos wird einbezogen, wenn Israels Ende naht. Die Sonne verfinstert sich am hellen Tage, der Mittag wird zur Nacht. Man hat an die Sonnenfinsternis des Jahres 763 gedacht; der 9. Februar 784 hatte sogar eine totale Sonnenfinsternis gebracht. Das Unheimliche solcher Stunden wird von Generation zu Generation erzählt worden sein. Jetzt soll nur gesagt werden, daß am Tag des angekündigten Endes Israels nicht nur die Hofsängerinnen (3) und alle Erdbewohner (8), sondern auch die Himmel in die Trauer einstimmen; vgl. Jes 50 3. Ja, die

10 Sonne selbst wird Anführerin der großen Leichenklage in Israel. Indem Jahwe den Tag zur Nacht macht, verwandelt er Freudenfeste in Klagefeiern und Lobgesänge in Leichenklagen; zu קינה vgl. o.S. 277 zu 5 1, zu אבל o.S. 292f. zu 5 16f., zu חג und שיר o.S. 307f. zu 5 21–23 und S. 320 zu

6 5; vgl. Jer 7 34 16 9 25 10 Ez 26 13 Thr 5 14. An die Stelle des Festgewandes tritt dann der grob gewebte dunkle Lendenschurz, der nur um die Hüften gelegt wird (vgl. Gn 37 34 Jl 1 8. 13 und o. S. 34). Das Kopfhaar wird kahl geschoren; hier ist wahrscheinlich an eine völlige Glatze gedacht (vgl. Jer 16 6), in Dt 14 1 an eine Stirnglatze, in Lv 19 27 an eine rundgeschorene Randglatze (so nach KElliger, Leviticus: HAT I/4, 1966, 261, auch Lv 21 5, anders EKutsch 26). Die Suffixe in b (שׂמתיה־אחריתה) können kaum anders als neutral gedeutet und auf den Gesamtzustand bezogen werden. Zusammenfassend wird die Trauer in ihrem ungewöhnlichen Maß als die „um einen Einzigen" bezeichnet; es ist die bitterste Form, denn mit dem Tod des einzigen Sohnes wird der gesamte Segen der Nachkommenschaft hinweggerafft (vgl Jer 6 26 Sach 12 10 und LWächter, Der Tod im Alten Testament: AzTh II/8, 1967, 60). „Das Ende", dem nichts anderes mehr folgt, gleicht dem „bitteren Tag"; zur Bedeutung der Suffixe s. o. Textanm. 10b. מר, das beim Geschmack das Gegenteil zu „süß" ist (Jes 5 20 Prv 27 7) und vom Wermut ausgesagt wird (Prv 5 4 אַחֲרִיתָהּ מָרָה: von der fremden Frau), bezeichnet vor allem die Bitternis des Weinens (Jes 33 7), des Schreiens (Ez 27 30), der Totenklage (Ez 27 31 מִסְפֵּד מָר) und des Todes (Qoh 7 26 Hi 21 25 1 S 15 32 מַר־הַמָּוֶת). Hier will die letzte Steigerung wohl besagen: Am Ende der leidschweren Totenklage tritt als „der bittere Tag" der Tod selbst ein, auch für die Klagenden.

Die von der Sprache der Amosschule sich abhebende Einführung 11 (s. o. S. 373) eröffnet einen Spruch, dessen Theologie in spätere Zeit weist. Theologische Präzision ist ihr wichtiger als stilistische Konsequenz; so wird innerhalb der Ich-Rede Jahwes (והשלחתי 11a) von „Worten Jahwes" (11b) und vom „Wort Jahwes" (12b) gesprochen. שלח hi. kommt nur fünfmal im ganzen Alten Testament vor (über 500 mal ḳ, weit über 200mal pi.); immer ist dabei Jahwe Subjekt und das Objekt eine Plage (Ex 8 17 [J] Lv 26 22 2 Kö 15 37; in Ez 14 13 [vgl. 21] wie hier רעב). Der Hunger, den Jahwe sendet, wird alsbald unterschieden von dem Verlangen nach den wichtigsten Lebensmitteln Brot und Wasser. Die Nomina „Hunger" und „Durst" finden sich sonst merkwürdig selten unmittelbar nebeneinander (Dt 28 48 Jes 5 13 Neh 9 15 2 Ch 32 11). So ist die Vermutung verständlich, der Satz „und nicht Durst nach Wasser" sei nachgetragen (s. o. Textanm. b–b). Er wird aber besser aus der Absicht des Redaktors erklärt, den Spruch als Ergänzung zu 13f. zu stellen und die dortige Androhung von „Durst" (13b) weniger erweitern (dann hätte er gleich zu Anfang sagen müssen: „Ich sende Hunger und Durst ins Land") als vielmehr erläutern zu wollen, und zwar mit einem schon vorgeprägten Spruch. Das neue Hungern und Dürsten, das als Plage über Israel kommt, ist das Verlangen, „Jahwes Worte zu hören". Die Wendung „(alle) Worte Jahwes hören" findet sich außer an unserer Stelle nur in den Jeremia-Erzählungen (Jer 36 11 37 2 43 1), also in der Nähe deuteronomistischer Arbeit, und zwar in Zusammenhängen, in denen die Aufnahme des Wortes von den Hörern verweigert wird. Die Vorstellung, daß der Mensch von dem lebt, „was aus dem Munde Jahwes hervorgeht", und nicht „vom Brot allein", begegnet zuerst in der deuteronomischen Predigt (Dt 8 3; vgl. 30 15f. 32 47), und zwar als „eigenwillige Neuinterpretation der alten Mannatradition" (GvRad, Das fünfte Buch Mose: ATD 8, 1964, 51). Der Zusatz verkündet einmalig das Verlangen, „Jahwes Worte zu hören", als eine von Jahwe selbst verfügte Plage der Hungersnot. Die das prophetische Wort nicht hören wollten (2 11f.; vgl. 7 16), werden damit bestraft, daß ihnen das Wort entzogen wird.

12   Die Not, die damit entsteht, bringt verzweifelte Bewegungen hervor. נוע bezeichnet auch in 4 8 das suchende Hin- und Herlaufen von Dürstenden, Jer 14 10 das begierige Rennen, Jes 24 20 das unsichere Schwanken von Betrunkenen, Thr 4 14f. das von Blinden. In unserem Zusammenhang ist das von Not getriebene, unruhige und ziellose Hin- und Herlaufen gemeint. Parallel dazu betont שוט pil. das weiträumige Umherschweifen, das ebenfalls ein Suchen ist; so wird es von den Augen Gottes ausgesagt (Sach 4 10 2 Ch 16 9; vgl. Jer 5 1), im ḳ. von dem Satan (Hi 1 7 2 2), bezeichnenderweise aber auch von denen, die das Manna aufsuchen (Nu 11 8; vgl. 2 S 24 2. 8). Der Bereich des Umherstreifens wird maximal bestimmt. „Von Meer zu Meer" meint hier sicher nicht vom Toten Meer bis zum Mittelmeer (so WRHarper; vgl. aber die genaueren Bestimmungen Jl 2 20, s.o.S. 74), sondern will die äußersten Grenzen der Erde bezeichnen wie Ps 72 8 Sach 9 10. Sollten die Grenzen Palästinas bestimmt werden, so wäre als Fortsetzung nicht „vom Norden zum Osten" zu erwarten. Hier ist vielmehr an jene Weiten zu denken, in die das exilierte Gottesvolk verstreut wurde. So wird die seltsame Verbindung von Norden und Osten am besten verständlich (VMaag 55).

    Zweck aller mühsamen, weiten Wege ist es, „Jahwes Wort zu suchen". Die Verbindung בקש את־דבר־יהוה kennt das Alte Testament sonst nicht; zur Sache vgl. Hos 5 6. 15 (dazu BK XIV/1, 127f.) und Jer 50 4, zur Sprache Jes 41 17 Thr 1 11. בּקשׁ bezeichnet ein Suchen von Verlorenem, das zur Existenz des Suchenden gehört und das ihn zur Bewegung treibt; vgl. Cant 3 1f. und CWestermann, KuD 6 (1960) 2f. Daß dem Suchen kein Finden folgt, bewirkt das Gericht Gottes. Im Hunger nach Gottes Wort darben und vergeblich die Welt durchstreifen müssen, das ist das Ende Israels als des Gottesvolkes. So erklärt dieser Spruch auf eigene Weise die zweite Vision (2).

13   Mit einem letzten Spruch verdeutlichen die Amosschüler im Anschluß an ihren Meister das „Ende" (2). Trotz aller Probleme, die die kurzen Sätze aufgeben, ist die Drohung doch eindeutig: Die Blüte der Jugend wird hingerafft und damit Israel seine Zukunft genommen. עלף hitp.

wird in Jon 4 8 von Jona ausgesagt, als er in der schattenlosen Hitze völlig lebensmatt wird. Von „Ohnmacht" kann man nicht sprechen, da er sich noch bittend an Gott wendet, wohl aber von völliger Schwäche und Hinfälligkeit; „verschmachten" wird den Sinn des hebräischen Wortes einigermaßen treffen; ähnlich übersetzt 𝔊 (ἐκλείψουσιν). Was bei Jona die Hitze ausrichtet, geht nach dem hier überlieferten Text auf „Durst" zurück; vgl. Textanm. 13b. An einen Tod in der Schlacht durchs Schwert ist trotz des Anklangs von 14b an 5 2(f.) nicht zu denken, da die Mädchen in ihrer Schönheit ebenso hingerafft werden wie die jungen Männer in ihrer Kraft; zu בתולה s.o.S. 277 zu 5 2, zu בחורים s.o.S. 261 zu 4 10. Einer großen Dürre fällt das Volk anheim.

Die Betroffenen sind falscher Schwurleistungen schuldig befunden. 14 Wer bei einem Gott schwört, bekennt sich zu ihm. Er ruft diesen Gott als Zeugen an; als der wissende Gott bleibt er der wachende und richtende. So unterstellt sich der Schwörende der Macht des Gottes als des lebendigen; daher die Schwurformel חי; vgl. HJKraus, Der lebendige Gott: EvTh 27 (1967) 169–200 (175f.); JBecker, Gottesfurcht im Alten Testament: AnBibl 25 (1965) 94. „Der Eid bei anderen Gottheiten ist jedenfalls ein Zeichen von Apostasie (Dtn. 6, 12f.; 10, 20; Ps. 63, 12; Jer. 12, 16; Jos. 23, 7; Am. 8, 14; Zeph. 1, 5; Jer. 5, 7)" (FHorst, Der Eid im Alten Testament: EvTh 17, 1957, 366–384 [370] = Gottes Recht, ThB 12, 1961, 292–314 [297]). Da 14a als Strafbegründung verstanden werden muß, sind die aufgezählten Heiligtumseide als Abfall von Jahwe zu deuten. Das gilt auch dann, wenn der ursprüngliche Text nicht direkt fremde Gottheiten genannt hat, also etwa die Aschima oder Aschera von Samaria oder die „Macht", den „Schutzpatron" oder gar das „Pantheon" von Beerseba; vgl. die Diskussion der Textänderungsvorschläge in Textanm. 14a und b. Die „Schuld Samarias" könnte das Reichsheiligtum von Bethel (7 13, s.o.S. 358f.) und das dortige Jungstierbild meinen; vgl. Hos 8 5f. und BK XIV/1, 179f. Doch ist das unsicher. Denn wer unter den aufgezählten Heiligtümern Bethel vermißt, muß ohnehin auch Gilgal entbehren (vgl. 4 4 5 5). Zudem haben wir hier nicht mehr mit einem unmittelbar auf Amos zurückgehenden Wort zu rechnen, sondern mit dem seiner Schüler (s.o.S. 374). Deren Gesprächspartner müssen beim Hören doch zuerst an die Hauptstadt selbst gedacht haben, zumal mit einem offiziellen Heiligtum in Samaria unbedingt zu rechnen ist, das mindestens auch dem Baal und der Aschera galt; vgl. 1 Kö 16 32f., dazu MNoth, Könige: BK IX/1, 284.355. Wenn hier der Gott des Eides „Schuld Samarias" heißt, so entspricht das prophetischer Art, in fingierte Zitate das Urteil hineinzulegen; vgl. HWWolff, ThB 22 (1964) 70f. Zu bedenken bleibt allerdings, daß אַשְׁמָה erst der späteren Sprache, vor allem des chronistischen Geschichtswerks, geläufig wird; doch gebraucht Hosea אשם in seiner Kritik des Baalkultes (Hos 4 15 13 1). So muß das Substantiv der Amosschule nicht abgestritten werden. Das gilt umso mehr, als auch die folgenden Eidgötter keinen Fremdgötternamen tragen. Bei dem von Dan liegt die Kritik eben in dem Suffix „dein Gott"; mag sachlich an das Jungstierbild gedacht sein (1 Kö 12 28f.), der Ton liegt auf dem Kultort. Das gilt auch für das dritte Glied. Man schwört beim „Weg" nach Beerseba, d.h. doch wohl auf die Wallfahrt dorthin; vgl. KGalling, ZDPV 67 (1944) 38f.; EWürthwein möchte דרך im Blick auf Ps 139 24 Jer 2 23 10 2 12 16 „von der Kultübung verstehen" (VT 8, 1958, 173f.). Sieht man die drei Eidesleistungen zusammen, so wird der Abfall von Jahwe nicht durch Benennung fremder Gottheiten, sondern durch das Pochen auf den Sitz der Gottheit an bestimmten Heiligtümern und auf die religiöse Übung der Wallfahrt dorthin verdeutlicht. Jahwe ist nach kanaanäischer Art aufgespalten in territoriale Schutzpatrongottheiten (vgl. MLeahy). Damit liegt diese Kritik noch in der Richtung des Amos (4 4f. 5 4f. 21–23), wenn auch anders als bei Amos die Götter der Heiligtümer wie selbstverständlich von Jahwe unterschieden werden; vgl. dazu Hos 4 15 und BK XIV/1, 113f.

Der Schlußsatz führt die Strafansage von 13 zu Ende: „Sie fallen und stehen nicht wieder auf." Der Schlußsatz des vierten Visionsberichts (2bβ) wird hier durch die Leichenklage des Amos (5 2) ausgelegt. Im Ganzen des Spruches ist somit die altprophetische Verkündigung des Endes neu mit dem Hinweis auf falschen Kult begründet worden. Im Disput mit Beerseba-Pilgern aus dem Nordreich wird das gut verständlich (s.o.S. 374).

Ziel   Die Spruchsammlung 4–14 legt in Fortsetzung von 3 „das Ende" aus, das Jahwe dem Amos als das unentrinnbare Geschick Israels in der vierten Vision enthüllt hat. Der Schlußsatz des letzten Spruches (14b): „Sie fallen und stehen nicht mehr auf", zeigt in Weiterführung von 2bβ und in Aufnahme von 5 2 am deutlichsten, daß nicht weniger als der Tod zu erwarten ist; er schneidet jede Erwartung der Zukunft ab. Demgemäß sprechen die anderen Sprüche ähnlich wie 3 von der Trauer (8) und von der Leichenklage (9f.). Der konkrete Anlaß wird allerdings verschieden gesehen. Das zeigt, daß die literarische Komposition Material verschiedenartiger Herkunft und unterschiedlicher Nähe zu Amos zusammenträgt. Die Amosschüler stellen ihren Lesern mehrere Wege vor Augen, auf denen das Ende naht: im Erdbeben (8), in der kosmischen Katastrophe, die mit einer Sonnenfinsternis (9) das große Sterben einleitet (10), in einer Dürre, die auch die Jugend unrettbar niederwirft (13f.). Es ist, als entstammten diese Sprüche einer umfassenden Diskussion über die Frage, wie denn die Botschaft des Propheten, die schon vor Jahren erging, in die Geschichte eintritt. Die Prophetenschüler wie ihre Gesprächspartner sind angefochten; zur Frageform in 8 s.o.S. 378. Sehen sie nicht, daß die Assyrer Tiglatpileser III., Salmanassar V. und Sargon II.

nur noch kurze Zeit vor dem Staatsgebiet Israels und den Toren seiner Hauptstadt warten?

Die das Amoswort wachhalten, versäumen nicht, alte und neue Gründe für den Untergang Israels anzuführen. Vom Propheten selbst stammt die Anklage wegen sozialer Ungerechtigkeit (4. 6) und die Erinnerung an die hoffärtige Anmaßung Jakobs (7a). Der Hinweis auf den Händlergeist, der im Betrugseifer die arbeitsfreien Tage verwünscht (5), mag schon ein neues Unrecht hinzufügen. Sicher aber ist die Weise, in der die Kultkritik des Propheten in 14 weitergeführt wird, von der Anklage der Untreue gegen Jahwe mitbestimmt, die Hosea ins Bewußtsein hob.

So wird die Botschaft des Amos weiter eingeschärft: Wer sein Leben durch Unterdrückung der Abhängigen, durch Täuschung im Wirtschaftsleben, durch kultpolitische Sicherungsversuche gewinnen will, der wird es auf diese oder jene Weise völlig verlieren.

Der in 11f. sehr wahrscheinlich nachgetragene Spruch (s.o.S. 374f.) führt insbesondere 13f. weiter und damit die Verkündigung in andere Bereiche. Der Durst, der Leben zum Erliegen bringt (13), wird nun zum ungestillten Verlangen nach dem Wort Jahwes. Das Rennen, das sich in Samaria und von Dan bis Beerseba das Leben bei den Heiligtumsgöttern sichern will, wird zum Durchsuchen der ganzen Erde nach dem rettenden Gotteswort. Das Ende ist nun signalisiert als die Stunde, in der Jahwe gesucht wird, sich aber nicht mehr finden läßt (vgl. Jes 55 6). Eine weltweite Bewegung hat die Menschen ergriffen; von Meer zu Meer jagen sie und vom Norden zum Osten. Es fehlt ihnen vielleicht nicht an Brot oder Wasser, sicher aber an dem einen, das sie immer wieder verachtet haben. Nun merken sie, daß sie nicht mehr leben können, ohne dieses eine zu hören: das Wort Jahwes, das prophetisch verkündete Wort. Das ist eine andere Weise des Endes, als es Amos schaute und ausrief. Hier kann der Mensch nicht leben und nicht sterben, sondern nur endlos verzweifelt und vergeblich suchen.

So weckt diese mehrschichtige Spruchsammlung die Erkenntnis, daß unter dem verkündeten Wort das Leben und mehr als das Leben zu verlieren ist; das Mehr ist dieses Wort selbst. Von Amos her war es nicht zu erwarten, daß das Machtwort über Leben und Tod mitten im Ende Israels neu Einkehr halten würde in der Menschheit. Dem Spruch vom unauffindbaren Wort Jahwes trat die stille Stimme gegenüber, die sagte: „Meine Speise ist es, den Willen dessen zu tun, der mich gesandt hat, und sein Werk zu Ende zu führen" (Joh 4 34). Er führt die Botschaft des Amos (z.B. 4–6. 14) über 11f. hinaus weiter. Er entlarvt die Zumutung, aus Steinen Brot zu machen, als versucherisches Weltrettungsprogramm. Er überwindet die Weltnot, indem er als der unter uns wirkt, der nicht vom Brot allein lebt, sondern „von jedem Wort, das aus dem Munde Gottes kommt" (Dt 8 3 Mt 4 3f.). In diesem Jesus trat das von Amos und seinen alttestamentlichen Nachfahren nicht zu Erspähende in Israel für die ganze Menschheit ein: Das ausgestoßene und unauffindbar gewordene Wort läßt sich in seiner menschlichen Gestalt finden, und denen, die sich selbst das unaufhaltsame Ende bereitet haben, wird ein neues Leben eröffnet.

KEINER ENTKOMMT
(9 1–6)

PJoüon, Notes de lexicographie hébraique (verbe מוג): Bibl 7 (1926) 165 bis Literatur
168. – AWeiser, Die Profetie des Amos: ZAWBeih 53 (1929) 41–52. – FHorst,
Die Visionsschilderungen der alttestamentlichen Propheten: EvTh 20 (1960)
193–205 (196f.). – HGrafReventlow, Das Amt des Propheten bei Amos:
FRLANT 80 (1962) 48–51. – STerrien, Amos and Wisdom: Israel's Prophetic
Heritage, Essays in Honour of JMuilenburg (1962) 108–115 (110f.). – RFey,
Amos und Jesaja: WMANT 12 (1963) 49. 109f. 114. – ECKingsbury, The
Prophets and the Council of Yahweh: JBL 83 (1964) 279–286. – S.o.S.247 zu
4 4–13 und S.337 zu 7 1–9.

¹Ich habe meinen Herrn gesehen,   Text
    wie er auf dem Altar stand.
ᵃ'' 'Er schlug'ᵇ den Säulenkopfᶜ,
    daßᵈ die Schwellen bebten.
'Und er sagte'ᵃ:
'Ich zerschlage'ᵉ ihrer aller Kopf,
    und ihren Rest töte ich mit dem Schwert.
Keinerᶠ von ihnenᵍ kann flüchten,
    und wer von ihnenᵍ entkommt, kann sich nicht retten.
²Wenn sie in die Unterwelt einbrechen,
    holt meine Hand sie von dort weg.
Wenn sie zum Himmel hinaufsteigen,
    hole ich sie von dort herunter.
³Wenn sie sich auf des Karmels Kopf verstecken,
    spüre ich (sie)ᵃ auf und hole sie dorther.
Wenn sie sich [vor meinen Augen]ᵇ auf dem Meeresbodenᶜ verbergen,
    befehleᶠ ich 'dort'ᵈ dem Drachenᵉ, daß er sie beißtᶠ.
⁴Und wenn sie vor ihren Feinden her in die Gefangenschaft ziehen,
    befehleᵃ ich 'dort'ᵃ dem Schwert, daß es sie tötetᵃ.
Ich richte mein Augeᵇ auf sie
    zum Unheil und nicht zum Heil.
ᵃ[⁵ᵇ(und zwar mein Herr, Jahwe der Heere)ᵇ
    Der die Erde anrührt, ᶜdaß sie wanktᶜ
        ᵈund alle trauern, die darauf wohnenᵈ
ᵉ(daß sie sich ganz hebt wie der Strom
    und sinkt wie Ägyptens Strom)ᵉ.
⁶Der im Himmel sein 'Hochgemach'ᶠ baut,
    sein Gewölbeᵍ auf Erden gründet
ʰ(Der den Wassern des Meeres ruft
    und sie ausgießt aufs Antlitz der Erde)ʰ.
Jahweⁱ ist sein Name.]ᵃ

    1a ויאמר wird seit PVolz (ThLZ 25, 1900, 291) von vielen (KMarti, ThH   1
Robinson, AWeiser, SAmsler u.a.) hinter הספים gestellt. Denn wer sollte im

überlieferten Text mit dem Befehl „schlage!" angesprochen sein? Kann die Hand des Propheten den Tempel zertrümmern? „Späteres Feingefühl konnte dieses drastisch anthropomorphe Bild nicht mehr ertragen und hat die heutige Textform hergestellt" (AWeiser, Profetie 42). – b 𝔐 („schlage!") wird mit der irrtümlichen Umstellung von ויאמר (s. Textanm. a) entstanden sein. Hier ist die Fortsetzung der Visionsszene zu erwarten (s.u.S.387 Form), also etwa וַיֵּךְ. – c 𝔊 (τὸ ἱλαστήριον) las irrtümlich הַכַּפֹּרֶת, das fast doppelt so häufig im Alten Testament vorkommt wie הכפתור. – d Der Vorschlag von OProcksch (BHK³) und AWeiser, impf. cons. (וַ statt וְ) zu lesen, kann nicht zureichend begründet werden; der neue Satz soll die Folge des Schlages berichten. – e Das Wort ist ebenso schwer zu deuten wie zu verbessern. 𝔐 ist entweder als imp. von בצע („abschneiden") c. suff. 3. pers. pl. zu verstehen oder als 3. pers. sg. pf. cons. c. suff. 3. pers. pl. Da hier eine Aussage über Israel („sie alle") anzunehmen ist, also der Übergang von der Vision zur Audition, mithin ויאמר vor dem schwer deutbaren Wort zu erwarten ist (s. Textanm. a), zudem auch der folgende parallele Satz (אהרג) eine 1. pers. sg. als sprechendes Ich annehmen läßt, liegt der Vorschlag אֲבַצֵּעַ (VMaag) nahe; vgl. 𝔊⁴¹⁰ διακόψω. Doch bleibt die Bedeutung („dem Leben ein Ende machen"; vgl. Jes 38 12 Hi 6 9 und KBL³) in der Verbindung mit בראש immer noch unsicher; FHorst 196 liest וַאֲבַצְּעֵם und übersetzt: „Ich bringe sie alle um mit Gift." Für diese Deutung spricht paralleles בחרב, aber entschieden dagegen der Zusammenhang mit dem Visionsbild, der wiederum andere Ausleger zur Änderung von בראש in ברעש anregte (PVolz, OProcksch, AWeiser, SAmsler). Große Unsicherheit bleibt; wir halten die Deutung von 𝔊⁴¹⁰ διακόψω εἰς κεφαλὰς πάντων für relativ einleuchtend. – f Die Paronomasie in Subjekt und Prädikat, wobei das Partizip Subjekt des zugehörigen Verbs ist, ersetzt und verdeutlicht das unbestimmte Pronomen; wörtlich: „Nicht flüchtet von ihnen ein Flüchtling"; vgl. PJoüon, Gr § 155d; BrSynt §§ 37.49a. – g ל bezeichnet hier den Genitiv; vgl. Gn 17 12 Jer 13 13 und Joüon, Gr § 130g. – 3a חפש ist als verbum relativum mit לקח zusammenzusehen; darum hat nur das abhängige Verbum das suff.: „Ich greife sie nach gründlicher Suche"; vgl. OGrether, Hebr. Grammatik § 87i. k. – b Der pl. עֵינַי steht in Spannung zu עֵינִי (sg.) in 4b; außerdem überfüllt עיני מנגד die Reihe im Vergleich zur Parallele. So wird die Wendung in 3bα nachgetragen sein; sie findet sich in gleicher Form in Jes 1 16 Jer 16 17, wobei an der letzten Stelle auch סתר ni. vorangeht. – c 𝔊 (εἰς τὰ βάθη) übersetzt pl. – d 𝔊 (ἐκεῖ) setzt שָׁם voraus, was auch dem Satzsinn entspricht; 𝔐 („von dort") kann 2a.b 3a nachgeschrieben sein; משם, insgesamt fünffach wiederholt, kann aber auch noch in 3b 4a ursprünglich sein; es wäre dann auf das jeweils letzte Verb zu beziehen (ונשכם bzw. והרגתם) und würde die gewaltsame Entfernung von jedem vermeintlichen Zufluchtsort stereotyp betonen (vgl. SAmsler 239). – e 𝔊 übersetzt נחש nicht wie meist mit ὄφις, sondern als Seeschlange im Unterschied zur Landschlange mit δράκων wie Hi 26 13; vgl. OGrether/JFichtner, ThW V 571f. – f Hier und 4a folgt dem imperfektischen Verbum des Befehlens ein perf. cons.; vgl. Joüon, Gr § 177j. – 4a S. Textanm. 3d.f. – b 𝔊 (τοὺς ὀφθαλμούς) liest עֵינַי und ist dabei offenbar angeregt durch den Zusatz in 3 עיני מנגד (ἐξ ὀφθαλμῶν μου). – 5–6a–a S.o.S.136f. und 254–256. – b–b Eine Nachinterpretation nimmt dem zum Hymnus gehörenden älteren Refrain יהוה שמו (6bβ) insofern vorweg, als in plerophorischer Form der hymnisch Besungene vorgestellt wird; vgl. Exkurs zu 6 14 o.S.332ff. – c–c KBudde und FHorst lesen וְתָמֹג; diese syntaktische Hervorhebung des Folgeereignisses ist zwar denkbar, aber nach pt. erscheint sie auch in 5 8b = 9 6b nicht erforderlich; das dortige impf. cons. stützt 𝔐 auch hier. 𝔊 (καὶ σαλεύων αὐτήν) sieht auch hier noch den Fortgang des Werkes Jahwes („und der sie erschüttert"), nicht dessen Folge wie 𝔐 und 𝔙 (tabescet = „sie zergeht"). – d–d Mur 88, VIII 15 bietet hier genau den gleichen Text wie 8 8aβ; vgl. DJD II (1961) 183. – e–e Wahrscheinlich ist der Satz aus 8 8b (infolge des gleichlautenden vorangehenden Satzes 9 5aβ = 8 8aβ) nachträglich aufgenommen; er unterbricht in den Hymnen singulär die Kette der Partizipien in der jeweils ersten Reihe; s.o.S. 255. – f Schon Mur 88, VIII 16 (DJD II, 1961, 183) liest wie 𝔐 מעלותו; jedoch setzt 𝔊 (ἀνάβασιν αὐτοῦ) sg. voraus und könnte nach Neh 3 31. 32 eher עֲלִיָתוֹ (vgl. schon WNowack) gelesen haben; 𝔐 kann durch Dittographie von מ und Verlesung des י in ו erklärt werden, zumal מַעֲלָה viel geläufiger war als עֲלִיָה. – g 𝔊 (τὴν ἐπαγγελίαν αὐτοῦ) muß das Wort von אגד hi. her mißverstanden haben, das in 4 13 Hos 4 12 Jes 44 8 57 12 Jer 16 10 mit ἀπαγγέλλειν übersetzt wird. – h–h Der Satz hat wahrscheinlich ursprünglich nur in 5 8b gestanden; s.o.S. 255. – i 𝔊 (ὁ θεὸς ὁ παντοκράτωρ) setzt wie in 4 13 und 5 8 (𝔊) zusätzlich אלהי צבאות voraus.

Der Visionsbericht in 1–4 stimmt formal darin mit den vorangehenden vier Berichten in 7 1–8 8 1f. überein, daß auch er sich als autobiographisches Memorabile darstellt, in dem die Schauung am Anfang, der Wortentscheid Jahwes am Ende steht und der visionäre Akt mit dem Wort ראה (hier ḳ.) eingeleitet wird. Deutlicher sind aber die Unterschiede: Zwischen den beiden Elementen der Schauung und dem deutenden und entscheidenden Jahwewort steht kein weiteres Element; das Gespräch zwischen Jahwe und Amos entfällt. Im ersten Stück ist Jahwe nicht mehr der Zeigende („So hat Jahwe mich sehen lassen": 7 1. 4. 7 8 1), sondern der selbst vom Propheten Geschaute („Ich sah meinen Herrn..."). Wenn die Textrekonstruktion zutrifft (s. Textanm. 1a.b), schildern drei kurze Sätze den Standort Jahwes, seine Tat und deren Folgen. Dann folgt sofort das schlechthin beherrschende Jahwewort; es hat den sechsfachen Umfang der Visionsschilderung.

Doch wird die Auffassung, hier handele es sich um einen weiteren, wenn auch abgewandelten Visionsbericht, bestritten. Der überlieferte Text bringt nach dem kurzen Bericht von der Schauung Jahwes über dem Altar alsbald dessen Wort, das den Propheten beauftragt: „Schlage das Kapitell, daß die Schwellen beben!" Daraus hat man gefolgert, hier liege gar kein eigentlicher Visionsbericht vor, sondern es handele sich „lediglich um den Auftrag zu einer symbolischen Handlung" (HGraf-Reventlow 49). Der einleitende Satz bezeuge nur die Gewißheit der Anwesenheit des Auftraggebers. Für diese Ansicht spricht neben dem überlieferten Text auch die Tatsache, daß in vielen Berichten über Symbolhandlungen Angaben über die Durchführung fehlen („in mehr als der Hälfte der Fälle": GFohrer, ZAW 64, 1952, 115). Gewichtigeres jedoch spricht dagegen.

Erstens ergehen solche Aufträge sonst nicht in Visionen; als einziges Gegenbeispiel erwähnt HGrafReventlow (50) Ez 3 22ff. Dort aber wird

Form

von vornherein, schon vor dem Bericht des visionären Elements, der Anspruch an den Propheten deutlich ausgesprochen und nachher das Handeln Jahwes durch den Propheten breit und unzweideutig geschildert; der Charakter des Gebotenen als einer Zeichenhandlung ist jedoch durchaus nicht eindeutig (vgl. WZimmerli, Ezechiel: BK XIII 106–111).

Würde also Amos 9 1–4 als Auftrag zu einer Zeichenhandlung mit nur einer einzigen, dazu textlich umstrittenen Anrede an den Propheten (s. Textanm. 1b) singulär dastehen, so bleibt zum zweiten die befohlene Handlung als solche zu bedenken. Ist dieser Auftrag vom Propheten durchführbar? Kann ein Mensch ein Säulenkapitell so schlagen, daß die Schwellen beben? Ist nicht eben das Jahwes eigenste Sache, ein Heiligtum zu zerstören? Bekommt nicht erst mit seiner Tat sein Standort auf dem Altar seinen Sinn? Macht man sich klar, daß der Brandopferaltar einige Meter vom Eingangsportal des Tempels entfernt steht, so werden die übermenschlichen Dimensionen deutlich. Vgl. SAmsler 238f.

Schließlich wird diese Sicht bestätigt durch den einleitend skizzierten Zusammenhang mit den voraufgehenden vier Visionen. Daß die fünfte Vision formale Unterschiede zeigt, daß sie nach den beiden paarweise einander zugeordneten Visionen allein steht und daß jetzt das verkündende Jahwewort einen breiten Raum gewinnt, zeichnet sie als Höhepunkt aus. Sie hebt sich damit ähnlich von den ersten vier ab wie in 1 3 bis 2 16 der Israelspruch von den vier Fremdvölkerworten. Inhaltlich bietet sie eine unentbehrliche Vervollständigung: Die vierte Vision hatte nur gesagt, daß das Ende kommt, jetzt wird ausgeführt, wie unentrinnbar es eintritt. Jetzt nähert sich das Jahwewort den Stilformen der prophetischen Botensprüche. Mit zwei synonymen Doppeldreiern beginnt die Jahwerede in 1aα³–b. Dann folgen fünf parallele Konditionalsätze; je in sich zeigen sie synthetische Parallelen, die von kurzen zwei- bis dreitaktigen Reihen (2) über dreitaktige (3) zu einem Doppelvierer anwachsen (4a). Thematisch sind die ersten vier Sätze paarweise einander zugeordnet; der fünfte und längste bringt die konkret-geschichtliche Drohung. So wiederholt sich in diesen fünf Sätzen das Formgesetz des Fünfvisionen- und des Fünfvölkerspruchzyklus im kleinen. Am Ende kehrt das Jahwewort zu einem einzelnen Doppeldreier zurück (4b), der nach 4a zum Abschluß in seiner Kürze stark einschlägt. Zur Form des Hymnus in 5–6 s.o.S. 254–256.

Ort   In welchem zeitlichen Verhältnis dieses fünfte Visionserleben zu den vorangehenden steht, ist nicht zu erkennen, weil die biographische Frage den Autor schlechterdings nicht beschäftigt. Form und Inhalt erlauben nur die Annahme, daß Amos die fünfte Vision auch als letzte geschaut hat. Da Amos selbst auf Datierung und Lokalisierung verzichtet, sind Erwägungen darüber müßig, ob ihm diese fünfte Vision vor seinem Aufbruch aus Juda oder erst in der unmittelbaren Nähe etwa des Bethel-

Heiligtums widerfuhr (vgl. AWeiser, Profetie 42), ob an einem Neujahrsfest (ECKingsbury 283) oder in der Einsamkeit. Für Jerusalem
(ANeher, RVuilleumier, La tradition cultuelle, 1960, 72) spricht nichts
(vgl. SAmsler 239).

Etwas mehr als über Ort und Zeit des Erlebens läßt sich über Ort
und Zeit der Niederschrift vermuten. Beides ist ja streng zu scheiden
(s.o.S. 341f.). Die einheitliche Stilisierung weist auf den größeren Abstand
des Berichts von den Widerfahrnissen hin. Sie nötigt auch zur Annahme
innerer Differenzen zwischen dem Erlebten und dem Berichteten. Besonders in dieser fünftcn Vision läßt das breit ausladende Jahwewort erwarten, daß viel vom späteren Verkündigungsgeschehen in den Bericht
eingegangen ist. So wird auch die Nähe zum formalen Aufriß des Völkerspruchzyklus im ganzen und insbesondere die Verwandtschaft des Jahwewortes der fünften Vision mit der Strafankündigung in der Israelstrophe
verständlich; vgl. o.S. 184.

Das hymnische Stück (5–6) bezieht als Gerichtsdoxologie die Vision
Jahwes auf die Zerstörung des Bethel-Heiligtums durch Josia; vgl. o.S.
135f. und 257f.

Wenn wir schon die vorangehenden Visionen psychologisch einer **Wort**
Stufe erhöhten Wachbewußtseins zuordnen mußten (s.o.S. 346 zu 7 5), so **1**
gilt das hier erst recht, da der Herr selbst nicht in die Reihe der vorhan-
denen Gegenstände gehört. So darf man auch aus der Nennung des Altars nicht auf einen mit Augen wahrgenommenen Heiligtumsbezirk
schließen, sowenig andererseits zu bestreiten ist, daß in diesem Widerfahrnis der Grund für die Gewißheit des Amos gelegt ist, daß selbst das
Staatsheiligtum in Bethel und vor allem die sich dort versammelnde Gemeinde dem Untergang geweiht sei (5 5 7 17; vgl. 3 14). Doch jetzt interessiert nicht der Ort, sondern das ganz ungewöhnliche Geschehen, für das
des Sehers Auge geöffnet wird. Dazu gehört zunächst, daß der Herr
„auf dem Altar" steht so wie jener Prüfende in 7 7 „auf der Mauer"
(hier wie dort heißt es עֹל נצב). Die Höhenpriester in 2 Kö 23 9 steigen
(nicht) hinauf „zum Altar Jahwes" (אֶל־מִזְבַּח יהוה). (Aber von Jerobeam I.
heißt es nicht nur in 1 Kö 12 33: וַיַּעַל עַל־הַמִּזְבֵּחַ, sondern in 13 1 sogar
עֹמֵד עַל־הַמִּזְבֵּחַ; demnach kann auch das „Stehen vor dem Altar" mit עֹל
umschrieben werden.) Der Altar ist jene „Schlachtstätte" (זבח), auf der die
großen Brandopfer dargebracht werden (vgl. RRendtorff, Studien zur Geschichte des Opfers: WMANT 24, 1967, 86f.); er befindet sich im Vor-
hof vor dem Tempel; vgl. für Jerusalem 1 Kö 8 64, dazu MNoth, BK IX
191, für Sichem BASOR 161 (1961) 33 Abb. 12 und 169 (1963) 18 Abb.
9, ferner RSmend, BHHW I 63–65. Diesen Standort nimmt die alles
Menschenmaß überragende Gestalt Jahwes (vgl. Jes 6 1) ein, um mit aus-
gerecktem Arm und mit starker Hand (ein Gerät wird jedenfalls nicht
genannt; vgl. Jes 5 25 9 11 Ps 136 12 Dt 11 2 26 8 u.ö.) das Säulenkapitell

zu schlagen. Es muß sich hier um einen der Köpfe von Säulen handeln, die die Torschwellen flankieren. Sonst könnten darüber nicht die Säulenbasen und damit die Schwellen erbeben. Zu כפתור vgl. LRost, Kapitäl: BHHW II 932 mit Hinweis auf Abbildungen. רעש wird sonst fast nur vom Erdbeben (vgl. 11 Ri 5 4 u.ö.) und von der kosmischen Erschütterung schlechthin (Jl 2 10; s.o.S. 55) gesagt. Die ausgelöste Erschütterung muß ungeheuerlich sein, da die „Schwellen" am Heiligtum in der Regel besondere Ausmaße haben; nach Ez 40 6 sind sie am Jerusalemer Heiligtum sechs Ellen tief. So wird der von Jahwe geschlagene Tempel zum Zentrum des Bebens, von dem das unentrinnbare Ende ausgeht. Die redaktionelle Datierung in 11b hat nur an diesem Visionszug Anhalt (s.o.S. 150).

Für die Frage des Visionstyps ist von ausschlaggebender Bedeutung, in welchem Verhältnis die Schauung zu dem folgenden Jahwewort steht. Die Unsicherheit des Textes (s. Textanm. e) erschwert die Antwort. Das sicher überlieferte בראש, das in Verbindung mit כלם mit größter Wahrscheinlichkeit „aller Kopf" meint, könnte auf das in der Vision genannte Kapitell als Säulenkopf bezogen sein; vgl. רָאשֵׁי הָעַמּוּדִים in 1 Kö 7 16! Wenn das zugehörige Verbum dem Schlagen der Visionserscheinung entsprechen würde und nach jenem Schlag nicht die Folge des Bebens erzählt würde, könnte man an den Typ der Symbolvision (7 7f.) denken. Doch gehört dazu die Wortentsprechung. So wird man den hier vorliegenden Typ entsprechend 7 1f. und 4f. als Ereignisvision verstehen müssen. Die Schauung im engeren Sinne bringt in einer kurzen Szene den Anfang des Geschehens, das folgende Wort die weiteren Wirkungen. Das Wort bringt also nicht die Deutung, sondern die Fortsetzung der vom Propheten erblickten Ereignisse. בצע bezeichnet als „Fachwort aus der Webersprache" zunächst das „Abschneiden" des Fadens (vgl. Jes 38 12 vom Lebensfaden und FHorst, Hiob: BK XVI/1, 104 zu Hi 6 9). Hier wird es, wenn ursprünglich eine pi.-Form zu lesen ist (s. Textanm. e), den allgemeineren Sinn „schädigen" (Ez 22 12), „zerschlagen" (Hi 6 9) angenommen haben. Unklar bleibt, ob die Menschen durch direkte oder indirekte Folge des Bebens oder durch zusätzliche Akte getroffen werden. Der Zusammenhang erinnert an 2 13ff., wo zunächst auch Jahwe das Erdbeben auslöst und dann die Folge panischer Flucht ohne Rettungsmöglichkeit geschildert wird (s.o.S. 208f.). Die restlose Vernichtung wird hier doppelt betont: Nachdem zuerst schon „ihrer aller Kopf" getroffen ist, wird dann noch von einem gar nicht mehr zu erwartenden „Rest" gesprochen, der „durchs Schwert" getötet wird (vgl. 4 2 und HGese, VT 12, 1962, 436f. zur Stilform der „irrealen Synchorese"). Daß das Schwert bewußt als zusätzliches Zerstörungsmittel erwähnt wird, stärkt die Vermutung, daß die vorangehende Aussage im Zusammenhang mit dem von Jahwe ausgelösten Beben gesehen werden muß. Die Schilderung hoffnungsloser Flucht in b sagt knapp, was in 2 14–16 breit ausgeführt wird. Wie in aβ wird wieder doppelt ausgesprochen, daß nicht ein einziger übrigbleibt. Zuerst heißt es, daß überhaupt kein Entfliehen möglich ist (s. Textanm. f); danach wird überraschenderweise doch noch mit einem „Entkommenen" gerechnet, der meint, sich in Sicherheit bringen zu können (vgl. zu פליט GFohrer, ThW VII 978f.); aber auch er wird nicht „entrinnen" (מלט ni.). Präziser und umfassender kann „das Ende" der vierten Vision nicht ausgelegt werden. Jeder Restgedanke ist so auf das entschlossenste zurückgewiesen.

Dennoch schneiden die folgenden fünf אם-Sätze noch einmal im einzelnen die verschiedenen Konditionen ab, unter denen Israeliten meinen könnten, Jahwes Zugriff zu entgehen. In erster Linie mögen Israeliten denken, in der Unterwelt dem Herrschaftsbereich Jahwes entronnen zu sein (Jes 38 18 Ps 6 6 Hi 14 13). Dorthin kann ein Mensch aus eigenen Stücken nur mühsam wie durch eine Mauer an einen schwer zugänglichen Ort „durchbrechen" (חתר; vgl. Ez 8 8 12 5. 7. 12 Jon 1 13). Anders Jahwe! Amos steht – wenn er in dieser Sache von ihm spricht – in weisheitlicher Tradition, wie Prv 15 11 zeigt: „Vor Jahwe (liegen offen) selbst Unterwelt (שאול) und Totenreich, wieviel mehr die Herzen der Menschensöhne." Wie alle Völker (vgl. 1 3ff. 9 7), so sind alle Weltbereiche ohne Ausnahme seiner Verfügungsgewalt unterstellt. Seine „Hand" meint seine Gewalt, die der „Hand der Unterwelt" (Hos 13 14) überlegen ist; „Hand" steht als Körperteil für die Funktion und Fähigkeit. Jahwes „Zugreifen" (לקח) hat Amos an sich selbst als unwiderstehlich erfahren (7 15); zur Beschreibung militärischer Eroberung steht das Verb in 6 13. Der Flucht nach unten wird die nach oben gegenübergestellt. שמים als Kontrastparallele zu שאול findet sich auch Ps 139 8 und in der Fortsetzung des Psalms (9) wie hier in 3b ebenfalls das Meer. Auch der Psalm spricht im Zusammenhang von der vergeblichen Flucht vor Jahwe in die entlegensten Weltgegenden (7); vgl. HJKraus, Psalmen: BK XV/2, 919. Jahwe selbst holt die Flüchtigen wie aus der Unterwelt so auch von der Höhe herunter.

Sind in 2 die weitesten Entfernungen als für Jahwes Hand erreichbar einander gegenübergestellt, so fährt 3 fort: Auch die verborgensten Verstecke können keinen Flüchtling seinem Auge entziehen. „Sich zu verstecken" (חבא ni.) versucht jeder, der sich nicht durch weite Entfernung entziehen kann; so wird es Gn 31 27 Da 10 7 von Flüchtenden ausgesagt, Gn 3 10 von dem Menschen, der sich vor Jahwe verbergen möchte. Die Spitze des Karmel ist nicht nur seiner Höhe wegen (über 500 m), sondern mehr noch durch seinen dichten Waldwuchs als Versteck geeignet (s.o.S. 156 zu 1 2). Vielleicht schwingt auch der Gedanke mit, daß der Karmel im Machtbereich eines fremden Gottes, des Baal Karmel, liege; vgl. 1 Kö 18 20ff. und KGalling, Der Gott Karmel und die Ächtung der fremden Götter: Festschr AAlt, BHTh 16 (1953) 105–125 (119!). Aber daß Jahwe das Gebirge „durchsucht" (חפשׂ pi.), zeigt, daß der Gedanke des Versteckens im Waldesdickicht den Fluchtversuch beherrscht. Jahwes Aufspüren führt auch hier zu seinem eigenen Zugriff und Verhaften (לקח wie 2a).

Hingegen bedient er sich im Meer eines Untergebenen (b). Wenn als Versteck der Meeresboden genannt wird (קרקע bezeichnet sonst immer den „Fußboden" eines Gebäudes: Nu 5 17 1 Kö 6 15f. 30 7 7), so wird damit ein ähnlich absurder Zufluchtsort genannt wie Unterwelt und Himmel in 2 (vgl. in 1b die zusätzliche Rede vom vergeblichen Entkommen, nachdem zuvor schon jede Flucht als unmöglich bezeichnet worden war). In der Schilderung äußerster oder gar unsinniger Fluchtversuche wandelt Amos offenbar ähnlich wie Ps 139 8f. eine weisheitlich tradierte „viergliedrige Allformel" ab (Hi 11 8f.: Himmel-Unterwelt – Erde-Meer, dazu FHorst, BK XVI/1, 170; dreigliedrig Sir 1 3: Himmel–Erde–Meer). Das Meer gilt sonst als die gottfeindliche Chaosmacht; vgl. Ps 74 13 93 3f. Hi 7 12. Der Meeresdrache ist mythische Verkörperung der Gewalt des Meeres (Hi 26 13 Jes 51 9f. 27 1; vgl. Gordon UT 67, I Z. 1–3; 'nt III Z. 34–39; dazu WHSchmidt, Königtum Gottes: ZAWBeih 80, ²1966, 44). Amos sieht ihn als Jahwes Knecht, der seine Befehle empfängt und durchführt (vgl. Hi 9 13). Sein tödlicher Biß erreicht den, der sich in Sicherheit glaubt; vgl. 5 19!

4   Mit dem fünften Fall geht das Wort aus dem Bereich des Kosmos in den Lauf der menschlichen Geschichte über. Es nennt nicht mehr einen selbst gesuchten Fluchtweg, sondern den Zwangsmarsch in die Gefangenschaft. „Vor ihren Feinden", von Aufsehern angetrieben, müssen die Israeliten als Deportierte in die Ferne ziehen (vgl. ANEP Nr. 10.205). Verzweifelte mögen dieses Geschick noch als Lebensrettung gepriesen haben. Doch auch hinter diesen her eilt das von Jahwe befohlene Schwert. Mit dem „Schwert" nimmt das Jahwewort den Anfang der Drohung gegen jeden möglichen Rest wieder auf (1aβ) und damit zugleich den Zweck seines Aufgebots: es „tötet" sie. Das Ende wird nicht weniger als eben der Tod sein; das Exil als solches wäre demgegenüber noch Rettung. Die politischen Feinde erscheinen geradezu noch als Retter gegenüber Jahwe als dem wahrhaft vernichtenden Feind. Der Schlußsatz sagt es in Kürze: nicht etwa Jahwes Abwesenheit, sondern seine Präsenz richtet Israel zugrunde (vgl. 5 17b). Sein Auge, das einst die tödliche Verwirrung über die Ägypter brachte, um Israel am Meer zu retten (Ex 14 24), schickt jetzt den vernichtenden Blick gegen sein Volk. Jahwe hat als Krieger eine völlige Umkehr vollzogen: Nicht mehr „zum Guten", sondern „zum Bösen" gerichtet Israel sein Blick (vgl. JASoggin, Der prophetische Gedanke über den heiligen Krieg als Gericht gegen Israel: VT 10, 1960, 79–83; HMLutz, Jahwe, Jerusalem und die Völker: WMANT 27, 1968, 190–200).

Die folgende Hymnenstrophe wird jetzt sekundär mit dem Inter-
pretationseinschub eröffnet, daß „der Herr", von dem der Visionsbericht
1–4 sprach, „Jahwe der Heere" ist. Der alte Kriegsgott Israels (2 S 6 2)
ist es, der im folgenden besungen wird. Der Ergänzer gebraucht die im
Alten Testament schlechthin beherrschende Kurzform, die aber sonst
immer ohne Artikel steht und im Amosbuch neben achtmaligem
יהוה אלהי (ה)צבאות überhaupt singulär ist; die Beifügung des Artikels kann
auf die Langform יהוה אלהי הצבאות in 3 13 und 6 14 zurückgehen; sie findet
sich sonst nur noch Hos 12 6 (vgl. Exkurs zu 6 14 o.S. 332ff.). So werden die
ersten drei Worte in 5 zum jüngsten Bestand im Amosbuch gehören.

Das hymnische Stück selbst ist mit 4 13 und 5 8 zusammenzusehen,
s.o.S. 254ff. Seine Funktion als Exhomologese, die in Erkenntnis der eigenen
Schuld Jahwe über der Erfüllung der angedrohten Zerstörung des Heiligtums zu Bethel die Ehre gibt, bedingt den Platz dieses Stückes. Für die
Gemeinde des 7. Jh. mag auch ein innerer Bezug zum Vorangehenden
bestanden haben. War in 2 von der Menschen ergreifenden Kraft der
Hand Jahwes die Rede, so wird jetzt der besungen, der die Erde nur an-
zurühren braucht, damit sie ins Wanken gerät. Mit מוג ist das Motiv
des Erdbebens (1) aufgenommen; denn es bezeichnet zumeist die kosmische Erschütterung (vgl. PJoüon), die Jahwe auslöst; in Na 1 5 steht
מוג hitp.//רעש; vgl. Ps 46 7 75 4. Auch unter Jahwes Blick bebt die Erde
(vgl. 4b mit Ps 104 32). Als Folge des Erdbebens besingt der Hymnus die
Trauer aller Erdbewohner. Der Gott, der die Todestrauer bewirkt, wird
in der Gerichtsdoxologie geehrt; vgl. הרג in 1aβ und 4aβ. So muß der
Eingang der Strophe den Späteren an dieser Stelle nach der fünften Vision genauso passend erschienen sein wie der Lobpreis dessen, der auf die
Höhen der Erde tritt (4 13), nach den Hinweisen auf die Zerstörung des
Frevelheiligtums von Bethel in 4 11f. (vgl. 4 4). Zu b s. Textanm. 5–6 e–e
und o.S. 378 zu 8 8b.

Auch die zweite Periode der Strophe wird für die Alten Beziehungen   6
zum voraufgehenden Jahwewort gehabt haben. Wie sollte der, der sein
Obergemach im Himmel erbaut hat, nicht die in den Himmel Ent-
flohenen erreichen (vgl. 2b)? עליה (s. Textanm. 5–6f) als Bezeichnung für
Jahwes himmlische Wohnung und אגדה für das Gewölbe seines Hauses,
das sein Fundament auf der Erde hat, sind im Alten Testament ohne Parallele. Die Vorstellung ist Gn 28 12 (E) 1 Kö 8 12 (Wohnung im Wolken-
dunkel, s. MNoth, BK IX 181f.) Dt 26 15 Jes 66 1 belegt; sie ist aber
durchaus nicht spezifisch israelitisch, sondern hat wie fast alle Aussagen
der hymnischen Stücke im Amosbuch (s.o.S. 256) Parallelen in der Umwelt. So läßt auch Ischtar die Berge erbeben (Falkenstein-vSoden, Sumerische und akkadische Hymnen und Gebete 260), auch sie „thront auf
Hochsitzen" (a.a.O. 336), und von Schamasch heißt es, daß „er im reinen Himmel einen ehrfurchtgebietenden Hochsitz innehat", daß er „das

Land überschaut" (a.a.O. 317). Zur typisch alttestamentlichen Vorstellung vom Himmel vgl. CWestermann, Genesis: BK I 165. Zu bα s. Textanm. 5–6 h–h und o.S. 283 zu 5 8. Was immer andere Völker anderen Göttern rühmend nachsagen – Israel muß bekennen, daß Jahwe der Name dessen ist, der den Kosmos beherrscht und erfüllt (s.o.S. 264f.).

Ziel   Der fünfte Visionsbericht bringt die Konkretion jener Botschaft vom Ende Israels, die schon die vierte Vision Amos anvertraut hatte, nachdem ihm die dritte Vision das Ergebnis einer Prüfung übermittelt hatte, das keinen Widerruf der Gerichtsankündigung mehr erlaubte, wie er nach den ersten beiden Visionen noch erfolgte. Jahwe schlägt zu allererst das Heiligtum; von diesem Zentrum des Bebens aus wird das ganze Volk getroffen. Die ungewöhnlich breiten Ausführungen des Jahwewortes sind nur darauf aus, auch noch die letzte Hoffnung auf ein Entrinnen zunichte zu machen. Kein einziger Fluchtweg führt in Bereiche, die Jahwes Hand, Auge und Schwert nicht erreichbar wären. Wiederholt wird gerade diese furchtbare Wahrheit betont, daß auch der, der trotz aller Drohungen meint, entronnen zu sein, unweigerlich ergriffen wird. Amos ist wie alle Propheten kein Seher des Immerwährenden, sondern der großen, gänzlichen Veränderung; ihm aber ist, wie keinem anderen, aufgegeben zu sagen, daß d i e Änderung das völlige Ende des Bisherigen ist. Dabei ist wesentlich, daß kein einziger Weg an Jahwes Gericht vorbei in die Zukunft führt. Seiner Präsenz ist auch noch der letzte ausgeliefert.

In dieser Botschaft der fünften Vision zeigt sich der Universalismus des Amos von einer neuen Seite. Jahwe ist nicht nur der Herr aller Völker; diese seine Botschaft (1 3–2 3 3 9 9 7) klingt zwar auch noch in 4a nach; darüber hinaus aber verfügt er über alle Bereiche des Kosmos. Weder ist die Unterwelt seinem Zugriff entzogen, noch kann der Meeresdrache ihm den Gehorsam verweigern.

So fügt sich dieser Gestalt der Gerichtsbotschaft der spätere Lobpreis besonders gut an. Die Gemeinde, deren Staat zerschlagen und deren Heiligtum zerstört ist, steht zu ihrer Schuld, indem sie den rühmt, der das Beben über die Erde und die Trauer über ihre Bewohner bringt; als Erbauer seines himmlischen Heiligtums ist er der freie Richter über das irdische Heiligtum.

WER MUSS STERBEN?
(9 7–10)

PVolz, Zu Am 9 9: ZAW 38 (1919/20) 105–111. – EForrer, Aramu: RLA I Literatur
(1928) 131–139. – EFlorival, Le jour du jugement (Amos 9, 7–15): BiViChr 8
(1954/55) 61–75. – GAWainwright, Caphtor-Cappadocia: VT 6 (1956) 199 bis
210.

[7]Seid ihr nicht wie die Kuschiten für mich,
    ihr Israelsöhne? [a]spricht Jahwe[a].
Habe ich nicht Israel aus Ägyptenland heraufgeführt
    (wie) die Philister aus Kaphtor[b]
      und Aram aus Kir?
[8]Gebt acht, die Augen des Herrn Jahwe (sind) auf das sündige Königtum (gerichtet).
Ich will es vertilgen vom Antlitz des Landes.
Jedoch will ich das Haus Jakob nicht unbedingt[a] vertilgen, spricht Jahwe.
[9]Denn gebt acht, jetzt gebiete ich
    und schüttele [unter alle Völker][a] das Haus Israel,
wie man mit dem Sieb schüttelt[b],
    und nicht ein Kiesel[c] fällt zur Erde.
[10]Durchs Schwert sterben alle Sünder meines Volkes,
    die da sagen: „Nicht führst du herbei, nicht
      bringst du an uns heran[a] das Unheil"[b].

Text

7a Nur in 𝔊[62–147], einer Untergruppe der lukianischen Rezension aus dem [7]
11. und 12. Jh., fehlt λέγει κύριος. – b 𝔊 übersetzt hier wie in Dt 2 23 Καππαδο-
κία, ebenso ᾽Α Θ in Jer 47 4. – **8a** לא steht sonst immer zwischen inf. abs. und [8]
verbum finitum (Ges-K § 113v; Joüon, Gr § 123 o); einzige Ausnahme ist
sonst nur noch Gn 3 4 (und der unsichere Text von Ps 49 8); hier wird offenbar
wie Gn 3 4 ein zuvor formuliertes Wort negiert. Betont der inf. abs. das sichere
Eintreffen eines angekündigten Geschehens (BrSynt § 93a), so negiert לא in dieser Stellung eben die Sicherheit. – **9a** 𝔊 (ἐν πᾶσι τοῖς ἔθνεσι) ist unsicher über- [9]
liefert; teilweise fehlt eine Übersetzung von בכל־הגוים in der Catenengruppe.
Der folgende Vergleich setzt die Wendung nicht voraus. Sie mag die Aussage
auf das Exil deuten wollen, vielleicht auch in Erinnerung an 7. Sie sprengt aber
den alten Sinnzusammenhang von 9f. auf, der ganz auf die innere Sichtung
Israels bedacht ist (s.u.S. 401 zu 10a). – b Wörtlich (ni.) „geschüttelt wird". –
c 𝔊 übersetzt σύντριμμα, womit in der Regel שֶׁבֶר wiedergegeben wird. Sollte
schon die Vorlage von 𝔊 jenes Wort für „Korn" geboten haben statt des seltenen צרור? 𝔊 hätte das Wort dann im Sinne von שֶׁבֶר = „Bruch" mißverstanden. ᾽Α (ψηφίον) versteht 𝔐 schon als „Steinchen", ebenso 𝔗 (אבן) 𝔙 (lapillus).
– **10a** בְּעַד als praep. läßt hier den Gedanken des Einkreisens wie Thr 3 7 Ps [10]
139 11 Hi 1 10 anklingen. – b Wer הרעה zum Subjekt des Satzes erhebt, muß תַּגַּשׁ
(ni.) und תָּקְדָּם lesen (VMaag 60); er nimmt dem Zitat den protestierenden
Anredecharakter.

Form   Die vorliegende Spruchgruppe bietet zwischen der fünften Vision und ihrem hymnischen Abschluß einerseits und den Heilsworten in 11–15 andererseits eine Sammlung von Worten, die teilweise fragmentarisch wirken, in ihrer Verbindung mancherlei Brüche und doch auch wieder Gemeinsames zeigen. Zum Gemeinsamen gehört formal die Jahwerede in 1. Person, die nur im überlieferten Text von 8aα unterbrochen wird (HOort, ESellin, ThHRobinson u.a.; VMaag 118 und SAmsler wollen sie auch dort herstellen, indem sie עֵינַי oder עֵינִי lesen und אדני יהוה als fälschliche Nachinterpretation ansehen; auch wenn man die Gründe für diese Konjektur nicht hinreichend findet, muß man die Verbindung von 8aα und β im Rückbezug des pronominalen Objekts [אתה] in β auf „das sündige Königtum" in α erkennen). Der Stilbruch im Übergang von der 3. Person Jahwes in 8aα zur 1. Person in 8aβ ist aber nicht der einzige. Schon innerhalb des V. 7 liegt der Wechsel von der Anredeform in a („ihr") zur Rede über Israel in 3. Person in b vor. Hier könnten zwei thematisch verwandte Kurzsprüche zusammengestellt sein, deren erster auch durch das abschließende נאם יהוה vom zweiten abgesetzt ist. Formal zeigen sich beide durch die einleitende rhetorische Frage verwandt (הלוא); weiter reicht der Parallelismus allerdings nicht. Immerhin bleibt auch eine ursprüngliche rhetorische Einheit erwägenswert. Der Übergang von der 2. pers. pl. der Anrede zur Aussage über Israel könnte durch die Aufnahme der Bekenntnisformel (vgl. 2 10a 3 1b) bedingt sein.

Wie ist der Stilbruch zwischen 8aα und der Fortsetzung zu verstehen? 8aα kann als Überschrift der Redaktion gedeutet werden, die die folgenden Botenworte einleitet. Die Überschrift betont, daß das „sündige Königtum" betroffen ist. 8aβ belegt mit einem ersten Wort dessen Vernichtung, 8b fügt die Ausnahme an. Eine Unterscheidung von Vernichteten und Verschonten wird sichtbar.

Das wird noch deutlicher in 9f., schon mit dem Bild vom Sieben, das Sichten bedeutet. In Aufnahme des Stichworts חטא aus der Überschrift 8aα in 10a werden die vom Gericht Betroffenen besonders genannt, wobei das Bild vom Sieben als selbstverständlich voraussetzt, daß nicht alle darunter fallen. Man vergleiche nur „alle Sünder meines Volkes" in 10 als Objekt des Gerichts mit „mein Volk" in 8 2 (7 8. 15).

Was ist aus diesem Miteinander von Stilbrechungen und Themenverknüpfungen zu folgern? Die Spruchkomposition erklärt sich am besten als literarischer Niederschlag einer späteren Diskussion über die fünfte Vision. Sie gleicht darin der Einschaltung zwischen vierter und fünfter Vision (8 3–14), die die Botschaft vom Ende ausdeutet. Die fünfte Vision mußte ebenso die spätere Diskussion aufreizen; denn in ihr war der Grundtenor der Verkündigung des Amos auf die Spitze getrieben: Jahwes Zugriff entrinnt auch der tüchtigste Flüchtling nicht.

Als Diskussionsniederschlag erweist sich die Reihe durch ihren Disputationsstil und durch die Stichwortverknüpfungen mit 1–4. Die lebendige Auseinandersetzung mit Opponenten zeigt sich gleich in den beiden Fragen in 7a.b: „Ist es nicht so?" Sachlich gehen sie auf den Protest gegen die verkündete Umkehrung des heiligen Krieges ein (s.o.S. 392), indem sie das Verhältnis Jahwes zu Israel und den Völkern thematisieren. 8aα nimmt das Stichwort aus dem Schlußsatz des Visionsberichtes auf: „Mein Auge richtet sich gegen sie..." (4b). Den Disputationsstil zeigt der überlieferte Text auch darin, daß die 1. Person der Botenrede in die 3. Person umgesetzt ist. Aus Gegenfragen erklärt sich, daß nun genauer erörtert wird, auf wen sich Jahwes strafende Augen richten. Dabei wird auffällig unterschieden zwischen dem Königtum, das vernichtet wird (8a), und dem Haus Jakob, das nicht vernichtet wird (8b). Die Herkunft des folgenden Spruches (9f.) aus dem Disput ist am schnellsten vom Schluß her zu erkennen. Hier wird der Protest zitiert (10b): „Nicht führst du herbei, nicht bringst du an uns heran das Unheil." Auf nichts kann sich dieser Einspruch besser beziehen als auf die zur Sprache gebrachten Jahweworte der letzten Vision. הרעה nimmt die Spitze des Schlußsatzes 4b auf: Zum Unheil (לְרָעָה), nicht zum Heil richtet sich Jahwes Auge auf Israel (vgl. die Aufnahme des ersten Satzteils 4bα in 8aα). Aber wendet sich nicht auch die Bestreitung des eintreffenden Gerichtsgeschehens gegen die Fülle der Sätze in 1–4, die jeglichen Fluchtversuch als vergeblich bezeichneten? Vor diesem Protestzitat greift der Disputant die wiederholte Androhung des tötenden Schwertes (1aβ 4aβ) auf: „Durchs Schwert müssen sterben..." (10a). Aber genauso wie in 8 werden die Betroffenen nun näher bestimmt als „die Sünder meines Volkes". Gegen 1–4 und mit 8b setzt diese Interpretation im Zusammenhang mit dem vorangestellten Bild vom „Sieben" voraus, daß andere nicht sterben werden. Nicht auszuschließen ist, daß die Rede vom „Schütteln" des Siebes (נוע hi. 9a, ni. 9b) angeregt ist durch die Vision von der Erschütterung der Schwellen unter Jahwes Schlag (1aα; Jes 6 4 gebraucht auch für das Erbeben der Tempelschwellen das Wort נוע, wo Amos רעש sagt). Schon der Sprucheingang „jetzt gebiete ich" (הנה אנכי מצוה) gibt sich als Interpretation des doppelten אצוה in 3bβ und 4aβ zu erkennen. So werden also die Einzelworte wie die Zusammenstellung von 7–10 als Antwort auf den Widerspruch verständlich, den die Botschaft der fünften Vision auslöste.

Wie ist diese Diskussion zu orten? Der Anschluß an Amos ist ebenso *Ort* deutlich wie der Abstand von ihm. Aufs Ganze gesehen legt es sich nahe, hier im Anschluß an die fünfte Vision, ebenso wie zuvor im Anschluß an die dritte (in 7 9–17) und an die vierte (in 8 3–14), die Amosschule am Werk zu sehen. Wie dort so sind auch hier einerseits Amosworte aufgenommen, andererseits werden sie weitergeführt. Zur Aufnahme gehören aber nicht nur die aufgewiesenen Wortverknüpfungen mit dem fünften Visionsbericht (s.o.S. 396f.). Vielmehr ist auch an mündlich tradiertes Spruchgut zu denken, das in einem nicht mehr näher zu bestimmenden Maße für die Diskussion abgewandelt sein kann. So ist hinter der Gleichsetzung Israels mit den Fremdvölkern in 7 Amos' eigenste Verkündigung selbst zu erkennen (vgl. 1 3–2 16), ebenso hinter der Bedrohung des Königtums in 8a (vgl. 7 9b 11a) und in der Form der Vergleichsrede in 9 (vgl. 2 13 3 12 5 19); auch die Einführung des Zitats in 10b mit pt. (האמרים) erinnert an Amos' Redeweise (4 1 6 13 7 16 8 14; s.o.S. 116). Auf der anderen Seite sind Differenzen nicht zu übersehen. Die Einschränkung in dem ungewöhnlich eingeleiteten Exzeptionssatz 8b hebt sich formal wie sachlich von der uneingeschränkten Gerichtsbotschaft des Amos ab, was auch immer mit dem „Haus Jakob" gemeint sein mag (s.u.S. 400). Auf der gleichen Linie liegt die Definition der Verurteilten in 10a auf dem Hintergrund des Bildes vom „Sieben". Dabei ist besonders zu beachten, daß das Adjektiv חַטָּא bei Amos nur in 9 8a und 10a vorkommt; von der gleichen Wurzel erscheint nur noch einmal das Nomen חטאת in 5 12 (vgl. Exkurs S. 185f.). Nie differenziert Amos Personen in dieser theologischen Weise. Auch das Wort ממלכה (8a) bieten nur noch Sätze, die wir der Amosschule verdanken (6 2 7 13). Ob auch die Frageform in 7a.b der Sprache der disputierenden Amosschüler entstammt, wie wir sie in 6 2b und 8 8 antrafen, muß unsicher bleiben. Amos selbst fragt zwar auch gern, doch stellt er mehr didaktisch-rhetorische Fragen (3 3–6 6 12a) als solche, die ein sachliches Urteil enthalten. Wenn aber Amos in solchen Fällen fragend zum Hörer vordringt, dann nie wie hier in der Botenrede, sondern in der freien Zeugenrede; vgl. 3 8 5 18b 20a und o.S. 110–112).

Im einzelnen ist es also unmöglich, verba ipsissima des Propheten aus den Entgegnungen der Amosschüler herauszuschälen. Entscheidend bleibt, daß in den sich stilistisch abhebenden Sätzen zugleich der große Unterschied sichtbar wird: Das uneingeschränkt verkündete Gericht wird theologisch reflektiert und mit der Definition zugleich begrenzt; damit ist die im Wort der Amosschüler 5 14f. angerissene Linie fortgesetzt.

Zur Datierung kann hier in Ergänzung früherer Beobachtungen (s.o.S. 134) festgestellt werden, daß die Situation zur Verteidigung des Amoswortes eine Unterscheidung des Endes eines „sündigen Königtums" vom weiterhin existierenden Haus Jakob (dazu s.u.S. 400) erlaubt (8). Damit würden wir wieder in das Jahrzehnt nach dem Ende des „Hauses Jerobeam" (745) verwiesen (s.o.S. 348f. zu 7 9b und S. 319 zu 6 2).

Wort 7 Kuschiten nennen auch die Ägypter die nubischen Stämme im Bereich der großen S-förmigen Schleife südlich des zweiten Nilkatarakts; sie schließen in die Bezeichnung oft die noch weiter südlich wohnenden Neger ein (Noth, WAT⁴ 211f.); vgl. Gn 10 6 Jes 11 11 20 3ff. Wenn hier die Israeliten mit Kuschiten verglichen werden, dann ist damit wohl an sich nichts Verächtliches oder gar Verwerfliches über sie ausgesagt. Sie werden als die schlechthin Fremden und Fernen, die am äußersten Rande der bekannten Welt wohnen, erwähnt. Steht Israel ihnen vor Jahwe gleich, so kann es keinerlei Vorzugsstellung behaupten. Eben das müssen die getan haben, die Amos' Drohung abwiesen. Die sich selbst an der Spitze der vornehmsten Völker sehen (6 1), müssen sich denen vom hintersten Hinterteil der Welt gleichstellen lassen. Die Frageform des Satzes setzt voraus, daß es zum überlieferten Wissen Israels gehört, daß sein Verhältnis zu Jahwe nicht auf Sondereigenschaften oder Sonderleistungen beruht.

Die zweite Frage fordert als weitere Zustimmung heraus, daß Jahwe mit der Herausführung aus Ägypten als solcher nichts Singuläres an Israel getan hat. Wohl hat Jahwe Israel in ein besonderes Vertrauensverhältnis gezogen (3 2a; s.o.S.214f.) und ihm sein Land gegen eine Übermacht von Feinden geschenkt (2 9). Darum sollte Israel wohl in einem dankbaren Gehorsamsverhältnis zu Jahwe stehen. Aber es sollte daraus nicht folgern, sein Gott habe nur Israels Geschichte angeführt; vgl. MBuber, Israel und Palästina (1950) 35. Zur Form des Auszugsbekenntnisses s.o.S.206 zu 2 10. Durch die Parallelisierung der Herausführung aus Ägypten mit der Frühgeschichte der Philister und Aramäer wird den Hörern eine letzte Berufungsinstanz gegen Amos entrissen. Ausgerechnet den beiden großen Erzfeinden werden sie vor Jahwe gleichgestellt (s.o.S. 185–193 zu 1 3–8). Man muß das im Horizont der angedrohten Strafe sehen. Die Philister wurden unter David geschlagen (2 S 5 17ff.), die Aramäer noch durch Jerobeam II. (s.o.S.334f. zu 6 13b). So kann auch bei Israel die frühe Führungsgeschichte keinen Einspruch gegen die Umkehrung des heiligen Krieges begründen; s.o.S.392 und vgl. Jes 28 21. Wegen der aktuellen Strafparallele wird die Gleichheit der Jahwetat am Anfang der Geschichte erwähnt.

Die Philister hat er aus Kaphtor geführt. Wo ist Kaphtor zu suchen? Neuerdings hat man mit 𝔊 (s. Textanm. b) an die Südküste Kleinasiens gedacht und dazu mit Belegen aus dem 2. Jt. linguistische und archäologische Gründe angeführt (GAWainwright; vgl. FCornelius, ZAW 72, 1960, 5 [16]). Doch Israel scheint in der 1. Hälfte des 1. Jt. Kaphtor nur mit Kreta identifiziert zu haben: So wird es Jer 47 4 eine Insel genannt, in Zeph 2 5 und Ez 25 16 werden die Philister Kreter genannt und in 1 S 30 14 heißt ihr palästinisches Siedlungsgebiet „Negeb der Kreter"; in Ugarit gilt *kptr* als Residenz des Schmiedegottes *kt̠r-w-ḫss* ('nt VI 14f.; vgl. Aistleitner, WB 1371 und zum Gesamtproblem RBach, RGG³ III 1134). Zu הכרתי והפלתי in 2 S 8 18 1 Kö 1 38. 44 u.ö.; s. MNoth, BK IX (1968) 25f.

Der Name der Aramäer taucht erstmalig im 4. Regierungsjahr Tiglatpilesers I. (1127) auf; vgl. EForrer 131. Sie dringen aus der südlichen syrisch-arabischen Wüste über den Euphrat in das Mündungsgebiet des

Chabur vor. Daß ihre Urheimat Kir ist, wird nur durch Amos bezeugt (vgl. auch 1 5 und 2 Kö 16 9); Jes 22 6 erwähnt Kir neben Elam und Aram. Wo Kir im weiten Bereich der syrisch-arabischen Steppe zu suchen ist, ist noch unbekannt.

8   Nach der Mahnung, daß Israel sich weder über irgendein fernes, fremdes Volk noch über seine Erzfeinde selbstsicher erheben solle, wird mit einem neuen Wort geklärt, wen Jahwes richtendes Auge (s.o.S. 392 zu 4) trifft. Das Problem der Auslegung liegt in der Unterscheidung der sündigen ממלכה und des Hauses Jakob. Da Amos Israel sonst generell verurteilt, hat man an das „Königreich" Israel im Gegensatz zu Juda als dem „Haus Jakob" gedacht; so von JWellhausen bis ANeher. Dagegen ist zu bedenken: Amos stellt nirgendwo in dieser Weise Nord- und Südreich gegeneinander (zu 11f. s.u.S. 406f.). Auch erkannten wir schon die Einführung des Exzeptionssatzes mit אפס כי als ungewöhnlich und am besten aus dem Zwang einer Diskussion heraus verständlich; sie findet sich nur noch Nu 13 28 Dt 15 4 Ri 4 9 2 S 12 14; Amos sagt stattdessen בִּלְתִּי אִם (3 3f.). So ist für das Wort im ganzen eher an Amosschüler als an Amos selbst zu denken. Man könnte 8b allein als späteren heilseschatologischen Nachtrag ansehen, der dann auf Juda bezogen werden müßte; so z.B. KMarti 224f.; aber dagegen spricht die den Amoskreisen vertraute Benennung „(Haus) Jakob". Mit welch anderem Vokabular stellen die Späteren Juda und Israel gegenüber (vgl. 2 4f. 6 1a [s. Textanm. 6 1a] 9 11f.)! Auch liegt die Einschränkung dicht bei dem in 9f. herausgestellten Gedanken der Sichtung innerhalb des Nordreichs. Im Sprachbereich der Amosschule ist ממלכה nicht als „Königreich", sondern als „Königtum" im Sinne von „Königshaus" zu denken, wie 7 13 eindeutig zeigt. Demgegenüber bedeutet dann das „Haus Jakob" wie in 3 13 (vgl. 7 2. 5 6 8 8 7) das Volk des Nordreichs. Bei ihm ist die Vernichtung durchaus nicht sicher; zur ungewöhnlichen Negation des inf. abs. s. Textanm. 8a; der Exzeptionssatz geht also in seiner Hoffnung über das „vielleicht" von 5 15b noch hinaus. Ob die Schüler ihre einschränkende Auslegung der fünften Vision mit der Erinnerung begründet haben, daß die Fürbitte des Amos für Jakob in den ersten beiden Visionen Jahwes Strafe zurückgedämmt habe? Auch in 8 7 nimmt die Amosschule „Jakob" als Benennung für Israel auf. Jedenfalls liegt hier eine begrenzende Deutung vor. Bemerkenswert ist, daß in 1 Kö 13 34 hinsichtlich der „Sünde" des Hauses Jerobeam genau das Vokabular von 8aβ erscheint לְהַשְׁמִיד מֵעַל פְּנֵי הָאֲדָמָה; vgl. dagegen 7 11. Während die Visionen keinerlei Schuld erwähnten, wird hier theologisch klargestellt, daß den חטא und eben nur ihn der Tod trifft; vgl. Ps 26 9 104 35 und RKnierim, Die Hauptbegriffe für Sünde im Alten Testament 73. Zur Beziehung auf das Haus Jerobeam s.o.S. 398.

9   Der folgende Spruch ergeht wieder wie 7. 8aβ b im Ich der Jahwerede, aber ohne daß eine Boten- oder Gottesspruchformel im Rahmen erschie-

ne; s.o.S.110. Die Schüler haben die Redeform wie selbstverständlich aus den Amos-Überlieferungen aufgenommen. Zur Anknüpfung an die Motive und Stichworte aus 1–4 s.o.S.397. Das Bild vom Schütteln des Siebes (כברה = „Sieb" erscheint sonst nicht mehr im Alten Testament) zum Zwecke der Sichtung kommt nur hier vor und kann schon deshalb zum mündlich überlieferten Spruchgut gehören, das die Schüler vom Meister übernommen haben. Die Deutung scheint zunächst unsicher zu sein, weil auch צרור als das, was im Sieb zurückbleibt, zu den seltensten Wörtern gehört; vgl. PVolz. Die Textvorlage von 𝕲 (s. Textanm. c) muß an „Korn" gedacht haben. Dabei wird der Gedanke vorausgesetzt, daß das Gute im Sieb zurückgehalten wird, weil es nicht zur Erde fallen darf (vgl. 5 7b!). Damit überlagert aber eine moralische Wertung den Vorgang, der der Erklärung des theologischen Sachverhalts dienen soll. Es ist an ein grobmaschiges Sieb zu denken, wie es auf der Tenne verwendet wird; die Körner fallen durch, aber das Unbrauchbare, Stroh, Steine, Erdklumpen, wird zurückgehalten. So kann denn auch צרור nur wie 2 S 17 13 „Stein" bedeuten; dort übersetzt auch 𝕲 λίθος. Sir 27 4 bestätigt dieses Verständnis: בַּהֲנִיעַ כְּבָרָה יַעֲמֹד עָפָר („Beim Schütteln des Siebes bleibt der Unrat zurück, so der Schmutz des Menschen, wenn er spricht"). Das Wort will also sagen, daß bei den Erschütterungen des Gerichts das Unbrauchbare im Sieb festgehalten wird. Darauf, daß die „Sünder" im Sieb geschüttelt werden, liegt von 9a an der Hauptton.

Dennoch ist Jahwes strafendes Eingreifen damit erstmalig im Amosbuch als Läuterungsgericht gedeutet. Der in 5 14f. angedeutete Restgedanke wird hier weiterentwickelt. Mit präzisen theologischen Begriffen 10 werden nunmehr „Tod" und „Sünde" in Zusammenhang gebracht (ähnlich schon 8). Die Verbindung „alle Sünder meines Volkes" setzt wie 8 voraus, daß Israel nicht nur aus todeswürdigen Verbrechern besteht. Die Grundbedeutung von חטא „verfehlen" (RKnierim a.a.O.56) klingt hier durch. Denn die Bedrohten werden genauer bestimmt durch das Zitat ihrer Worte (s.o.S.116). Sie „verfehlen" die prophetische Botschaft, indem sie behaupten, daß das verkündete Unheil (vgl. zu הרעה 9 4) sie nicht trifft. Es wird vorgeschlagen, קדם pi. statt des singulären hi. zu lesen (KBL); vielleicht soll aber die ungewöhnliche Form auch eine Steigerung bedeuten; bezeichnet נגש hi. „nahe heranführen", so wird קדם hi. die direkte Konfrontation „einholen" oder gar „überholen lassen" („an die Spitze führen") bedeuten. Der Protest erging in direkter Anrede an den Boten. Es wurde ihm bestritten, daß er als Verkündiger das Verkündigte herbeiführt. So werden die alten Gegner des Propheten, die ihm widersprochen haben, von den späteren Auslegern als diejenigen bestimmt, denen die Schwertandrohung der fünften Vision gilt.

Eine Interpretation des Prophetenwortes in der nächsten Generation Ziel wiederholt nicht nur das alte Wort. Durchgehalten wird die Botschaft des Amos, daß Jahwe die Geschichte aller Völker anführt, daß Israel in sich selbst keinen Grund zu einem Vorzugsbewußtsein trägt, daß vielmehr Jahwe allein mit dem tötenden Schwert auf die Verachtung des prophetischen Wortes antwortet. Modifiziert wird diese Botschaft, indem der Ton nicht mehr auf der restlosen Vernichtung liegt (s.o.S. 394 zu 1–4). Vielmehr wird jetzt die Schuld als Todesursache reflektiert. Zwischen Betroffenen und Nichtbetroffenen wird unterschieden. Das Gericht im ganzen bewirkt demgemäß eine Sichtung.

JENSEITS DES ENDES
(9 11–15)

MHaller, Edom im Urteil der Propheten: ZAWBeih 41 (1925) 109–117. – Literatur
AWeiser, Die Profetie des Amos: ZAWBeih 53 (1929) 282–290. – KCramer,
Amos: BWANT 51 (1930) 177–189. – EFlorival, Le jour du jugement (Amos
9,7–15): BiViChr 8 (1954/55) 61–75. – ERohland, Die Bedeutung der Er-
wählungstraditionen Israels für die Eschatologie der alttestamentlichen Pro-
pheten: Diss. Heidelberg (1956) 230–233. – ASKapelrud, Central Ideas in
Amos (²1961) 54–59. – HGrafReventlow, Das Amt des Propheten bei Amos:
FRLANT 80 (1962) 90–110. – RFey, Amos und Jesaja: WMANT 12 (1963)
54–56. – UKellermann, Der Amosschluß als Stimme deuteronomistischer
Heilshoffnung: EvTh 29 (1969) 169–183.

[¹¹An jenem Tage Text
richte ich die zerfallene^a Hütte Davids auf,
    vermauere 'ihre'^b Risse,
        richte 'ihre'^b Trümmer auf
        und will sie bauen wie in alten Tagen,
¹²so daß sie in Besitz nehmen^a den Rest Edoms^b und aller Völker^c,
    über denen mein Name ausgerufen ist,
    spricht Jahwe, der dies tut.
¹³Gebt acht, es kommen Tage, spricht Jahwe,
da folgt der Pflüger dem Schnitter auf dem Fuße^a
    und der Traubenkelterer dem Sämann.
Da triefen die Berge von Most,
    und alle Hügel zerfließen.
¹⁴Da will ich das Geschick meines Volkes Israel wenden:
Sie werden die verwüsteten Städte aufbauen und sie bewohnen,
    Weinberge pflanzen und ihren Wein trinken,
        Gärten anlegen und ihre Früchte essen.
¹⁵Ich pflanze sie in ihren Boden ein,
    und sie sollen nicht mehr herausgerissen werden aus ihrem Boden,
                den ich ihnen gegeben habe,
    hat Jahwe, ^adein Gott^a, gesagt.]

11a Die Zeitstufe des attributiven Partizips ergibt sich nur aus dem Kontext 11
(Joüon, Gr § 121 i); die Fortsetzung spricht eindeutig für perfektische, nicht für
präsentische oder gar futurische Deutung. – b 𝔊 (τὰ πεπτωκότα αὐτῆς καὶ
τὰ κατεσκαμμένα) setzt sg. suff. voraus: פְּרָצֶיהָ und הֲרִסֹתֶיהָ; die pl. suff. in 𝔐
spiegeln die im Alten Testament sehr viel häufigere pl. Lesung סֻכֹּת wieder, die
auch in der Davidgeschichte vorkommt (2 S 1111), vor allem aber bei Erwähnung der Laubhüttenfeste geläufig ist: Lv 23 42f. 2 Ch 8 13 Neh 8 14–17; das
pl. Subjekt in 12 setzt auch schon ein pl. Objekt in 11 voraus. – **12a** 𝔊 (ἐκζητήσω-
σιν) setzt als Vorlage יִדְרְשׁוּ voraus. – b 𝔊 (τῶν ἀνθρώπων) hat irrtümlich 12
אָדָם gelesen. – c 𝔊 (καὶ πάντα τὰ ἔθνη) sieht in וכל־הגוים ein zweites selbständiges Objekt; da eine neue nota accusativi fehlt und auch kein neues Verbum er-

scheint, so daß ein Parallelismus der Aussagen deutlich würde, ist die Abhän-
13 gigkeit von שְׁאֵרִית als zweitem Genitiv neben אֱדוֹם wahrscheinlicher. – **13a** נגש
15 ni. wörtlich: „nähert sich". – **15a**–a 𝕲 (ὁ θεὸς ὁ παντοκράτωρ) setzt statt אֱלֹהֶיךָ
hier wie 3 13 4 13 5 8 (𝕲). 14. 15. 16. 27 9 5. 6 (𝕲) אֱלֹהֵי (ה)צְבָאוֹת voraus.

<table>
<tr><td>Form</td><td>

Durch Einleitungs- und Schlußformeln heben sich zwei Sprüche deut-
lich voneinander ab: 11f. und 13–15. Nicht ebenso deutlich ist, ob sie auch
je in sich eine ursprüngliche Einheit darstellen. Im ersten Spruch bringt
11 in vier synonym-parallelen Sätzen eine Heilsansage. 12 setzt sie wohl
voraus, wie die Folgepartikel לְמַעַן zeigt. Aber die Fortsetzung könnte
sekundär sein; denn 1. stellt sie reine Prosa ohne jede dichterische Parallel-
bildung dar; 2. hat das pl. Subjekt im Hauptverbum (יירשׁו) keine formale
Entsprechung in 11; 3. stellt 11 auch inhaltlich nicht ohne weiteres die
Voraussetzung der in 12 verkündeten Folge dar. Die Spannungen recht-
fertigen aber nicht die Annahme, 12 sei erst literarisch gegenüber 11 se-
kundär. Denn Rahmenformeln und לְמַעַן schließen die Worte zusam-
men; eher ist anzunehmen, daß ein Verfasser verschiedenartiges Traditi-
onsgut kombiniert hat. So liegt jetzt ein zweigliedriges unbedingtes
Heilswort vor, das im ersten Teil Jahwes Heilstat und im zweiten dessen
weitere Folgen verkündet; denn in 11 ist Jahwe Subjekt, in 12 sind es die
Verheißungsempfänger, wobei das Ich der Jahwerede durchgehalten
wird (12aβ: „mein Name").

Auch im zweiten Spruch zeigen sich Spannungen. V. 13 bringt nach
der Eingangsformel zwei streng synonym-parallele Doppelreihen (aβ//γ;
bα//β), die zumeist dreitaktig gelesen werden können. Sie sind zwar als
Gottesspruch eingeführt, handeln aber nur vom Menschen und seinem
Land. V. 14 kündigt dann erstmals in der 1. Person der Gottesrede an,
daß Jahwe das Geschick seines Volkes wendet. Das wird in drei längeren,
am besten viertaktig zu lesenden Reihen expliziert, die zwar auch den
Menschen zum Subjekt haben, also die Folge des Eingriffs Jahwes schil-
dern, aber ganz anders aufgebaut sind als die Aussagen der beiden Dop-
peldreier in 13. Jede der drei Reihen beschreibt eine menschliche Tat und
deren Erfolg; damit werden Vergeblichkeitsandrohungen wie in 5 11aβ
umgekehrt, zumeist in Aufnahme des Wortlauts. So wird die einleitend
angekündigte Wende des Geschicks besonders deutlich. In 15 schließt sich
ein reiner Prosasatz an, der wieder in der 1. Person der Jahwerede ergeht.
Sachlich führt er den Gedanken der Wende aus 14 fort, jetzt aber so, daß
die alte Gerichtsandrohung direkt negiert wird. 14 und 15 legen also die
Einleitung in 14aα[1] „Ich wende das Geschick meines Volkes Israel" in
verschiedener Form und mit unterschiedlichen Themen aus; in beiden
Versen aber erscheint das Heil als Aufhebung des Gerichts. Dieser Hin-
tergrund des Gerichts ist in 13 unsichtbar. So sind also in 13–15 drei Aus-
sageformen verbunden, von denen die zweite und dritte thematisch enger
zusammengehören. Die Rahmenformeln fassen sie in ein einziges unbe-

</td></tr>
</table>

dingtes Heilswort zusammen. So sollte man also auch hier nicht mehrere literarische Schichten annehmen, sondern einen Verfasser, der verschiedene Überlieferungsformen und -themen zu kombinieren wußte.

Schon diese Beobachtungen zur mehrschichtigen Form der beiden Sprüche, die bei Amos selbst analogielos ist, sollte die noch immer vertretene Meinung unsicher machen, der Prophet des 8. Jh. sei der Verfasser. Allzuoft argumentiert man ohne Rücksicht auf die Spruchstruktur nur im Hinblick auf die alarmierend neue Thematik. Habe Amos die „Sonderexistenz des Nordreichs ... als eine von allem Anfang an gegen Jahwes Ordnung verstoßende Einrichtung empfunden", so hindere das nicht das Erwachen einer Hoffnung, daß das „zerfallene Reich als Ganzes eine Heilszeit erleben möchte" (VMaag 250; vgl. LKöhler 1917). Aber wo deutet Amos auch nur an, daß er das Nordreich wegen seiner Abtrünnigkeit von Jerusalem verurteilt? Doch bedeutet nicht die „Verheißung für Juda zugleich ein Gericht über den Nordstaat" (JHempel, ZAW 68, 1956, 263; vgl. ESellin 271)? Aber 9 11ff. zeigt nicht die geringste Spitze gegen das Nordreich. So bleibt am Ende nur die Verlegenheitsauskunft, Amos habe neben seiner sonstigen Botschaft das hier verkündete Heil zwar nicht gut aussprechen, wohl aber am Ende aufschreiben können (DDeden 118).

Gleichzeitige Beachtung der prophetischen Redeformen, der Traditionsgeschichte der Themen und der Literaturgeschichte der Prophetenbücher hat dazu geführt, in 11–15 einen späten Nachtrag zu erkennen. JWellhausen hat den enormen Abstand vom übrigen Amosbuch unvergeßlich eingeprägt: „Rosen und Lavendel statt Blut und Eisen" (96). Eine genauere Ortsbestimmung des Nachtrags hat zu prüfen, ob sich hier eine der früher beobachteten Nachinterpretationen fortsetzt. Die Amosschule steht viel dichter beim Wort des Meisters als diese Sprüche; sie schränkt die Schärfe der Drohungen wohl ein, aber hebt sie nicht auf. Die Prediger der Josiazeit beziehen ihr Wort streng auf Bethel und fordern Anerkennung des Gerichts; der judäische Aufschwung unter Josia und die damalige Lage Jerusalems passen auch nicht zu 11 und 14f. So hat man denn an die deuteronomistische Redaktion gedacht (SAmsler, ThZ 21, 1965, 320; UKellermann). Die Anknüpfung an die Natanweissagung (2 S 7 11ff.), die Erinnerung an die Trümmer Jerusalems (11) und an das Exil (15) könnten Anhaltspunkte sein.

Doch hält diese Sicht einer näheren Prüfung nicht stand. Zunächst darf die redaktionsgeschichtliche Prüfung nicht die ganze Breite deuteronomistischer Literatur zum Vergleich heranziehen, sondern muß in erster Linie die spezifisch deuteronomistische Interpretation im Amosbuch berücksichtigen. Diese fügt sich aber in allen Fällen ziemlich streng dem Wortlaut des Kontextes ein; vgl. 1 9–12 2 4f. 10–12 3 1b 7 5 25f. 8 11f. Demgegenüber ist schon die isolierte Schlußstellung von 9 11–15 verdächtig. Wichtiger noch ist die Differenz der Thematik. Die deuteronomistischen Interpreten unterstreichen vor allem die Schuld und begründen das Gericht so auch für Juda (s.o.S. 137f.), lassen aber an keiner Stelle Hoffnung für Juda aufleuchten. Weiter beziehen die deuteronomistischen Prediger ebenso wie Juda auch Edom ins Gericht ein (1 11f. 2 4f.), denn sie wissen um dessen wütende Attacken gegen das Brudervolk (s.o.S. 194). Das paßt schlecht zu der Rede vom „Rest Edoms" in 12.

Darum müssen wir an eine spätere, das Amosbuch selbständig abschließende Redaktionsschicht denken. So werden besser verständlich: 1. der formgeschichtliche und thematische Kontrast von 11–15 zum gesamten übrigen Amosbuch einschließlich der sonstigen sekundären Schichten; 2. die Schlußformeln, die im Amosbuch nirgendwo eine Parallele finden: „spricht Jahwe, der dieses tut" (12b; zu vergleichen ist nur Mal 3 21), und „hat Jahwe, dein Gott, gesprochen" (15, sonst nie in Prophetenbüchern); 3. die redaktionsgeschichtlichen Parallelen zum Abschluß anderer nachexilischer Prophetenspruchsammlungen; vgl. vor allem Jl 4 18–21, wo ebenfalls zugleich vom Geschick Juda-Jerusalems, Edoms und von der triefenden Fruchtbarkeit, und zwar in wörtlicher Übereinstimmung von Jl 4 18a und Am 9 13b, die Rede ist; vgl. ferner Ob 19–21 und Jes 11 10–16 sowie EFlorival 71. 4. Von einem „Rest Edoms", der sonst nirgendwo erwähnt wird, kann eher in etwas vorgerückter nachexilischer Zeit die Rede sein; vgl. HGrimme, Der Untergang Edoms: Die Welt als Geschichte 3 (1937) 452–463; auch UKellermann, Nehemia: ZAWBeih 102 (1967) 170ff.; im 5. Jh. wurde Edom durch eine arabische Stämmekoalition wahrscheinlich erheblich geschwächt.

Eine genauere Datierung erlauben die wenigen Anhaltspunkte unseres Textes nicht. Doch zeigt sich deutlich genug eine sonst im Amosbuch nicht vertretene redaktionelle Feder, die eine Gabe der Kombination theologischer Traditionen mit dem entschlossenen Willen zur Heilsverkündigung verbindet. Diese Nachinterpretation schließt nicht gedankenlos eine neue Gewißheit an das völlig andersartige überkommene Prophetenbuch an, sondern fügt ihre Worte formal durch Aufnahme der Verknüpfungsformeln aus 8 11. 13 in 9 13. 11 und inhaltlich z.B. durch antithetische Aufnahmen von 5 11 in 9 14 an. Doch damit sind erst die auffälligsten Bezüge genannt.

Wort Vielleicht knüpft die Nachinterpretation schon mit der originellen Wendung von der „zerfallenen Hütte Davids" antithetisch an das Wort vom „sündigen Königtum" an, das sie längst nach deuteronomistischer Anleitung auf Jerusalem beziehen (vgl. 2 4f.) und im Exil erfüllt finden konnte (vgl. die dtr. Ergänzung בכל־הגוים in 9 mit כל־הגוים in 12; s. Textanm. 9 9a). Aber wir wissen nicht genau, was sie mit dem ungewöhnlichen Ausdruck meint. An die davidische Dynastie kann man denken, weil die Zusage in bβ („ich will sie bauen wie in alten Tagen") an die Natanweissagung 2 S 7 11ff.

erinnert, obwohl das Stichwort בנה erst im Gebet Davids in 2 S 7 27 und nur hier erscheint. An das Südreich Juda als zerstörten Staat wäre zu 12 denken im Gegenüber zu dem hämischen Feind Edom (12a); vgl. Thr 4 21f. und o.S. 194f. zu 111. Doch da neben Edom auch „alle Völker" erwähnt werden, könnte auch das zerfallene Großreich Davids gemeint sein; damals hat Jahwe in der Sicht unseres Theologen seinen Namen über den Völkern ausgerufen, um sein Hoheits- und Besitzrecht zu erklären (vgl. 2 S 12 28 und KGalling, Die Ausrufung des Namens als Rechtsakt in Israel: ThLZ 81, 1956, 65–70). Doch sah unser nachexilischer Theologe das Zentrum des Heils vielleicht kleinräumiger. Wenn er zur Erklärung der „Hütte" alsbald nur Trümmer (zu פרצים s.o.S. 245 zu 4 3) und Mauerrisse nennt, dann gewinnt man den Eindruck, die Stadt Jerusalem stünde ihm in erster Linie als „Hütte Davids" vor Augen; als Schriftkundiger konnte er von Jes 1 8 angeleitet sein. Jerusalems Mauertrümmer waren bis in Nehemias Tage ein Ärgernis; vgl. Jes 58 12. Jedenfalls beherrscht diesen Zeugen die Heilsgewißheit, daß eine längst zertrümmerte davidische Größe die Mitte der kommenden Weltherrschaft Jahwes werden würde. Sie würde dem Glanz der alten Großreichstage entsprechen (כימי עולם) und würde den Rest des Erzfeindes Edom, aber auch alle anderen Völker umspannen.

Mit dieser Erneuerung der Mitte des Davidreichs wird im neuen 13 Spruch die Erwartung einer noch nie dagewesenen Fruchtbarkeit verbunden. Der Pflüger kann seine Arbeit in Palästina in der Regel erst nach den ersten Herbstregenfällen im Oktober/November aufnehmen; das ist fast ein halbes Jahr nach der Getreideernte, die zur Hauptsache schon im April/Mai eingebracht wird. Das Keltern folgt der Weinlese im Herbst, etwa im September, das „Ziehen" der Saat durch die Furchen zur Hauptsache im November/Dezember. Nun aber sollen Pflügen und Ernten, Keltern und Säen unmittelbar aufeinander folgen. Damit wird in neuer Sprache verkündet, was ähnlich Ez 47 12 aufgrund der Wasser aus dem Heiligtum erwartet: Die Bäume tragen allmonatlich Früchte. Auch Jl 4 18 (s.o.S. 100) verkündet paradiesische Fruchtbarkeit, die die Tempelquelle hervorbringt. Von dieser Quelle ist hier nicht die Rede. Wohl aber stimmen die folgenden Worte (13bα) wörtlich mit der ersten Aussage in Jl 4 18 überein und variieren die dort folgende Aussage über die „Hügel" nur mit dem hitpal.von מוג; damit wird in überschwenglicher Weise ein „Wogen" des Weins über Hänge vorgestellt; vgl. PJoüon, Bibl 7 (1926) 167. Kräftiger kann die Fülle von Korn und Most und also der Lebensüberfluß alttestamentlich nicht ausgesprochen werden.

Die Fortsetzung bringt wieder wie 11f. den Hintergrund der trüben 14 politischen Gegenwart ins Blickfeld, wie das auch in Jl 4 19ff. geschieht; in Jl 4 1 findet sich auch das Stichwort der Schicksalswende; zu שוב שבות s.o.S. 91. Ausgeführt wird die Erwartung der Wende stofflich so, daß nun der Aufbau der Trümmer (vgl. 11) und der Anbau von Wein und Früchten (vgl. 13) im Parallelismus nebeneinander gerückt werden; formal wird die frühere Androhung vergeblicher Arbeit in die Ankündigung des Erfolgs verwandelt. Offensichtlich sind hier die Drohungen von 5 11aβb (s.o.S. 290f.) ins Positive gekehrt aufgenommen und dazu noch erweitert worden. Statt von einzelnen Quadersteinhäusern ist jetzt von Städten die Rede. Zum ergänzten Glied, das von den Baumfrüchten handelt, vgl. Ez 47 12. Das Gericht ist somit hinsichtlich der Ansage von Zerstörungen und Dürre völlig aufgehoben; vgl. außer 5 11 noch 3 11. 15 6 8. 11.

15   Der letzte Vers führt noch einen Schritt weiter, indem er auch die Drohung der Exilierung (4 2f. 5 5. 27 7 11. 17) umkehrt. Dabei werden überkommene Heilsworte weitergeführt, wie sie sich im Jeremiabuch ausgeprägt finden; vgl. den Gegensatz von Pflanzen und Ausreißen in den Verheißungsworten Jer 24 6 31 28 42 10 und dazu RBach, Bauen und Pflanzen: Studien zur Theologie der alttestamentlichen Überlieferungen (1961) 7–32. Neu ist hier die ausdrückliche Beteuerung, daß die Strafe der Entwurzelung aus dem Lande nie mehr eintreten wird. Die Zusage erneuert die ursprüngliche Gabe. Es ist das Land, „das ich ihm gegeben hatte", aus dem Israel nie mehr weggeführt werden soll. Die Verknüpfung der Hoffnung mit der alten Heilsgabe verbindet noch einmal den zweiten Spruch mit dem ersten (vgl. 11b כימי עולם) und weist damit wie schon die Themenverknüpfung in 14 darauf hin, daß wir in beiden Nachträgen wahrscheinlich die Arbeit desselben Theologen vor uns haben.

Ziel   Der Schluß des Buches bezeugt die Gewißheit, daß die Verkündigung des Amos vom Ende Israels nicht das letzte Wort Gottes war. Was der Prophet des 8. Jh. mit unüberbietbarer Schärfe dem Volk des Staates Israel zu verkünden hatte, war seit 721 Geschichte geworden. Inzwischen waren jenem Teil des Gottesvolkes, der auch durch das Exil hindurch bewahrt worden war, neue Boten gesandt. Dem erfüllten prophetischen Gerichtswort war ein neues Gotteswort gefolgt. So sollte das alte Wort nicht mehr ohne das neue tradiert werden.

Es ist merkwürdig, wie wenig diese heilseschatologische Endredaktion in das voraufgehende Amosbuch hineingewirkt hat. Das erfüllte Wort blieb als Gotteswort unangetastet. Kein einziges unbedingtes Heilswort wurde in das tradierte Corpus eingetragen. Die winzigen Erinnerungen an nachexilische Davidverehrung und an nachexilischen Opferdienst, die in 6 5b (s.o.S. 320f.) und 5 22aα (s.o.S. 304) eingetragen sind, stärken das Erstaunen darüber mehr, als daß sie es hemmen könnten.

Am Ende aber spricht das Heilswort äußerst kraftvoll. Kein einziges Wort der Anklage fällt mehr, nicht einmal eine Mahnung zur Umkehr oder zur neuen Treue; keinerlei Bedingungen für die gänzliche Wende des Geschicks werden laut. Wohl steht das verwirklichte Gericht deutlich im Hintergrund, wenigstens in 11 (Hütte – Trümmer – Mauerrisse) und in 14 (Wende – verwüstete Städte) und 15 (Exil). Beherrschend im Vordergrund aber steht die Botschaft Jahwes, daß er selbst die zerfallene Davidshütte wieder aufbaut und ihr zusammen mit dem Rest des Exilsfeindes Edom (s.o.S. 406f.) alle Völker zuordnet, daß alle vergebliche Arbeit auf dem Acker, im Weinberg und beim Aufbau der Städte einer bisher nie gekannten Lebensfülle weichen wird, daß das furchtbare Gericht der Entfernung aus dem Lande nie wieder eintreten soll. Damit wird dem verstörten Volk eine wahrhaft neue Welt angesagt. Jedoch wird sie den alten Heilsgaben entsprechen, wie ausdrücklich betont wird: Die neue Davidshütte wird den Verhältnissen des alten Großreichs gleichen (11bβ), und die neue Landschenkung verbindet das Volk endgültig mit dem Land, das Israel schon einmal gegeben war (15b). Die Neuschenkung übertrifft aber darin die alte Gabe, daß sie nicht noch einmal von einem Gericht weggenommen werden soll und daß das Land weit fruchtbarer sein wird als bisher. Bewirkt wird diese gesteigerte Erneuerung der alten Heilsgabe nur durch Gottes Tat. Daß Schuld vergeben wird, ist nicht gesagt, noch weniger, daß Ungehorsam Gehorsam wird (wie Jer 31 33f.). Jahwe, „der dies tut" (12b), „dein Gott", baut den Gestraften das neue Leben auf. Die Vergangenheit wird abgetan. Nur der Richter kann retten.

Das Wort vom Aufbau der zerfallenen Davidshütte hat die Qumrangemeinde beschäftigt. Zu CD VII Z. 16 s.o.S. 311f.; dort deutet die Stelle nur Am 5 26. In 4Qflor I Z. 12f. wird 9 11 selbst ausgelegt: „Das ist die zerfallene Hütte Davids, die auftritt, um Israel zu retten." Dabei ist an den „Kriegsmessias" und „Gesetzesforscher" zu denken; vgl. HBraun, Qumran und das Neue Testament II (1966) 319f. Das Neue Testament nimmt den gleichen Text in größerem Umfang und mit einer umfassenderen Deutung auf. In Ag 15 16f. führt die Jakobusrede mit Am 9 11 auch 12 an, und zwar im Anschluß an 𝔖, so daß der Aufbau der Davidshütte geradezu den Zweck erhält, „daß der Rest der Menschheit und alle Völker" den Herrn suchen. So wird Am 9 11f. prophetisches Zeugnis für den ursprünglichen Gotteswillen, mit Israel „ein Gottesvolk aus den Völkern" (Ag 15 14f.) zu gewinnen, die neue, weltumspannende Christusgemeinde.

Hat die Botschaft des Amosschlusses nicht nur das Gerichtswort des Propheten hinter sich gelassen, sondern auch die alten Heilsgaben erneuert und überhöht, so geht das Neue Testament mit Hilfe der Septuaginta aufgrund der Christusbotschaft noch einen Schritt weiter. Ziel der Heilstat Gottes an Israel ist die neue Menschheit als Gottesvolk. Das alte Wort aber soll die gegenwärtige Gemeinde davor bewahren, ihr Ziel zu verfehlen.

Das Nebeneinander des tötenden Prophetenwortes und der neuen Lebensverheißung muß zusammen mit der weiterführenden, aber doch auch auswählenden Auslegung der Apostelgeschichte jede gesetzliche

Deutung ausschließen. Jener nachexilische Theologe jedenfalls hat gefragt, welches neue Wort Jahwe seiner Zeit anvertraute. Keine Generation aber sollte aus seinen Worten jenen Grundtenor überhören, daß die Erneuerung der zerfallenen Gemeinde allein vom Bauen und Pflanzen Gottes zu erwarten ist; so wird das neue Leben das alte sogar übertreffen. Daß der Mensch sich selbst nur das Ende besorgt, hatte Amos zur Genüge eingeschärft. Die überragende Verheißung gilt den Verurteilten und schon Gerichteten.

REGISTER DER BIBELSTELLEN

7	92	14 2	57.260	16	277
8	38f.			2 1f. (f.)	286f.
11.15	10.97	**JOEL**		3	294
25(−29)	71.72.91	1	220	4 (f.)	92.364
27f.	72	4 4–8	193	6.11	363
28f.	11.71.77	9	229	6f.	219
29	10.79f.83	13	208	3 5	96
40 3	46	16	151.152	5–7	361
42 11	46	18–21	406	7	358
43 3	46	19	194	9	375
12	98			11	77.219
45 9	232	**AMOS**		4 3	10.33.96.291
10	376	1 2	2.10.98	11–13	96
46 3	375	6–8	94	12f.	208
47 1ff.	10.101	2 14f.	53	13	10.95.187
12	407f.	3 3ff.	29	5 1	278
16f.48 1.	335	6	59	3	377
		4 6ff.	57f.	6 3	93
HOSEA		9	31	4	207
1 1	22.105.146. 151.155	5 12	33	10f.	376f.
4	375	15	59	13	251
7	151	16	23f.37	14f.	291
2 13	375	18.20	38f.51		
3 5	57.151	18–20	41.53.62	**NAHUM**	
4 1	213	7 1	31	1 1	146.153
1–3	213.378	3.6	58	2	72.162
5(f.)	151.363	8 9	81	3	196
10	291	9 1	53	5(f.)	55.393
13	259	13	2.10.33.100	7	98
15	116.258.281			2 1	99.293
5 1	375	**OBADJA**		3	327
5	151.377	9ff.	195	5	46
8	45.51.116.224	9–14	101f.	11	10.45.54
9	168	10	92.194	12f. 37	277
11	243f.	11	92	3 2	54
6 1ff.	305	12	38.194	8	319
5–6	309	13	194	10	92
11	151	14	82.193.194	15	31.33.49
7 10	377	15	10.38.94	17	31.49.342
8 1.	45.46.51.224	16	98		
7	196	17	4.10.81.98	**HABAKUK**	
10 96	91	18	89.95	1 1	146.147.150
13	259	19–21	406	2.3	232
9 10	310			8	46
15.17	306	**JONA**		2 1	224
10 5	116	1 1	22	8.17	232
11	327	3 5	24	20	328
12(f.)	75.331	6ff.	23	3 3	148
11 9	77	9	4.10.58f.	4.11	302
12 3(f.)	327.371	4 2	4.10.58	12	187
4	194	10f.	61		
5	116			**ZEPHANJA**	
6	393	**MICHA**		1 1	22.146
8	377	1 1	22.146.147. 150.153	5	162
13 5f.	77	3(f.)	148.264	7(ff.)	38f.40.41.328
8 14 1	195	8(ff.)	37.277	8(ff.)	38f.53
				11	23ff.

417

6ff.	95	17.18.		14	201	
7f.	178	19	331	22	186	
		20	288	30 1	149.174	
HIOB		32f.	213.276	7f.	272	
1 6ff.	226	9 6	280	14	33.202	
2 10	220	6–8	272	15ff.	168	
5 8	263.273	10 12	186	15f. 18f.		
5 9–16	254f.	15	201	21–23.29–		
5 19ff.	167	25	196	31	167	
6 5–7	220.222	11 1	376	27	33.55	
11	368	13	226	31 1	149.153	
22–28	220	27	294	4f.	244	
7 12	392	28	318	4–7	321	
8 11–33	220.222	12 1	289	8f. 20	201	
9 5–10	255f.	13 5	289f.	9	244	
8	264	14 16	318			
9	283	31(f.)	201f. 244	**CANTICUM**		
13 11 8f.	392	15 8	309	1 3 4 10	321	
15 4	264	10	289	8 2	100	
8	226	16	231f.	6	72	
16 9	161f.	16 4	220.319			
17	232	5	327	**KOHELET**		
18 4	161f.	8	288	1 1	149	
20	38	11	376	2 8	369	
19 7	232	19	202	19	59	
21 25	379	33	289	4 1	232	
26 13	386.392	17 9.19	186	6 12	59	
29 17	33	15	292	7 15	220	
31 6	376	23	202.292	26	379	
13–15	192	18 5	202	9 8	321	
40	149	19 11	186	10 16	286f.	
33 14f.	167	17	201			
34 2.10	276	18	272	**THRENI**		
35 9	232	20 1	244.321	1 11	380	
37 4	148	10.23	376	12	29.38f.	
38 31	283	13.20.22	272	18	276	
32	255	19	218.226	2 1	38f.	
39 20	53	21 3	288.309	10	34	
40 25–32	220	17	244.321	19	78	
41 15	376	27	309	21	38f. 277	
		31	336	22	38f. 53	
PROVERBIEN		22 16	201f.	3 19	289	
1 3	288	17	149	29	59	
27	196	22	201f. 289.343	57	68	
2 9	288	23 20f.	321	4 2	75	
3 10	97	29f.(f.)	244.286f. 321	14	380	
4 1ff.	22.27.30	32	301	18	368	
4–6	272	24 21(f.)	272.294	5 2	92	
5 4	379	23f. 25	289			
7	276	25 9(f.)	226.294	**ESTHER**		
6 16–19	167.172	26 28	289			
16f.	327	27 7	379	4 3	57	
34	72	28 3	202	14	59	
35	292	8.18	290	10 3	294	
7 24	276	11	201			
26	291	24	186	**DANIEL**		
8 13	327	29 10.26	289	2.7	32	

418

REGISTER DER NAMEN UND SACHEN

420